DAQING YOUTIAN YOUXIU QUNZHONGXING
ZHILIANG GUANLI HUODONG
CHENGGUO HUIBIAN

大庆油田优秀群众性质量管理活动成果汇编

◆ 本书编委会 编著

中国石化出版社
HTTP://WWW.SINOPEC-PRESS.COM

图书在版编目(CIP)数据

大庆油田优秀群众性质量管理活动成果汇编 / 大庆油田有限责任公司编著. —北京：中国石化出版社，2024. 7.
ISBN 978-7-5114-7534-3

Ⅰ. F416. 22-53

中国国家版本馆 CIP 数据核字第 2024ZN7008 号

中国石化出版社出版发行
地址：北京市东城区安定门外大街 58 号
邮编：100011 电话：(010)57512500
发行部电话：(010)57512575
http://www. sinopec-press. com
E-mail:press@ sinopec. com
天津嘉恒印务有限公司印刷
全国各地新华书店经销
*
880 毫米×1230 毫米 16 开本 27. 5 印张 815 千字
2024 年 7 月第 1 版 2024 年 7 月第 1 次印刷
定价：128. 00 元

编 写 组

组　　长：靳明恂

副 组 长：梁淑平　朴　磊　楚殿庆　何　莉　贾婷婷

编写人员：王秀芝　李昊洋　张化庆　骆成杰　江淑萍

于海山　王志贤　李洪志　孙怀伍　张艳军

杨　辉　刘　勇　牛　青　刘新丽　李　波

赵玉龙　张威娜　胡　俊

PREFACE

前言

多年来，大庆油田始终将群众性质量管理活动作为广大员工参与质量改进、持续提升质量绩效的有力抓手，坚持“小、实、活、新”工作原则，以实体“质量管理小组活动室”为依托，以互联网“大庆油田质量管理之家”为平台，营造了全员重质量、强管理的良好氛围。

为贯彻落实国务院《质量强国建设纲要》和中国石油天然气集团公司《质量强企规划》要求，助力大庆油田有限责任公司主营业务高质量发展，持续提升质量保障能力，实现“一稳三增两提升”奋斗目标，质量健康安全环保部组织了本次群众性质量管理活动优秀成果精选活动，旨在进一步促进各单位相互学习和交流，取长补短；通过学习典型案例起到示范作用和导向作用；推动各单位群众性质量管理活动的深入开展，促进大庆油田群众性质量管理活动再创新水平。

本书共收录了15个优秀QC小组活动成果和3个优秀质量信得过班组活动报告，均是经编委会精选获得国家级或集团公司奖项的优秀成果。所收录的优秀成果充分展现了质量管理工作在油气勘探、开发、工程建设、电力运维等岗位的活动成果，以及广大质量管理工作者的业务能力和技术水平。其中，《螺旋式油管内壁在线刮蜡装置的研制》获得了第48届国际质量管理小组(ICQCC)金奖；《安全带锚固点装置的研制》获得第48届国际质量管理小组(ICQCC)银奖，填补了大庆油田在国际质量管理小组领域的空白。

在本书编校过程中，得到了各级领导和质量健康安全环保部门的大力支持和帮助，在此表示感谢。

由于时间和水平有限，本书编审中的错误之处在所难免，敬请广大读者批评指正。

编委会

2024年2月

CONTENTS

目录

优秀 QC 成果

优秀质量班组

降低集输系统耗电量

攻坚 QC 小组

（大庆油田有限责任公司第四采油厂）

一、小组概况

小组概况如表 1-1 所示。

表 1-1 小组概况表

<table>
<tr><td colspan="7">小 组 简 介</td></tr>
<tr><td colspan="2">小组名称</td><td colspan="2">攻坚 QC 小组</td><td>注册编号</td><td colspan="2">2021ey4033</td></tr>
<tr><td colspan="2">课题名称</td><td colspan="2">降低集输系统耗电量</td><td>成立时间</td><td colspan="2">2021 年 1 月</td></tr>
<tr><td colspan="2">课题类型</td><td colspan="2">问题解决型</td><td>活动时间</td><td colspan="2">2021 年 1~12 月</td></tr>
<tr><td colspan="2">小组人数(≤10 人)</td><td colspan="2">10 人</td><td>当年活动次数</td><td colspan="2">11 次</td></tr>
<tr><td colspan="2">近三年获奖情况</td><td colspan="5">1.《降低吨液综合能耗》获中国石油天然气集团有限公司 2018 年度 QC 成果三等奖；
2.《缩短变频器故障处理时间》获黑龙江省 2020 年度 QC 成果一等奖</td></tr>
<tr><td>序号</td><td>成员姓名</td><td>年龄</td><td>文化程度</td><td>岗位/职称</td><td>组内分工</td><td>备注</td></tr>
<tr><td>1</td><td>王秀芝</td><td>50</td><td>大学</td><td>党支部书记/高工</td><td>组长</td><td></td></tr>
<tr><td>2</td><td>王莉莉</td><td>40</td><td>大学</td><td>技术员/助工</td><td>组员</td><td></td></tr>
<tr><td>3</td><td>杨海波</td><td>45</td><td>大学</td><td>采油工/技能专家</td><td>组员</td><td></td></tr>
<tr><td>4</td><td>赵 军</td><td>35</td><td>大学</td><td>副站长/工程师</td><td>组员</td><td></td></tr>
<tr><td>5</td><td>孙 萱</td><td>27</td><td>研究生</td><td>技术员/助工</td><td>组员</td><td></td></tr>
<tr><td>6</td><td>刘 晗</td><td>35</td><td>大学</td><td>质量管理/工程师</td><td>组员</td><td></td></tr>
<tr><td>7</td><td>孔德玥</td><td>29</td><td>大学</td><td>技术员/助工</td><td>组员</td><td></td></tr>
<tr><td>8</td><td>杜满昌</td><td>32</td><td>大学</td><td>技术员/工程师</td><td>组员</td><td></td></tr>
<tr><td>9</td><td>孙婉馨</td><td>32</td><td>大学</td><td>地面管理/工程师</td><td>组员</td><td></td></tr>
<tr><td>10</td><td>李 波</td><td>52</td><td>大学</td><td>技术员/工程师</td><td>组员</td><td></td></tr>
</table>

二、选择课题

1. 课题背景

2020 年，第＊油矿耗电量超计划 120.33×10^4kW·h；其中，集输系统耗电量超计划最多达到 86.9×10^4kW·h，占比高达 72.2%，各系统耗电量完成情况见表 2-1。

表 2-1 耗电量完成情况统计表

耗电量	集输系统	机采系统	注水系统	污水系统	全矿
计划/(×10^4kW·h)	860	8060	5600	705	15225
完成/(×10^4kW·h)	946.9	8090.61	5605.45	702.37	15345.33
差值/(×10^4kW·h)	86.9	30.61	5.45	-2.63	120.33
超计划占比/%	72.2	24.5	3.3	—	100.0

绘制成柱状图对比明显，如图 2-1 所示。

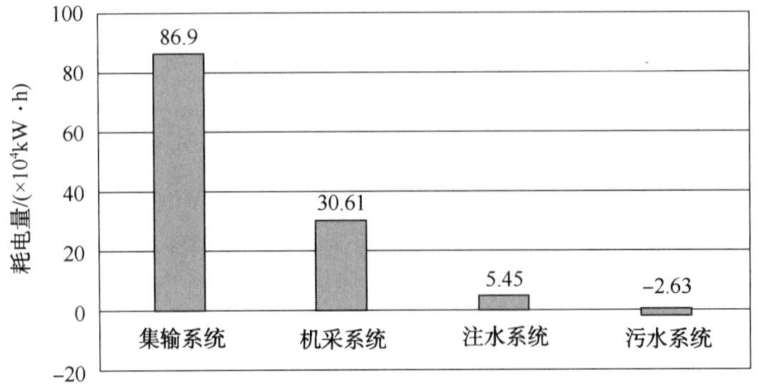

图 2-1　各系统超过计划电量柱状图

2. 确定活动课题

小组选择《降低集输系统耗电量》为题开展 QC 活动。

三、现状调查

选定课题后，对目前耗电量情况进行调查。由于该指标属于厂级季度指标，小组统计了两个季度的数据，进行分析。

1. 基础数据调查分析

第＊油矿集输系统共有 8 座转油站。小组成员根据地面系统 A5 数据库对 8 座转油站 2020 年 7~12 月耗电量进行调查统计，将耗电量由高到低排序，得到统计表 3-1。

表 3-1　2020 年度分站耗电量情况统计表

站名	耗电量/($\times10^4$kW·h)	占比/%	备注
304 站	110. 7	23. 4	超过平均水平
303 站	83. 1	17. 6	超过平均水平
1901 站	52. 9	11. 2	
504 站	52. 1	11. 0	
502 站	47. 3	10. 0	
503 站	44. 1	9. 3	
101 站	42. 5	8. 9	
501 站	40. 5	8. 6	
合计	473. 2	100. 0	
平均	59. 2	12. 5	

由表 3-1 可以看出：304 站和 303 站耗电量较高，超过平均水平，占比达到 41. 0%。

2. 单位液量耗电量调查分析

当外输液高的情况下耗电量高属于正常消耗，小组成员统计了各站外输液量，得到单位液量的耗电量——吨液耗电，由高到低排序得到表 3-2。

表 3-2　2020 年度分站吨液耗电情况统计表

站名	耗电量/($\times10^4$kW·h)	外输量/($\times10^4$m^3)	吨液耗电/(kW·h/t)	备注
304 站	110. 7	67. 9	1. 630	超过平均水平
303 站	83. 1	51. 9	1. 603	超过平均水平

续表

站名	耗电量/(×10^4kW·h)	外输量/(×$10^4$$m^3$)	吨液耗电/(kW·h/t)	备注
1901 站	52.9	44.6	1.187	
504 站	52.1	44.8	1.164	
503 站	44.1	42.9	1.029	
502 站	47.3	46.1	1.025	
501 站	40.5	47.6	0.851	
101 站	42.5	50.6	0.840	
合计	473.2	396.4	—	
平均	59.2	49.5	1.195	

从表 3-2 中可以看出：304 站和 303 站吨液耗电远超矿平均水平，而且各站之间差距较大。

3. 以单井为单位耗电量调查统计

随着节能降耗、效益评价的深入，对于产油低、含水高的低效益井实施了方案关井，各站辖井井数不同，生产井和关停井不同，造成了相同井数情况下耗电量有差距。因此，我们又统计了各站耗电量与所辖开井数之间的数据，进行对比排序，得到表 3-3。

表 3-3　2020 年分站辖井开井平均单井耗电情况统计对比

站名	耗电量/(×10^4kW·h)	所辖油井总数/口	油井开井数/口	平均单井耗电量/(kW·h/口)	备注
303 站	83.1	290	119	6983.2	超过平均水平
304 站	110.7	291	160	6918.8	超过平均水平
502 站	47.3	100	95	4978.9	
1901 站	52.9	118	113	4681.4	
101 站	42.5	125	112	3794.6	
501 站	40.5	113	98	4132.7	
504 站	52.1	145	129	4038.8	
503 站	44.1	128	115	3830.4	
合计	473.2	1310	941	—	
平均	59.2	163.8	117.6	5032.4	

从表 3-3 中可以看出：各站所辖开井平均单井耗电量有差距，仍然是 303 站和 304 站远超矿平均水平。

4. 按电量消耗类别调查统计

从 A5 数据库中统计各站耗电类别，绘制成节点示意图，如图 3-1 所示。

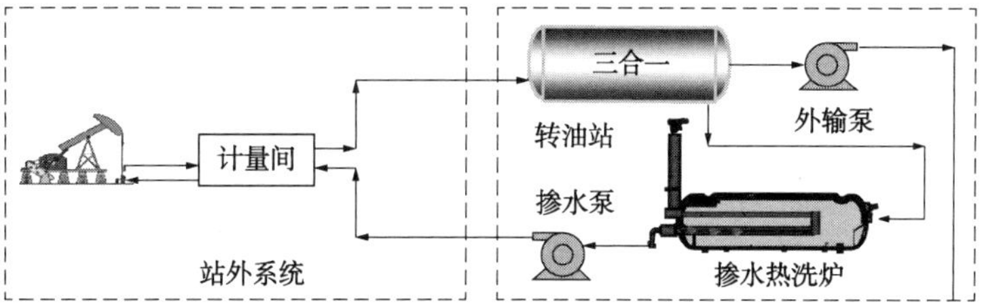

(A)

图 3-1　集输系统主要耗电节点示意图

油井采出液→计量间→转油站分离缓冲游离水脱除器后，分项处理：

① 分离缓冲游离水脱除器油→外输泵→流量计→脱水站；

② 分离缓冲游离水脱除器水→加热炉→掺水(热洗泵)→计量→掺水阀组→单井井口；

③ 回水阀组→采暖泵→采暖炉→阀组→用户→回水阀组。

另外还需要加药：药桶→活动插筒泵→药罐→加药泵→阀组来油汇管。

集输系统耗电节点框图如图 3-2 所示。

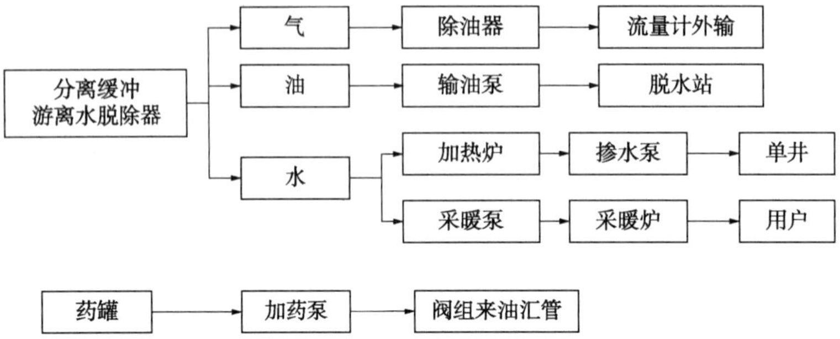

图 3-2 集输系统耗电节点框图

将各站的耗电量按泵类别统计分析，见表 3-4。

表 3-4 303 站和 304 站泵类别耗电量分布统计表

序号	泵名称	耗电量/(×10^4kW·h)	占比/%
1	掺水泵	142.5	73.4
2	输油泵	29.2	15.1
3	加药泵	13.1	6.8
4	采暖泵	5.2	2.7
5	其他	3.9	2.0
合计		193.9	100.0

制作成耗电量分布饼分图，如图 3-3 所示。

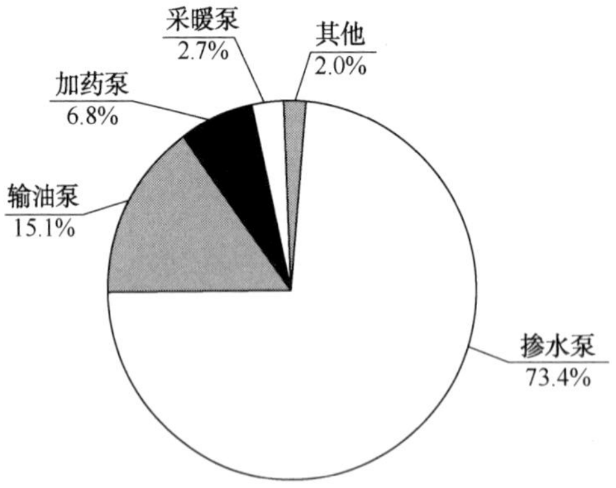

图 3-3 303 站和 304 站电量分布饼分图

通过饼分图，找到了耗电量高的症结问题：303 站和 304 站掺水泵耗电量高。

四、设定目标

1. 各转油站之间耗电量不均衡，有节能潜力。
2. 统计其他 6 座站各类泵耗电情况，见表 4-1。

表 4-1　其他站各类泵耗电量统计表

序号	泵名称	耗电量/(×10^4kW·h)	占比/%
1	掺水泵	132.0	47.2
2	输油泵	84.1	30.1
3	加药泵	41.1	14.7
4	采暖泵	15.3	5.5
5	其他	6.9	2.5
合计		279.4	100

从图 3-2 上可以看出，303 和 304 两座站的掺水泵耗电量占比 73.4%。小组有能力将这两个站掺水泵耗电量降到其他 6 座站一样的水平（47.2%），年度可节约电量 101.9×10^4kW·h。计算过程如下：

通过饼分图计算，节电＝142.5－(193.9×47.2%)＝50.98×10^4kW·h，那么一个月节电＝50.98×10^4kW·h÷6＝8.49×10^4kW·h，年度节电＝8.49×10^4kW·h×12＝101.9×10^4kW·h。

3. 确定目标值

通过计算，年度节电 101.9×10^4kW·h，那么年度耗电量就是 946.9×10^4kW·h－101.9×10^4kW·h＝845×10^4kW·h，因此，小组确定本次活动目标是将集输系统耗电量由 946.9×10^4kW·h 降低到 845×10^4kW·h，如图 4-1 所示。

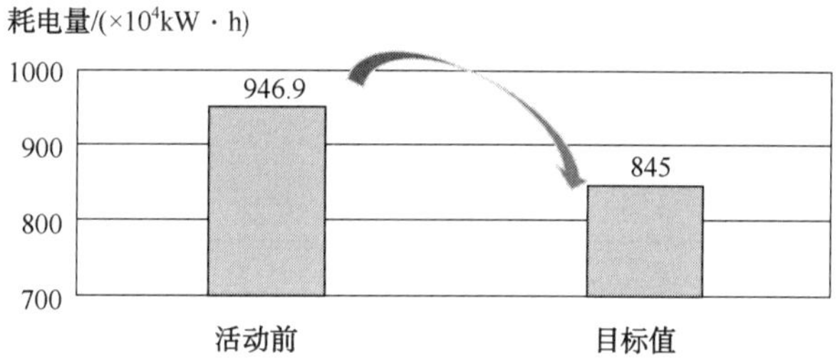

图 4-1　活动目标柱状图

五、原因分析

针对 303 站和 304 站掺水泵耗电量高的原因进行分析，绘制成关联图厘清了影响关系，见图 5-1。

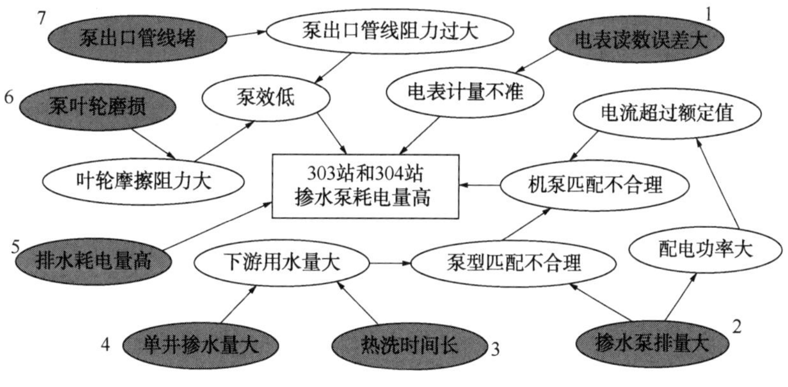

图 5-1　掺水泵耗电量高原因关联图

根据关联图，确定了 7 条末端原因：电表读数误差大、掺水泵排量大、热洗时间长、单井掺水量大、排水用电量高、泵叶轮磨损、泵出口管线堵。

六、确定主要原因

小组成员对 7 条末端原因，采取现场测量测试、对比分析、验证核对等方法逐一进行确认。

要因确认一：电表读数误差大

确认方式：现场测量

自 2021 年 2 月 1 日开始，小组成员对 2 个转油站岗位员工对站内电量录入情况，进行现场确认。

① 跟踪测量数据

现场录取耗电量有两种方法，小组成员对两种录取方法分别进行跟踪：首先是常用的自动显示系统进行核实，其次用原始的看表读数法进行核实，见表 6-1。

表 6-1 电量测量核对情况统计表

序号	站名	人名	上报电量/（kW·h）	自动仪表录取电量/（kW·h）	差值/（kW·h）	电表读数录取电量/（kW·h）	差值/（kW·h）	备注
1	303 站	王＊＊	4392	4392	0	4392	0	
2	303 站	曲＊＊	4368	4368	0	4368	0	
3	303 站	刘＊＊	4360	4360	0	4360	0	
4	303 站	张＊＊	4380	4380	0	4380	0	
5	304 站	王＊＊	3386	3386	0	3386	0	
6	304 站	隋＊	3390	3390	0	3390	0	
7	304 站	杨＊＊	3389	3389	0	3389	0	
8	304 站	赵＊＊	3390	3390	0	3390	0	
合计			31055	31055	0	31055	0	

现场测量确认数据录取外报无问题。同时对电表的量程、换算方法、接线方式进行逐一核对，也全部正确。

② 对症结影响

负责该项数据录取的人员每个站 4 名，共计 8 名，2021 年 2 月 3 日先后对 303 站和 304 站当天值班的 4 名人员进行测试，见表 6-2。

表 6-2 测试操作人员对症结的影响

操作人编号	1#			2#		
检查项目	是否按培训标准操作	录取数据（3 次）	上报耗电为 3386kW·h/d	是否按培训标准操作	录取数据（3 次）	上报耗电为 3390kW·h/d
检查结果	是	按要求录取	耗电为 3386kW·h/d	是	按要求录取	耗电为 3390kW·h/d
是否符合要求	是	是	是	是	是	是
是否增加耗电量	否	否	否	否	否	否

通过测试可以看出：员工操作未增加耗电量，电表读数误差大与症结问题不相关。

结论：电表读数误差大是非要因。

要因确认二：掺水泵排量大

确认方式：调查分析

① 调查统计

自 2021 年 2 月 8 日开始，小组 10 名成员分成 2 组分别对 2 座转油站掺水泵进行调查。2 座站均于 2009 年先后投产。转油站设计能力与目前的产量对比，负荷率偏低，负荷率不足 50%，见表 6-3。

表 6-3 转油站设计能力统计表

站名	投产时间	设计处理量/($\times10^4m^3/d$)	实际处理量/($\times10^4m^3/d$)	处理负荷率/%	备注
303 站	2009 年 11 月	2.1200	0.5482	25.86	
304 站	2009 年 11 月	2.7000	0.7528	27.88	
合计		4.8200	1.3010	26.99	

集输系统管理指标要求，离心泵泵排量效率要控制在 80%~120%。通过 A5 数据库，统计 2 座转油站掺水泵排量、扬程以及配电功率等参数，见表 6-4。

表 6-4 303 站和 304 站水泵参数统计表

序号	站名	设备名称	自编号	泵额定扬程/m	泵额定流量/(m^3/h)	电机功率/kW	电机额定电流/A	电机效率/%
1	303 站	掺水泵	1#	210	200	200	355	95.1
2	303 站	掺水泵	2#	210	200	200	355	95.1
3	303 站	掺水泵	3#	210	100	90	163.3	94.1
4	303 站	掺水泵	4#	30	180	30	32.1	92
5	303 站	掺水泵	5#	240	60	75	78.6	93.8
6	303 站	掺水泵	6#	240	60	75	78.6	93.8
7	304 站	掺水泵	1#	200	150	160	284.6	90
8	304 站	掺水泵	2#	200	150	160	284.6	90
9	304 站	掺水泵	3#	200	150	160	284.6	94.9
10	304 站	掺水泵	4#	240	60	75	136.5	93.8
11	304 站	掺水泵	5#	240	60	75	136.5	93.8

② 对比分析

依据《第四采油厂低温常温集输方案》中规定，单井掺水量≤0.8m^3/h，计算各站掺水总量，见表 6-5。

表 6-5 计算各站所需总掺水量

站名	辖井总数/口	最大掺水量/(m^3/h)	备注
303 站	294	235.2	单井掺水量按最大 0.8m^3/h 计算
304 站	291	232.8	单井掺水量按最大 0.8m^3/h 计算
合计	585	468.0	—

然后根据表 6-5 所需水量，对应表 6-4 中泵排量可以对比出各站掺水泵排量与需要水量之间的关系，303 站启用 1#和 2#泵合计排量 300m^3/h，304 站启用 1#和 2#泵合计排量也是 300m^3/h，见表 6-6。

表 6-6 掺水泵排量与实际需求水量对比表

站名	掺水泵排量/(m^3/h)	最大掺水量/(m^3/h)	差值/(m^3/h)	排量效率/%	掺水泵排量是否大
303 站	300	235.2	+64.8	78.4	是
304 站	300	232.8	+67.2	77.6	是
合计	600	468.0	132.0	78.0	是

计算后，到现场进行核实，与计算结果进行比对，掺水泵排量效率 78.0%，低于指标要求，说明掺水泵排量大。

③ 对症结影响

2021 年 2 月 9~11 日，连续 3 天跟踪现场测量记录不同泵排量的耗电量，对比泵排量与耗电量的关系，见表 6-7。

表 6-7　掺水泵排量与耗电量情况记录表

站名	自编号	泵排量/(m^3/h)	配电功率/kW	耗电量/(kW·h)				备注
				第一天	第二天	第三天	平均	
303 站	1#	200	200	4608	4464	4752	4608	
303 站	2#	200	200					备用
303 站	3#	100	90	2160	2200	2011	2124	
303 站	4#	180	30					备用
303 站	5#	60	75	1728	1742	1730	1733	查记录
303 站	6#	60	75					备用
304 站	1#	150	160	3800	3888	3960	3883	
304 站	2#	150	160	3630	3650	3680	3653	
304 站	3#	150	160					备用
304 站	4#	60	75					备用
304 站	5#	60	75					备用
合计		1370	1300	15926	15944	16133	16001	

制作成折线图，见图 6-1。

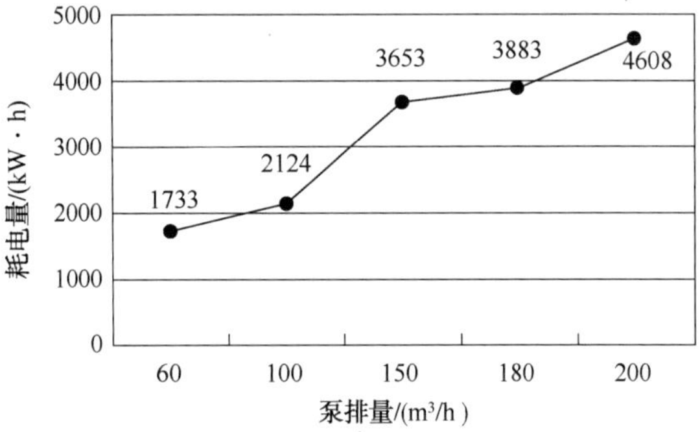

图 6-1　泵排量与耗电量关系折线图

说明：泵排量越大，耗电量越高，且成线性关系，直接影响症结问题。

结论：掺水泵排量大是要因。

要因确认三：热洗时间长

确认方式：现场测量

① 现场测量

油井定期热洗清蜡是为了减少结蜡对产量的影响。每个队都有热洗计划，包括热洗周期、热洗时间、热洗温度、回油温度等制度。

热洗时间长会增加掺水量消耗，转油站根据下游掺水量需要启动大排量掺水泵保证生产。小组成员 4 人从 2021 年 3 月 5~15 日，到 2 座站跟踪落实一个热洗周期的状况，具体数据见表 6-8。

表 6-8　各站辖井热洗情况调查统计表

序号	确认时间	站名	井号	掺水压力/MPa	掺水温度/℃	计划热洗时间/h	实际热洗时间/h	备注
1	2021 年 3 月 5 日	303 站	X＊-31-SE928	1.9	78	6	6	
2	2021 年 3 月 5 日	303 站	X＊-32-SE929	1.9	78	6	6	
3	2021 年 3 月 8 日	303 站	X＊-33-E916	1.9	78	6	6	
4	2021 年 3 月 8 日	303 站	X＊-40-E926	1.9	78	6	6	

续表

序号	确认时间	站名	井号	掺水压力/MPa	掺水温度/℃	计划热洗时间/h	实际热洗时间/h	备注
5	2021年3月9日	303站	X*-40-SE927	2.0	79	6	6	
6	2021年3月9日	303站	X*-41-S701	2.0	79	6	6	
7	2021年3月10日	303站	X*-4-E917	2.0	78	6	6	
8	2021年3月10日	303站	X*-4-SD701	2.0	78	6	6	
9	2021年3月11日	303站	X*-4-SE929	2.0	78	6	6	
10	2021年3月11日	303站	X*-D2-E926	2.0	78	6	6	
11	2021年3月12日	303站	X*-D2-E928	1.9	77	6	6	
12	2021年3月12日	303站	X*-D3-E918	1.9	77	6	6	
13	2021年3月12日	303站	X*-D3-E935	2.1	77	6	6	补洗
14	2021年3月12日	303站	X*-D3-SE920	2.1	77	6	6	补洗
15	2021年3月5日	304站	X*-D1-E932	2.0	78	6	6	
16	2021年3月5日	304站	X*-D1-SE918	2.0	78	6	6	
17	2021年3月8日	304站	X*-D1-SE920	2.1	78	6	6	
18	2021年3月8日	304站	X*-D2-E909	2.1	78	6	6	
19	2021年3月9日	304站	X*-D2-E915	2.0	79	6	6	
20	2021年3月9日	304站	X*-D2-SE923	2.0	79	6	6	
21	2021年3月10日	304站	X*-D2-SE943	2.1	78	6	6	
22	2021年3月10日	304站	X*-D3-E915	2.1	78	6	6	
23	2021年3月11日	304站	X*-D3-E921	2.1	77	6	6	
24	2021年3月11日	304站	X*-D3-SE923	2.1	77	6	6	
25	2021年3月12日	304站	X*-D3-SE935	2.0	78	6	6	补洗
平均				2.0	78	6	6	

通过现场跟踪测量，计划与实际执行一致，可以确定热洗时间按照计划执行较好。

② 对症结影响

热洗时间增长，管线清蜡效果会更好，但是会增加能量消耗。小组成员又调查了2座站热洗期间与非热洗期间的耗电量，得到对比表6-9。

表6-9　热洗耗电量变化情况统计表

测量日期	热洗期间		非热洗期间	差值
	热洗时间/h	耗电量/(kW·h)	耗电量/(kW·h)	耗电量/(kW·h)
2021年3月5日	6	1728	1728	0
2021年3月8日	6	4464	4464	0
2021年3月9日	6	4752	4752	0
2021年3月10日	6	3800	3800	0
2021年3月11日	6	3888	3888	0
2021年3月12日	6	3960	3960	0
合计	36	22592	22592	0

通过表6-9进行分析可以看出：热洗期间与非热洗期间的耗电量一样多，增加耗电量为0，因此，对症结问题未造成影响。

结论：热洗时间长是非要因。

要因确认四：单井掺水量大

确认方式：现场测量试验

① 现场测量

《第四采油厂常温集输管理方案》中要求，单井掺水量≤0.8m³/h，当单井掺水量增大时，转油站只能启动排量较大的泵，保证全队的油井掺水不冻不堵。小组成员自 2021 年 3 月 1~5 日，分组现场测量单井掺水量情况，见表 6-10。

表 6-10 单井掺水量情况统计表

序号	测量日期	站名	井号	挂线井数/口	掺水量/(m³/h)	回油温度/℃	备注
1	2021 年 2 月 22 日	304 站	X＊-32-E911	3	3.85	33	
2	2021 年 2 月 22 日	304 站	X＊-2-SE908	2	2.7	30	
3	2021 年 2 月 22 日	304 站	X＊-2-E912	2	2.9	31	
4	2021 年 2 月 22 日	304 站	X＊-32-E909	2	2.6	31	
5	2021 年 2 月 22 日	304 站	X＊-32-E911	3	3.56	32	
6	2021 年 2 月 22 日	304 站	X＊-31-E908	2	2.54	32	回压高
7	2021 年 2 月 24 日	304 站	X＊-D2-E907	2	2.53	32	
8	2021 年 2 月 24 日	304 站	X＊-31-SE906	2	3.2	28	
9	2021 年 2 月 24 日	304 站	X＊-1-E917	2	3.5	27	管线过沟渠
10	2021 年 2 月 24 日	304 站	X＊-1-E907	2	2.35	22	
11	2021 年 2 月 24 日	304 站	X＊-40-E917	2	2.23	19	
12	2021 年 3 月 1 日	304 站	X＊-32-E941	1	2.22	34	回压高
13	2021 年 3 月 1 日	304 站	X＊-11-E907	1	2.81	31	
14	2021 年 3 月 1 日	304 站	X＊-D1-E908	2	2.21	23	
15	2021 年 3 月 1 日	304 站	X＊-1-E911	2	2.61	30	
16	2021 年 3 月 1 日	304 站	X＊-2-E910	2	1.91	36	
17	2021 年 3 月 1 日	304 站	X＊-20-E934	1	1.7	36	
18	2021 年 3 月 2 日	304 站	X＊-32-SE921	2	3.1	26	
19	2021 年 3 月 2 日	304 站	X＊-D3-E925	3	3.26	28	回压高
304 站小计				38	51.8	29.5	
20	2021 年 2 月 23 日	303 站	X＊-D2-E913	1	1.86	35	管线长
21	2021 年 2 月 23 日	303 站	X＊-2-E924	2	2.3	34	
22	2021 年 2 月 23 日	303 站	X＊-30-SE923	2	2.9	32	
23	2021 年 2 月 23 日	303 站	X＊-30-E921	2	3.2	32	
24	2021 年 2 月 25 日	303 站	X＊-D3-SE920	1	1.6	33	
25	2021 年 2 月 25 日	303 站	X＊-D4-E934	3	3.6	34	
26	2021 年 2 月 25 日	303 站	X＊-D4-E936	3	3.9	33	
27	2021 年 3 月 3 日	303 站	X＊-31-E936	2	2.9	32	
28	2021 年 3 月 3 日	303 站	X＊-1-SE909	2	2.8	35	
29	2021 年 3 月 3 日	303 站	X＊-32-SE901	2	2.76	35	回压高
30	2021 年 3 月 5 日	303 站	X＊-31-SE904	1	1.7	34	
31	2021 年 3 月 5 日	303 站	X＊-D3-E937	1	1.8	33	
32	2021 年 3 月 5 日	303 站	X＊-31-SE938	2	2.6	32	
33	2021 年 3 月 5 日	303 站	X＊-4-SE941	2	2.8	31	
34	2021 年 3 月 5 日	303 站	X＊-D1-SE940	2	3.1	35	回压高
303 站小计				28	39.8	33.3	
平均				66	2.69	31.2	

现场测量出 66 口井掺水量超过 0.8m³/h，平均单井掺水量 2.69m³/h，最高的单井达到

2.81m³/h，远远超过 0.8m³/h。计算可知，304 站每小时超掺水量 36.6m³；303 站每小时超掺水量 27.8m³。

② 对症结影响

2021 年 3 月 6 日，通过关小出口流量的方式分别对 303 站和 304 站进行测试。各站都启用两台掺水泵，分别选择 303 站排量大的 1#泵和 304 站 2#泵，以及距离最近的两个计量间进行测试。根据 A5 数据库查到前一天泵出口排量、耗电量以及 1#计量间和 4#计量间所辖单井的掺水量并求和，得到统计表 6-11。

表 6-11　单井掺水量与掺水泵耗电量情况统计表

序号	测试时间	站名	试验前				试验时			
			泵出口排量/(m^3/h)	耗电量/(kW·h)	单井掺水量和/(m^3/h)	平均回油温度/℃	泵出口排量/(m^3/h)	耗电量/(kW·h)	单井掺水量/(m^3/h)	回油温度/℃
1	9：00~10：00	303 站	200	4608	37	35	160	3456	0	36
2	10：30~11：30	303 站	200	4608	37	35	160	3456	0	32
3	12：00~13：00	303 站	200	4608	37	35	160	3456	0	30
4	10：00~11：00	304 站	150	3630	28	36	110	2420	0	36
5	11：30~12：30	304 站	150	3630	28	36	110	2420	0	30
6	13：00~14：00	304 站	150	3630	28	36	110	3640	32	35
合计			1050	24714	195	35.5	810	18848	32	33.2

304 站试验 2h 后，4#计量间辖井 21 口，其中 5 口井的回油温度开始下降，试验结束。从数据表可以看出：掺水量降低后，耗电量大幅度降低，折线图对比明显，如图 6-2 所示。

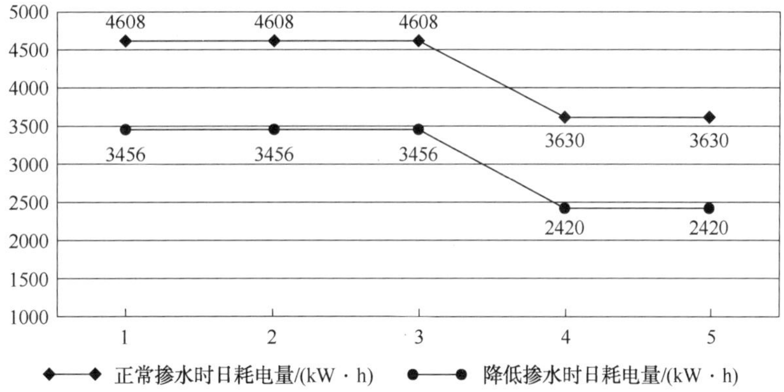

图 6-2　单井掺水量与掺水泵耗电量关系折线图

从折线图可以看出：单井掺水量降低，掺水泵耗电量降低，两者呈直线关系，对掺水泵耗电量高症结问题直接造成影响。

结论：单井掺水量大是要因。

要因确认五：排水用电量高。

确认方式：调查分析

排水耗电一般是夏季。2021 年 3 月 7 日，我们到各站调查时发现，304 和 303 站 2 座站地势低洼，夏季存水多，需要不定期用潜水泵抽水排水，以保证站内用电安全。

安全环保部门还为各站配备了应急设备，以确保汛期及时排水，防止内涝。3 月的天气已经能够看见地面存水量。

查阅班组记录，2020 年 3~9 月期间每天都有用电排水记录。

① 统计各站排水用电情况，见表6-12。

表6-12 各站排水用电情况统计表

站名	测量日期	用电项目	用电耗时	备注
303站	2021年3月11日	罐区、站区积水排水	24h/d	夏季
304站	2021年3月11日	罐区、站区积水排水	24h/d	夏季

同时查看潜水泵相关数据，见表6-13。

表6-13 潜水泵相关数据

站名	泵型号	流量/(m^3/h)	扬程/m	电机功率/kW	日耗时/(kW·h)	备注
303站	QY65	65	36	22	528	夏季用
304站	QY40	40	12	7.5	180	夏季用

② 对症结影响

小组成员根据记录制作耗电量变化统计表和折线图，见表6-14和图6-3。

表6-14 排水泵启动与停用耗电量变化统计表

站名	掺水泵日耗电/(kW·h)	排水泵日耗电/(kW·h)	排水泵停用时掺水泵耗电/(kW·h)	备注
303站	2256	528	1728	
303站	1910	440	1730	
303站	2264	528	1736	
304站	3800	180	3620	
304站	3810	180	3630	
304站	3810	180	3630	
合计	17850	2036	16074	

从数据表可以看出：启动排水泵日耗电量增加，平均为339kW·h。

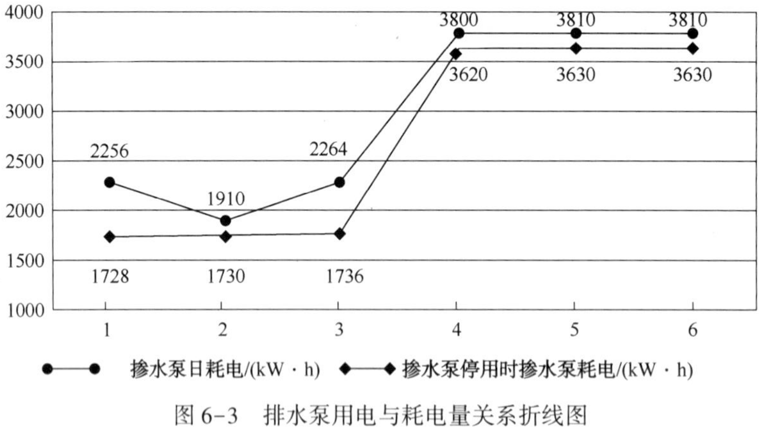

图6-3 排水泵用电与耗电量关系折线图

排水用电增加电量消耗对症结造成直接影响。

结论：排水用电量高是要因。

要因确认六：泵叶轮磨损

确认方式：现场测量

2021年3月8日，为了弄清在用泵叶轮完好程度，请泵修班班长张＊一起到303站1#掺水泵和304站1#掺水泵现场对叶轮进行测试。

① 现场测试

电流电压指针不摆动，电流平稳地指示在 90A、泵轴不窜动、噪声正常，漏失量 3 滴/min，说明掺水泵正常，叶轮没有磨损。重新进行保养，将连接部位进行紧固，设备状况正常后，再次录取数据进行对比，得到对比表 6-15。

表 6-15　掺水泵测试前后数据情况对比表

序号	测试时间	站名	测试前(3 月 8 日)		测试后(3 月 9 日)		差值	
			泵出口排量/(m^3/h)	耗电量/(kW·h)	泵出口排量/(m^3/h)	耗电量/(kW·h)	泵出口排量/(m^3/h)	耗电量/(kW·h)
1	10：00~11：00	303 站	200	4612	199	4611	-1	-1
2	11：00~12：00	303 站	200	4612	201	4612	1	0
3	12：00~13：00	303 站	200	4612	200	4612	0	0
4	10：00~11：00	304 站	150	3620	153	3621	3	1
5	11：00~12：00	304 站	150	3620	149	3620	-1	0
6	12：00~13：00	304 站	150	3620	148	3619	-2	-1
	合计		1050	24696	1050	24695	0	-1

② 对症结影响

通过表 6-15 对比可知：测试保养前后，耗电量无明显的变化，说明不会对症结问题造成直接影响。

结论：泵叶轮磨损是非要因。

要因确认七：泵出口管线堵

① 现场测量

2021 年 3 月 10 日，小组成员与站内值班人员一起验证泵出口管线是否淤堵，进行测试，录取数据，记录调整出口压力前后耗电量。

② 对症结影响

冲洗管线后再次录取相同压力点时的耗电量，得到统计表 6-16。

表 6-16　掺水泵测试前后数据情况对比表

序号	测试时间	站名	前(3 月 9 日)		后(3 月 10 日)		差值	
			泵出口压力/MPa	耗电量/(kW·h)	泵出口压力/MPa	耗电量/(kW·h)	泵出口压力/MPa	耗电量/(kW·h)
1	10：00~11：00	303 站	2.1	4612	2.1	4612	0	0
2	11：00~12：00	303 站	2.2	4628	2.2	4627	0	-1
3	12：00~13：00	303 站	2.3	4645	2.3	4645	0	0
4	10：00~11：00	304 站	2.0	3620	2.0	3620	0	0
5	11：00~12：00	304 站	2.1	3630	2.1	3630	0	0
6	12：00~13：00	304 站	2.2	3645	2.2	3645	0	0
	合计		12.9	24780	12.9	24779	0	-1

通过表 6-16 对比可知：泵出口管线冲洗前后，耗电量无明显的变化，说明不会对症结造成直接影响。

结论：泵出口管线堵是非要因。

经过 1 个多月的现场确认，共确定了三条主要原因，分别是：

① 掺水泵排量大；②单井掺水量大；③排水用电量高。

七、制定对策

召开小组会，针对三条要因，优化方案。

（一）方案优化

针对要因三排水用电量高开展优化方案：

303 站，2017 年改造后新增三个 $2000m^3$ 沉降罐。周围防火堤包围形成一个长 100m、宽 40m 的积水区，雨季积水严重时水深达 0.8m。如果不使用潜水泵抽水排水，怎么办呢？

1. 召开讨论会

2021 年 3 月 15 日召开小组会，研究解决方案，设计方案总体思路：

一是不消耗电能；

二是不堵不漏，符合安全环保要求；

三是实现自动吸水排水，不增加员工工作量；

四是成本在小组成员能力范围内。

按照上述思路，小组成员开展广泛借鉴，对知网、百度、淘宝进行搜索、查新，共提出了两套解决方案：

① 根据楼房房顶排水原理，增加排水管实现自动排水；

② 根据鱼缸换水虹吸原理将积水通过自吸排除，既可节约电能，还可解决影响安全生产的问题。

2. 设计方案

将两套方案的优、缺点进行对比，见表 7-1。

表 7-1　方案优缺点对比

方案	结构原理	优点	缺点	是否选用
直排污水装置	利用高度势能，高度差原理，水位高时自动排水	①制作简单，只需要 4 根长 10m、ϕ48mm 的管；4 人 5 天即可以完成；②方案成熟，可借鉴范围广；③可利旧成本低，预计费用 1000 元	①排水效果需要验证存在低洼处水排不出去的可能；②需要定期疏通，需要增加投入时间和成本	否
虹吸排水装置	虹吸原理，达到虹吸条件时，自动吸水排水	①排水效果好；②小组成员自行动手设计完成；③可借鉴范围广	①需要设计加工时间长，预计 15 天；②制作成本相对高预计 2000 元，不需要维护成本	是

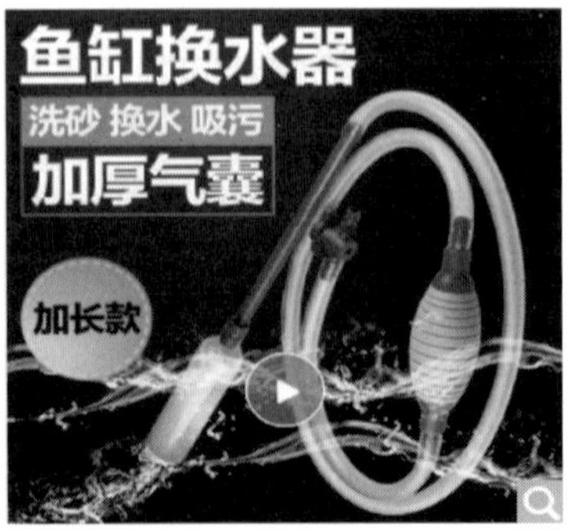

图 7-1　鱼缸换水装置图

通过方案对比后，选择虹吸排水装置。

鱼缸换水虹吸装置(见图 7-1)不能满足以下条件：

一是排水量较大，最大日排水量约 $100m^3$，鱼缸换水虹吸装置排量不够。

二是虹吸装置需要固定在室外，管径、厚度长度等参数不合适。

三是气囊(压力控制器)不匹配。

综上所述，需要小组成员自己动手研制合适的虹吸排水装置。

集思广益后，设计、绘制虹吸排水装置示意图，见图 7-2。

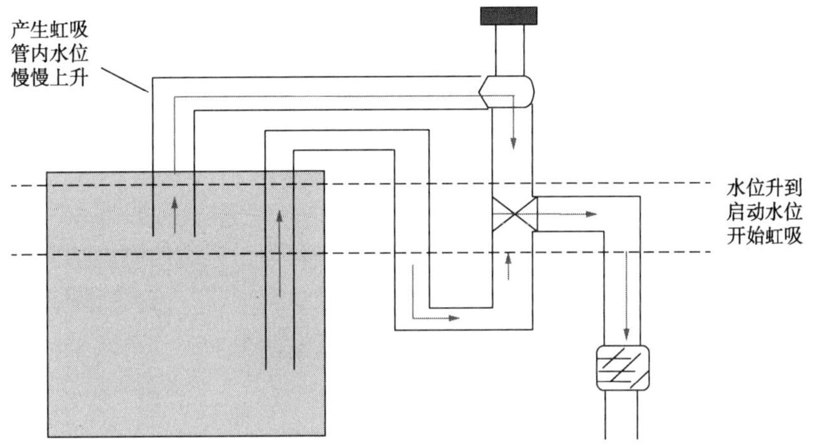

图 7-2　虹吸排水装置示意图

(二) 制定对策

方案优化后，制定了对策表，见表 7-2。

表 7-2　对策表

序号	要因	对策	目标	措施	负责人	地点	完成日期
1	掺水泵排量大	匹配排量合理的泵	掺水泵排量效率达到 80%以上	①根据单井掺水量计算所需泵排量	孙婉馨	办公室	2021 年 4 月 30 日
				②安装变频器增加泵排量调整范围		泵房	
				③试验确定合理的频率范围		办公室	
2	单井掺水量大	降低单井掺水量	单井掺水量 ≤0.8m^3/h	①射流处理单井掺水管线	王莉莉	单井	2021 年 5 月 1 日
				②试验制定合理的冲洗参数编制试验方案现场试验		办公室 单井	
				③对比单井掺水量，制作回压控制指导图		办公室	
				④对比耗电量变化		办公室	
3	排水用电量高	研制虹吸排水装置	排水耗电量降低到 0	①设计参数绘制图纸	孔德玥	办公室	2021 年 5 月 10 日
				②购进物料		市场	
				③按图纸制作		站内	
				④现场试验		站内	
				⑤有无负面影响认证		办公室	

制表人：王秀芝　　　　制表日期：2021 年 3 月 25 日

八、对策实施

小组成员分头行动，按对策表开始实施。

实施一：匹配排量合理的泵

1. 根据单井掺水量计算所需泵排量

2021 年 3 月 28 日，小组成员孙＊根据开井数，单井掺水量按管理制度要求计算，掺水泵排量效率按 80%~120%，得到满足生产时泵的最优排量，见表 8-1。

表 8-1 计算掺水泵排量数据表

站名	最大掺水量/（m^3/h）	掺水泵排量/（m^3/h）	电机功率/kW			排量效率/%
			前	后	差值	
303 站	235.2	180+60	190	105	-85	98
304 站	232.8	150+60	320	235	-85	110.9
合计	468	450	510	340	-170	104

优化后，掺水泵排量效率在 98%～110.9%，在合理区间内，应用的电机功率减少了 170kW。

2. 安装变频器

进行对比优化后，2021 年 4 月 8 日，由赵＊负责，首先在 303 站 1#掺水泵（排量 200m^3/h）上安装变频器 1 台。

3. 试验确定合理的频率范围

由小组成员王＊＊负责，从 2021 年 4 月 11 日开始，连续 8 天试验摸索最节能的变频范围。将变频器调整到不同频率值，录取泵排量和耗电量，得到统计表 8-2。

表 8-2 连续跟踪数据统计表

日期	44Hz		43Hz		42Hz		41Hz		40Hz		39Hz	
	耗电量/（kW·h）	排量效率/%	耗电量/（kW·h）	排量效率/%	耗电量/（kW·h）	排量效率/%	耗电量/（kW·h）	排量效率/%	耗电量/（kW·h）	排量效率/%	耗电量/（kW·h）	排量效率/%
4.11	2725	94.1	2679	93.1	2410	90.1	2290	88.1	2133	88	2032	87.3
4.12	2701	94.0	2665	92.9	2409	90.1	2298	88.1	2135	88	2019	87.2
4.13	2689	93.8	2648	92.5	2396	89.8	2295	88	2135	88	2012	87.0
4.14	2699	93.8	2639	92.5	2389	89.9	2293	88	2130	88	2003	86.9
4.15	2705	94.2	2635	91.1	2397	89.7	2297	88	2133	88	2009	86.9
4.16	2722	94.2	2649	91.5	2406	90.1	2292	88	2132	88	2018	87.1
4.17	2688	93.7	2677	92.1	2387	89.7	2294	88.1	2134	88	2003	86.5
4.18	2695	93.7	2648	91.2	2406	90.1	2301	88.1	2133	88	2009	86.5
平均	2703	94.0	2655	92.0	2400	90.0	2295	88.0	2133	88	2013	87.0

制作成柱状图进行对比，见图 8-1。

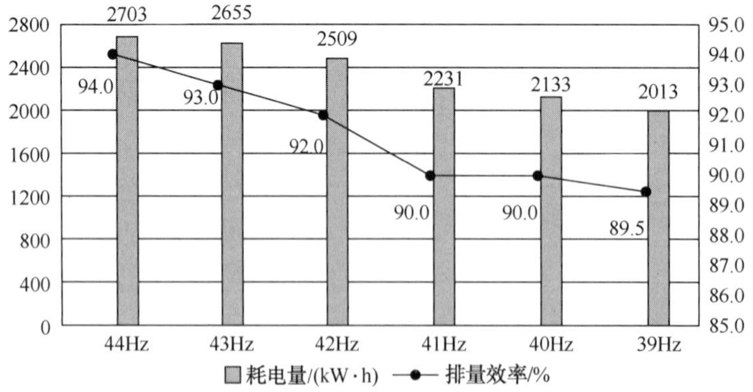

图 8-1 耗电量与排量效率变化趋势图

通过 8 天的连续跟踪，确定了合理的变频范围在 39～41Hz，保证泵排量效率在 89.5%～94.0%，同时满足生产需要。

2021 年 4 月 23 日，由赵＊负责在 304 站 1#掺水泵上也安装了变频器，并跟踪调整到节能状态。该措施有效。

实施二：降低单井掺水量

1. 射流处理单井掺水管线

自 2021 年 4 月 3 日开始，空穴射流试验处理掺水量大于 2.0m^3/h 的挂线井。X＊-32-E911 射流除垢后，掺水量由 3.56m^3/h 降低到 1.8m^3/h，平均单井掺水量 0.6m^3/h（3 口井挂线），效果较好。

2. 试验制定合理的冲洗参数

① 编制试验方案

2021 年 4 月 5 日，根据对策表，由王＊＊负责编制试验方案。见图 8-2。

降低单井掺水量试验方案

一、选井条件

共挑选6口井，按集油半径500m、800m、1000m 分3组，每组2口井进行试验。要求6口井回压超过1.5MPa(不为长时间管线堵井)且每组对比井回压不超过0.2MPa；6口井均为单管冷输井；每组对比井单井集油管径相等、单井回油温度不超过2 MPa、理排或产量基本相等(低10、中30、高50)、70/80~90含水在75%~90%。

二、试验过程

1.基础数据录取

试验井静态数据统计表

序号	井号	计量间号	是否端点	量油方式	回油管径	回油管长	管线材质	集油方式	备注
1									
2									
3									
4									
5									
6									

第一组井生产情况统计表

井号	泵型	冲次	理排	日产液	日产油	含水	泵效	电流(上/下)	回油温度	回压	掺水量

图 8-2　试验方案

② 现场试验

2021 年 4 月 10~12 日，王＊＊负责按照试验方案，开展不同压力及排量的在线冲洗试验。每天试验 2 口井，每间隔 5min，同步录取回油温度和井口回压，每口井冲洗 100min，共计试验 6 口井，整理后得到数据表 8-3~表 8-5。

参数一：压力 2.2MPa，排量 38m^3/h

表 8-3　参数一：试验数据表

时间/min	5	15	30	45	60	75	90	100
回油温度/℃	22	25	26	28	40	50	55	60
井口回压/MPa	1.8	1.8	1.7	1.7	1.5	1.2	0.9	0.9

参数二：压力 2.8MPa，排量 36m³/h

表 8-4　参数二：试验数据表

时间/min	5	15	30	45	60	75	90	100
回油温度/℃	25	28	35	40	55	60	65	65
井口回压/MPa	2.3	2.2	1.7	1.5	1.0	0.8	0.7	0.7

参数三：压力 3.2MPa，排量 30m³/h

表 8-5　参数三：试验数据表

时间/min	5	15	30	45	60	75	90	100
回油温度/℃	25	28	35	38	40	50	58	63
井口回压/MPa	2.3	2.0	1.5	1.2	1.0	0.9	0.8	0.8

试验表明，参数二压力 2.8MPa、排量 36m³/h 冲洗管线时，回油温度上升快、回压下降到合理范围，效果最好。

将单井井口回压进行统计分析，图 8-3 曲线如下：

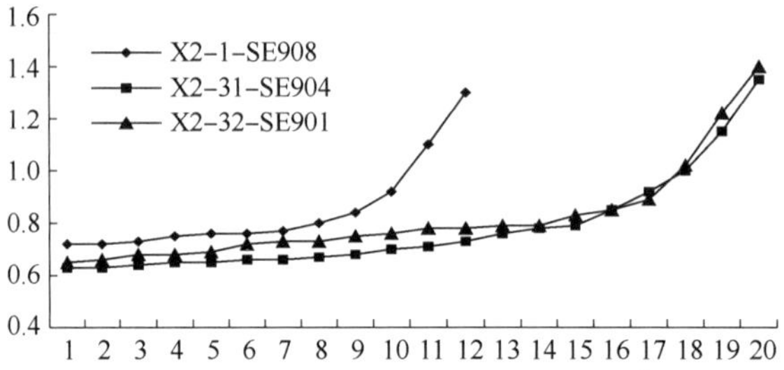

图 8-3　单井回压变化曲线

3. 对比单井掺水量

制作成控制回压指导图，划分为 5 个区域，分别为回压合理区、调大掺水量区、大排量冲洗区、调低掺水量区以及除垢区，方便员工日常管理，见图 8-4。

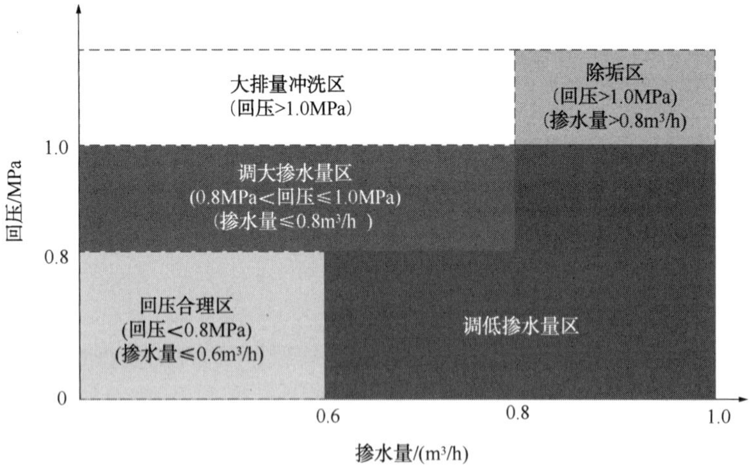

图 8-4　控制回压指导图

应用后，有 86 口井回压控制在合理区，掺水量 0.6m³/h，在完成目标的基础上，优于目标值 0.2m³/h。该措施有效。

实施三：研制虹吸排水装置

1. 设计参数绘制图纸

小组成员分工负责，以 303 站为设计依据，现场测量尺寸：排水池墙高度 1.0m，最大日排水

量按 $100m^3$ 计算，根据公式 $Q=\frac{\pi D^2}{4}\times 86400$，计算出所需管径 $D=38.4mm$，查阅管道公称直径规范，确定管径为 ϕ50mm、承压 1.6MPa，确定了参数，优选了材质，汇总表见表 8-6。

表 8-6　虹吸排水装置参数汇总表

最大排水量/(m^3/s)	排水管直径/mm	承压/MPa	材料
0.00116	50	1.6	PVC

根据伯努利方程式，设计各个尺寸，按所需尺寸绘制图纸，见图 8-5。

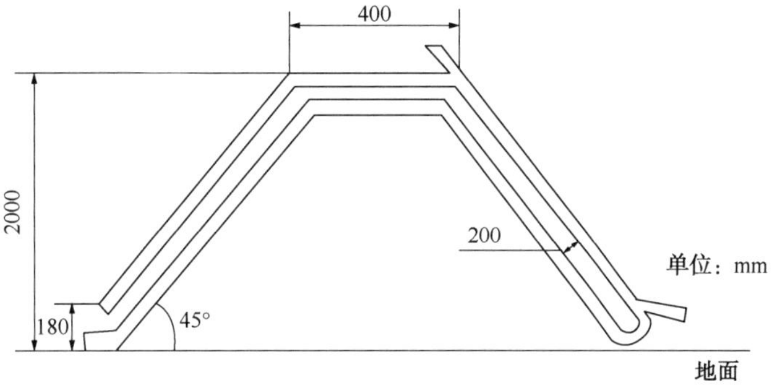

图 8-5　虹吸排水装置加工图

制图人：孙萱　制图日期：2021 年 4 月 5 日

2. 购进物资

2021 年 4 月 9 日，开始在市场购进所需物料，ϕ50mmPVC 管 4 根 16m，三通 2 个，弯头 10 个，闸门 1 个。

3. 加工制作

2021 年 4 月 15 日，开始按照图纸进行制作，7 天后完成。

4. 现场试验

2021 年 4 月 28 日，孔德玥负责进行现场试验，不进气、不堵塞，实现当水位高于设定值时自动吸水排水。

自 2021 年 5 月以来，未接电抽水排水，耗电量降低到 0，安全系数也提高了。

应用后，排水耗电量降低到 0，该措施有效。

九、效果检查

1. 目标值完成情况

通过小组活动，集输系统耗电量明显下降，2021 年 1～12 月集输系统耗电量降低到 829.3×10^4 kW·h，与目标值对比，节电 15.7×10^4kW·h。

小组活动目标值实现了，见图 9-1。

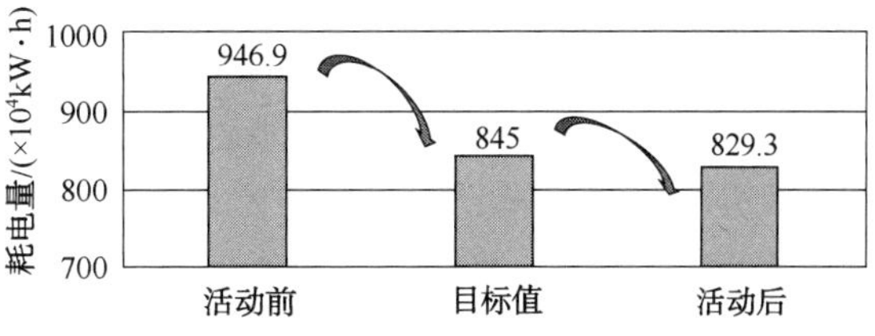

图 9-1　目标完成情况柱状图

2. 对症结的影响程度

实施前后 6 个月数据进行对比，症结问题掺水泵耗电量占比由 73.4%降低到 55.5%，下降了

17.9 个百分点。

表 9-1　303 站和 304 站耗电量分布统计表

序号	泵名称	实施前		实施后	
		耗电量/（$\times10^4$kW·h）	占比/%	耗电量/（$\times10^4$kW·h）	占比/%
1	掺水泵	142.5	73.4	64.1	55.5
2	输油泵	29.2	15.1	29.2	25.3
3	加药泵	13.1	6.8	13.1	11.4
4	采暖泵	5.2	2.7	5.2	4.5
5	其他	3.9	2	3.9	3.3
合计		193.9	100	115.5	100

再次制作饼分图，变化明显，见图 9-2。

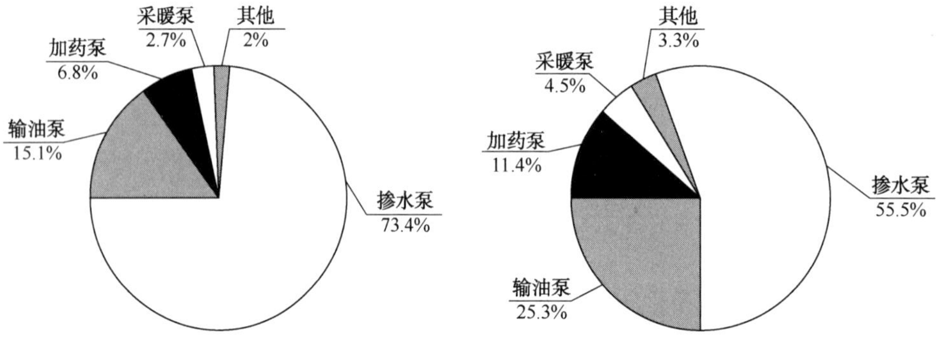

303站和304站耗电量饼分图(活动前)　　303站和304站耗电量饼分图(活动后)

图 9-2　活动前后症结问题饼分图

3. 经济效益

本次活动取得了较好的经济效益，节电量 117.6$\times10^4$kW·h，单价按 0.636 元/kW·h 计算，节约成本 74.79$\times10^4$元；支出 8.06$\times10^4$元，取得经济效益 66.73$\times10^4$元，见表 9-2。

表 9-2　小组活动成果经济效益统计表

项目	投入成本			产出		
	数量	单价/（$\times10^4$元）	成本/（$\times10^4$元）	项目	效果	成本/（$\times10^4$元）
安装变频器/个	2	2	4	节电 117.6$\times10^4$kW·h 节约成本＝117.6$\times$0.636 ＝74.79$\times10^4$元		
空穴射流单井管道/口	13	0.3	3.9			
制作虹吸排水装置/个	1	0.16	0.16			
创效	74.79－8.06＝66.73$\times10^4$元					

4. 社会效益

通过 QC 活动：进行了大量的现场试验，解决了生产难题，节约了电能，缩短了员工调整掺水量操作耗时，减少了值班员工排水泵巡检次数。

十、制定巩固措施

1. 为了巩固活动成果，召开小组会，将活动中证明的有效措施纳入相关制度。巩固措施明细表见表 10-1。

表 10-1 巩固措施明细表

要因	对策	目标	措施	是否有效
掺水泵排量大	匹配排量合理的泵	掺水泵排量效率达到 80%以上	①根据单井掺水量计算所需泵排量	有效
			②安装变频器增加泵排量调整范围	
			③试验确定合理的频率范围	
单井掺水量大	降低单井掺水量	单井掺水量≤0.8m^3/h	①射流处理单井掺水管线	有效
			②试验制定合理的冲洗参数	
			③对比单井掺水量，制作回压控制指导图	
排水用电量高	研制虹吸排水装置	排水耗电量降低到 0	①设计参数绘制图纸	有效
			②购进物料	
			③按图纸制作	
			④现场试验	

2. 完善管理制度。制定《第＊油矿掺水泵变频器频率调整规范》《第＊油矿油井管线冲洗参数管理规范》《第＊油矿虹吸排水装置使用规范》。

十一、总结和下一步打算

1. 总结

小组成员将本次活动过程进行回顾，从选择课题、现状调查、制定目标，到方案实施，不论是现场落实还是数据统计，都是全员参与，认真分析，制定方案时通过多方面对比，优化方案，实施后效果较好，达到预期目标。

经过小组活动，不仅解决了生产技术难题，解决了安全、环保方面的问题，管理水平、小组成员的综合素质方面都有所提高。小组成员的提升和不足统计表见表 11-1。

表 11-1 小组成员提升和不足统计表

项目	提高	不足
专业技术方面	在现状调查及目标制定过程中，小组成员对转油站设备耗电节点、在用设备状态及存在的节能潜力等相关知识、管理制度进行了全面系统的学习，提升了集输系统工艺知识全面性。总结出不同回压时冲洗水量、冲洗时间，为了指导员工操作，绘制成指导图，一目了然，尤其适用于现场管理。除了学习变频器等节能电器专业知识外，还掌握了采油工程专业知识，督查热洗周期、热洗时间等参数，积累了知识，提升了专业技术水平	设备特性方面掌握不全面
管理水平方面	小组成员来自不同的岗位，主管领导亲自参加小组例会，开展 PDCA 循环，学会使用饼分图、关联图等工具，在统计分析时，能够把握好逻辑性、系统性、时效性，效果较好。同时还完善了变频器合理区间的调整方法，提升了基层干部、员工的质量意识	CAD 工具使用方面存在不足
小组成员综合素质	小组成员分析问题、解决问题的能力有所提升，尤其是在复杂问题面前，从不同角度通过层层分析找到实质问题，大家一起想方设法，在要因确认和对策实施期间，放弃周末休息时间现场测试、整理数据，协作精神、创新精神、奉献精神方面提升也较大，更主要的是得到了领导的表扬、基层队的认可，小组成员孙婉馨同志被评为厂优秀员工	总结能力方面还需要提升

2. 下一步打算

小组成员积极参与 QC 活动，分析问题、解决问题的能力有所提升，团结协作精神、攻坚啃硬精神有所提高，为今后更好地开展工作打下了良好的基础。

小组活动发现，集输系统耗电量有所下降，但是全矿耗电量仍然很高，因此小组将以《降低机采井耗电量》为题，继续开展 PDCA 循环。

成果点评

该成果活动类型为问题解决型(自定目标)课题。攻坚 QC 小组针对所在油矿集输系统耗电量超标问题，围绕企业“降本增效”经营方针，开展 QC 小组活动。通过分层整理和分析，确定 303 站、304 站掺水泵耗电量高为症结，依照“用数据说话”的原则，运用了关联图、调查表、排列图、折线图、柱状图、饼分图等统计方法，采取了匹配排量合理的泵、降低单井掺水量、研制虹吸排水装置三个有效对策及措施，最终实现了课题目标，同时，取得了可观的经济效益，并制定了相应的巩固措施，活动过程逻辑较严密，符合 T/CAQ 10201—2020《质量管理小组活动准则》要求。

本 QC 小组成果存在以下方面的不足，希望以后持续改进：

(1) 选择课题与现状调查收集的集输系统耗电量数据的时间段前后不一致。选择课题统计的 2020 年全年集输系统耗电量，现状调查针对 2020 年 7～12 月耗电量情况进行统计分析，同时又提到“耗电量属于厂级季度指标”，出现了三个不同时间段。

(2) 现状调查“4. 按电量消耗类别调查统计”耗电类别节点示意图与表 3-4 泵类别耗电量分步统计不一致，示意图只有掺水泵、外输泵，未见其他泵耗电节点，前后未交代清楚。

(3) 确定主要原因，排水用电量高是 303 站和 304 站内下雨积水抽水所致，没有阐述排水产生的耗电量，表 6-14 排水泵启动与停用耗电量变化统计表所列数据为“2020 年 3~9 月期间”，未说明样本量选择的方案，仅以两个站各三组数据即判定为要因的依据不足。要因确认 6、7 与症结影响程度的判定均以测试前后耗电量的数据进行比较，没有通过末端原因泵叶轮磨损和泵出口管线堵的程度进行测量和判定。

(4) 制定对策中，排水方式对策方案的判定以主观判断为主，缺少试验、测量等客观依据。对策实施三仅验证了“排水耗电量降低至 0”，未看到虹吸排水装置对排水效果的验证，逻辑上缺少对装置排水功能效果的验证。

(5) 效果检查，缺少集输系统 1～12 月耗电量的数据来源，全年统计期包含了对策实施全部完成之前(1～4 月)的时间段；实施前后 6 个月对现状改善程度的说明没有具体月份。

抽油泵双控固定凡尔复位装置的研制

油田探险家 QC 小组

（大庆油田有限责任公司第六采油厂）

一、前言

第六采油厂喇嘛甸油田位于大庆长垣最北端，是受构造控制的层状砂岩气顶油藏。油田是一个典型的短轴背斜构造，含油面积 107km^2，原油地质储量 8.17×10^8t，目前油水井数 10704 口。厂里以“早实施、抢实施”为原则，通过抢上产方案提水平、抢实施进度保贡献，确保当年的增油目标。目前常见的新井射孔可以依靠“新井下泵联作一体化技术”抢抓投产时间，该技术下管输射孔管柱同时把抽油泵、抽油杆也下入井内，射孔枪定位、起爆(油套环空打压)后直接启动投产，可有效预防井喷，加快新井投产速度，而补孔井也同样可以通过联作一体化技术加快投产速度。

二、小组概况

油田探险家 QC 小组成立于 2021 年，共有成员 10 人，一直致力于解决生产现场的实际问题。本次针对“抽油泵双控固定凡尔复位装置的研制”这一课题，小组成员集思广益、调查分析，合理利用各项 QC 工具，共开展活动 17 次，取得了良好的效果。小组概况统计表见表 2-1。

表 2-1　小组概况统计表

小组简介						
小组名称		油田探险家 QC 小组		注册编号	QC-CY6-2021067	
课题名称		抽油泵双控固定凡尔复位装置的研制		成立时间	2021 年 3 月	
课题类型		创新型		活动时间	2021 年 3~12 月	
小组人数(≤10 人)		10 人		当年活动次数	17	
近三年获奖情况		无				
小组成员情况						
序号	姓名	年龄	文化程度	岗位/职称	组内分工	备注
1	李昊洋	32	研究生	组长/工程师	组长	
2	郑丽红	48	大学	方案设计/高级技师	组员	
3	宋玉华	45	大学	方案设计/高级技师	组员	
4	许俊明	56	大学	现场监督/高级工程师	组员	
5	王永强	43	大学	方案审核/高级工程师	组员	
6	解素伟	39	大学	方案设计/高级工程师	组员	
7	洪微微	36	大学	方案审核/工程师	组员	
8	贾婷婷	30	研究生	资料管理/工程师	诊断师	
9	房家民	29	大学	现场监督/助理工程师	组员	
10	李美薇	29	大学	资料管理/助理工程师	组员	

三、课题选择

2021年年初，采油六厂油田管理部根据近几年补孔工作状况召开生产会议，主管生产的副厂长要求，面对大批量补孔井是否能够降低油井的放喷影响时间，加快投产速度，降低投入成本。

1. 需求分析

生产角度分析：自2019年开始，喇嘛甸油田因为地层层系的调整，开展全区块补孔产能建设工作。2019~2020年平均每年的补孔井数量高达300~400口井，其中每个区块的油井数量占比高达50%左右，每个区块每天油井所影响的产量如图3-1所示，如果能够提前一天尽快投产，那么将会在产量上变得更加主动。

安全环保角度分析：通过数据统计发现因为压力高而放喷的油井，每个区块占比高达10%，如图3-1所示，放喷过程中无法起枪下泵，费时费力的同时耽误油井的投产时间。

经济效益角度分析：补孔施工前的压井液是一笔投入费用，同时起枪、下泵两道工序的费用也是一笔不小的支出，如果遇到井底压力较高的放喷井无法及时投产，耽误产量的同时经济效益也受到影响。

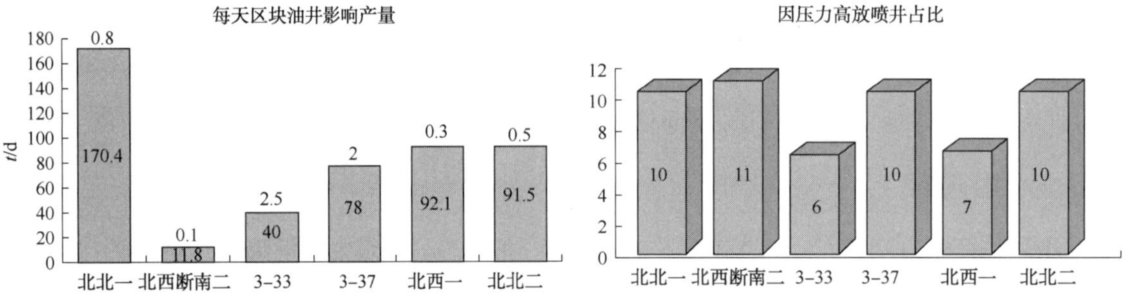

图3-1 不及时投产影响产量统计图

综上所述，能否借鉴新井射孔中的下泵联作一体化技术（该技术通过管输射孔管柱把抽油泵下入井内，通过油套环空进行打压起爆射孔完成投产，减少起枪、下泵两道工序，平均缩短作业施工周期2d、节省作业费用，避免射孔后井筒压力高无法起枪下泵难题，避免作业压井以及井喷事故的发生、减少环境污染、提高新井射孔投产及时率，早产油、多产油），打压工作原理图如图3-2所示。但是补孔井存在原始层位，造成无法进行油套环空打压，只能在油管内部形成导压通道，才可以实现压力的传导，而抽油泵的固定凡尔球成为阻碍压力传导的关键因素，如何控制固定凡尔球的支撑和回落成为需要解决的难题，抽油泵活塞工作原理如图3-3所示。

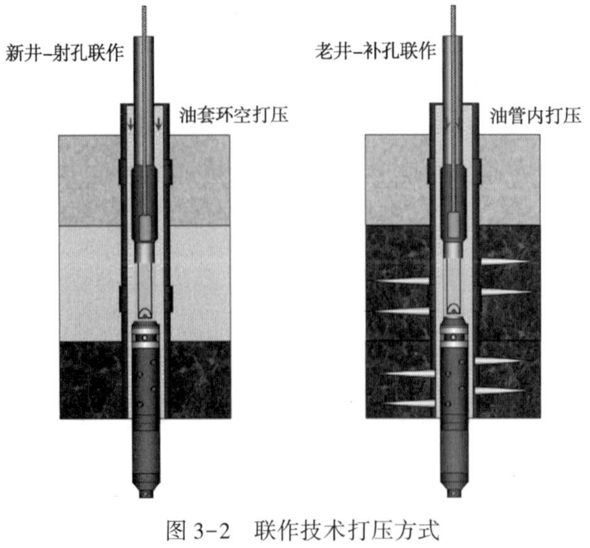

图3-2 联作技术打压方式

如表 3-1 所示，2020 年 9~11 月补孔井单井起枪下泵平均耗时达到 28h，耗时的主要原因除了普通的起枪、下泵过程中管柱的拆、装动作等比较耗时费力，同时还存在补孔井内部压力过大造成管柱起下比较困难等因素。2021 年由于作业队伍数量有限，补孔井数量大幅度增加，生产任务繁重，需要找到办法减少施工耗时，岗位员工将需求反映到小组，希望小组用技术解决生产力短缺。

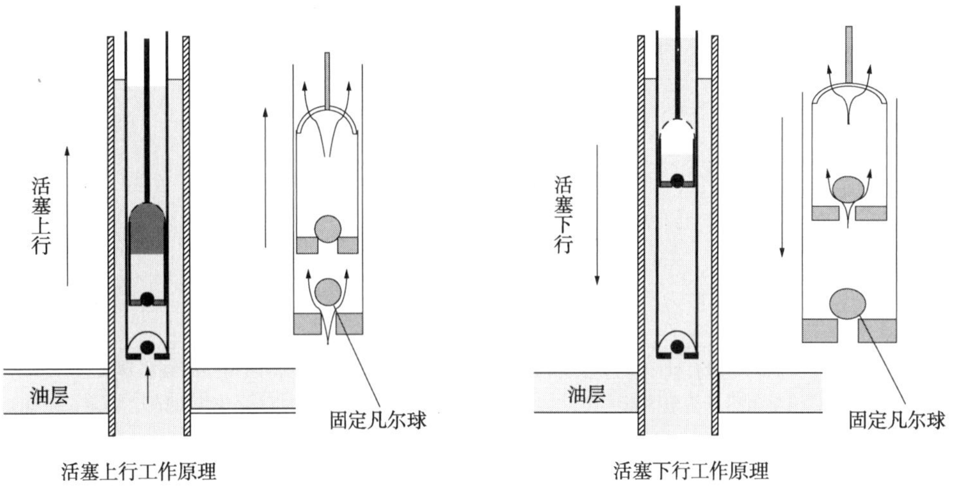

图 3-3　抽油泵活塞工作原理

表 3-1　2020 年 9~11 月补孔井单井起枪下泵耗时统计表

月份	井号	施工日期	耗时/h	耗时原因
9	喇 7-斜 PS1833	9 月 3 日	24	起枪下泵
	喇 5-PS1817	9 月 7 日	36	起枪下泵、井底压力大
	喇 4-斜 PS1825	9 月 18 日	29	起枪下泵、井底压力大
	喇 5-PS1815	9 月 22 日	24	起枪下泵
	喇 6-PS1821	9 月 27 日	36	起枪下泵、井底压力大
10	喇 3-斜 PS1915	10 月 8 日	29	起枪下泵、井底压力大
	喇 7-PS1907	10 月 12 日	24	起枪下泵
	喇 6-PS1903	10 月 15 日	24	起枪下泵
	喇 5-PS2017	10 月 25 日	24	起枪下泵
11	喇 6-PS1925	11 月 9 日	36	起枪下泵、井底压力大
	喇 7-PS1923	11 月 10 日	29	起枪下泵、井底压力大
	喇 7-斜 PS1905	11 月 15 日	24	起枪下泵
	喇 4-斜 PS2105	11 月 18 日	24	起枪下泵
	喇 3-斜 PS2135	11 月 22 日	29	起枪下泵、井底压力大
	喇 5-PS2003	11 月 28 日	24	起枪下泵
平均			28	

制表人：李昊洋　　　　日期：2021 年 3 月 12 日

2. 创新思路借鉴

针对岗位员工的需求，小组成员提出过去有没有相关的装置能够解决补孔联作油管内打压问题，或者是否有相似的装置能实现导压通道的打开呢？针对这个考虑，小组成员搜寻数据找到借鉴，机械转动式复位装置。具体如表 3-2 所示。

表 3-2　借鉴信息统计表

项目名称	借鉴内容 机械转动式复位装置
图示	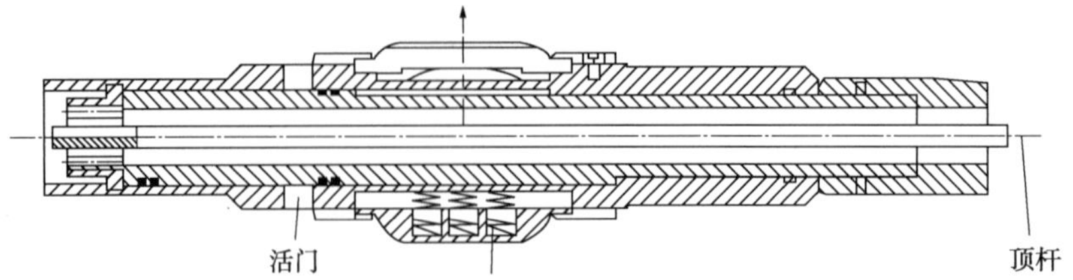 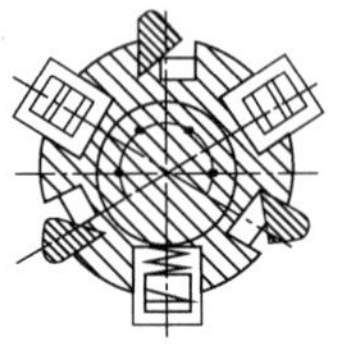
项目分析	利用单一机械结构进行抽油泵固定凡尔球的控制过程。打压前，装置的顶杆能够将球支撑，形成油管内部导压通道，打压起爆后，活堵销钉剪断，定位锁块脱落，正转工具开关打开，顶杆回落，固定凡尔球回落
提炼原理	机械系统替代原理，利用纯机械结构控制抽油泵固定凡尔球的支撑和回落
借鉴特性值	1. 利用顶杆将固定凡尔球支撑，在油管内部形成导压通道，实现压力传导； 2. 整个装置能够控制射孔下泵施工周期≤12h
缺点	纯机械结构比较依赖井筒状况，当井底压力异常或者套管内壁存在死油、死蜡，会无法正转该工具，导致顶杆无法回落

制表人：宋玉华　　　　日期：2021 年 3 月 15 日

3. 确定活动课题

通过创新思路借鉴，小组成员可以根据借鉴装置的结构、原理以及局限性，同样利用顶杆将固定凡尔球支撑，然而单一应用机械结构不稳定，所以可以采取多种控制方式控制顶杆回落，完成补孔联作一体化技术，最终实现施工耗时时间的缩短。本课题实现的技术需求与借鉴对象有以下几点不同：

（1）机械控制部分，原装置所应用的顶杆无特殊防堵结构设计，如果上层连接油管存在内壁死油、死蜡会导致装置导压通道堵塞。

（2）动力控制部分，单一依靠纯机械支撑卡瓦和定位锁块控制顶杆回落不可靠，现场试验过程中成功率仅为 75%。

（3）外体连接部分，机械结构连接部分由于当时技术限制，外体连接无法满足当前射孔枪打压要求。

总结：由于借鉴的装置无法完全满足生产现场的用户使用需求，本小组确定课题开展抽油泵双控固定凡尔复位装置的研制。

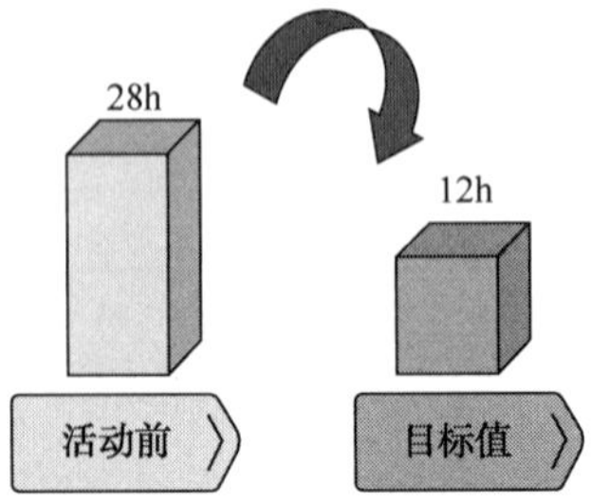

图 4-1　设定目标

制图人：解素伟

日期：2021 年 3 月 25 日

四、设定目标及目标可行性论证

（一）设定目标

小组成员在生产现场进行讨论，并对课题目标进行了量化，根据补孔井平均起枪、下泵周期 28h，通过借鉴，应用补孔联作一体化管柱 12h 就可以完成起爆射孔枪、下泵直接投产的生产流程。

最终确定目标值，平均单井射孔枪起爆、下泵耗时由原来的 28h 降低为 12h。如图 4-1 所示。

（二）目标可行性论证

小组利用现场试验对借鉴的内容进行论证。通过应用模拟方案，将工具应用在补孔联作技术中，试验后检查耗时时间，来判断相关借鉴的可行性。模拟方案见表 4-1。

表 4-1　模拟方案分析列表

项目	机械转动式复位装置试验分析
图示	
试验验证	现场进行验证，验证 2 口井。试验内容：在补孔油井中应用机械转动式复位装置。成功 2 口井，成功率 100%
	日期：2021 年 4 月 11 日
	试验人：许俊明
操作性	两人操作
	按照常规工序操作，耗时≤12h
安全性	装置本身的结构以及材质抗压效果都与正常管柱一样，因为射孔瞬间的冲击力影响可能会造成内部结构稳定性出现问题，同时纯机械结构会受井筒内壁的影响
实用性	减少施工工序和耗时，防止井喷，有利于环保安全，提前顺利投产
综合评估	优势：机械转动式复位装置，可以将固定凡尔球支撑，形成导压通道，射孔枪起爆后，活堵销钉剪断，定位锁块脱落，正转工具开关打开控制顶杆回落，固定凡尔球坐封，油井可直接投产运行，整个施工耗时≤12h。 不足： 1. 机械控制端顶杆容易被死油堵塞； 2. 外体连接部分材质和制作工艺受到限制，密封性受到影响

制表人：郑丽红　　　　日期：2021 年 4 月 12 日

上述分析后，完全可以在 12h 内完成下泵投产工序，同时避免多次起管柱造成人力、物力的浪费，以及环境污染等问题的发生。综上所述，小组成员认为所定目标可行。

五、提出方案并确定最佳方案

（一）提出总体初步设计方案

小组成员将“机械转动式复位装置”确定为可行性方案，根据纯机械的不足之处，采用机械和电路双控模块进行顶杆的控制过程。提出具体模块分解方案，本次研制的抽油泵双控固定凡尔复位装置分为机械控制模块、电路控制模块和外体连接模块共 3 部分，如图 5-1 所示。

针对该装置双控部分中最核心的内部电路控制部分进行初步方案设计和优选如表 5-1 所示。最终确定电路控制模块选择双套机电双控电路最合适。

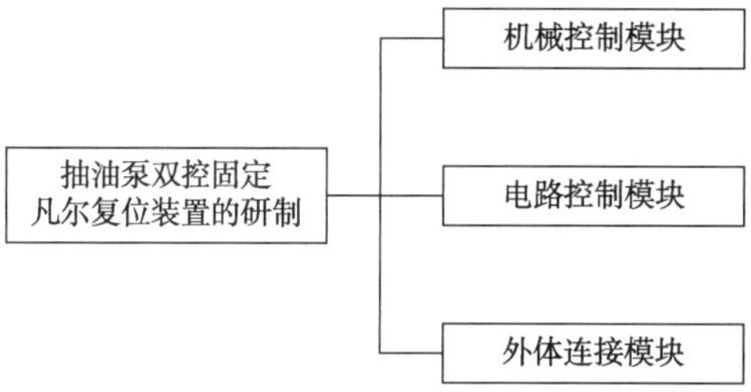

图 5-1　装置分解图

表 5-1 控制电路整体方案优选分析表

项目	方案一	方案二	方案三
总体方案	单套机电双控电路 固定凡尔复位装置	双套机电双控电路 固定凡尔复位装置	三套机电双控电路 固定凡尔复位装置
结构图	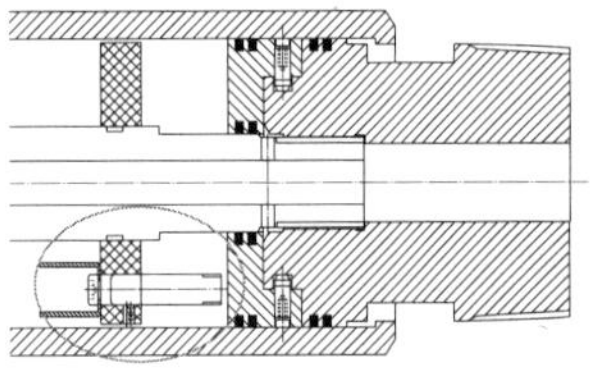	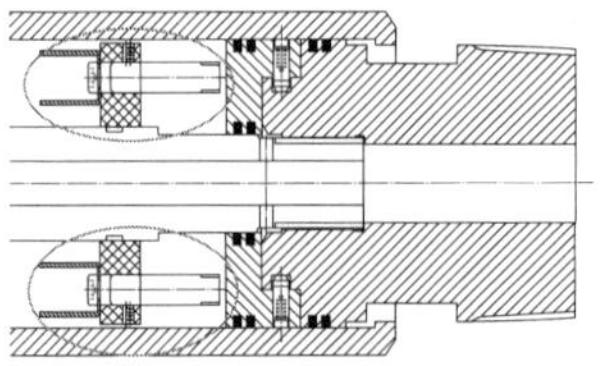	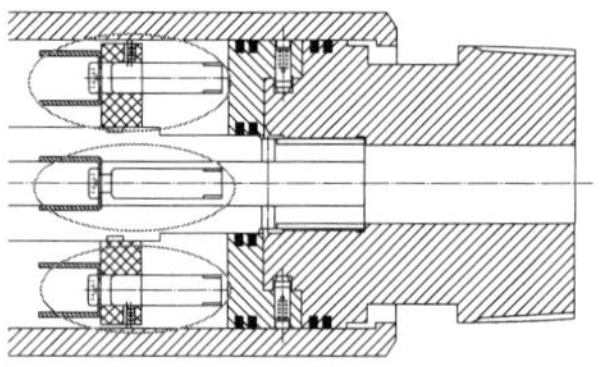
设计理念	装置内部设计单套机电双控电路，井口打压，压力传导到装置内部后启动电路开关，电路延时操作后控制活塞运动将固定凡尔球顶杆回落	装置内部设计双套机电双控电路，井口打压，压力传导到装置内部后启动电路开关，电路延时操作后控制活塞运动将固定凡尔球顶杆回落	装置内部设计三套机电双控电路，井口打压，压力传导到装置内部后启动电路开关，电路延时操作后控制活塞运动将固定凡尔球顶杆回落
可操作性	操作方法： 井口打压 15~18MPa，控制电路开关活塞启动，电路接通，延时 30min 后，阀组阀门打开，活塞筒内的液体向下流出，形成液柱压力带动顶杆回落	操作方法： 井口打压 15~18MPa，控制电路开关活塞启动，电路接通，延时 30min 后，阀组阀门打开，活塞筒内的液体向下流出，形成液柱压力带动顶杆回落	操作方法： 井口打压 15~18MPa，控制电路开关活塞启动，电路接通，延时 30min 后，阀组阀门打开，活塞筒内的液体向下流出，形成液柱压力带动顶杆回落
	井口两人操作	井口两人操作	井口两人操作
安全性	单套机电双控电路如果安放置内部一侧，稳定性差	双套机电双控电路可以分配在装置的两侧，存在一定间距，不会相互影响	三套机电双控电路在装置内部比较拥挤，虽然稳定性提升，但是电路间距较近会造成相互影响
经济性	费用 5500 元	费用 6500 元	费用 7500 元
综合分析	方案一经济型最佳，但是稳定性最差；方案三稳定性最好，但是由于装置内部电路之间相互影响，并且经济性较差，因此选定方案二为最佳总体方案		
结论	不采用	采用	不采用

制表人：李昊洋　　　　日期：2021 年 4 月 17 日

（二）确定最佳方案

依次按着装置的机械控制模块、电路控制模块和外体连接模块进行方案确定。需求分析表见表 5-2~表 5-4。

表 5-2 机械控制模块需求分析表

依据	静液柱压力公式
	ϕ57 抽油泵下接头到固定凡尔球之间的尺寸

需求分析	结论
1. 顶杆回落的启动压力 9~10MPa，只有活塞筒内液体密度>0.80kg/m³，能够保证阀组打开后静液柱压力至少达到 9MPa，控制复位活塞下落，同时带动顶杆回落。 静液柱压力计算公式：$p=\rho\times g\times h$	1. 液柱压力控制端液体密度为>0.80kg/m³； 2. 顶杆尺寸 140mm； 3. 密封胶圈，耐高温、耐腐蚀以及密封性良好，尺寸 22mm
2. 顶杆尺寸的选择，根据抽油泵与装置上接头完整对扣后的尺寸进行设计，抽油泵下接头从固定凡尔到端口距离 140mm，所以顶杆尺寸 140mm	
3. 复位、开关活塞的密封胶圈选择，耐高温、耐腐蚀以及密封性良好的，直径尺寸在 22mm	

制表人：贾婷婷　　　　日期：2021 年 4 月 20 日

表 5-3　电路控制模块需求分析表

<table>
<tr><td rowspan="2">依据</td><td colspan="2">电路控制的稳定性</td></tr>
<tr><td colspan="2">阀组开关的灵活性</td></tr>
<tr><td colspan="2">需求分析</td><td>结论</td></tr>
<tr><td colspan="2">1. 电路的电池选择，耐高温、耐腐蚀以及稳定性强，容量≥4600mA · h/节，数量为 4 节/组</td><td rowspan="4">1. 电池容量≥4600mA · h /节，数量为 4 节/组；
2. 阀组开关、电路板以及开关总成的灵敏性强、稳定性好、安全性高以及耐高温</td></tr>
<tr><td colspan="2">2. 阀组开关的灵敏性强、稳定性好、耐高温以及耐腐蚀性</td></tr>
<tr><td colspan="2">3. 电路板的稳定性好、安全性高以及灵敏性强</td></tr>
<tr><td colspan="2">4. 开关总成的稳定性好、安全性高以及灵敏性强</td></tr>
</table>

制表人：房家民　　　　日期：2021 年 4 月 20 日

表 5-4　外体连接模块需求分析表

<table>
<tr><td rowspan="2">依据</td><td colspan="2">井下作业工具规定设备要保持耐压、耐温</td></tr>
<tr><td colspan="2">射孔枪起爆后有巨大的冲击力影响</td></tr>
<tr><td colspan="2">需求分析</td><td>结论</td></tr>
<tr><td colspan="2">1. 装置外体等零部件采用井下工具专用材质设计加工，保证装置整体的耐压、耐温以及耐腐蚀性，同时能够抵抗射孔枪起爆后巨大冲击力</td><td rowspan="2">装置外体和活塞筒等零部需要应用井下工具专用材质设计加工，同时保证抗冲击、耐压、耐温以及耐腐蚀性</td></tr>
<tr><td colspan="2">2. 活塞筒等零部件采用井下工具专用材质设计加工，保证装置整体的耐压、耐温以及耐腐蚀性，同时能够抵抗射孔枪起爆后巨大冲击力，同时活塞筒筛管的孔眼尺寸按照设计要求为直径 10mm</td></tr>
</table>

制表人：李美薇　　　　日期：2021 年 4 月 20 日

根据研发需求设计思路，运用树图对各部分组件制定详细方案，直到可实施阶段为止，整理归纳如图 5-2 所示。

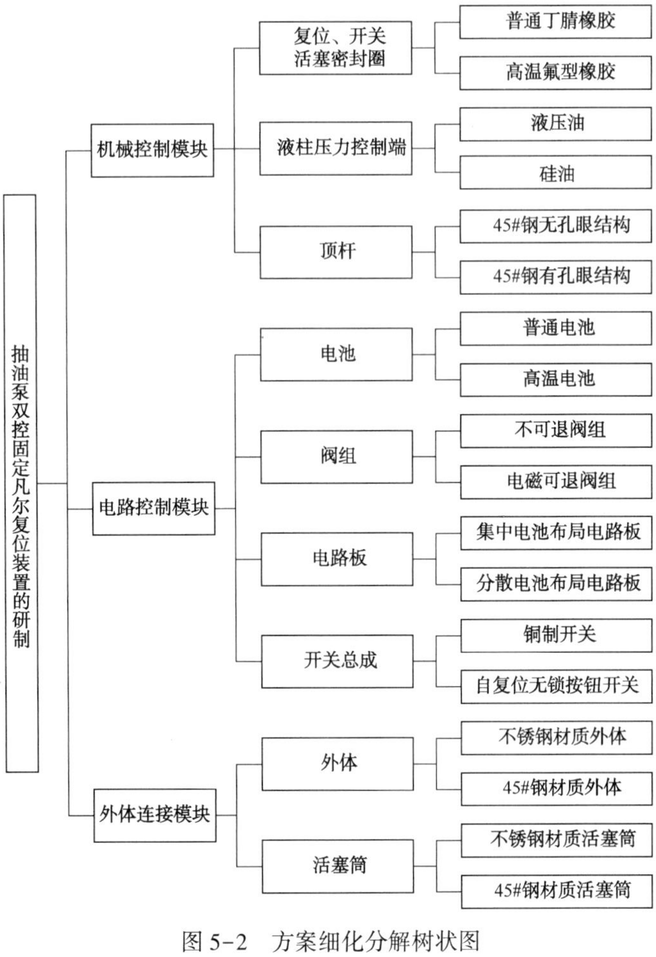

图 5-2　方案细化分解树状图

（三）方案评价

1. 机械控制模块的选择

机械控制模块的复位、开关活塞密封圈选择分析表，顶杆结构选择分析表，液柱压力控制端选择分析表见表 5-5～表 5-7。

表 5-5　机械控制模块——复位、开关活塞密封圈选择分析表

选择依据	《设备管理规定》设备要保持不渗不漏					
备用方案	复位、开关活塞密封圈：普通丁腈橡胶；高温氟型橡胶		选择最佳方案的条件	1. 保证活塞不渗不漏； 2. 不影响主体结构； 3. 耐高温、耐腐蚀	选择方法	市场调查
方案	示意图	材料	相关参数	价格	综合分析	选择结果
方案一		普通丁腈橡胶	耐温范围 -10～40℃、耐腐蚀，耐压	2 元	装置本身内部的活塞需要耐高温、耐腐蚀，方案一耐高温能力偏弱，所以选择方案二	不采用
方案二		高温氟型橡胶	耐温范围 -40～150℃、耐腐蚀，不粘连、耐磨	3 元		采用
注：以上数据均由现场测量、试验以及市场调查得到						
日期：2021 年 5 月 18 日		地点	五金批发市场	人员	洪微微	

表 5-6　机械控制模块——顶杆结构选择分析表

选择依据	《关于井下作业工具管理规定》		备用方案	顶杆：45#钢无孔眼结构；45#钢有孔眼结构		
选择方法	顶杆制作尺寸为外径 24mm、壁厚 12mm、长度 222mm、孔眼直径 6mm					

试验验证：

次数	1	2	3	4	5
无孔眼	堵塞	堵塞	堵塞	堵塞	堵塞
有孔眼	未堵塞	未堵塞	未堵塞	未堵塞	未堵塞
时间	2021 年 5 月 18 日		负责人：宋玉华		

方案	示意图	结构	耐压性	导流能力	综合分析	选择结果
方案一	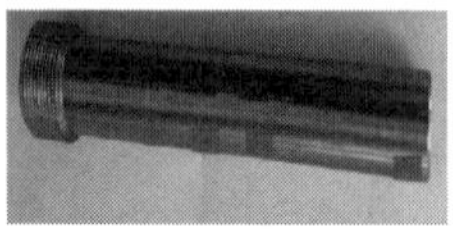	无孔眼	耐压	管柱死油死蜡堵塞装置	考虑到下管柱过程中，管柱内部的死油死蜡堵塞装置问题，方案二在顶杆上设计固定数量的孔眼可以防止杂质堵塞	不采用
方案二	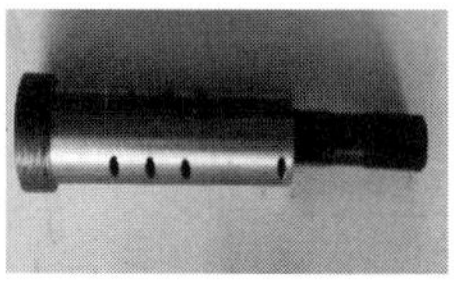	有孔眼	耐压	管柱死油死蜡不能堵塞装置		采用
注：以上数据均由现场测量、试验以及市场调查得到						
日期	2021 年 5 月 18 日	地点	工作室	人员	宋玉华	

表 5-7 机械控制模块——液柱压力控制端选择分析表

选择依据	耐低温，液体密度>0.80kg/m^3				
备用方案	液柱压力控制端：液压油；硅油	选择最佳方案的条件	1. 耐低温； 2. 密度>0.80kg/m^3	选择方法	静液柱压力计算原理
方案	示意图	静液柱压力	相关参数	综合分析	选择结果
方案一	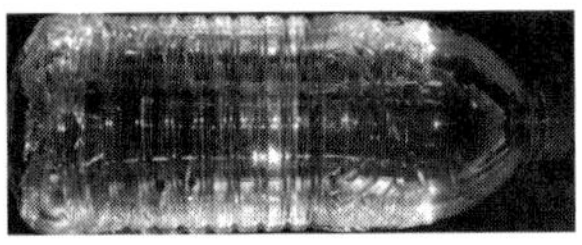	静液柱压力=液体密度×g×井深；$p=\rho\times g\times h$（平均井深 1200m）	密度 0.96kg/m^3，耐低温-45℃，抗氧化，80 元/kg	两种液体都能够满足密度和耐低温要求，液压油耐低温能力更强，价格更便宜	不采用
方案二			密度 0.86kg/m^3，耐低温-55℃，抗氧化，10 元/kg		采用
注：以上数据均由现场测量、试验以及市场调查得到					
日期	2021 年 5 月 18 日	地点	工作室	人员	许俊明

2. 电路控制模块的选择

电路控制模块的电池选择分析表，阀组选择分析表，电路板选择分析表，开关总成选择分析表见表 5-8～表 5-11。

表 5-8 电路控制模块——电池选择分析表

选择依据	耐高温、稳定性强、耐腐蚀、容量≥4600mA/节				
备用方案	电池：普通电池；高温电池	选择最佳方案的条件	1. 耐高温； 2. 容量≥4600mA·h	选择方法	市场调查
方案	示意图	容量	相关参数	综合分析	选择结果
方案一	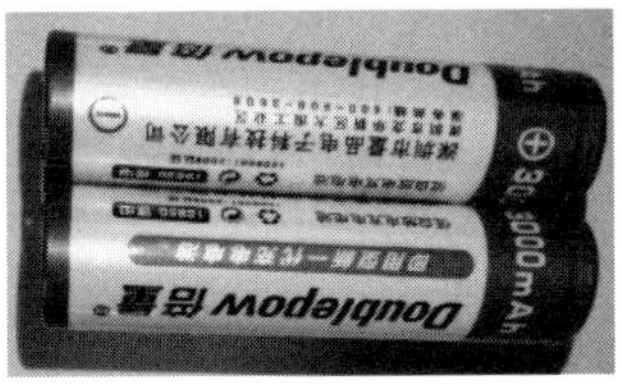	3000mA·h	承受温度范围在-15～40℃，稳定性一般，耐腐蚀性一般	方案二的高温电池能够满足两个条件	不采用
方案二		5000mA·h	承受温度范围在-45～75℃，稳定性强，耐腐蚀性强		采用
注：以上数据均由现场测量和市场调查得到					
日期	2021 年 5 月 18 日	地点	五金批发市场	人员	郑丽红

表 5-9　电路控制模块——阀组选择分析表

<table>
<tr><td>选择依据</td><td colspan="5">阀体开关过程顺畅，无卡顿；小组期望成本<10 元</td></tr>
<tr><td>备用方案</td><td colspan="2">阀组：不可退阀组；电磁可退阀组</td><td>选择最佳方案的条件</td><td>1. 开关灵活；
2. 成本<10 元</td><td>选择方法</td><td>市场调查</td></tr>
<tr><td>方案</td><td>示意图</td><td>成本</td><td>原理</td><td colspan="2">综合分析</td><td>选择结果</td></tr>
<tr><td>方案一</td><td>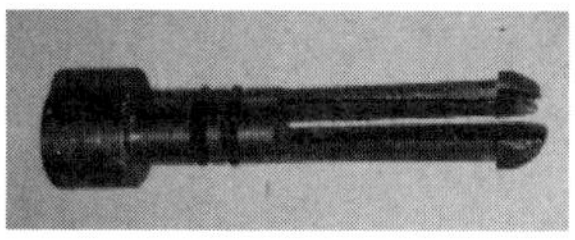</td><td>10 元</td><td>利用阀组的尾端卡簧脱扣弹出动作打开阀组</td><td colspan="2" rowspan="2">方案一虽然可以顺利打开阀组但是不可退，只能进行一次打开动作，方案二可以根据需要可进退</td><td>不采用</td></tr>
<tr><td>方案二</td><td>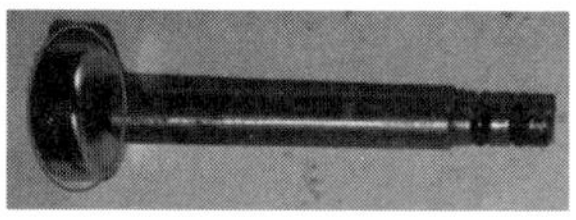</td><td>8 元</td><td>利用电磁线圈通电后产生磁力吸附阀组进行阀组打开动作</td><td>采用</td></tr>
<tr><td colspan="7">注：以上数据均由现场测量、试验以及市场调查得到</td></tr>
<tr><td>日期</td><td colspan="2">2021 年 5 月 18 日</td><td>地点</td><td>五金批发市场</td><td>人员</td><td>房家民</td></tr>
</table>

表 5-10　电路控制模块——电路板选择分析表

<table>
<tr><td>选择依据</td><td colspan="5">《井下设备电子器件管理规定》电路板需保证稳定持续工作</td></tr>
<tr><td>备用方案</td><td>电路板：集中电池布局电路板；分散电池布局电路板</td><td>选择最佳方案的条件</td><td>1. 合理布局电池组，降低相互之间的影响；
2. 结构稳定</td><td>选择方法</td><td>市场调查</td></tr>
<tr><td>方案</td><td>示意图</td><td>结构</td><td colspan="2">综合分析</td><td>选择结果</td></tr>
<tr><td>方案一</td><td></td><td>电路板中心布局电池组，由边端进行电路输出</td><td colspan="2" rowspan="2">方案一中心布局电池组会造成电池组之间相互影响，同时在井筒内容易不稳定，方案二圆周布局电池组后影响更小、稳定性更强，所以选择方案二</td><td>不采用</td></tr>
<tr><td>方案二</td><td>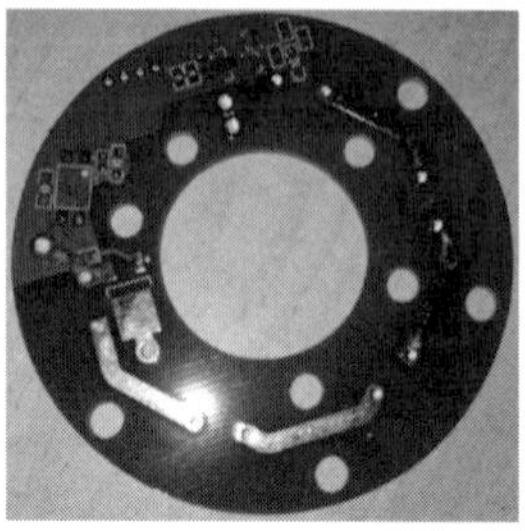</td><td>电路板圆周布局电池组，由中心进行电路输出</td><td>采用</td></tr>
<tr><td colspan="6">注：以上数据均由现场测量、试验以及市场调查得到</td></tr>
<tr><td>日期</td><td>2021 年 5 月 19 日</td><td>地点</td><td>电子批发市场</td><td>人员</td><td>李美薇</td></tr>
</table>

表 5-11 电路控制模块——开关总成选择分析表

选择依据	《井下设备电子器件管理规定》电子开关需保证稳定持续工作					
备用方案	开关总成 铜制开关 自复位无锁按钮开关		选择最佳方案的条件	1. 灵敏好用； 2. 结构简单、使用方便	选择方法	市场调查
方案	示意图	结构	耐性	价格	综合分析	选择结论
方案一		纯铜制开关，结构简单，操作方便	耐高温、耐腐蚀	1 元	方案一即插即用，结构简单，方案二结构稍微复杂，但是稳定性和耐腐蚀性稍微差一些，所以选择方案一	采用
方案二		新型结构开关，能够自复位操作	耐高温	3 元		不采用
注：以上数据均由现场测量、试验以及市场调查得到						
日期	2021 年 5 月 20 日	地点	五金批发市场	人员	解素伟	

3. 外体连接模块的选择

外体连接模块的外体选择分析表，活塞筒选择分析表见表 5-12、表 5-13。

表 5-12 外体连接模块——外体选择分析表

备用方案	外体 不锈钢材质外体 45#钢材质外体	选择最佳方案的条件	1. 符合井下工具使用标准； 2. 耐压、耐高温、耐腐蚀以及结构简单		
方案	供选方案	耐性参数	硬度	综合分析	选择结论
方案一	STS304 不锈钢	耐压、耐高温、耐腐蚀性	50HRC	两个方案耐压、耐高温以及耐腐蚀性都比较强，但是方案二的材质硬度更高、稳定性更强，所以选择方案二	不采用
方案二	45#钢 淬火	耐压、耐高温、耐腐蚀性	55HRC		采用
注：以上数据均由现场测量、试验以及市场调查得到					
日期	2021 年 5 月 20 日	地点	机械加工厂	人员	宋玉华

表 5-13 外体连接模块——活塞筒选择分析表

备用方案	活塞筒 不锈钢材质活塞筒 45#钢材质活塞筒	选择最佳方案的条件	1. 符合井下工具使用标准； 2. 耐压、耐高温、耐腐蚀以及结构简单		
方案	供选方案	耐性参数	硬度	综合分析	选择结论
方案一	STS304 不锈钢	耐压、耐高温、耐腐蚀性	50HRC	两个方案耐压、耐高温以及耐腐蚀性都比较强，但是方案二的材质硬度更高、稳定性更强，所以选择方案二	不采用
方案二	45#钢 淬火	耐压、耐高温、耐腐蚀性	55HRC		采用
注：以上数据均由现场测量、试验以及市场调查得到					
日期	2021 年 5 月 20 日	地点	机械加工厂	人员	宋玉华

（四）确认最佳方案

最佳方案树状图见图 5-3。

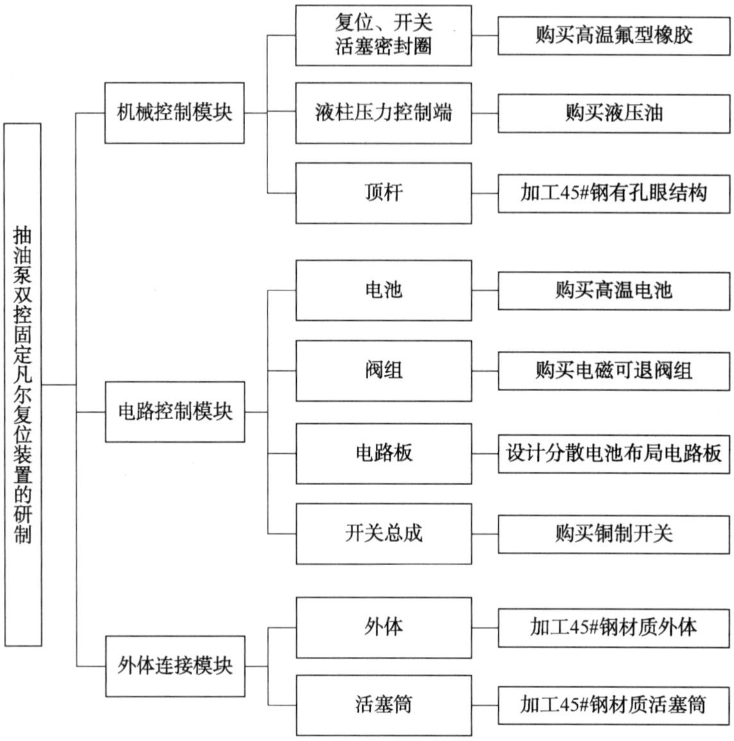

图 5-3　最佳方案细化分解树状图

六、制定对策

根据 5W1H，小组制定了对策表，见表 6-1。

表 6-1　对策表

序号	对策	目标	措施	地点	负责人	完成时间
1	购买高温氟型橡胶圈	采购规格型号高温氟型橡胶圈 ϕ22mm×3. 1mm	1. 购买高温氟型橡胶圈； 2. 核对型号尺寸误差； 3. 效果验证	五金市场	洪微微	2021 年 7 月
2	购买液压油	采购规格型号 32#抗磨液压油	1. 购买 32#抗磨液压油； 2. 核对型号； 3. 效果验证	五金市场	许俊明	2021 年 7 月
3	加工 45#钢有眼结构顶杆	1. 尺寸误差±0. 2mm； 2. 表面无毛刺	1. 绘制零件图； 2. 委托工厂加工； 3. 测量加工精度	机械加工厂	宋玉华	2021 年 7 月
4	购买高温电池	采购规格型号 ER14505 的高温电池	1. 购买高温电池； 2. 核对型号； 3. 效果验证	五金市场	郑丽红	2021 年 7 月
5	购买电磁可退阀组	采购规格型号 SY3120 电磁可退阀组	1. 购买电磁可退阀组； 2. 核对型号尺寸； 3. 效果验证	五金市场	房家民	2021 年 7 月
6	设计分散电池布局电路板	采购规格型号 KS/DK-DL1-125 电路板，并设计分散电池布局结构	1. 购买电路板； 2. 设计分散电池布局结构； 3. 效果验证	工作室	李美薇	2021 年 7 月

续表

序号	对策	目标	措施	地点	负责人	完成时间
7	购买铜制开关	采购规格型号 T 型铜制开关	1. 购买 T 型铜制开关； 2. 核对型号尺寸； 3. 效果验证	五金市场	解素伟	2021 年 7 月
8	加工 45#钢材质外体	尺寸符合设计要求，尺寸误差±0. 2mm	1. 绘制零件图； 2. 委托工厂加工； 3. 测量加工精度	机械加工厂	宋玉华	2021 年 7 月
9	加工 45#钢材质活塞筒	尺寸符合设计要求，尺寸误差±0. 2mm	1. 绘制零件图； 2. 委托工厂加工； 3. 测量加工精度	机械加工厂	宋玉华	2021 年 7 月
10	总体整合试运行	1. 组装调试后工作正常； 2. 装置承压 15~18MPa； 3. 抗外部撞击 5~10kN； 4. 射孔枪全枪发射率 100%	1. 加工好的零件进行组装、紧固、调试； 2. 水泵模拟打压，设备承压检测，外力进行模拟撞击，抗外部撞击检测； 3. 利用监听设备，监测全枪发射率； 4. 现场试验检查效果	采出井井场	李昊洋	2021 年 8~11 月

制表人：王永强　　　　日期：2021 年 7 月 5 日

七、对策实施

1. 对策实施 1 见表 7-1。

表 7-1　购买高温氟型橡胶

<table>
<tr><td>目标</td><td colspan="2">采购高温氟型橡胶圈规格型号 ϕ22mm×3. 1mm</td></tr>
<tr><td>措施</td><td colspan="2">1. 购买高温氟型橡胶圈；
2. 核对型号尺寸；
3. 效果验证</td></tr>
<tr><td rowspan="3">实施过程</td><td>措施 1：购买胶垫</td><td>在五金市场购买高温氟型橡胶圈
</td></tr>
<tr><td>措施 2：核对型号尺寸</td><td>使用游标卡尺对购买的高温氟型橡胶圈进行测量，结果如下：
<table>
<tr><td>项目</td><td>外径/mm</td><td>内径/mm</td><td>线径/mm</td></tr>
<tr><td>目标值</td><td>22</td><td>15. 8</td><td>3. 1</td></tr>
<tr><td>实测值</td><td>22. 1</td><td>15. 7</td><td>3. 2</td></tr>
<tr><td>误差</td><td>0. 1</td><td>0. 1</td><td>0. 1</td></tr>
</table></td></tr>
<tr><td>措施 3：效果验证</td><td>通过测量确定所购买的高温氟型橡胶圈，外径 22mm、内径 15. 8mm、线径 3. 1mm，尺寸符合中心轴油封尺寸</td></tr>
<tr><td>实施目标检查</td><td colspan="2">通过使用游标卡尺对购买的高温氟型橡胶圈测量，实测外径 22mm、内径 15. 8mm、线径 3. 1mm，尺寸误差±0. 1mm，符合要求。目测高温氟型橡胶圈表面光洁平整，弹性良好，表面与普通橡胶圈相比略硬，通过密闭高温环境测试，符合要求</td></tr>
<tr><td>实施时间：2021 年 7 月 7 日</td><td>实施地点：五金市场</td><td>实施人：洪微微</td></tr>
</table>

2. 对策实施 2 见表 7-2。

表 7-2　购买液压油

<table>
<tr><td>目标</td><td colspan="2">采购规格型号 32#抗磨液压油</td></tr>
<tr><td>措施</td><td colspan="2">1. 购买 32#抗磨液压油;
2. 核对型号;
3. 效果验证</td></tr>
<tr><td rowspan="3">实施过程</td><td>措施 1：购买 32#抗磨液压油</td><td>在五金市场购买 32#抗磨液压油

</td></tr>
<tr><td>措施 2：核对型号</td><td>使用密度计、温度采集设备对购买的液压油检测，结果如下：<table>
<tr><td>项目</td><td>密度/(kg/m³)</td><td>耐低温/℃</td><td>耐高温/℃</td></tr>
<tr><td>目标值</td><td>0.86</td><td>-55</td><td>60</td></tr>
<tr><td>实测值</td><td>0.86</td><td>-53.5</td><td>61</td></tr>
<tr><td>误差</td><td>0</td><td>1.5</td><td>1</td></tr>
</table></td></tr>
<tr><td>措施 3：效果验证</td><td>通过检测确定所购买的液压油密度 0.86kg/m³，耐低温-53.5℃，耐高温 61℃，参数符合 32#抗磨液压油的指标要求</td></tr>
<tr><td>实施目标检查</td><td colspan="2">通过使用密度计、温度采集设备对购买的 32#抗磨液压油检测，实测密度 0.86kg/m³，耐低温-53.5℃，耐高温 61℃，符合要求</td></tr>
<tr><td colspan="3">实施时间：2021 年 7 月 12 日　|　实施地点：五金市场　|　实施人：许俊明</td></tr>
</table>

3. 对策实施 3 见表 7-3。

表 7-3　加工 45#钢有眼结构顶杆

<table>
<tr><td>目标</td><td colspan="2">1. 直径×壁厚×长度=24mm×12mm×222mm;
2. 孔眼直径=6mm;
3. 尺寸误差±0.2mm</td></tr>
<tr><td>措施</td><td colspan="2">1. 绘制零件图
2. 利用机械加工厂现有设备加工
3. 效果验证</td></tr>
<tr><td>实施过程</td><td>措施 1：绘制零件图</td><td>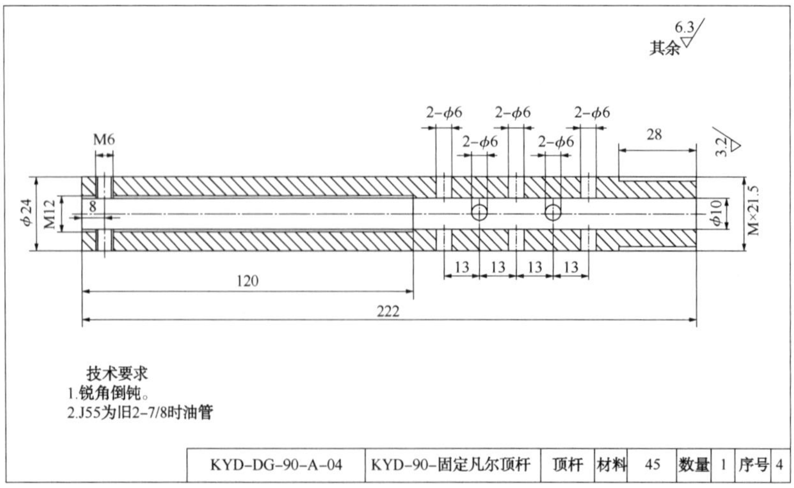
</td></tr>
</table>

续表

<table>
<tr><td rowspan="2">实施过程</td><td>措施 2：利用机械加工厂现有设备加工</td><td colspan="2">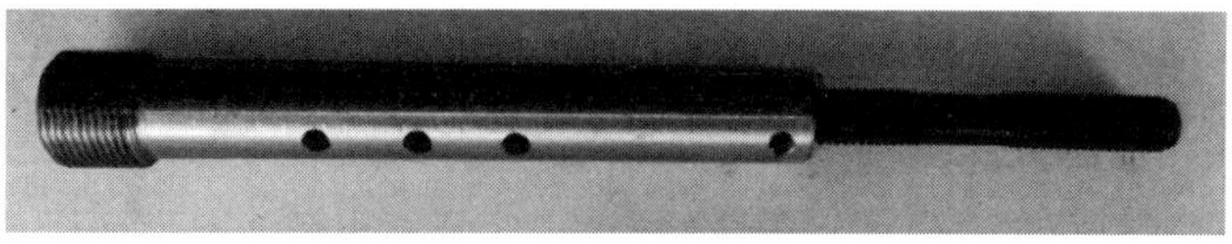
利用机械加工厂的数控锯床、车床、钻床、铣床等设备进行加工</td></tr>
<tr><td>措施 3：测量加工精度</td><td colspan="2">使用游标卡尺对加工后的顶杆进行测量，结果如下：
<table><tr><td>项目</td><td>直径/mm</td><td>厚度/mm</td><td>长度/mm</td><td>孔眼直径/mm</td></tr><tr><td>目标值</td><td>24</td><td>12</td><td>222</td><td>10</td></tr><tr><td>实测值</td><td>24.1</td><td>12</td><td>222</td><td>10.1</td></tr><tr><td>误差</td><td>0.1</td><td>0</td><td>0</td><td>0.1</td></tr></table></td></tr>
<tr><td>实施目标检查</td><td colspan="3">通过使用游标卡尺对加工后的顶杆测量，实测顶杆直径 24mm、厚度 12mm、长度 222mm，孔眼直径 10mm，加工尺寸误差为±0.1mm，符合要求</td></tr>
<tr><td colspan="2">实施时间：2021 年 7 月 14 日</td><td>实施地点：机械加工厂</td><td>实施人：宋玉华</td></tr>
</table>

4. 对策实施 4 见表 7-4。

表 7-4　购买高温电池

<table>
<tr><td>目标</td><td colspan="3">采购规格型号 ER14505 的高温电池</td></tr>
<tr><td>措施</td><td colspan="3">1. 购买 ER14505 的高温电池；2. 核对型号；3. 效果验证</td></tr>
<tr><td rowspan="3">实施过程</td><td>措施 1：购买 ER14505 的高温电池</td><td colspan="2">在五金市场购买 ER14505 的高温电池

</td></tr>
<tr><td>措施 2：核对型号</td><td colspan="2">使用万能表、温度采集设备对购买的高温电池检测，结果如下：
<table><tr><td>项目</td><td>容量/(mA·h)</td><td>耐低温/℃</td><td>耐高温/℃</td></tr><tr><td>目标值</td><td>5000</td><td>-45</td><td>75</td></tr><tr><td>实测值</td><td>5000</td><td>-44.5</td><td>74.5</td></tr><tr><td>误差</td><td>0</td><td>0.5</td><td>0.5</td></tr></table></td></tr>
<tr><td>措施 3：效果验证</td><td colspan="2">通过检测确定所购买的高温电池容量为 5000mA/节，耐低温-44.5℃，耐高温 74.5℃，参数符合 ER14505 高温电池的指标要求</td></tr>
<tr><td>实施目标检查</td><td colspan="3">通过使用万能表、温度采集设备对购买的 ER14505 高温电池检测，实测容量为 5000mA·h，耐低温-44.5℃，耐高温 74.5℃，符合要求</td></tr>
<tr><td colspan="2">实施时间：2021 年 7 月 15 日</td><td>实施地点：五金市场</td><td>实施人：郑丽红</td></tr>
</table>

5. 对策实施 5 见表 7-5。

表 7-5 购买电磁可退阀组

<table>
<tr><td>目标</td><td colspan="2">采购规格型号 SY3120 电磁可退阀组</td></tr>
<tr><td>措施</td><td colspan="2">1. 购买 SY3120 电磁可退阀组；2. 核对型号尺寸；3. 效果验证</td></tr>
<tr><td rowspan="3">实施过程</td><td>措施 1：购买 SY3120 电磁可退阀组</td><td>在五金市场购买 SY3120 电磁可退阀组
</td></tr>
<tr><td>措施 2：核对型号</td><td>使用游标卡尺、通电设备对购买电磁可退阀组检测，结果如下：
<table><tr><td>项目</td><td>长度/mm</td><td>直径/mm</td><td>灵敏度/s</td></tr><tr><td>目标值</td><td>50</td><td>5</td><td>5</td></tr><tr><td>实测值</td><td>50</td><td>5</td><td>5</td></tr><tr><td>误差</td><td>0</td><td>0</td><td>0</td></tr></table></td></tr>
<tr><td>措施 3：效果验证</td><td>通过检测确定所购买的电磁可退阀组长度 50mm、直径 5mm、灵敏度 5s，参数符合 SY3120 电磁可退阀组的指标要求</td></tr>
<tr><td>实施目标检查</td><td colspan="2">通过使用游标卡尺、通电设备对购买的 SY3120 电磁可退阀组检测，实测长度 50mm、直径 5mm、灵敏度 5s，符合要求</td></tr>
<tr><td colspan="3">实施时间：2021 年 7 月 16 日 ｜ 实施地点：五金市场 ｜ 实施人：房家民</td></tr>
</table>

6. 对策实施 6 见表 7-6。

表 7-6 设计分散电池布局电路板

<table>
<tr><td>目标</td><td colspan="2">采购规格型号 KS/DK-DL1-125 电路板，并设计分散电池布局结构</td></tr>
<tr><td>措施</td><td colspan="2">1. 购买 KS/DK-DL1-125 电路板；
2. 设计分散电池布局结构；
3. 效果验证</td></tr>
<tr><td rowspan="3">实施过程</td><td>措施 1：购买 KS/DK-DL1-125 电路板</td><td>在五金市场购买 KS/DK-DL1-125 电路板
</td></tr>
<tr><td>措施 2：设计分散电池布局结构</td><td>使用电器专业设备进行电路板设计和焊接，同时采用上、下两组分散电池布局结构，保证整体的稳定性
</td></tr>
<tr><td>措施 3：效果验证</td><td>通过专业设备检测两组电池的布局结构互不干扰，当有一组电池出现问题后，另外一组电池可当作备用电池持续供电，满足要求</td></tr>
<tr><td>实施目标检查</td><td colspan="2">通过专业设备检测两组电池的布局结构互不干扰，当有一组电池出现问题后，另外一组电池可当作备用电池持续供电，满足设计要求，电路板整体的电池处于分散式布局结构，符合要求</td></tr>
<tr><td colspan="3">实施时间：2021 年 7 月 18 日 ｜ 实施地点：工作室 ｜ 实施人：李美薇</td></tr>
</table>

7. 对策实施 7 见表 7-7。

表 7-7 购买铜制开关

<table>
<tr><td>目标</td><td colspan="2">采购规格型号 T 型铜制开关</td></tr>
<tr><td>措施</td><td colspan="2">1. 购买 T 型铜制开关；
2. 核对型号尺寸；
3. 效果验证</td></tr>
<tr><td rowspan="3">实施过程</td><td>措施 1：购买 T 型铜制开关</td><td>在五金市场购买 T 型铜制开关
</td></tr>
<tr><td>措施 2：核对型号尺寸</td><td>使用游标卡尺、简易电路对购买铜制开关检测，结果如下：
<table><tr><td>项目</td><td>长度/mm</td><td>宽度/mm</td><td>灵敏度/s</td></tr><tr><td>目标值</td><td>35</td><td>3</td><td>2</td></tr><tr><td>实测值</td><td>35</td><td>3</td><td>2</td></tr><tr><td>误差</td><td>0</td><td>0</td><td>0</td></tr></table></td></tr>
<tr><td>措施 3：效果验证</td><td>通过检测确定所购买的 T 型铜制开关长度 35mm、宽度 3mm、灵敏度 2s，参数符合 T 型铜制开关的指标要求</td></tr>
<tr><td>实施目标检查</td><td colspan="2">通过使用游标卡尺、简易电路对购买的 T 型铜制开关检测，当开关有铜杆插入后马上接通，实测长度 35mm、宽度 3mm、灵敏度 2s，符合要求</td></tr>
<tr><td colspan="3">实施时间：2021 年 7 月 20 日   实施地点：五金市场   实施人：解素伟</td></tr>
</table>

8. 对策实施 8 见表 7-8。

表 7-8 加工 45#钢材质外体

目标	外体：上接头、承压套、下接头、导压管。 1. 上接头尺寸：直径×壁厚×长度＝90mm×15mm×188mm； 2. 承压套尺寸：直径×壁厚×长度＝90mm×8. 5mm×517mm； 3. 下接头尺寸：直径×壁厚×长度＝76mm×27. 5mm×169mm； 4. 导压管尺寸：直径×壁厚×长度＝30mm×10mm×461mm； 尺寸误差±0. 2mm
措施	1. 绘制零件图； 2. 利用机械加工厂现有设备加工； 3. 效果验证

续表

<table>
<tr><td rowspan="3">实施过程</td><td>措施1：绘制零件图</td><td>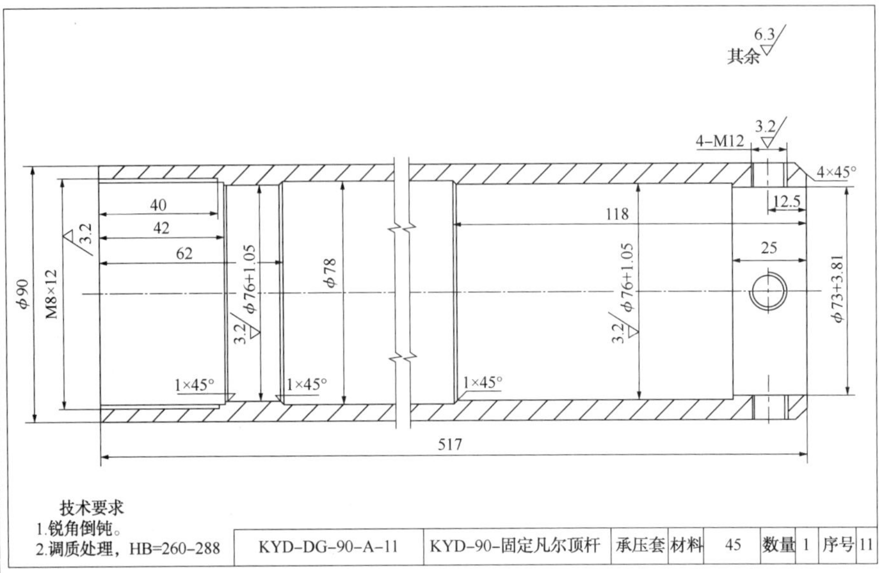
</td></tr>
<tr><td>措施2：利用机械加工厂现有设备加工</td><td>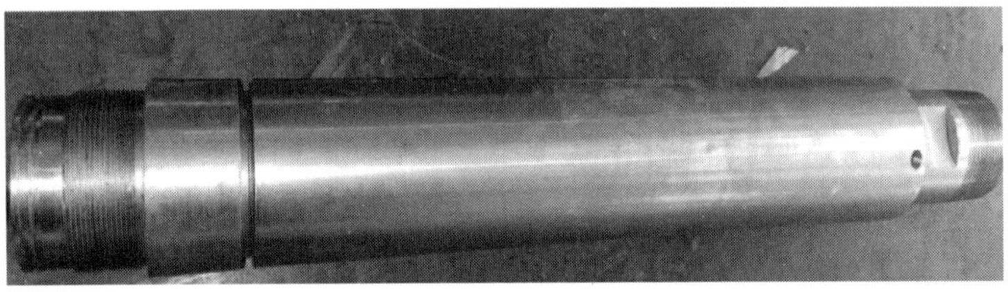
利用机械加工厂的数控锯床、车床、钻床、铣床等设备进行加工</td></tr>
<tr><td>措施3：测量加工精度</td><td>使用游标卡尺对加工后的承压套进行测量，结果如下：
<table><tr><td>项目</td><td>直径/mm</td><td>厚度/mm</td><td>长度/mm</td></tr><tr><td>目标值</td><td>90</td><td>8. 5</td><td>517</td></tr><tr><td>实测值</td><td>90. 1</td><td>8. 4</td><td>517. 1</td></tr><tr><td>误差</td><td>0. 1</td><td>0. 1</td><td>0. 1</td></tr></table></td></tr>
<tr><td>实施目标检查</td><td colspan="2">通过使用游标卡尺对加工后的承压套测量，实测承压套直径 90mm、厚度 8. 5mm、长度 517mm，加工尺寸误差为±0. 1mm，符合要求(其余外体零件见附录)</td></tr>
<tr><td>实施时间：2021 年 7 月 22 日</td><td>实施地点：机械加工厂</td><td>实施人：宋玉华</td></tr>
</table>

9. 对策实施 9 见表 7-9。

表 7-9　加工 45#钢材质活塞筒

<table>
<tr><td>目标</td><td>活塞筒：活塞筒筛管、活塞、开关活塞。
1. 活塞筒筛管尺寸：直径×壁厚×长度 = 90mm×75mm×476mm，孔眼直径 10mm；
2. 活塞尺寸：直径×壁厚×长度 = 76mm×28mm×274mm；
3. 开关活塞尺寸：直径×壁厚×长度 = 76mm×25mm×37mm；
4. 尺寸误差±0. 2mm</td></tr>
<tr><td>措施</td><td>1. 绘制零件图；
2. 利用机械加工厂现有设备加工；
3. 效果验证</td></tr>
</table>

续表

<table>
<tr><td rowspan="3">实施过程</td><td>措施 1：绘制零件图</td><td>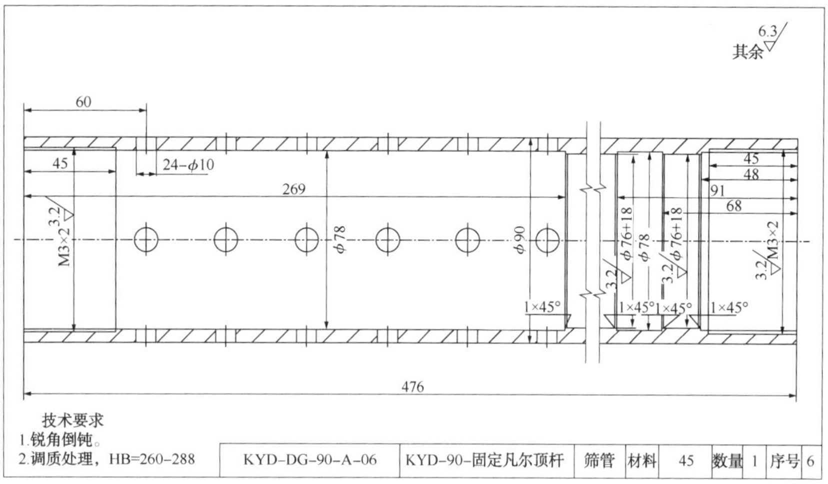
</td></tr>
<tr><td>措施 2：利用机械加工厂现有设备加工</td><td>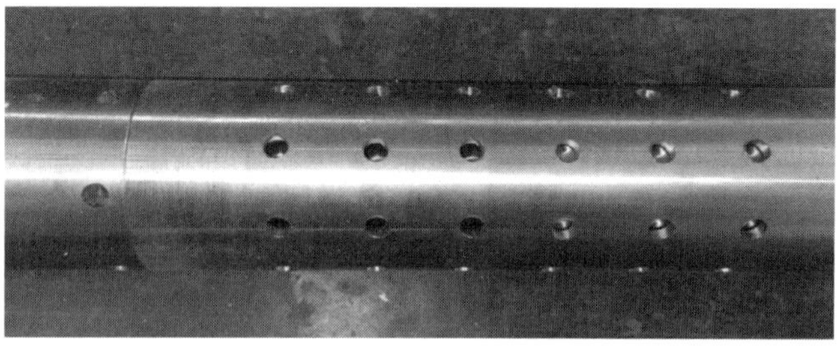
利用机械加工厂的数控锯床、车床、钻床、铣床等设备进行加工</td></tr>
<tr><td>措施 3：测量加工精度</td><td>使用游标卡尺对加工后的活塞筒筛管进行测量，结果如下；
<table>
<tr><td>项目</td><td>直径/mm</td><td>厚度/mm</td><td>长度/mm</td><td>孔眼直径/mm</td></tr>
<tr><td>目标值</td><td>90</td><td>75</td><td>476</td><td>10</td></tr>
<tr><td>实测值</td><td>90. 1</td><td>74. 9</td><td>476. 1</td><td>10. 1</td></tr>
<tr><td>误差</td><td>0. 1</td><td>0. 1</td><td>0. 1</td><td>0. 1</td></tr>
</table></td></tr>
<tr><td>实施目标检查</td><td colspan="2">通过使用游标卡尺对加工后的活塞筒筛管测量，实测活塞筒筛管直径 90mm、厚度 75mm、长度 476mm、孔眼直径 10mm，加工尺寸误差±0. 1mm，符合要求(其余活塞筒零件见附录)</td></tr>
<tr><td colspan="3">实施时间：2021 年 7 月 24 日   实施地点：机械加工厂   实施人：宋玉华</td></tr>
</table>

10. 对策实施 10 见表 7-10。

表 7-10　总体整合试运行

目标	1. 组装调试后工作正常； 2. 装置承压 15~18MPa； 3. 抗外部撞击 5~10kN
措施	1. 将加工好的零件进行组装紧固； 2. 用水泵进行模拟打压试验，设备承压 15~18MPa，用外力进行模拟撞击试验，设备抗外部撞击 5~10kN； 3. 现场试验检查效果

续表

实施过程	措施1：将加工好的零件进行组装紧固	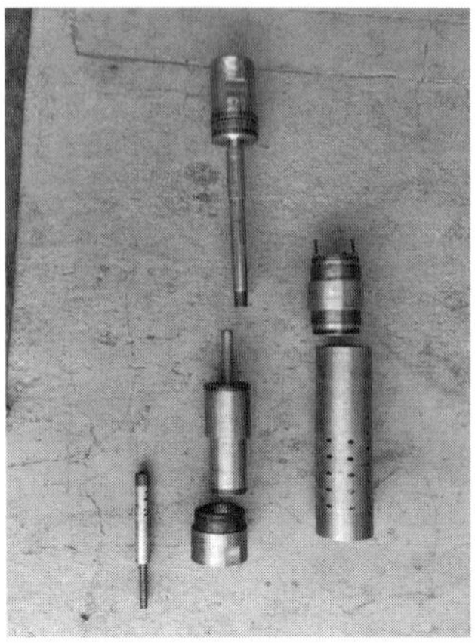 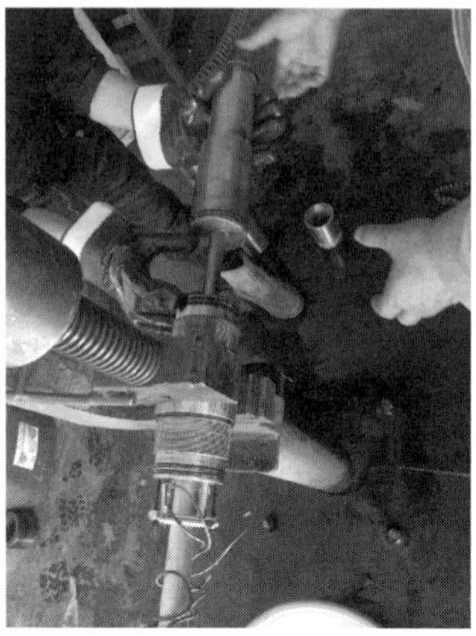 确保各个部件之间无松动现象
	措施2：用水泵进行模拟打压试验，设备承压15~18MPa，用外力进行模拟撞击试验，设备抗外部撞击5~10kN	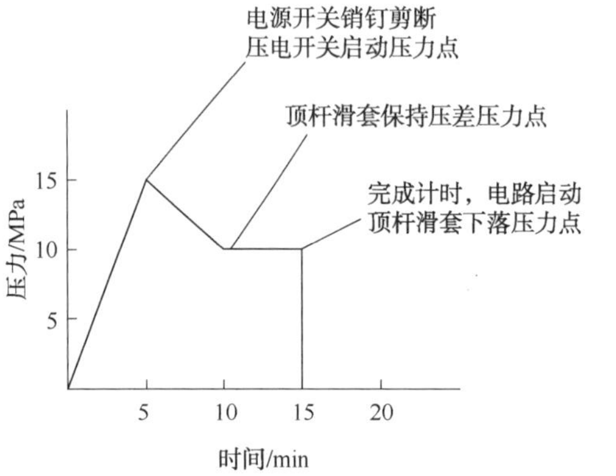  在工作室内用水泵打压，测试装置的承压性和密封性，控制压电开关启动压力15~18MPa（射孔枪起爆器打压压力），压电电路计时测试时间设定5~30min（装置内部顶杆回落时间），顶杆滑套下落启动压力9~10MPa，连续测试12次，运行稳定。初步结果：装置内支撑固定凡尔的顶杆恢复率能够达到100%，室内实验和封闭式实验通过多种剧烈震动方式检测，无任何问题，装置内部未出现泄压现象，密封性无任何问题，符合目标要求
	措施3：现场试验检查效果	选择$\phi 57$的抽油泵作为试验对象，将装置与泵筒进行连接  

续表

<table>
<tr><td rowspan="2">实施过程</td><td rowspan="2">措施 3：现场试验检查效果</td><td>现场将抽油泵+复位装置+油管+射孔枪组合下入井中
 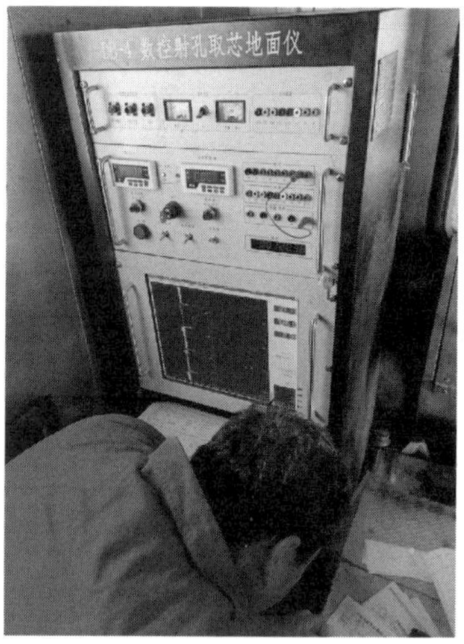</td></tr>
<tr><td>打压起爆，尾声弹正常爆破，射孔完毕，延迟 20min 后，井口出液，判断抽油泵固定凡尔球正常坐封投产，后期观察生产情况和示功图，无任何问题
 </td></tr>
<tr><td>实施目标检查</td><td colspan="2">通过现场试验观察，井口打压 15~18MPa，射孔枪顺利起爆，通过监听尾声弹可知射孔枪全枪起爆，全枪发射率 100%，延迟 20min 后装置内部电路充电完毕电磁阀打开，顶杆回落，固定凡尔球回落、坐封，套管反打压井口出液，后期观察生产情况报表以及示功图，无问题，符合目标要求</td></tr>
<tr><td colspan="3">实施时间：2021 年 11 月 10 日   实施地点：采出井井场   实施人：李昊洋</td></tr>
</table>

八、效果检查

（一）目标完成情况

2021 年 12 月，通过研发的抽泵双控固定凡尔复位装置在现场的使用，让补孔、下泵工序得到简化，施工周期由 28h 缩短到 11h，各项指标与活动对策要求对比，高于活动所制定目标，完成了 QC 小组的活动目标。

目标值检查结果见表 8-1，活动前后指标对比图见图 8-1。

表 8-1　目标值检查表

现场试验相关情况介绍							
选择同一区块，地质条件相似两口油井进行对比，同一个作业施工队伍，其中 1 口井按照正常补孔工序进行施工，另外 1 口井应用 1 套抽泵双控固定凡尔复位装置进行联作技术施工，现场利用秒表对不同工序进行计时							
操作步骤	补孔前联枪/h	补孔(下管柱、射孔)/h	补孔后起管柱/h	拆卸枪体/h	连接抽油泵/h	下泵/h	累计/h
原耗时	2.5	8	4.5	2.5	1.5	9	28
现耗时	2.5	7	0	0	1.5	0	11

制表人：李昊洋　　　　日期：2021 年 12 月 2 日

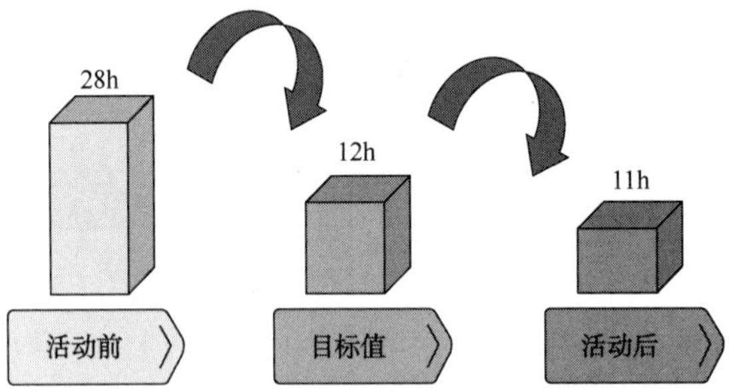

图 8-1　活动前后指标对比图

结论：抽油泵双控固定凡尔复位装置的研制成功。

（二）效益检查

1. 经济效益

应用在采出井喇 10-PS2213，井内为 ϕ57 普通管式泵，装置加工费 0.633 万元/套，1 口井可以节省压井液投入、一次起管柱和一次下管柱工序，减少施工工序相关费用 2.46 万元，缩短作业周期 0.7d(16h)，平均单井初期增油 1.5t/d，则 1 口井直接经济效益：

$$(\text{减少施工工序相关费}+\text{增油费})-\text{成本}=(2.46+1.5\times0.7)\times1-0.633=2.877(\text{万元})$$

2. 社会效益

（1）避免作业压井以及井喷事故发生，减少地面污染，有利于环保。

（2）在减少井控安全隐患的同时，缩短了施工周期，提高了工作效率，科学指导补孔产能建设生产管理工作，为油田开发节省人力、物力，降低生产成本。

（3）抽油泵双控固定凡尔复位装置具有良好的稳定性和可靠性，安全系数较高，单套制作成本较低，适用于推广到各个油田进行使用，具有非常重要的推广价值。

九、标准化

小组成员对创新成果的推广应用价值进行评价，并对相关文件进行标准化。将成果所产生的图纸进行归档处理，并编制了《抽油泵双控固定凡尔复位装置的研制》使用说明书。

（1）图纸归档

为了让操作人员能够正确操作使用及后期维修该工具，将设计图纸、各零部件详细尺寸打印存档，为后期设备维护，成果推广奠定基础，具体见图 9-1。

（2）编制使用说明书

为了让相关技术人员、现场管理和施工人员能够清晰明白装置的工作原理、使用方法以及注意事项，编制抽油泵双控固定凡尔复位装置的使用说明书，具体见图 9-2。

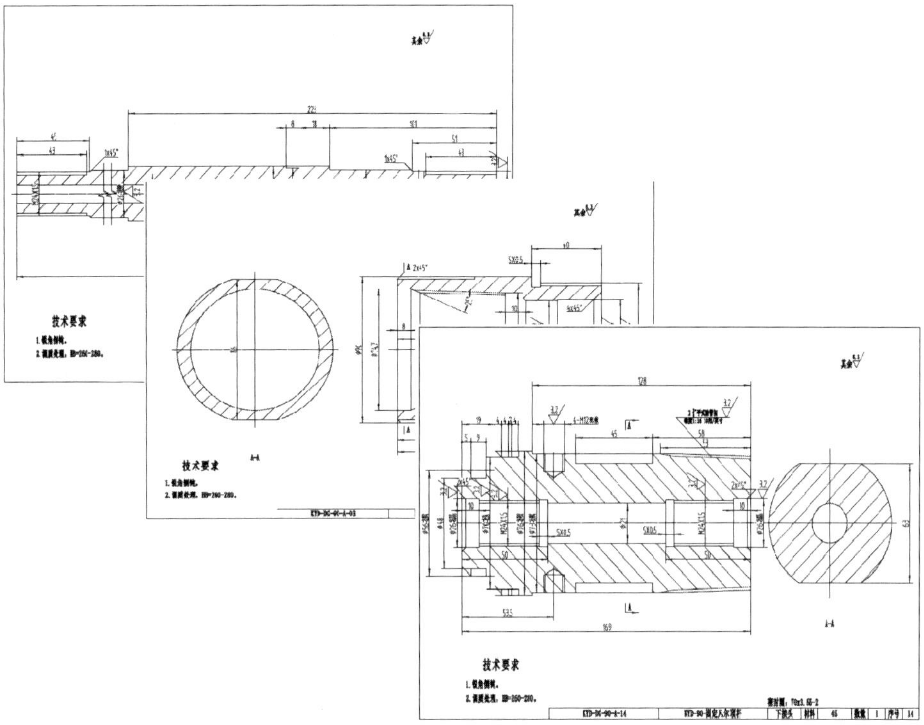

图 9-1　图纸资料存档管理

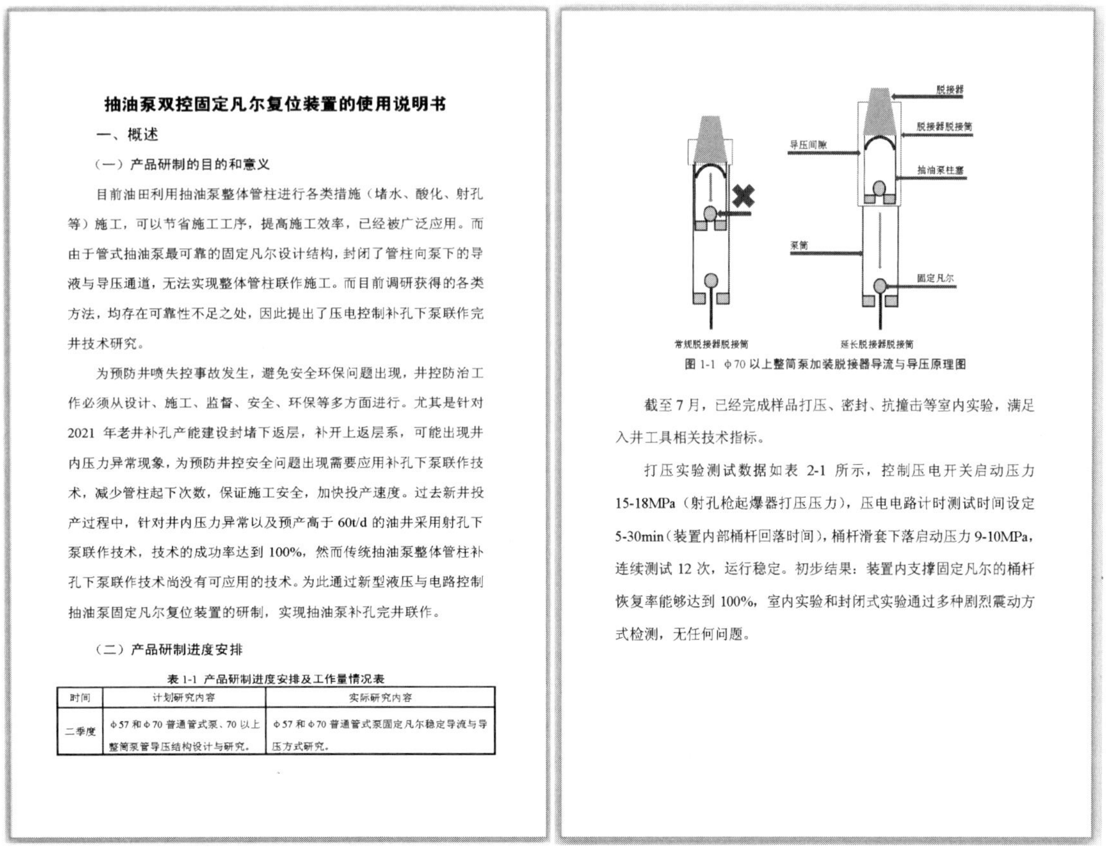
抽油泵双控固定凡尔复位装置的使用说明书

一、概述

（一）产品研制的目的和意义

目前油田利用抽油泵整体管柱进行各类措施（堵水、酸化、射孔等）施工，可以节省施工工序，提高施工效率，已经被广泛应用。而由于管式抽油泵最可靠的固定凡尔设计结构，封闭了管柱向泵下的导液与导压通道，无法实现整体管柱联作施工。而目前调研获得的各类方法，均存在可靠性不足之处，因此提出了压电控制补孔下泵联作完井技术研究。

为预防井喷失控事故发生，避免安全环保问题出现，井控防治工作必须从设计、施工、监督、安全、环保等多方面进行。尤其是针对 2021 年老井补孔产能建设封堵下返层，补开上返层系，可能出现井内压力异常现象，为预防井控安全问题出现需要应用补孔下泵联作技术，减少管柱起下次数，保证施工安全，加快投产速度。过去新井投产过程中，针对井内压力异常以及预产高于 60t/d 的油井采用射孔下泵联作技术，技术的成功率达到 100%，然而传统抽油泵整体管柱补孔下泵联作技术尚没有可应用的技术。为此通过新型液压与电路控制抽油泵固定凡尔复位装置的研制，实现抽油泵补孔完井联作。

（二）产品研制进度安排

表 1-1　产品研制进度安排及工作量情况表

时间	计划研究内容	实际研究内容
二季度	Φ57 和Φ70 普通管式泵、70 以上整筒泵管导压结构设计与研究。	Φ57 和Φ70 普通管式泵固定凡尔稳定导流与导压方式研究。

图 1-1　Φ70 以上整筒泵加装脱接器导流与导压原理图

截至 7 月，已经完成样品打压、密封、抗撞击等室内实验，满足入井工具相关技术指标。

打压实验测试数据如表 2-1 所示，控制压电开关启动压力 15-18MPa（射孔枪起爆器打压压力），压电电路计时测试时间设定 5-30min（装置内部桶杆回落时间），桶杆滑套下落启动压力 9-10MPa，连续测试 12 次，运行稳定。初步结果：装置内支撑固定凡尔的桶杆恢复率能够达到 100%，室内实验和封闭式实验通过多种剧烈震动方式检测，无任何问题。

图 9-2　使用说明书

十、总结和下一步打算

本次活动我们通过广泛借鉴开拓了创新思路，表 10-1 为这次 QC 活动创新特色。

表 10-1 QC 活动创新特色

分类	创新特色	不足之处
小组专业技术方面	1. 小组具有主动创新的思路与理念，以需求为导向，在专业技术上有重大突破。主动获取顾客的实际需求，通过借鉴类似专业的知识、技术、经验，选择了本次课题《抽油泵双控固定凡尔复位装置的研制》。在射孔完井一体化管柱方案设计中得到了技术上的创新，改变传统的思维方式，选择现有的技术方法，解决补孔工作中遇到的问题	小组成员只有极少数人拥有比较成熟的机械制图技术，能力欠缺
	2. 小组在活动过程中以事实为依据，用数据说话。在试验分析上小组对于逻辑性分析有了很大的提升，小组可将项目进行部分化分析，并对部分进行细分研究，使项目更具可信度与可行性	小组能在试验分析上使用的方法较少
小组管理水平提升	通过本次 QC 活动，研发的抽泵双控固定凡尔复位装置在现场的使用，让补孔、下泵工序得到简化，施工周期缩由 28h 缩短到 12h，各项指标与活动对策要求对比，高于活动所制定目标，完成了 QC 小组的活动目标。在减少井控安全隐患的同时，缩短了施工周期，提高了工作效率，科学指导补孔产能建设生产管理工作，为油田开发节省人力、物力，降低了生产成本	QC 工具应用不熟练
小组成员素质提升	小组成员在逻辑思维、创新能力具有创新特色。通过本次 QC 活动，小组成员应用质量工具来分析、解决问题的能力得到提升，各方面技能、技术得到了全面发展。李昊洋编写的《抽泵双控固定凡尔复位装置现场试验》技术论文，在采油六厂荣获厂级技术论文一等奖	小组成员对新规定、新标准理解不准确

为了进一步提高小组活动的质量，提高小组成员技能，我们分两个方面对小组成员进行培训，如表 10-2 所示。

表 10-2 方案列表

对策	改进措施	改进目标	时间	负责人
针对 QC 理论知识的不足	分两批参加公司组织的全面质量管理以及 QC 理论知识培训班	所有人员取得培训合格证，优秀学员不少于 5 人	2022 年 3~10 月	王永强
针对机械制图技术上的不足	参加机械制图培训班	取得初级机械制图培训合格证，每 1 名学员能够独立绘制简单元器件，并邀请专业老师进行打分，要求参加培训学员平均分大于 80 分	2022 年 6 月	宋玉华

下一步 QC 小组就活动中研发的新工具以及遇到的新问题开展新的 PDCA 循环，利用已有的技术手段提将《提高补孔井采液强度》作为 QC 小组活动课题，为夺油上产做出贡献。

附录

如表 1~表 5 所示。

表 1　加工 45#钢材质上接头

<table>
<tr><td>目标</td><td colspan="2">外体：上接头、承压套、下接头、导压管。
1. 上接头尺寸：直径×壁厚×长度=90mm×15mm×188mm；
2. 承压套尺寸：直径×壁厚×长度=90mm×8.5mm×517mm；
3. 下接头尺寸：直径×壁厚×长度=76mm×27.5mm×169mm；
4. 导压管尺寸：直径×壁厚×长度=30mm×10mm×461mm</td></tr>
<tr><td>措施</td><td colspan="2">1. 绘制上接头零件图；
2. 利用机械加工厂现有设备加工；
3. 效果验证</td></tr>
<tr><td rowspan="3">实施过程</td><td>措施 1：绘制上接头零件图</td><td>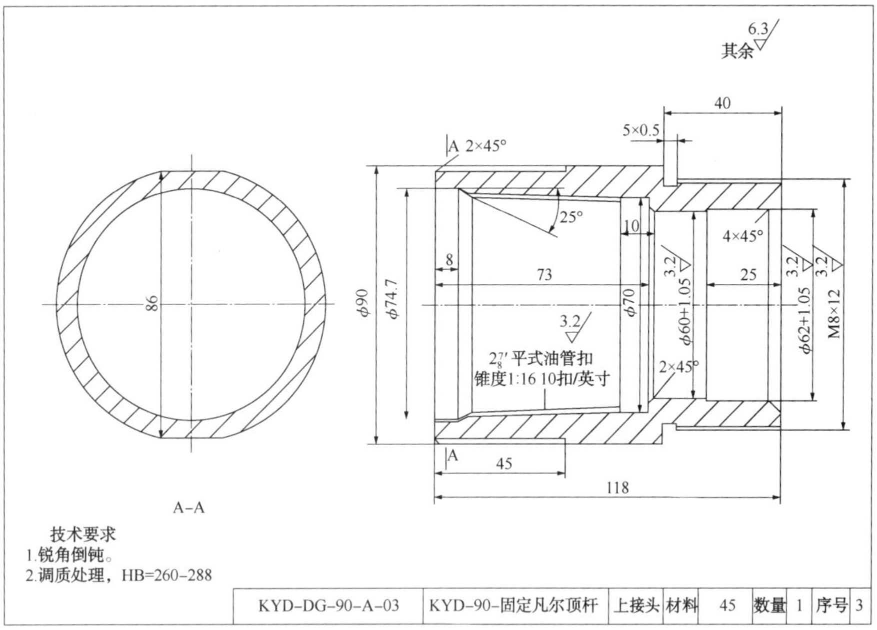
</td></tr>
<tr><td>措施 2：利用机械加工厂现有设备加工</td><td>
利用机械加工厂的数控锯床、车床、钻床、铣床等设备进行加工</td></tr>
<tr><td>措施 3：测量加工精度</td><td>使用游标卡尺对加工后的上接头进行测量，结果如下：
<table><tr><td>项目</td><td>直径/mm</td><td>厚度/mm</td><td>长度/mm</td></tr><tr><td>目标值</td><td>90</td><td>15</td><td>188</td></tr><tr><td>实测值</td><td>90.1</td><td>15.1</td><td>187.9</td></tr><tr><td>误差</td><td>0.1</td><td>0.1</td><td>0.1</td></tr></table></td></tr>
<tr><td>实施目标检查</td><td colspan="2">通过使用游标卡尺对加工后的上接头测量，实测承压套直径 90mm、厚度 15mm、长度 188mm，加工误差为±0.1mm，符合要求</td></tr>
</table>

实施时间：2021 年 7 月 23 日	实施地点：机械加工厂	实施人：宋玉华

表 2　加工 45#钢材质下接头

<table>
<tr><td>目标</td><td colspan="2">外体：上接头、承压套、下接头、导压管。
1. 上接头尺寸：直径×壁厚×长度＝90mm×15mm×188mm；
2. 承压套尺寸：直径×壁厚×长度＝90mm×8. 5mm×517mm；
3. 下接头尺寸：直径×壁厚×长度＝76mm×27. 5mm×169mm；
4. 导压管尺寸：直径×壁厚×长度＝30mm×10mm×461mm</td></tr>
<tr><td>措施</td><td colspan="2">1. 绘制下接头零件图；
2. 利用机械加工厂现有设备加工；
3. 效果验证</td></tr>
<tr><td rowspan="3">实施过程</td><td>措施 1：绘制下接头零件图</td><td>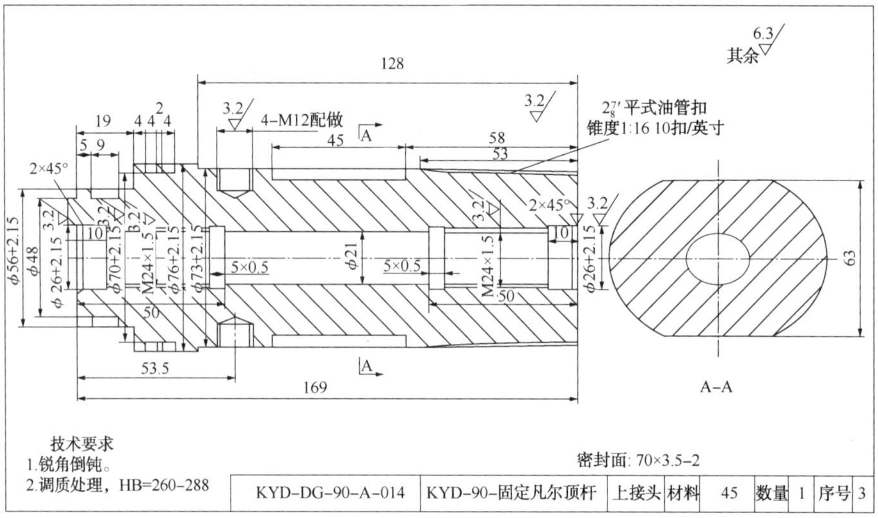</td></tr>
<tr><td>措施 2：利用机械加工厂现有设备加工</td><td>
利用机械加工厂的数控锯床、车床、钻床、铣床等设备进行加工</td></tr>
<tr><td>措施 3：测量加工精度</td><td>使用游标卡尺对加工后的下接头进行测量，结果如下：<table><tr><th>项目</th><th>直径/mm</th><th>厚度/mm</th><th>长度/mm</th></tr><tr><td>目标值</td><td>76</td><td>27. 5</td><td>169</td></tr><tr><td>实测值</td><td>76. 1</td><td>27. 4</td><td>169. 1</td></tr><tr><td>误差</td><td>0. 1</td><td>0. 1</td><td>0. 1</td></tr></table></td></tr>
<tr><td>实施目标检查</td><td colspan="2">通过使用游标卡尺对加工后的下接头测量，实测承压套直径 76mm、厚度 27. 5mm、长度 169mm，加工误差为±0. 1mm，符合要求</td></tr>
</table>

实施时间：2021 年 7 月 23 日	实施地点：机械加工厂	实施人：宋玉华

表 3　加工 45#钢材质导压管

<table>
<tr><td>目标</td><td colspan="2">外体：上接头、承压套、下接头、导压管。
1. 上接头尺寸：直径×壁厚×长度＝90mm×15mm×188mm；
2. 承压套尺寸：直径×壁厚×长度＝90mm×8. 5mm×517mm；
3. 下接头尺寸：直径×壁厚×长度＝76mm×27. 5mm×169mm；
4. 导压管尺寸：直径×壁厚×长度＝30mm×10mm×461mm</td></tr>
<tr><td>措施</td><td colspan="2">1. 绘制导压管零件图；
2. 利用机械加工厂现有设备加工；
3. 效果验证</td></tr>
<tr><td rowspan="3">实施过程</td><td>措施 1：绘制导压管零件图</td><td>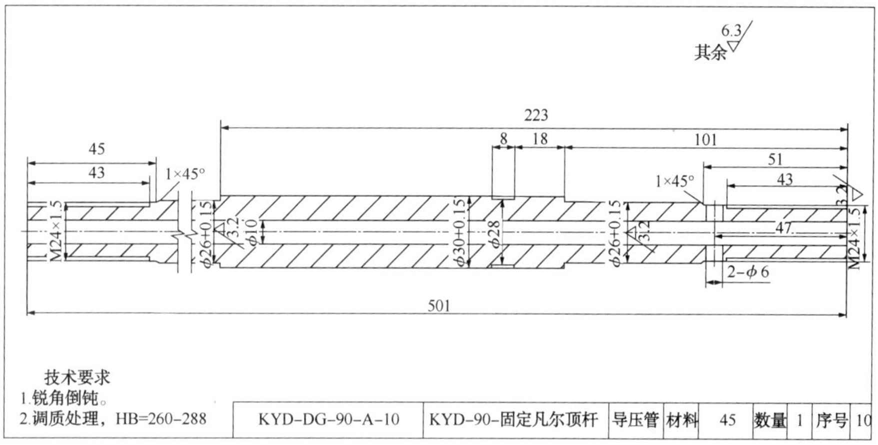</td></tr>
<tr><td>措施 2：利用机械加工厂现有设备加工</td><td>
利用机械加工厂的数控锯床、车床、钻床、铣床等设备进行加工</td></tr>
<tr><td>措施 3：测量加工精度</td><td>使用游标卡尺对加工后的导压管进行测量，结果如下：
<table><tr><td>项目</td><td>直径/mm</td><td>厚度/mm</td><td>长度/mm</td></tr><tr><td>目标值</td><td>30</td><td>10</td><td>461</td></tr><tr><td>实测值</td><td>30. 1</td><td>10. 1</td><td>460. 1</td></tr><tr><td>误差</td><td>0. 1</td><td>0. 1</td><td>0. 1</td></tr></table></td></tr>
<tr><td>实施目标检查</td><td colspan="2">通过使用游标卡尺对加工后的导压管测量，实测承压套直径 30mm、厚度 10mm、长度 461mm，加工误差为±0. 1mm，符合要求</td></tr>
</table>

实施时间：2021 年 7 月 23 日	实施地点：机械加工厂	实施人：宋玉华

表 4　加工 45#钢材质活塞

<table>
<tr><td>目标</td><td colspan="2">活塞筒：活塞筒筛管、活塞、开关活塞。
1. 活塞筒筛管尺寸：直径×壁厚×长度＝90mm×75mm×476mm 孔眼直径 10mm；
2. 活塞尺寸：直径×壁厚×长度＝76mm×28mm×274mm；
3. 开关活塞尺寸：直径×壁厚×长度＝76mm×25mm×37mm</td></tr>
<tr><td>措施</td><td colspan="2">1. 绘制活塞零件图；
2. 利用机械加工厂现有设备加工；
3. 效果验证</td></tr>
<tr><td rowspan="3">实施过程</td><td>措施 1：绘制活塞零件图</td><td>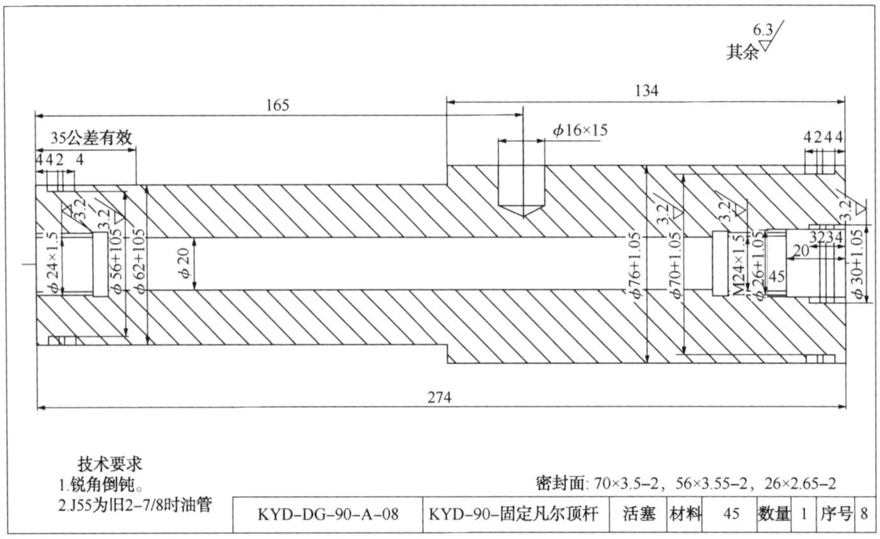
</td></tr>
<tr><td>措施 2：利用机械加工厂现有设备加工</td><td>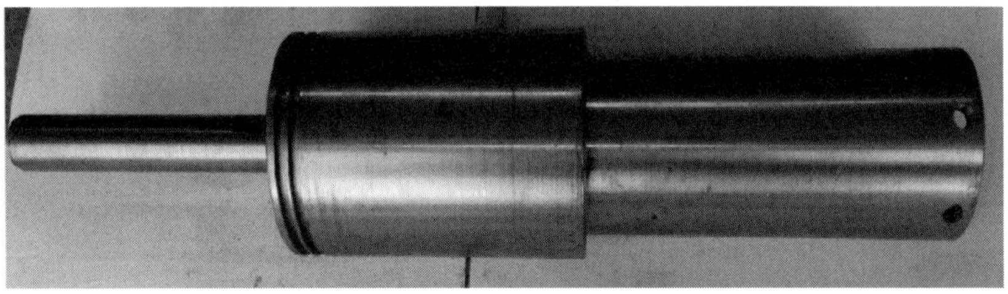
利用机械加工厂的数控锯床、车床、钻床、铣床等设备进行加工</td></tr>
<tr><td>措施 3：测量加工精度</td><td>使用游标卡尺对加工后的活塞进行测量，结果如下：
<table>
<tr><td>项目</td><td>直径/mm</td><td>厚度/mm</td><td>长度/mm</td></tr>
<tr><td>目标值</td><td>76</td><td>28</td><td>274</td></tr>
<tr><td>实测值</td><td>76. 1</td><td>28. 1</td><td>274. 1</td></tr>
<tr><td>误差</td><td>0. 1</td><td>0. 1</td><td>0. 1</td></tr>
</table></td></tr>
<tr><td>实施目标检查</td><td colspan="2">通过使用游标卡尺对加工后的活塞筒筛管测量，实测活塞直径 76mm、厚度 28mm、长度 274mm，加工误差为±0. 1mm，符合要求</td></tr>
</table>

实施时间：2021 年 7 月 24 日	实施地点：机械加工厂	实施人：宋玉华

表 5　加工 45#钢材质开关活塞

<table>
<tr><td>目标</td><td colspan="2">活塞筒：活塞筒筛管、活塞、开关活塞。
1. 活塞筒筛管尺寸：直径×壁厚×长度＝90mm×75mm×476mm 孔眼直径 10mm；
2. 活塞尺寸：直径×壁厚×长度＝76mm×28mm×274mm；
3. 开关活塞尺寸：直径×壁厚×长度＝76mm×25mm×37mm</td></tr>
<tr><td>措施</td><td colspan="2">1. 绘制开关活塞零件图；
2. 利用机械加工厂现有设备加工；
3. 效果验证</td></tr>
<tr><td rowspan="3">实施过程</td><td>措施 1：绘制开关活塞零件图</td><td>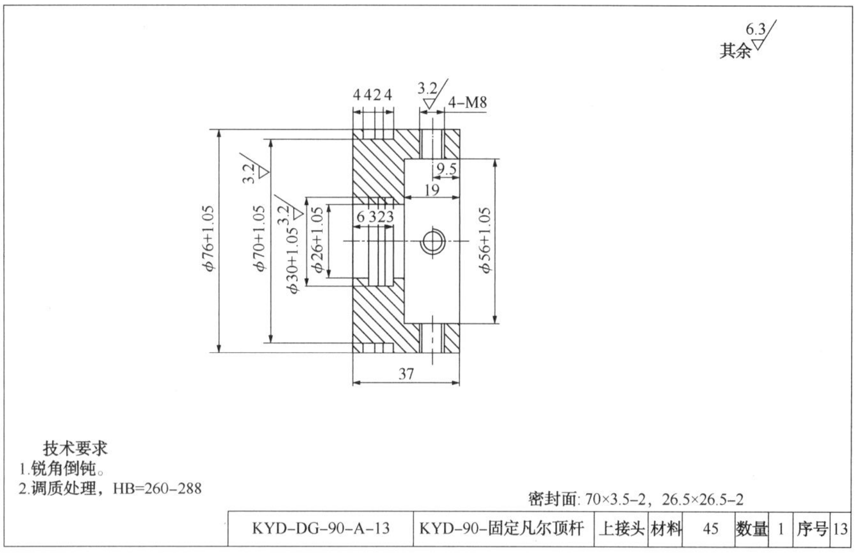
</td></tr>
<tr><td>措施 2：利用机械加工厂现有设备加工</td><td>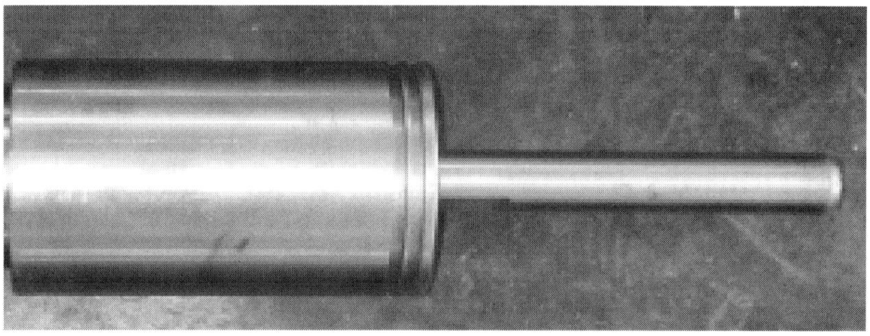
利用机械加工厂的数控锯床、车床、钻床、铣床等设备进行加工</td></tr>
<tr><td>措施 3：测量加工精度</td><td>使用游标卡尺对加工后的开关活塞进行测量，结果如下：
<table>
<tr><td>项目</td><td>直径/mm</td><td>厚度/mm</td><td>长度/mm</td></tr>
<tr><td>目标值</td><td>76</td><td>25</td><td>37</td></tr>
<tr><td>实测值</td><td>76. 1</td><td>25. 1</td><td>37. 1</td></tr>
<tr><td>误差</td><td>0. 1</td><td>0. 1</td><td>0. 1</td></tr>
</table></td></tr>
<tr><td>实施目标检查</td><td colspan="2">通过使用游标卡尺对加工后的活塞筒筛管测量，实测活塞直径 76mm、厚度 25mm、长度 37mm，加工误差为±0. 1mm，符合要求</td></tr>
</table>

实施时间：2021 年 7 月 25 日	实施地点：机械加工厂	实施人：宋玉华

成果点评

《抽油泵双控固定凡尔复位装置的研制》是油田探险家 QC 小组 2021 年创新型课题成果，该成果按照创新型课题活动程序，通过借鉴启发小组创新的思路研制抽油泵双控固定凡尔复位装置，通过应用柱状图、树图、统计表等统计方法按照 PDCA 活动程序，2021 年 12 月通过研制抽油泵双控固定凡尔复位装置在现场的使用，让补孔、下泵工序得到简化，施工周期由 28h 缩短至 11h，完成了课题目标，并取得 2.877 万元经济效益。小组活动过程基本符合 T/CAQ 10201—2020《质量管理小组活动准则》要求。

本 QC 小组成果存在以下方面的不足，希望以后持续加以改进：

(1) 在小组简介表中小组成员组内分工有组长和组员，不应有“诊断师”。

(2) 在选择课题环节需求分析中，需求分析与创新思路借鉴内容不一致。需求分析借鉴内容是“借鉴新井射孔中的下泵联作一体化技术”，创新思路借鉴中借鉴信息统计表中缺少借鉴新井射孔中的下泵联作一体化技术相关内容，其提炼原理为“机械系统替代原理，利用纯机械结构控制抽油泵固定凡尔球的支撑和回落”。

(3) 在目标可行性论证过程中，缺少定量分析与判断论证平均单井射孔枪起爆、下泵耗时由原来的 28h 降低为 12h 的论证过程。

(4) 在提出方案并确定最佳方案过程中，针对方案评价—机械控制模块的选择，选择最佳方案的条件(①保证活塞不渗不漏；②不影响主体结构；③耐高温、耐腐蚀)和选择依据(《设备管理规定》设备要保持不渗不漏)均为定性描述，未量化，缺少可比性。虽有“注：以上数据均由现场测量、试验以及市场调查得到”，但在对其方案评价中缺少现场测量、试验等的选择评价过程内容。

(5) 对策实施过程中，在总体整合试运行后缺少验证研制抽油泵双控固定凡尔复位装置实施结果在安全、质量、管理、成本、环保等方面是否存在负面影响内容。

(6) 加强成果报告的数据前后一致性和逻辑性。例如，总结和下一步打算施工周期由 28h 缩短到 12h 与目标完成情况施工周期由 28h 缩短到 11h 前后数据不一致。

注水井测试仪器支撑式防卡装置的研制

进取 QC 小组

（大庆油田有限责任公司第十采油厂）

一、小组概况

统计表见表 1-1。

表 1-1　小组概况统计表

小　组　简　介			
小组名称	进取 QC 小组	注册编号	2021cy10029
课题名称	注水井测试仪器支撑式防卡装置的研制	成立时间	2021 年 1 月
课题类型	创新型	活动时间	2021 年 1~12 月
小组人数（≤10 人）	10 人	当年活动次数	22 次
近三年获奖情况	2018 年 QC 成果《注水井测试仪器防卡装置的研制》获大庆油田公司二等奖； 2019 年 QC 成果《降低注水井测试仪器卡掉次数》获大庆油田公司二等奖； 2020 年 QC 成果《注水井测试通用型可旋转电缆头的研制》获大庆油田公司三等奖		

小组成员情况						
序号	姓名	年龄	文化程度	岗位/职称	组内分工	备注
1	张化庆	46	大专	测调岗/技能专家	组长	创新工程师二级
2	李东胜	50	大专	测调岗/技能专家	组员	
3	张洪军	50	大专	维修岗/技能专家	组员	
4	郭英健	48	大学	采油岗/技能专家	组员	
5	李伟泉	46	大专	采油岗/技能专家	组员	
6	于守清	52	大专	集输岗/技能专家	组员	国际 TRIZ 一级专家
7	张会荣	48	大专	集输岗/技能专家	组员	
8	冯国川	56	大专	集输岗/技能专家	组员	
9	李宪宝	49	大专	维修岗/技能专家	组员	
10	齐树军	49	大专	测调岗/高级技师	组员	

二、选择课题

分层注水井能够为油井提供驱油能量，为了实时掌握油井井下各油层能量动态，需要经常对注水井进行测试，为油井稳定的驱油能量提供精准的分析数据。由于分层注水井长时间注水，铁材质的井下工具会生锈结垢，从油田现有的统计数据上来说，注水 5 年左右井下工具表面就会结垢 1mm，特别是在外围采油厂低注水量的情况下，井下工具结垢情况日益严重且呈逐年上升态势。测试仪器主要是在内径 ϕ62mm 的油管内和内径为 ϕ46mm 的井下工具内起下，而测试仪器的最大外径为 ϕ44mm，当井下工具的内壁结垢 1mm，就会使环空内径降至 ϕ44mm，极易造成测试仪器在井下工具的结垢处卡井（见图 2-1），而测试仪器卡井后，需要高强度往复大力冲击解卡，极易造成集成化程度高的测试仪器损坏。

图 2-1　测试仪器卡井示意图

1. 需求的提出

第十采油厂为确保水驱精细开发效果，提出了测调班组的测试仪器卡井率不高于 7.5%的期望。为此，小组对 2020 年 5～12 月第十采油厂第三作业区测试仪器卡井率进行了调研，统计情况见表 2-1。

表 2-1　2020 年第十采油厂第三作业区测试仪器卡井率统计表

项目	5 月	6 月	7 月	8 月	9 月	10 月	11 月	12 月	合计	卡井率
施工井次/次	73	64	55	74	82	56	81	60	545	15.0%
卡井次数/次	11	9	8	11	12	10	12	9	82	
测试仪器损坏次数/次	3	2	1	3	4	3	3	2	21	
直接经济损失	卡井 82 次导致作业 3 口井，损坏测试仪器 21 次。测试仪器损坏维修费用为 0.2 万元/次，水井作业费用为 2.5 万元/口，合计：0.2×21+2.5×3=11.7 万元									

制表人：张化庆　　　　制表时间：2021 年 1 月 5 日

小组又随机对 3 个作业区近 5 年测试仪器卡井率情况进行了统计，数据见表 2-2。

表 2-2　第十采油厂历年测试仪器卡井率统计表

单位	年度	2015 年	2016 年	2017 年	2018 年	2019 年
第一作业区	卡井率/%	13.5	13.8	14.1	14.5	14.9
	仪器卡井损坏次数/次	11	13	15	18	19
第三作业区	卡井率/%	13.5	13.9	14.2	14.4	14.8
	仪器卡井损坏次数/次	12	14	15	18	20
第四作业区	卡井率/%	13.4	13.7	14.0	14.3	14.7
	仪器卡井损坏次数/次	12	13	15	16	18

制表人：张化庆　　　　制表时间：2021 年 1 月 5 日

可以看出：测试仪器卡井率随着注水年限增长而呈逐年上升态势，为满足第十采油厂降低测试仪器卡井率的需求，防止测试仪器卡井是目前亟需解决的问题。

2. 提出创新思路

小组对测试仪器卡井率高的问题，进行了同行业及网络大数据查新工作，通过在中国石油创新成果数据库、中国知网、万方数字化期刊、百度网站进行查新检索，通过搜索“测试仪器防卡装置”“测试仪器防卡”“防卡装置”等关键词，发现与注水井测试工作性质相似的测井行业中，有防止测井仪器在井筒内卡井的相关文献和产品，如“多臂井径测井仪器”，小组成员对测井仪器在防卡技术方面进行咨询，了解到多臂井径测井仪器在井下工作环境与测试仪器基本相同，其支撑臂通过电机能够实现扩张收缩(见图 2-2)，支撑臂的扩张可以将测井仪器支撑在井筒套管内，起到支撑防卡和测量套管作用。多臂井径测井仪器的支撑臂收缩时与测井仪器外径 ϕ73mm 相同，支撑臂全部支撑后的最大外径在 ϕ128~ϕ130mm，其相关的防卡支撑技术尺寸按一定比例缩小后，可以适用于测试仪器及井下工具，小组由此得到了解决测试仪器卡井问题的灵感，小组借鉴的内容为：多臂井径测井仪器的支撑防卡技术。

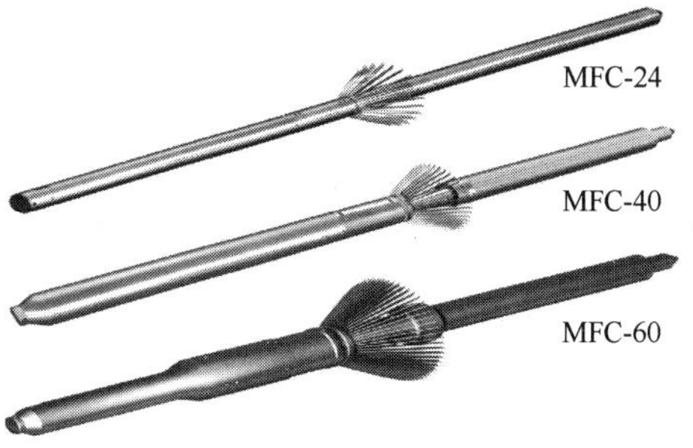

图 2-2　多臂井径测井仪器的支撑防卡技术

3. 确定课题

测井仪器是依靠地面电源控制并通过电缆传输动力，使支撑臂扩张和收缩，从而实现支撑防卡功能，而现有的注水井测试仪器是通过钢丝将测试仪器下入注水井下，没有可提供动力的电源，因此，不具备测井仪器的电动支撑防卡条件，难以满足生产现场的实际防卡需求，并且市场也没有测试仪器防卡装置，为此，小组决定自制适用注水井测试仪器用的防卡装置，从而确定了本次 QC 活动课题：注水井测试仪器支撑式防卡装置的研制。

三、设定目标及目标可行性论证

1. 设定目标

小组将活动目标设定为：测试仪器卡井率由 15.0%降至 7.5%，见图 3-1。

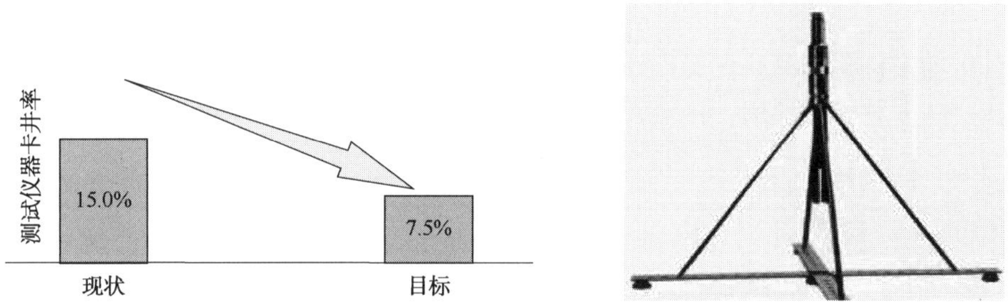

图 3-1　小组活动目标图

制图人：李东胜　制图时间：2021 年 1 月 6 日

2. 目标可行性论证

小组根据测井仪器支撑臂的外径扩张可将测井仪器牢固支撑在井筒内的防卡技术，制作了简易模型进行防卡模拟实验。实验方式：在测试仪器上安装 4 个支撑杆，模拟井下工具结垢内径缩小的环境下，实验支撑杆能否将测试仪器支撑在结垢处上方并起到防卡作用，共模拟实验 100 次，具体数据见表 3-1。

表 3-1　测试仪器安装 4 个支撑杆防卡模拟情况统计表

日期	1 月 11 日	1 月 12 日	1 月 14 日	1 月 15 日	1 月 18 日	合计
实验人	于守清	张化庆	郭英健	张洪军	李东胜	
实验次数/次	18	20	19	21	22	100
成功次数/次	11	14	12	13	14	64
防卡成功率	64%					

制表人：郭英健　　制表时间：2021 年 1 月 18 日

从模拟实验数据上看，安装 4 个支撑杆后的测试仪器防卡成功率达 64%，从理论上讲实现支撑防卡是完全可行的。因多臂井径测井仪器在井下工作环境与测试仪器基本相同，所以结合第三作业区 2020 年 5~12 月卡井 82 次测算，如装置研制成功，则测试仪器的卡井率可降至为：82×(1-64%)÷545×100%=5.4%，优于目标值，能够实现课题目标。

四、提出方案并确定最佳方案

1. 提出方案

注水井测试仪器支撑式防卡装置的设计借鉴了多臂井径测井仪器支撑臂防卡原理：装置安装在测试仪器的底部，自动探测井下遇阻部位，并在卡阻部位实现外径的自动扩张，减缓测试仪器下行速度并支撑在卡阻部位上；解卡只需上提测试仪器，扩张的外径自动收回完成解卡功能(见图 4-1)。

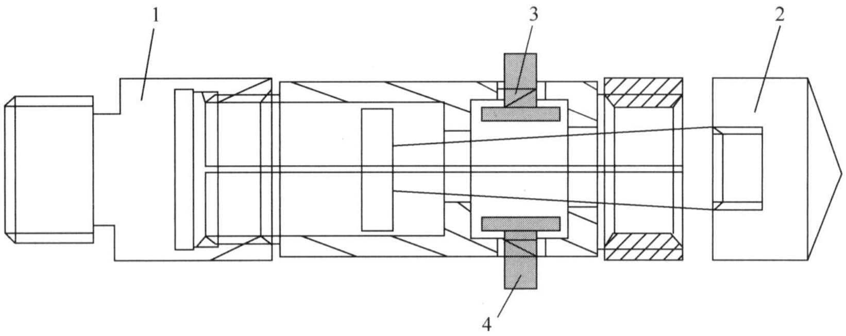

图 4-1 注水井测试仪器支撑式防卡装置的总体方案设计图

1——接头部分；2——探测部分；3——减速部分；4——支撑部分

制图人：李伟泉 制图时间：2021 年 1 月 18 日

小组成员借鉴多臂井径测井仪器支撑臂防卡原理与技术需求，提出了具体分解方案，将注水井测试仪器支撑式防卡装置分解为：接头部分、探测部分、减速部分、支撑部分，如图 4-2 所示。

图 4-2 方案分解图

制图人：于守清 制图时间：2021 年 1 月 18 日

2. 方案分解并确定最佳方案

(1) 一级方案确定

小组对四部分的关键要求，以及组合后实现装置防卡功能的技术参数要求确定，如表 4-1 所示。

表 4-1 相关技术参数表

项目	技术规范及需求	关键技术参数
装置整体	外径小于井下工具内径 ϕ46mm； 测试仪器长度 1850mm； 测试防喷管长度 2200mm	与测试仪器外径尺寸误差≤±1mm，装置总长度<350mm
接头部分	测试仪器外径 ϕ44mm； 测试仪器连接螺纹 M30×1.5mm	依据钢丝承受的最大抗拉强度分析，接头的抗拉强度≥15MPa

续表

项目	技术规范及需求	关键技术参数
探测部分	测试仪器外径 ϕ44mm； 井下工具内径 ϕ46mm； 油管内径 ϕ62mm	以测试仪器最大外径 ϕ44mm 和井下工具最小内径 ϕ46mm 为基础，2S 内快速准确判断卡阻位置；尺寸误差≤±0. 2mm
减速部分	测试仪器最大重量 50kg； 承载力>50kgf	可压缩性与缓冲性能好，能承受测试仪器重力 50kgf
支撑部分	油管内径 ϕ62mm； 井下工具内径 ϕ46mm； 测试仪器外径 ϕ44mm； 支撑力不低于 100kgf； 注水压力不低于 5MPa	支撑杆伸缩灵敏，支撑力≥100kgf，稳定性强

制表人：张会荣　　　　制表时间：2021 年 1 月 19 日

依据关键技术参数，小组成员展开讨论，选择各部分的第一级分级方案，如图 4-3 所示。

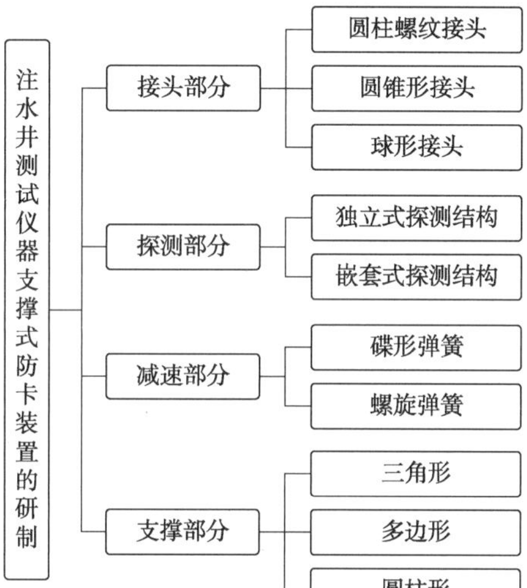

图 4-3　一级方案细化分解图

(2) 一级方案评价

① 接头部分选择

接头形状选择见表 4-2。

表 4-2　接头形状的选择

选择依据	接头能够承受液压滚筒的钢丝拉力 15MPa，无断裂变形		
备选方案	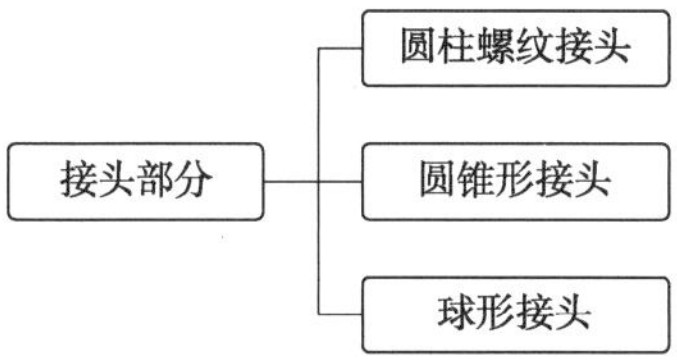	选择最佳方案的条件	1. 抗拉强度≥15MPa； 2. 成本低廉
方案	方案一　圆柱螺纹接头	方案二　圆锥形接头	方案三　球形接头
示意图			

续表

方案说明	通过螺纹旋转连接测试仪器底部	通过锥形台阶插入连接测试仪器底部	通过球形关节头嵌套于测试仪器底部
抗拉强度试验	试验方式：2021 年 1 月 19 日，在第十采油厂机加工具车间采用万能拉力测试机（SG2050 型）进行接头的抗拉强度试验		

项目	试验一	试验二	试验三
目标值	≥15MPa		
实测值	40MPa	50MPa	60MPa
平均	50MPa		
负责人	李宪宝		

项目	试验一	试验二	试验三
目标值	≥15MPa		
实测值	40MPa	50MPa	60MPa
平均	46.7MPa		
负责人	郭英健		

项目	试验一	试验二	试验三
目标值	≥15MPa		
实测值	40MPa	50MPa	60MPa
平均	56.7MPa		
负责人	张化庆		

经济性	5.5 元/kg，费用约 100 元	10 元/kg，费用约 150 元	15 元/kg，费用约 200 元
操作性	加工容易，安装方便	不易加工，安装快捷	加工困难，安装简易
安全性	抗拉强度高，连接牢固	抗拉强度大，有转动空间	抗拉强度高，活动空间大
综合分析	抗拉强度可满足条件要求，连接牢固、稳定性强，加工容易，成本低	抗拉强度可满足条件要求，连接牢固、稳定性一般，不易加工，成本中等	抗拉强度可满足条件要求，连接牢固、稳定性差，加工困难，成本较高
结论	采用√	不采用×	不采用×

时间：2021 年 1 月 19 日　　地点：工具车间　　制表人：李宪宝

② 探测部分选择

探测结构方式选择见表 4-3。

表 4-3　探测结构方式的选择

选择依据	遇阻后探测速度敏捷，易于加工，成本低廉	
备选方案	探测部分 → 独立式探测结构；嵌套式探测结构	选择最佳方案条件： 1. 遇阻探测时间<2s； 2. 易于加工，成本低廉
方案	方案一　独立式探测结构	方案二　嵌套式探测结构
示意图	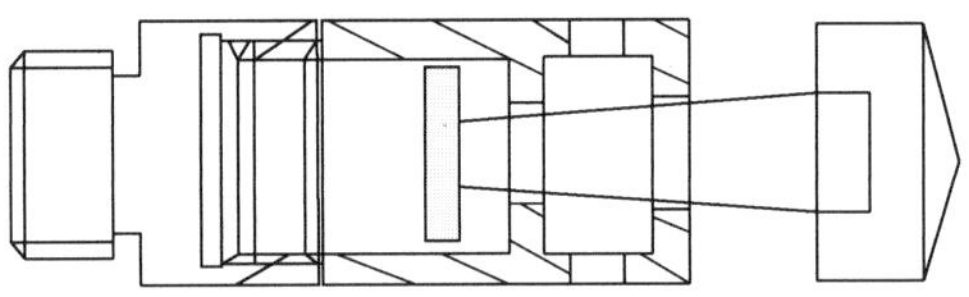	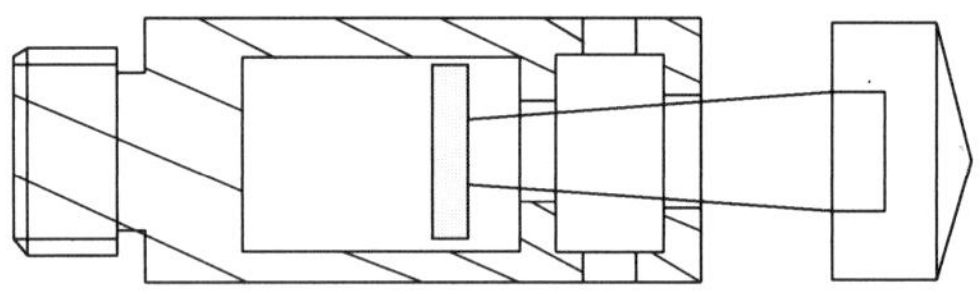
方案说明	制作简易模型，与装置分体为两个部分，探测结构为独立部分，再通过螺纹组合在一起	制作简易模型，探测结构与装置为一体结构，通过铣床将探测机构嵌套在装置的内部
探测时间试验	试验方式：2021 年 1 月 20 日，在第十采油厂机加工具车间采用 ϕ44mm 报废钢管按设计结构加工并焊接，对两种探测模式的反应时间进行试验，采用秒表记录	

项目	试验一	试验二	试验三	试验四
目标值	<2s	<2s	<2s	<2s
实测值	0.85s	1.03s	1.21s	0.97s
平均	1.02s			
负责人	李伟泉			

项目	试验一	试验二	试验三	试验四
目标值	<2s	<2s	<2s	<2s
实测值	1.12s	0.92s	0.98s	1.03s
平均	1.01s			
负责人	张会荣			

操作性	加工简单容易	复杂加工困难

续表

经济性	材料及加工费用约 100 元	材料及加工费用约 200 元
安全性	结构稳定，强度大	结构稳定，强度高
综合分析	探测速度快，便于拆装维修，成本低，遇阻探测时间满足需求	探测速度快，加工与维修困难，成本高，遇阻探测时间满足需求
结论	采用√	不采用×
时间：2021 年 1 月 20 日	地点：工具车间	制表人：齐树军

③ 减速部分选择

为防止测试仪器下放速度过快，突然遇到井下工具结垢部位而卡井，因此需要装置的探测部位探测到卡阻部位后，减速部分能够将测试仪器的下放速度进行一定减速，避免测试仪器卡死。减速部位的关键部件为弹簧，按测试仪器在地面上最大组装重量 50kg 计算，在地面拉力计测得测试仪器重力 50kgf，为此，减速部分的弹簧承受的载荷应大于 50kgf。减速弹簧类型选择见表 4-4。

表 4-4　减速弹簧类型的选择

选择依据	弹簧的缓冲性、可压缩性能良好，能承受正常注水压力下的测试仪器重力	
备选方案	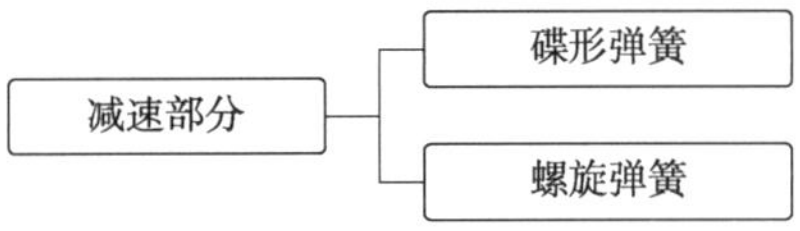	选择最佳方案条件： 1. 能承受载荷支撑力>50kgf； 2. 便于安装与拆卸； 3. 成本低廉，易于采购
方案	方案一　碟形弹簧	方案二　螺旋弹簧
示意图	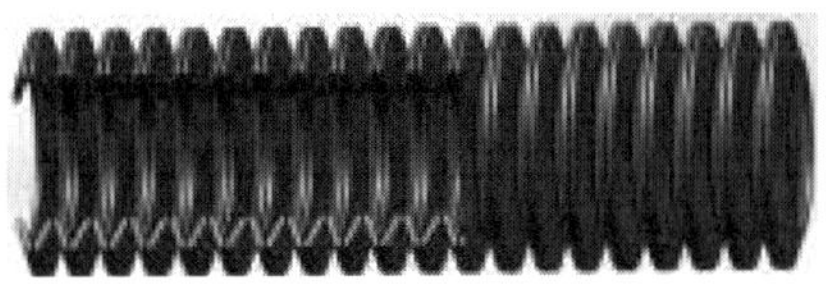	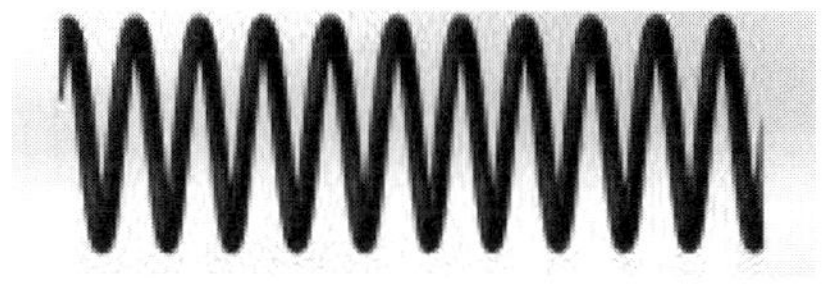
弹簧承载试验	试验方式：2021 年 1 月 21 日，在第十采油厂机加工具车间采用亚量数显弹簧拉压试验机（ATH-10-30 型）进行弹簧承载试验	

方案一（碟形弹簧）：

项目	试验一	试验二	试验三
目标值	>50kgf	>50kgf	>50kgf
实测值	285kgf	262kgf	257kgf
平均	268kgf		
负责人	李东胜		

方案二（螺旋弹簧）：

项目	试验一	试验二	试验三
目标值	>50kgf	>50kgf	>50kgf
实测值	219kgf	204kgf	207kgf
平均	210kgf		
负责人	张洪军		

有效性	承受载荷大，初始弹力大，可压缩性小	弹力适中，伸缩及回弹性好，可压缩性大
经济性	费用约 30 元	费用约 20 元
安全性	长度和线径在技术尺寸内，所承受的平均载荷为 268kgf，满足需求	长度和线径在技术尺寸内，所承受的平均载荷为 210kgf，满足需求
综合分析	安装和拆卸不便，操作性一般	易于安装和拆卸，操作性好
结论	不采用×	采用√
时间：2021 年 1 月 21 日	地点：工具车间	制表人：张化庆

④ 支撑部分选择

支撑部分形状选择见表 4-5。

表 4-5　支撑杆形状的选择

<table>
<tr><td>选择依据</td><td colspan="3">支撑力 2 倍于测试仪器重力，稳定性强；支撑杆伸缩灵敏；成本低、易加工</td></tr>
<tr><td>备选方案</td><td>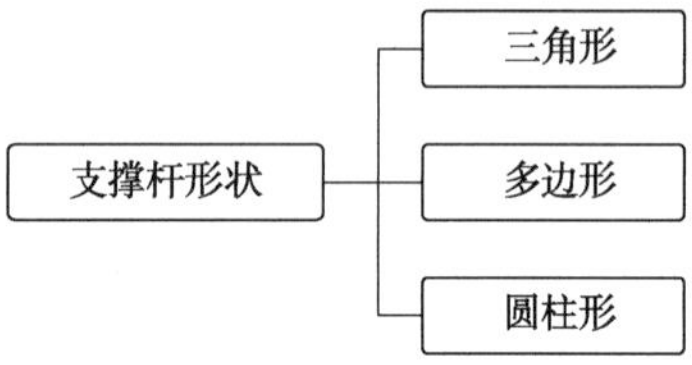</td><td>选择最佳方案条件</td><td>1. 支撑力≥100kgf，稳定性强；
2. 支撑杆伸缩灵敏；
3. 易于加工，成本低廉</td></tr>
<tr><td>方案</td><td>方案一　三角形</td><td>方案二　多边形</td><td>方案三　圆柱形</td></tr>
<tr><td>示意图</td><td>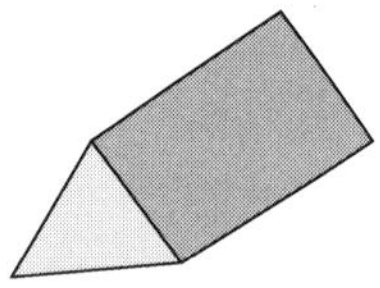</td><td>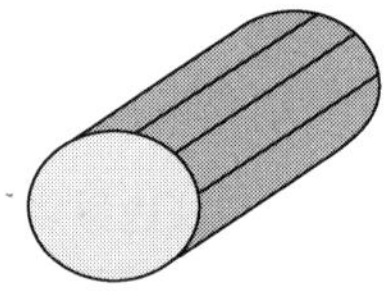</td><td>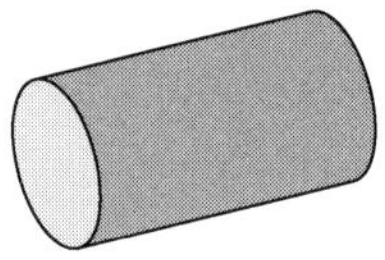</td></tr>
<tr><td>方案说明</td><td>支撑杆制作成三角形，支撑杆伸出后，以三角形面积支撑在井下工具卡阻部位</td><td>支撑杆制作成多边形，支撑杆伸出后，以多边形面积支撑在井下工具卡阻部位</td><td>支撑杆制作成圆柱形，支撑杆伸出后，以圆柱形面积支撑在井下工具卡阻部位</td></tr>
<tr><td rowspan="2">支撑力试验</td><td colspan="3">试验方式：2021 年 1 月 25 日，在第十采油厂机加工具车间采用复合支撑试验台(一诺 FZS-100 型)进行支撑杆的支撑力试验</td></tr>
<tr><td><table><tr><td>项目</td><td>试验一</td><td>试验二</td><td>试验三</td></tr><tr><td>目标值</td><td>≥100kgf</td><td>≥100kgf</td><td>≥100kgf</td></tr><tr><td>实测值</td><td>142kgf</td><td>138kgf</td><td>149kgf</td></tr><tr><td>平均</td><td colspan="3">143kgf</td></tr><tr><td>负责人</td><td colspan="3">齐树军</td></tr></table></td><td><table><tr><td>项目</td><td>试验一</td><td>试验二</td><td>试验三</td></tr><tr><td>目标值</td><td>≥100kgf</td><td>≥100kgf</td><td>≥100kgf</td></tr><tr><td>实测值</td><td>187kgf</td><td>183kgf</td><td>185kgf</td></tr><tr><td>平均</td><td colspan="3">185kgf</td></tr><tr><td>负责人</td><td colspan="3">冯国川</td></tr></table></td><td><table><tr><td>项目</td><td>试验一</td><td>试验二</td><td>试验三</td></tr><tr><td>目标值</td><td>≥100kgf</td><td>≥100kgf</td><td>≥100kgf</td></tr><tr><td>实测值</td><td>194kgf</td><td>189kgf</td><td>197kgf</td></tr><tr><td>平均</td><td colspan="3">199. 3kgf</td></tr><tr><td>负责人</td><td colspan="3">于守清</td></tr></table></td></tr>
<tr><td>经济性</td><td>加工费用约 40 元</td><td>加工费用约 80 元</td><td>加工费用约 30 元</td></tr>
<tr><td>安全性</td><td>接触面积小，稳定性差，支撑杆伸缩阻力大</td><td>接触面积大，稳定性好，支撑杆伸缩阻力小</td><td>接触面积大，稳定性强，支撑杆伸缩阻力最小</td></tr>
<tr><td>综合分析</td><td>支撑力满足需求，稳定性差，伸缩灵敏度差</td><td>支撑力满足需求，稳定性好，伸缩灵敏度好</td><td>支撑力满足需求，稳定性强，伸缩灵敏度高</td></tr>
<tr><td>结论</td><td>不采用×</td><td>不采用×</td><td>采用√</td></tr>
<tr><td colspan="2">时间：2021 年 1 月 25 日</td><td>地点：工具车间</td><td>制表人：郭英健</td></tr>
</table>

通过上述方案评价分析，选择各部分的一级方案确定，如图 4-4 所示。

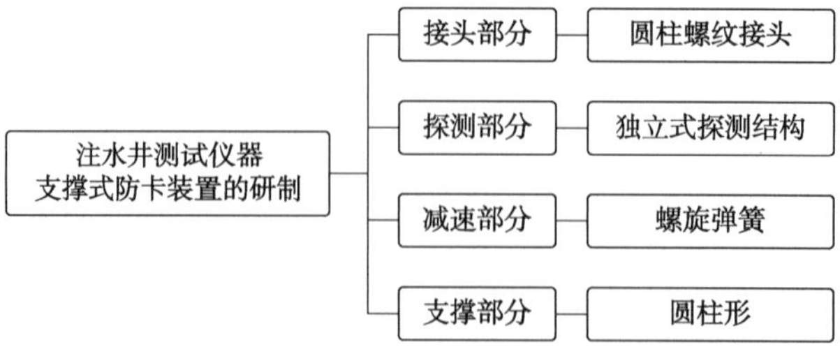

图 4-4　评价后的一级方案细化分解图

制图人：李伟泉　制图时间：2021 年 1 月 25 日

（3）二级方案确定

通过以上分析，还需对接头部分的圆柱螺纹接头长度、探测部分的独立式探测机构外径、减速部分的螺旋弹簧外径、支撑部分的对称支撑分布方向、圆柱形支撑杆伸出长度进一步选择，最后选择各部分的分级方案，如图 4-5 所示。

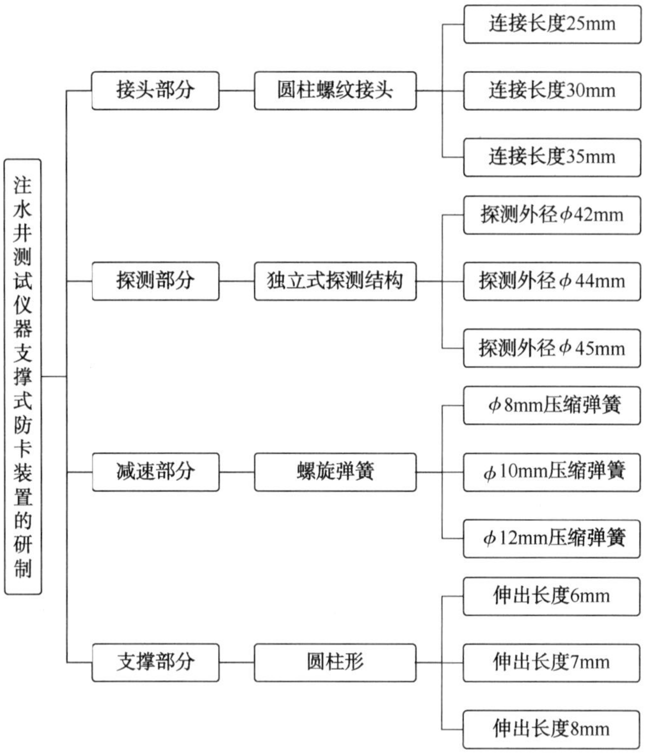

图 4-5　二级方案细化分解图

（4）二级方案评价

① 圆柱螺纹接头选择

连接长度选择见表 4-6。

表 4-6　圆柱螺纹接头的连接长度选择

<table>
<tr><td>选择依据</td><td colspan="3">抗拉强度大，连接牢固不脱扣，易于操作</td></tr>
<tr><td>备选方案</td><td>圆柱螺纹接头 — 连接长度25mm / 连接长度30mm / 连接长度35mm</td><td>选择最佳方案条件</td><td>1. 抗拉强度≥15MPa，稳定性强；
2. 易于操作</td></tr>
<tr><td rowspan="2">方案</td><td colspan="3">试验方式：2021 年 1 月 26 日，在第十采油厂机加工具车间采用万能拉力测试机（SG2050 型）对三种型号的圆柱螺纹接头进行抗拉强度试验</td></tr>
<tr><td>方案一　连接长度 25mm</td><td>方案二　连接长度 30mm</td><td>方案三　连接长度 35mm</td></tr>
<tr><td>抗拉强度试验</td>
<td><table>
<tr><td>项目</td><td>试验一</td><td>试验二</td><td>试验三</td></tr>
<tr><td>目标值</td><td>≥15MPa</td><td>≥15MPa</td><td>≥15MPa</td></tr>
<tr><td>实测值</td><td>35MPa</td><td>38MPa</td><td>41MPa</td></tr>
<tr><td>平均</td><td colspan="3">38MPa</td></tr>
<tr><td>负责人</td><td colspan="3">张洪军</td></tr>
</table></td>
<td><table>
<tr><td>项目</td><td>试验一</td><td>试验二</td><td>试验三</td></tr>
<tr><td>目标值</td><td>≥15MPa</td><td>≥15MPa</td><td>≥15MPa</td></tr>
<tr><td>实测值</td><td>46MPa</td><td>51MPa</td><td>53MPa</td></tr>
<tr><td>平均</td><td colspan="3">50MPa</td></tr>
<tr><td>负责人</td><td colspan="3">张化庆</td></tr>
</table></td>
<td><table>
<tr><td>项目</td><td>试验一</td><td>试验二</td><td>试验三</td></tr>
<tr><td>目标值</td><td>≥15MPa</td><td>≥15MPa</td><td>≥15MPa</td></tr>
<tr><td>实测值</td><td>52MPa</td><td>57MPa</td><td>59MPa</td></tr>
<tr><td>平均</td><td colspan="3">56MPa</td></tr>
<tr><td>负责人</td><td colspan="3">郭英健</td></tr>
</table></td></tr>
</table>

续表

经济性	加工费用约 30 元	加工费用约 35 元	加工费用约 40 元
安全性	抗拉强度好，安全性好	抗拉强度高，安全性高	抗拉强度高，安全性高
综合分析	抗拉强度满足需求，成本便宜，操作快捷	抗拉强度满足需求，成本适中，操作方便	抗拉强度满足需求，成本略高，操作不便
结论	不采用×	采用√	不采用×
时间：2021 年 1 月 26 日	地点：工具车间		制表人：于守清

② 独立式探测结构选择

探测外径选择见表 4-7。

表 4-7　独立式探测结构的探测外径选择

<table>
<tr><td>选择依据</td><td colspan="3">井下工具结垢情况下探测卡阻位置精准，不影响测试仪器在正常井下工具内起下</td></tr>
<tr><td>备选方案</td><td>独立式探测结构 → 探测外径 φ42mm；探测外径 φ44mm；探测外径 φ45mm</td><td>选择最佳方案条件</td><td>1. 遇阻探测的准确率≥95%；
2. 小于井下工具内径 φ46mm</td></tr>
<tr><td rowspan="2">方案</td><td colspan="3">试验方式：2021 年 1 月 27 日，在第十采油厂机加工具车间采用制作的模型对三种型号探测外径进行遇阻探测准确率的试验</td></tr>
<tr><td>方案一　探测外径 φ42mm</td><td>方案二　探测外径 φ44mm</td><td>方案三　探测外径 φ45mm</td></tr>
<tr><td>试验</td>
<td><table>
<tr><td>项目</td><td>试验一</td><td>试验二</td><td>试验三</td></tr>
<tr><td>目标值</td><td>≥95%</td><td>≥95%</td><td>≥95%</td></tr>
<tr><td>试验次数/次</td><td>30</td><td>40</td><td>50</td></tr>
<tr><td>成功次数/次</td><td>24</td><td>31</td><td>38</td></tr>
<tr><td>平均</td><td colspan="3">77.5%</td></tr>
<tr><td>负责人</td><td colspan="3">冯国川</td></tr>
</table></td>
<td><table>
<tr><td>项目</td><td>试验一</td><td>试验二</td><td>试验三</td></tr>
<tr><td>目标值</td><td>≥95%</td><td>≥95%</td><td>≥95%</td></tr>
<tr><td>试验次数/次</td><td>30</td><td>40</td><td>50</td></tr>
<tr><td>成功次数/次</td><td>29</td><td>39</td><td>48</td></tr>
<tr><td>平均</td><td colspan="3">96.7%</td></tr>
<tr><td>负责人</td><td colspan="3">张会荣</td></tr>
</table></td>
<td><table>
<tr><td>项目</td><td>试验一</td><td>试验二</td><td>试验三</td></tr>
<tr><td>目标值</td><td>≥95%</td><td>≥95%</td><td>≥95%</td></tr>
<tr><td>试验次数/次</td><td>30</td><td>40</td><td>50</td></tr>
<tr><td>成功次数/次</td><td>21</td><td>27</td><td>31</td></tr>
<tr><td>平均</td><td colspan="3">65.8%</td></tr>
<tr><td>负责人</td><td colspan="3">齐树军</td></tr>
</table></td></tr>
<tr><td>经济性</td><td>加工费用约 30 元</td><td>加工费用约 35 元</td><td>加工费用约 40 元</td></tr>
<tr><td>安全性</td><td>外径小，遇井下工具结垢时，不易卡井</td><td>与测试仪器外径相同，与井下工具结垢卡住概率相同</td><td>外径大，遇井下工具结垢时，易卡井且易导致下不去</td></tr>
<tr><td>综合分析</td><td>小于测试仪器外径 φ44mm，不能提供准确判断</td><td>与仪器外径 φ44mm 相同，可提供准确判断</td><td>大于仪器外径 φ44mm，不能提供准确判断</td></tr>
<tr><td>结论</td><td>不采用×</td><td>采用√</td><td>不采用×</td></tr>
<tr><td colspan="2">时间：2021 年 1 月 27 日</td><td>地点：工具车间</td><td>制表人：冯国川</td></tr>
</table>

③ 螺旋弹簧选择

压缩弹簧型号选择见表 4-8。

表 4-8 螺旋弹簧的压缩弹簧型号选择

<table>
<tr><td>选择依据</td><td colspan="3">与支撑杆配合后，承载力不低于测试重力，具有较好的压缩长度</td></tr>
<tr><td>备选方案</td><td>螺旋弹簧：
ϕ8mm压缩弹簧
ϕ10mm压缩弹簧
ϕ12mm卡缩弹簧</td><td>选择最佳方案条件</td><td>1. 承载力≥50kgf；
2. 弹簧压缩长度≥10mm</td></tr>
<tr><td>试验方式</td><td colspan="3">现场试验：选择 ϕ8mm/ϕ10mm/ϕ12mm 三种压缩弹簧进行压缩试验</td></tr>
<tr><td>方案说明</td><td colspan="3">不低于测试仪器重力 50kgf 情况下，压缩弹簧将支撑杆顶出装置外，保障支撑杆对称伸出后的长度可达 10mm，实现装置的缓冲减速。试验方式：2021 年 1 月 28 日，在第十采油厂机加工具车间采用亚量数显弹簧拉压试验机（ATH-10-30 型）进行弹簧承载试验</td></tr>
<tr><td>方案</td><td>方案一　ϕ8mm 压缩弹簧</td><td>方案二　ϕ10mm 压缩弹簧</td><td>方案三　ϕ12mm 压缩弹簧</td></tr>
<tr><td>现场试验</td>
<td><table>
<tr><td rowspan="2">试验次数</td><td colspan="2">ϕ8mm 压缩弹簧</td></tr>
<tr><td>支撑力/kgf</td><td>压缩长度/mm</td></tr>
<tr><td>1</td><td>39</td><td>12. 1</td></tr>
<tr><td>2</td><td>42</td><td>12. 4</td></tr>
<tr><td>3</td><td>45</td><td>12. 8</td></tr>
<tr><td>4</td><td>47</td><td>13. 1</td></tr>
<tr><td>平均值</td><td>43. 3</td><td>12. 6</td></tr>
<tr><td>负责人</td><td colspan="2">张化庆</td></tr>
</table></td>
<td><table>
<tr><td rowspan="2">试验次数</td><td colspan="2">ϕ10mm 压缩弹簧</td></tr>
<tr><td>支撑力/kgf</td><td>压缩长度/mm</td></tr>
<tr><td>1</td><td>50</td><td>10. 2</td></tr>
<tr><td>2</td><td>52</td><td>10. 4</td></tr>
<tr><td>3</td><td>55</td><td>11. 0</td></tr>
<tr><td>4</td><td>58</td><td>12. 1</td></tr>
<tr><td>平均值</td><td>53. 8</td><td>10. 9</td></tr>
<tr><td>负责人</td><td colspan="2">于守清</td></tr>
</table></td>
<td><table>
<tr><td rowspan="2">试验次数</td><td colspan="2">ϕ12mm 压缩弹簧</td></tr>
<tr><td>支撑力/kgf</td><td>压缩长度/mm</td></tr>
<tr><td>1</td><td>58</td><td>9. 0</td></tr>
<tr><td>2</td><td>62</td><td>9. 4</td></tr>
<tr><td>3</td><td>65</td><td>9. 8</td></tr>
<tr><td>4</td><td>69</td><td>10. 2</td></tr>
<tr><td>平均值</td><td>63. 5</td><td>9. 6</td></tr>
<tr><td>负责人</td><td colspan="2">李宪宝</td></tr>
</table></td></tr>
<tr><td>试验结果</td><td>支撑力小于 50kgf，ϕ8mm 弹簧的压缩长度大于 10mm</td><td>支撑力大于 50kgf，ϕ10mm 弹簧的压缩长度大于 10mm</td><td>支撑力大于 50kgf，ϕ12mm 弹簧的压缩长度小于 10mm</td></tr>
<tr><td>综合分析</td><td>ϕ8mm 压缩弹簧的支撑力无法满足需求，压缩长度可满足 10mm 需求</td><td>ϕ10mm 压缩弹簧的支撑力满足需求，压缩长度也可满足 10mm 需求</td><td>ϕ12mm 压缩弹簧的支撑力满足需求，压缩长度无法满足 10mm 需求</td></tr>
<tr><td>结论</td><td>不采用×</td><td>采用√</td><td>不采用×</td></tr>
<tr><td colspan="2">时间：2021 年 1 月 28 日</td><td>地点：工具车间</td><td>制表人：张会荣</td></tr>
</table>

④ 圆柱形支撑杆选择

支撑杆长度选择见表 4-9。

表 4-9 圆柱形支撑杆的伸出长度选择

<table>
<tr><td>选择依据</td><td colspan="3">支撑杆对称收缩在装置内时，不大于测试仪器外径 ϕ44mm；支撑杆对称支撑伸出后，大于井下工具内径 ϕ46mm，小于井筒油管内径 ϕ62mm</td></tr>
<tr><td>备选方案</td><td>圆柱形：
长度6mm
长度7mm
长度8mm</td><td>选择最佳方案条件</td><td>1. 支撑杆收缩后长度≤44mm，支撑杆伸出后长度≥46mm；
2. 便于安装</td></tr>
<tr><td>试验方式</td><td colspan="3">现场试验：2021 年 2 月 1 日，在第十采油厂机加工具车间采用数显游标卡尺（世达 SATA91511 型）进行圆柱形支撑杆伸出长度 6mm/7mm/8mm 三种支撑杆测量</td></tr>
<tr><td>方案说明</td><td colspan="3">防卡装置的设计外径 ϕ44mm、壁厚 5mm、空腔内径 ϕ20mm，剩余可用空间长度为 16mm，四个方向的支撑杆在可用空间内，实现支撑杆对称收缩后小于测试仪器外径 ϕ44mm，对称伸出后大于井下工具内径 ϕ46mm</td></tr>
</table>

续表

<table>
<tr><td>方案</td><td>方案一　伸出长度 6mm</td><td>方案二　伸出长度 7mm</td><td>方案三　伸出长度 8mm</td></tr>
<tr><td>现场试验</td>
<td><table>
<tr><td>序号</td><td>收缩后长度≤44mm</td><td>伸出后长度≥46mm</td></tr>
<tr><td>1</td><td>42mm</td><td>42mm</td></tr>
<tr><td>2</td><td>41mm</td><td>43mm</td></tr>
<tr><td>3</td><td>40mm</td><td>44mm</td></tr>
<tr><td>平均</td><td>41mm</td><td>43mm</td></tr>
<tr><td>负责人</td><td colspan="2">齐树军</td></tr>
</table></td>
<td><table>
<tr><td>序号</td><td>收缩后长度≤44mm</td><td>伸出后长度≥46mm</td></tr>
<tr><td>1</td><td>42mm</td><td>46mm</td></tr>
<tr><td>2</td><td>43mm</td><td>47mm</td></tr>
<tr><td>3</td><td>44mm</td><td>48mm</td></tr>
<tr><td>平均</td><td>43mm</td><td>47mm</td></tr>
<tr><td>负责人</td><td colspan="2">李东胜</td></tr>
</table></td>
<td><table>
<tr><td>序号</td><td>收缩后长度≤44mm</td><td>伸出后长度≥46mm</td></tr>
<tr><td>1</td><td>44mm</td><td>48mm</td></tr>
<tr><td>2</td><td>45mm</td><td>49mm</td></tr>
<tr><td>3</td><td>46mm</td><td>50mm</td></tr>
<tr><td>平均</td><td>45mm</td><td>49mm</td></tr>
<tr><td>负责人</td><td colspan="2">冯国川</td></tr>
</table></td></tr>
<tr><td>试验结果</td><td>支撑杆收缩后长度满足≤44mm 需求，支撑杆伸出后长度不能满足≥46mm</td><td>支撑杆收缩后长度满足≤44mm 需求，支撑杆伸出后长度满足≥46mm</td><td>支撑杆收缩后长度不能满足≤44mm 需求，支撑杆伸出后长度满足≥46mm</td></tr>
<tr><td>综合分析</td><td>仅满足支撑杆收缩后的长度需求</td><td>可以满足支撑杆收缩及伸出后的长度需求</td><td>仅满足支撑杆伸出后的长度需求</td></tr>
<tr><td>结论</td><td>不采用×</td><td>采用√</td><td>不采用×</td></tr>
<tr><td colspan="4">时间：2021 年 2 月 1 日　　地点：工具车间　　制表人：齐树军</td></tr>
</table>

3. 确认最佳方案

经以上对比分析，小组确认了最佳方案，整理归纳树图如图 4-6 所示。

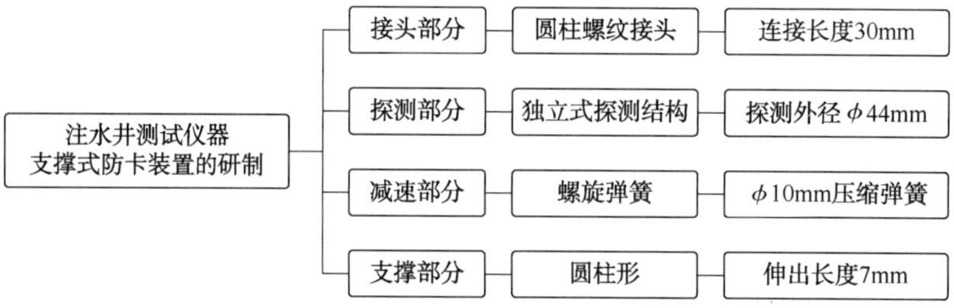

图 4-6　注水井测试仪器支撑式防卡装置的最佳方案树图

五、制定对策

小组成员按照“5W1H”原则制定出对策表，见表 5-1。

表 5-1　对策表

序号	对策	目标	措施	地点	负责人	完成时间
1	圆柱螺纹接头加工连接长度 30mm	1. 误差≤±0. 2mm； 2. 圆柱螺纹接头抗拉强度≥15MPa	1. 绘制图纸； 2. 按图纸加工圆柱螺纹接头长度； 3. 测量检查误差； 4. 验证圆柱螺纹接头抗拉强度	机加车间	张化庆 张洪军	2021 年 2 月
2	独立式探测机构的探测外径的设计制作	误差≤±0. 2mm	1. 绘制图纸； 2. 按图纸加工； 3. 测量检查误差	机加车间	郭英健 李伟泉	2021 年 2 月
3	螺旋弹簧采用 ϕ10mm 压缩弹簧	1. 误差≤±0. 2mm； 2. 承载支撑力>50kgf	1. 绘制图纸； 2. 按图纸采购弹簧； 3. 测量检查误差； 4. 核对弹簧性能	机加车间	李东胜 于守清	2021 年 2 月

续表

序号	对策	目标	措施	地点	负责人	完成时间
4	圆柱形支撑杆制作伸出长度7mm	误差≤±0.2mm	1. 绘制图纸； 2. 按图纸加工； 3. 测量检查误差	机加车间	张化庆 张洪军	2021年3月
5	组装调试	组装后的技术参数符合设计指标要求，支撑防卡合格率100%	1. 现场组装并调试； 2. 模拟试验； 3. 现场试验； 4. 专家鉴定	工具车间、施工现场	张化庆 齐树军	2021年4月

制表人：张化庆　　　　时间：2021年2月1日

六、按对策实施

对策实施一：圆柱螺纹接头加工连接长度30mm。见表6-1。

表6-1　圆柱螺纹接头加工连接长度30mm实施表

<table>
<tr><td>目标</td><td colspan="4">1. 圆柱螺纹接头连接长度30mm±0.2mm；
2. 圆柱螺纹接头抗拉强度≥15MPa</td></tr>
<tr><td>措施</td><td colspan="4">1. 绘制图纸；
2. 按图纸加工圆柱螺纹接头长度；
3. 测量检查误差；
4. 验证圆柱螺纹接头抗拉强度</td></tr>
<tr><td rowspan="3">实施过程</td><td>措施1：2021年2月2日绘制图纸</td><td>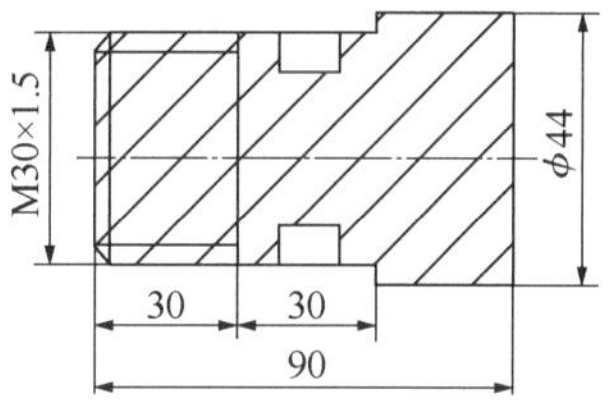
</td><td>措施2：2021年2月3日按图纸车床加工制作圆柱螺纹接头长度</td><td></td></tr>
<tr><td>措施3：2021年2月4日采用游标卡尺测量检查误差</td><td>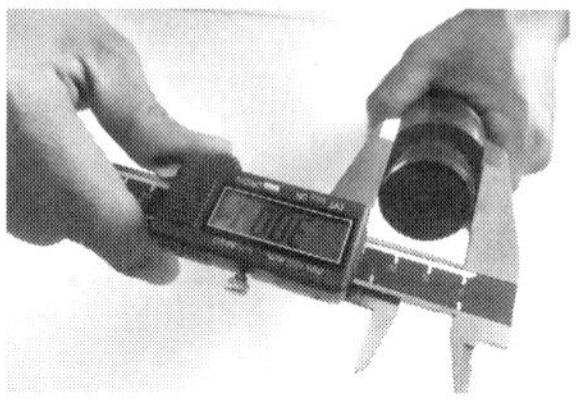</td><td colspan="2">圆柱螺纹接头长度测量检查误差
<table>
<tr><td>项目</td><td>随机检测点一</td><td>随机检测点二</td><td>随机检测点三</td></tr>
<tr><td>目标值</td><td>≤±0.2mm</td><td>≤±0.2mm</td><td>≤0.2mm</td></tr>
<tr><td>实测值</td><td>+0.1mm</td><td>-0.1mm</td><td>-0.1mm</td></tr>
<tr><td>平均</td><td colspan="3">-0.1mm</td></tr>
<tr><td>负责人</td><td colspan="3">张化庆</td></tr>
</table></td></tr>
<tr><td>措施4：2021年2月5日采用万能拉力测试机（SG2050型）验证圆柱螺纹接头抗拉强度</td><td></td><td colspan="2">圆柱螺纹接头抗拉强度效果检验
<table>
<tr><td>项目</td><td>随机检测点一</td><td>随机检测点二</td><td>随机检测点三</td></tr>
<tr><td>目标值</td><td>≥15MPa</td><td>≥15MPa</td><td>≥15MPa</td></tr>
<tr><td>实测值</td><td>40MPa</td><td>50MPa</td><td>60MPa</td></tr>
<tr><td>平均</td><td colspan="3">50MPa</td></tr>
<tr><td>负责人</td><td colspan="3">张洪军</td></tr>
</table></td></tr>
<tr><td colspan="2">实施目标检查</td><td colspan="3">通过现场核对，圆柱螺纹接头长度测量检查误差为-0.1mm；圆柱螺纹接头平均抗拉强度达50MPa，均符合设计要求</td></tr>
<tr><td colspan="2">实施时间：2021年2月5日</td><td colspan="2">实施地点：机加车间</td><td>实施人：张化庆、张洪军</td></tr>
</table>

对策实施二：独立式探测机构的探测外径的设计制作。见表 6-2。

表 6-2　独立式探测机构的探测外径的设计制作实施表

<table>
<tr><td>目标</td><td colspan="4">误差≤±0.2mm</td></tr>
<tr><td>措施</td><td colspan="4">1. 绘制图纸；
2. 按图纸加工；
3. 测量检查误差</td></tr>
<tr><td rowspan="2">实施过程</td><td>措施 1：2021 年 2 月 6 日李伟泉 CAD 绘制图纸</td><td>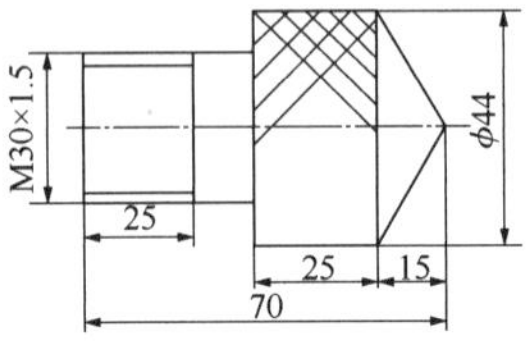
</td><td>措施 2：2021 年 2 月 7 日按图纸车床加工</td><td></td></tr>
<tr><td>措施 3：2021 年 2 月 8 日郭英健采用游标卡尺测量检查误差</td><td>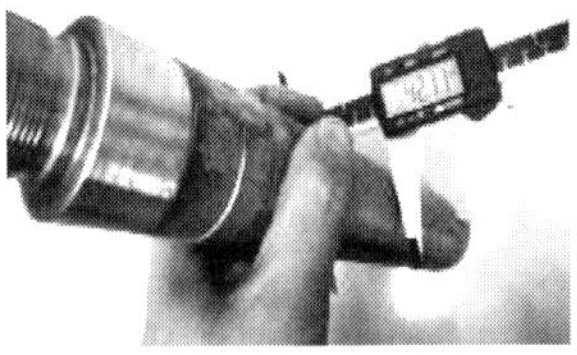</td><td colspan="2">探测外径测量检查误差
<table>
<tr><td>项目</td><td>随机检测点一</td><td>随机检测点二</td><td>随机检测点三</td></tr>
<tr><td>目标值</td><td>≤±0.2mm</td><td>≤±0.2mm</td><td>≤±0.2mm</td></tr>
<tr><td>实测值</td><td>+0.1mm</td><td>+0.1mm</td><td>-0.1mm</td></tr>
<tr><td>平均</td><td colspan="3">0.1mm</td></tr>
<tr><td>负责人</td><td colspan="3">郭英健</td></tr>
</table></td></tr>
<tr><td colspan="2">实施目标检查</td><td colspan="3">通过现场测量，探测外径误差为 0.1mm，符合设计要求</td></tr>
<tr><td colspan="2">实施时间：2021 年 2 月 8 日</td><td colspan="2">实施地点：机加车间</td><td>实施人：郭英健、李伟泉</td></tr>
</table>

对策实施三：螺旋弹簧采用 ϕ10mm 压缩弹簧。见表 6-3。

表 6-3　螺旋弹簧采用 ϕ10mm 压缩弹簧实施表

<table>
<tr><td>目标</td><td colspan="4">1. 误差≤±0.2mm；
2. 承载支撑力>50kgf</td></tr>
<tr><td>措施</td><td colspan="4">1. 绘制图纸；
2. 按图纸采购弹簧；
3. 测量检查误差；
4. 核对弹簧性能</td></tr>
<tr><td rowspan="3">实施过程</td><td>措施 1：2021 年 2 月 9 日李伟全采用 CAD 绘制图纸</td><td>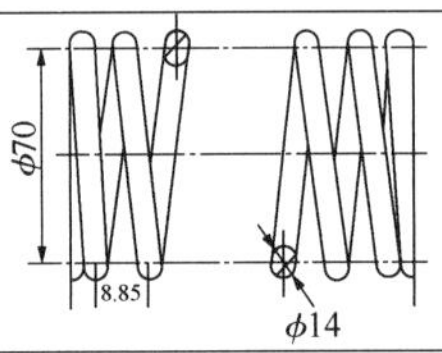
</td><td>措施 2：2021 年 2 月 10 日李伟泉按图纸于五金商店采购弹簧</td><td></td></tr>
<tr><td>措施 3：2021 年 2 月 10 日李东胜采用游标卡尺测量检查误差</td><td>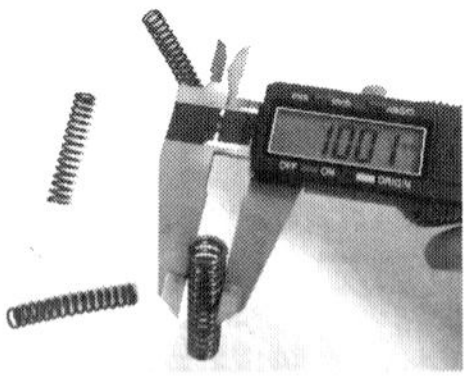</td><td colspan="2">弹簧尺寸测量检查误差
<table>
<tr><td>项目</td><td>随机检测点一</td><td>随机检测点二</td><td>随机检测点三</td></tr>
<tr><td>目标值</td><td>≤±0.2mm</td><td>≤±0.2mm</td><td>≤±0.2mm</td></tr>
<tr><td>实测值</td><td>+0.1mm</td><td>+0.1mm</td><td>-0.1mm</td></tr>
<tr><td>平均</td><td colspan="3">0.1mm</td></tr>
<tr><td>负责人</td><td colspan="3">李东胜</td></tr>
</table></td></tr>
<tr><td>措施 4：2021 年 2 月 11 日于守清应用亚量数显弹簧拉压试验机（ATH-10-30 型）核对弹簧性能</td><td>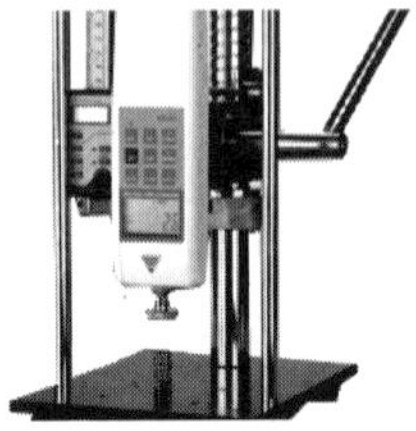</td><td colspan="2">弹簧承受载荷支撑力效果检验
<table>
<tr><td>项目</td><td>随机检测点一</td><td>随机检测点二</td><td>随机检测点三</td></tr>
<tr><td>目标值</td><td>支撑力>50kgf</td><td>支撑力>50kgf</td><td>支撑力>50kgf</td></tr>
<tr><td>实测值</td><td>253kgf</td><td>238kgf</td><td>262kgf</td></tr>
<tr><td>平均</td><td colspan="3">251kgf</td></tr>
<tr><td>负责人</td><td colspan="3">于守清</td></tr>
</table></td></tr>
<tr><td colspan="2">实施目标检查</td><td colspan="3">通过现场核对测量，弹簧尺寸误差 0.1mm；弹簧承受载荷支撑力 251kgf，均符合设计要求</td></tr>
<tr><td colspan="2">实施时间：2021 年 2 月 11 日</td><td colspan="2">实施地点：机加车间</td><td>实施人：李东胜、于守清</td></tr>
</table>

对策实施四：圆柱形支撑杆制作伸出长度7mm。见表6-4。

表6-4　圆柱形支撑杆制作伸出长度7mm实施表

<table>
<tr><td>目标</td><td colspan="4">误差≤±0.2mm</td></tr>
<tr><td>措施</td><td colspan="4">1. 绘制图纸；
2. 按图纸加工；
3. 测量检查误差</td></tr>
<tr><td rowspan="2">实施过程</td><td>措施1：2021年3月9日李伟泉采用CAD绘制图纸</td><td>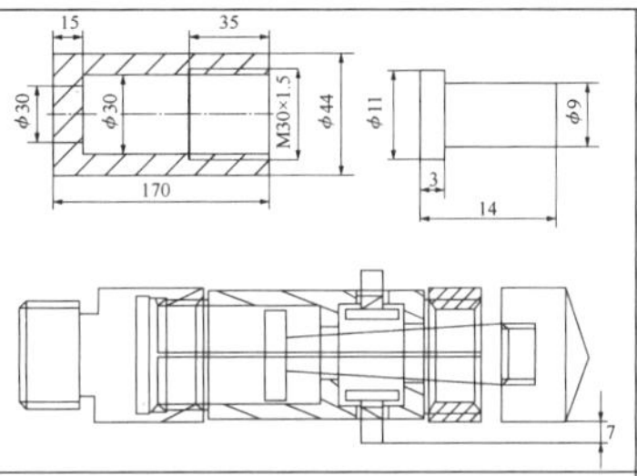</td><td>措施2：2021年3月10日张化庆按图纸车床加工</td><td>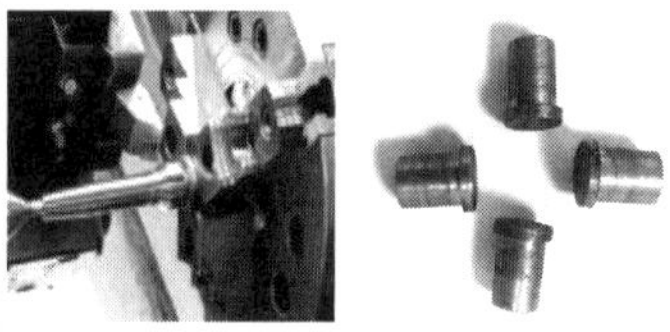</td></tr>
<tr><td>措施3：2021年3月11日张洪军采油游标卡尺测量检查误差</td><td></td><td colspan="2">测量检查误差
<table><tr><td>项目</td><td>随机检测点一</td><td>随机检测点二</td><td>随机检测点三</td></tr><tr><td>目标值</td><td>≤±0.2mm</td><td>≤±0.2mm</td><td>≤±0.2mm</td></tr><tr><td>实测值</td><td>+0.1mm</td><td>+0.1mm</td><td>-0.1mm</td></tr><tr><td>平均</td><td colspan="3">0.1mm</td></tr><tr><td>负责人</td><td colspan="3">张洪军</td></tr></table></td></tr>
<tr><td colspan="2">实施目标检查</td><td colspan="3">通过现场测量，支撑杆伸出长度误差为0.1mm，符合设计要求</td></tr>
<tr><td colspan="2">实施时间：2021年3月11日</td><td colspan="2">实施地点：机加车间</td><td>实施人：张化庆、张洪军</td></tr>
</table>

对策实施五：组装调试。见表6-5。

表6-5　组装调试实施表

<table>
<tr><td>目标</td><td colspan="2">组装后的技术参数符合设计指标要求，支撑防卡合格率100%</td></tr>
<tr><td>措施</td><td colspan="2">1. 现场组装并调试；
2. 模拟试验；
3. 现场试验；
4. 专家鉴定</td></tr>
<tr><td>实施过程</td><td>措施1：2021年4月1日张化庆进行现场组装并调试</td><td>各部件组合后100%符合设计要求，灵活好用，达到设计要求
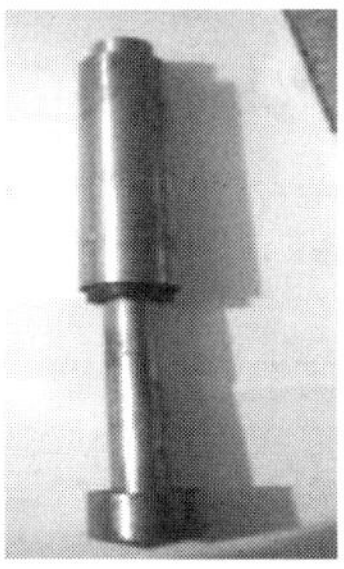
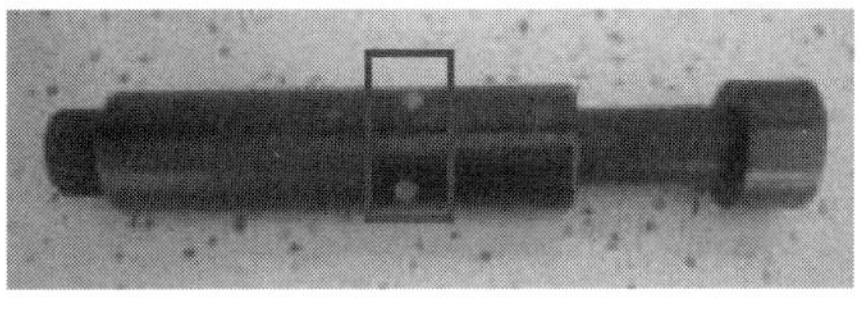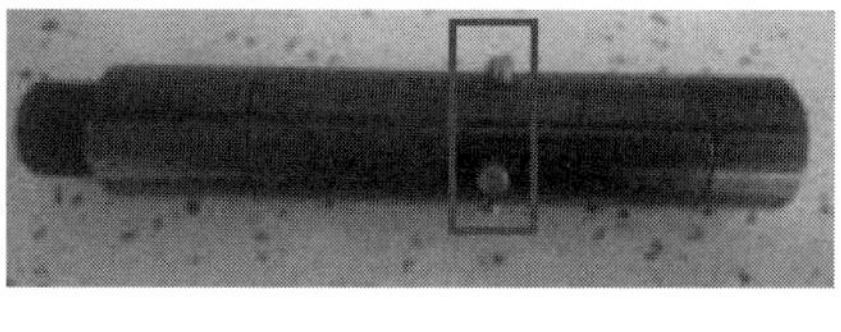</td></tr>
</table>

续表

实施过程

措施 2：2021 年 4 月 4 日张化庆在工具车间进行模拟试验

进行现场模拟试验，装置可防止测试仪器卡井，试验成功，结论合格

试验项目	抗拉强度	防卡支撑力	试验次数	试验结果
设计指标	15MPa	100kgf	10 次	合格
检测指标	15MPa	100kgf	10 次	合格
负责人	张化庆			

措施 3：2021 年 4 月 12~24 日齐树军跟踪现场试验

装置模拟试验成功后，进行 10 口井的现场试验，试验结果成功

序号	施工井号	施工日期	防卡效果	序号	施工井号	施工日期	防卡效果
1	朝 87-23	2021 年 4 月 12 日	成功	6	朝 86	2021 年 4 月 20 日	成功
2	翻 114-30	2021 年 4 月 13 日	成功	7	翻 116-36	2021 年 4 月 21 日	成功
3	翻 135-23	2021 年 4 月 14 日	成功	8	朝 90-30	2021 年 4 月 22 日	成功
4	朝 106-4	2021 年 4 月 15 日	成功	9	朝 88-26	2021 年 4 月 23 日	成功
5	翻 120-44	2021 年 4 月 19 日	成功	10	翻 138-30	2021 年 4 月 24 日	成功
负责人：齐树军							

措施 4：2021 年 4 月 28 日小组邀请专家进行现场鉴定

鉴定证明

邀请专家进行鉴定，经现场应用鉴定，注水井测试仪器支撑式防卡装置结构设计合理，在安全环保、生产运行等方面可满足生产需要，能够降低测试仪器卡井率，具备推广使用条件

实施目标检查	各部件组装后的技术参数符合设计指标要求，灵活好用，支撑防卡合格率 100%，达到设计要求，现场试验效果良好，安全可靠，结论合格

实施时间：2021 年 4 月 1~28 日	实施地点：工具车间、施工现场	实施人：张化庆、齐树军

现场跟踪 10 口试验井施工，在整个试验过程中严格执行大庆油田企业标准 Q/SY DQ0515 的相关标准，应用注水井测试仪器支撑式防卡装置后，装置的技术参数达到了设计指标，对策目标全部实现。

七、效果检查

1. 目标值检查

注水井测试仪器支撑式防卡装置试验有效后，在第十采油厂在第三作业区进行了现场应用，统计 2021 年 5~12 月，累计施工 549 井次，发生卡井 38 次，卡井率降至 6.9%，小于 7.5%的目标要求，完成了 QC 小组的活动目标。目标完成情况见表 7-1 和图 7-1。

表 7-1　2021 年 5~12 月注水井测试仪器支撑式防卡装置应用情况统计表

项目		5 月	6 月	7 月	8 月	9 月	10 月	11 月	12 月	合计	平均卡井率
第三作业区	施工井次/次	74	64	55	75	82	56	82	61	549	6.9%
	卡井次数/次	5	4	3	5	6	4	6	5	38	

制表人：张化庆　　时间：2021 年 12 月 31 日

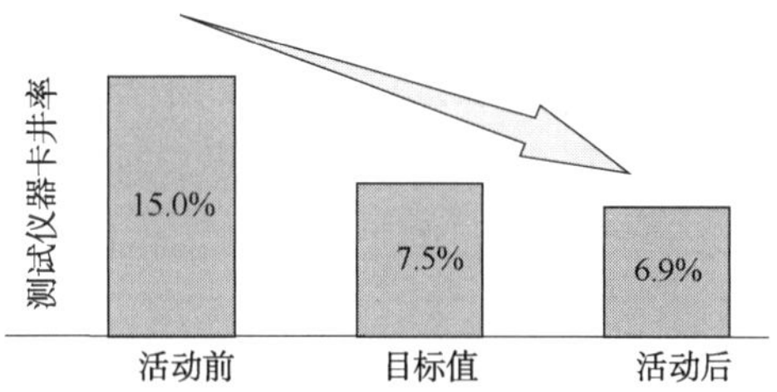

图 7-1　目标值完成柱状图

制图人：张化庆　制图时间：2021 年 12 月 31 日

2. 直接经济效益

2021 年 5~12 月，第三作业区应用注水井测试仪器支撑式防卡装置后，发生测试仪器卡井造成作业 1 口，仪器损坏维修 11 次，与 2020 年 5~12 月相比，共减少因测试仪器卡井而作业 2 口，减少仪器损坏维修 10 次，直接经济效益如表 7-2 和图 7-2 所示。

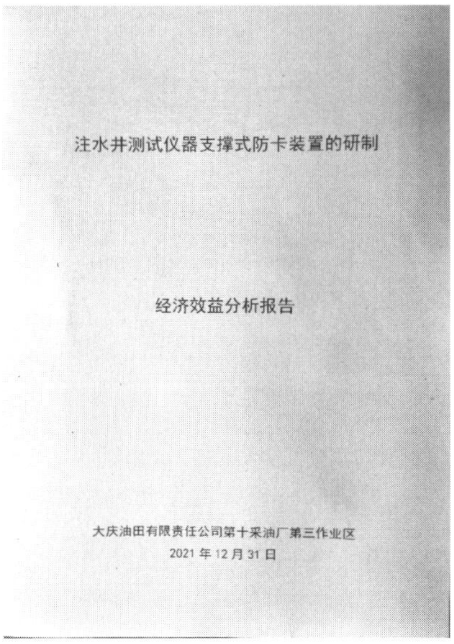

注水井测试仪器支撑式防卡装置的研制

经济效益分析报告

大庆油田有限责任公司第十采油厂第三作业区

2021 年 12 月 31 日

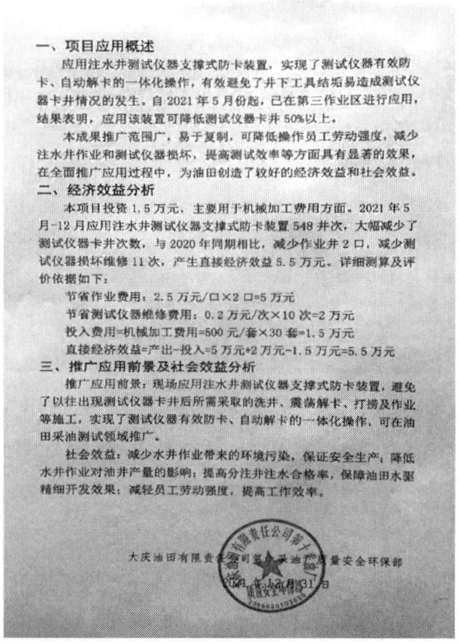

一、项目应用概述

应用注水井测试仪器支撑式防卡装置，实现了测试仪器有效防卡、自动解卡的一体化操作，有效避免了井下工具结垢易造成测试仪器卡井情况的发生。自 2021 年 5 月份起，已在第三作业区进行应用，结果表明，应用该装置可降低测试仪器卡井 50%以上。

本成果推广范围广，易于复制，可降低操作员工劳动强度，减少注水井作业和测试仪器损坏，提高测试效率等方面具有显著的效果，在全面推广应用过程中，为油田创造了较好的经济效益和社会效益。

二、经济效益分析

本项目投资 1.5 万元，主要用于机械加工费用方面。2021 年 5 月-12 月应用注水井测试仪器支撑式防卡装置 548 井次，大幅减少了测试仪器卡井次数，与 2020 年同期相比，减少作业井 2 口，减少测试仪器损坏维修 11 次，产生直接经济效益 5.5 万元。详细测算及评价依据如下：

节省作业费用：2.5 万元/口×2 口=5 万元

节省测试仪器维修费用：0.2 万元/次×10 次=2 万元

投入费用=机械加工费用=500 元/套×30 套=1.5 万元

直接经济效益=产出-投入=5 万元+2 万元-1.5 万元=5.5 万元

三、推广应用前景及社会效益分析

推广应用前景：现场应用注水井测试仪器支撑式防卡装置，避免了以往出现测试仪器卡井后所需采取的洗井、震荡解卡、打捞及作业等施工，实现了测试仪器有效防卡、自动解卡的一体化操作，可在油田采油测试领域推广。

社会效益：减少水井作业带来的环境污染，保证安全生产；降低水井作业对油井产量的影响；提高分注井注水合格率，保障油田水驱精细开发效果；减轻员工劳动强度，提高工作效率。

大庆油田有限责[illegible]司第[illegible]采油[illegible]量安全环保部

[illegible] 12 月 31 日

图 7-2　经济效益分析报告

表 7-2　2021 年 QC 小组活动经济效益情况统计表

分类	项目	数据	费用
节省	作业费用	2.5 万元/口	2.5 万元/口×2 口=5 万元
	维修仪器费用	0.2 万元/次	0.2 万元/次×10 次=2 万元
投入	防卡装置	500 元/套	500 元/套×30 套=1.5 万元
直接经济效益=节省-投入=5+2-1.5			5.5 万元

制表人：张化庆　　　　时间：2021 年 12 月 31 日

3. 社会效益

(1) 减少注水井作业造成的环境污染，降低了污染治理费用；

(2) 提高了工作效率，降低了员工劳动强度；

(3) 实现了企业降本增效目的。

八、标准化

技术先进：本装置避免了以往出现测试仪器卡井后所需采取的洗井、震荡解卡、打捞及作业等施工，实现了测试仪器有效防卡、自动解卡的一体化操作，可在油田采油测试领域推广，大幅降低了测试仪器因卡井而损坏的数量。

应用范围广：调研大庆油田测调班组队伍，发现该装置可在上述分层注水中进行应用，通过对该装置外径、伸缩杆和长度等参数的改进，可对不同内径的油管内壁进行支撑防卡操作，应用范围广，具有显著的经济效益和社会效益。第十采油厂注水井测试所需功能特性见表 8-1。

表 8-1　第十采油厂注水井测试所需功能特性统计表

需求及特性	笼统注水井/分层注水井/分层注聚井/三元复合驱分层注入井	
年测试施工数量/口	1609	
平均检泵年限/年	3~5	
防卡对象	钻杆	油管
防卡直径/mm	38/40/42/44	50.3/56/62
必备功能	油管内快速探测遇阻、支撑防卡和自动解卡等功能	

制表人：张化庆　　　　时间：2021 年 12 月 31 日

成果易复制：本课题成果能够大幅提高测试仪器的防卡效率，已经在大庆油田第十采油厂进行全面应用，具有较好的推广价值，应用前景广阔，成果推广价值评估报告如图 8-1 所示。

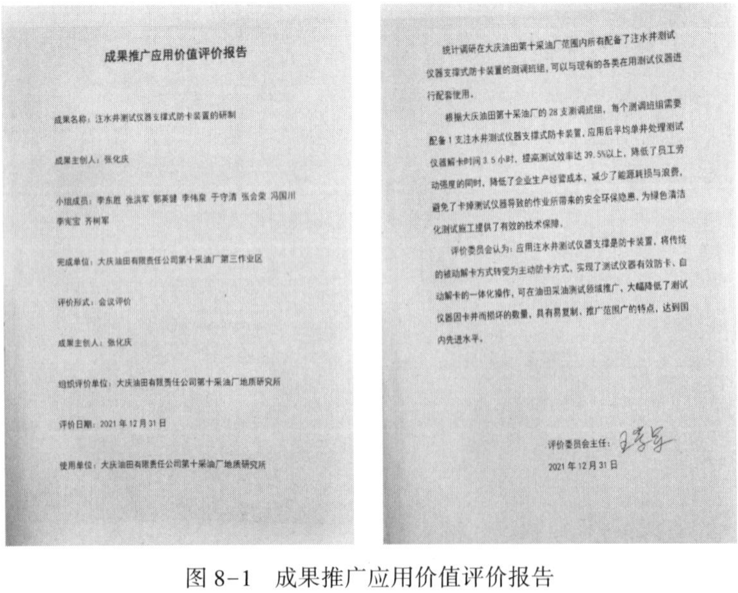

成果推广应用价值评价报告

成果名称：注水井测试仪器支撑式防卡装置的研制

成果主创人：张化庆

小组成员：李东胜 张洪军 郭英健 李伟泉 于守清 张会荣 冯国川 李宪宝 齐树军

完成单位：大庆油田有限责任公司第十采油厂第三作业区

评价形式：会议评价

成果主创人：张化庆

组织评价单位：大庆油田有限责任公司第十采油厂地质研究所

评价日期：2021 年 12 月 31 日

使用单位：大庆油田有限责任公司第十采油厂地质研究所

统计调研在大庆油田第十采油厂范围内所有配备了注水井测试仪器支撑式防卡装置的测调班组，可以与现有的各类在用测试仪器进行配套使用。

根据大庆油田第十采油厂的 28 支测调班组，每个测调班组需要配备 1 支注水井测试仪器支撑式防卡装置，应用后平均单井处理测试仪器解卡时间 3.5 小时，提高测试效率达 39.5%以上，降低了员工劳动强度的同时，降低了企业生产经营成本，减少了能源耗损与浪费，避免了卡掉测试仪器导致的作业所带来的安全环保隐患，为绿色清洁化测试施工提供了有效的技术保障。

评价委员会认为：应用注水井测试仪器支撑是防卡装置，将传统的被动解卡方式转变为主动防卡方式，实现了测试仪器有效防卡、自动解卡的一体化操作，可在油田采油测试领域推广，大幅降低了测试仪器因卡井而损坏的数量，具有易复制、推广范围广的特点，达到国内先进水平。

评价委员会主任：

2021 年 12 月 31 日

图 8-1　成果推广应用价值评价报告

效果评价：小组根据成果推广应用价值评价报告，对该成果进行了标准化，并列入测调班组日常规范。见图 8-2。

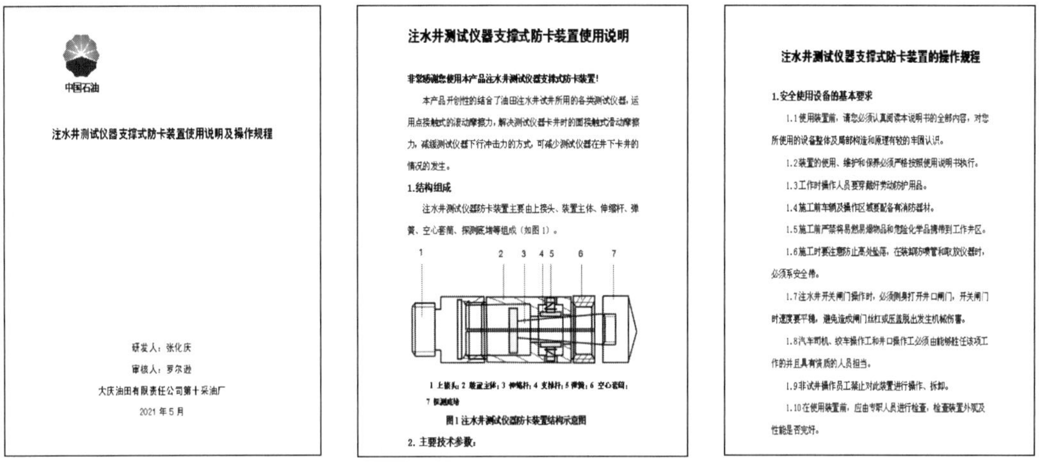

中国石油

注水井测试仪器支撑式防卡装置使用说明及操作规程

研发人：张化庆

审核人：罗尔逊

大庆油田有限责任公司第十采油厂

2021 年 5 月

注水井测试仪器支撑式防卡装置使用说明

非常感谢您使用本产品注水井测试仪器支撑式防卡装置！

本产品开创性的结合了油田注水井试井所用的各类测试仪器，运用点接触式的滚动摩擦力，解决测试仪器卡井时的面接触式滑动摩擦力，减缓测试仪器下行冲击力的方式，可减少测试仪器在井下卡井的情况的发生。

1.结构组成

注水井测试仪器防卡装置主要由上接头、装置主体、伸缩杆、弹簧、空心套筒、探测底堵等组成（如图 1）。

1 上接头；2 装置主体；3 伸缩杆；4 支撑杆；5 弹簧；6 空心套筒；7 探测底堵

图 1 注水井测试仪器防卡装置结构示意图

2. 主要技术参数：

注水井测试仪器支撑式防卡装置的操作规程

1.安全使用设备的基本要求

1.1 使用装置前，请您必须认真阅读本说明书的全部内容，对您所使用的设备整体及局部构造和原理有较的牢固认识。

1.2 装置的使用、维护和保养必须严格按照使用说明书执行。

1.3 工作时操作人员要穿戴好劳动防护用品。

1.4 施工前车辆及操作区域要配备有消防器材。

1.5 施工前严禁将易燃易爆物品和危险化学品携带到工作井区。

1.6 施工时要注意防止高处坠落，在装卸防喷管和取放仪器时，必须系安全带。

1.7 注水井开关闸门操作时，必须侧身打开井口闸门，开关闸门时速度要平稳，避免造成闸门丝杠或压盖脱出发生机械伤害。

1.8 汽车司机、绞车操作工和井口操作工必须由能够胜任该项工作的并且具有资质的人员担当。

1.9 非试井操作员工禁止对此装置进行操作、拆卸。

1.10 在使用装置前，应由专职人员进行检查，检查装置外观及性能是否完好。

图 8-2　防卡装置使用说明及操作规程

九、总结和下一步打算

1. 总结

本活动实施细节见表 9-1。

表 9-1　标准化工作调查实施表

<table>
<tr><td>分类</td><td colspan="4">创新特色</td><td>不足之处</td></tr>
<tr><td rowspan="5">小组在技术创新方面</td><td colspan="4">1. 在专业技术上有重大突破。应用小组研制的注水井测仪器支撑式防卡装置，实现了测试仪器有效防卡、自动解卡的一体化操作，有效避免了井下工具结垢易造成测试仪器卡井情况的发生，大幅降低了员工的劳动强度，专业技术效果取得显著进步</td><td>可进一步拓展装置的功能</td></tr>
<tr><td colspan="4">2. 课题技术最有先进性。为了对成果进行知识产权保护，准备申请发明专利 1 项，目前正在申请中</td><td>知识产权保护范围小</td></tr>
<tr><td colspan="5">改进计划</td></tr>
<tr><td>分类</td><td>改进措施</td><td>预期目标</td><td>负责人</td><td>完成时间</td></tr>
<tr><td>针对技术上的不足</td><td>学习专利代理业务知识，提高权利要求书的撰写水平</td><td>提升说明书中权利要求书的撰写水平，扩大专利的独立权利要求的保护范围</td><td>张化庆</td><td>2022 年 12 月</td></tr>
<tr><td rowspan="4">小组在管理水平方面</td><td colspan="4"><table>
<tr><td>活动内容</td><td>优点</td><td>运用工具</td></tr>
<tr><td>课题选择</td><td>课题针对强，能有效解决现场实际用户需求</td><td>调查表</td></tr>
<tr><td>目标设定及可行性论证</td><td>根据借鉴与计算，通过试验、测量的数据进行可行性论证确定目标</td><td>柱状图调查表</td></tr>
<tr><td>提出并确定最佳方案</td><td>通过试验、测量、调查统计等方式，确定最佳方案</td><td>调查表</td></tr>
<tr><td>制定对策</td><td>用数据确定最佳方案，提出有效的实施措施</td><td>调查表</td></tr>
<tr><td>确认效果</td><td>针对课题目标进行有效检查</td><td>柱状图调查表</td></tr>
<tr><td>标准化</td><td>对具有推广应用价值的课题进行标准化</td><td>调查表</td></tr>
</table>通过本次活动，提升了小组成员的管理水平，从小组成员选题、注册、活动开展，成果总结，到发布评审各环节顺利衔接，成员配合默契，团队管理水平得到大幅度提升</td><td>QC 工具应用不熟练</td></tr>
<tr><td colspan="5">改进计划</td></tr>
<tr><td>分类</td><td>改进措施</td><td>预期目标</td><td>负责人</td><td>完成时间</td></tr>
<tr><td>针对管理上的不足</td><td>增加 QC 工具的学习培训</td><td>正交试验、PDPC 法等 QC 工具的使用，开展该类专项培训次</td><td>李东胜</td><td>2022 年 10 月</td></tr>
</table>

续表

<table>
<tr><td>分类</td><td colspan="4">创新特色</td><td>不足之处</td></tr>
<tr><td rowspan="4">小组在成员素质提升方面</td><td colspan="4">2021 年底，小组成员在专业技能、职称晋升上得到了大幅的提升
<table><tr><td>小组成员</td><td>活动前</td><td>活动后</td></tr><tr><td>李东胜</td><td>采油操作工</td><td>注采班副班长</td></tr><tr><td>张化庆</td><td>创新工程师一级专家</td><td>高级工程师二级专家</td></tr></table></td><td>小组成员在新标准认识方面需要进一步提升</td></tr>
<tr><td colspan="5">改进计划</td></tr>
<tr><td>分类</td><td>改进措施</td><td>预期目标</td><td>负责人</td><td>完成时间</td></tr>
<tr><td>针对小组成员素质方面的不足</td><td>需要进一步加深对新标准的理解</td><td>聘请质量专家进行新标准和质量培训，使人员素质进一步加强</td><td>张洪军</td><td>2022 年 10 月</td></tr>
<tr><td colspan="3">制表人：张洪军</td><td colspan="3">制表时间：2021 年 12 月 31 日</td></tr>
</table>

2. 下一步打算

注水井测试仪器支撑式防卡装置在推广应用过程中，QC 小组发现注水井因受注入介质影响，造成测试流量计损坏次数较多，严重影响测试工作效率，因此，小组决定将《降低注水井测试流量计损坏次数》作为下一步活动课题。

成果点评

进取 QC 小组的活动成果符合创新型活动程序。小组成员针对“第十采油厂降低测试仪器卡井率的需求”，通过对同行业及网络大数据查新借鉴，最终借鉴了“臂井径测井仪器的支撑防卡技术”，开展一系列方案的试验选择，数据翔实、具体，针对最佳方案制定相应的对策并实施之，最终成功研制出了“注水井测试仪器支撑式防卡装置”，将卡井率由 15.0%降至 6.9%，完成了 QC 小组的活动目标。充分体现了 QC 课题活动“小、实、活、新”的要求，有一定的借鉴意义。

成果存在着以下几个方面的不足，希望以后持续加以改进：

（1）目标可行性论证中，按照借鉴中提供的借鉴点“多臂井径测井仪器的支撑臂收缩时与测井仪器外径 ϕ73mm 相同，支撑臂全部支撑后的最大外径在 ϕ128～ϕ130mm”需要进行试验验证，但实际做模拟试验验证的却是“测试仪器防卡成功率达 64%”，前后关键验证点不一致。

（2）分级方案选择中，选择条件部分未量化，如表 4-6 中圆柱螺纹接头三种连接长度选择的第二个条件“易于操作”无法量化。

（3）总结“表 9-1 标准化工作调查实施表”中各活动节点中统计方法描述不全。如“小组在管理水平方面”“提出并确定最佳方案”运用的统计方法还缺一项“树图”。

（4）标准化中对成果“进行了标准化，并列入测调班组日常规范”，仅是编订了操作规程，而没有将相关文件、资料、图纸进行整理归档。

油井液面测试平式磁吸通信装置的研制

标帜 QC 小组

（大庆油田有限责任公司第八采油厂）

一、小组概况

小组概况统计表见表 1-1。

表 1-1　小组概况统计表

小组简介						
小组名称	标帜 QC 小组			注册编号	CY8-2021QC-06	
课题名称	油井液面测试平式磁吸通信装置的研制			成立时间	2021 年 1 月	
课题类型	创新型			活动时间	2021 年 1～12 月	
小组人数（≤10 人）	10 人			当年活动次数	18 次	
近三年获奖情况	2020 年《油井动液面测试隔音装置的研制》获集团公司二等奖					
小组成员情况						
序号	姓名	年龄	文化程度	岗位/职称	组内分工	备注
1	骆成杰	44	技校	采油测试工/高级技师	组长	
2	史向明	45	大专	副班长/技能专家	组员	国家创新工程师 2 级
3	吴　燕	46	大专	副经理/工程师	组员	
4	李明昊	32	大学	科员/工程师	组员	
5	孙立岩	44	大学	副经理/高级工程师	组员	
6	于海山	36	研究生	科员/高级工程师	组员	国际 TRIZ 3 级、国家创新工程师 2 级
7	刘　伟	44	大学	副经理/工程师	组员	
8	岳彩祝	45	大专	副班长/工程师	组员	
9	李迎恩	37	大学	技术管理室主任/工程师	组员	
10	王庆萍	44	技校	集输工/高级技师	组员	

制表人：骆成杰　　　　制表时间：2021 年 1 月 15 日

二、选择课题

1. 名词解释

油井液面测试：是掌握油井运行状况，及时调整生产参数，保证原油高产、稳产的重要措施。

工作原理：油井测试液面资料时，将测试仪器安装在套管闸门上，首先拍击击发杆，利用套压产生放气发声，该声波延油套环形空间传到井下，遇气液界面产生反射声波，由测试仪器的微音器接收，并通过通信电缆传递给综合测试仪主机储存。

2. 课题背景

油井液面在测试过程中受 5 级及以上大风吹动的影响，使通信电缆产生晃动并传递到通信插头，导致通信电缆和插头、插头和插座之间均产生了松动虚接(图 2-1)，造成微音器在接收声波时产生了干扰，录取不到合格液面资料(图 2-2)，降低了液面资料的验收合格率，增加了资料的复测率，测试效率低，影响了油田的产量。

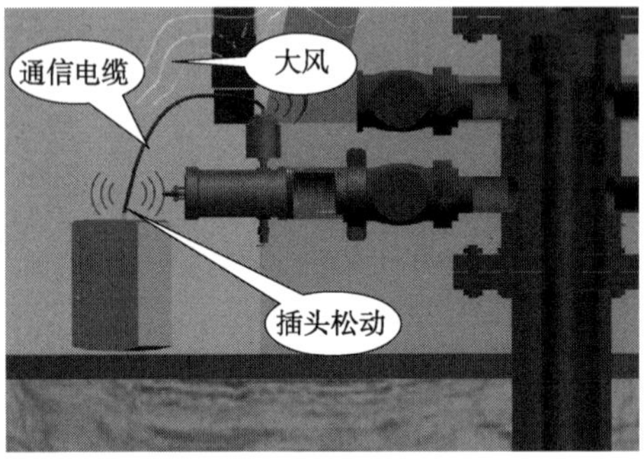

图 2-1　5 级及以上大风对测试油井液面资料影响模拟图

制图人：史向明　制图时间：2021 年 2 月 5 日

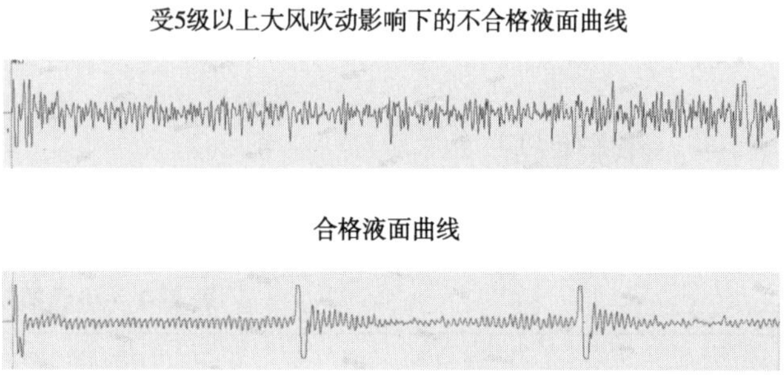

图 2-2　受 5 级以上大风吹动影响录取不合格液面和合格液面对比图

制图人：史向明　制图时间：2021 年 3 月 15 日

3. 需求分析

按照第四作业区技术管理室对液面资料测试时间的规定，测试员工需要每月在 15 日之前将作业区 1286 口油井液面资料测试一遍，压裂井、调参井等措施井需要在实施措施后 3 天内测试一遍液面资料，但是受风力≥5 级天气影响，液面资料验收合格率较低，因此测试员工需要在风力≥5 级的天气影响下提高油井液面资料验收合格率。

小组成员进行了调查统计，在大庆气象局网站查阅了大庆地区 2021 年 3 月天气状况统计表并截图，如图 2-3 所示。

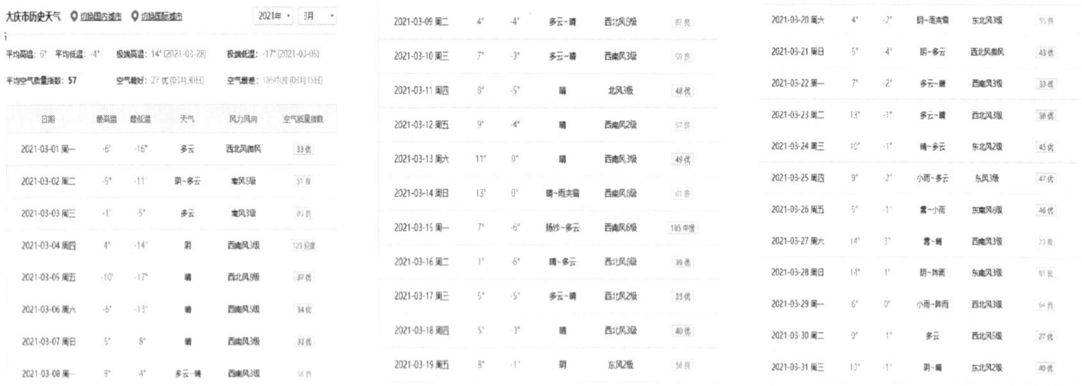

大庆市历史天气　切换国内城市　切换国际城市　2021年　3月

平均高温：6°　平均低温：-4°　极端高温：14°(2021-03-28)　极端低温：-17°(2021-03-05)

平均空气质量指数：57　空气最好：27 优 (03月30日)　空气最差：185中度 (03月15日)

日期	最高温	最低温	天气	风力风向	空气质量指数
2021-03-01 周一	-6°	-16°	多云	西北风微风	33 优
2021-03-02 周二	-5°	-11°	阴~多云	南风5级	51 良
2021-03-03 周三	-1°	-5°	多云	南风3级	65 良
2021-03-04 周四	4°	-14°	阴	西南风3级	123 轻度
2021-03-05 周五	-10°	-17°	晴	西北风5级	37 优
2021-03-06 周六	-6°	-13°	晴	西南风5级	34 优
2021-03-07 周日	5°	-8°	晴	西南风3级	38 优
2021-03-08 周一	8°	-4°	多云~晴	西南风3级	56 良
2021-03-09 周二	4°	-4°	多云~晴	西北风5级	87 良
2021-03-10 周三	7°	-3°	多云~晴	西南风3级	59 良
2021-03-11 周四	6°	-5°	晴	北风3级	48 优
2021-03-12 周五	9°	-4°	晴	西南风2级	57 良
2021-03-13 周六	11°	0°	晴	西南风3级	49 优
2021-03-14 周日	13°	0°	晴~雨夹雪	西南风5级	61 良
2021-03-15 周一	7°	-6°	扬沙~多云	西南风6级	185 中度
2021-03-16 周二	1°	-6°	晴~多云	西北风5级	39 优
2021-03-17 周三	5°	-5°	多云~晴	西北风2级	33 优
2021-03-18 周四	5°	-3°	晴	西北风3级	40 优
2021-03-19 周五	8°	-1°	阴	东风2级	56 良
2021-03-20 周六	4°	-2°	阴~雨夹雪	东北风3级	55 良
2021-03-21 周日	5°	-4°	阴~多云	西北风微风	43 优
2021-03-22 周一	7°	-2°	多云~晴	西南风3级	33 优
2021-03-23 周二	13°	-1°	多云~晴	西北风3级	36 优
2021-03-24 周三	10°	-1°	晴~多云	东北风2级	45 优
2021-03-25 周四	9°	-2°	小雨~多云	东风3级	47 优
2021-03-26 周五	5°	-1°	雾~小雨	东南风5级	46 优
2021-03-27 周六	14°	3°	雾~晴	西南风3级	73 良
2021-03-28 周日	14°	1°	阴~阵雨	东南风3级	61 良
2021-03-29 周一	6°	0°	小雨~阵雨	西北风3级	64 良
2021-03-30 周二	9°	1°	多云	西北风5级	27 优
2021-03-31 周三	12°	-1°	阴~晴	东北风2级	40 优

图 2-3　大庆地区 2021 年 3 月天气状况统计表网上截图

制图人：骆成杰　制图时间：2021 年 3 月 31 日

小组成员对 2021 年 3 月液面资料验收合格率进行了统计，根据图 2-3 可知，其中有 9 天是在风力≥5 级的天气影响下进行的液面测试，平均液面资料验收合格率仅为 75%，平均单井测试时间为 18min，如表 2-1 所示。

表 2-1 2021 年 3 月风力≥5 级影响液面资料验收合格率统计表

测试日期	风力值/级	测试井数/口	测试时间/min	资料验收不合格井数/口	资料验收合格井数/口	测试资料验收合格率/%
2021 年 3 月 2 日	南风 5	56	19	14	42	75
2021 年 3 月 5 日	西北风 5	58	18	14	44	76
2021 年 3 月 6 日	西南风 5	62	18	16	46	74
2021 年 3 月 9 日	西北风 5	59	17	15	44	75
2021 年 3 月 14 日	西南风 5	66	20	16	50	76
2021 年 3 月 15 日	西南风 6	65	16	16	49	75
2021 年 3 月 16 日	西北风 5	52	19	14	38	73
2021 年 3 月 26 日	东南风 6	49	18	12	37	76
2020 年 3 月 30 日	西北风 5	60	19	15	45	75
平均	5	59	18	15	44	75

制表人：于海山　　　　制表时间：2021 年 3 月 31 日

同时小组成员根据图 2-3，对 2021 年 3 月在风力≤2 级的天气影响下的液面资料验收合格率进行统计，共选取了 7 天，液面资料平均验收合格率为 90%，平均单井测试时间为 10min，相较于 5 级以上风力影响较小，如表 2-2 所示。

表 2-2 2020 年 3 月份风力≤2 级影响液面资料验收合格率统计表

测试日期	风力值/级	测试井数/口	测试时间/min	资料验收不合格/井数口	资料验收合格井数/口	测试资料验收合格率/%
2021 年 3 月 1 日	西北风微风	65	11	7	58	89
2021 年 3 月 12 日	西南风 2	62	10	5	57	92
2021 年 3 月 17 日	西北风 2	59	10	5	54	92
2021 年 3 月 19 日	东风 2	68	9	7	61	90
2021 年 3 月 21 日	西北风微风	55	10	6	49	89
2021 年 3 月 24 日	东北风 2	59	8	7	52	88
2021 年 3 月 31 日	东北风 2	63	10	6	57	90
平均	2	62	10	6	55	90

制表人：于海山　　　　制表时间：2021 年 3 月 31 日

综上所述，在风力≥5 级的天气影响下，油井液面资料验收合格率仅为 75%，为满足测试员工在风力≥5 级天气影响下提高液面资料验收合格率的需求，达到风力≤2 级的液面资料验收合格率 90%的水平，亟需研究一种新型油井液面测试通信装置。

4. 广泛借鉴

在风力≥5 级的天气影响下，油井液面资料验收合格率低的主要症结为：在风力≥5 级的天气影响下，使用通信电缆连接主机和微音器传输数据信号时，通信电缆晃动导致电缆和插头、插头和插座均产生松动虚接，对所录取的液面曲线产生很多干扰波，无法准确识别液面波，降低了液面资料的验收合格率。

借鉴一：小组成员通过搜索“液面测试电缆通信装置”“液面测试电缆连接装置”“液面测试无线

连接装置”等关键词，在国知局、中国知网、百度学术、万方数据、维普网进行了检索。查询到一条相关专利《一种磁吸式电缆连接装置》，专利号：CN212011495U，如图 2-4 所示。

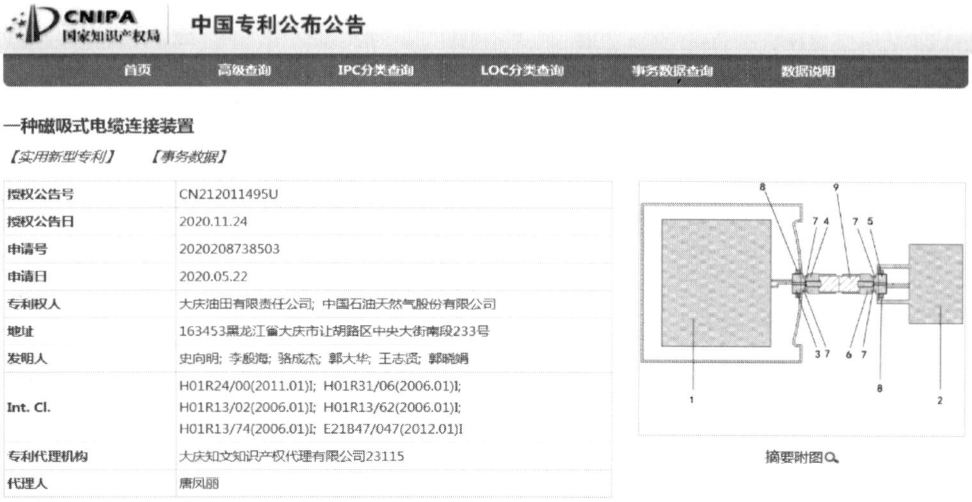

CNIPA 国家知识产权局 中国专利公布公告

首页 高级查询 IPC分类查询 LOC分类查询 事务数据查询 数据说明

一种磁吸式电缆连接装置

【实用新型专利】 【事务数据】

授权公告号	CN212011495U
授权公告日	2020.11.24
申请号	2020208738503
申请日	2020.05.22
专利权人	大庆油田有限责任公司；中国石油天然气股份有限公司
地址	163453黑龙江省大庆市让胡路区中央大街南段233号
发明人	史向明；李殿海；骆成杰；郭大华；王志贤；郭晓娟
Int. Cl.	H01R24/00(2011.01)I；H01R31/06(2006.01)I；H01R13/02(2006.01)I；H01R13/62(2006.01)I；H01R13/74(2006.01)I；E21B47/047(2012.01)I
专利代理机构	大庆知文知识产权代理有限公司23115
代理人	唐凤丽

摘要附图

图 2-4 国家知识产权局查询相关专利

制图人：吴燕 制图时间：2021 年 3 月 31 日

通过专利受到启发，将通信电缆的插头式连接改为磁吸式连接，磁吸式连接的信号传输强度能够达到插头式连接的信号强度 1.5m/s 以上，并能解决受风力≥5 级的天气影响下，通信电缆插头和插座松动虚接影响液面资料验收合格率的问题，因此可以借鉴该项技术，如图 2-5 所示。

借鉴内容：“磁吸式连接方式”“信号强度≥1.5m/s”

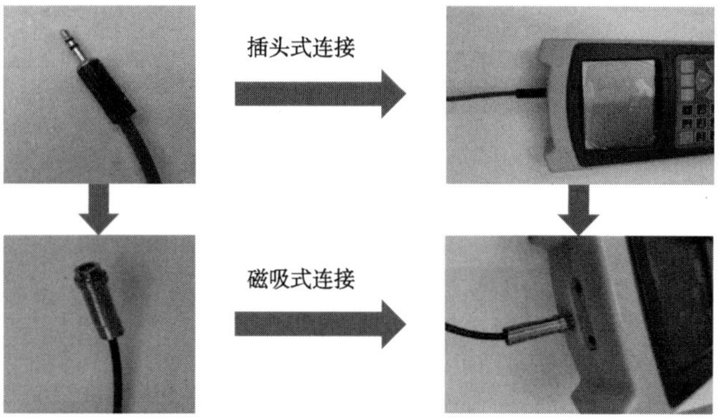

图 2-5 磁吸式通信电缆和插头式通信电缆对比图

制图人：骆成杰 制图时间：2021 年 4 月 1 日

借鉴二：为了解决问题小组成员通过 TRIZ 理论进行功能分析，建立功能模型通过裁剪法将通信电缆裁剪掉，使测试主机和微音器直接连接，能够解决受风力≥5 级的天气影响下，通信电缆和插头松动虚接影响液面资料验收合格率的问题，因此可以借鉴该理论。

借鉴内容：“TRIZ 理论的裁剪法”

TRIZ 功能模型裁剪图见图 2-6。

通过以上创新思路，小组成员决定自己动手研制出适用于油井液面测试的数据传输装置。

5. 确定课题

小组成员通过上述思路，根据现场油井液面测试需求，研制一种磁吸连接数据传输装置，能够在风力≥5 级的天气影响下测试出合格液面资料，并能减少通信电缆、主机、微音器的维修成本。小组成员将活动课题确定为：油井液面测试平式磁吸通信装置的研制。

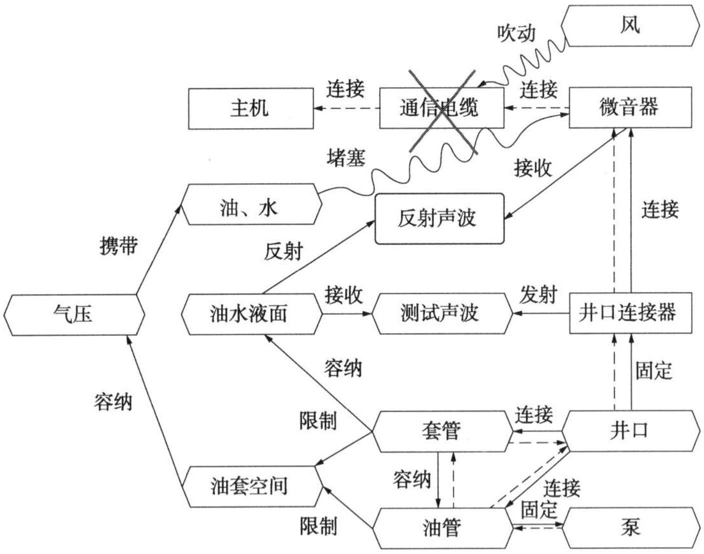

图 2-6　TRIZ 功能模型裁剪图

制图人：于海山　制图时间：2021 年 4 月 1 日

三、设定目标及目标可行性论证

（一）设定目标

小组成员通过讨论，需要研制油井液面测试平式磁吸通信装置，以提高测试液面资料的验收合格率，达到影响较小的 2 级以下风力的测试合格水平，将本次小组活动的目标值设定为：油井液面资料验收合格率由原来的 75%提高到 90%。见图 3-1。

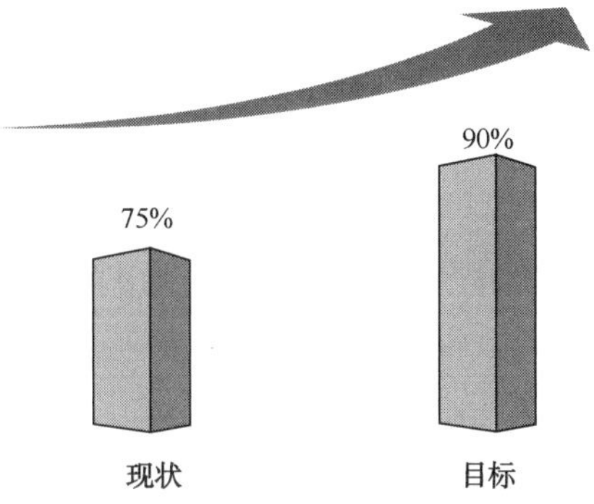

图 3-1　小组活动的目标设定图

制图人：岳彩祝

制图时间：2021 年 4 月 3 日

（二）目标可行性论证

需要在风力≥5 级的天气影响下，提高油井液面资料验收合格率，就需要解决原通信电缆的插头和插座、电缆和插头之间，因电缆晃动产生松动虚接的问题。

小组成员通过借鉴一：“磁吸式连接方式”“信号强度≥1.5m/s”，将原通信电缆插头式改为磁吸式通信头，并保证数据传输的信号强度能够达到原插头式的 1.5m/s 以上，磁吸式连接方式能够解决通信插头和插座之间松动虚接问题，并在各项数据上优于通信电缆插头，具体数据见表 3-1。

表 3-1　通信电缆插头和磁吸式通信头数据对比表

设备	接触电阻/Ω	使用寿命/次	信号强度/(m/s)
通信电缆插头	2	5000	1.5
磁吸式通信头	0.03	100000	2.8
总结	经数据统计，磁吸式通信头接触电阻小于通信电缆插头，具有数据传输快、使用寿命长、信号强度优的特点，因此使用磁吸式通信头在数据上是可行的		

制表人：于海山　　　　制表时间：2021 年 4 月 4 日

小组成员通过借鉴二：“TRIZ 理论的裁剪法”，将通信电缆完全裁剪掉，使测试微音器和主机通过磁吸式连接直接通信，为此小组成员进行了室内模拟试验。如表 3-2 所示。

表 3-2　室内模拟试验

<table>
<tr><td rowspan="3">实施过程</td><td>措施 1：利用风扇模拟室外风力 5 级（9m/s）的环境，使用风速测试仪测得当前风速为 9m/s，原通信电缆所接收的液面曲线干扰严重</td><td> 
原通信电缆模拟测试液面</td></tr>
<tr><td>措施 2：利用风扇模拟室外风力 5 级（9m/s）的环境，使用风速测试仪测得当前风速为 9m/s，使用磁吸式通信连接所接收的液面曲线不受干扰</td><td> 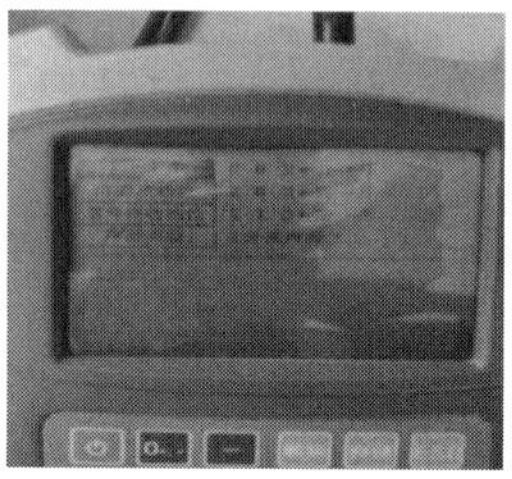
磁吸式通信连接模拟测试液面</td></tr>
<tr><td>措施 3：效果检验</td><td><table><tr><td>项目</td><td>模拟 5 级风力环境测试液面</td><td>实测结果</td></tr><tr><td>原通信电缆</td><td>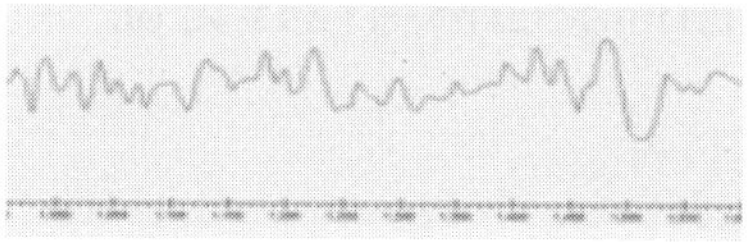</td><td>干扰严重</td></tr><tr><td>磁吸式通信连接</td><td>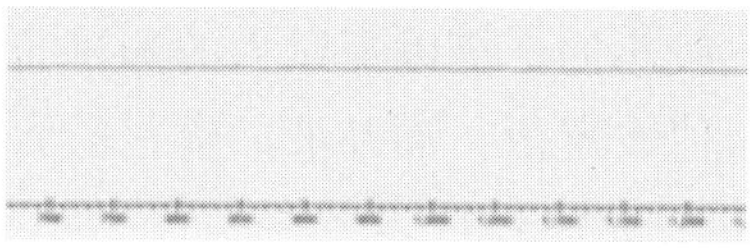</td><td>不受干扰</td></tr></table></td></tr>
<tr><td>目标检查</td><td colspan="2">通过室内模拟试验，磁吸式通信连接在风力 5 级（9m/s）环境下，所测试液面曲线不受干扰，能够录取到合格液面资料，验证合格</td></tr>
<tr><td colspan="3">实施时间：2021 年 4 月 6 日　|　地点：QC 工作室　|　实施人：史向明、孙立岩</td></tr>
</table>

制表人：史向明　　　　制表时间：2021 年 4 月 6 日

通过上述借鉴分析小组成员将本次活动目标确定为油井液面资料验收合格率 90% 以上，通过研制油井液面测试平式磁吸通信装置，本次活动目标是可行的。综上所述，本次 QC 小组设定的目标可以实现。

四、提出方案并确定最佳方案

（一）总体研发方案

1. 方案设计草图，绘制如图 4-1 所示。

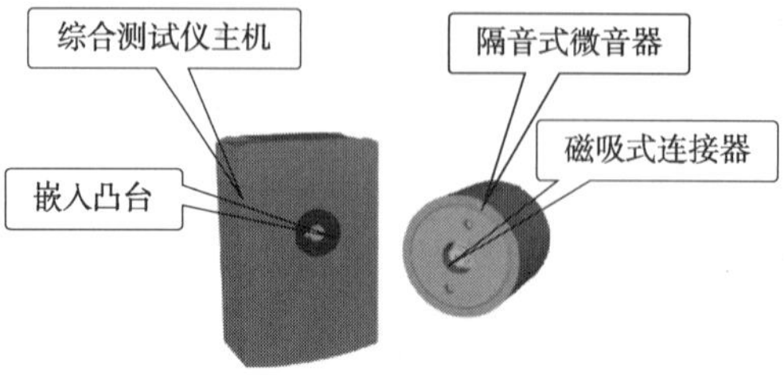

图 4-1　方案设计草图

制图人：岳彩祝　制图时间：2021 年 4 月 6 日

2. 根据总体方案设计思路，对油井液面测试平式磁吸通信装置各部机构及部件进行细化方案分解，绘制树图如图 4-2 所示。

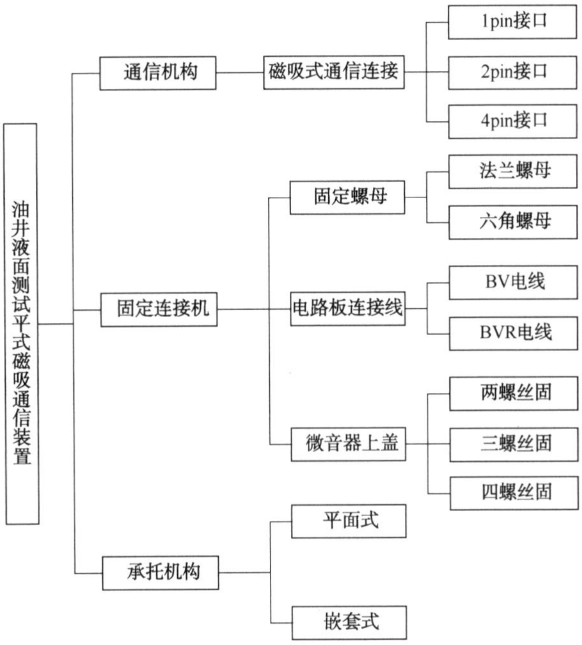

图 4-2　油井液面测试平式磁吸通信装置方案分解树图

制图人：骆成杰　制图时间：2021 年 4 月 12 日

（二）方案分解并确定最佳方案

1. 通信机构的选择

磁吸式通信连接型号的选择见表 4-1。

表 4-1　磁吸式通信连接型号的选择

选择依据	根据液面测试仪通信特点的需求，通信机构应安装简便、尺寸小、传输信号要强						
备选方案	磁吸式通信连接：1pin接口、2pin接口、4pin接口		选择最佳方案条件	1. 安装步骤简单；2. 受微音器上盖面积制，径向尺寸在≤10mm；3. 信号强度在 1.5m/s 以上		选择方式	市场调查
方案	名称	实物图	尺寸	接触点	信号强度	经济性	选择结果
方案一	1pin 接口		ϕ8mm	1 点接触	1.80m/s	5.3 元	采用√
方案二	2pin 接口		ϕ10mm	2 点接触	1.80m/s	10.8 元	不采用
方案三	4pin 接口		24mm×10mm	4 点接触	1.90m/s	21.5 元	不采用
综合分析		方案一和方案二能够满足方案条件；但方案一 1pin 接口成本较低					
实施时间：2021 年 4 月 15 日			地点：QC 工作室			实施人：史向明	

制表人：史向明　　　　制表时间：2021 年 4 月 15 日

2. 固定连接机构的选择

（1）固定螺母类型和材质的选择

固定螺母类型的选择见表 4-2。

表 4-2　固定螺母类型和材质的选择

选择依据	固定螺母安装方便，将磁吸头固定牢靠不易松动，其材质耐腐蚀性强、强度高							
备选方案	固定螺母：法兰螺母、六角螺母		选择最佳方案条件		1. 最大直径在 ϕ15mm 以内； 2. 油气含硫化氢耐腐蚀度低于 0. 2mm/a； 3. 材料强度大于 100MPa		选择方式	自制加工
方案	名称	实物图	尺寸	材质	耐腐蚀性	材质强度	成本	选择结果
方案一	法兰螺母		ϕ12mm	碳钢	0. 04mm/a	189MPa	11 元/kg	采用√
				不锈钢	0. 02mm/a	156MPa	16 元/kg	不采用
				黄铜	0. 08mm/a	126MPa	40 元/kg	不采用
方案二	六角螺母	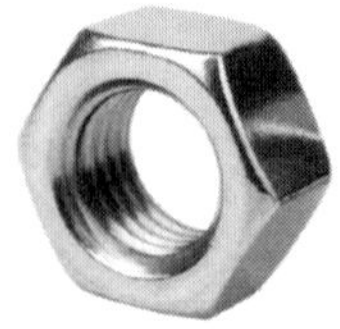	ϕ9mm	碳钢	0. 04mm/a	189MPa	11 元/kg	不采用
				不锈钢	0. 02mm/a	156MPa	16 元/kg	不采用
				黄铜	0. 08mm/a	126MPa	40 元/kg	不采用
综合分析		方案一固定和防松动效果优于方案二，碳钢材质强度和价格优于其他材质						
实施时间：2021 年 4 月 17 日			地点：QC 工作室			实施人：于海山		

制表人：于海山　　　　制表时间：2021 年 4 月 17 日

（2）电路板连接线类型和材质的选择见表 4-3。

表 4-3　电路板连接线类型和材质的选择

选择依据	电路板连接线安装牢固且耐用度高，材料耐腐蚀性好、绝缘性能强							
备选方案	电路板连接线：BV电线、BVR电线		选择最佳方案条件		1. 直径应≥ϕ0. 3mm； 2. 电导率≥58×106S/m； 3. 电线外皮绝缘强度大于 2MΩ		选择方式	市场采购
方案	名称	实物图	尺寸	材质	电导率	绝缘强度	成本	选择结果
方案一	BV 电线		ϕ0. 6mm	镀锡铜线	58. 8×106S/m	2. 5MΩ	0. 58 元/m	采用√
				铜线	57. 2×106S/m	1. 8MΩ	0. 65 元/m	不采用
方案二	BVR 电线		ϕ0. 1mm	镀锡铜线	58. 8×106S/m	2. 5MΩ	0. 58 元/m	不采用
				铜线	57. 2×106S/m	1. 8MΩ	0. 65 元/m	不采用
综合分析		方案一耐用度和牢固性优于方案二，镀锡铜线材质耐腐蚀性和绝缘度满足方案条件						
实施时间：2021 年 4 月 19 日			地点：QC 工作室			实施人：李迎恩		

制表人：李迎恩　　　　制表时间：2021 年 4 月 19 日

（3）微音器上盖类型和材质的选择见表 4-4。

表 4-4　微音器上盖类型和材质的选择

选择依据	微音器上盖安装牢固且步骤简单，材料耐腐蚀性强、密封性强							
备选方案	微音器上盖：两螺丝固定；三螺丝固定；四螺丝固定		选择最佳方案条件	1. 油气含硫化氢耐腐蚀度低于 0.05mm/a； 2. 密封性低于 $0.03m^3/(m \cdot h)$； 3. 成本低廉			选择方式	自制加工
方案	名称	设计图	孔位数	材质	耐腐蚀度	密封性	成本	选择结果
方案一	两螺丝固定		2 个	黄铜	0.02mm/a	$0.01m^3/(m \cdot h)$	40 元/kg	不采用
				不锈钢	0.08mm/a	$0.05m^3/(m \cdot h)$	16 元/kg	不采用
				塑钢	0.05mm/a	$0.08m^3/(m \cdot h)$	52 元/kg	不采用
方案二	三螺丝固定		3 个	黄铜	0.02mm/a	$0.01m^3/(m \cdot h)$	40 元/kg	采用√
				不锈钢	0.08mm/a	$0.05m^3/(m \cdot h)$	16 元/kg	不采用
				塑钢	0.05mm/a	$0.08m^3/(m \cdot h)$	52 元/kg	不采用
方案三	四螺丝固定		4 个	黄铜	0.02mm/a	$0.01m^3/(m \cdot h)$	40 元/kg	不采用
				不锈钢	0.08mm/a	$0.05m^3/(m \cdot h)$	16 元/kg	不采用
				塑钢	0.05mm/a	$0.08m^3/(m \cdot h)$	52 元/kg	不采用
综合分析		方案二采用三点固定能保证上盖稳固并减少安装步骤；黄铜材质耐腐蚀度和密封性满足方案条件并优于其他材质						
实施时间：2021 年 4 月 21 日			地点：QC 工作室			实施人：孙立岩		

制表人：孙立岩　　　　制表时间：2021 年 4 月 21 日

3. 承托机构的选择

承托机构的类型和材质的选择见表 4-5。

表 4-5　承托机构类型和材质的选择

选择依据	根据液面测试仪通信特点的需求，通信机构应安装简便、尺寸小、传输信号要强							
备选方案	承托机构：平面式；嵌套式		选择最佳方案条件	1. 耐腐蚀度低于 0.05mm/a； 2. 材料硬度大于 20HRC； 3. 成本低廉			选择方式	模拟试验
方案	名称	设计图	尺寸	型号	耐腐蚀性	硬度	经济性	选择结果
方案一	平面式	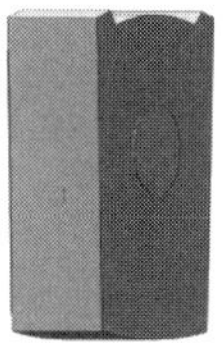	160mm×25mm×110mm	塑钢	0.05mm/a	10HRC	52 元/kg	不采用
				不锈钢	0.08mm/a	90HRC	16 元/kg	不采用
				碳钢	0.01mm/a	25HRC	11 元/kg	不采用
方案二	嵌套式		160mm×35mm×110mm	塑钢	0.05mm/a	10HRC	52 元/kg	不采用
				不锈钢	0.08mm/a	90HRC	16 元/kg	不采用
				碳钢	0.01mm/a	25HRC	11 元/kg	采用√
综合分析		需要磁吸通信头准确地连接上并保持稳固，方案一采用平面式连接需要微调接触面，不能保持连接稳定牢固，方案二采用嵌套方式连接，能够准确连接并能保持稳固，采用碳钢材料能够满足所有方案条件						
实施时间：2021 年 4 月 23 日			地点：QC 工作室			实施人：王庆萍		

制表人：王庆萍　　　　制表时间：2021 年 4 月 23 日

（三）确定最佳方案

经过以上分析对比，小组成员确定了最佳方案，整理归纳后树图如图 4-3 所示。

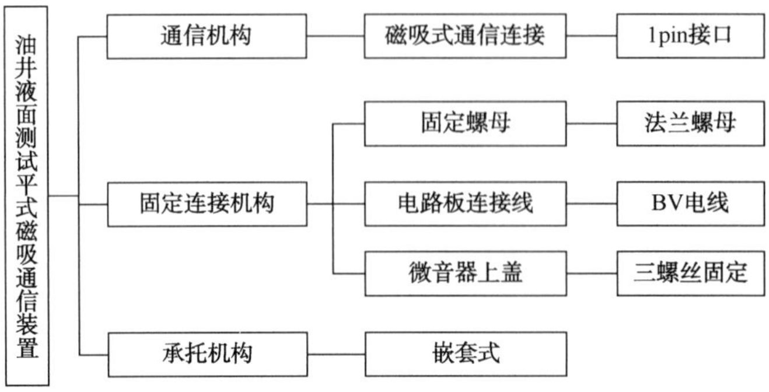

图 4-3　油井液面测试平式磁吸通信装置最佳方案树图

制图人：骆成杰　制图时间：2021 年 4 月 25 日

五、制订对策

小组成员按照 5W1H 原则制订了对策表(表 5-1)。

表 5-1　对策表(油井液面测试平式磁吸通信装置的研制)

序号	对策	目标	措施	地点	负责人	完成时间
1	磁吸式通信连接	1. 径向尺寸在 10mm 以内； 2. 信号强度在 1.5m/s 以上	1. 采购 1pin 接口磁吸通信头； 2. 核对磁吸通信头径向尺寸	QC 工作室	史向明	2021 年 5 月 1 日
2	固定螺母	固定螺母锁紧后磁吸头上端和凸台水平度≤0.08mm/m	1. 绘制固定螺母加工图纸； 2. 加工后的固定螺母锁紧后，核对磁吸头上端和凸台水平度≤0.08mm/m	车床加工厂	吴　燕	2021 年 5 月 2 日
3	电路板连接线	使用 BV 电线连接电路板和磁吸头，保证电路板和磁吸头正负极连接准确，通路电压应≥24V	1. 设计绘制电路图； 2. 根据电路图现场实施，通路电压应≥24V	QC 工作室	于海山	2021 年 5 月 3 日
4	微音器上盖	1. 微音器上盖内径 ϕ8.5mm； 2. 微音器上盖外径 ϕ20mm； 3. 误差≤0.2mm	1. 绘制微音器上盖图纸； 2. 根据图纸现场实施	车床加工厂	岳彩祝	2021 年 5 月 5 日
5	嵌套式凸台	1. 嵌套式凸台尺寸直径 34mm，高 7mm； 2. 误差≤0.2mm	1. 设计绘制嵌套式凸台加工图纸； 2. 根据图纸现场实施	车床加工厂	王庆萍	2021 年 5 月 8 日
6	组装验证	1. 按装配要求对各部件组装； 2. 经专家现场验证测试资料验收合格率达 100%，该装置设计合理，符合现场测试要求	1. 按三维动画效果图装配各部件； 2. 进行现场试验； 3. 效果检查； 4. 专家现场验证	测试现场	骆成杰	2021 年 5 月 14 日

制表人：骆成杰　　　　制表时间：2021 年 5 日 16 日

六、对策实施

1. 对策实施一：磁吸式通信连接(见表 6-1)。

表 6-1　磁吸式通信连接

<table>
<tr><td>目标</td><td colspan="2">1. 径向尺寸在 10mm 以内；
2. 信号强度在 1.5m/S 以上</td></tr>
<tr><td>措施</td><td colspan="2">1. 采购 1pin 接口磁吸通信头；
2. 核对磁吸通信头径向尺寸；
3. 信号强度效果验证</td></tr>
<tr><td rowspan="3">实施过程</td><td>措施 1：采购 1pin 接口的磁吸通信头</td><td> </td></tr>
<tr><td>措施 2：核对磁吸通信头径向尺寸</td><td>现场实际测量磁吸通信头为 ϕ8mm</td></tr>
<tr><td>措施 3：信号强度效果验证</td><td>信号强度效果检验
<table><tr><td>测量次数</td><td>一</td><td>二</td><td>三</td></tr><tr><td>目标值</td><td>≥1.5m/S</td><td>≥1.5m/S</td><td>≥1.5m/S</td></tr><tr><td>实测值</td><td>1.7m/S</td><td>1.6m/S</td><td>1.9m/S</td></tr><tr><td>平均</td><td colspan="3">1.73m/S</td></tr></table></td></tr>
<tr><td>实施目标检查</td><td colspan="2">通过现场核对测量，选用的 1pin 接口的磁吸通信头 ϕ8mm，实测信号强度平均 1.73m/S，两项数据均符合设计要求</td></tr>
<tr><td colspan="3">实施时间：2021 年 5 月 1 日　｜　实施地点：QC 工作室　｜　实施人：史向明</td></tr>
</table>

制表人：骆成杰　　　　制表时间：2021 年 5 月 1 日

2. 对策实施二：固定螺母(见表 6-2)。

表 6-2　固定螺母

目标	固定螺母锁紧后，磁吸头上端和凸台水平度≤0.08mm/m，以保证磁吸头连接紧密
措施	1. 绘制固定螺母加工图纸； 2. 加工后的固定螺母锁紧后，核对磁吸头上端和凸台水平度≤0.08mm/m； 3. 效果验证

续表

<table>
<tr><td rowspan="3">实施过程</td><td>措施1：绘制固定螺母加工图纸</td><td>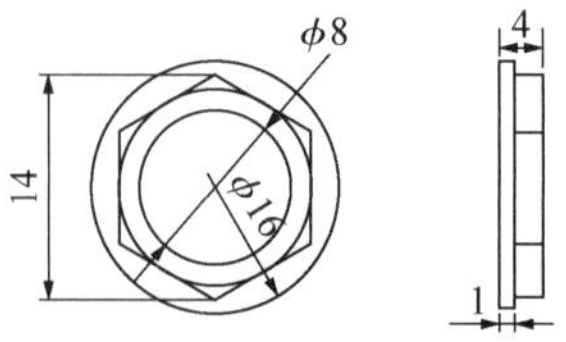</td></tr>
<tr><td>措施2：设计螺母锁紧后磁吸头上端和凸台水平度≤0.08mm/m</td><td></td></tr>
<tr><td>措施3：效果验证</td><td>水平度效果检验<table>
<tr><td>测量次数</td><td>一</td><td>二</td><td>三</td></tr>
<tr><td>目标值</td><td>≤0.08mm/m</td><td>≤0.08mm/m</td><td>≤0.08mm/m</td></tr>
<tr><td>实测值</td><td>0.03mm/m</td><td>0.05mm/m</td><td>0.06mm/m</td></tr>
<tr><td>平均</td><td colspan="3">0.046mm/m</td></tr>
</table></td></tr>
<tr><td>实施目标检查</td><td colspan="2">通过现场核对测量，固定螺母直径、高度以及磁吸头上端和凸台的水平度均符合设计要求</td></tr>
<tr><td colspan="3">实施时间：2021年5月2日　　实施地点：车床加工厂　　实施人：吴燕</td></tr>
</table>

制表人：李明昊　　制表时间：2021年5月2日

3. 对策实施三：电路板连接线(见表6-3)。

表6-3　电路板连接线

<table>
<tr><td>目标</td><td colspan="2">使用BV电线连接电路板和磁吸头，保证电路板和磁吸头正负极连接准确，通路电压应≥24V</td></tr>
<tr><td>措施</td><td colspan="2">1. 设计绘制电路图；
2. 根据电路图现场实施，通路电压应≥24V；
3. 用万用表效果验证</td></tr>
<tr><td rowspan="3">实施过程</td><td>措施1：设计绘制电路图</td><td>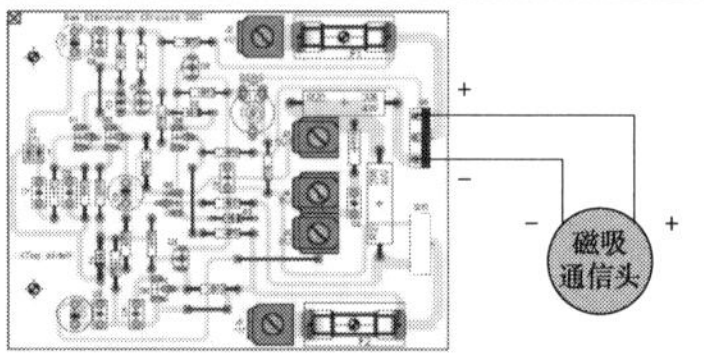磁吸通信装置电路接线图</td></tr>
<tr><td>措施2：根据电路图现场实施</td><td>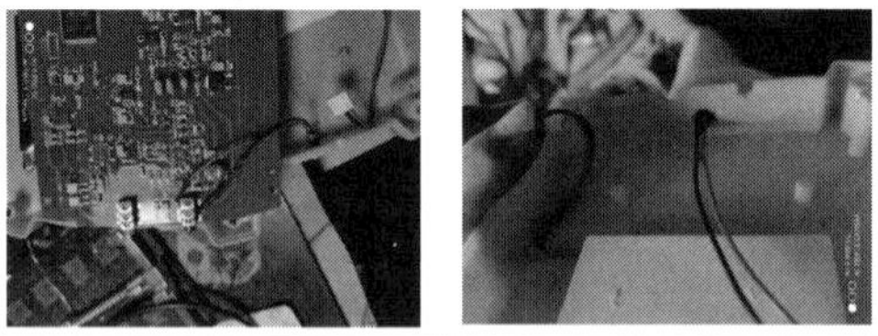</td></tr>
<tr><td>措施3：万用表效果验证</td><td>电路通断效果检验<table>
<tr><td>测量次数</td><td>一</td><td>二</td><td>三</td></tr>
<tr><td>目标值</td><td>≥24V</td><td>≥24V</td><td>≥24V</td></tr>
<tr><td>实测值</td><td>24.8V</td><td>24.5V</td><td>24.3V</td></tr>
<tr><td>平均</td><td colspan="3">24.53V</td></tr>
</table></td></tr>
<tr><td>实施目标检查</td><td colspan="2">通过现场核对验证，电路板和磁吸头正负极连接准确，通路电压≥24V，均符合电路图纸设计要求</td></tr>
<tr><td colspan="3">实施时间：2021年5月3日　　实施地点：QC工作室　　实施人：于海山</td></tr>
</table>

制表人：于海山　　制表时间：2021年5月3日

4. 对策实施四：微音器上盖(见表 6-4)。

表 6-4　微音器上盖

<table>
<tr><td>目标</td><td colspan="2">1. 微音器上盖内径 φ8. 5mm；
2. 微音器上盖外径 φ20mm；
3. 误差≤0. 2mm</td></tr>
<tr><td>措施</td><td colspan="2">1. 设计绘制微音器上盖图纸；
2. 根据设计图纸现场实施；
3. 效果验证</td></tr>
<tr><td rowspan="3">实施过程</td><td>措施 1：设计绘制微音上盖加工图纸</td><td>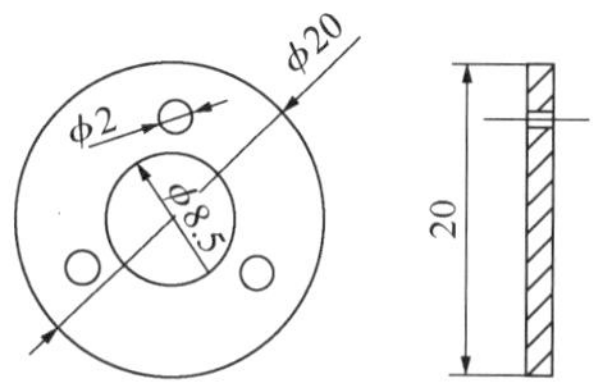
</td></tr>
<tr><td>措施 2：根据设计图纸现场实施</td><td> </td></tr>
<tr><td>措施 3：效果验证</td><td>工件尺寸误差效果检验
<table>
<tr><th>测量项目</th><th>设计尺寸</th><th>实际测量尺寸</th><th>综合评价</th></tr>
<tr><td>内径</td><td>φ8. 5mm</td><td>φ8. 6mm</td><td rowspan="2">现场实测确定微音器上盖内、外径尺寸误差≤0. 2mm</td></tr>
<tr><td>外径</td><td>φ20mm</td><td>φ20mm</td></tr>
</table></td></tr>
<tr><td>实施目标检查</td><td colspan="2">通过现场测量核对，微音器上盖内径 φ8. 6mm，外径 φ20mm，均符合设计要求，误差控制在≤0. 2mm 范围内</td></tr>
<tr><td>实施时间：2021 年 5 月 5 日</td><td>实施地点：车床加工厂</td><td>实施人：岳彩祝</td></tr>
</table>

制表人：岳彩祝　　　　制表时间：2021 年 5 月 5 日

5. 对策实施五：嵌套式凸台(见表 6-5)。

表 6-5　嵌套式凸台

目标	1. 嵌套式凸台直径 34mm，高度 7mm； 2. 误差≤0. 2mm
措施	1. 设计绘制嵌套式凸台加工图纸； 2. 根据设计图纸现场实施； 3. 效果验证

续表

<table>
<tr><td rowspan="3">实施过程</td><td>措施 1：设计绘制嵌套式凸台加工图纸</td><td>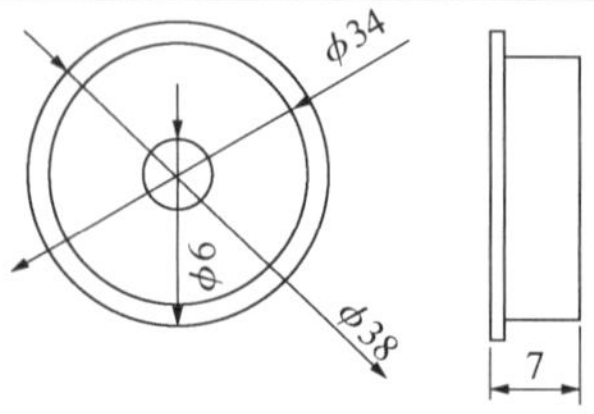

装配后的实物</td></tr>
<tr><td>措施 2：根据设计图纸现场实施</td><td> 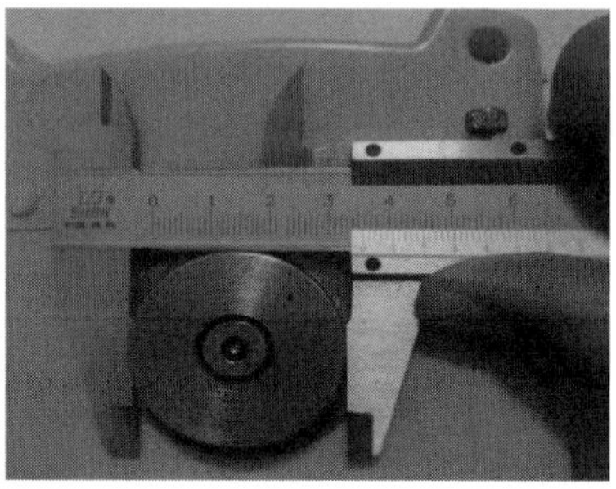</td></tr>
<tr><td>措施 3：效果验证</td><td>工件尺寸误差效果检验
<table>
<tr><th>测量项目</th><th>设计尺寸</th><th>实际测量尺寸</th><th>综合评价</th></tr>
<tr><td>直径</td><td>φ34mm</td><td>φ34mm</td><td rowspan="2">现场实测确定嵌套式凸台直径、高度尺寸误差≤0.2mm</td></tr>
<tr><td>高度</td><td>7mm</td><td>7mm</td></tr>
</table></td></tr>
<tr><td>实施目标检查</td><td colspan="2">通过现场测量核对，嵌套式凸台直径 φ34mm，高度 7mm，均符合设计要求，误差控制在≤0.2mm 范围内</td></tr>
<tr><td colspan="3">实施时间：2021 年 5 月 8 日 | 实施地点：车床加工厂 | 实施人：王庆萍</td></tr>
</table>

制表人：李迎恩　　　　制表时间：2021 年 5 月 8 日

6. 对策实施六：组装验证(见表 6-6)。

表 6-6　组装验证

<table>
<tr><td>目标</td><td colspan="2">按装配要求对各部件组装，组装后的部件配合紧密符合设计要求，经专家现场验证在风力 5 级以上的环境下液面资料验收一次合格率达到 100%</td></tr>
<tr><td>措施</td><td colspan="2">1. 按三维动画效果图装配各部件；
2. 进行现场试验；
3. 效果检查；
4. 专家现场验证</td></tr>
<tr><td>实施过程</td><td>措施 1：按三维动画效果图装配各部件</td><td>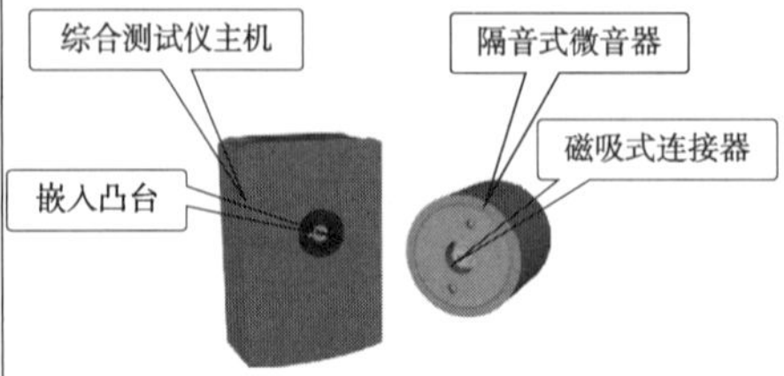

三维动画效果图
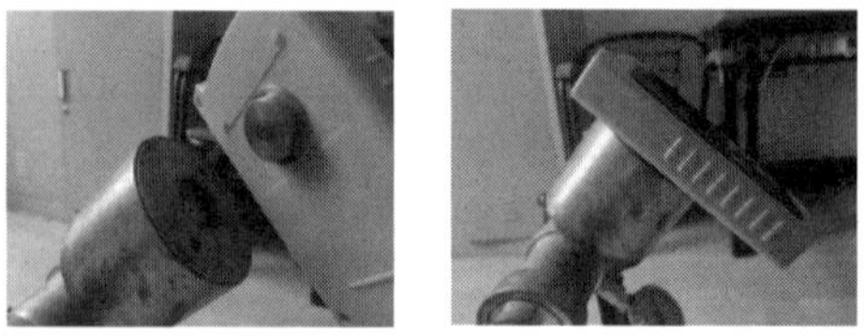
装配后的实物图</td></tr>
</table>

续表

实施过程

措施2：进行现场试验

在风力5级以上的天气影响下，对5口不同地点的油井使用液面测试平式磁吸通信装置，进行油井动液面测试

油井液面测试平式磁吸通信装置现场应用图

措施3：效果检查

现场试验测试资料验收合格率统计表

井号	TD190	TD258	8L210	8L112	8L188
测试时间/min	10. 5	10. 4	9. 5	9. 8	10. 2
风力/级	5. 2	5. 5	5. 6	5. 5	5. 4
资料验收合格率/%	100	100	100	100	100

措施4：专家现场验证

经专家现场鉴定：油井液面测试平式磁吸通信装置设计合理，加工简单，操作安全便捷，提高了在风力≥5级的天气影响下液面资料的验收合格，符合现场测试条件目标实现

大庆油田有限责任公司
二〇二一年QC成果现场验收报告

小组名称	所在单位	成立日期	注册日期	注册编号
标积QC小组	第八采油厂第四作业区	2021年1月	2021年3月	CYB-2021-QC-06
课题名称	油井液面测试平式磁吸通信装置的研制			
组长姓名	骆成杰	诊断师姓名及证书编号	张兆欣 CAQ-QC-TJ1-20216-0472	
现场实际应用效果简介	2021年5月14日，在芳135-1和芳192-X90对油井液面测试平式磁吸通信装置进行了现场试验，应用该装置在风力5级及以上的天气影响下进行油井液面测试，所测试的液面资料验收合格率达到100%，有效的解决了在大风吹动影响下，通信电缆插头和插座之间产生松动虚接造成液面资料验收合格率低的问题，通过现场试验证明，该成果在安全、环保、质量等方面均无负面影响，可以进行推广应用。			

参加验收部门负责人签字	部门	职务/职称	签名	验收时间	备注
	专业技术	[illegible]	[illegible]	2021.5.14	
	质量管理	[illegible]	[illegible]	2021.5.14	
	安全环保	[illegible]	[illegible]	2021.5.14	
	诊断师	[illegible]	[illegible]	2021.5.14	

厂（分公司）成果验收意见

单位：大庆油田有限责任公司第八采油厂

2021年5月15日

目标检查

油井液面测试平式磁吸通信装置组装后各部件配合紧密符合装配要求，并进行了现场测试，在风力5级以上的环境下液面资料验收一次合格率达到100%，最后经专家现场鉴定：该装置设计合理，符合现场测试要求，对策目标实现

实施时间：2021年5月14日	地点：测试现场	实施人：骆成杰

制表人：骆成杰　　　　制表时间：2021年5月14日

七、效果检查

1. 目标值检查

2021年6~12月油井液面测试平式磁吸通信装置在采油厂使用5套，小组成员对该装置进行了跟踪调查，结果如表7-1所示。

表 7-1　油井液面测试平式磁吸通信装置测试资料验收合格率统计表

月份	测试井数/口	风力≥5 级天数/天	大风影响验收不合格井数/口	液面验收合格井数/口	资料验收合格率/%
6	253	7	18	235	93
7	274	6	27	247	90
8	256	9	20	236	92
9	249	7	17	232	93
10	250	9	20	230	92
11	241	8	22	219	91
12	287	8	20	267	93
平均	258	8	21	238	92

制表人：于海山　　　　制表时间：2021 年 12 月 28 日

由表 7-1 可知，使用油井液面测试平式磁吸通信装置后，在风力≥5 级的天气影响下液面资料验收合格率，由原来的平均 75%提高到 91.8%，高于设定目标 90%，小组目标实现了，见柱状图 7-1。

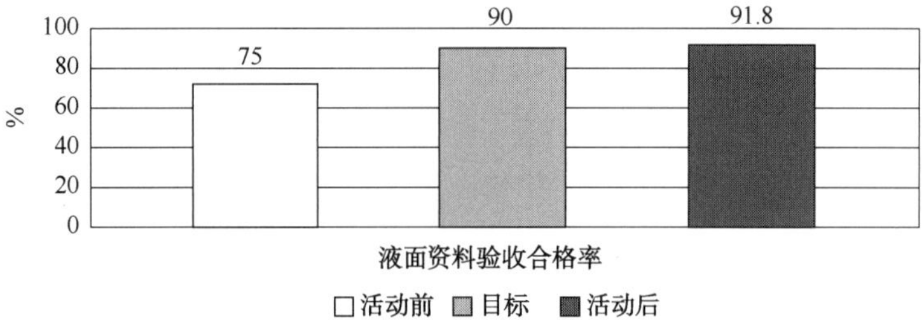

图 7-1　活动前后测试资料验收合格率完成情况柱状图

制图人：史向明　制图时间：2021 年 12 月 29 日

2. 直接经济效益

小组成员将 2020 年 6~12 月和 2021 年 6~12 月测试仪器维修更换费用同期进行了对比分析，见表 7-2。

表 7-2　2020 年与 2021 年仪器维修更换费用对比分析表

项目	数据	2020 年 6~12 月费用	2021 年 6~12 月费用
通信电缆及插座/套	168 元/套	87 套×168 元/套=14616 元	0 元
测试主机主板/个	2800 元/个	5 个×2800 元/个=14000 元	1 个×2800 元/个=2800 元
微音器主板/个	1250 元/个	8 个×1250 元/个=10000 元	2 个×1250 元/个=2500 元
磁吸式通信头/个	58 元/个	0 元	18 个×58 元/个=1044 元
合计		38616 元	6344 元

制表人：于海山　　　　制表时间：2022 年 4 月 5 日

由表 7-2 可知，2020 年 6~12 月和 2021 年 6~12 月在工作量基本相同的情况下，2020 年维修费用为 38616 元，而 2021 年维修费用为 6344 元，在应用了油井液面测试平式磁吸通信装置后大幅度降低了维修成本。经统计小组活动期间获直接经济效益 3.1 万元，见表 7-3。

表 7-3　QC 小组直接经济效益统计表

分类	项目	数值
节省	2020 年和 2021 年同期对比节约费用	38616 元-6344 元=32272 元
投入	油井液面测试平式磁吸通信装置成本费用	218 元/套×5 套=1090 元
直接经济效益	节省-投入=32272-1090=31182 元	31000 元

制表人：骆成杰　　　　制表时间：2022 年 4 月 5 日

八、标准化

推广价值：小组对大庆油田油井测试行业进行调查统计，该装置适合油田所有油井测试仪器使用，可针对不同规格的微音器直径，对该装置嵌套式凸台尺寸进行改进，因此该装置具有广阔的推广前景和应用价值。

活动后，为了巩固项目成果，制定了两项措施。

1. 将油井液面测试平式磁吸通信装置设计资料整理存档。设计文件见图 8-1。

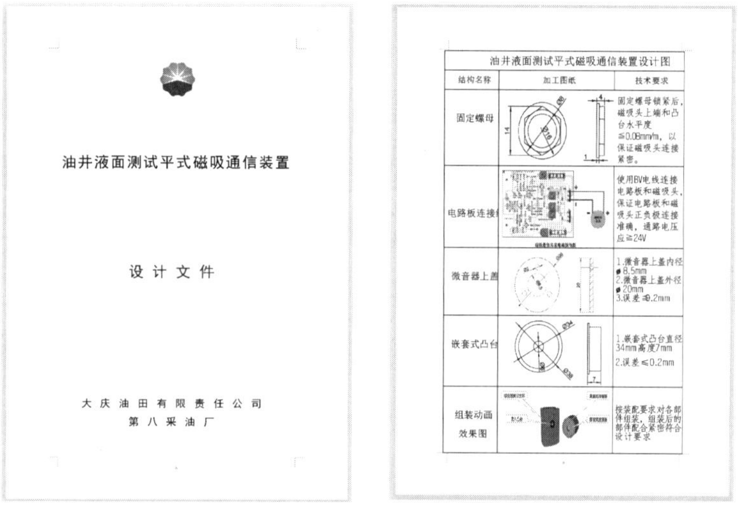

图 8-1　油井液面测试平式磁吸通信装置设计文件

制图人：史向明　制图时间：2022 年 4 月 8 日

2. 同时编写了《油井液面测试平式磁吸通信装置安全操作规程》标准化文件，并在作业区进行了标准化操作使用培训，要求严格按照操作规程进行使用。操作规程见图 8-2。

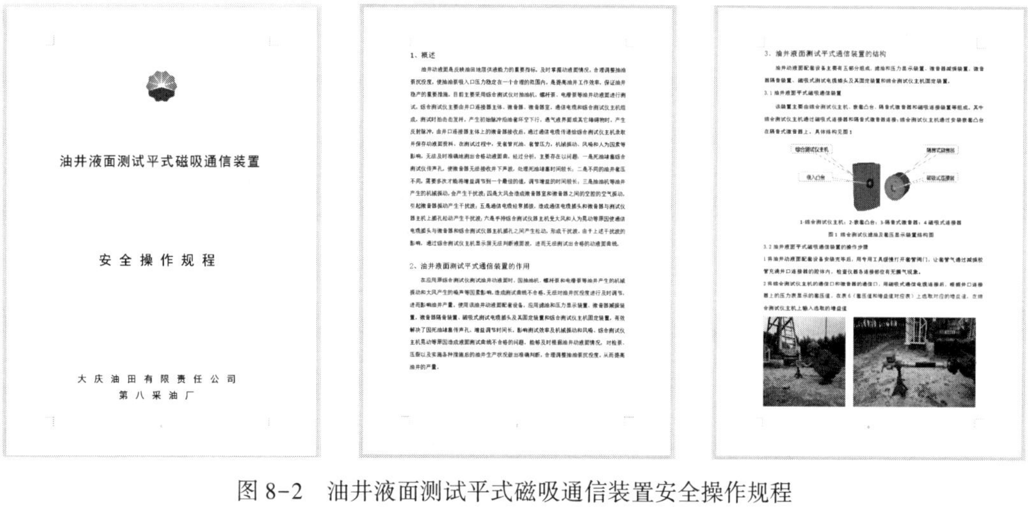

图 8-2　油井液面测试平式磁吸通信装置安全操作规程

制图人：史向明　制图时间：2022 年 4 月 8 日

九、总结与下一步打算

1. 总结

工作实施表见表 9-1。

表 9-1　标准化工作实施表

<table>
<tr><th>分类</th><th>创新特色</th><th>不足之处</th></tr>
<tr><td rowspan="2">小组在技术创新方面</td><td>1. 在专业技术上有重大突破。通过本次 PDCA 循环，小组成员成功地研制了油井液面测试平式磁吸通信装置，该装置在风力≥5 级的天气影响下，将油井液面资料验收合格率由原来的 75%提高到 91.8%，提高了工作效率，降低了员工的劳动强度，在专业技术上有了显著的进步</td><td>可进一步拓展装置的功能</td></tr>
<tr><td>2. 课题技术最有先进性。为了对成果进行知识产权保护，本成果申请使用新型专利 1 项，专利号：ZL202123286039.9</td><td>知识产权保护范围小</td></tr>
<tr><td>小组在管理水平方面</td><td>通过本次活动，提升了小组成员的管理水平，从小组成员选题、注册、活动开展，成果总结，到发布评审各环节顺利衔接，成员配合默契，团队管理水平得到大幅度提升
<table>
<tr><th>活动内容</th><th>优点</th><th>运用工具</th></tr>
<tr><td>课题选择</td><td>课题针对强，能有效解决现场实际用户需求</td><td>调查表</td></tr>
<tr><td>目标设定及可行性论证</td><td>根据借鉴与推理，通过试验、测量的数据进行可行性论证确定目标</td><td>柱状图</td></tr>
<tr><td>提出并确实最佳方案</td><td>通过试验、测量、调查统计等方式，确定最佳方案</td><td>调查表</td></tr>
<tr><td>制定对策</td><td>用数据确定最佳方案，提出有效的实施措施</td><td>调查表</td></tr>
<tr><td>效果检查</td><td>针对课题目标进行有效检查</td><td>柱状图、调查表</td></tr>
<tr><td>标准化</td><td>对具有推广应用价值的课题进行标准化</td><td>调查表</td></tr>
</table></td><td>QC 工具应用不熟练</td></tr>
<tr><td>小组在成员素质提升方面</td><td>2021 年底，小组成员有 1 人由操作岗转为管理岗，有 1 人由技术干部晋升为地质工程师，使小组成员的创新能力得到进一步提升
<table>
<tr><th>小组成员</th><th>活动前</th><th>活动后</th></tr>
<tr><td>吴燕</td><td>技术管理室主任</td><td>地质工程师</td></tr>
<tr><td>史向明</td><td>采油测试操作岗</td><td>测调班副班长</td></tr>
</table></td><td>小组成员在新标准认识方面需要进一步提升</td></tr>
</table>

制表人：骆成杰　　　　制表时间：2022 年 4 月 26 日

2. 下一步打算

针对小组成员在 QC 活动过程中存在的不足，在技术创新、管理水平和人员素质方面提出了改进措施并落实到人，详见表 9-2。

表 9-2　改进措施计划完成表

分类	改进措施	预期目标	负责人	完成时间
针对技术上的不足	学习专利代理业务知识，提高权利要求书的撰写水平	扩大专利的独立权利要求的保护范围，提升说明书中权利要求书的撰写水平	骆成杰	2022 年 12 月
针对管理上的不足	增加 QC 工具的学习培训	针对 QC 工具的使用，进行该类专项培训次数	史向明	2022 年 9 月
针对小组成员素质方面的不足	需要进一步加深对新标准的理解	聘请质量专家进行新标准和质量培训，提高小组成员的素质	孙立岩	2022 年 9 月

制表人：吴燕　　　　制表时间：2022 年 4 月 26 日

在该装置使用过程中，小组成员发现由于油井套管内存在油渣，在套压的作用下油渣进入测试仪器，导致仪器内部堵塞并腐蚀微音器，不仅影响了测试资料的验收合格率，而且增加了测试仪器的维修成本，因此小组成员计划研制一种滤油防护装置，将新课题拟定为《测试仪器滤油防护装置的研制》。

成果点评

该成果活动类型为创新型课题。标帜 QC 小组针对现有油井液面测试工具及技术无法满足测试员工在大风天气下获得较高油井液面资料验收合格率的需求，通过借鉴磁吸式连接的原理，为目标设定和提出方案提供了依据，对新装置通信机构、固定连接机构、承托机构分别进行方案分解和选择，采取相应对策并有效实施，实现了大风天气下液面资料验收合格率大于 90%的课题目标；课题技术具有创新型和先进性，并申请实用新型专利 1 项，制定了标准化设计文件和操作规程，具备较强的推广价值。在统计方法的应用上，采用了调查表、系统图、柱状图等简易图表，活动全过程严格按照创新型课题步骤，符合 T/CAQ 10201—2020《质量管理小组活动准则》要求。

本 QC 小组成果存在以下方面的不足，希望以后持续改进：

（1）选择课题中，在需求分析时“液面资料验收合格率低”的表述趋向当前存在的问题，对需求的表述不够直接了解，背景介绍多余，可言简意赅地直接阐述测试员工对大风天气液面测试资料数据更准确的需求。在借鉴《一种磁吸式电缆连接装置》磁吸技术中，未提供有效依据证明“能解决受风力≥5 级的天气影响下，通信电缆插头和插座松动虚接问题”的技术和原理；借鉴二通过“TRIZ 理论的剪裁法”只是提供思路，未提出借鉴的关键技术和原理；借鉴中只提出了磁吸原理，而课题中提出的“平式”缺少相关依据。

（2）设定目标对原来的 75%提高到 90%的理由不充分；目标可行性论证借鉴一只对电缆插头和磁吸式通信信号强度进行对比，没有说明是否在风力≥5 级的环境下试验。

（3）提出方案并确定最佳方案中，对具体方案的比较和选择可比性不足，多数方案重点只对材质的耐腐蚀性、强度、成本进行对比，且这些性能提出的依据未阐明，而缺少对分级方案功能性和预期效果的对比和评价；课题的核心是解决风力≥5 级对测试的影响，活动中缺少围绕对此方面的测量、试验和调查分析。

（4）制定对策及对策实施过程中，对策表措施与目标验证混淆，如每个对策 1、2、3 的最后一项措施都是核对或验证对策目标；制定对策中的目标与相应具体方案的选择依据不吻合，如固定螺母的水平度、电路板连接线的通路电压与方案选择不匹配。对策实施中缺少实质性内容，过程描述不具体，如：对策实施二中，措施一为绘制图纸、措施二为设计螺母，缺少加工制造及安装的具体措施；对效果验证只有数据，缺少具体过程和测试方法；常用统计方法运用较少。

（5）效果检查中，表 7-1 中不合格井数的统计用“大风影响”表述不恰当。

（6）标准化中，对成果在技术方面、应用范围等推广应用价值的评价不够详细。

（7）总结和下一步打算中，总结内容泛泛而谈，缺少对课题的技术创新点、创新特色与不足进行针对性总结。

提高 6kV 线路功率因数达标条数

挑战 QC 小组

（中油电能电力运维分公司）

一、前言

大庆油田有限责任公司电力运维分公司电力运维四部(2021 年 9 月因“油公司”模式改革，原大庆油田有限责任公司第四采油厂电力维修大队更名为现名)。

图 1-1　6kV 线路高压补偿电容器实物图

无功功率补偿在配电系统中具有提高电网功率因数的作用，是节能管理重要的措施。目前，第四采油厂 6kV 线路采用高压分散补偿方式，线路共安装无功补偿电容器 472 组，容量 77169kvar。电力运维分公司电力运维四部电工四队节能班主要负责变电所 231 条出线 6kV 线路高压补偿电容器的维护工作。6kV 线路高压补偿电容器实物图见图 1-1。

名词解释：

1. 出线：指变电所外线路。

2. 投入门限：只要电网的功率因数低于某个数值，补偿器就要投入电容。

3. 功率因数：交流电路有功功率对视在功率的比值。

二、小组概况

挑战 QC 小组共有 10 人，平均年龄 42 岁，由计量管理、质量、管理电气工程师及配电技师等组成。小组近三年荣获过部级一等奖和全国优秀质量管理小组的荣誉称号。小组成员配合默契，共同致力于打造一支勇于探索、勇于实践的高绩效团队。小组及成员情况见表 2-1。

表 2-1　小组及成员情况表

小组名称	挑战 QC 小组	注册编号	DQCY4171001
课题名称	提高 6kV 线路功率因数达标条数	成立时间	2021 年 1 月
课题类型	问题解决型	活动时间	2021 年 1~12 月
小组人数(≤10 人)	10 人	当年活动次数	22 次
近三年获奖情况	2018 年《降低 6kV 线路刀闸故障次数》获中国石油天然气集团公司一等奖； 2019 年《缩短电缆接头制作时间》获中国石油天然气集团公司一等奖，获第二届中央企业发表赛一等奖，被评为全国优秀质量管理小组； 2020 年《缩短 6kV 线路接地故障处理时间》获中国石油天然气集团公司一等奖，被评为全国优秀质量管理小组		

续表

序号	成员姓名	年龄	文化程度	职务/职称	组内分工	备注
1	江淑萍	51	本科	技术员/工程师	组长	
2	孙萱	26	研究生	计量管理/助理工程师	组员	
3	胡胜杰	46	本科	班长/首席技师	组员	
4	徐阳	37	本科	质量管理/工程师	组员	
5	曲宏涛	32	本科	副队长/技术员	组员	
6	张建	40	本科	配电线路工/配电技师	组员	
7	周恩军	49	本科	副主任/工程师	组员	
8	代林旺	50	本科	队长/工程师	组员	
9	赵志国	48	大专	配电线路工/高级技师	组员	
10	胡军	46	技校	配电线路工/配电技师	组员	

制表人：孙萱　　　　制表时间：2021 年 1 月

三、选择课题

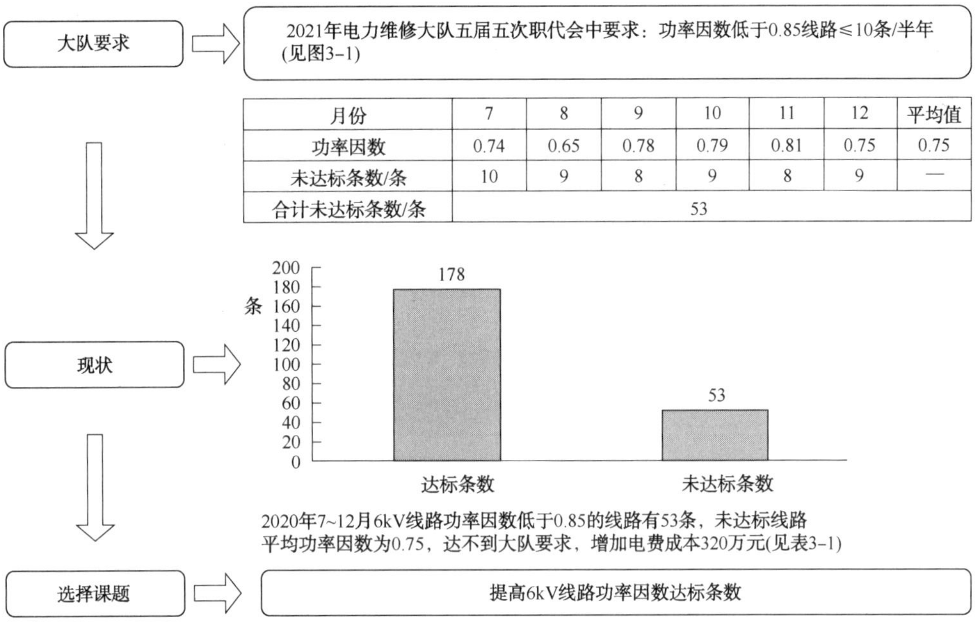

月份	7	8	9	10	11	12	平均值
功率因数	0.74	0.65	0.78	0.79	0.81	0.75	0.75
未达标条数/条	10	9	8	9	8	9	—
合计未达标条数/条	53						

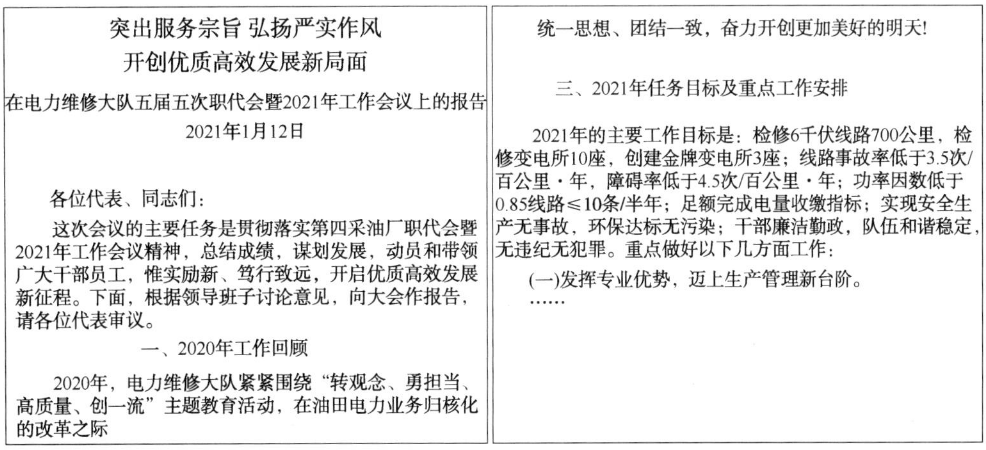

突出服务宗旨 弘扬严实作风
开创优质高效发展新局面
在电力维修大队五届五次职代会暨2021年工作会议上的报告
2021年1月12日

各位代表、同志们：

这次会议的主要任务是贯彻落实第四采油厂职代会暨2021年工作会议精神，总结成绩，谋划发展，动员和带领广大干部员工，惟实励新、笃行致远，开启优质高效发展新征程。下面，根据领导班子讨论意见，向大会作报告，请各位代表审议。

一、2020年工作回顾

2020年，电力维修大队紧紧围绕“转观念、勇担当、高质量、创一流”主题教育活动，在油田电力业务归核化的改革之际

统一思想、团结一致，奋力开创更加美好的明天！

三、2021年任务目标及重点工作安排

2021年的主要工作目标是：检修6千伏线路700公里，检修变电所10座，创建金牌变电所3座；线路事故率低于3.5次/百公里·年，障碍率低于4.5次/百公里·年；功率因数低于0.85线路≤10条/半年；足额完成电量收缴指标；实现安全生产无事故，环保达标无污染；干部廉洁勤政，队伍和谐稳定，无违纪无犯罪。重点做好以下几方面工作：

(一)发挥专业优势，迈上生产管理新台阶。

……

图 3-1　电力维修大队五届五次职代会材料网络截取图

制图人：江淑萍　制图时间：2021 年 1 月

表 3-1　2020 年 7~12 月线路功率因数未达到 0.85 增加电费费用明细表

未达标条数/条	平均功率因数	损失电量/kW	电价	损失电费/万元
53	0.75	4875800	0.657/度	320

制表人：江淑萍　　　　制表时间：2021 年 1 月

四、设定目标

根据 2021 年电力维修大队五届五次职工代表大会中要求：功率因数低于 0.85 线路≤10 条/半年，制定课题目标。目标柱状图见图 4-1。

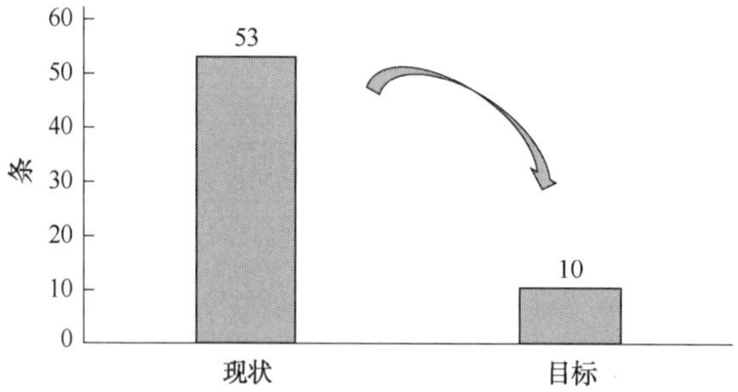

图 4-1　目标柱状图

制图人：江淑萍　制图时间：2021 年 1 月

五、目标可行性论证

1. 掌握基础数据

查阅 2020 年 7~12 月电容器维护工作记录和功率因数月报，将功率因数低于 0.85 的 53 条线路进行统计、分类，绘制统计表和饼分图(见表 5-1 和图 5-1)。

表 5-1　2020 年 7~12 月线路功率因数低于 0.85 统计表

序号	项目	频数/条	百分数/%	累计百分比/%
1	电容器投运不成功	50	94.3	94.3
2	线路运行方式改变	2	3.8	98.1
3	线路负荷变化	1	1.9	100
合　计		53		

制表人：徐阳　　　　制表时间：2021 年 1 月

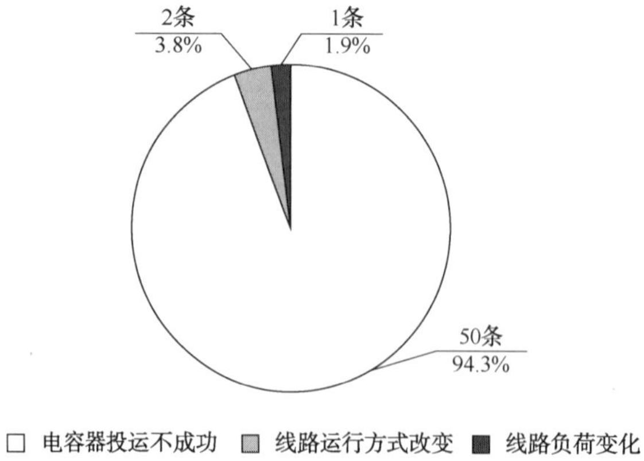

图 5-1　线路功率因数未达标饼分图

制图人：徐阳　制图时间：2021 年 1 月

由上图可以看出，电容器投运不成功有50条线路，占94.3%，为了找到影响6kV线路功率因数达标条数低的主要问题，对电容器投运不成功进一步分层。

2. 按电容器投运不成功分层

小组将电容器投运不成功按故障类别进一步分层，并绘制统计表和饼分图(见表5-2和图5-2)。

表5-2　2020年7~12月电容器投运不成功统计表

序号	项目	频数/条	百分数/%	累计百分比/%
1	熔断器故障	39	78	78
2	控制回路故障	6	12	90
3	设备线夹故障	2	4	94
4	引线故障	2	4	98
5	电机故障	1	2	100
合计		50		

制表人：孙萱　　制表时间：2021年1月

由饼分图5-2可看出，熔断器故障占电容器投运不成功78%，是导致6kV线路功率因数达标条数低的症结问题。

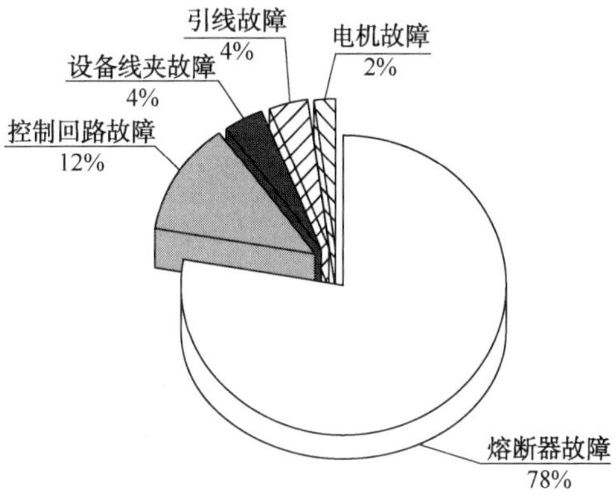

图5-2　电容器投运不成功饼分图

制图人：孙萱　制图时间：2021年1月

3. 目标可行性论证

技术方面：杏北油田6kV线路电容器和变压器均单独安装在电杆上。小组分析了2020年开展的“解决6kV变台杆跌落熔断器故障”专项成果，变台杆跌落熔断器故障为70次(见表5-3)，通过调整熔管与上动触头接触面、熔丝位于保险管内的位置等一系列措施，解决了69个，解决程度为98%。考虑到变台杆跌落熔断器和电容器杆熔断器在时间上具有可比性，技术水平上具有相似性，因此，在技术上我们有能力解电容器杆上熔断器故障的98%，即53-(53×94.3%×78%×98%)=14(条)，经过论证，只解决熔断器故障完成不了上级功率因数低于0.85线路≤10条/半年的要求，因此，小组又对第二项控制回路故障解决程度进行论证。

表5-3　2020年7~12月6kV线路变台杆跌落熔断器故障统计表

月份	跌落熔断器故障次数/次	解决次数/次	解决程度/%
7	11	11	100
8	10	10	100
9	9	9	100
10	13	12	92.3
11	11	11	100
12	16	16	100
合计	70	69	98

制表人：张建　　制表时间：2021年2月

对标先进：通过对设备状况和人员素质与本单位电容器型号、模块型号和运行年基本相同的先进单位，二厂电力维修大队咨询。二厂电力维修大队2020年7~12月电容器控制回路故障5次，通过登杆复归按钮等措施解决4次，解决程度为80%(见表5-4)。由于我单位电容器控制回路故障与二厂电力维修大队电容器控制回路故障在技术上具有相似性，难度上具有可比性，通过对小组成员问题解决能力的评估，也可解决控制回路故障的80%，功率因数低于0.85的线路可减少到：14-6×80%=9.2≈10(条)。

表5-4　2020年7~12月二厂电力维修大队6kV线路电容器控制回路故障统计表

月份	控制回路故障次数/次	解决次数/次	解决程度/%
7	1	1	100
8	2	1	50
9	1	1	100
12	1	1	100
合计	5	4	80

制表人：曲宏涛　　　　制表时间：2021年2月

横向论证：大队成立节能专业班组，且小组具有10年电容器维护的高级技师、专业技术人员和队长组成，具备解决控制回路故障和熔断器故障的能力，有QC实践经验和较强的改进意识。投运图见图5-3。

图5-3　节能专业班组电容器现投运图

制图人：曲宏涛　制图时间：2021年2月

经上述论证，小组活动制定的目标能够实现。

六、原因分析

小组集思广益，针对控制回路故障和熔断器故障导致电容器投运不成功的两个主要问题进行了分析，并绘制了关联图(见图6-1)。

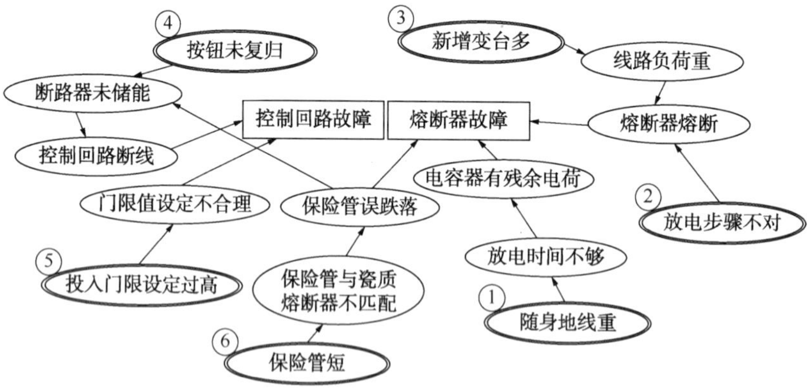

图6-1　控制回路故障和熔断器故障关联图

制图人：江淑萍　制图时间：2021年2月

到了6项末端原因：

1. 随身地线重；　　　　2. 放电步骤不对；
3. 新增变台多；　　　　4. 按钮未复归；
5. 投入门限设定过高；　6. 保险管短。

七、确定主要原因

小组成员收集全6项末端原因，识别出新增变台多超出了小组能力范围。因此，对5项末端原因制定了要因确认计划表(见表7-1)，分别运用现场试验和查阅资料等方法，对要因进行一一确认。

表7-1　要因确认计划表

序号	末端原因	确认内容	确认方法	确认地点	负责人	完成日期
1	随身地线重	随身地线重对熔断器故障的影响	现场调查 模拟试验	线路培训基地	曲宏涛	2021年3月10日
2	放电步骤不对	放电步骤不对对熔断器故障的影响	模拟考核 模拟试验	线路培训基地	江淑萍	2021年3月18日
3	按钮未复归	按钮未复归对控制回路故障的影响	调查分析 现场试验	厂房线路	张建	2021年3月29日
4	投入门限设定过高	投入门限设定过高对控制回路故障的影响	查阅资料 现场试验	办公室线路	赵志国	2021年4月9日
5	保险管短	保险管短对熔断器故障和控制回路故障的影响	调查分析 现场试验	厂房线路	代林旺	2021年4月13日

制表人：孙萱　　　　制表时间：2021年3月

要因确认一：随身地线重

确认方法：电容器维护前应使用放电工具持续放电6min。

1. 现场调查

目前使用重3kg随身地线登杆对电容器进行放电，该地线有4个金属头(见图7-1)。操作人员在高空手握重3kg随身地线逐相放电，易疲劳，经常发生放电时间不足6min，引发熔断器故障的问题。

3月2~7日，由小组成员曲宏涛跟踪调查电容器维护人员使用3kg随身地线对电容器的放电情况，调查放电时间是否达到6min，并统计数据如表7-2所示。

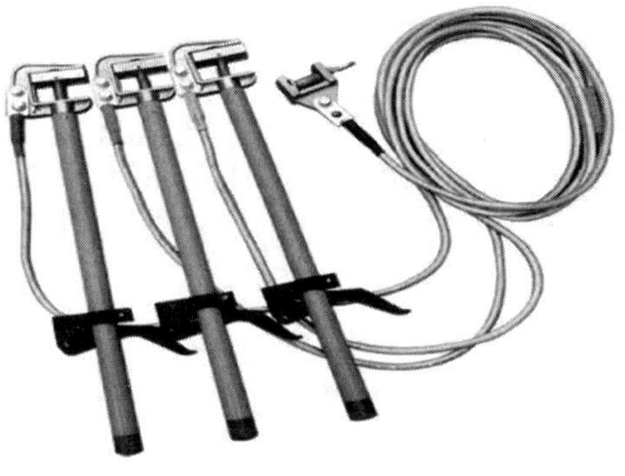

图7-1　随身地线放实物图

制图人：曲宏涛　制图时间：2021年3月

表7-2　使用3kg随身地线进行电容器放电时间统计表

操作人	年龄	身高/cm	放电次数/次	合格标准/min	放电时间/min								不合格次数/次	不合格率/%	溶断器故障/次
胡军	45	188	8	>6	6	5	5.3	6	4.7	5	4.8	5.7	6	75	5
张建	32	169	8		5.4	6	5.6	6	5.1	6	5.3	5.3	5	62.5	5
赵志国	48	178	8		5.2	4.9	4.8	6	5	6	5.2	4.7	6	75	6
周宇	40	174	8		5.3	6	5.1	6	4.8	6	5.1	5	5	62.5	5
合计	—	—	32		—	—	—	—	—	—	—	—	22	68.8	21

制表人：曲宏涛　　　　制表时间：2021年3月

由表7-2可以看出，不同年龄、身高的4人使用随身地线对电容器进行放电，32次放电，每人发生放电时间都不足6min的问题，平均不合格率为68.8%，熔断器故障为21次。

2. 模拟试验

两个放电头就能完成电容器放电，因此，3月9~10日，小组将随身地线拆开，通过更换多股铜芯线长度来调整放电工具重量，将工具重量从 3kg、2.5kg、2kg、1.5kg、1kg，各进行 4 次电容器模拟放电，试验对比随身地线重量不同对熔断器故障的影响程度。绘制统计表和组合图(见表 7-3 和图 7-2)。

表 7-3　使用不同重量随身地线进行电容器放电统计表

试验日期	随身地线/kg	放电次数/次	熔断器故障/次
2121.3.9	3	4	4
2021.3.9	2.5	4	3
2021.3.9	2	4	2
2021.3.10	1.5	4	1
2021.3.10	1	4	0
合计	—	20	10

试验人：张建　曲宏涛　　试验地点：配电线路工培训基地

制表人：曲宏涛　　制表时间：2021 年 3 月

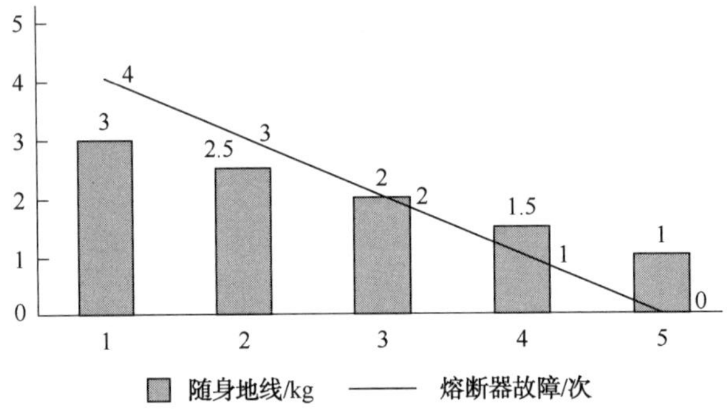

图 7-2　使用不同重量随身地线进行电容器放电组合图

制图人：曲宏涛　制图时间：2021 年 3 月

结论：由图 7-2 可以看出，随着随身地线重量减轻，熔断器故障发生率也随之下降。当随身地线重 3kg 时，4 次放电发生 4 次熔断器故障；当随身地线重 1kg 时，4 次放电没有发生熔断器故障。二者差异明显，说明随身地线重对熔断器故障影响程度大，是要因。

要因确认二：放电步骤不对

确认方法：电容器放电顺序：A 对地、B 对地、C 对地、A 对 B、A 对 C、B 对 C 放电。见图 7-3。

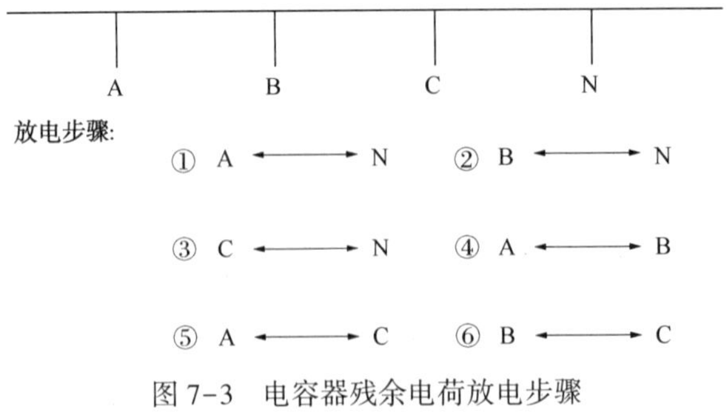

图 7-3　电容器残余电荷放电步骤

制图人：江淑萍　制图时间：2021 年 3 月

1. 模拟考核

3 月 15 日，在配电线路工培训基地对节能班 6 名员工进行电容器放电模拟考核，查看放电步骤是否正确，并记录如表 7-4 所示。

表 7-4　模拟考核放电步骤统计表

日期	姓名	年龄	性别	放电次数/次	正确/次	正确率/%
2021.3.15	刘少奎	58	男	2	2	100
	赵志国	48	男	2	2	100
	张建	32	男	2	2	100
	胡军	46	男	2	2	100
	周宇	40	男	2	2	100
	李边江	58	男	2	2	100
合计				12	12	100

制表人：江淑萍　　　　制表时间：2021 年 3 月

由表 7-4 可以看出，放电步骤正确率达到 100%，维护人员都能按正确步骤进行放电，放电操作符合规定。

2. 模拟试验

3 月 16~18 日在配电线路工培训基地，小组成员赵志国和张建在相同的环境下，模拟放电步骤正确和放电步骤不正确对熔断器故障的影响程度，数据见表 7-5。

表 7-5　模拟放电步骤统计表

总放电次数/次	放电步骤正确/次	熔断器熔断/次	故障率/%	放电步骤不正确/次	熔断器熔断/次	故障率/%
20	10	0	0	10	7	70

制表人：江淑萍　　　　制表时间：2021 年 3 月

结论：由表 7-5 可以看出，10 次放电方法不对导致熔断器熔断为 7 次，故障率为 70%，放电方法不对熔断器故障有影响。但节能班 6 名操作人员，通过模拟考核都能按正确步骤进行放电，放电方法正确率达到 100%，并且，班里粘贴了正确放电示意图，因此，放电方法不对是非要因。

要因确认三：按钮未复归

确认方法：

1. 调查分析

近两年线路电容器升级改造，保护模块与原来自动投切电容器模块功能设置不同，原来保护模块没有复位按钮，6kV 线路补偿电容器退出运行后，在杆下即可将电容器投入运行，原来电容器杆下投运图见图 7-4。但新模块增加了复位按钮，电容器退出运行后，需要登杆复归按钮电容器才能投入运行。

图 7-4　原来电容器杆下投运图

2. 现场试验

3 月 28~29 日，张建利用电容器维护机会，试验按钮未复归对控制回路故障的影响。统计数据见表 7-6。

表 7-6　按钮未复归对控制回路故障的影响程度统计表

日期	线路名称	按钮未复归	控制回路故障/次	按钮复归	控制回路故障/次
2021. 3. 28	二十一北四线	是	1	是	0
2021. 3. 28	十七南二线	是	1	是	0
2021. 3. 28	东北干线	是	1	是	0
2021. 3. 28	杏 3J3 西	是	1	是	0
2021. 3. 28	杏 7-3 东	是	1	是	0
2021. 3. 28	杏 3J3 东	是	1	是	0
2021. 3. 28	杏三南三线	是	1	是	0
2021. 3. 28	杏 5-2 西	是	1	是	0
2021. 3. 29	丙 520 西	是	1	是	0
2021. 3. 29	丙 711 东	是	1	是	0
2021. 3. 29	丙 540 西	是	1	是	0
2021. 3. 29	杏十二北一线	是	1	是	0
2021. 3. 29	四区西线	是	1	是	0
合计			13	—	0

制表人：张建　　　　制表时间：2021 年 3 月

结论：由表 7-6 可以看出，13 次按钮未复归，导致 13 次控制回路故障，登杆复归按钮后，控制回路故障为 0 次。按钮未复归对控制回路故障影响程度大，因此是要因。

要因确认四：投入门限设定过高

确认方法：

1. 查阅资料

查阅 2020 年电力线路电容器维护记录。按设计要求投入线路的电容器，厂家设定投入门限为 0. 95，当线路功率因数小于 0. 95 这个数值时，控制器投入电容。

2. 现场试验

4 月 1~6 日，小组利用电容器维护时机，选取 5 条线路共进行 70 次试验，试验投入门限设定过高对控制回路故障的影响，绘制试验详表、试验表和组合图(见表 7-7、表 7-8 和图 7-5)。

表 7-7　投入门限设定对控制回路故障的影响程度试验详表

试验时间	线路名称	投入门限	投入门限设定次数/次	控制回路故障/次	故障率/%	试验人
2021. 4. 1	杏东南乙线	0. 95	2	2	100	赵志国　胡军
2021. 4. 1		0. 94	2	2	100	
2021. 4. 1		0. 93	2	1	50	
2021. 4. 2		0. 92	2	1	50	
2021. 4. 2		0. 91	2	1	50	
2021. 4. 2		0. 90	2	0	0	
2021. 4. 2		0. 89	2	0	0	

续表

试验时间	线路名称	投入门限	投入门限设定次数/次	控制回路故障/次	故障率/%	试验人
2021.4.5	杏二十五北三线	0.95	2	2	100	刘少奎　胡军
2021.4.5		0.94	2	2	100	
2021.4.5		0.93	2	1	50	
2021.4.6		0.92	2	1	50	
2021.4.6		0.91	2	0	50	
2021.4.6		0.90	2	0	0	
2021.4.6		0.89	2	0	0	
2021.4.6	杏二十四南五线	0.95	2	2	100	赵志国　周宇
2021.4.6		0.94	2	2	100	
2021.4.6		0.93	2	1	50	
2021.4.7		0.92	2	1	50	
2021.4.7		0.91	2	0	0	
2021.4.7		0.90	2	0	0	
2021.4.7		0.89	2	0	0	
2021.4.7	十九北二线	0.95	2	1	50	刘少奎　胡军
2021.4.7		0.94	2	1	50	
2021.4.7		0.93	2	1	50	
2021.4.8		0.92	2	0	0	
2021.4.8		0.91	2	0	0	
2021.4.8		0.90	2	0	0	
2021.4.8		0.89	2	0	0	
2021.4.8	六十八联络	0.95	2	1	50	赵志国　周宇
2021.4.8		0.94	2	1	50	
2021.4.8		0.93	2	1	50	
2021.4.9		0.92	2	1	50	
2021.4.9		0.91	2	0	0	
2021.4.9		0.90	2	0	0	
2021.4.9		0.89	2	0	0	
合计			70	26	37	—

制表人：胡胜杰　　　　制表时间：2021 年 4 月

将试验详表按投入门限设定由高到低进行整理，绘制试验统计见表 7-8。

表 7-8　投入门限设定对控制回路故障的影响程度试验表

投入门限设定	投入门限设定次数/次	控制回路故障/次	故障率/%
0.95	10	8	80
0.94	10	8	80
0.93	10	5	50
0.92	10	4	40
0.91	10	1	10
0.90	10	0	0
0.89	10	0	0
合计	70	26	37

制表人：胡胜杰　　　　制表时间：2021 年 4 月

根据表 7-8 绘制投入门限设定对控制回路故障的影响程度组合图 7-5。

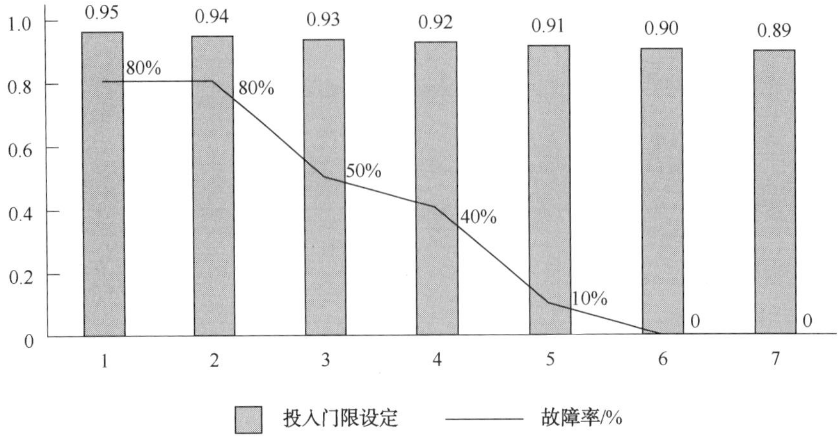

图 7-5　投入门限设定对控制回路故障的影响程度组合图

制图人：胡胜杰　制图时间：2021 年 4 月

结论：由图 7-5 可以看出，投入门限设定在 0.95 时控制回路故障率高达 80%，投入门限设定在 0.90 时控制回路故障率为 0，证明投入门限值设定过高对控制回路故障影响程度大，结论是要因。

要因确认五：保险管短

确认方法：瓷质跌落熔断器保险管长 320mm。

1. 调查分析

线路原来使用瓷质跌落熔断器，近几年线路大规模使用硅橡胶熔断器，与瓷质熔断器相配套的保险管已无库存。为了节约维护成本，瓷质跌落熔断器仍然在线路服役。经现场调查瓷质跌落熔断器保险管长为 320mm，硅橡胶熔断器保险管长 310mm，现有保险管比瓷质跌落熔断器保险管短 10mm。见图 7-6。

图 7-6　瓷质跌落熔断器保险管实物图

2. 现场试验

4 月 12~13 日，利用电容器维护机会，将保险管长度从 310mm 到 321mm 每增加 1mm 分等距对瓷质跌落熔断器进行安装。验证保险管短对熔断器故障和控制回路故障的影响。统计结果见表 7-9。

表 7-9　保险管长度对熔断器故障影响统计表

保险管长/mm	试验次数/次	熔断器故障/次	故障率/%	累计故障率/%
310	9	9	100	96
311	9	9	100	
312	9	9	100	
313	9	9	100	
314	9	9	100	
315	9	9	100	
316	9	9	100	
317	9	9	100	
318	9	8	89	
319	9	6	67	
320	9	0	0	
321	9	0	0	
合计	108	86	80	

制表人：代林旺　　　　制表时间：2021 年 4 月 13 日

由表 7-9 可以看出，保险管长度在 310～319mm，熔断器故障为 96%，当保险管长度达到 320mm，熔断器故障为 0，说明保险管短对熔断器故障影响程度大。见表 7-10。

表 7-10　保险管长度对控制回路故障统计表

保险管长/mm	试验次数/次	控制回路故障/次	故障率/%	累计故障率/%
310	9	9	100	93
311	9	9	100	
312	9	9	100	
313	9	9	100	
314	9	9	100	
315	9	9	100	
316	9	9	100	
317	9	9	100	
318	9	8	89	
319	9	4	44	
320	9	0	0	
321	9	0	0	
合计	108	84	88	

制表人：代林旺　　　　制表时间：2021 年 4 月 13 日

结论：由表 7-10 可以看出，保险管长度在 310～319mm，控制回路故障为 93%，当保险管长度达到 320mm，控制回路故障为 0，说明保险管短对控制回路故障影响程度大。由于保险管短对熔断器故障和控制回路故障影响程度都大，因此，判定保险管短是要因。

通过 5 个末端原因的验证，因控制回路故障和熔断器故障导致线路功率因数条数不达标的要因有：

1. 随身地线重；　　　　2. 按钮未复归；
3. 投入门限设定过高；　　4. 保险管短。

八、制定对策

小组针对找出的 4 条要因制定对策，见表 8-1。

表 8-1 对策表

要因	对策	目标	措施	负责人	实施地点	完成时间
随身地线重	使用轻便放电工具	工具重 1±0.1kg；持续放电 6min	1. 根据电容器尺寸设计轻便放电工具； 2. 根据示意图制作轻便放电工具； 3. 电气交流耐压试验； 4. 检验工具重量和现场使用情况	徐阳	厂房线路	2021 年 4 月 30 日
按钮未复归	登杆复归按钮	未投电容器按钮 100%复归	1. 制定电容器登杆按钮复归规定； 2. 执行登杆按钮复归规定	曲宏涛	线路	2021 年 5 月 26 日
投入门限设定过高	投入门限设定降低	投入门限 0.89±0.01	1. 撰写电容器投入门限降低建议； 2. 结合电容器维护，将投入门限设定为 0.90	江淑萍	线路	2021 年 6 月 23 日
保险管短	增加保险管长度	保险管长 320+1mm	1. 根据瓷质跌落熔断器长度调整新式保险长度； 2. 现场安装，并检查新式保险管应用情况	代林旺	厂房线路	2021 年 6 月 30 日

制表人：孙萱　　　　制表时间：2021 年 4 月 17 日

九、对策实施

实施一：使用轻便放电工具

1. 根据电容器尺寸设计轻便放电工具，见图 9-1 和图 9-2。

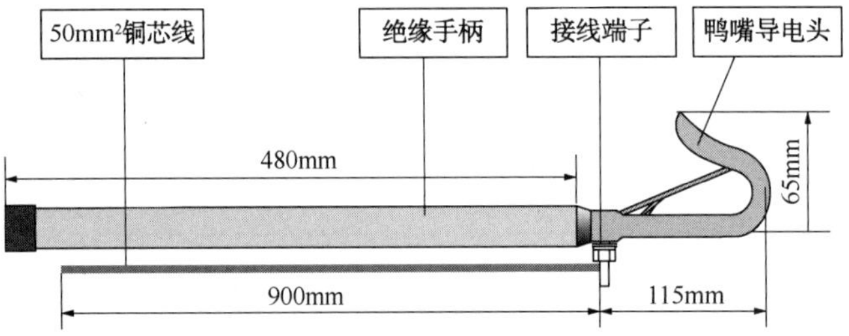

图 9-1 电容器轻便放电工具示意图

制图人：胡胜杰 制图时间：2021 年 4 月

图 9-2 鸭嘴导电头焊接螺杆示意图

制图人：胡胜杰 制图时间：2021 年 4 月

2. 根据示意图制作轻便放电工具

轻便放电工具由绝缘手柄、鸭嘴导电头、接线端子和铜芯线组成。绝缘手柄采用 480mm 绝缘杆制作，鸭嘴导电头采用 115mm×65mm 镀锌铜质导电头，并在鸭嘴底部焊 50M 螺杆，用于铜芯线的连接。长 900mm 多股铜芯线外塑 1mm 透明绝缘护套，通过 $50mm^2$ 接线端子与鸭嘴导电头连接，螺杆和接线端子组合式连接，使铜芯线在使用过程中出现损坏更换方便和随时检查连接是否可靠的作用。电容器轻便放电工具制作图和实物图见图9-3和图9-4。

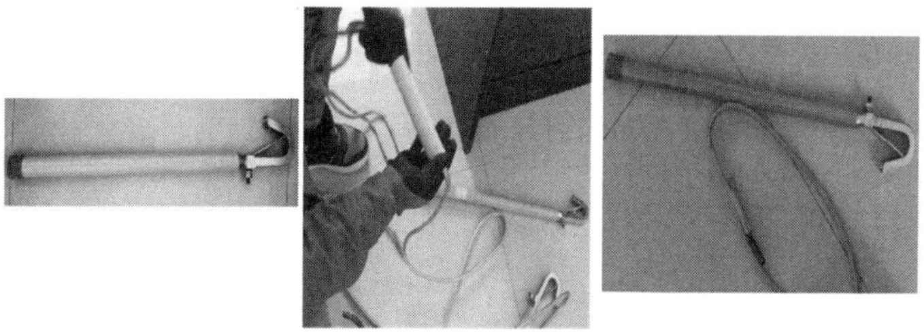

图9-3 电容器轻便放电工具制作图

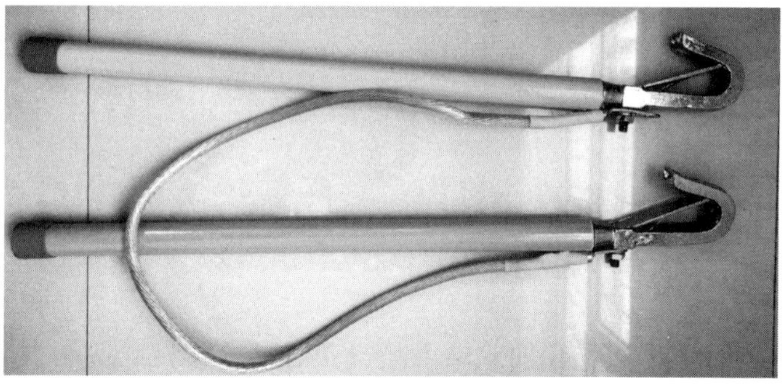

图9-4 电容器轻便放电工具实物图

绝缘手柄底部外塑30mm红色绝缘护套，起防滑作用，避免使用时绝缘手柄滑落，红色绝缘护套同时在放电时起到醒目的标示作用。

3. 电气交流耐压试验

4月28日，试验班对新研制的电容器专用放电工具进行交流耐压试验，无击穿、过热现象，满足《电业安全工作规程》(DL 408)中常用电气绝缘工具试验标准的要求。试验记录数据见表9-1。

表9-1 电容器专用放电工具交流耐压试验

编号：(2021)SCDL-0098

设备名称、编号	额定电压/kV	样品符合性	试验项目		单项结论	试验日期	有效日期
			U/kV	T/min			
电容器专用放电工具绝缘杆001	10	符合	45	1	合格	2021年4月28日	2022年4月27日

制表人：徐阳　　　　制表时间：2021年4月28日

4. 检验工具重量和现场使用情况

4月29日，使用人体秤对轻便放电工具进行称重为1kg。

我们使用该工具进行现场电容器放电，并记录数据(见表9-2)。

表9-2 使用电容器轻便放电工具进行电容器放电统计表

操作日期	放电次数/次	持续放电时间/min	熔断器故障/次	成功率/%	操作人
2021年4月29日	2	6	0	100	刘少奎
	2	6	0	100	李边江
	2	6	0	100	赵志国
	2	6	0	100	张建
	2	6	0	100	胡军
合计	10		0	100	

制表人：徐阳　　　　制表时间：2021年4月29日

结论：由表 9-2 可以看出，不同人员使用电容器轻便放电工具后，由于工具重 1kg，且鸭嘴导电头可套在电容器的接线柱上，员工杆上放电都能持续 6min，10 次放电，没有发生熔断器故障。目标实现。图 9-5 为使用电容器轻便放电工具进行放电图。

图 9-5　使用电容器轻便放电工具进行放电图

专家验收

4 月 29 日，各部门专家对电容器轻便放电工具安全性、技术性、实用性和环保性进行了验收，各项指标符合现场使用条件。评审委员会一致同意通过评审验收。专家验收图见图 9-6。

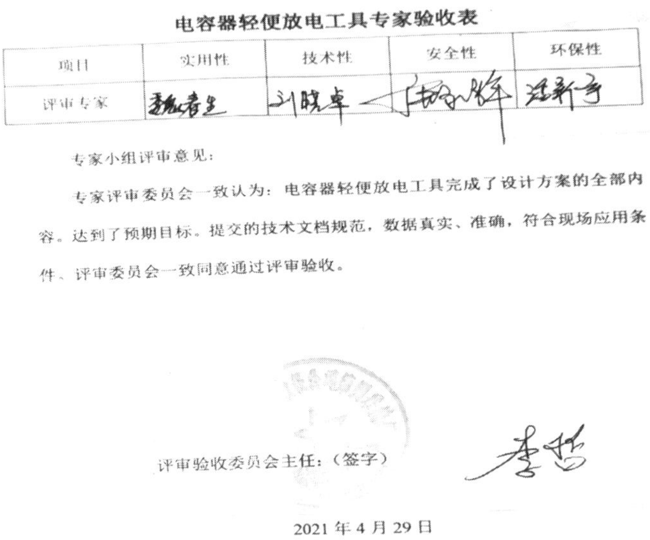

电容器轻便放电工具专家验收表

项目	实用性	技术性	安全性	环保性
评审专家	[illegible]	[illegible]	[illegible]	[illegible]

专家小组评审意见：

专家评审委员会一致认为：电容器轻便放电工具完成了设计方案的全部内容。达到了预期目标。提交的技术文档规范，数据真实、准确，符合现场应用条件。评审委员会一致同意通过评审验收。

评审验收委员会主任：（签字）[illegible]

2021 年 4 月 29 日

图 9-6　电容器轻便放电工具专家验收图

制图人：徐阳　制图时间：2021 年 4 月 29 日

实施二：登杆复归按钮

1. 制定电容器登杆按钮复归规定

5 月 14 日，小组编制了电容器登杆按钮复归规定：大庆新世纪生产的电容器保护模块，六千伏线路补偿电容器退出运行需重新投入使用时，节能班人员必须登杆复归，使电容器投入运行。并上报大队，审批通过。审批图见图 9-7。

2. 执行登杆按钮复归规定

5 月 19~26 日，结合电容器维护对功率因数低于 0.85 的 6 条线路执行登杆按钮复归规定。复归图见图 9-8，统计数据汇总见表 9-3。

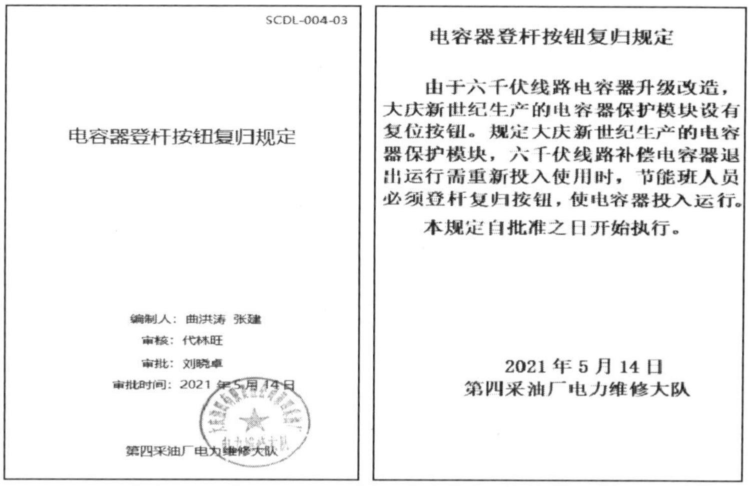
SCDL-004-03

电容器登杆按钮复归规定

编制人：曲洪涛 张建
审核：代林旺
审批：刘晓卓
审批时间：2021 年 5 月 14 日

第四采油厂电力维修大队

电容器登杆按钮复归规定

由于六千伏线路电容器升级改造，大庆新世纪生产的电容器保护模块设有复位按钮。规定大庆新世纪生产的电容器保护模块，六千伏线路补偿电容器退出运行需重新投入使用时，节能班人员必须登杆复归按钮，使电容器投入运行。

本规定自批准之日开始执行。

2021 年 5 月 14 日
第四采油厂电力维修大队

图 9-7　电容器登杆按钮复归规定审批实物图

制图人：张建　制图时间：2021 年 5 月 14 日

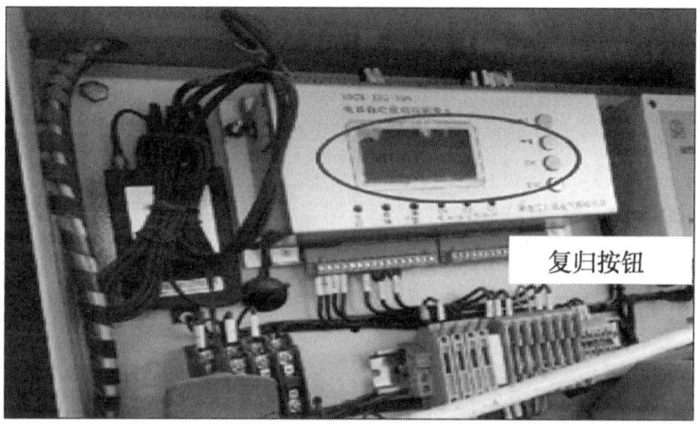

图 9-8　登杆进行按钮复归图

表 9-3　登杆进行按钮复归线路统计表

线路名称	电容器退出运行	登杆复归按钮/次	电容器投入运行	按钮复归前功率因数	按钮复归后功率因数	操作人
三元甲线	是	1	是	0.81	0.92	刘少奎
四区西线	是	1	是	0.62	0.98	李边江
杏十、三元乙线	是	1	是	0.52	0.97	赵志国
杏东中线	是	1	是	0.84	0.98	张建
十八北四线	是	1	是	0.80	0.89	胡军
二十三东三线	是	1	是	0.27	0.90	张建
合计		6				

制表人：张建　　　　制表时间：2021 年 5 月 26 日

由表 9-3 可以看出，功率因数低于 0.85 的 6 条线路全部完成登杆按钮复归，按钮复归率 100%，线路功率因数得到大幅提高，目标实现。

实施三：投入门限设定降低

1. 撰写电容器投入门限降低建议

6 月 2 日，撰写电容器投入门限降低建议，上报电力维修大队，审批通过。审批申报表见图 9-9。

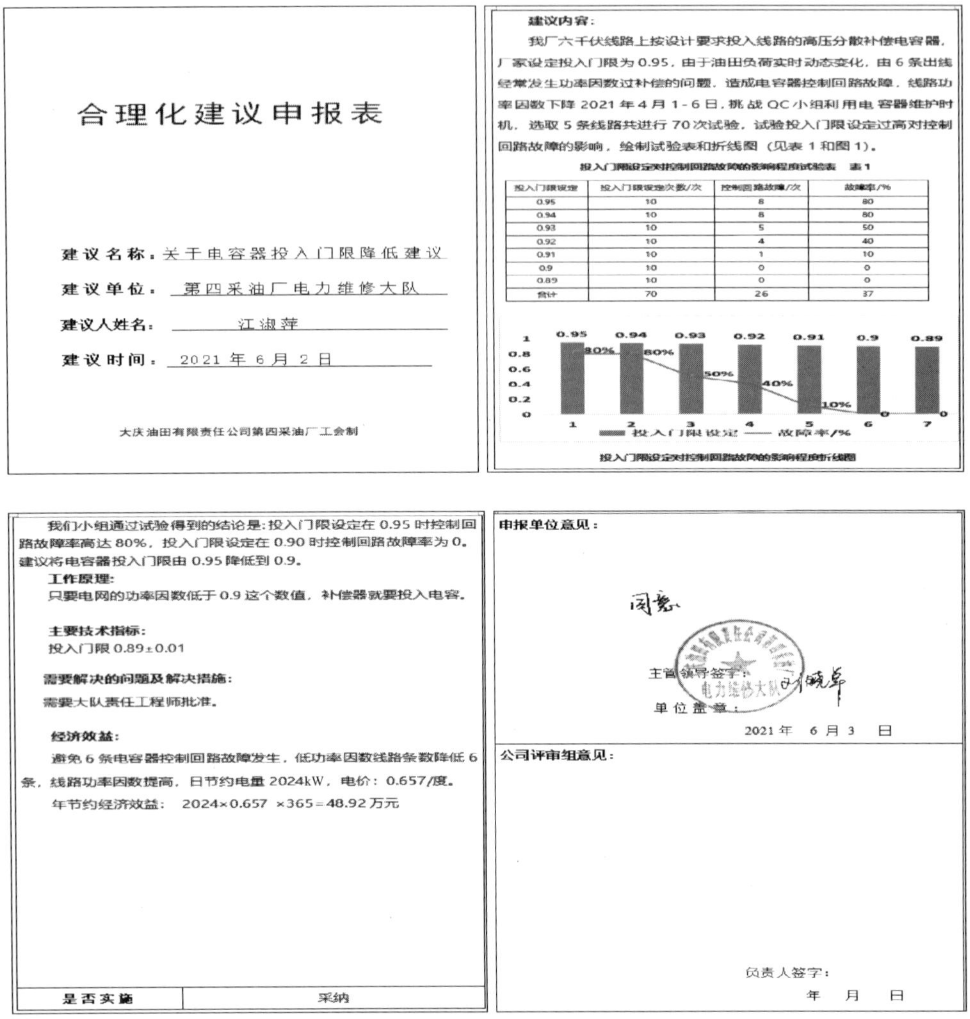

合理化建议申报表

建议名称：关于电容器投入门限降低建议

建议单位：第四采油厂电力维修大队

建议人姓名：江淑萍

建议时间：2021 年 6 月 2 日

大庆油田有限责任公司第四采油厂工会制

建议内容：

我厂六千伏线路上按设计要求投入线路的高压分散补偿电容器，厂家设定投入门限为 0.95，由于油田负荷实时动态变化，由 6 条出线经常发生功率因数过补偿的问题，造成电容器控制回路故障，线路功率因数下降 2021 年 4 月 1-6 日，挑战 QC 小组利用电容器维护时机，选取 5 条线路共进行 70 次试验，试验投入门限设定过高对控制回路故障的影响，绘制试验表和折线图（见表 1 和图 1）。

投入门限设定对控制回路故障的影响程度试验表　表 1

投入门限设定	投入门限设定次数/次	控制回路故障/次	故障率/%
0.95	10	8	80
0.94	10	8	80
0.93	10	5	50
0.92	10	4	40
0.91	10	1	10
0.9	10	0	0
0.89	10	0	0
合计	70	26	37

投入门限设定对控制回路故障的影响程度折线图

我们小组通过试验得到的结论是：投入门限设定在 0.95 时控制回路故障率高达 80%，投入门限设定在 0.90 时控制回路故障率为 0。建议将电容器投入门限由 0.95 降低到 0.9。

工作原理：

只要电网的功率因数低于 0.9 这个数值，补偿器就要投入电容。

主要技术指标：

投入门限 0.89±0.01

需要解决的问题及解决措施：

需要大队责任工程师批准。

经济效益：

避免 6 条电容器控制回路故障发生，低功率因数线路条数降低 6 条，线路功率因数提高，日节约电量 2024kW，电价：0.657/度。

年节约经济效益：　2024×0.657 ×365＝48.92 万元

是否实施	采纳

申报单位意见：

同意

主管领导签字：

单位盖章：

2021 年　6 月 3　日

公司评审组意见：

负责人签字：

年　月　日

图 9-9　电容器投入门限降低申报审批实物图

制图人：江淑萍　制图时间：2021 年 6 月 3 日

2. 结合电容器维护，将投入门限设定为 0.90

6 月 22 日，结合电容器维护，将 6 条线路投入门限设定为 0.90。试验数据统计表见表 9-4。

表 9-4　投入门限设定为 0.90 对控制回路故障的影响程度试验表

试验时间	线路名称	投入门限设定值	投入门限设定次数/次	控制回路故障/次	线路功率因数>1/次	试验人
2021.6.22	杏二十三东二线	0.90	1	0	0	赵志国 胡　军
	杏二十二南二线	0.90	1	0	0	
	杏二十南一线	0.90	1	0	0	
	杏二十一北二线	0.90	1	0	0	
	杏二十南干线	0.90	1	0	0	
	杏九南二线	0.90	1	0	0	
合计			6	0	0	

制表人：孙萱　　制表时间：2021 年 6 月 22 日

由表 9-4 可以看出，6 条线路投入门限设定均为 0.90，控制回路故障为 0 次，目标实现。投入门限设定降低现场修改图见图 9-10。

图 9-10　投入门限设定降低现场修改图

实施四：增加保险管长度

1. 根据瓷质跌落熔断器长度调整新式保险长度

新旧跌落熔断器长度对比图见图 9-11。

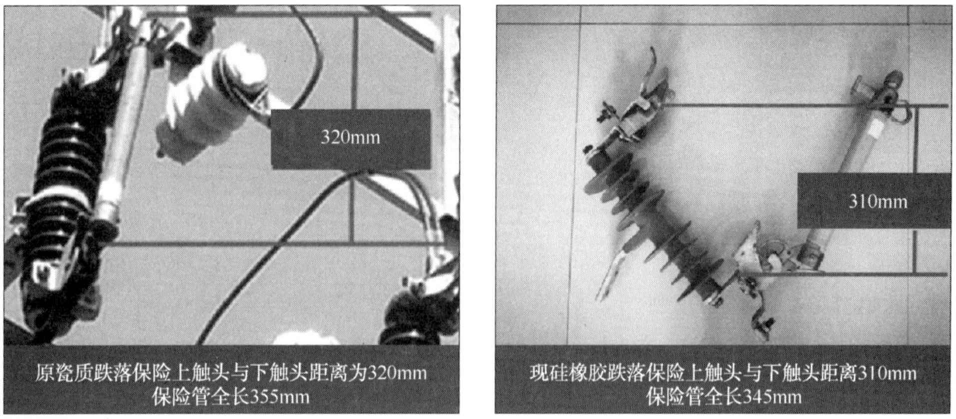

图 9-11　新旧跌落熔断器长度对比图

为了节约维护成本，避免更换整组跌落熔断器，对新保险管长度进行调整，使其满足瓷质跌落熔断器使用。

现保险管比瓷质跌落熔断器配套使用的保险管短 10mm，按瓷质跌落熔断器的尺寸将现保险管底部顶丝拧开，使下触头连接铜管与保险管距离增加 10mm，动静触头接触面>20mm。见图 9-12。

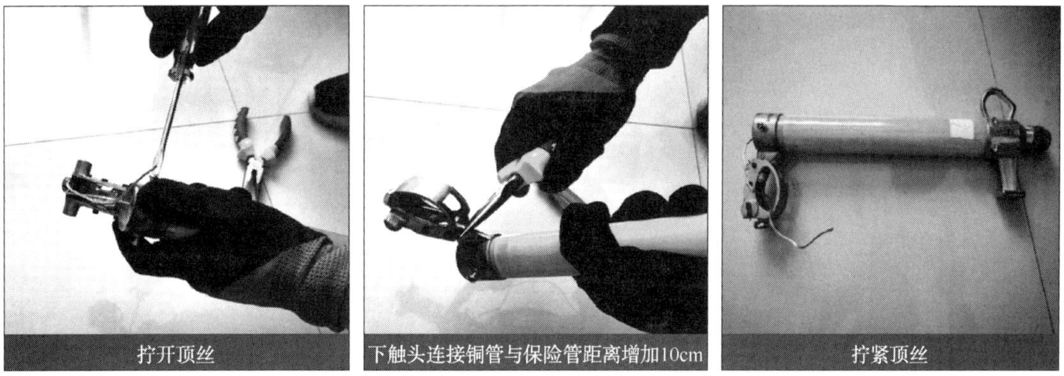

图 9-12　增加下触头连接铜管与保险管距离图

2. 现场安装，并检查新式保险管应用情况

6 月 24~30 日，对 30 只跌落熔断器进行现场安装，使用游标卡尺检查，新式保险管长度均为 320mm，安装后的电容器杆没有发生熔断器故障，目标实现。试验数据统计表见表 9-5。

表 9-5 新式保险管安装统计表

安装时间	线路数量/条	熔断器类型	安装保险管数量/只	保险管长度/mm	熔断器故障/次	试验人
2021.6.24-30	30	瓷质跌落熔断器	30	320	0	节能班全员

制表人：代林旺　　　　制表时间：2021 年 6 月 30 日

十、效果检查

（一）目标完成情况

上述对策实施后，经过 QC 小组成员的集体努力和各部门的协调配合，见到了较好的效果。2021 年 7 月 1 日~12 月 31 日，6kV 线路功率因数低于 0.85 的线路由 53 条降到 9 条，实现了课题目标。效果对比图见图 10-1，2021 年 7~12 月功率因数低于 0.85 的统计数据见表 10-1。

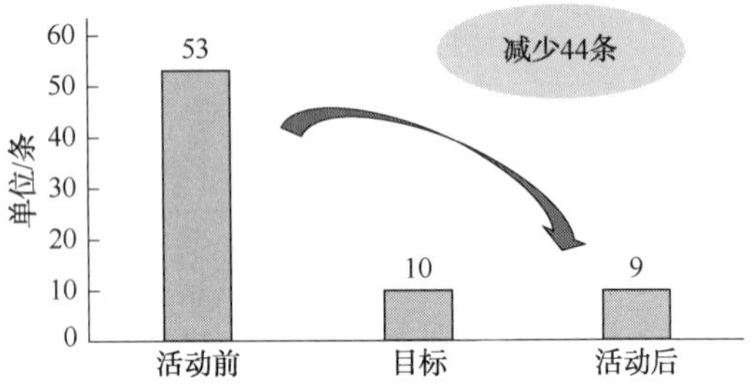

图 10-1 效果对比柱状图

制图人：江淑萍　制图时间：2021 年 12 月

表 10-1 2021 年 7~12 月功率因数低于 0.85 统计表

序号	线路名称	功率因数
1	铁东南干线	0.81
2	九互一线	0.80
3	杏九七联络	0.84
4	十八南二线	0.84
5	杏十南干线	0.82
6	杏七湖二线	0.82
7	杏八二十四联络线	0.80
8	二十二、十联络线	0.77
9	西干线	0.80

制表人：江淑萍　　　　制表时间：2021 年 12 月

（二）症结解决程度

小组对改进后电容器投运不成功进行分类统计，根据统计表（表 10-2）做饼分图 10-2，由图中可以看出，熔断器故障和控制回路故障已由活动前的 90%下降到 16.7%，熔断器故障降为 0 次，症结问题得到了有效解决。

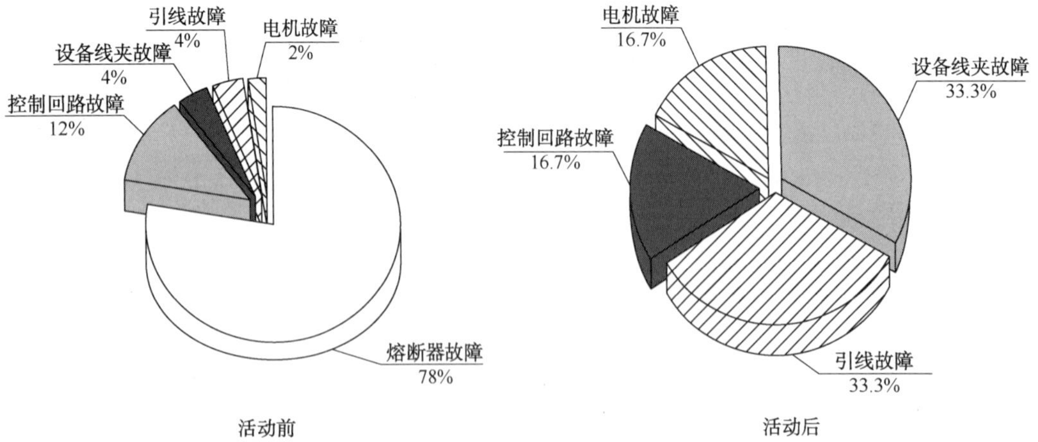

图 10-2 电容器投运不成功活动前后对比饼分图

制图人：江淑萍　制图时间：2021 年 12 月

表 10-2　症结问题效果对比统计表

活动前(2020 年 7 月 1 日~12 月 31 日)					活动后(2021 年 7 月 1 日~12 月 31 日)				
序号	项目	频数/条	百分数/%	累计百分比/%	序号	项目	频数/条	百分数/%	累计百分比/%
1	熔断器故障	39	78	78	1	设备线夹故障	2	33.3	33.3
2	控制回路故障	6	12	90	2	引线故障	2	33.3	66.6
3	设备线夹故障	2	4	94	3	控制回路故障	1	16.7	83.3
4	引线故障	2	4	98	4	电机故障	1	16.7	100
5	电机故障	1	2	100	5	熔断器故障	0		
合计		50			合计		6		

制表人：江淑萍　　　　制表时间：2021 年 12 月

（三）经济效益

2021 年 7~12 月节约 30 组瓷质跌落熔断器整体更换，每套 500 元，每次 1 辆车，台班 760 元；减少因电容器放电不充分，导致熔断器熔断 36 次，熔断器保险每套 50 元。

节约材料费用 30×500+36×50=16800(元)；

节约台班：760×36=27360(元)。

2021 年 7~12 月共计 184 天，因低功率因数线路条数降低，线路功率因数提高，日节约电量 22000kW·h，电价：0.657/kW·h。

节约电费用 14454×184=2659536(元)；

成本：更换新式保险管 30 个×35 元=1050(元)；

减少经济损失：16800+27360+2659536-1050=270.26(万元)(经济效益证明见成果现场验收报告图 10-3)。

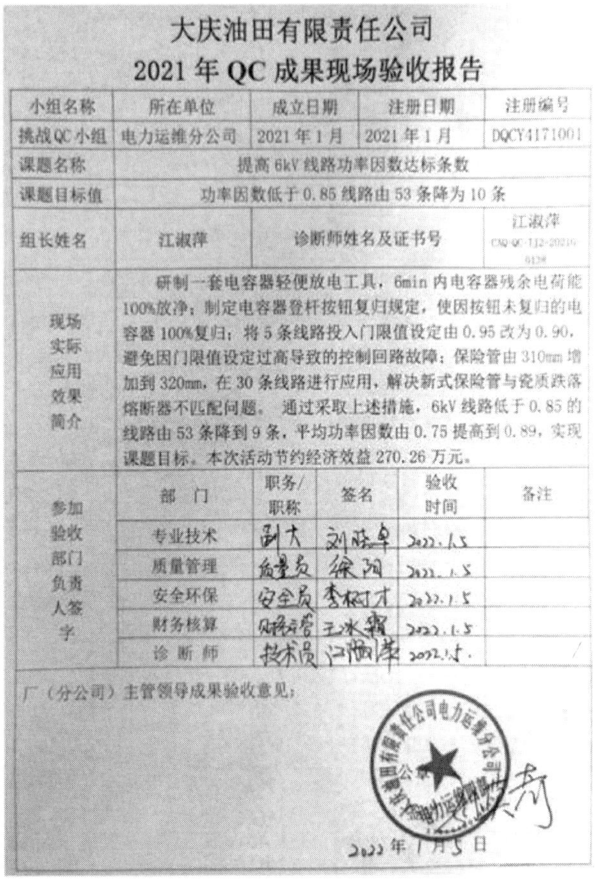

大庆油田有限责任公司

2021 年 QC 成果现场验收报告

小组名称	所在单位	成立日期	注册日期	注册编号
挑战 QC 小组	电力运维分公司	2021 年 1 月	2021 年 1 月	DQCY4171001
课题名称	提高 6kV 线路功率因数达标条数			
课题目标值	功率因数低于 0.85 线路由 53 条降为 10 条			
组长姓名	江淑萍	诊断师姓名及证书号		江淑萍 CXQ-QC-TJ2-2021[illegible]
现场实际应用效果简介	研制一套电容器轻便放电工具，6min 内电容器残余电荷能 100%放净；制定电容器登杆按钮复归规定，使因按钮未复归的电容器 100%复归；将 5 条线路投入门限值设定由 0.95 改为 0.90，避免因门限值设定过高导致的控制回路故障；保险管由 310mm 增加到 320mm，在 30 条线路进行应用，解决新式保险管与瓷质跌落熔断器不匹配问题。通过采取上述措施，6kV 线路低于 0.85 的线路由 53 条降到 9 条，平均功率因数由 0.75 提高到 0.89，实现课题目标。本次活动节约经济效益 270.26 万元。			

参加验收部门负责人签字	部门	职务/职称	签名	验收时间	备注
	专业技术	副大	刘晓卓	2022.1.5	
	质量管理	质量员	徐阳	2022.1.5	
	安全环保	安全员	李树才	2022.1.5	
	财务核算	财务主管	王冰	2022.1.5	
	诊断师	技术员	江淑萍	2022.1.5.	

厂（分公司）主管领导成果验收意见：

2022 年 1 月 5 日

图 10-3　成果现场验收报告图

（四）社会效益

6kV 线路功率因数低于 0.85 的条数降低，减少线路损耗，增加电气设备的出力，避免电气设备击穿，延长设备使用寿命。轻便放电工具的应用，降低检修人员的劳动强度。

十一、制定巩固措施

为了固化成果，防止问题的再发生，小组根据实施对策的有效措施，经与有关部门协商制定如下措施，完善了作业指导书，通过审批后纳入相关文件，见表 11-1。

表 11-1　项目巩固形式及标准表

序号	项目	巩固形式	标准类型	标准编号	对应条款和内容
1	保险管长度调整	保险管长度调整纳入第四采油厂电力维修大队《电容器检修作业指导书》	操作文件	CY4MD/DL-05	第 7.3.3 条：按瓷质跌落熔断器的尺寸将现保险管底部顶丝拧开，使下触头连接铜管与保险管距离增加 10cm，动静触头接触面>20mm
2	登杆复归按钮	登杆复归按钮纳入第四采油厂电力维修大队《电容器检修作业指导书》	操作文件	CY4MD/DL-05	第 7.4.2 条：退出运行的电容器，需要登杆复归按钮
3	投入门限值设定降低	投入门限值设定降低纳入第四采油厂电力维修大队《电容器检修作业指导书》	操作文件	CY4MD/DL-05	第 7.5.1 条：投入门限值设定为 0.90
4	电容器轻便放电工具图纸	图纸(电子版)存入第四采油厂电力维修大队质量管理员室，进行归档	记录	无	无

制表人：曲宏涛　　　　制表时间：2021 年 12 月

十二、总结和下一步打算

（一）总结

此次活动小结见表 12-1。

表 12-1　挑战 QC 小组活动小结

分类	亮点	不足之处
小组专业技术方面	1. 小组具有主动解决问题的思路与理念，以现场存在急需解决的实际问题为导向，进行质量改进，在专业技术上有突破。根据上级要求，选择了本次课题“提高 6kV 线路功率因数达标条数”。 本次课题以提高 6kV 线路功率因数达标条数、提高工作效率、提高供电可靠性为目的，通过调查研究并运用调查表、饼分图等方法，对数据进行整理、分类、统计。 小组成功设计并研制出了一套电容器轻便放电工具，重量由 3kg 减少到 1kg，鸭嘴式卡簧导电头，套在电容器接线柱上即可，操作人员不需要手持放电工具持续放电，6min 内电容器残余电荷能 100%放净；制定电容器登杆按钮复归规定，使因按钮未复归的电容器 100%复归；将 5 条线路投入门限值设定由 0.95 改为 0.90，避免因门限值设定过高导致的控制回路故障；保险管由 310mm 增加到 320mm，在 30 条线路进行应用，解决新式保险管与瓷质跌落熔断器不匹配问题。最后，小组通过完善作业指导书、图纸归档来巩固此次小组 QC 活动	1. 选题面不够广； 2. 技术创新有待加强
	2. 小组在活动过程中以事实为依据，用数据说话。在对策实施上小组对于逻辑性分析有了很大的提升，小组可将项目进行逐项细致分析，使课题结果更具可信度与可行性。通过严密科学的活动程序，学习了解熟悉了 PDCA 质量改进的方法和技能	小组在试验分析上使用的方法比较单一
	3. 课题技术具有科学性和实用性。小组将课题成果编写为论文，为系统内兄弟单位提供了参考	未扩充论文成果
	4. 应用范围广。设计的“电容器轻便放电工具”，保险管由 310mm 增加到 320mm，易复制、易推广至整个电力系统电容器检修使用，确保人身、设备安全	目前成果仅在四厂 6kV 线路使用，需要推广至运维分公司

续表

<table>
<tr><th>分类</th><th>亮点</th><th>不足之处</th></tr>
<tr><td>管理技术提升</td><td>小组管理上具有过程管控特色。
通过本次 QC 活动，提升了小组的管理技术，从选题注册、活动开展、成果总结、材料评审各环节，小组严格按照 T/CAQ 10201—2020 新版质量管理小组活动准则开展。活动中，小组成员明确了每个人的职责，在项目中分工合理，相互之间的配合更加默契，团队精神大幅提高，管理技术得到提升
<table>
<tr><th>活动内容</th><th>优点</th><th>运用工具</th></tr>
<tr><td>课题选择</td><td>课题紧密结合生产实际急需解决的问题</td><td>统计表、柱状图</td></tr>
<tr><td>设定目标</td><td>目标值围绕上级下达指标开展</td><td>柱状图</td></tr>
<tr><td>目标可行性论证</td><td>技术水平方面有借鉴 2020 年开展的活动，根据借鉴与计算进行可行性论证</td><td>统计表、饼分图</td></tr>
<tr><td>原因分析</td><td>开展头脑风暴，集思广益，深度剖析现场，分析所有可能原因</td><td>关联图</td></tr>
<tr><td>确定主要原因</td><td>通过试验、调查统计，用数据说话，要因确认能够通过对症结问题影响大小来判断</td><td>统计表、组合图</td></tr>
<tr><td>制定对策</td><td>针对放电工具重研制了轻便放电工具</td><td>统计表</td></tr>
<tr><td>对策实施</td><td>逐条实施并检查实施效果，数据充分</td><td>调查表</td></tr>
<tr><td>效果检查</td><td>通过对课题效果、经济效果、社会效果、症结解决程度等方面进行检查</td><td>调查表、饼分图、柱状图等</td></tr>
<tr><td>制定巩固措施</td><td>对实施证明有效的措施进行逐项巩固</td><td>统计表</td></tr>
</table></td><td>QC 工具应用少</td></tr>
<tr><td>小组成员素质提升</td><td>通过本次 QC 活动，小组成员创新能力、应用质量工具分析问题、解决问题能力得到提升，各方面技能、技术得到了全面的发展。
不仅如此，小组成员在专业技能、职称晋升上都得到了大幅的提升
<table>
<tr><th>小组成员</th><th>活动前</th><th>活动后</th></tr>
<tr><td>江淑萍</td><td>工程师，国家级 QC 初级诊断师</td><td>工程师，国家级中级 QC 活动推进者</td></tr>
<tr><td>胡胜杰</td><td>高级技师</td><td>首席技师</td></tr>
</table>

</td><td>需进一步对新准则进行理解，进一步提高创新能力</td></tr>
</table>

制表人：孙萱　　　　制表时间：2021 年 12 月

（二）下一步打算

工作中我们发现，6kV 线路集中补偿电容器在线绝缘测试需要登杆作业，杆上作业安全性低，员工易疲劳，为此，2022 年小组将以《杆下在线绝缘测试装置的研制》为课题，展开新一轮的 PDCA 循环。

成果点评

《提高6kV线路功率因数达标条数》是挑战QC小组2021年的问题解决型指令性目标课题成果，该成果按照问题解决型指令性目标课题程序紧密结合生产实际急需解决的问题出发，针对6kV线路功率因数条数不达标开展小组活动，对按电容器投运不成功数据和信息进行分层整理和分析，以事实和数据为依据找到症结问题——熔断器故障和控制回路故障，并通过正确适宜地运用饼分图、柱状图、关联图等统计方法解决了问题，实现小组活动课题目标，在取得了社会效益的同时也获得了可观的经济效益。小组活动过程符合T/CAQ 10201—2020《质量管理小组活动准则》要求。

本QC小组成果存在以下方面的不足，希望以后持续改进：

（1）在制定对策环节中，对策表要因一随身地线重应提出多种对策，用客观的方法进行对策的评价和选择，并在对策表前进行对策评价和选择使用轻便放电工具；

（2）在对策实施过程中，实施一使用轻便放电工具，在根据电容器尺寸设计轻便放电工具实施过程中，只有电容器轻便放电工具示意图和鸭嘴导电头焊接螺杆示意图两张图，设计轻便放电工具实施过程缺少文字与示意图相融合相关设计内容。

抽油机登高维护操作安全带悬挂装置的研制

绿色油田 QC 小组

（大庆油田有限责任公司第八采油厂）

一、小组概况

统计表见表 1-1。

表 1-1　小组概况统计表

小组简介						
小组名称	绿色油田 QC 小组			注册编号	CY8-2021QC-08	
课题名称	抽油机登高维护操作安全带悬挂装置的研制			成立时间	2021 年 1 月	
课题类型	创新型			活动时间	2021 年 1~12 月	
小组人数(≤10 人)	10 人			当年活动次数	17 次	
小组成员情况						
序号	姓名	年龄	文化程度	岗位/职称	组内分工	备注
1	于海山	37	硕士研究生	高级工程师	组长	国际 TRIZ 3 级专家 国家创新工程师二级
2	杨文敏	35	硕士研究生	工程师	组员	
3	史向明	43	大专	公司专家	组员	国家创新工程师二级
4	刘　勇	46	技校	技师	组员	达索认证机械工程师 国家创新工程师二级
5	刘　柳	30	大学	助理工程师	组员	
6	杨海波	42	大学	工程师	组员	
7	张　建	42	大学	工程师	组员	
8	庞心强	38	大学	工程师	组员	
9	王志贤	46	大学	高级工程师	组员	国际 TRIZ 2 级专家 国家创新工程师二级
10	王智文	32	大学	工程师	组员	

制表人：刘柳　　　　制表时间：2021 年 1 月 5 日

二、选择课题

（一）需求的提出

在石油行业调整抽油机平衡、冲程，更换抽油机曲柄销，更换驴头毛辫子等操作，都需要操作人员在减速箱上进行，全厂年工作量达 3169 井次(表 2-1)。由于减速箱顶部操作面高度距离地面 2.5~3.0m，操作属于登高操作，行业标准——《游梁式抽油机井操作、保养、维护、修理规程》中明确要求：在抽油机上操作时，超过 2m 要系安全带。因此，对上述操作提出一个潜在需求：抽油机登高操作需要安全带悬挂装置。

表 2-1　2020 年 1~12 月全厂登高操作情况统计表

序号	操作项目	井次/次	问 题 描 述
1	调冲程	1018	安全带悬挂在拴在四连杆横梁的绳子上，存在的不稳定、限制移动、影响操作的问题
2	更换曲柄销	71	安全带悬挂在拴在四连杆横梁的绳子上，存在的不稳定、限制移动、影响操作的问题
3	调平衡	1377	安全带悬挂在拴在四连杆横梁，另一侧平衡块和三脚架平台扶手的绳子等部位上，存在的不稳定、限制移动、影响操作的问题
4	更换毛辫子	703	安全带悬挂在拴在游梁的绳子上，存在的不稳定、限制移动、影响操作的问题
合计		3169	存在的不稳定、限制移动、影响操作的问题

制表人：王智文　　　　　　　　　　　　　　　　　　　　　　　　　　　　制表时间：2021. 1. 6

目前，受抽油机类型、型号及结构影响，抽油机上没有设置安全带悬挂点，抽油机井日常维护、保养、修理操作为保证操作人员安全，通常将绳子拴在抽油机四连杆结构的横梁、平衡块、游梁等抽油机活动部位上，利用绳子提供安全带悬挂点(图 2-1)，移动范围受安全绳长度限制，可活动范围在 1. 2m 左右。

图 2-1　调平衡操作安全带悬挂在绳子上现场照片

制图人：于海山　制表时间：2020 年 8 月 6 日

并且这样的操作由于机型不同操作十分不方便且不稳定。针对这个问题，一矿大班班组试验了一个简易的操作平台，安全带拴在平台上，仍然只能应用绳子充当安全带悬挂，并且平台的加工成本 680 元，运输费用每次 400 元，不仅增加了劳动强度而且没有解决安全带悬挂的实质性问题，另外简易平台的稳定性也存在安全隐患，厂质量安全环保部禁止其应用。

通过对采油队大班班组的调查，目前现场利用绳子提供安全带悬挂的顾客满意度仅有 32. 4%(表 2-2)，36 个班组均提出迫切需要一个有稳定悬挂点的安全带悬挂装置的需求。

表 2-2　利用绳子提供安全带悬挂的满意度调查评价统计表

序号	评价项目	班组数量/个	评价		存在问题	满意度/%
			满足需求	不满足需求		
1	稳定性	36	0	36	大机型要用较长的绳子，绳子晃动幅度大，悬挂点不固定	0
2	承重能力	36	30	6	粗绳子打结不牢固	83. 3
3	范围可调	36	13	23	只能垂直抽油机驴头方向左右移动，调平衡时悬挂点在斜上方操作不便	36. 1

续表

序号	评价项目	班组数量/个	评价		存在问题	满意度/%
			满足需求	不满足需求		
4	高度可调	36	20	16	悬挂四连杆横梁高度随抽油机而定，小机型会影响操作	55.6
5	安装问题	36	17	19	安装简单，但是需要绳子长度不固定	47.2
6	安全性	36	0	36	不符合操作规程要求的安全带悬挂点性能要求	0
合计		216	70	146	不稳定、限制移动、影响操作	32.4

制表人：庞心强　　制表时间：2021 年 1 月 6 日

因此，小组成员针对现场操作及顾客需求分析得出，需要适用于抽油机登高操作的安全带悬挂装置来满足固定位置不能是抽油机活动部位，悬挂部位要可移动来保障活动范围的需求。并且，通过顾客满意度调查对需求进行分解，得出理想的安全带悬挂装置应满足位置、高度、范围、承重等四个方面的具体条件要求。

1. 具体条件一：悬挂位置在操作人员上方且限制挂钩移动。安全带悬挂点的位置应该在操作人员的上方，发生滑倒等意外事件时，不会带动操作人员横向移动，避免撞伤等安全事故的发生。这就要求悬挂点本身也不能有较大的移动，悬挂点应限制挂钩活动距离在 1cm 范围内，基本上悬挂点的位置是固定的。

2. 具体条件二：悬挂的高度根据操作人员身高可调。安全带悬挂点的高度应该根据操作人员的身高情况自行调整，使其保持在头顶上方 30cm 的范围内，便于在手臂向上伸展范围内快速悬挂、拆卸安全带挂钩。按操作人员身高 170cm 左右计算，安全带悬挂点的位置应在距离地面 4.5~5m 的高度。

3. 具体条件三：悬挂位置的范围可调。调整抽油机平衡、冲程，更换抽油机曲柄销，更换驴头毛辫子等操作，需要在减速箱及曲柄上 1~2m^2 的范围内进行(表 2-3)，算上安全绳的长度，安全带悬挂点的位置至少应在沿抽油机驴头方向可调整 0.8m 的范围，即活动范围达到 2.0m，大于当前 1.2m 的活动范围方可保证操作人员活动范围的需要。

表 2-3　抽油机登高操作活动范围情况统计表

序号	操作项目	活动位置	活动范围/m^2	悬挂点要求
1	调冲程	减速箱	1.3	根据操作人员站位，悬挂点靠近两侧曲柄的位置最佳，也可在减速箱中间
2	更换曲柄销	减速箱	1.3	根据操作人员站位，悬挂点靠近两侧曲柄的位置最佳，也可在减速箱中间
3	调平衡	减速箱及曲柄	2.0	根据操作人员站位及活动范围需要，应在靠近两侧曲柄位置
4	更换毛辫子	减速箱	1.0	根据操作人员站位及活动范围需要，应在靠近两侧曲柄位置

制表人：王智文　　制表时间：2021 年 1 月 6 日

4. 具体条件四：悬挂装置承重至少 1 人。调整抽油机平衡、冲程，更换抽油机曲柄销等操作，一般需要 1~2 人在减速箱上操作，安全带悬挂的承重至少满足 1 人的要求。操作人员体重通常在 70~100kg，为充分保障操作人员安全，安全带悬挂装置至少在一端承重 100kg 的情况下不发生塑性变形及断裂。

(二) 广泛借鉴

通过安全带悬挂、系安全带两个关键词在中国知网与国家知识产权局检索相关文献及专利，共检索到相关文献 6 篇、相关专利 14 篇(表 2-4)，相关技术均无法直接用于解决现有问题。

表 2-4 检索到的相关文献及专利情况表

检索网站	序号	论文或专利名称
中国知网	1	电力施工安全带悬挂器检测报警装置研制
	2	变电站构架钢梁安全带悬挂装置的设想
	3	钢架施工安全带悬挂装置
	4	变压器便携可拆装式防坠落安全带悬挂装置的研究与应用
	5	一种系安全带专用支架的研制
	6	35kV 构架式设备安全带专用挂架的研制
国家知识产权局	1	CN113244545A 一种安全带悬挂装置
	2	CN113144457A 一种变压器使用安全带高挂低用悬挂固定装置
	3	CN112587824A 一种安全带悬挂用夹具机构
	4	CN213837677U 一种工字型钢梁安全带悬挂装置
	5	CN213626767U 安全带悬挂装置
	6	CN213192212U 一种用于安全带悬挂器的固定装置
	7	CN211751935U 便捷式登高作业安全带吊挂器
	8	CN211724438U 一种可伸缩式安全带悬挂装置
	9	CN211383543U 一种移动式安全带悬挂装置
	10	CN110604878A 一种适用于多型号架构的安全带悬挂器
	11	CN211357508U 一种攀爬用安全带悬挂保护系统
	12	CN110279952A 安全带悬挂装置
	13	CN207253594U 一种安全带辅助挂具
	14	CN212854384U 一种发电厂电气检修安全带悬挂装置

制表人：杨文敏　　　　制表时间：2020 年 1 月 11 日

但是，通过详细分析，在检索到的 20 篇文献、专利中，有可以借鉴的问题解决方式，具体可借鉴内容如下：

1. 借鉴专利“一种适用于多型号架构的安全带悬挂器”固定在三脚架上的方式，且固定位置可调整。

该专利产品应用于电力维修中变压器平台等位置的安全带悬挂，其固定方式可以用于三角钢的固定(图 2-2)，固定点可以根据需要调整，并且挂环可以限制安全带挂钩移动，稳定在一个点上。受抽油机类型、型号及结构影响，在抽油机上无法设置安全带悬挂点实现各机型、型号通用。但是，各种机型、型号的抽油机三脚架使用的三角钢厚度都是 1cm，是共有特征，其高度达到 4.5～5m，以满足安全带悬挂点高度要求。因此，可以借鉴“一种适用于多型号架构的安全带悬挂器”固定在三角钢上的形式，通过变化可用于解决位置、高度要求。

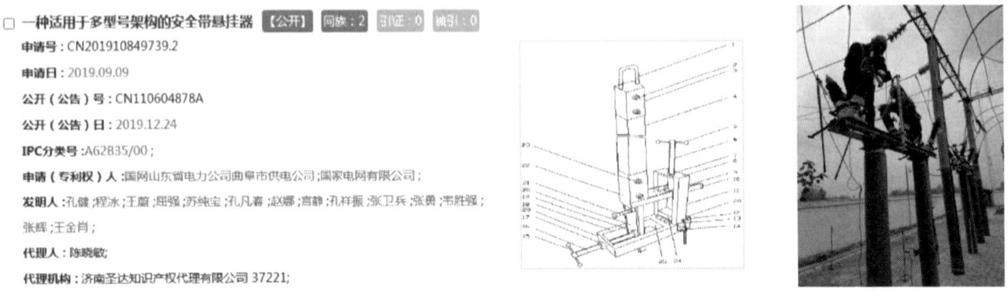

图 2-2 一种适用于多型号架构的安全带悬挂器专利及实物应用

制图人：杨文敏　制图时间：2021 年 1 月 11 日

2. 借鉴专利“一种攀爬用安全带悬挂保护系统”的安全带悬挂可在一定范围内调整。

该专利产品应用于攀爬等娱乐设施的安全带悬挂，悬挂点在一定范围内可动，可以用于悬挂点的调整(图 2-3)，安全带悬挂装置在 200kg 的情况下不发生塑性变形及断裂，其强度满足人员承重的要求，可用于解决位置、范围、承重要求。

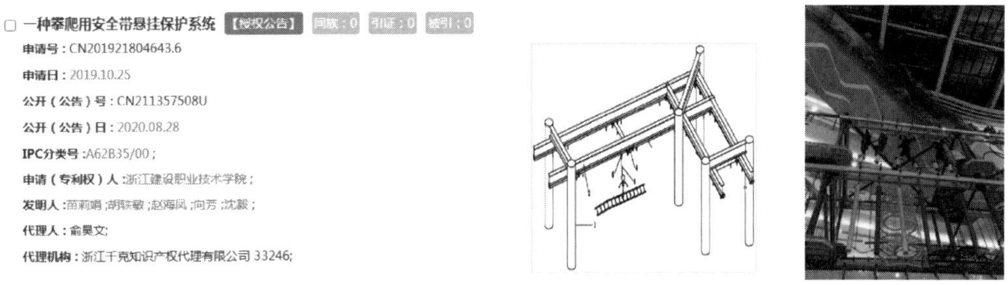

图 2-3　一种攀爬用安全带悬挂保护系统专利及实物应用

制图人：杨文敏　制图时间：2021 年 1 月 11 日

3. 借鉴 TRIZ 理论中的物理矛盾工具，解决位置固定与范围可调之间的矛盾。

提出利用三脚架固定安全带悬挂装置的创新思路，并结合四个具体要求分析通过杆式结构在操作人员上方提供安全带悬挂点。总体的思路确定后，需要解决位置固定与范围可调之间的矛盾。这个矛盾呈现出 TRIZ 理论中物理矛盾问题：安全带悬挂装置悬挂点既应该是固定的，以满足稳定的要求；同时又应该是可调的，以满足在一定范围内调整的要求。可以应用物理矛盾解决算法，通过空间分离，应用分割原理，形成一体且多个悬挂点来解决问题。

（三）课题选定

1. 借鉴项目的特点

“一种适用于多型号架构的安全带悬挂器”可固定在三角钢上，锁定位置根据操作人员的位置设定。悬挂器采用的是立杆形式，悬挂点在装置的尾端，发生事故时受力在纵向上分布。

“一种攀爬用安全带悬挂保护系统”可使悬挂点在一定范围内可以调整，方便操作人员位置的变化，并且该保护系统支持稳定，可承受较大的冲击力。

2. 本项目的不同点

本项目操作人员位置在抽油机的减速箱上，与三脚架之间有 1.6~1.8m 的距离，需要在减速箱上完成装置在三脚架上的锁定及安全带的悬挂；采用悬臂的方式需要通过材料的选择来克服强度的问题。目前，市场上无满足要求的设备与装置，必须开展自主创新。

3. 确定课题

通过上述分析及广泛借鉴，小组成员认为适用于抽油机登高操作的安全带悬挂装置这个迫切需求可以得到解决。为此，小组将此次活动课题确定为“抽油机登高维护操作安全带悬挂装置的研制”。

三、设定目标及目标可行性论证

1. 设定目标

通过相关方需求进行调研、分析，小组成员决定研制抽油机登高维护操作安全带悬挂装置，解决用绳子提供安全带悬挂存在的不稳定、限制移动影响操作的问题，为操作人员提供安全带悬挂点，设定课题目标为安全带悬挂装置能够保障操作人员活动范围从 1.2m 提升至 2.0m(图 3-1)。

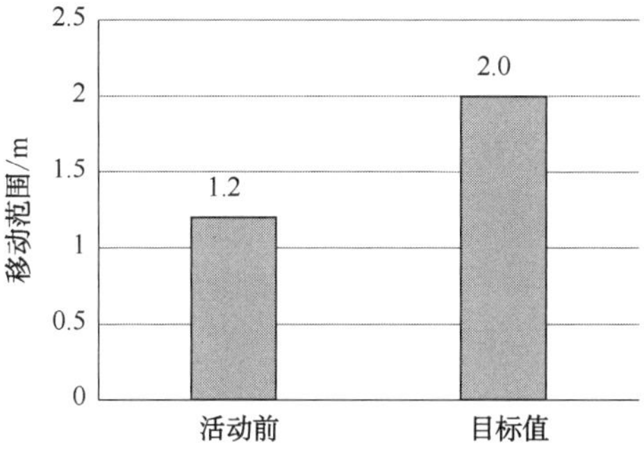

图 3-1　小组活动目标设定图

制图人：刘柳　制图时间：2021 年 1 月 16 日

2. 目标可行性论证

小组以顾客需求分解与广泛借鉴为判断依据，从满足需求进而达到顾客满意度目标进行了可行性论证(如表 3-1 所示)。

表 3-1 可行性论证表

<table>
<tr><td>要素</td><td colspan="4">借鉴及论证内容</td></tr>
<tr><td rowspan="6">技术论证</td><td colspan="2">需求分解</td><td>具体指标要求</td><td>广泛借鉴论证</td></tr>
<tr><td colspan="2">悬挂位置在操作人员上方且限制挂钩移动</td><td>限制挂钩活动距离在 1cm 范围</td><td>借鉴专利“一种适用于多型号架构的安全带悬挂器”，尾端圆环可限制挂钩活动距离在 1cm 范围</td></tr>
<tr><td colspan="2">悬挂的高度根据操作人员身高可调</td><td>保持在头顶上方 30cm 的范围内</td><td>借鉴专利“一种适用于多型号架构的安全带悬挂器”，固定在三角钢上，由于各种机型、型号的抽油机三脚架使用的三角钢厚度都是 1cm，其高度达到 4.5~5m，高度可调整，能满足保持在头顶上方 30cm 的范围内安全带悬挂点高度要求</td></tr>
<tr><td colspan="2">悬挂位置的范围可调</td><td>安全带悬挂点的位置至少在沿抽油机驴头方向 0.5~0.8m 范围内可调</td><td>借鉴专利“一种攀爬用安全带悬挂保护系统”的安全带悬挂可在一定范围内调整，安全带挂钩可在活动范围内调整，可以保证安全带悬挂点的位置至少在沿抽油机驴头方向 0.5~0.8m 范围内可调，活动范围可增加至 2.0m</td></tr>
<tr><td colspan="2">悬挂装置承重至少 1 人</td><td>安全带悬挂装置至少在一端承重 100kg 的情况下不发生塑性变形及断裂</td><td>借鉴专利“一种适用于多型号架构的安全带悬挂器”“一种攀爬用安全带悬挂保护系统”都是已应用产品，均可为 1 人提供安全带悬挂，可保证安全带悬挂装置至少在一端承重 200kg 的情况下不发生塑性变形及断裂</td></tr>
<tr><td>技术小结</td><td colspan="3">小组成员从借鉴的相关专利“一种适用于多型号架构的安全带悬挂器”和“一种攀爬用安全带悬挂保护系统”中找到了研发装置在三角钢上固定与悬挂点移动方式上均有较为成熟的现有技术可以借鉴，由于三角钢有两个垂直的边，且三脚架成锥体结构，能够提供向上的支撑力，可以利用两个边固定，达到锁定的目的。另外，小组成员借鉴了创新方法中的 TRIZ 理论，解决了安全带悬挂装置悬挂点既应该是固定的，又应该在一定范围内可调的矛盾问题。因此，装置研发的四个具体要求都能够得到解决，能够提供顾客满意的技术需求</td></tr>
<tr><td>能力论证</td><td colspan="4">小组成员由高级工程师、工程师、助理工程师、技能专家、技师构成，成员中有国际 TRIZ 专家、国家创新工程师、美国 SolidWorks 公司机械设计 CSWP 级认证工程师，具有丰富的现场经验、较强的创新能力和扎实的设计能力</td></tr>
<tr><td>保障论证</td><td colspan="4">小组成员每个人都有专用电脑，配置专业软件、打印机等软、硬件，可以进行学习调研、设计研究等工作。工艺研究所为技术创新每年提供 5 万元机加费用，且与东大石油机械有限公司一直保持着机加合作关系，可以及时加工装置。所有资源保障条件到位，为产品设计、加工提供了良好的设备环境和资金支持</td></tr>
<tr><td>结论</td><td colspan="4">通过以上可行性分析论证，可以研制出满足顾客需求的抽油机登高维护操作安全带悬挂装置，能够保障操作人员活动范围从 1.2m 提升至 2.0m 的目标是可以实现的。确定结论为：目标可行</td></tr>
</table>

制表人：于海山　　　　制表时间：2021 年 1 月 16 日

四、提出方案并确定最佳方案

(一) 提出方案

小组成员根据课题需求、创新思路以及对查新借鉴的内容进行了结构分析，抽油机登高维护操作安全带悬挂装置需要包括锁定机构、悬臂、悬挂机构三个模块部分(如表 4-1、图 4-1 所示)。

(二) 确定最佳方案

1. 一级方案确定

依据前期借鉴特性值与抽油机登高维护操作安全带悬挂装置各模块自身关键要求对装置相关技术参数确定，如表 4-2 所示。

表 4-1　总体方案模块借鉴情况表

模块	锁定机构	悬臂	悬挂机构
借鉴专利	一种适用于多型号架构的安全带悬挂器		一种攀爬用安全带悬挂保护系统
借鉴内容			

制表人：刘柳　　　　制表时间：2021 年 1 月 18 日

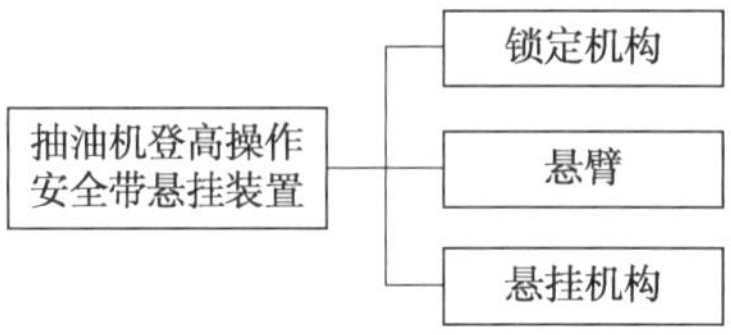

图 4-1　总体方案模块分解树图

制图人：刘柳　制图时间：2021. 1. 18

表 4-2　抽油机登高维护操作安全带悬挂装置方案模型构建表

序号	模块	借鉴专利	借鉴内容	模型构建思路
1	锁定机构	一种适用于多型号架构的安全带悬挂器	 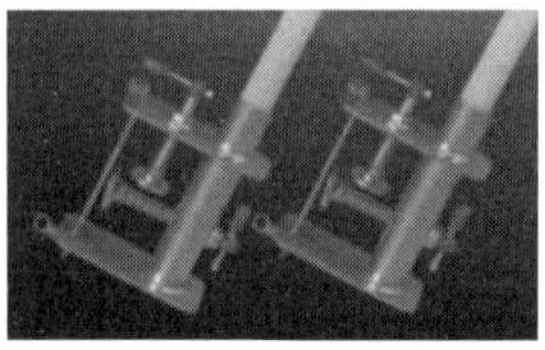	(1)采用机械螺丝调整方式，在三角钢外侧进行锁定，在三角钢长度内可调，头顶大于 30cm 可调范围； (2)采用挂钩与锁定板结合的方式，先用挂钩挂在一侧三角钢上，再通过下压安全杆的方式使锁定板锁定，头顶大于 30cm 可调范围； (3)采用挂钩与锁定板结合的方式，先用挂钩挂在一侧三角钢上，再通过旋转安全杆通过连接件带动锁定板锁定，头顶大于 30cm 可调范围； (4)采用挂钩与锁定板结合的方式，先用挂钩挂在一侧三角钢上，再通过旋转安全杆的方式直接带动锁定板锁定，头顶大于 30cm 可调范围
2	悬臂			(1)利用直杆圆管的方式，承重 1 人； (2)利用直杆方管的方式，承重 1 人； (3)采用直杆嵌套伸缩圆管的方式，便于长度调节和安装，承重 1 人，长度范围在 1. 0~1. 8m 内调整； (4)采用直杆嵌套伸缩方管的方式，便于长度调节和安装，承重 1 人，长度范围在 1. 0~1. 8m 内调整
3	悬挂机构	一种攀爬用安全带悬挂保护系统		(1)设置悬挂环，精细控制移动距离 1cm； (2)采用多孔悬挂板的方式，精细控制移动距离 1cm，移动范围在 0. 8m 内，满足移动与限位要求； (3)采用多凹槽悬挂板的方式，精细控制移动距离 1cm，移动范围在 0. 8m 内，满足移动与限位要求； (4)采用滑道的方式，悬挂点可移动 1m，满足移动要求

制表人：史向明　　　　制表时间：2020 年 1 月 18 日

依据关键技术参数，小组成员展开讨论，最后选择各模块的一级分解方案，如图 4-2 所示。

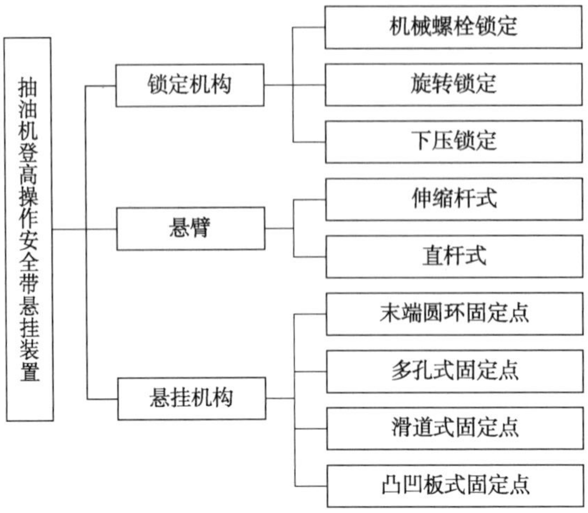

图 4-2　一级方案细化分解树图

制图人：刘柳　制图时间：2021 年 1 月 18 日

2. 一级方案评价

（1）锁定机构的选择

锁定机构设计了机械螺栓锁定、旋转锁定、下压锁定三种方案，对三种方案的选择见表 4-3。

表 4-3　固定端的选择

选择依据	固定端能固定在抽油机三脚架上，稳定、牢固，固定及拆解操作简单、方便					
备选方案	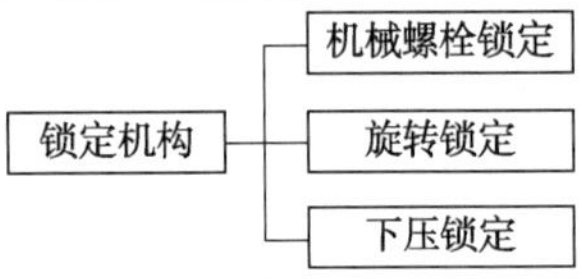	选择最佳方案条件	1. 操作简单，1 人 1min 内完成拆装，锁定点可选择；2. 锁定方便，垂直移动为 0cm		选择方式	模拟试验
方案	结构模型	操作时间/s	操作人数/人	垂直移动/cm	综合分析	选择结果
方案一 机械螺栓锁定	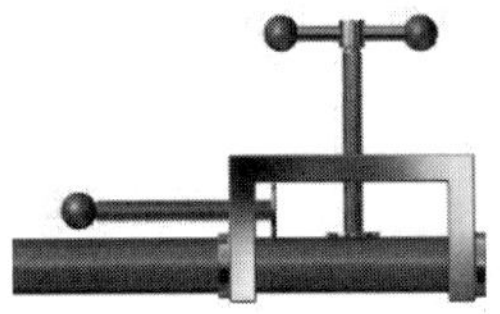	207 攀登三脚架，再安装，紧固两侧螺栓锁定	2 一人在减速箱上举，另一人在三脚架上固定	0 无需垂直移动即可锁定	结构简单 拆装不便 需细分结构	不采用
方案二 旋转锁定		55 登减速箱，举过头顶挂钩挂在三角钢后，旋转 90°锁定	1 一人在减速箱上操作即可	0 无须垂直移动即可锁定	结构简单 操作方便 需细分结构	采用
方案三 下压锁定		50 登减速箱，举过头顶挂钩挂在三角钢后，下压操作杆锁定	1 一人在减速箱上操作即可	10 需垂直移动 10cm 方可锁定	结构复杂 拆装方便 需细分结构	不采用
日期：2021 年 3 月 11 日		地点：QC 活动室		人员：刘勇		

制表人：刘勇　　　　制表时间：2021 年 3 月 11 日

（2）悬臂结构的选择

悬臂的结构设计了伸缩杆式、直杆式两种结构，选择见表 4-4。

表 4-4　悬臂方案的选择

选择依据	长度使悬挂机构位于减速箱上部，重量轻、强度够，操作方便					
备选方案	悬臂：伸缩杆式；直杆式	选择最佳方案条件	1. 长度 180mm； 2. 重量相对较轻		选择方式	市场调查与试验模拟
方案	结构	长度/cm	重量与承重	调节长度/cm	综合分析	选择结果
方案一 伸缩杆式	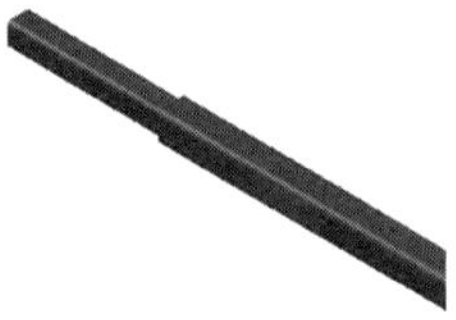	90+100 两段嵌套	重量大	80	悬臂厚度较直杆式要厚，长度长，重量大	不采用
方案二 直杆式		180	重量小	0	结构简单 重量较轻 操作稳定	采用
日期	2021 年 3 月 11 日	地点	QC 活动室	人员	刘勇	

制表人：刘勇　　　　　　　　　　　　　　　　制表时间：2021 年 3 月 11 日

（3）悬挂机构的选择

悬挂机构设计了末端圆环固定点、多孔板、滑道式固定点、凸凹板式固定点四种类型，悬挂机构的选择见表 4-5。

表 4-5　悬挂机构的选择

选择依据	悬挂点稳定，位置可微调且调整方便					
备选方案	悬挂机构：末端圆环固定点；多孔板；滑道式固定点；凸凹板式固定点	选择最佳方案条件	1. 悬挂点在 1cm 内限位，防止滑动； 2. 悬挂点在 0.8m 内调整，调整方便		选择方式	研究分析
方案	结构	悬挂及限制	调整方式	安全性	综合分析	选择结果
方案一 末端圆环固定点	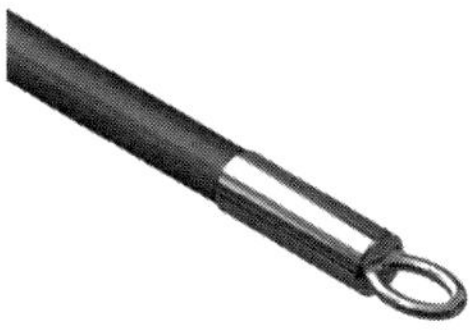	圆环 1cm 内限位	不可调	高	不能满足操作范围要求	不采用
方案二 多孔板		多孔板 1cm 内限位	拆卸后 再次悬挂 0.8m 内调整	高	拆卸调整悬挂点不方便	不采用
方案三 滑道式固定点	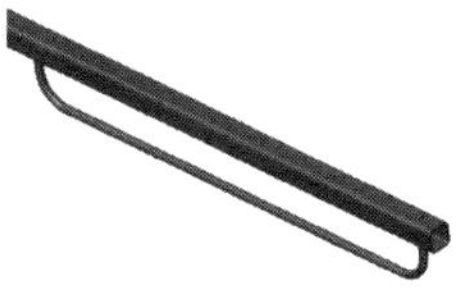	钢筋滑道 无限位	直接拖动 0.8m 内调整	滑动 不稳定	悬挂点 不稳定 不安全	不采用

续表

方案四 凸凹板式 固定点		凸凹板 1cm 内限位	抬起后 选择悬挂 0.8m 内调整	高	悬挂稳定 调整便捷	采用
日期	2021 年 3 月 11 日	地点	QC 活动室	人员	刘勇	

制表人：刘勇　　　　制表时间：2021 年 3 月 11 日

通过上述方案评价分析，最后确定优选评价后各模块的一级方案，如图 4-3 所示。

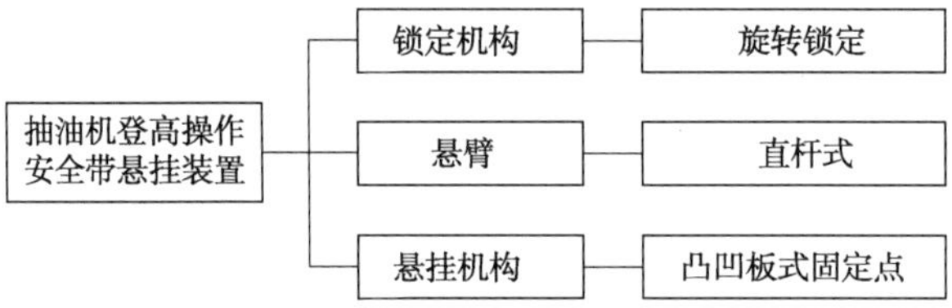

图 4-3　评价后的一级方案树图

制图人：刘柳　制图时间：2021 年 1 月 18 日

3. 二级方案确定

对于旋转锁定机构，经过小组成员讨论，确定需要转板、挂钩、转轴三个部分组成，确定二级方案，如图 4-4 所示。

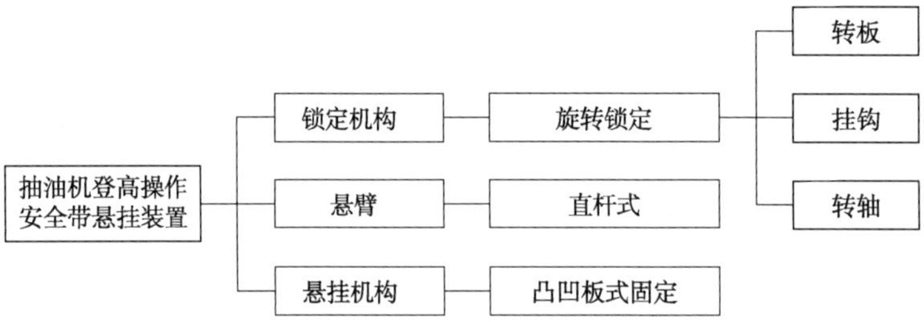

图 4-4　二级方案树图

制图人：刘柳　制图时间：2021 年 3 月 11 日

通过以上分析，需要对旋转锁定机构的转板、挂钩、转轴的具体结构进行优选，并且对直杆式悬臂进行优选，形成二级方案细化分解树图(图 4-5)，进而更好地优选满足客户需求的结构。

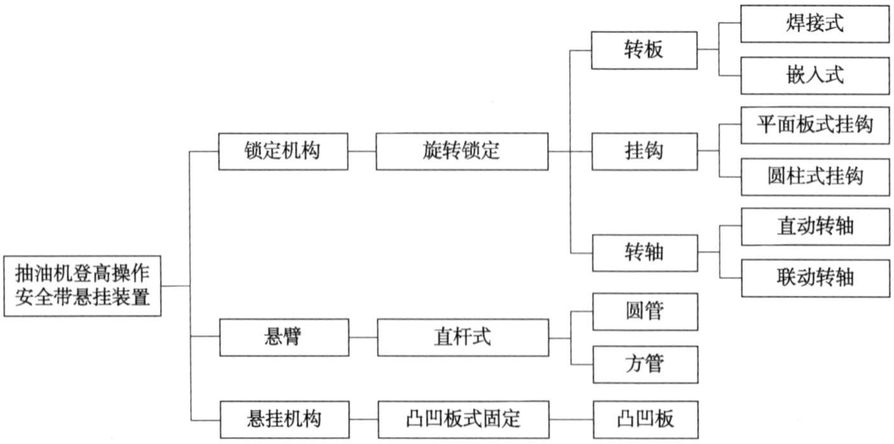

图 4-5　二级方案细化分解树图

制图人：刘柳　制图时间：2021 年 3 月 11 日

4. 二级方案评价

(1) 锁定机构转板方案的选择

转板设计了焊接式和嵌入式两种方案，对转板方案的选择见表 4-6。

表 4-6 转板方案的选择

选择依据	转板固定牢固，材料满足承受体重 100kg 的操作人员不发生塑性形变及断裂的要求					
备选方案	转板：焊接式 / 嵌入式	选择最佳方案条件	1. 与转轴连接牢固； 2. 屈服强度>600MPa		选择方式	市场调查与研究分析
方案	结构	板体材质	板体厚度/mm	屈服强度/MPa	综合分析	选择结果
方案一 焊接式		65Mn	10	785	应力集中 容易锈蚀 强度不足	不采用
方案二 嵌入式		65Mn	10	785	应力分散 连接牢固 强度合格	采用
日期	2021 年 3 月 11 日	地点	QC 活动室	人员	刘勇	

制表人：刘勇　　制表时间：2021 年 3 月 11 日

(2) 锁定机构挂钩方案的选择

挂钩方案设计了平面板式挂钩和圆柱式挂钩两种方案，对挂钩方案的选择见表 4-7。

表 4-7 挂钩方案的选择

选择依据	挂钩稳定钩挂在三脚架一侧，便于转板旋转锁定另一侧钢板					
备选方案	挂钩：平面板式挂钩 / 圆柱式挂钩	选择最佳方案条件	1. 与三脚架线性接触； 2. 挂钩牢固限位		选择方式	研究分析
方案	结构	板体材质	板体厚度/mm	接触方式	综合分析	选择结果
方案一 平面板式挂钩		65Mn	10	线性接触	线性接触 悬挂稳定	采用
方案二 圆柱式挂钩		65Mn	20	点接触	点接触 悬挂活动	不采用
日期	2021 年 3 月 11 日	地点	QC 活动室	人员	刘勇	

制表人：刘勇　　制表时间：2021 年 3 月 11 日

(3) 锁定机构转轴方案的选择

转轴设计了直动转轴和联动转轴两种方案，对转轴方案的选择见表 4-8。

表 4-8　转轴方案的选择

选择依据	转轴能够 90°旋转，与转板稳固配合锁定，转板屈服强度 8600MPa					
备选方案	转轴：直动转轴、联动转轴	选择最佳方案条件	1. 90°旋转； 2. 转板屈服强度>800MPa		选择方式	市场调查与研究分析
方案	结构	板体材质	旋转角度/(°)	屈服强度/MPa	综合分析	选择结果
方案一 直动转轴		20CrMnTi	90	835	悬臂直接带动旋转结构简单操作稳定	采用
方案二 联动转轴		20CrMnTi	90	835	悬臂带动铰链旋转结构复杂两次转换	不采用
日期	2021 年 3 月 11 日	地点	QC 活动室	人员	刘勇	

制表人：刘勇　　　　制表时间：2021 年 3 月 11 日

(4) 直杆式悬臂的选择

直杆式悬臂设计了圆管和方管两种方案，对直杆式悬臂的选择见表 4-9。

表 4-9　直杆式悬臂方案的选择

选择依据	易于转动，易判断旋转角度，屈服强度>500MPa，重量轻					
备选方案	直杆式：圆管、方管	选择最佳方案条件	1. 易于转动，转动角度无偏差； 2. 屈服强度>500MPa，重量轻		选择方式	市场调查与研究分析
方案	结构	旋转角度及判定	屈服强度/MPa	材料及重量/kg	综合分析	选择结果
方案一 圆管	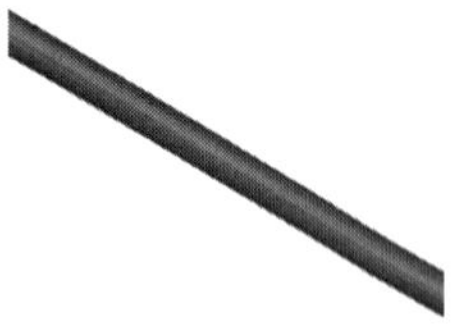	90° 不准确 易打滑	503	7075-T651 铝合金 6.315	容易打滑 角度偏差 强度满足 相同厚度 重量较大	不采用
方案二 方管	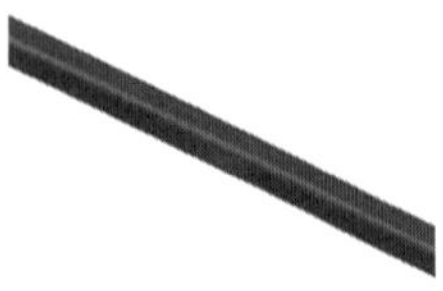	90° 准确 容易	503	7075-T651 铝合金 2.161	不易打滑 角度准确 强度满足 相同厚度 重量较轻	采用
日期	2021 年 3 月 11 日	地点	QC 活动室	人员	刘勇	

制表人：刘勇　　　　制表时间：2021 年 3 月 11 日

(三) 确定最佳方案

经过上述优选，小组确定了最佳方案(图 4-6 和图 4-7)。

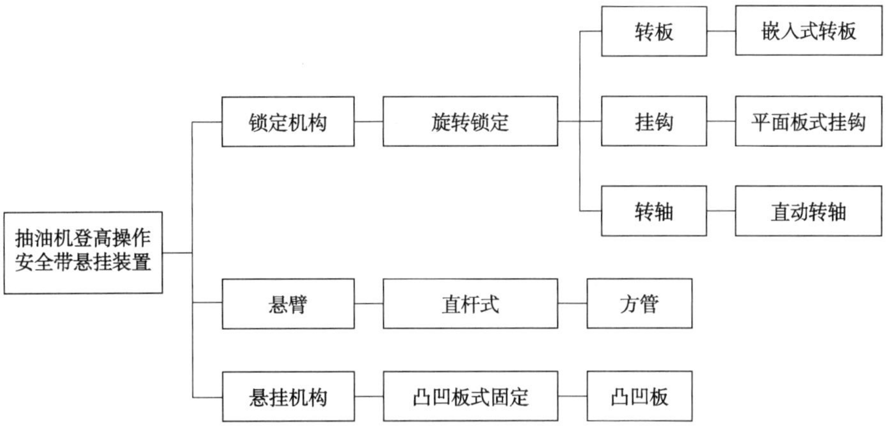

图 4-6 抽油机登高维护操作安全带悬挂装置最佳方案树图
制图人：刘柳 制图时间：2021 年 3 月 11 日

图 4-7 抽油机登高维护操作安全带悬挂装置最佳方案模型图
制图人：刘勇 制图时间：2021 年 3 月 15 日

五、制定对策

小组成员依据所确定的最佳方案，利用 5W1H 原则制定了对策表(表 5-1)，并逐一进行了实施。

表 5-1 对 策 表

序号	对策	目 标	措 施	地点	负责人	完成时间
1	嵌入式转板	转板开槽 12mm，宽度略大于三角钢厚度，材料屈服强度>600MPa	1. 绘制图纸； 2. 材质选择 65Mn 板材； 3. 按照图纸进行加工	外部加工厂	王志贤 杨海波	2021. 3
2	平面板式挂钩	挂钩与三脚架线性接触，挂钩开口牢固限位装置侧向移动 1mm 内，材料屈服强度>600MPa	1. 绘制图纸； 2. 钢材选用 65Mn 板材； 3. 加工后焊接牢固	外部加工厂	张 建 王智文	2021. 3
3	直动转轴	转轴能够 90°旋转，与转板稳固配合锁定，转板屈服强度 800MPa，开槽嵌入转板稳固	1. 绘制图纸； 2. 钢材选用 20CrMnTi； 3. 嵌入转板后焊接牢固	外部加工厂	杨文敏 刘 柳	2021. 3
4	方管	便于操作不滑手，材料屈服强度>500MPa，重量轻，长度 1800mm	1. 绘制图纸； 2. 方管材质选择铝合金； 3. 按照图纸进行加工	外部加工厂	史向明 庞心强	2021. 3

续表

序号	对策	目标	措施	地点	负责人	完成时间
5	凸凹板	悬挂点稳定，位置在 800mm 内可微调且调整方便	1. 绘制图纸； 2. 凸凹板材质选用铝合金； 3. 按照图纸进行加工，与方管穿插后焊接牢固	外部加工厂	杨文敏 刘　柳	2021. 3
6	部件组装	各部件组装后连接牢固、运转灵活	按照装配图顺序组装各部件	工具车间	刘　勇 王志贤	2021. 4
7	模拟试验	实验模拟在末端承重 100kg 不发生塑性形变及断裂	1. 室内模拟主要部件受力分析，核算受剪切应力 2000N； 2. 室外试验，单人悬挂末端，装置各部件不发生塑性形变及断裂问题	工具车间	刘　勇 王志贤	2021. 4
8	专家验证	1 人 1min 内完成锁定三角钢操作及安全带悬挂，悬挂高度根据操作人员身高调整，正常操作范围内可调整安全带悬挂位置	1. 现场验收； 2. 专家鉴定	施工现场	于海山 刘　勇	2021. 4

制表人：王志贤　刘勇　　　　制表时间：2020 年 3 月 16 日

六、对策实施

对策实施一：嵌入式转板

<table>
<tr><th colspan="3">嵌入式转板</th></tr>
<tr><td>目标</td><td colspan="2">转板开槽 12mm，宽度略大于三角钢厚度，材料屈服强度>600MPa</td></tr>
<tr><td>措施</td><td colspan="2">1. 绘制图纸；2. 材质选择 65Mn 板材；3. 按照图纸进行加工</td></tr>
<tr><td>实施过程</td><td>措施 1：绘制图纸</td><td>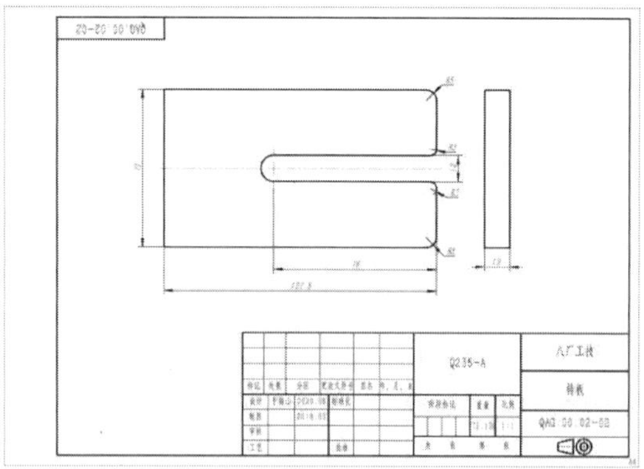
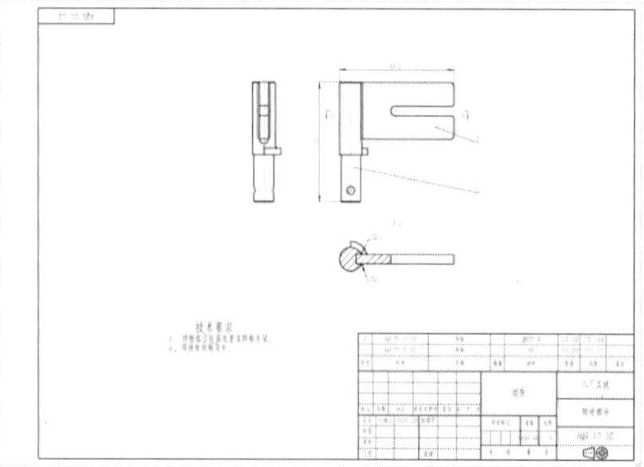</td></tr>
</table>

续表

<table>
<tr><th colspan="3">嵌入式转板</th></tr>
<tr><td>实施
过程</td><td>措施 2：材质选择 65Mn 板材；
措施 3：按照图纸进行加工</td><td> 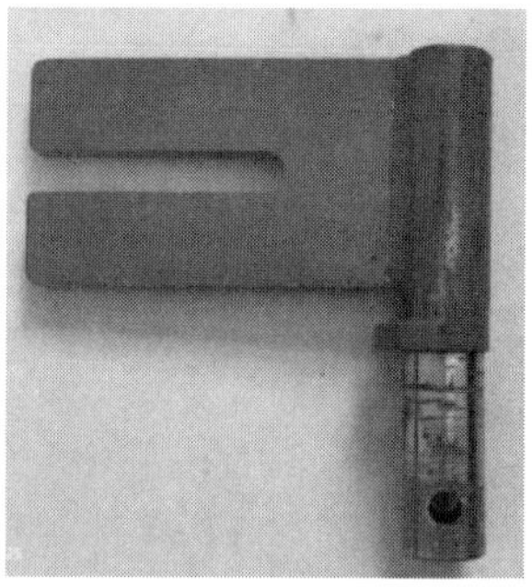
加工完成后 3 次参数测量/mm
<table>
<tr><th>序号</th><th>厚度</th><th>钩长</th><th>钩槽</th><th>架长</th></tr>
<tr><td>1</td><td>1.01</td><td>207.01</td><td>11.00</td><td>212.50</td></tr>
<tr><td>2</td><td>1.02</td><td>207.01</td><td>10.98</td><td>212.52</td></tr>
<tr><td>3</td><td>1.01</td><td>207.02</td><td>10.99</td><td>212.51</td></tr>
</table></td></tr>
<tr><td>目标检查</td><td colspan="2">通过测量，公差在±0.02mm 范围以内，符合图纸设计转板开槽 12mm 要求，65Mn 板材屈服强度>600MPa，对策目标达成</td></tr>
<tr><td>时间：2021 年 3 月 20 日</td><td>地点：外部加工厂</td><td>实施人：王志贤　杨海波</td></tr>
</table>

对策实施二：平面板式挂钩

<table>
<tr><th colspan="3">平面板式挂钩</th></tr>
<tr><td>目标</td><td colspan="2">挂钩与三脚架线性接触，牢固限位装置侧向移动 1mm 内，材料屈服强度>600MPa</td></tr>
<tr><td>措施</td><td colspan="2">1. 绘制图纸；2. 钢材选用 65Mn 板材；3. s 加工后焊接牢固</td></tr>
<tr><td>实施过程</td><td>措施 1：绘制图纸</td><td>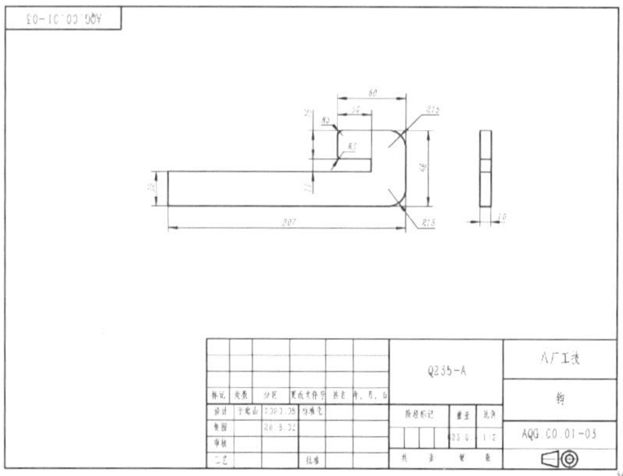
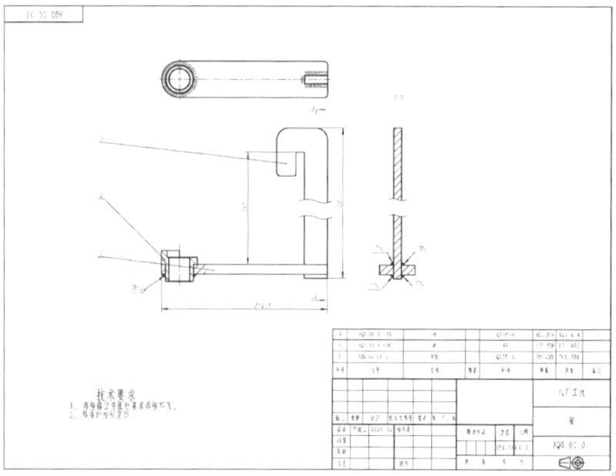</td></tr>
</table>

续表

平面板式挂钩

项目	措施	内容
实施过程	措施2：钢材选用65Mn板材； 措施3：加工后焊接牢固	 

加工完成后3次测量参数/mm

序号	长	外径下	槽长	外径上
1	153.00	26.01	78.01	30.00
2	153.01	26.00	78.00	30.01
3	153.01	26.01	78.00	30.01

挂钩开口沟槽最宽4.0mm，可牢固限位装置侧向移动1mm内

目标检查	通过测量，公差在±0.02mm范围以内，符合图纸设计要求，挂钩开口牢固限位装置侧向移动1mm内，65Mn板材屈服强度>600MPa，对策目标达成

时间：2021年3月20日	地点：外部加工厂	实施人：张　建　王智文

对策实施三：直动转轴

直动转轴

目标	转轴能够90°旋转，与转板稳固配合锁定，转板屈服强度>800MPa
措施	1. 绘制图纸； 2. 钢材选用20CrMnTi； 3. 嵌入转板后焊接牢固

项目	措施	内容
实施过程	措施1：绘制图纸	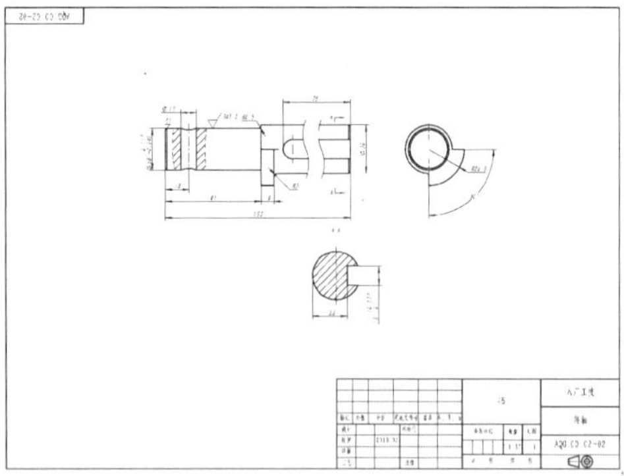 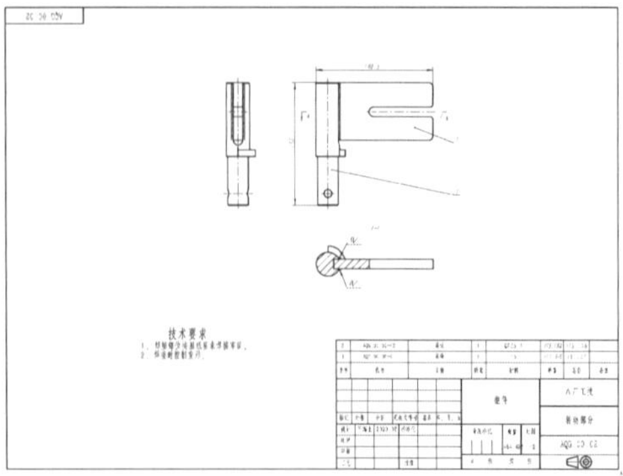

续表

直动转轴

实施过程

措施2：钢材选用20CrMnTi；

措施3：嵌入转板后焊接牢固

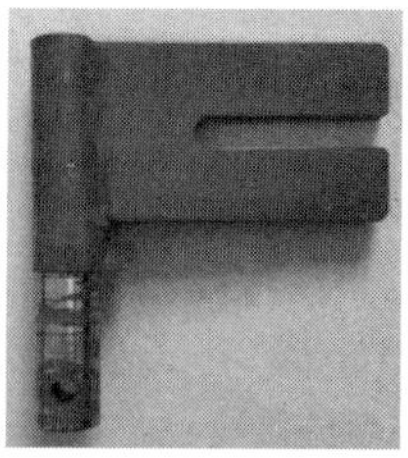

加工完成后3次平面度测量/mm

序号	长	外径下	槽长	外径上
1	153.00	26.01	78.01	30.00
2	153.01	26.00	78.00	30.01
3	153.01	26.01	78.00	30.01

目标检查：通过测量，公差在±0.02mm范围以内，符合图纸设计要求，钢材选用20CrMnTi转板屈服强度>800MPa，对策目标达成

时间：2021年3月21日	地点：外部加工厂	实施人：杨文敏　刘　柳

对策实施四：方管

直杆式方管悬臂

目标	便于操作不滑手，材料屈服强度>500MPa，重量轻，长度1800mm
措施	1. 绘制图纸；2. 方管材质选择7075-T651铝合金；3. 按照图纸进行加工

实施过程

措施1：绘制图纸

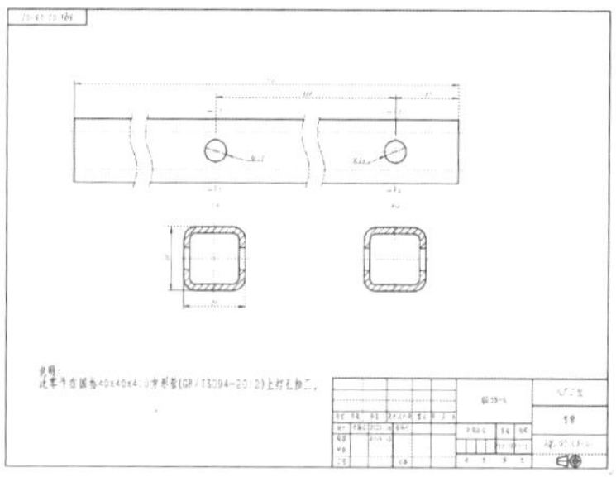

措施2：方管材质选择铝合金；

措施3：按照图纸进行加工

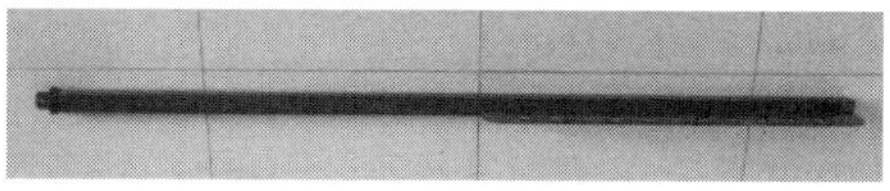

加工完成后3次平面度测量/mm

序号	长	孔内径	孔间距
1	1700.0	14.01	800.0
2	1700.0	14.00	800.0
3	1700.0	14.01	800.0

目标检查：通过测量，符合图纸设计要求，7075-T651铝合金材料屈服强度>500MPa，重量轻，对策目标达成

时间：2021年3月21日	地点：外部加工厂	实施人：史向明　庞心强

对策实施五：凸凹板

<table>
<tr><td colspan="3">凸凹板式悬挂机构</td></tr>
<tr><td>目标</td><td colspan="2">悬挂点稳定，位置在800mm内可微调且调整方便</td></tr>
<tr><td>措施</td><td colspan="2">1. 绘制图纸；
2. 凸凹板材质选用铝合金；
3. 按照图纸进行加工，与方管穿插后焊接牢固</td></tr>
<tr><td rowspan="2">实施过程</td><td>措施1：绘制图纸</td><td>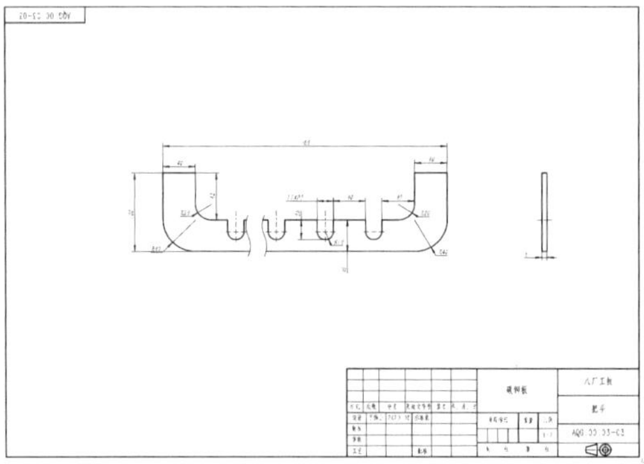
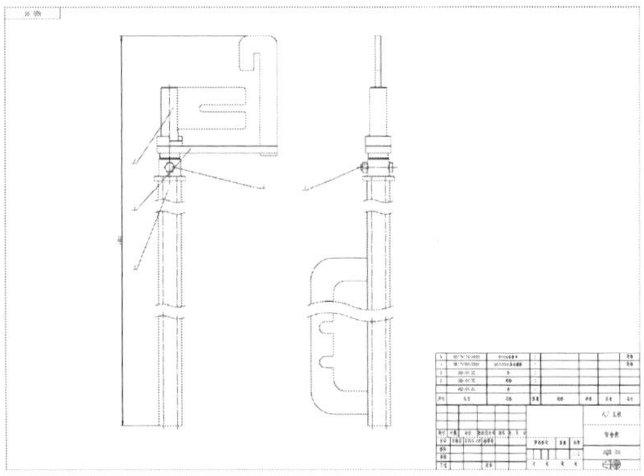</td></tr>
<tr><td>措施2：凸凹板材质选用铝合金；
措施3：按照图纸进行加工，与方管穿插后焊接牢固</td><td>
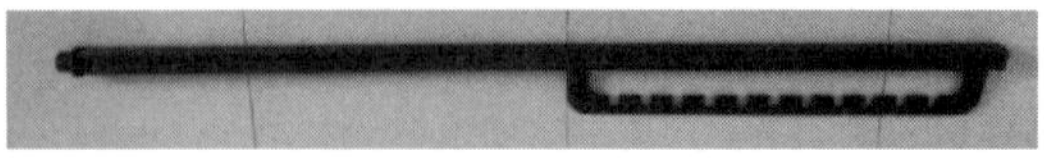
加工完成后3次平面度测量/mm
<table><tr><th>序号</th><th>长</th><th>凸板长</th><th>凸板高</th><th>凹陷长</th></tr><tr><td>1</td><td>800. 0</td><td>40. 0</td><td>20. 0</td><td>15. 0</td></tr><tr><td>2</td><td>800. 0</td><td>40. 0</td><td>20. 0</td><td>15. 0</td></tr><tr><td>3</td><td>800. 0</td><td>40. 0</td><td>20. 0</td><td>15. 0</td></tr></table></td></tr>
<tr><td>目标检查</td><td colspan="2">通过测量，长度达到了图纸设计要求，对策目标达成</td></tr>
</table>

时间：2021年3月21日	地点：外部加工厂	实施人：杨文敏　刘　柳

对策实施六：部件组装

<table>
<tr><th colspan="3">部件组装</th></tr>
<tr><td>目标</td><td colspan="2">各部件组装后连接牢固、运转灵活</td></tr>
<tr><td>措施</td><td colspan="2">按照装配图顺序组装各部件</td></tr>
<tr><td>实施过程</td><td>措施：按照装配图进行各部件组装</td><td>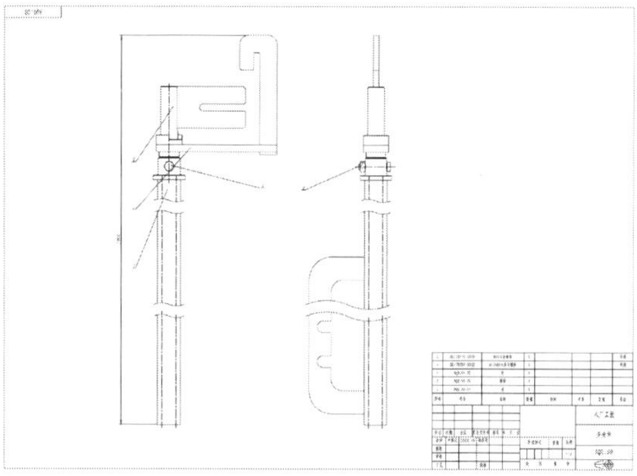
装配图
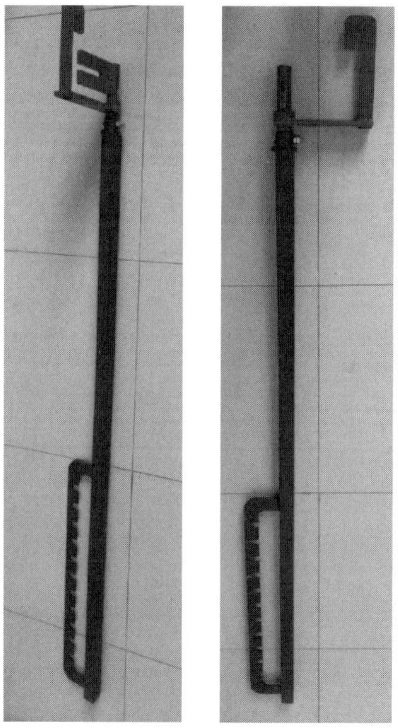
装配后的实物图</td></tr>
<tr><td>目标检查</td><td colspan="2">按照装配要求将各部件顺利装配，各部件运转灵活，达到了图纸设计要求，对策目标达成</td></tr>
<tr><td>时间：2021 年 3 月 21 日</td><td>地点：工具车间</td><td>实施人：刘勇　王志贤</td></tr>
</table>

对策实施七：模拟试验

<table>
<tr><th colspan="2">模拟试验</th></tr>
<tr><td>目标</td><td>实验模拟材料在末端承重 100kg 不发生塑性形变及断裂</td></tr>
<tr><td>措施</td><td>1. 室内模拟主要部件受力分析，核算受剪切应力 2000N；
2. 室外试验，单人悬挂末端，装置各部件不发生塑性形变及断裂问题</td></tr>
</table>

续表

模拟试验		
实施过程	措施 1：室内模拟主要部件受力分析； 措施 2：室外试验，单人悬挂末端，装置各部件不发生塑性形变及断裂问题	 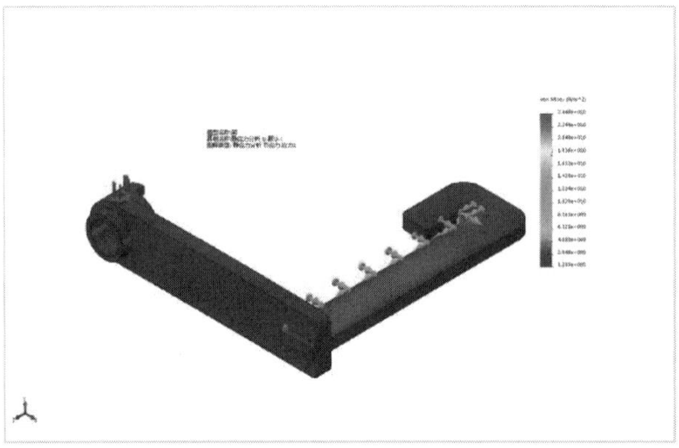 
目标检查	通过室内模拟试验，核算受剪切应力的大于 4000N 不会发生塑性形变，室外试验，单人悬挂末端，装置各部件不发生塑性形变及断裂问题，受力分析及悬挂测试均满足目标要求，对策目标达成	
时间：2021 年 4 月 1 日	地点：工具车间、现场	实施人：刘　勇　王志贤

对策实施八：专家验证

专家验证	
目标	1 人 1min 内完成锁定三角钢操作及安全带悬挂，悬挂高度根据操作人员身高调整，正常操作范围内可调整安全带悬挂位置
措施	1. 在大班组调整冲程或平衡时进行现场验证； 2. 邀请专家到操作现场进行验证

续表

专家验证

实施过程

措施1：现场验收；
措施2：专家鉴定

3次安装时间测试情况表/s

序号	安装用时	拆卸用时
1	49	11
2	52	9
3	47	9

大庆油田有限责任公司
二〇二一年QC成果现场验收报告

小组名称	所在单位	成立日期	注册日期	注册编号
绿色油田QC小组	第八采油厂工艺研究所	2021年1月	2021年4月	CY8-2021-QC-08
课题名称	抽油机登高维护操作安全带悬挂装置的研制			
组长姓名	于海山	诊断师姓名及证书编号	张兆欣 CAQ-QC-TJ1-2021G-0472	
现场实际应用效果简介	2021年4月25日，在第八采油厂S50-32井进行了先导试验，可以为抽油机冲程调、平衡调整操作提供安全带悬挂，并且可以根据操作范围调整安全带悬挂点，根据身高调整安全带悬挂点高度，保证了操作人员安全，通过现场试验，该装置达到了目标要求，满足了抽油机登高操作的现场需求，可为安全带提供悬挂。			

参加验收部门负责人签字	部门	职务/职称	签名	验收时间	备注
	专业技术	高级工程师	[illegible]	2021.4.25	
	质量管理	助理工程师	[illegible]	2021.4.25	
	安全环保	副主任	[illegible]	2021.4.25	
	诊断师	工程师	[illegible]	2021.4.25	

厂（分公司）成果验收意见

单位：大庆油田有限责任公司第八采油厂

2021年4月25日

抽油机维护、保养、修理操作安全带锚定杆专家鉴定

《游梁式抽油机井操作、保养、维护、修理规程》中明确要求，在抽油机上操作时，超过2m高要系安全带，当前冲程、平衡调整等需要人员在减速箱上进行操作，由于减速箱顶部为斜面，并且操作高度在2.5-3.0米，需要应用安全带保证操作人员安全，但是受抽油机类型及结构影响，无安全带锚定点，存在安全隐患的问题。因此，在第八采油厂油田管理部、质量安全环保部的协调下，由工程技术大队研发了抽油机维护、保养、修理操作安全带锚定杆。

安全带锚定杆的研发及应用过程由油田管理部、质量安全环保部提出应用指标要求，并全程跟踪，提出改进意见。经过应用试验，得出：①安全带锚定杆通过转动悬挂杆带动转板实现90度旋转，由挂钩和转板共同作用使装置固定在抽油机三脚架上，其结构简单、安装方便，为登高操作提供了安全带锚定；②可根据操作人员身高和活动范围，选择锚定杆高度及安全带锚定点位置，通过旋转实现锚定杆固定与拆卸，并在操作范围内保障安全带活动及限制要求；③可通过组装方式调整抽油机三脚架两侧适用；④安全带锚定杆承受压力400kg以上，安全带挂钩活动距离限制在3cm范围内，并在80cm范围内可移动。

安全带锚定杆的应用满足了抽油机登高操作的现场需求，可为安全带提供安全锚定点，可以在现场推广应用。

油田管理部　　质量安全环保部

2021年4月

安装测试及现场验收及专家鉴定

目标检查	通过现场试验，49.3s完成安装，可根据身高调整安装高度，挂钩范围可在0.8m内调整，该装置达到了目标要求，满足了抽油机登高操作的现场需求，可为安全带提供悬挂，经专家验证，可以进行现场应用，对策目标达成

时间：2021年4月25日	地点：施工现场	实施人：于海山　刘　勇

七、效果检查

1. 课题目标值完成情况

2021年5~12月，安全带悬挂装置在第八采油厂先导试验应用4套，实施388井次(表7-1)。

现场实施效果反映，该装置能够稳定固定在抽油机三脚架上，是抽油机的固定件，固定后稳定性强，为抽油机冲程调、平衡调整操作提供安全带悬挂，并且可以根据操作范围调整安全带悬挂点，根据身高调整安全带悬挂点高度，挂钩位置可在 0.8m 范围内调整，活动范围达到了 2.0m，保证了操作人员的安全(图 7-1)，对提高登减速箱操作安全性具有重要意义。

表 7-1　2021 年 5~12 月安全带悬挂装置应用情况统计表

序号	队伍	5 月	6 月	7 月	8 月	9 月	10 月	11 月	12 月	合计
1	大班组一	2	17	11	13	7	17	27	6	100
2	大班组二	1	13	9	7	21	23	12	4	90
3	大班组三	2	19	7	17	9	·14	31	12	111
4	大班组四	0	11	14	11	19	11	14	7	87
合计		5	60	41	48	56	65	84	29	388

制表人：庞心强　　　　制表时间：2021 年 11 月 30 日

图 7-1　安全带悬挂装置应用

制图人：于海山　制图时间：2021. 5. 26

通过对四个大班班组满意度调查，研制的安全带悬挂装置满足了固定位置不能是抽油机活动部位，悬挂部位要可移动来保障活动范围的需求，该装置位置固定在抽油机固定件——三脚架上，操作稳定，安全性高，操作人员活动范围从 1.2m 提升至 2.0m，活动目标实现(图 7-2)。并且，对该装置的使用满意度达到 100%(表 7-2)，对小组活动给与了充分肯定。

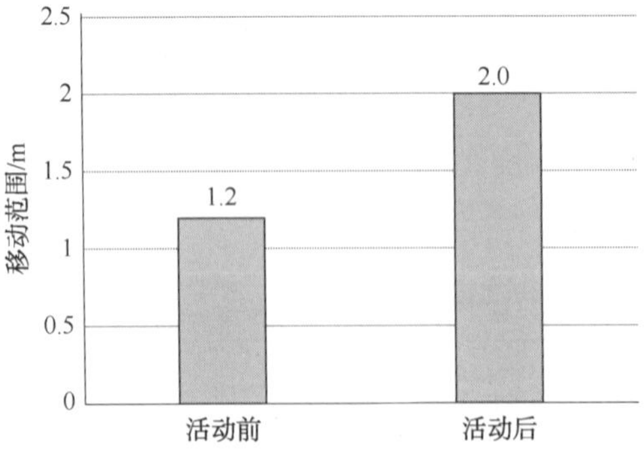

图 7-2　活动前后目标完成情况柱状图

制图人：刘柳　制图时间：2020 年 11 月 30 日

表 7-2 利用安全带悬挂装置的满意度调查评价统计表

序号	评价项目	班组数量/个	评价		优点	满意度/%
			满足需求	不满足需求		
1	稳定性	4	4	0	悬挂点固定	100
2	承重能力	4	4	0	承重 4000N 以上	100
3	范围可调	4	4	0	悬挂点位置可调整	100
4	高度可调	4	4	0	根据操作人员高度可调整	100
5	安装问题	4	4	0	安装与拆卸简单、方便	100
6	安全性	4	4	0	符合安全带悬挂点性能要求	100
合计		24	24	0	稳定、可调、安全	100

制表人：庞心强　　　　制表时间：2021 年 11 月 30 日

2. 直接经济效益

为了保证操作人员操作安全，其他油田不使用绳子悬挂安全带，应用了简易的操作平台提供安全保障，但投入成本较多且稳定性差。在 2021 年 5~12 月，使用安全带悬挂装置 388 井次，与应用简易操作平台相比，创直接经济效益 155960 元(表 7-3)。

表 7-3 2021 年绿色油田 QC 小组活动经济效益情况统计表

分类	项目	数据	费用
节省	车辆拉运费用	400 元/次	388 次×400 元/次 = 143600 元
	简易操作平台费用	680 元	680 元/套×4 套 = 2720 元
投入	安全带悬挂装置	490 元/套	490 元/套×4 套 = 1960 元
直接经济效益 = 节省-投入			144360 元

制表人：王志贤　　　　制表时间：2021 年 12 月 3 日

3. 社会效益

安全带悬挂装置为抽油机登减速箱操作提供了可靠的安全带悬挂点，避免了此类操作登高利用绳子带来的不稳定、限制移动、影响操作的问题及高成本投入，体现了以人为本的安全理念。

八、标准化

为了巩固成果，制定了两项保证措施并进行了效果跟踪。

(1) 将安全带悬挂装置的设计图纸、动画等资料进行了整理归档(图 8-1)。

图 8-1 安全带悬挂装置的设计图纸、动画资料归档文件

制图人：于海山　制图时间：2021 年 12 月 3 日

(2) 制定了安全带悬挂装置的操作规程(图 8-2)，保证了安全带悬挂装置的正确使用。

抽油机登高维护操作安全带悬挂装置
操作规程

第八采油厂工艺研究所
2021 年 12 月

1

抽油机登高维护操作安全带悬挂装置操作规程

《游梁式抽油机井操作、保养、维护、修理规程》中明确要求，在抽油机上操作时，超过 2m 高要系安全带。因此，为抽油机登高维护操作提供了安全带悬挂装置，适用于抽油机井平衡调整、冲程调整、曲柄销更换、毛辫子更换、划线标记等登高维护、修理操作。

装置组成：主要由架板、外套、转轴、转板、挂钩、连接件、螺丝、悬挂杆、螺母、锚定环组成。

图 1　结构模型图

工作原理：抽油机维护、保养、修理登高操作时，操作人员站在减速箱上，将装置举过头顶，操作锚定杆前端挂钩挂在三角铁上，之后旋转悬挂杆 90 度，使转板锁定在另一侧三角铁上完成锚定杆的固定，将安全带挂钩挂在挂环上即可为后续操作提供安全保障，操作完成后，拆除安全绳挂钩，操作人员将悬挂杆反方向旋转 90 度即可解除锚定杆固定，收回锚定杆。

2

图 2　应用原理结构拆图

操作步骤：

1. 登减速箱，身体站直，将安全带悬挂装置双手举过头顶，锁定装置一端对着三角架。

2. 将挂钩挂在三角钢一端，正向转动悬挂杆通过转轴带动转板实现 90 度旋转，由挂钩和转板共同作用使装置固定在抽油机三脚架上，提供安全带锚定，保障操作安全。

3. 安全带悬挂装置固定后，将安全带挂钩挂在悬挂机构的凹槽内，可根据需要上移、前进或后退来调整悬挂点位置。

4. 操作完成后，双手抬起安全带悬挂装置，反向旋转 90 度接触转板对一侧三角钢的锁定，再略微前推 2 厘米，解除挂钩限位即可收回安全带悬挂装置。

安全带悬挂装置可根据操作人员身高和活动范围，选择锚定高度及安全带锚定点位置，通过旋转实现锚定杆固定与拆卸，并在操作范围内保障安全带活动及限制要求，可通过组装方式调整抽油机三脚架两侧适用。

第八采油厂工艺研究所
2021 年 12 月

3

图 8-2　安全带悬挂装置操作规程

制图人：于海山　制图时间：2021 年 12 月 3 日

九、总结和下一步打算

1. 活动总结

（1）现场应用技术上有重大突破。小组成员在本次活动中的特色是提出利用三脚架固定安全带悬挂装置的创新思路，来解决安全带悬挂采用绳子存在的不稳定、限制移动、影响操作的需求。小组研制的安全带悬挂装置，设计巧妙、结构简单、安装方便，应用安全带悬挂装置为操作人员进行抽油机登减速箱操作提供了安全可靠的保障，专业技术效果与应用绳子悬挂的方式对比取得了显著的进步。在 2022 年 1~3 月，该装置在现场应用 37 井次，操作简单、方便，满足了现场需求。

（2）课题实现了技术创新与管理创新双赢。针对安全带悬挂装置的技术创新成果，申报了 1 项发明专利，目前已进入实质审查阶段。并且，在 2021 年第八采油厂 HSE 专业论文发布会上发布了《抽油机登减速箱操作安全带悬挂装置的研究与应用》论文，获得厂 HSE 专业论文一等奖。

（3）具有较好的推广应用价值。该安全带悬挂装置解决了抽油机登高维护操作对安全带悬挂的迫切需求，在全油田内均可使用，具有较好的推广应用价值。

（4）小组人员素质大幅度提升。小组成员对 QC 活动有了更深刻的认识，活动过程严格遵循 PDCA 循环开展。另外，小组成员中有 1 人获得国际 TRIZ 3 级认证、1 人获得国际 TRIZ 2 级认证，对小组成员进行了 TRIZ 理论培训，有 4 人通过了国家创新工程师二级考试和答辩，小组整体的创新能力得到进一步提升。

2. 下一步打算

小组成员发现压裂措施井经常出现抽油泵砂卡而重复作业的问题，小组成员研究为：发生该问题的主要原因是当前油井所用防砂筛管对压裂砂中的粉砂成分过滤效果较差。因此，决定将下一次的活动课题确定为《压裂措施井精滤防砂筛管的研制》。

成果点评

绿色油田 QC 小组的活动成果符合创新型活动程序，严格遵循 PDCA 循环，体现了小、实、活、新的特点，该成果解决了安全带悬挂采用绳子方式存在的不稳定、限制移动、影响操作的问题，保障了员工的安全，实用性强，具有推广价值。课题从生产实际出发，通过借鉴适用于多型号架构的安全带悬挂器和攀爬用安全带悬挂保护系统，提出了本次活动课题。分级方案明确，且逐层展开到可实施的具体方案，收集了数据用于方案选择，对策实施时也测试了数据证实对策目标的实现，同时还验证了实施结果在安全、质量、管理、成本等方面有无负面影响。该成果灵活使用了调查表等统计工具，采用图、表配合的方式将结果对比呈现。

本 QC 小组成果存在以下方面的不足，希望以后持续改进：

（1）需求分析中都是针对抽油机上没有设置安全带悬挂点的问题展开论述，没有指出真正的安全需求，要对需求进行调查，而不是满意度调查；借鉴时没有说明借鉴的具体结构或原理，TRIZ 理论在报告中不是借鉴而是一种工具；

（2）目标可行性论证只是理论阐述借鉴的内容，没有通过借鉴的数据进行对比论证目标是否能达成；能力和保障论述只是定性描述不是论证；

（3）最佳方案部分选择缺少数据或事实支持，只是定性分析方案的优、缺点，如悬臂结构的选择中重量大小、安全性高低没有量化，无法判断；

（4）对策实施中对策目标设定过多，效果检查与对策目标不一致，如嵌入式转板对策目标只要求开槽长度和屈服强度，目标检查是没有强度检测数据；

（5）效果检查中没有检查课题目标是否完成，表 7-1 中数据无单位，且经济效益中车辆拉运费用计算数据错误；

（6）巩固措施没有对是否具有推广价值进行评价。

螺旋式油管内壁在线刮蜡装置的研制

井下作业 QC 小组

（大庆油田有限责任公司第八采油厂）

一、前言

抽油机井检泵作业时，起至地面的油管内壁附着很多油蜡，为了避免卡泵情况的发生，再次下井前需要利用油管清洗器，通过蒸汽将油管内壁的油蜡清洗干净，清洗产生的污油污水通过管杆摆放平台进行收集，然后通过污油污水回收装置进行负吸回收，如图 1-1～图 1-4 所示。

图 1-1　油管内壁附着油蜡

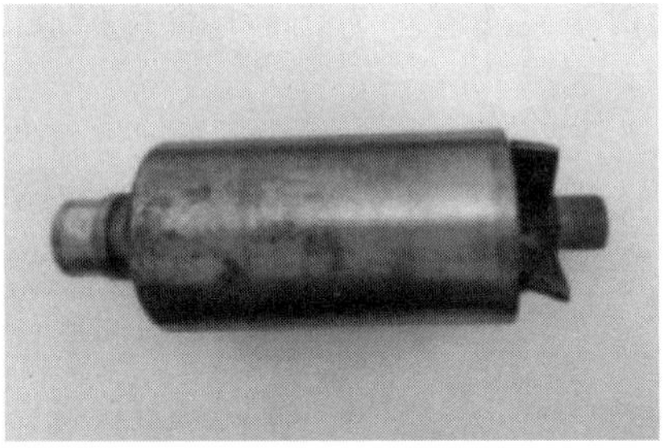

图 1-2　油管清洗器

图 1-3　内壁油蜡清洗

图 1-4　污油污水回收装置

名词解释

1. 检泵：是指采油井由于受各种不利因素造成抽油泵生产效率下降及停产等故障，为消除这些故障而进行的作业。

2. 污油污水回收装置：污油污水回收装置配备有地面锅炉、真空泵、外排泵，通过地面锅炉产生的蒸汽对油管内壁油蜡进行清洗，通过真空泵对管杆摆放平台收集的污油污水进行负吸回收、加热后通过外排泵回注集油流程。

二、小组概况

统计表见表 2-1。

表 2-1 小组概况统计表

小组名称	井下作业 QC 小组	注册编号	CY8-2021-QC-07
课题名称	螺旋式油管内壁在线刮蜡装置的研制	成立时间	2012 年 4 月
课题类型	创新型	活动时间	2021 年 1~12 月
小组人数(≤10 人)	10 人	当年活动次数	16 次
近三年获奖情况	2018 年《油管密封脂涂抹工具的研制》获集团公司 QC 成果二等奖； 2019 年获井下作业 QC 小组荣获集团公司质量信得过班组； 2020 年《密闭式油管刮蜡清洗回收一体化装置的研制》获国家优秀 QC 成果		

序号	姓名	年龄	文化程度	岗位/职称	组内分工	备注
1	王志贤	49	大学	作业管理/高级工程师	组　长	国际 TRIZ 二级专家
2	刘　勇	38	技校	采油工/技师	组　员	达索认证机械工程师
3	张兆欣	37	大学	质量管理/经济师	组　员	初级 QC 诊断师
4	黄忠胜	48	大学	作业管理/工程师	组　员	
5	张　正	38	大学	机采管理/工程师	组　员	
6	于海山	36	大学	机采管理/工程师	组　员	国际 TRIZ 三级专家
7	周旭东	30	大学	机采管理/助理工程师	组　员	
8	刘庆伟	45	技校	司机/技师	组　员	
9	刘　浩	38	大学	动态管理/工程师	组　员	
10	熊小亮	30	大学	调度/助理工程师	组　员	

制表人：王志贤　　　　制表时间：2021 年 1 月 5 日

三、选择课题

1. 需求的提出

经过统计，2020 年 5~12 月，第八采油厂作业大队抽油机井检泵作业 156 口，具体情况见表 3-1。

表 3-1 2020 年 5~12 月第八采油厂作业大队检泵作业情况统计表

时间	5 月	6 月	7 月	8 月	9 月	10 月	11 月	12 月
数量/口	20	27	10	11	15	15	34	24
合计	156							

制表人：张兆欣　　　　制表时间：2021 年 1 月 5 日

为此，小组对检泵作业队伍进行了需求调研，作业大队抽油机井检泵作业的 156 口井，油管地面清洗时间平均为 860min，清洗时间较长，为此，作业大队根据实际生产情况提出了油管内壁油蜡清洗时间不超过 480min 的期望，以确保抽油机井检泵作业效率。

为了满足"缩短油管内壁油蜡清洗时间"的需求，小组成员对油管内壁刮蜡清洗流程进行了分析，发现油管内壁刮蜡清洗时间取决于油管清洗各环节总用时，清洗流程主要包括施工准备、洗井、打开泄油器、起油管、排油管、油管内壁刮蜡清洗、污油熔化、污油回收、污油加热、污油回注、收尾工作共 11 个环节，总耗时 860min(见图 3-1)。

$$T_{\text{油管清洗时间}}=T_{\text{施工准备}}+T_{\text{洗井}}+T_{\text{打开泄油器}}+T_{\text{起油管}}+T_{\text{排油管}}+T_{\text{油管内壁清洗}}+T_{\text{污油融化}}+T_{\text{污油回收}}+T_{\text{污油加热}}+T_{\text{污油回注}}+T_{\text{收尾工作}}$$
$$=35+90+10+180+240+90+120+60+35=860\text{min}$$

由于施工准备、打开泄油器、起油管、排油管、污油回注、收尾工作等时间已经高度标准化，无法对其时间进行压缩，故而对洗井、油管内壁刮蜡清洗、污油熔化、污油回收和污油加热操作(540min)进行研究，为了满足客户需求，需要将油管内壁油蜡刮削清洗时间由 860min 减少至 480min 以内，才能满足客户需求。

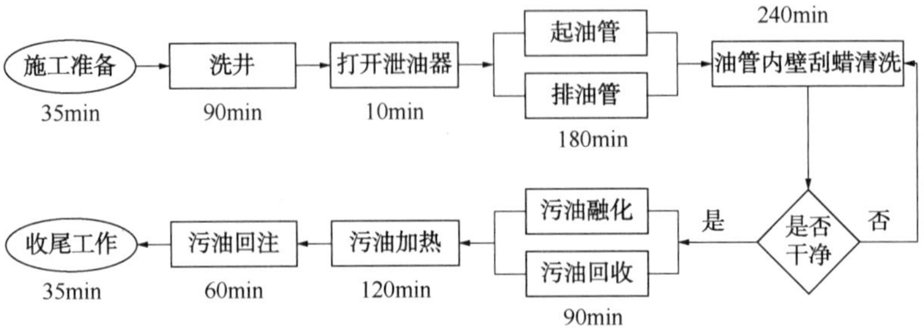

图 3-1 油管内壁刮蜡清洗流程图

制图人：熊小亮 制图时间：2021 年 1 月 9 日

$$T_{\text{油管清洗时间}}=480-(T_{\text{施工准备}}+T_{\text{打开泄油器}}+T_{\text{起油管}}+T_{\text{排油管}}+T_{\text{污油回注}}+T_{\text{收尾工作}})$$
$$=480-(35+10+180+60+35)=160\text{min}$$
$$T_{\text{洗井+油管内壁清洗+污油融化+污油回收+污油加热时间}}=90+240+90+120=540\text{min}$$

结论：通过需求分析，需要将洗井、油管内壁刮蜡清洗、污油熔化、污油回收和污油加热时间由 540min 缩短至 160min，油管刮蜡清洗时间才不超过 480min。

2. 创新思路的借鉴

小组根据上述需求确定检索三个关键词为：油管、内壁和刮蜡，检索到了螺旋式管道除垢装置作为借鉴对象，对其除垢功能进行了借鉴，具体如表 3-2 所示。

表 3-2 课题借鉴

步骤	借鉴内容
借鉴项目	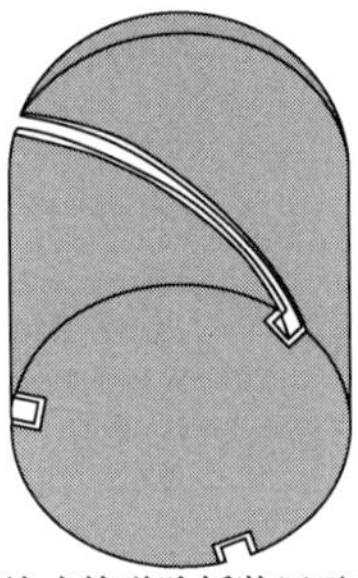 螺旋式管道除垢装置示意图 螺旋式管道除垢装置能够对管道内壁的污垢进行刮削和清洗
	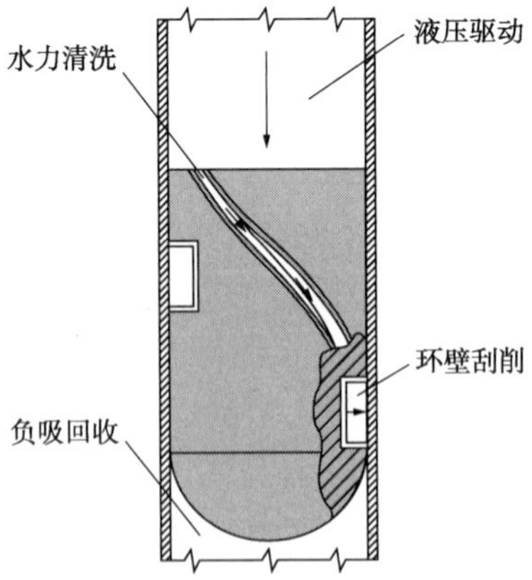 螺旋式管道除垢装置工作原理图
	工作原理：通过液压方式驱动螺旋式管道除垢置沿管道内壁下行，通过螺旋刮筒对管道内壁污垢进行刮削，通过螺旋凹槽内液流对管道内壁的污垢进行清洗，并通过液流将刮下的污垢带出管道，刮削清洗产生的污垢和污水通过管道外的回收装置进行负吸回收

续表

步骤	借鉴内容
项目分析	螺旋式管道除垢装置利用螺旋式刮筒的特点，将液压驱动、环壁刮削、水力清洗和负吸回收等四项功能集于一体，它主要由以下部分组成： 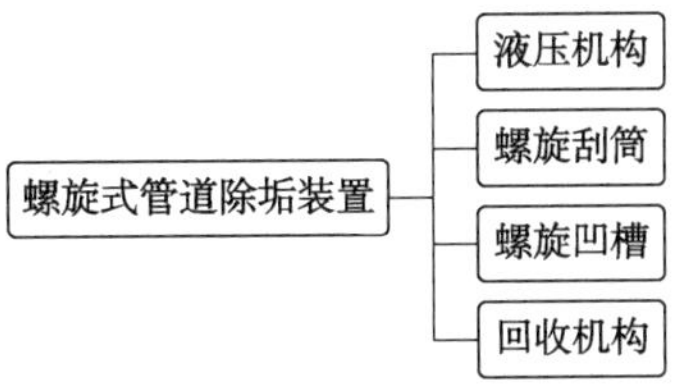 借鉴对象采用了螺旋刮筒刮削及螺旋凹槽过流清洗原理，实现管道快速除垢操作
提炼原理	通过螺旋式管道除垢装置借鉴了螺旋刮筒及凹槽的刮削及过流原理
借鉴 特性值	1. 该装置将液压机构、螺旋刮筒、螺旋凹槽和回收机构集于一体，该专利说明书的具体实施方式中描述：在14min 内完成 150m 管道内壁的除垢操作（经过测算：在条件相同情况下，在 140min 内可以完成 1500m 管道内壁的除垢操作）； 2. 螺旋刮筒与管道内腔间隙≤4mm； 3. 除垢后管道内腔污垢厚度≤2mm

制表人：熊小亮　　制表时间：2021 年 1 月 10 日

3. 确定课题

通过借鉴点、难点、经过借鉴点启发及自主创新得到 5 个创新点，见表 3–3。

表 3–3　借鉴思路创新点

序号	借鉴点	难　点	创　新　点
1	回收机构	安装、操作时间较长	取消原装置中的回收机构。在井筒内对油管内壁油蜡进行刮削和清洗，清洗产生的污油污水经油管内腔流到油套环空后直接返排至污油污水回收装置当中
2	螺旋刮筒	将刮削功能和清洗功能合并	高温高压液体推动装置通过螺旋刮筒沿油管内壁下行刮蜡及螺旋凹槽内液体对内壁油蜡进行清洗并将装置下部油蜡预热，为装置下行刮蜡创造有利条件
3		刮蜡中途遇阻会造成刮蜡操作失败	在装置中增加定压球阀。当装置刮蜡下行遇阻，装置上部液体压力大于定压球阀开启压力时，定压球阀打开，高温高压液流经定压球阀进入螺旋刮筒内腔
4			装置中增加解堵喷头，高温高压液流经螺旋刮筒内腔，从解堵喷头喷孔斜向下高速喷射，对装置下部硬质油蜡进行冲刷并将其融化成液态，从而解除卡阻
5	螺旋通道	螺旋通道多，作用在装置上部压力小，无法推动装置顺利下行	螺旋刮筒中将螺旋通道由三条改为一条，使更高的压力作用在装置上部以保证装置顺利下行刮蜡，保证刮蜡效果

由于借鉴的螺旋式管道除垢装置无法完全满足油管内壁在线刮蜡、清洗和定压喷射解堵的需求，因此，本次小组课题确定为“螺旋式油管内壁在线刮蜡装置的研制”。

四、设定目标及目标可行性论证

1. 设定目标

在保证油管内壁刮蜡清洗一次达到下井要求，污油污染率为零的情况下，平均单井油管内壁刮蜡清洗时间由 860min 缩短至 480min，见图 4–1。

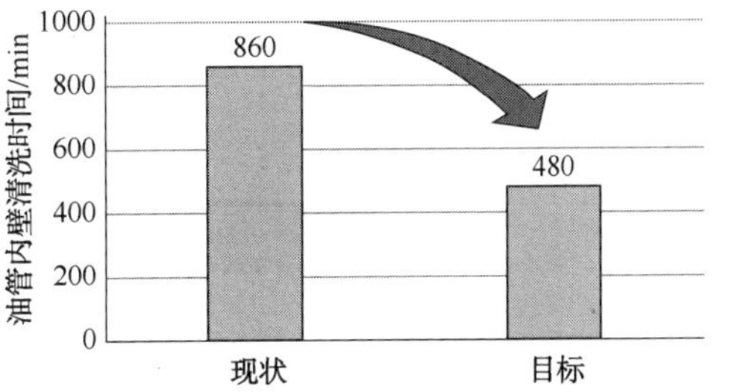

图 4–1　小组活动目标设定图

制图人：周旭东　制图时间：2021 年 1 月 11 日

2. 目标可行性论证

小组以油管内壁刮蜡清洗流程为判断依据，对油管内壁油蜡清洗过程进行了可行性论证(如表4-1所示)。

表4-1 可行性论证表

<table>
<tr><th>要素</th><th>借鉴内容</th></tr>
<tr><td rowspan="3">技术认证</td><td>小组从螺旋式管道除垢装置中借鉴了螺旋刮筒及凹槽的刮削和过流原理，减少油管内壁刮蜡清洗时间。根据借鉴140min内实现油管内壁刮蜡清洗的数据，假设其他环节不变，总工作时间为：$T_{\text{油管清洗时间}}=T_{\text{施工准备}}+T_{\text{打开泄油器}}+(T_{\text{起油管}}+T_{\text{排油管}})+(T_{\text{洗井}}+T_{\text{油管内壁刮蜡清洗}}+T_{\text{污油融化}}+T_{\text{污油回收}}+T_{\text{污油加热}})+T_{\text{污油回注}}+T_{\text{收尾工作}}=35+10+180+140+60+35=460\text{min}<480\text{min}$</td></tr>
<tr><td>小组经过ECRS理论分析，取消了污油熔化、污油回收两个环节，将洗井、油管内壁刮蜡清洗和污油加热三个环节合并为一个环节，使洗井、油管内壁刮蜡清洗和污油加热三项操作同时进行，并将清洗产生的污油污水直接返排至污油回收装置后回注集油流程，从而得出了优化后的油管内壁刮蜡清洗流程图，见图4-2。
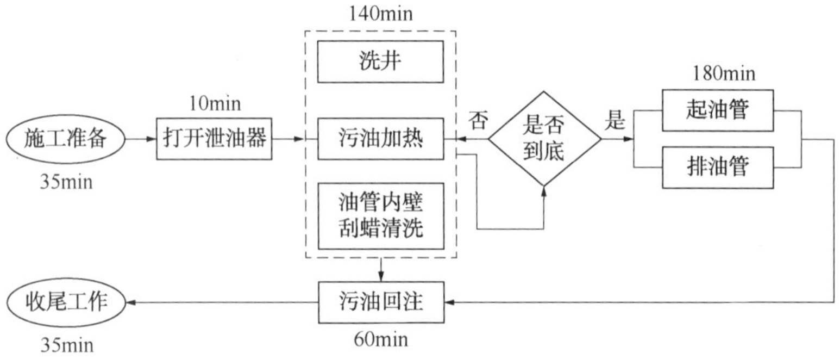

图4-2 优化后的油管内壁刮蜡清洗流程图</td></tr>
<tr><td>与此同时，我们利用ϕ58mm×800mm的油管内径规、水泥车和蜡堵油管在地面进行油管解堵试验，现场测量油管内壁平均油蜡厚度15mm，其中油管内壁刮蜡清洗时间取决于油管内径规在油管内通过的时间，具体模拟试验方案如图4-3~图4-6所示。
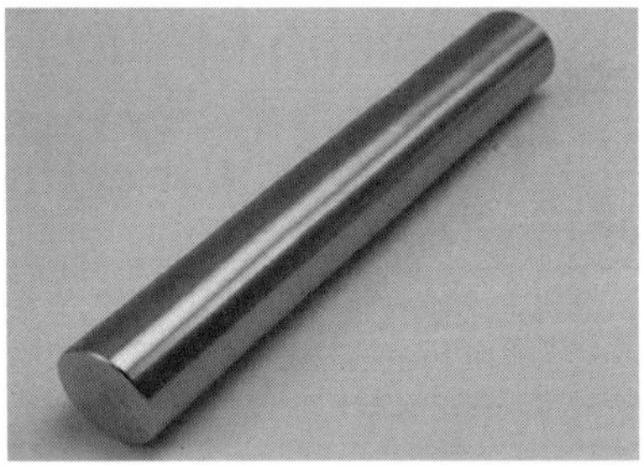
图4-3 油管内径规

图4-4 水泥车

图4-5 蜡堵油管
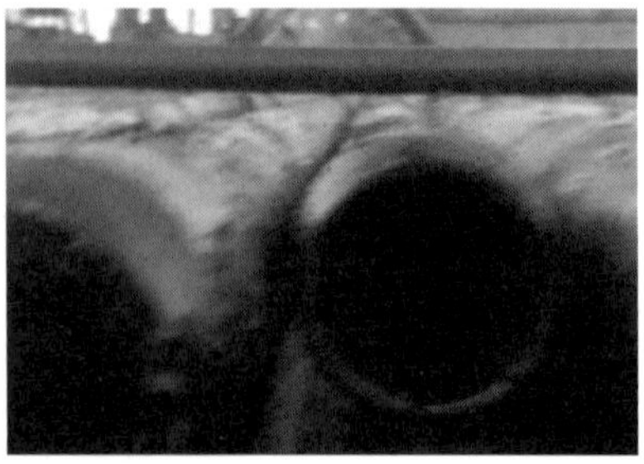
图4-6 解堵后油管
同样地，假设其他环节时间不变，模拟试验的总时间为：
$T_{\text{油管清洗时间}}=T_{\text{施工准备}}+T_{\text{打开泄油器}}+(T_{\text{起油管}}+T_{\text{排油管}})+(T_{\text{洗井}}+T_{\text{污油加热}}+T_{\text{油管内壁刮蜡清洗}})+T_{\text{污油回注}}+T_{\text{收尾工作}}=35+10+180+135+60+35=455\text{min}<480\text{min}$</td></tr>
</table>

续表

<table>
<tr><th>要素</th><th>借鉴内容</th></tr>
<tr><td>技术认证</td><td>经过现场3口井模拟试验，平均单根油管刮蜡时间为49s，大约0.8min，平均单井油管165根，平均单井油管刮蜡清洗时间为135min，刮蜡清洗后油管内壁油蜡厚度<2mm，达到了下井标准要求，具体情况见表4-2。
表4-2 模拟试验数据统计表
<table>
<tr><td>试验编号</td><td colspan="3">1</td><td colspan="3">2</td><td colspan="3">3</td></tr>
<tr><td rowspan="2">试验数据</td><td>油管根数/根</td><td>刮蜡时间/min</td><td>油蜡厚度/mm</td><td>油管根数/根</td><td>刮蜡时间/min</td><td>油蜡厚度/mm</td><td>油管根数/根</td><td>刮蜡时间/min</td><td>油蜡厚度/mm</td></tr>
<tr><td>166</td><td>135</td><td>1.5</td><td>161</td><td>132</td><td>1.6</td><td>168</td><td>138</td><td>1.5</td></tr>
<tr><td>平均</td><td colspan="9">时间=135min　　油蜡厚度<2mm</td></tr>
</table>
结合上述，借鉴数据及模拟试验结果可以看出：油管内壁刮蜡清洗时间小于目标值，也就是在技术上该目标是可行的</td></tr>
<tr><td>结论</td><td>通过借鉴管内壁除垢时间为140min等各方面进行可行性论证，同时小组是具有较强的技术创新能力、机械设计能力和丰富的工作经验，因此，小组有信心和能力完成油管内壁刮蜡清洗时间由860min缩短至480min的活动目标</td></tr>
</table>

制表人：于海山　　　　制表时间：2021年1月12日

五、提出方案并确定最佳方案

（一）提出方案

小组成员根据借鉴螺旋式管道除垢装置集成化原理与技术需求，提出了具体部件分解方案，将螺旋式油管内壁在线刮蜡装置分解为：螺旋刮筒、定压球阀、解堵喷头、水泥车四个部分，具体如图5-1所示。

图5-1　装置部件分解图

制图人：张兆欣　制图时间：2021年1月13日

（二）确定最佳方案

1. 一级方案确定

依据前期借鉴特性值与《螺旋式管道除垢装置操作规程》及各部件自身关键要求对装置相关技术参数需求确定如表5-1所示。

表5-1　相关技术参数的确定

序号	所属部件	技术规范与技术规范需求	关键技术参数
1	螺旋刮筒	1. 油管内径为 ϕ62mm； 2. 油管内径规外径 ϕ58mm	1. 螺旋刮筒外径=ϕ58±0.2mm； 2. 螺旋刮筒长度=300±1.5mm； 3. 刮蜡后油管内壁油蜡厚度≤2mm； 4. 单根油管刮蜡时间≤49s
2	定压球阀	刮蜡清洗时液压超过5MPa时开启定压球阀	机械寿命≥1000次
3	解堵喷头	刮蜡清洗遇阻时喷射高压液流冲击装置下部油蜡解除卡堵	1. 解堵喷头加工时间≤30min； 2. 设计喷射压力≥5MPa
4	水泥车	液压不超过J55型 ϕ62mm油管抗内压强度50.1MPa	1. 泵压≤25MPa； 2. 排量≥500L/min

制表人：张正　　　　制表时间：2021年1月17日

依据关键技术参数，小组成员展开讨论，确定了装置各部分细化分解方案，如图5-2所示。

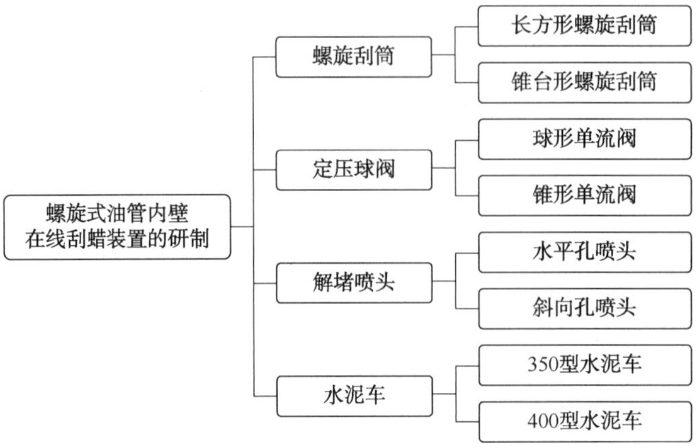

图 5-2　一级方案细化分解图

制图人：张兆欣　制图时间：2021 年 1 月 18 日

2. 一级方案评价

(1) 螺旋刮筒选择

螺旋刮筒形状选择见表 5-2。

表 5-2　螺旋刮筒形状选择

<table>
<tr><td>选择一</td><td colspan="3">螺旋刮筒形状的选择</td></tr>
<tr><td>备选方案</td><td>螺旋刮筒：长方形螺旋刮筒；锥台形螺旋刮筒</td><td>方案目标</td><td>1. 螺旋刮筒外径 = $\phi58\pm0.2$mm；
2. 螺旋刮筒长度 = 300 ± 1.5mm；
3. 刮蜡后油管内壁油蜡厚度≤2mm；
4. 单根油管刮蜡时间≤49s</td></tr>
<tr><td>试验方式</td><td colspan="3">1. 测量：对螺旋刮筒的外径和长度进行测量并对数据进行分析；
2. 试验：利用水泥车和尼龙式螺旋刮筒对蜡堵油管进行地面解堵试验并对数据分析</td></tr>
<tr><td>方案名称</td><td>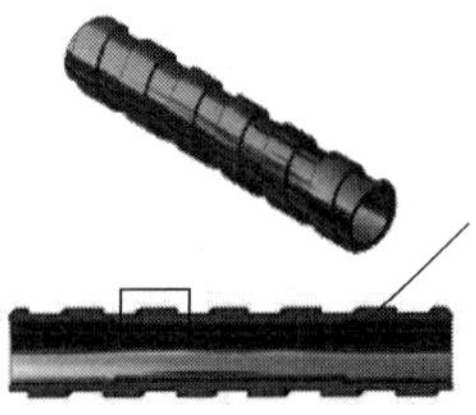
剖面图
方案一：长方形(螺旋截面)螺旋刮筒</td><td colspan="2">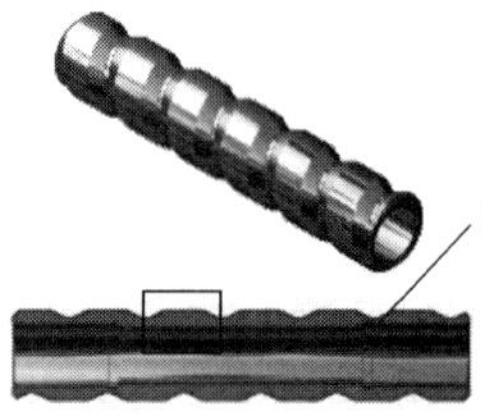
剖面图
方案二：锥台形(螺旋截面)螺旋刮筒</td></tr>
<tr><td>方案描述</td><td>螺旋刮筒纵向截面为长方形，在液压作用下螺旋刮筒下行刮蜡，并通过螺旋凹槽内的热水对油管内壁的油蜡进行清洗，同时流过螺旋凹槽的热水对装置下部的油蜡进行预热、刮削清洗产生污油水通过螺旋通道内向下流动的液流带至管柱底部返至油套环空</td><td colspan="2">螺旋刮筒纵向截面为锥台形，在液压作用下螺旋刮筒下行刮蜡，并通过螺旋凹槽内的热水对油管内壁的油蜡进行清洗，同时流过螺旋凹槽的热水对装置下部的油蜡进行预热、刮削清洗产生污油水通过螺旋通道内向下流动的液流带至管柱底部返至油套环空</td></tr>
<tr><td>测量</td><td colspan="3">1. 测量：用铝棒加工两种不同截面形状的螺旋刮筒，长度取油管内径规长度 800mm 的 3/8，即为 300mm，然后对其外径和长度进行测量，其硬度远大于油蜡硬度，因此可以满足油管内壁刮蜡清洗需求</td></tr>
</table>

试验次数	外径×长度/mm $\phi58\times300$mm		
1	58.02×301	58.01×301	58.02×301
2	58.02×300	58.01×302	58.01×300
3	58.01×301	58.02×301	58.02×301
4	58.02×302	58.01×301	58.01×301
误差	0.15×1		

试验次数	外径×长度/mm $\phi58\times300$mm		
1	58.02×301	58.01×302	58.00×301
2	58.01×300	58.02×301	58.01×300
3	58.01×301	58.01×301	58.02×302
4	58.02×302	58.01×300	58.02×301
误差	0.13×1		

续表

<table>
<tr><td>选择一</td><td colspan="2">螺旋刮筒形状的选择</td></tr>
<tr><td>测量结果</td><td>长方形螺旋刮筒外径误差为 0.15mm<0.2mm，长度误差<1.5mm，均在误差要求范围内</td><td>锥形螺旋刮筒外径误差为 0.13mm<0.2mm，长度误差<1.5mm，均在误差要求范围内</td></tr>
<tr><td rowspan="2">试验</td><td colspan="2">2. 试验：利用水泥车和铝棒制成的长方形螺旋刮筒和锥形螺旋刮筒对蜡堵油管进行地面解堵试验，解堵试验后测量油管内壁油蜡厚度并记录单根油管刮蜡的时间</td></tr>
<tr><td><table>
<tr><td rowspan="2">试验次数</td><td>油蜡厚度/mm</td><td>刮蜡时间/s</td></tr>
<tr><td>≤2</td><td>≤49</td></tr>
<tr><td>1</td><td>1.8</td><td>48</td></tr>
<tr><td>2</td><td>1.9</td><td>47</td></tr>
<tr><td>3</td><td>1.9</td><td>49</td></tr>
<tr><td>4</td><td>1.8</td><td>48</td></tr>
<tr><td>误差</td><td>1.85</td><td>48</td></tr>
</table></td><td><table>
<tr><td rowspan="2">试验次数</td><td>油蜡厚度/mm</td><td>刮蜡时间/s</td></tr>
<tr><td>≤2</td><td>≤49</td></tr>
<tr><td>1</td><td>1.9</td><td>52</td></tr>
<tr><td>2</td><td>1.8</td><td>53</td></tr>
<tr><td>3</td><td>1.9</td><td>55</td></tr>
<tr><td>4</td><td>1.8</td><td>50</td></tr>
<tr><td>误差</td><td>1.85</td><td>52.25</td></tr>
</table></td></tr>
<tr><td>试验结果</td><td>刮蜡后油管内壁油蜡厚度<2mm，单根油管刮蜡时间<49s，符合试验要求</td><td>刮蜡后油管内壁油蜡厚度<2mm，单根刮蜡时间>49s，不符合试验要求</td></tr>
<tr><td>综合分析</td><td>在长方形螺旋刮筒外径误差满足刮蜡要求的同时，长方形螺旋刮筒与油管内壁纵向成90°夹角，液流作用在刮筒的纵向分力更大，装置下行刮蜡时间更短，效率更高</td><td>在锥形螺旋刮筒外径误差满足刮蜡要求的同时，锥台形螺旋刮筒与油管内壁纵向夹角>90°，液流作用在刮筒的纵向分力较小，装置下行刮蜡时间较长，效率较低</td></tr>
<tr><td>结论</td><td>采用</td><td>不采用</td></tr>
</table>

制表人：刘庆伟　　　　制表时间：2021 年 3 月 4 日

(2) 定压球阀的选择

定压球阀类型选择见表 5-3。

表 5-3　定压球阀类型的选择

<table>
<tr><td>选择二</td><td colspan="2">定压球阀类型的选择</td></tr>
<tr><td>备选方案</td><td>定压球阀：球形单流阀；锥形单流阀</td><td>方案目标：在 5~25MPa 任意压力开启</td></tr>
<tr><td>试验方式</td><td colspan="2">分析评价：从两种单流阀的安全性、经济性和可操作性三个方面进行评价确定单流阀型号</td></tr>
<tr><td>方案名称</td><td>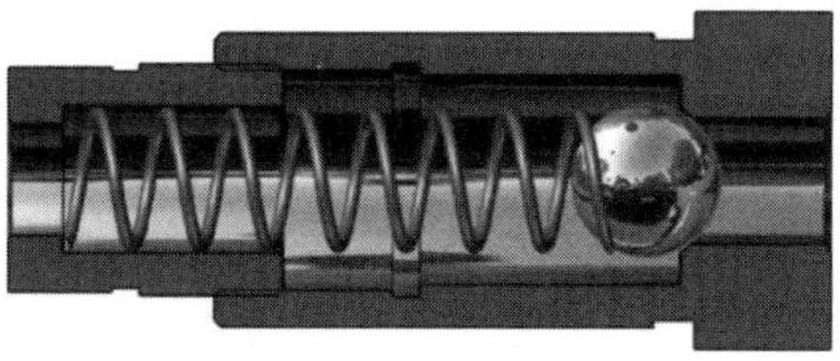
方案一：球形单流阀</td><td>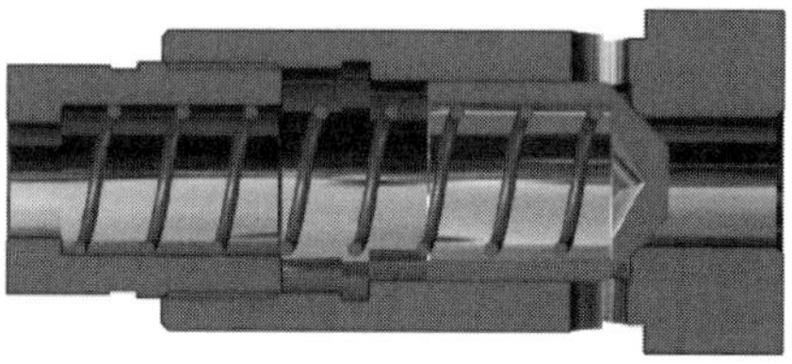
方案二：锥形单流阀</td></tr>
<tr><td>方案描述</td><td>通过压帽和弹簧设定球形单流阀的开启压力，在装置遇阻液压高于设定压力时，球形阀打开，液流通过凡尔球与壳体的环形空间及压帽的过流孔，从圆台形喷头的喷孔喷出高压射流冲掉装置下端油蜡而实现解堵</td><td>通过压帽和弹簧设定锥形单流阀的开启压力，在装置遇阻液压高于设定压力时，锥形阀打开，液流从锥形单流阀内侧向外侧的过流孔，到达圆台形喷头的喷孔喷出高压射流冲掉装置下端油蜡而实现解堵</td></tr>
<tr><td>安全性</td><td>液流从液流通过凡尔球与壳体的环形空间及压帽的过流孔直线流过后，从喷孔射出，安全可靠</td><td>液流从锥形单流阀内侧向外侧的过流孔的垂直射流容易射穿壳体对人员造成伤害，安全性差</td></tr>
<tr><td>经济性</td><td>结构简单，易于加工，每件费用 300 元</td><td>结构复杂，加工困难，每件费用 520 元</td></tr>
<tr><td>可操作性</td><td>通过调节弹簧，均可在 5~25MPa 任意压力开启</td><td>通过调节弹簧，均可在 5~25MPa 任意压力开启</td></tr>
</table>

续表

选择二	定压球阀类型的选择	
综合分析	球形单流阀工作可靠性高，使用寿命更长	锥形单流阀工作可靠性差，使用寿命短
结论	需要对球形单流阀的球座形状、弹簧类型及调压方式进行重新设计	不采用

制表人：周旭东　　　　制表时间：2021 年 3 月 5 日

(3) 解堵喷头的选择

解堵喷头形状选择见表 5-4。

表 5-4　解堵喷头形状的选择

<table>
<tr><td>选择三</td><td colspan="3">解堵喷头的选择</td></tr>
<tr><td>备选方案</td><td>解堵喷头：水平孔喷头；斜向孔喷头</td><td>方案目标</td><td>1. 解堵喷头加工时间≤30min；
2. 解堵喷射压力≥5MPa</td></tr>
<tr><td>试验方式</td><td colspan="3">1. 模拟试验：利用铝棒对解堵喷头进行加工，记录加工时间数据并进行数据分析；
2. 现场试验：与球形单流阀配合测量喷头喷射压力并进行数据分析</td></tr>
<tr><td>方案名称</td><td>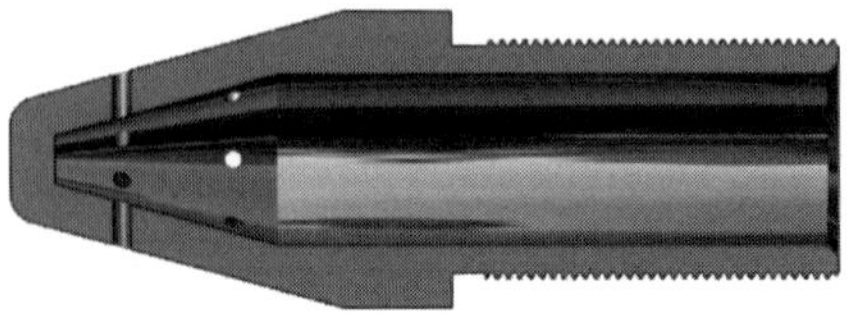
方案一：水平孔喷头</td><td colspan="2">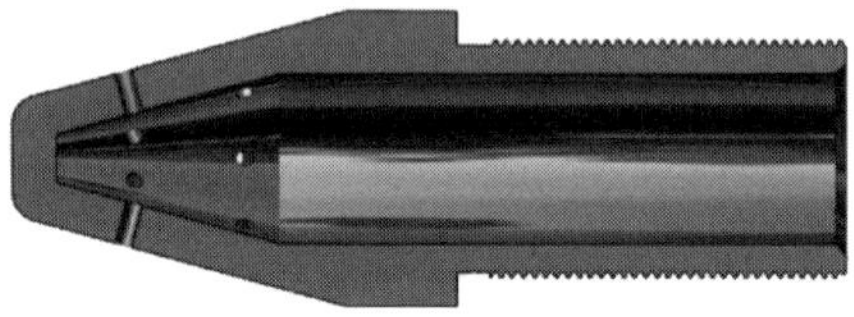
方案二：斜向孔喷头</td></tr>
<tr><td>方案描述</td><td>在锥台形喷头的前端钻通 12 个水平方向轴线成 90°的喷孔，在装置遇阻时通过喷孔喷出的高压射流冲掉装置下部堵塞的油蜡从而解除蜡堵</td><td colspan="2">在锥台形喷头的前端钻通 12 个斜向下并与管壁纵向成 75°的喷孔，在装置遇阻时通过喷孔喷出的高压射流冲掉装置下部堵塞的油蜡从而解除蜡堵</td></tr>
<tr><td rowspan="2">模拟试验</td><td colspan="3">1. 模拟试验：利用铝棒对解堵喷头进行加工，通过加工时间验证工具机械加工效率</td></tr>
<tr><td colspan="3"><table>
<tr><td rowspan="2">喷头各类</td><td colspan="6">加工次数/次</td></tr>
<tr><td>1</td><td>2</td><td>3</td><td>4</td><td>5</td><td>平均时间/min</td></tr>
<tr><td>水平喷孔</td><td>42</td><td>45</td><td>39</td><td>46</td><td>45</td><td>43.5</td></tr>
<tr><td>斜向喷孔</td><td>25</td><td>28</td><td>26</td><td>24</td><td>24</td><td>25.5</td></tr>
</table></td></tr>
<tr><td>试验结果</td><td>水平喷孔喷头的形状和喷孔定位加工较为困难，加工时间较长，加工效率较低</td><td colspan="2">圆台形喷头的形状和喷孔定位加工较为容易，加工时间较短，加工效率较高</td></tr>
<tr><td rowspan="2">现场试验</td><td colspan="3">2. 现场试验：通过水泥车配合测量解堵喷头与球形单流阀解堵喷头的喷射压力</td></tr>
<tr><td colspan="3"><table>
<tr><td rowspan="2">试验次数</td><td colspan="2">水平喷孔</td><td colspan="2">斜向喷孔</td></tr>
<tr><td>定压球阀开启压力/MPa</td><td>解堵喷头喷射压力/MPa</td><td>定压球阀开启压力/MPa</td><td>解堵喷头喷射压力/MPa</td></tr>
<tr><td>1</td><td>5.10</td><td>5.00</td><td>5.10</td><td>5.00</td></tr>
<tr><td>2</td><td>5.10</td><td>5.10</td><td>5.10</td><td>5.10</td></tr>
<tr><td>3</td><td>5.00</td><td>5.10</td><td>5.00</td><td>5.00</td></tr>
<tr><td>4</td><td>5.00</td><td>5.00</td><td>5.00</td><td>5.10</td></tr>
<tr><td>平均</td><td>5.05</td><td>5.05</td><td>5.05</td><td>5.05</td></tr>
</table></td></tr>
<tr><td>试验结果</td><td colspan="3">解堵喷头与定球形单流阀配合测量的解堵喷头喷射压力均大于 5MPa</td></tr>
</table>

续表

<table>
<tr><td>选择三</td><td colspan="2">解堵喷头的选择</td></tr>
<tr><td>综合分析</td><td>水平喷孔的射流切割硬质油蜡的作用，无法将切割下的碎块油蜡快速冲散，解堵速度较慢，无法满足快速解堵需求</td><td>水平喷孔的射流切割硬质油蜡的同时，还可以将切割下的碎块油蜡快速冲散，解堵速度较快，能够满足快速解堵需求</td></tr>
<tr><td>结论</td><td>不采用</td><td>采用</td></tr>
</table>

制表人：刘浩　　　　制表时间：2021 年 3 月 6 日

(4) 水泥车的选择

水泥车的类型选择见表 5-5。

表 5-5　水泥车类型的选择

<table>
<tr><td>选择四</td><td colspan="3">水泥车类型的选择</td></tr>
<tr><td>备选方案</td><td>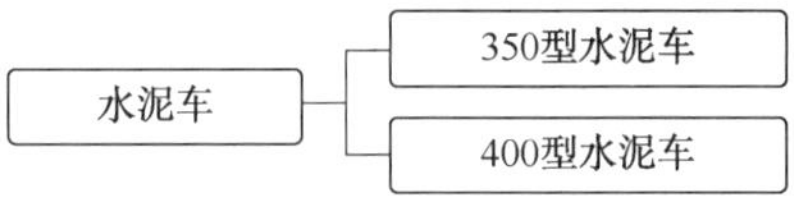
</td><td>方案目标</td><td>1. 泵压≤25MPa；
2. 排量≥500L/min</td></tr>
<tr><td>试验方式</td><td colspan="3">试验：对水泥车的压力和排量进行试验并对数据进行分析</td></tr>
<tr><td>方案名称</td><td>
方案一：350型水泥车</td><td colspan="2">
方案二：400型水泥车</td></tr>
<tr><td>方案描述</td><td>通过水泥车油管正打压产生的液压力推动螺旋式油管内壁在线刮蜡装置下行刮蜡，螺旋型凹槽通道的高压液流洗井，同时通过球座的开启和关闭实现刮蜡遇阻时的解堵操作</td><td colspan="2">通过水泥车油管正打压产生的液压力推动螺旋式油管内壁在线刮蜡装置下行刮蜡，螺旋型凹槽通道的高压液流洗井，同时通过球座的开启和关闭实现刮蜡遇阻时的解堵操作</td></tr>
<tr><td rowspan="2">试验</td><td colspan="3">现场试验：在井口处依次下入丝堵、筛管和内壁含油蜡的油管各 10 根，选择两种型号的水泥车在井筒内通过水泥车正打压的方式分别进行油管内壁刮蜡进行刮蜡清洗现场试验，并记录水泥车的压力和排量</td></tr>
<tr><td><table>
<tr><td rowspan="2">试验次数</td><td>压力/MPa</td><td>排量/(ml/min)</td></tr>
<tr><td>25</td><td>500</td></tr>
<tr><td>1</td><td>24</td><td>520</td></tr>
<tr><td>2</td><td>24</td><td>540</td></tr>
<tr><td>3</td><td>25</td><td>525</td></tr>
<tr><td>4</td><td>25</td><td>535</td></tr>
<tr><td>平均</td><td>24.5</td><td>530</td></tr>
</table></td><td colspan="2"><table>
<tr><td rowspan="2">试验次数</td><td>压力/MPa</td><td>排量/(ml/min)</td></tr>
<tr><td>25</td><td>500</td></tr>
<tr><td>1</td><td>25</td><td>818</td></tr>
<tr><td>2</td><td>24</td><td>816</td></tr>
<tr><td>3</td><td>25</td><td>835</td></tr>
<tr><td>4</td><td>24</td><td>811</td></tr>
<tr><td>平均</td><td>24.5</td><td>820</td></tr>
</table></td></tr>
<tr><td>试验结果</td><td>水泥车平均压力 24.5MPa 时，排量为 530ml/min，能够满足压力和排量需求</td><td colspan="2">水泥车平均压力 24.5MPa 时，排量为 820ml/min，能够满足压力和排量需求</td></tr>
<tr><td>综合分析</td><td>350 型水泥车为油田采油厂洗井时最常用的水泥车车型，能够满足压力和排量需求，数量较多，实用性强</td><td colspan="2">400 型水泥车主要用于钻井完井套管注水泥，成本较高，能够满足压力和排量需求，但属于大马拉小车，成本较高，但实用性较差</td></tr>
<tr><td>结论</td><td>采用</td><td colspan="2">不采用</td></tr>
</table>

制表人：熊小亮　　　　制表时间：2021 年 3 月 7 日

通过上述方案评价分析，最后确定装置各部分的一级方案如图 5-3 所示。

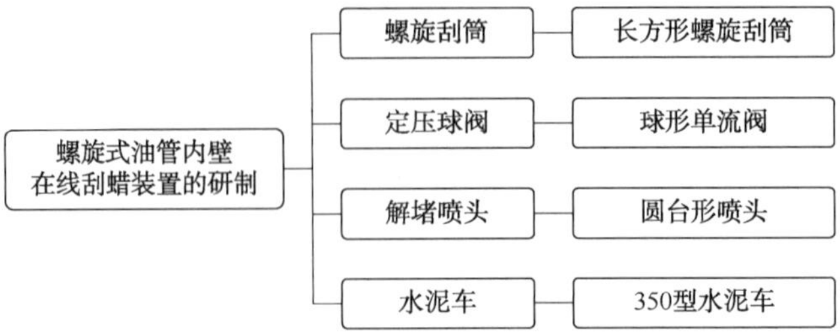

图 5-3 评价后的一级方案细化分解图

制图人：张兆欣 制图时间：2021 年 3 月 9 日

3. 二级方案确定

通过以上分析，需要对球形单流阀的球座形状、弹簧类型和调压方式进行进一步的选择，小组展开讨论，最后选择水泥车的类型如表 5-6 所示，选择球形单流阀的分级方案如图 5-4 所示。

表 5-6 水泥车类型的选择

所属部件	结构名称	技术规范与技术规范需求	关键技术参数
球形单流阀	球座形状	经球座束水限流作用使液体作用在钢球上的压力更充分，以便顺利打开球阀	通孔内径=ϕ18±0. 2mm 入口内径≥18mm
	弹簧类型	弹簧压缩蓄能后满足球阀在设定压力下顺利打开的需求	单流阀开启压力限定在 5~20MPa
	调压方式	通过弹簧的压缩变形量对球阀的开启压力进行设定	弹簧压缩量可在 0~20mm 自由调节

制表人：黄忠胜 制表时间：2021 年 3 月 10 日

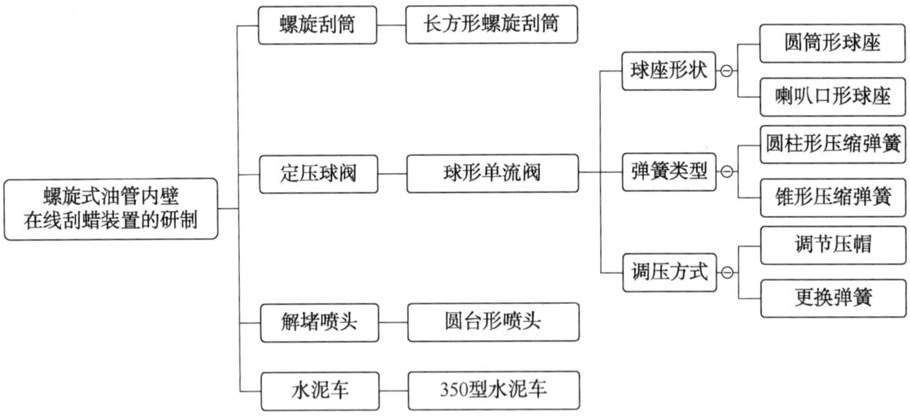

图 5-4 二级方案细化分解图

制图人：张兆欣 制图时间：2021 年 3 月 10 日

4. 二级方案评价

（1）球座形状选择

选择方案详见表 5-7。

表 5-7 球座形状选择

选择一	球座形状的选择		
备选方案	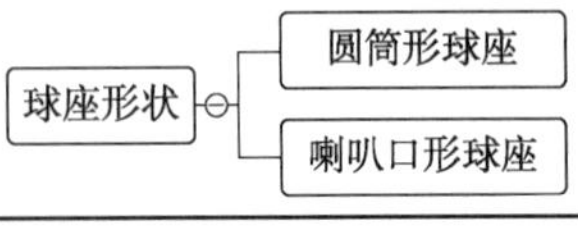	方案目标	通孔内径=ϕ18±0. 2mm 筒体内径=ϕ30+0. 2mm 入口内径≥18mm

续表

<table>
<tr><td>选择一</td><td colspan="2">球座形状的选择</td></tr>
<tr><td>测量方式</td><td colspan="2">测量：对加工的球座入口内径和内孔内径进行测量，并通过数据对球座入口的束水导流效果进行分析</td></tr>
<tr><td>方案名称</td><td>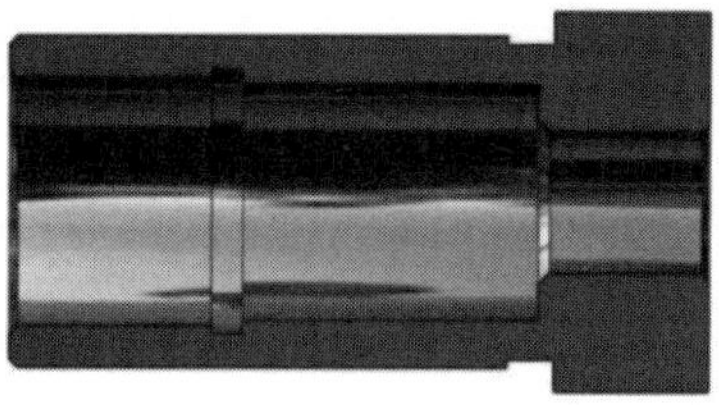
方案一：圆筒形球座</td><td>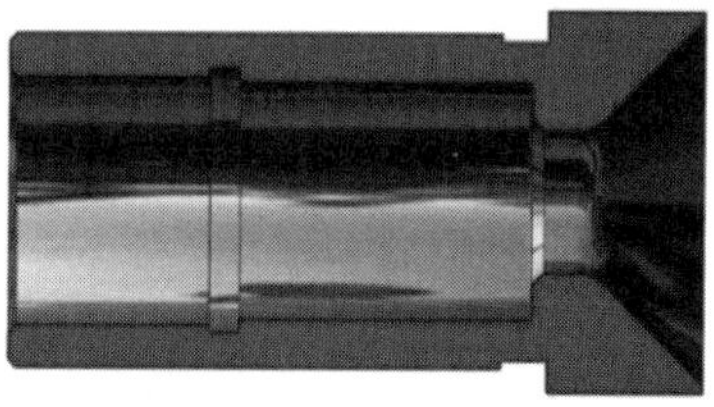
方案二：喇叭口形球座</td></tr>
<tr><td>方案描述</td><td>通过圆筒形球座束水导流作用，在装置刮蜡遇阻凹槽内水流无法流通时，水流通过球座通孔作用在凡尔球上压缩弹簧顺利打开球阀</td><td>通过喇叭口形球座的束水导流作用，在装置刮蜡遇阻凹槽内水流无法流通时，水流通过球座通孔作用在凡尔球上压缩弹簧顺利打开球阀</td></tr>
<tr><td>测量</td><td colspan="2">利用尼龙棒对两种类型的球座进行加工，然后测量球座的入口内径和通孔内径</td></tr>
<tr><td>测量</td><td>
<table>
<tr><td>试验次数</td><td>通孔内径/（18mm）</td><td>通孔面积/（$mm^2 \times 10^{-3}$）</td><td>入口内径/（18mm）</td><td>束水面积/（$mm^2 \times 10^{-3}$）</td></tr>
<tr><td>1</td><td>18.01</td><td>0.254</td><td>18.01</td><td>0.254</td></tr>
<tr><td>2</td><td>18.02</td><td>0.254</td><td>18.02</td><td>0.255</td></tr>
<tr><td>3</td><td>18.02</td><td>0.254</td><td>18.01</td><td>0.254</td></tr>
<tr><td>4</td><td>18.01</td><td>0.254</td><td>18.00</td><td>0.253</td></tr>
<tr><td>平均</td><td>18.15</td><td>0.254</td><td>18.01</td><td>0.254</td></tr>
</table>
</td><td>
<table>
<tr><td>试验次数</td><td>通孔内径/（18mm）</td><td>通孔面积/（$mm^2 \times 10^{-3}$）</td><td>入口内径/（46mm）</td><td>束水面积/（$mm^2 \times 10^{-3}$）</td></tr>
<tr><td>1</td><td>18.01</td><td>2.54</td><td>46.01</td><td>1.66</td></tr>
<tr><td>2</td><td>18.02</td><td>2.54</td><td>46.02</td><td>1.67</td></tr>
<tr><td>3</td><td>18.02</td><td>2.54</td><td>46.01</td><td>1.66</td></tr>
<tr><td>4</td><td>18.01</td><td>2.54</td><td>46.00</td><td>1.65</td></tr>
<tr><td>平均</td><td>18.15</td><td>2.54</td><td>46.01</td><td>1.66</td></tr>
</table>
</td></tr>
<tr><td>测量结果</td><td>圆筒形球座的入口内径与通孔内径相同，其中球座筒体内径为 30mm</td><td>喇叭口形球座的入口内径远大于通孔内径，其中球座筒体内径为 30mm</td></tr>
<tr><td>综合分析</td><td>圆筒形球座的入口内径与通孔内径相同，通过球座入口液流可以打开球阀，但效果一般</td><td>喇叭口形球座入口内径远大于通孔内径，具有较好的束水导流作用，可以保证球阀快速打开</td></tr>
<tr><td>结论</td><td>不采用</td><td>采用</td></tr>
</table>

制表人：刘庆伟　　　　制表时间：2021 年 3 月 11 日

（2）弹簧类型选择

选择方案详见表 5-8。

表 5-8　弹簧类型选择

<table>
<tr><td>选择二</td><td colspan="3">弹簧类型的选择</td></tr>
<tr><td>备选方案</td><td>弹簧类型：圆柱形压缩弹簧；锥形压缩弹簧</td><td>方案目标</td><td>单流阀开启压力限定在 5~20MPa</td></tr>
<tr><td>试验方式</td><td colspan="3">模拟计算：在球座内径通孔为 ϕ18mm 及弹簧压缩长度≤20mm 的条件下，计算球座的开启压力并对数据进行分析，从而确定弹簧型号</td></tr>
<tr><td>方案名称</td><td>
方案一：圆柱形压缩弹簧</td><td colspan="2">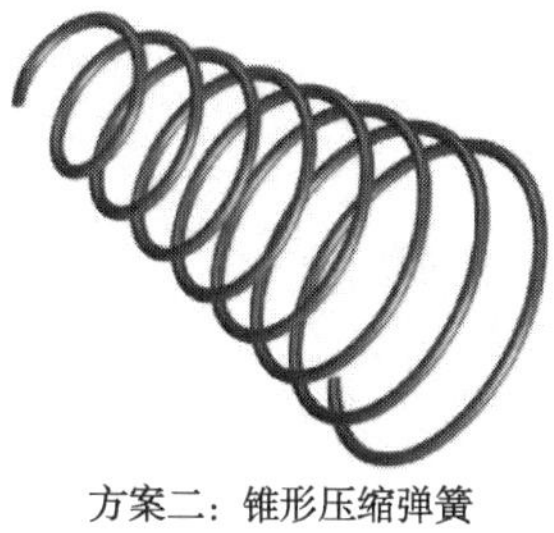
方案二：锥形压缩弹簧</td></tr>
</table>

续表

选择二	弹簧类型的选择	
方案描述	通过控制圆柱形压缩弹簧的压缩变形量，将球形单流阀开启压力设定在 5~20MPa	通过控制锥形压缩弹簧的压缩变形量，将球形单流阀开启压力设定在 5~20MPa
模拟计算	通过下面公式弹簧压缩量：$K=(G\times d^4)/(8\times D_m{}^3\times N_c)$，其中 G 为线性钢丝模数，单位 kdf/mm，当弹簧被压缩 1mm 距离的负荷，d 为线径，D_m 为弹簧中径	

计算次数	开启压力/MPa	圆柱形压缩弹簧			锥形压缩弹簧			
		钢丝直径 d/mm	中径 D_m/mm	压缩长度/mm	钢丝直径 d/mm	上径 D_m/mm	底径 D_m/mm	压缩长度/mm
1	5	2.0	16	8.3	2.0	16	40	4.2
2	20	2.0	16	15.2	2.0	16	40	19.5

计算结果	钢丝直径为 2mm、中径为 16mm 圆柱形压缩弹簧在压缩量 0~20mm 范围内能够满足 5~20MPa 内球阀定压开启的需求	钢丝直径为 2mm、中径为 16mm 锥形压缩弹簧在压缩量 0~20mm 范围内能够满足 5~20MPa 内球阀定压开启的需求
综合分析	中径为 16mm 圆柱形压缩弹簧的外径为 18mm，可以满足内径为 ϕ30mm 球座筒体内安装的需求	上径为 16mm 锥形压缩弹簧的底径为 40mm，因此，锥形压缩弹簧无法满足内径为 ϕ30mm 球座筒体内安装的需求
结论	采用	不采用

制表人：周旭东　　　　制表时间：2021 年 3 月 12 日

（3）调压方式选择

选择方案详见表 5-9。

表 5-9　调压方式选择

选择三	调压方式的选择		
备选方案	调压方式 → 调节压帽；更换弹簧	方案目标	弹簧压缩量可在 0~20mm 自由调节
试验方式	模拟计算：通过现场试验方式验证两种调压方式的可行性		
方案名称	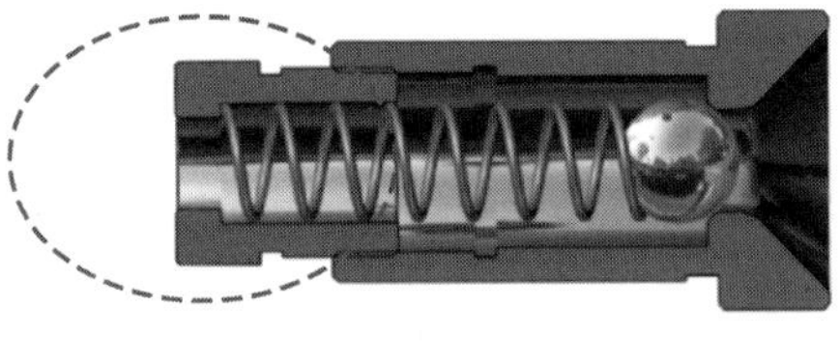 方案一：调节压帽	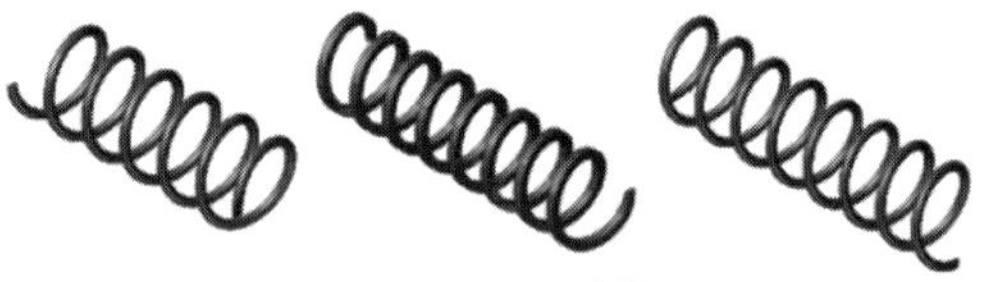 方案二：更换弹簧	
方案描述	通过调节压帽的旋入筒体方式压缩圆柱形压缩弹簧变形量，以将球形单流阀开启压力设定在 5~20MPa	通过更换不同长度圆柱形压缩弹簧的方式，将球形单流阀开启压力设定在 5~20MPa	
模拟计算	通过下面公式弹簧压缩量：$K=(G\times d^4)/(8\times D_m{}^3\times N_c)$，其中 G 为线性钢丝模数，单位 kdf/mm，当弹簧被压缩 1mm 距离的负荷，d 为线径，D_m 为弹簧中径		

试验次数	开启压力/MPa	圆柱形压缩弹簧	
		长度/mm	压缩长度/mm
1	5	80	8.3
2	10	80	10.2
3	15	80	13.5
4	20	80	15.2

试验次数	开启压力/MPa	圆柱形压缩弹簧
		弹簧长度/mm
1	5	33.2
2	10	95.1
3	15	98.4
4	20	100.1

续表

选择三	调压方式的选择	
计算结果	在弹簧压缩量分别为 8.3mm，10.2mm，13.5mm、15.2mm 时，压力可控制在 5~20MPa	在弹簧长度分别为 93.2mm，95.1mm，98.4mm、100.1mm 时，压力可控制在 5~20MPa
综合分析	应用调节压帽调节球阀开启压力方便快捷，实用性强	通过更换不同长度弹簧的方式调节球阀的开启压力，但需要反复拆卸定压球阀的压帽，而且当弹簧长度越长，安装时弹簧的变形量越大，安装压帽就越费劲
结论	采用	不采用

制表人：黄忠胜　　　　制表时间：2021 年 3 月 13 日

5. 最佳方案确定

针对方案的进一步细化分解，通过对相关参数及优缺点对比分析，最终确定细化后的最佳方案如图 5-5 所示。

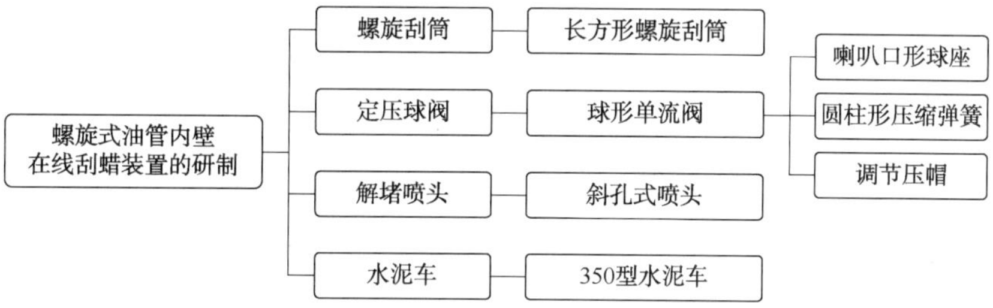

图 5-5　最佳方案细化分解图

制图人：张兆欣　制图时间：2021 年 3 月 13 日

六、制定对策

小组根据细化的最佳方案及 5W1H 原则，制定了详细的对策如表 6-1 所示。

表 6-1　对策实施表

序号	对策	目　标	措　施	地点	负责人	完成时间
1	长方形螺旋刮筒的设计制作	刮蜡后油管内壁油蜡厚度≤2mm	1. 螺旋刮筒的图纸设计； 2. 根据图纸加工制作； 3. 进行现场试验	QC 工作室	刘　勇	2021 年 4 月
2	喇叭口形球座的设计制作	通孔内径 = $\phi 18 \pm 0.2$mm	1. 喇叭口形球座的图纸设计； 2. 根据图纸加工制作； 3. 测量喇叭口形球座通孔内径等尺寸	QC 工作室	王志贤	2021 年 4 月
3	圆柱形压缩弹簧的设计及采购	圆柱形压缩弹簧长度 = 80+0.2mm	1. 圆柱形压缩弹簧的图纸设计； 2. 采购圆柱形压缩弹簧； 3. 对弹簧各项尺寸进行测量	QC 工作室	周旭东	2021 年 4 月
4	调节压帽的设计制作	1. 弹簧压缩量在 0~20mm 自由调节； 2. 球形单流阀在 5~20MPa 定压开启	1. 调节压帽图纸设计及加工； 2. 进行调节压帽尺寸测量； 3. 对球形单流阀各部件进行组装并进行现场试压	QC 工作室	张正	2021 年 4 月
5	斜孔式解堵喷头的设计制作	解除油管蜡堵成功率 100%	1. 圆台形解堵喷头的图纸设计； 2. 根据图纸制作圆台形喷头； 3. 进行油管内壁油蜡解堵试验	QC 工作室	刘庆伟	2021 年 4 月

续表

序号	对策	目　标	措　施	地点	负责人	完成时间
6	350 型水泥车	1. 泵压≤25MPa； 2. 排量≥500L/min	1. 选择 350 型水泥车； 2. 连接水泥车管线； 3. 根据油管内壁刮蜡清洗需求进行地面模拟试验	QC 工作室	刘浩	2021 年 4 月
7	试验验证	1. 一次合格率 100%； 2. 污染率为零； 3. 刮蜡清洗时间控制在 480min 以内	1. 进行部件组装； 2. 进行现场试验准备； 3. 进行现场试验； 4. 验证有无负面影响	QC 工作室	于海山	2021 年 4 月

制表人：张正　　　　时间：2021 年 3 月 20 日

七、对策实施

对策实施一：长方形螺旋刮筒的设计制作

实施表见表 7-1。

表 7-1　长方形螺旋刮筒的设计制作及实施表

步　骤	措　施	实施效果
1. 长方形螺旋刮筒的图纸设计	根据油管内壁刮蜡及清洗需求设计图纸	根据油管内壁刮蜡及清洗需求，进行长方形螺旋刮筒图纸设计 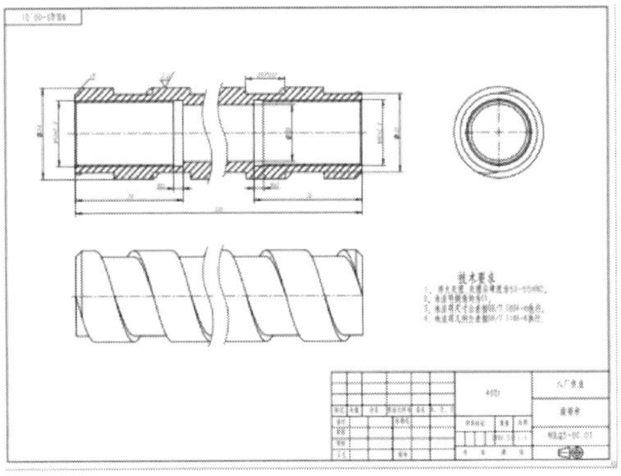 长方形螺旋刮筒设计图纸
2. 根据图纸加工制作长方形螺旋刮筒	根据安装设计图纸进行加工制作	小组根据安装设计图纸进行加工 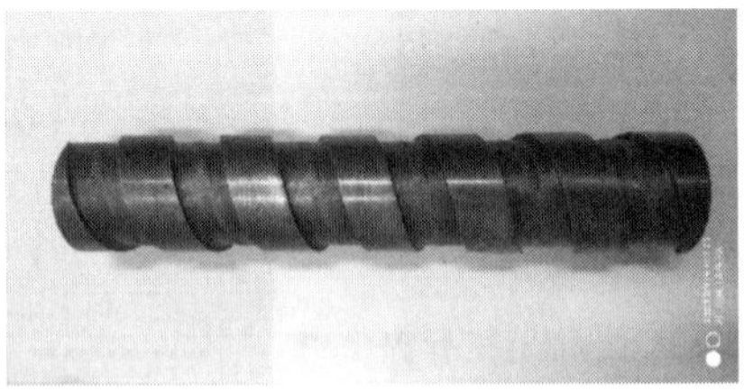 长方形螺旋刮筒实物图
3. 油管内壁刮蜡现场试验	进行油管内壁刮蜡现场试验	小组进行油管内壁刮蜡现场试验 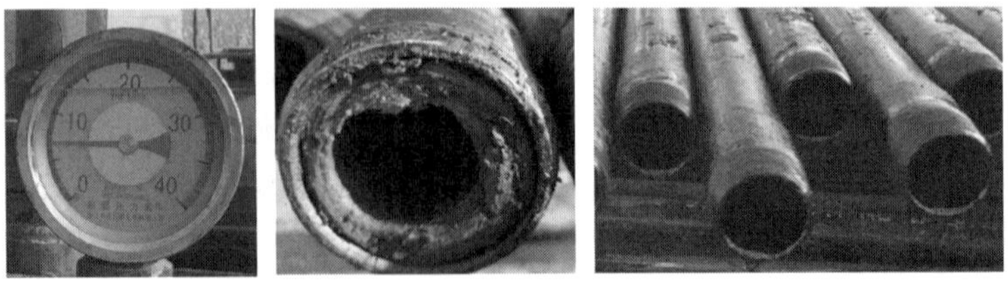 油管内壁刮蜡现场试验效果

续表

<table>
<tr><th>步　骤</th><th>措　施</th><th>实 施 效 果</th></tr>
<tr><td>4. 效果检查</td><td>根据设定目标值进行效果检查</td><td>小组进行了油管内壁刮蜡现场试验，试验结果如下：
<table>
<tr><td rowspan="2">测量次数</td><td colspan="4">油管内壁油蜡厚度/mm</td></tr>
<tr><td colspan="4">≤2mm</td></tr>
<tr><td>1</td><td>1.5</td><td>1.8</td><td>1.6</td><td>1.2</td></tr>
<tr><td>2</td><td>1.6</td><td>1.5</td><td>1.8</td><td>1.7</td></tr>
<tr><td>3</td><td>1.2</td><td>1.5</td><td>1.5</td><td>1.5</td></tr>
<tr><td>4</td><td>1.8</td><td>1.7</td><td>1.6</td><td>1.5</td></tr>
<tr><td>平均</td><td colspan="4">1.55</td></tr>
</table>
从测量结果可以看出，应用长方形螺旋刮筒刮蜡后，油管内壁油蜡厚度均 <2mm，满足目标需求，对策目标达成</td></tr>
</table>

制表人：刘勇　　　　　　　　　　　　　　　　　　　　　　　　　　时间：2021 年 4 月 1 日

对策实施二：喇叭口形球座的设计制作

实施表见表 7-2。

表 7-2　喇叭口形球座的设计制作及实施表

<table>
<tr><th>步　骤</th><th>措　施</th><th>实 施 效 果</th></tr>
<tr><td>1. 喇叭口形球座的图纸设计</td><td>根据束水效果需求进行图纸设计</td><td>根据球座的束水导流效果需求，进行喇叭口形球座图纸设计
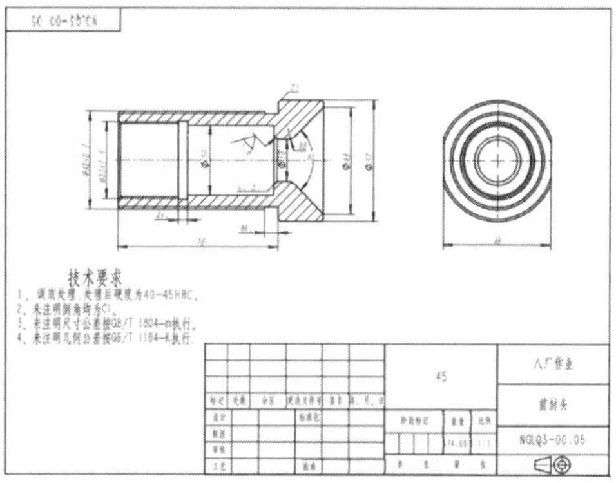

喇叭口形球座设计图纸</td></tr>
<tr><td>2. 根据图纸加工制作喇叭口形球座</td><td>根据设计图纸进行加工制作</td><td>小组根据设计图纸进行加工制作

喇叭口形球座实物图</td></tr>
<tr><td>3. 根据设计图纸为喇叭口形球座进行尺寸测量</td><td>进行喇叭口形球座尺寸测量</td><td>
<table>
<tr><td rowspan="2">测量次数</td><td>球座通孔内径 1/mm</td><td>球座通孔内径 2/mm</td><td>球座筒体内径/mm</td></tr>
<tr><td>18.00</td><td>46.00</td><td>30.00</td></tr>
<tr><td>1</td><td>18.01</td><td>46.02</td><td>30.00</td></tr>
<tr><td>2</td><td>18.01</td><td>46.00</td><td>30.01</td></tr>
<tr><td>3</td><td>18.00</td><td>46.02</td><td>30.01</td></tr>
<tr><td>4</td><td>18.00</td><td>46.00</td><td>30.02</td></tr>
<tr><td>平均</td><td>18.005</td><td>46.01</td><td>30.01</td></tr>
</table>
</td></tr>
</table>

续表

步　　骤	措　　施	实施效果
4. 效果检查	根据设定目标值进行效果检查	通孔内径 1 为 18.005mm，在设计要求 $\phi18\pm0.2$mm 的误差范围之内，满足目标需求，对策目标达成

制表人：王志贤　　　　时间：2021 年 4 月 5 日

对策实施三：圆柱形压缩弹簧的设计制作

实施表见表 7-3。

表 7-3　圆柱形压缩弹簧的设计制作及实施表

<table>
<tr><th>步　　骤</th><th>措　　施</th><th>实施效果</th></tr>
<tr><td>1. 圆柱形压缩弹簧的图纸设计</td><td>根据定压球阀开启压力需求进行图纸设计</td><td>根据定压球阀开启压力需求，进行圆柱形压缩弹簧图纸设计
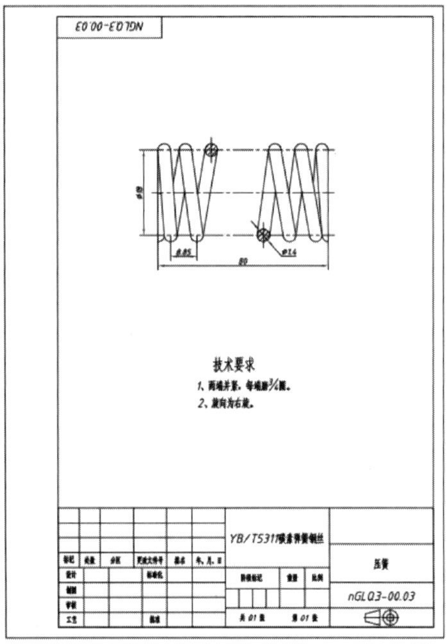

圆柱形压缩弹簧设计图纸</td></tr>
<tr><td>2. 根据图纸加工采购圆柱形压缩弹簧</td><td>根据设计图纸要求采购圆柱形压缩弹簧</td><td>小组根据设计图纸采购圆柱形压缩弹簧
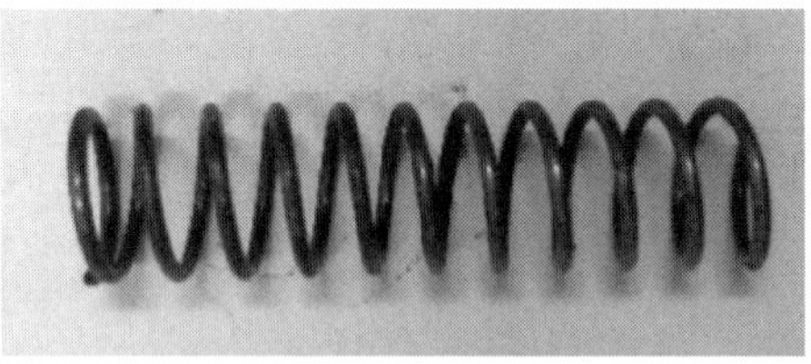
圆柱形压缩弹簧实物图</td></tr>
<tr><td>3. 根据设计图纸对圆柱形压缩弹簧进行测量</td><td>测量圆柱形压缩弹簧长度等尺寸</td><td>
<table>
<tr><td rowspan="2">测量次数</td><td>钢丝直径/mm</td><td>弹簧中径/mm</td><td>弹簧圈数/圈</td><td>有效长度/mm</td></tr>
<tr><td>2</td><td>18</td><td>12</td><td>80</td></tr>
<tr><td>1</td><td>2.01</td><td>18.00</td><td>12</td><td>80.00</td></tr>
<tr><td>2</td><td>2.01</td><td>18.02</td><td>12</td><td>80.00</td></tr>
<tr><td>3</td><td>2.00</td><td>18.01</td><td>12</td><td>80.00</td></tr>
<tr><td>4</td><td>2.00</td><td>18.01</td><td>12</td><td>80.00</td></tr>
<tr><td>平均</td><td>2.005</td><td>18.01</td><td>12</td><td>80.00</td></tr>
</table>
</td></tr>
<tr><td>4. 效果检查</td><td>根据设定目标值进行效果检查</td><td>小组对圆柱形压缩弹簧的长度进行了测量，长度为 80mm，达到了设定的目标要求，对策目标达成</td></tr>
</table>

制表人：周旭东　　　　时间：2021 年 4 月 8 日

对策实施四：调节压帽的设计制作

实施表见 7-4。

表 7-4 调节压帽的设计制作及实施表

<table>
<tr><th>步　骤</th><th>措　施</th><th>实施效果</th></tr>
<tr><td>1. 调节压帽的图纸设计及机械加工</td><td>根据调节弹簧变形量需求进行图纸设计并进行机械加工</td><td>根据调节弹簧变形量需求，设计调节压帽图纸并进行加工
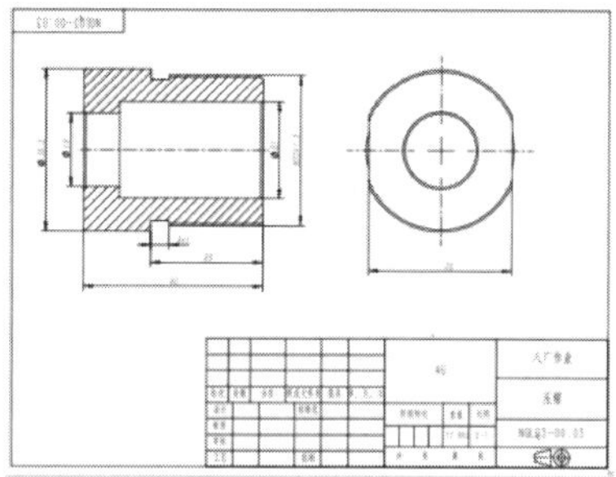
调节压帽设计图纸

调节压帽实物图</td></tr>
<tr><td>2. 根据图纸对调节压帽进行尺寸测量</td><td>根据图纸测量调节压帽尺寸</td><td>小组根据图纸对调节压帽进行尺寸测量
<table>
<tr><td rowspan="2">测量次数</td><td>长度/mm</td><td>有效长度/mm</td></tr>
<tr><td>40</td><td>25</td></tr>
<tr><td>1</td><td>40. 01</td><td>25. 00</td></tr>
<tr><td>2</td><td>40. 01</td><td>25. 01</td></tr>
<tr><td>3</td><td>40. 01</td><td>25. 01</td></tr>
<tr><td>4</td><td>40. 01</td><td>25. 02</td></tr>
<tr><td>平均</td><td>40. 01</td><td>25. 01</td></tr>
</table></td></tr>
<tr><td>3. 根据设计图纸组装球形单流阀并进行现场试压</td><td>组装球形单流阀并利用水泥车进行试压</td><td>
组装球形单流阀实物图

水泥车试压</td></tr>
<tr><td rowspan="2">4. 效果检查</td><td rowspan="2">根据设定目标值进行效果检查</td><td>小组利用水泥车对球形单流阀进行了现场试压，试压结果如下：
<table>
<tr><td rowspan="2">试验次数</td><td colspan="3">开启压力/MPa</td></tr>
<tr><td colspan="3">5. 0~20</td></tr>
<tr><td>1</td><td>5. 3</td><td>14. 0</td><td>20</td></tr>
<tr><td>2</td><td>5. 3</td><td>14. 1</td><td>19. 8</td></tr>
<tr><td>3</td><td>5. 4</td><td>14. 1</td><td>20</td></tr>
<tr><td>4</td><td>5. 2</td><td>14. 2</td><td>19. 6</td></tr>
<tr><td>平均</td><td>5. 3</td><td>14. 1</td><td>19. 85</td></tr>
</table></td></tr>
<tr><td>从测量结果及现场试验结果可以看出，调节压帽的长度为 25mm，可以满足弹簧压缩量在 0~20mm 自由调节以及球形单流阀在 5~20MPa 定压开启的目标需求，对策目标达成</td></tr>
</table>

制表人：张正　　　　时间：2021 年 4 月 11 日

对策实施五：圆台形喷头的设计制作

实施表见表 7-5。

表 7-5　圆台形喷头的设计制作及实施表

<table>
<tr><th>步　骤</th><th>措　施</th><th>实施效果</th></tr>
<tr><td>1. 圆台形喷头的图纸设计</td><td>根据油管内壁刮蜡解堵需求进行图纸设计</td><td>根据油管内壁油蜡解堵需求，进行圆台形喷头图纸设计
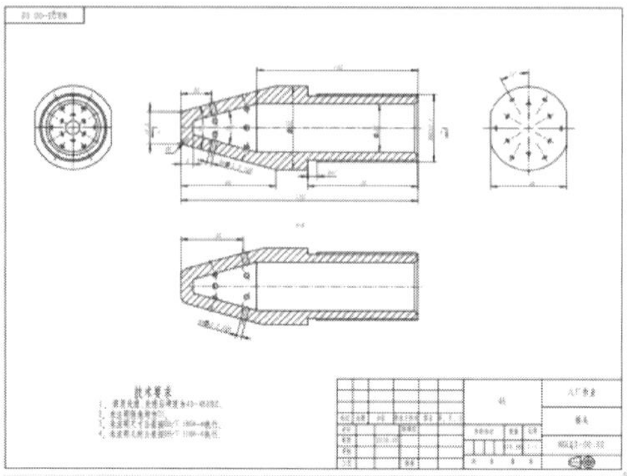
台形喷头设计图纸</td></tr>
<tr><td>2. 根据图纸加工制作圆台形喷头</td><td>根据设计图纸进行加工制作</td><td>小组根据设计图纸进行加工制作
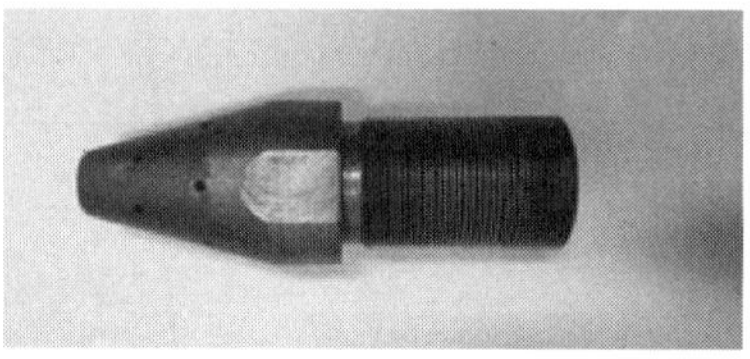
圆台形喷头实物图</td></tr>
<tr><td>3. 进行油管内壁油蜡解堵试验</td><td>进行油管内壁油蜡解堵试验</td><td>安装圆台形喷头解堵试验

解堵前油管
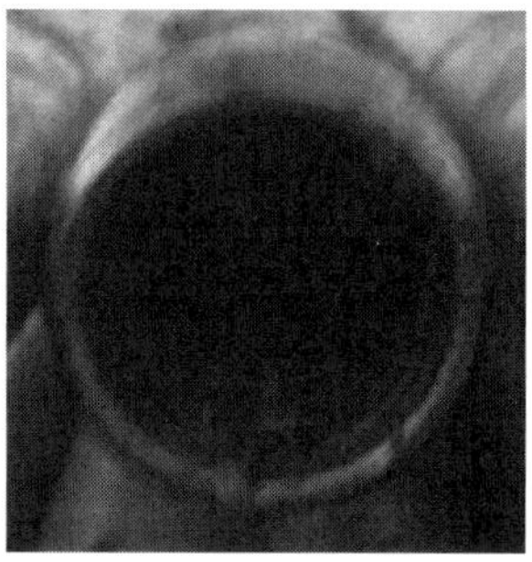
解堵后油管</td></tr>
<tr><td rowspan="2">4. 效果验证</td><td rowspan="2">根据设定目标值进行效果检查</td><td>小组进行了地面喷射解堵试验，试验结果如下：
<table>
<tr><td rowspan="2">试验次数</td><td colspan="4">地面喷射解堵试验</td></tr>
<tr><td colspan="4">一次成功率/%</td></tr>
<tr><td>1</td><td>100</td><td>100</td><td>100</td><td>100</td></tr>
<tr><td>2</td><td>100</td><td>100</td><td>100</td><td>100</td></tr>
<tr><td>3</td><td>100</td><td>100</td><td>100</td><td>100</td></tr>
<tr><td>4</td><td>100</td><td>100</td><td>100</td><td>100</td></tr>
<tr><td>平均</td><td colspan="4">100</td></tr>
</table></td></tr>
<tr><td>从现场试验数据可以看出，油管地面喷射解堵一次成功率 100%，对策目标达成</td></tr>
</table>

制表人：刘庆伟　　　　时间：2021 年 4 月 15 日

对策实施六：350 型水泥车

实施表见表 7-6。

表 7-6　350 型水泥车实施表

<table>
<tr><th>步　骤</th><th>措　施</th><th>实施效果</th></tr>
<tr><td>1. 选择 350 型水泥车</td><td>根据油管内壁刮蜡及清洗需求选择 350 型水泥车</td><td>根据油管内壁刮蜡及清洗需求选择 350 型水泥车

350型水泥车</td></tr>
<tr><td>2. 连接水泥车管线</td><td>根据刮蜡工艺需求连接水泥车管线</td><td>小组根据刮蜡工艺需求连接水泥车管线

现场连接管线实物图</td></tr>
<tr><td>3. 根据油管内壁刮蜡清洗需求进行地面模拟试验</td><td>进行地面模拟试验</td><td>

地面模拟油管内壁刮蜡清洗现场试验图</td></tr>
<tr><td rowspan="2">4. 效果检查</td><td rowspan="2">根据设定目标值进行效果检查</td><td>小组对水泥车排量和压力进行了实际监测，监测结果如下：
<table>
<tr><td rowspan="2">试验次数</td><td>排量/(L/min)</td><td>压力/MPa</td></tr>
<tr><td>500</td><td>25</td></tr>
<tr><td>1</td><td>522</td><td>24</td></tr>
<tr><td>2</td><td>524</td><td>23</td></tr>
<tr><td>3</td><td>519</td><td>25</td></tr>
<tr><td>4</td><td>523</td><td>24</td></tr>
<tr><td>平均</td><td>522</td><td>24.5</td></tr>
</table></td></tr>
<tr><td>从监测数据结果可以看出，水泥车排量和压力均能满足油管内壁刮蜡清洗需求，对策目标达成</td></tr>
</table>

制表人：刘浩　　　　时间：2021 年 4 月 17 日

对策实施七：试验验证

实施表见表 7-7。

表 7-7　试验验证实施表

步　骤	措　施	实施效果
1. 进行部件组装	按照装配图对装置各部件进行组装	根据按照装配图，对各部件进行组装，各部件运转灵活可靠，经过测量，装置总长度为 400mm，满足图纸设计要求 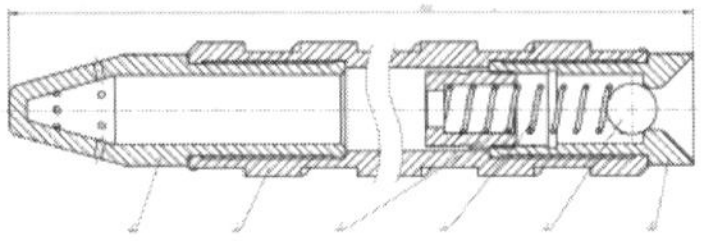 装配图 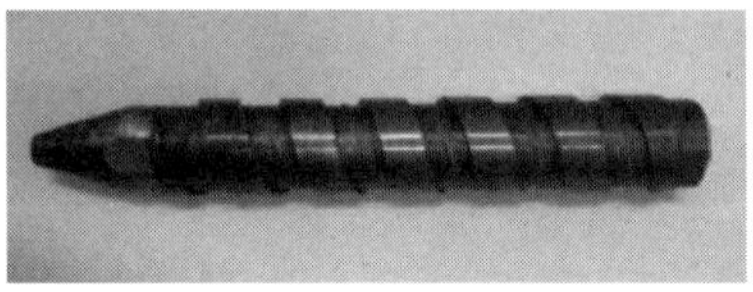 各部件装配后的实物图
2. 进行现场试验准备工作	按照油管内壁刮蜡需求进行现场试验准备	小组首先在芳 12-斜 24 井，根据油管内壁刮蜡清洗需求进行现场试验准备，具体过程如下图所示  打开泄油器  投入刮蜡器  边接工艺流程
3. 进行现场试验	按照油管内壁刮蜡需求进行现场试验	在芳 12-斜 24 井进行现场试验，该井油管共 165 根，刮蜡清洗时间 460min，清洗产生的污油污水直接返排至污油污水回收装置，试验过程及具体效果见下图：  油管正打压5~7MPa  起出油管管内无水
4. 效果检查	根据设定目标值进行效果检查	经过现场试验，刮蜡后油管内壁油蜡厚度均<2mm，刮蜡一次合格率 100%，污油污水直排到污油污水回收装置，污油污染率为零，油管内壁刮蜡时间 460min，控制在 480min 以内，对策目标达成 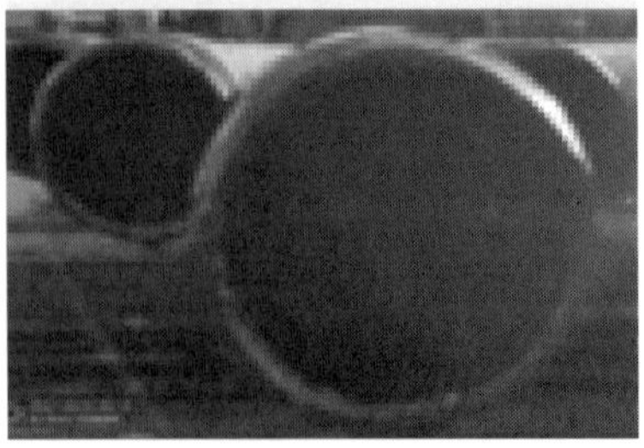 油管内壁刮蜡效果

续表

<table>
<tr><th>步　骤</th><th>措　施</th><th>实施效果</th></tr>
<tr><td>5. 验证有无负面影响</td><td>小组请厂质量安全环保部相关领导到现场验证</td><td>经过厂质量安全环保部现场认证，在安全、环保、质量等方面均无负面影响，成果现场验收报告如下图：
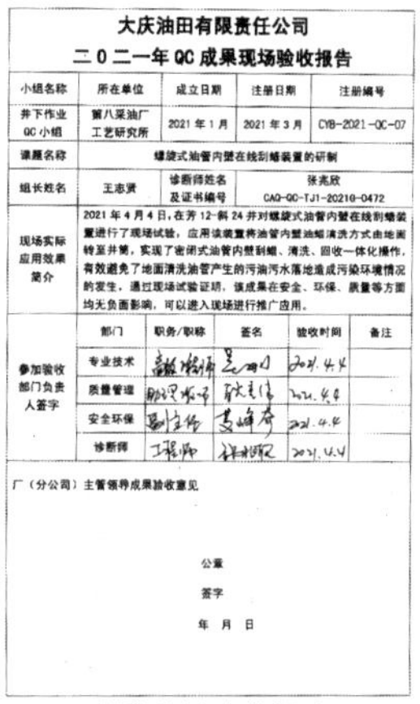
大庆油田有限责任公司
二〇二一年 QC 成果现场验收报告
小组名称：井下作业 QC 小组；所在单位：第八采油厂工艺研究所；成立日期：2021 年 1 月；注册日期：2021 年 3 月；注册编号：CYB-2021-QC-07
课题名称：螺旋式油管内壁在线刮蜡装置的研制
组长姓名：王志贤；诊断师姓名及证书编号：张兆欣 CAQ-QC-TJ1-20210-0472
现场实际应用效果简介：2021 年 4 月 4 日，在芳 12-斜 24 井对螺旋式油管内壁在线刮蜡装置进行了现场试验，应用该装置将油管内壁油蜡清洗方式由地面转至井筒，实现了密闭式油管内壁刮蜡、清洗、回收一体化操作，有效避免了地面清洗油管产生的污油污水落地造成污染环境情况的发生，通过现场试验证明，该成果在安全、环保、质量等方面均无负面影响，可以进入现场进行推广应用。
参加验收部门负责人签字：部门 / 职务/职称 / 签名 / 验收时间 / 备注
专业技术　2021.4.4
质量管理　2021.4.4
安全环保　2021.4.4
诊断师　工程师　2021.4.4
厂（分公司）主管领导成果验收意见
公章
签字
年　月　日
成果现场验收报告</td></tr>
</table>

制表人：于海山　　　　　　　　　　　　　　　　　　　　　　　　　　时间：2021 年 4 月 25 日

八、效果检查

（一）目标值检查

2021 年 5~12 月，八厂作业大队 3 个作业队推广螺旋式油管内壁在线刮蜡装置 3 套，应用 115 井次，在保证油管内壁刮蜡一次性达到下井要求，污染率为零的情况下，平均单井油管内壁刮蜡清洗用时由 860min 缩短至 465min，小于 480min 的目标需求，完成了 QC 小组的活动目标。应用情况统计数据见表 8-1。

表 8-1　2021 年 5~12 月螺旋式油管内壁在线刮蜡装置应用情况统计表

序号	队伍	5 月	6 月	7 月	8 月	9 月	10 月	11 月	12 月
1	作业一队	465min	467min	466min	466min	463min	465min	465min	466min
2	作业二队	466min	465min	466min	466min	461min	464min	465min	465min
3	作业三队	465min	466min	465min	468min	463min	464min	456min	467min
平均	465min								

制表人：熊小亮　　　　　　　　　　　　　　　　　　　　　　　　　　时间：2021 年 12 月 29 日

具体指标完成情况见柱状图如图 8-1。

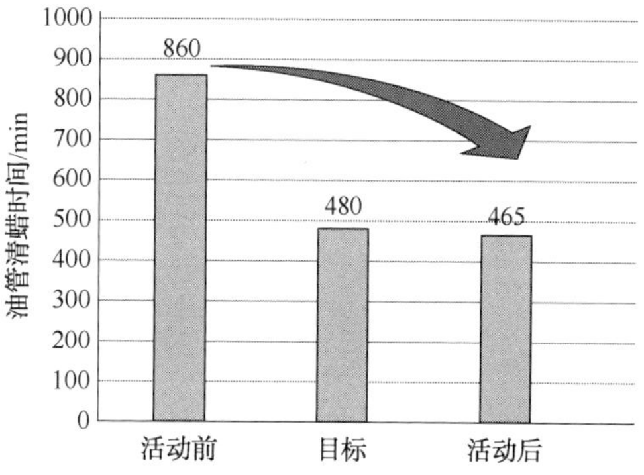

图 8-1　活动前后目标完成情况柱状图

制图人：张兆欣　制图时间：2021 年 12 月 29 日

装置实物图及现场应用见图 8-2～图 8-4。

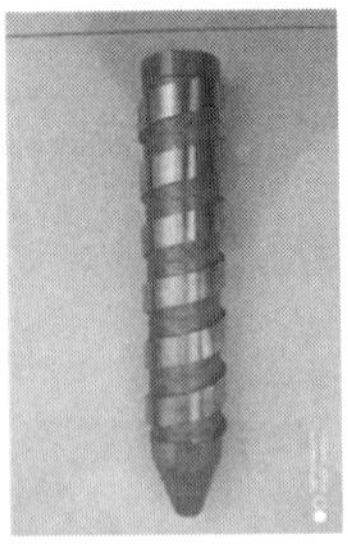

图 8-2　装置实物

图 8-3　现场应用

图 8-4　应用效果

(二) 效益验证

1. 直接经济效益

2021 年 5～12 月应用螺旋式油管内壁在线刮蜡装置 115 口井，与 2020 年同期相比，少发生污染 8 次，单井油管清洗时间由 860min 缩短至 465min，节约车辆费用和油料费用各项生产成本产生直接经济效益 129050 元，测算过程如下：

投入＝机械加工费用 500 元/套×3 套＝1500 元；

其中，产出＝节省车辆费用+节省油料费用；

节省车辆费用＝1745 元/次×8 次＝13960 元；

节省油料费用＝115 口×7 元/升×(860－645)min/60min/口×22 升＝116590 元；

经济效益＝产出－投入＝116590 元+13960 元－1500 元＝129050 元。

经济效益分析报告如图 8-5。

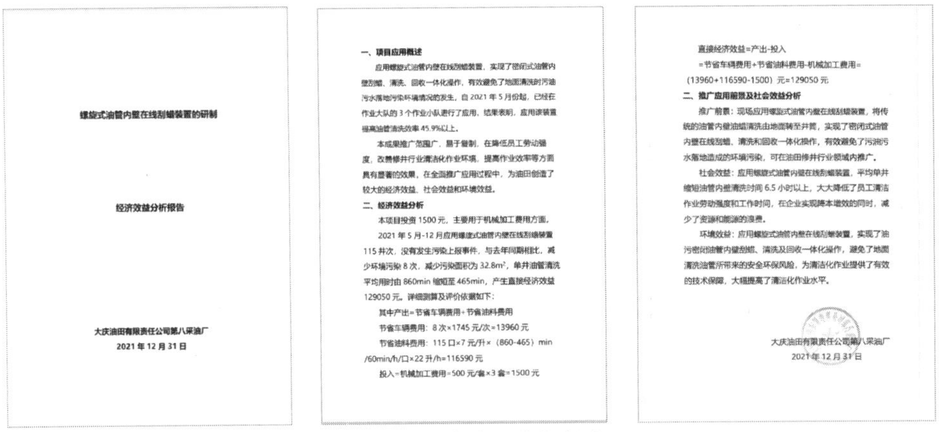

螺旋式油管内壁在线刮蜡装置的研制

经济效益分析报告

大庆油田有限责任公司第八采油厂

2021 年 12 月 31 日

一、项目应用概述

应用螺旋式油管内壁在线刮蜡装置，实现了密闭式油管内壁刮蜡、清洗、回收一体化操作，有效避免了地面清洗时污油污水落地污染环境情况的发生，自 2021 年 5 月份起，已经在作业大队的 3 个作业小队进行了应用，结果表明，应用该装置提高油管清洗效率 45.9%以上。

本成果推广范围广，易于复制，在降低员工劳动强度，改善修井行业清洁化作业环境，提高作业效率等方面具有显著的效果，在全面推广应用过程中，为油田创造了较大的经济效益、社会效益和环境效益。

二、经济效益分析

本项目投资 1500 元，主要用于机械加工费用方面。

2021 年 5 月-12 月应用螺旋式油管内壁在线刮蜡装置 115 井次，没有发生污染上报事件，与去年同期相比，减少环境污染 8 次，减少污染面积为 32.8m²，单井油管清洗平均用时由 860min 缩短至 465min，产生直接经济效益 129050 元。详细测算及评价依据如下：

其中产出＝节省车辆费用＋节省油料费用

节省车辆费用：8 次×1745 元/次＝13960 元

节省油料费用：115 口×7 元/升×（860-465）min /60min/h/口×22 升/h＝116590 元

投入＝机械加工费用＝500 元/套×3 套＝1500 元

直接经济效益＝产出-投入

＝节省车辆费用＋节省油料费用-机械加工费用＝

（13960＋116590-1500）元＝129050 元

二、推广应用前景及社会效益分析

推广前景：现场应用螺旋式油管内壁在线刮蜡装置，将传统的油管内壁油蜡清洗由地面转至井筒，实现了密闭式油管内壁在线刮蜡、清洗和回收一体化操作，有效避免了污油污水落地造成的环境污染，可在油田修井行业领域内推广。

社会效益：应用螺旋式油管内壁在线刮蜡装置，平均单井缩短油管内壁清洗时间 6.5 小时以上，大大降低了员工清洁作业劳动强度和工作时间，在企业实现降本增效的同时，减少了资源和能源的浪费。

环境效益：应用螺旋式油管内壁在线刮蜡装置，实现了油污密闭油管内壁刮蜡、清洗及回收一体化操作，避免了地面清洗油管所带来的安全环保风险，为清洁化作业提供了有效的技术保障，大幅提高了清洁化作业水平。

大庆油田有限责任公司第八采油厂

2021 年 12 月 31 日

图 8-5　经济效益分析报告

2. 社会效益

2021 年，通过应用螺旋式油管内壁在线刮蜡装置，产生了较好的社会效益。

(1) 应用该装置，油管内壁油蜡清洗流程减少了两个环节，效率提高了 45.9%，具体效果如图 8-6、图 8-7所示。

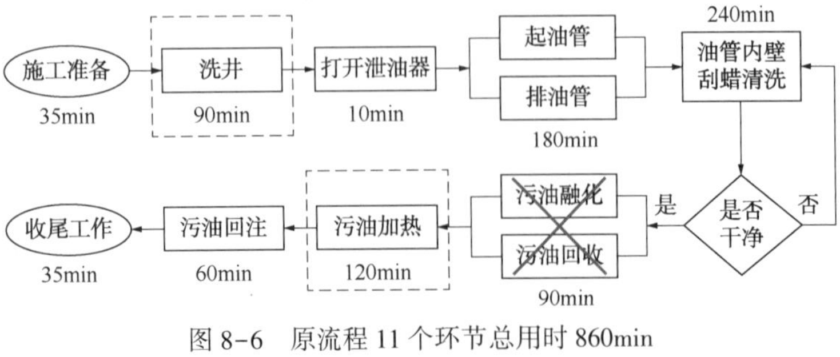

图 8-6　原流程 11 个环节总用时 860min

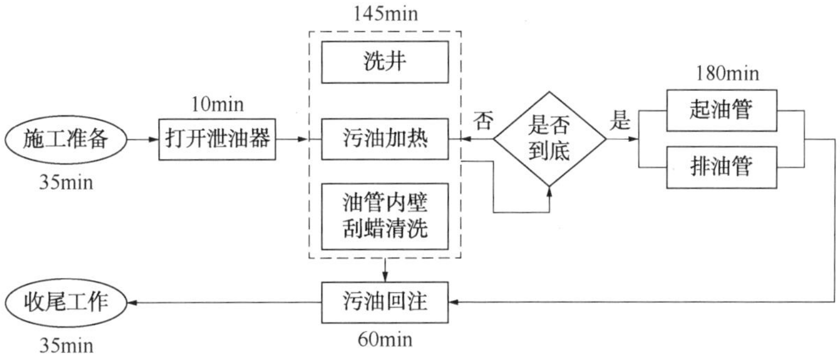

图 8-7　应用螺旋式油管内壁在线刮蜡装置后现流程 9 个环节总用时 465min

(2) 应用该装置，实现了清洁化作业，污油污染率为零，消除了环境污染，大幅降低了员工的劳动强度。

九、标准化

调研大庆油田小修作业队伍，通过对该装置螺旋刮筒外径、厚度和螺距等参数的改进后，该装置还可在抽油机井、螺杆泵井和电泵井及不同内径的油管、钻杆内壁进行刮蜡清洗操作，我厂每年平均油井修井数量在 2860 口左右，应用范围广，具有显著的经济效益和社会效益。统计数据表见表 9-1。

表 9-1　第八采油厂小修作业所需功能特性统计表

需求及特性	抽油机井/电泵井/螺杆泵井	
年检泵数量/口	2860	
平均检泵年限/年	3~5	
刮蜡对象	钻杆	油管
刮蜡直径/mm	73/88.9	50.3/62/73
必备功能	油管内壁刮蜡、油管内壁清洗和污油水回收等功能	

制表人：熊小亮　　　　时间：2021 年 12 月 30 日

成果易复制：本课题成果能够大幅提高油管内壁清洗效率，已经在大庆油田第八采油厂进行全面应用，具有较好的推广价值，应用前景广阔，成果推广价值评价报告如图 9-1 所示。

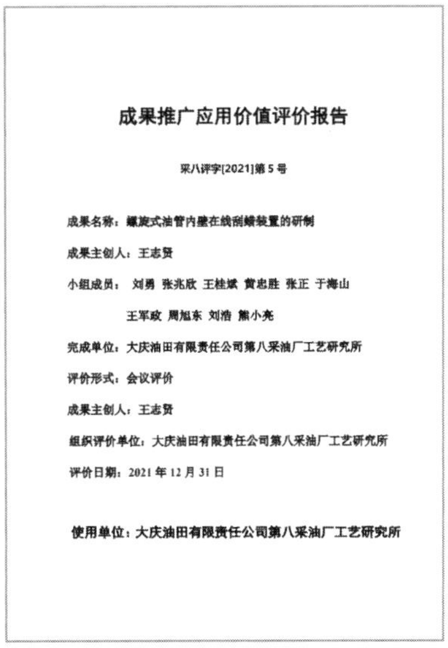

成果推广应用价值评价报告

采八评字[2021]第 5 号

成果名称：螺旋式油管内壁在线刮蜡装置的研制

成果主创人：王志贤

小组成员：刘勇 张兆欣 王桂斌 黄忠胜 张正 于海山 王军政 周旭东 刘浩 熊小亮

完成单位：大庆油田有限责任公司第八采油厂工艺研究所

评价形式：会议评价

成果主创人：王志贤

组织评价单位：大庆油田有限责任公司第八采油厂工艺研究所

评价日期：2021 年 12 月 31 日

使用单位：大庆油田有限责任公司第八采油厂工艺研究所

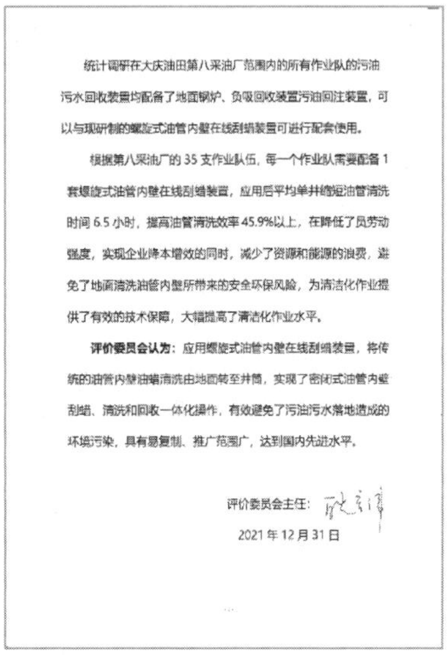

统计调研在大庆油田第八采油厂范围内的所有作业队的污油污水回收装置均配备了地面锅炉、负吸回收装置污油回注装置，可以与现研制的螺旋式油管内壁在线刮蜡装置可进行配套使用。

根据第八采油厂的 35 支作业队伍，每一个作业队需要配备 1 套螺旋式油管内壁在线刮蜡装置，应用后平均单井缩短油管清洗时间 6.5 小时，提高油管清洗效率 45.9%以上，在降低了员劳动强度，实现企业降本增效的同时，减少了资源和能源的浪费，避免了地面清洗油管内壁所带来的安全环保风险，为清洁化作业提供了有效的技术保障，大幅提高了清洁化作业水平。

评价委员会认为：应用螺旋式油管内壁在线刮蜡装置，将传统的油管内壁油蜡清洗由地面转至井筒，实现了密闭式油管内壁刮蜡、清洗和回收一体化操作，有效避免了污油污水落地造成的环境污染，具有易复制、推广范围广，达到国内先进水平。

评价委员会主任：

2021 年 12 月 31 日

图 9-1　成果推广应用价值评价报告

效果评价：小组根据成果推广应用价值评价报告，对该成果进行了标准化，见表 9-2。

表 9-2　标准化工作实施表

标准化	开展内容	成果编号	成　　果
编制标准化文件，列入作业大队日常规范	螺旋式油管内壁在线刮蜡装置操作规程	YGGL-001	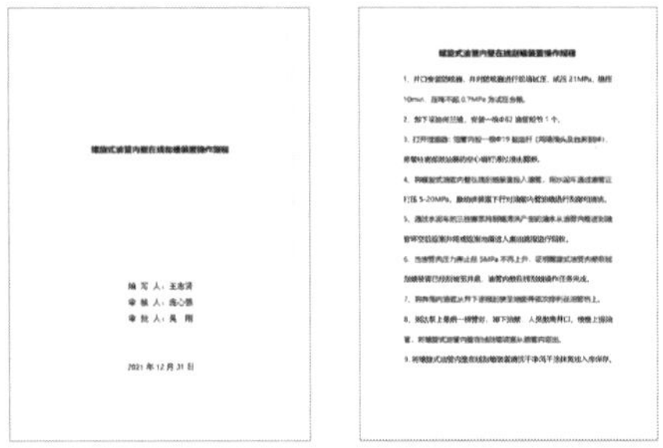
	螺旋式油管内壁在线刮蜡装置设计文件	YGGL-Ⅱ型-202112-Ⅰ	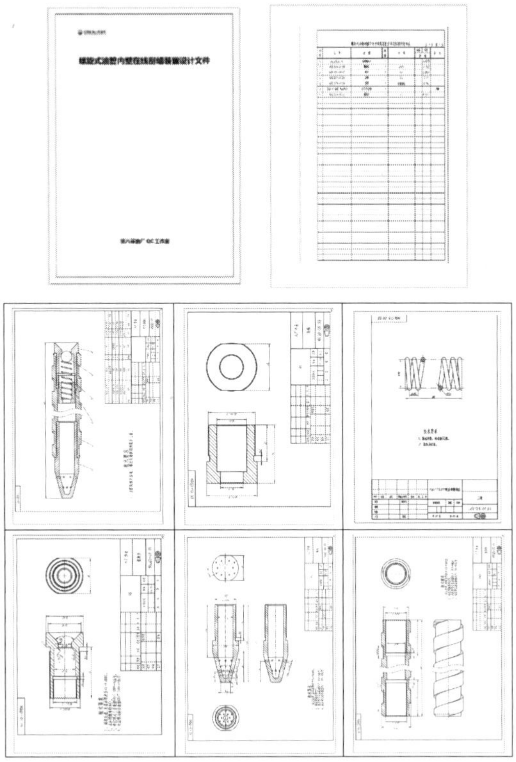
	螺旋式油管内壁在线刮蜡装置设计文件	YGGL-Ⅱ型-202112-Ⅱ	

制表人：刘勇　　　　　　　　　　　　　　制表时间：2021 年 12 月 30 日

十、总结和下一步打算

（一）总结

实施计划效果总结表见表 10-1。

表 10-1　标准化工作实施表

<table>
<tr><th>分　类</th><th>创 新 特 色</th><th>不 足 之 处</th></tr>
<tr><td rowspan="2">小组在技术创新方面</td><td>1. 在专业技术上有重大突破。应用小组研制的螺旋式油管内壁在线刮蜡装置，实现了密闭式油管内壁刮蜡、清洗和回收一体化操作，一次性刮蜡清洗达到下井要求，效率提高了 45.9%，污油污染率为零，大幅降低了员工的劳动强度，专业技术效果取得显著进步</td><td>可进一步拓展装置的功能</td></tr>
<tr><td>2. 课题技术最有先进性。为了对成果进行知识产权保护，申请发明专利 1 项，目前国家知识产权局已受理

国家知识产权局
163458
发文日：2022年10月08日
申请号或专利号：202211220627.9
专利申请受理通知书
申请号：202211220627.9
申请日：2022 年 10 月 07 日
申请人：大庆油田有限责任公司，中国石油天然气股份有限公司
审查员：自动受理
受理通知书——申请号：202211220627.9</td><td>知识产权保护范围较小</td></tr>
<tr><td>小组在管理水平方面</td><td>通过本次活动，提升了小组成员的管理水平，从小组成员选题、注册、活动开展，成果总结，到发布评审各环节顺利衔接，成员配合默契，团队管理水平得到大幅度提升
<table><tr><th>活动内容</th><th>优　　点</th><th>运用工具</th></tr><tr><td>课题选择</td><td>课题针对强，能有效解决现场实际用户需求</td><td>流程图
调查表</td></tr><tr><td>目标设定及可行性论证</td><td>根据借鉴与计算，通过试验、测量的数据进行可行性论证确定目标</td><td>柱状图
调查表</td></tr><tr><td>提出并确实最佳方案</td><td>通过试验、测量、调查统计等方式，确定最佳方案</td><td>调查表</td></tr><tr><td>制定对策</td><td>用数据确定最佳方案，提出有效的实施措施</td><td>调查表</td></tr><tr><td>效果检查</td><td>针对课题目标进行有效检查</td><td>柱状图
调查表</td></tr><tr><td>标准化</td><td>对具有推广应用价值的课题进行标准化</td><td>调查表</td></tr></table></td><td>QC 工具应用不熟练</td></tr>
<tr><td>小组在成员素质提升方面</td><td>2021 年底，小组成员在专业技能、职称晋升上得到了大幅的提升
<table><tr><th>小组成员</th><th>活动前</th><th>活动后</th></tr><tr><td>刘勇</td><td>作业机操作手</td><td>维修班副班长</td></tr><tr><td>于海山</td><td>工程师</td><td>高级工程师</td></tr></table></td><td>小组成员在新标准认识方面需要进一步提升</td></tr>
</table>

制表人：于海山　　　　制表时间：2021 年 12 月 31 日

（二）下一步打算

针对小组成员在QC活动过程中存在的不足，在技术创新、管理水平和人员素质方面提出了改进措施并落实到人，详见表10-2。

表10-2 下一步打算

分　类	改进措施	预期目标	负责人	完成时间
针对技术上的不足	学习专利代理实务知识，提高权利要求书的撰写水平	提升说明书中权利要求书的撰写水平，扩大专利的独立权利要求的保护范围	王志贤	2022年12月
针对管理上的不足	增加QC工具的学习培训	正交试验、PDPC法等QC工具的使用，开展该类专项培训次	张兆欣	2022年10月
针对小组成员素质方面的不足	需要进一步加深对新标准的理解	聘请质量专家进行新标准和质量培训，使人员素质进一步加强	刘勇	2022年10月

制表人：熊小亮　　　　制表时间：2021年12月31日

在今后的工作中，将针对生产过程中存在的问题继续开展QC活动，并针对客户需求不断改进，下一阶段准备将活动课题确定为《抽油杆在线刮蜡装置的研制》。

成果点评

该成果活动类型为创新型课题。井下作业QC小组为满足检泵作业人员降低油管内壁油蜡清洗时间和提升作业效率的需求，通过调查现状和借鉴螺旋式管道除垢装置的原理和相关参数，启发创新点，确定“螺旋式油管内壁在线刮蜡装置的研制”课题。根据需求和借鉴为目标设定及目标可行性论证、提出方案提供了依据，对新装置总体方案的螺旋刮筒、定压球阀、解堵喷头、水泥车结构分别进行一、二级方案分解和选择，采取相应对策并有效实施，使单井油管内壁刮蜡清洗用时由860min缩短至465min，实现了课题目标。该课题成果技术具有创新性和先进性，并申请发明专利1项，制定了标准化设计文件和操作规程，具备较强的推广价值。在统计方法的应用上，采用了流程图、调查表、系统图、柱状图等，活动全过程严格按照创新型课题步骤，符合T/CAQ 10201—2020《质量管理小组活动准则》要求。

本QC小组成果存在以下方面的不足，希望以后持续改进：

选择课题中，较好地借鉴了螺旋式管道除垢装置的结构原理及相关参数，但在借鉴思路中没有从管道除污垢与油管内壁刮蜡工作原理的不同分析并引出研制新装置的难点和创新点。

设定目标及目标可行性论证中，仅通过ECRS理论分析即确定将洗井、油管内壁刮蜡清洗和污油加热三个环节合并为一个环节并同时进行，以及取消了污油熔化、污油回收两个环节的依据不充分。采用油管内径规进行试验，其工作原理、方法与借鉴装置或研制装置的可比性、合理性没有说明，用其论证油管内壁刮蜡清洗时间的理由不充分。

提出方案并确定最佳方案中，水泥车在借鉴及借鉴思路中均未提及，且水泥车是清洗油管加压的辅助设备，是否应作为课题装置结构的一部分值得商榷；定压球阀的方案选择缺少在5~25MPa任意压力开启的试验过程和数据；解堵喷头选择的方案目标仅考虑加工时间和解堵喷射压力，缺少对不同角度的孔喷头的使用性能效果的对比和评价。

制定对策及对策实施中，喇叭口形球座设计、圆柱形压缩弹簧设计的对策目标均为加工尺寸，缺少对使用性、匹配性指标的验证；个别对策实施对设定目标的效果验证缺少相关的试验过程和翔实的数据，表述不清晰，如对策实施四目标效果检查只提供压力数值，看不懂是否达到定压开启的目标需求；对策实施五目标效果验证解堵试验一次成功率100%，只有结果缺少具体试验数据。对策实施七对课题装置进行组装和测试，而装置只是对刮蜡工序进行改进，不应对课题的总目标进行验证。

效果检查中，在计算直接经济效益时，未提供减少污染是在线刮蜡装置使用效果的证明，对节省车辆、节省油料费用收集的依据不充分。

降低环形混凝土电杆废品率

产能构件 QC 小组

（大庆油田有限责任公司工程建设公司）

一、前言

环形混凝土电杆是油田生产建设中不可或缺的重要产能构件，产品类型包括钢筋混凝土电杆和预应力混凝土电杆，我公司每年环形混凝土电杆的产量在 25000 根左右，在电杆生产过程中，采用离心成型工艺，下面是电杆产品介绍。电杆产品实物图见图 1-1，环形电杆生产主要工艺流程图见图 1-2。

图 1-1　电杆产品

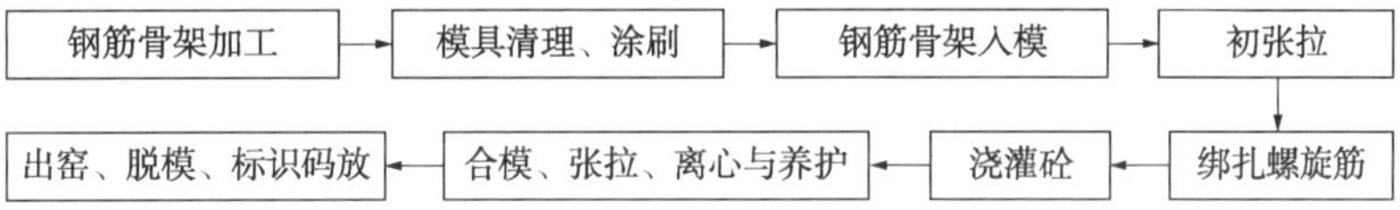

图 1-2　环形电杆生产主要工艺流程图

二、小组概况

统计表见表 2-1。

表 2-1　小组概况统计表

小　组　简　介			
小组名称	产能构件 QC 小组	注册编号	JSJT-JC04
课题名称	降低环形混凝土电杆废品率	成立时间	2014 年 1 月
课题类型	问题解决型	活动时间	2021 年 3～12 月
小组人数（≤10 人）	10 人	当年活动次数	12 次
近三年获奖情况	2019 年度大庆油田公司级优秀 QC 成果一等奖 2020 年度中国石油天然气集团有限公司级质量管理小组优秀成果一等奖		

续表

小　组　简　介						
小组成员情况						
序号	姓名	年龄	文化程度	职务、职称	组内分工	备注
1	李洪志	43	硕士	主任、高级工程师	组长	
2	朴　磊	40	本科	科员、高级工程师	组员	
3	封彦文	39	本科	技术员、工程师	组员	
4	乔　丽	39	本科	全质员、工程师	组员	
5	孙政国	43	本科	技术员、工程师	组员	
6	于海明	43	本科	主任、工程师	组员	
7	董　荔	35	本科	副主任、工程师	组员	
8	李　波	39	本科	车间主任、工程师	组员	
9	王海英	52	本科	副厂长、高级工程师	组员	
10	刘培东	37	本科	技术员、工程师	组员	

制表人：乔丽　　　　制表时间：2021 年 3 月

三、选题课题

课题背景见图 3-1。

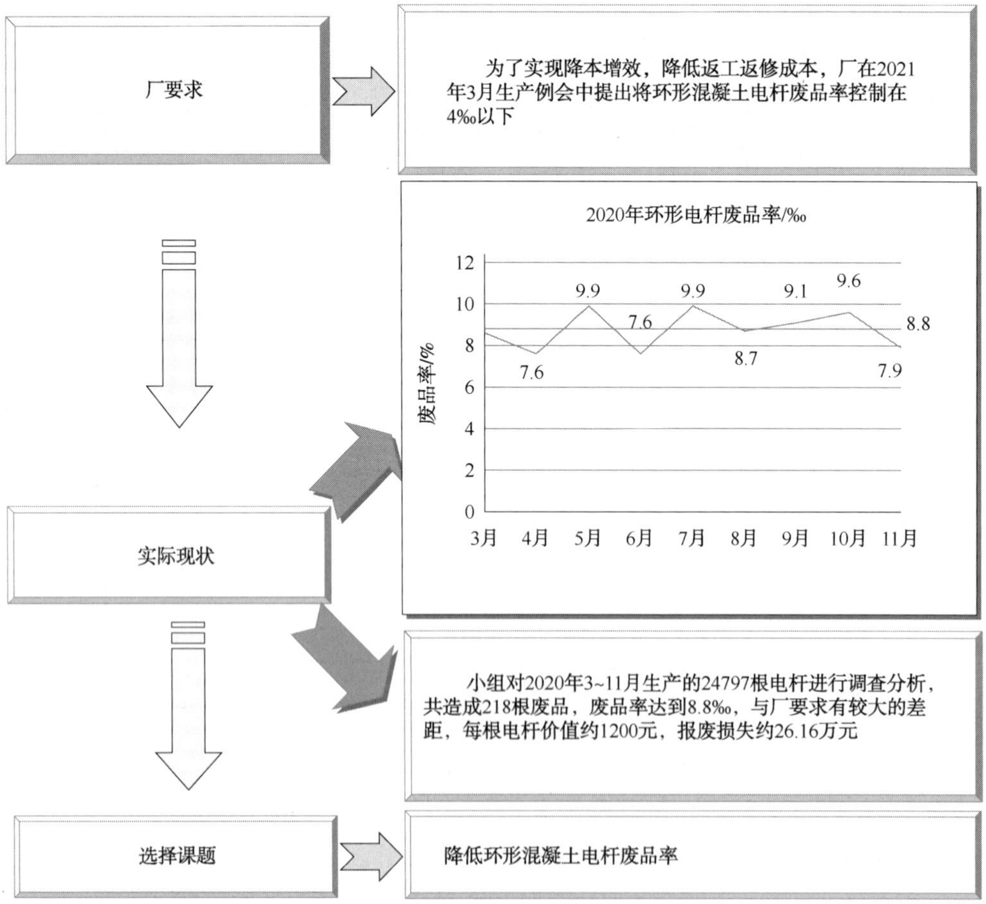

图 3-1　选择课题背景图

四、设定目标

根据2021年3月厂生产例会要求，小组活动目标：将环形电杆废品率由8.8‰降到4‰以下。如图4-1所示。

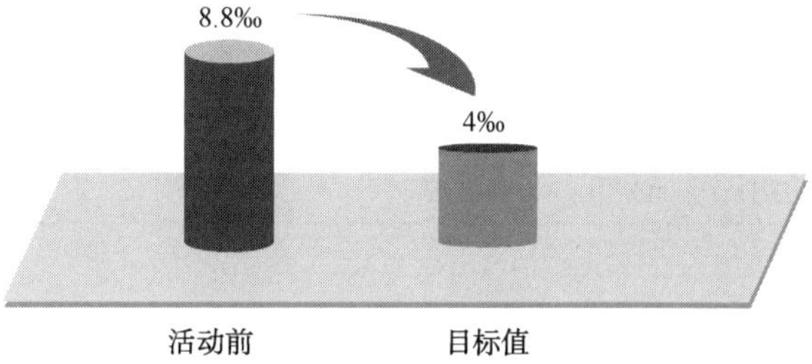

图4-1　小组活动奋斗目标图

制图人：董荔　制图时间：2021年3月

五、目标可行性论证

1. 小组对2020年3~11月出现218根废品的直接原因进行统计分析，见表5-1、图5-1。

表5-1　2020年环形电杆废品问题统计表

序号	项　目	频数/次	累计频数/次	频率/%	累计频率/%
1	内壁缺陷	115	115	52.7	52.7
2	外壁网影	72	187	33.0	85.7
3	贯穿裂纹	18	205	8.2	93.9
4	弯曲度超标	11	216	5.0	95.3
5	其他	2	218	0.9	100
合计：218				100	

制表人：董荔　制表时间：2021年3月

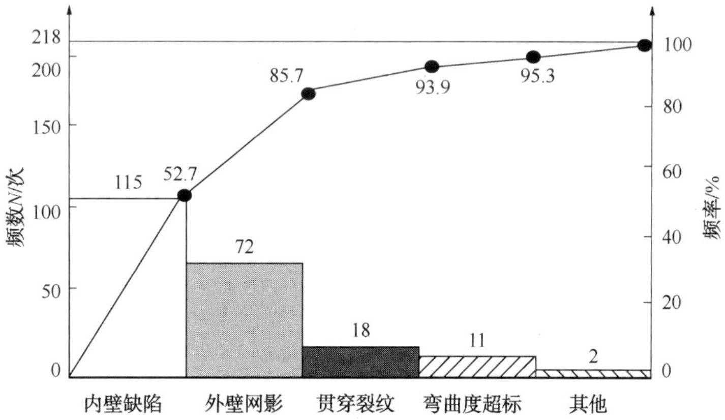

图5-1　2020年电杆废品问题排列图

制图人：董荔　制图时间：2021年3月

结论：从统计表和排列图可以看出，“外壁网影”和“内壁缺陷”占总废品问题的85.7%，远高于其他导致废品问题所占比例。

2. 针对内壁缺陷问题，问题类型较多，小组进行进一步分类，统计分析，绘制统计表和排列图，见表5-2、图5-2。

表 5-2　2020 年电杆内壁缺陷问题统计表

序号	项　　目	频数/次	累计频数/次	频率/%	累计频率/%
1	内壁塌落	93	93	80.9	80.9
2	内壁厚度不够	12	105	10.4	91.3
3	内壁蜂窝	6	111	5.2	96.5
4	内壁露筋	3	114	2.6	99.1
5	其他	1	115	1.4	100
合计：115				100	

制表人：董荔　　　　制表时间：2020 年 3 月

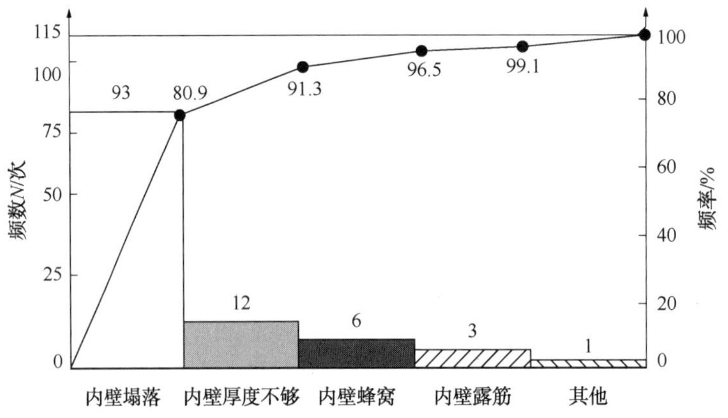

图 5-2　2020 年电杆内壁缺陷问题排列图

制图人：董荔　制图时间：2021 年 3 月

结论：从表 5-2 和图 5-2 可以看出，“内壁塌落”占“内壁缺陷”问题的 80.9%，属于 A 类问题，是小组重点解决的症结问题。

综上所述，导致环形电杆出现废品偏高的质量问题为“外壁网影”和“内壁塌落”。因此，小组将“外壁网影”和“内壁塌落”问题作为本次课题的症结。

3. 目标可行性论证

3.1　小组成员能力

小组对以往活动解决问题的能力进行统计，见表 5-3。

表 5-3　小组解决问题的能力统计表

年　　份	课　　题	解 决 程 度
2018	提高抽油机基础一次成型合格率	92%
2019	提高涵管一次成型合格率	85%
2020	提高大型牛腿柱一次成型合格率	89%

从小组以往的活动成果来看，解决问题的能力均在 85%以上，本次小组解决的症结与以往三个课题相比，都是外观质量问题，属于混凝土破损和钢筋保护层不足问题，属于同一类问题，具有相似之处，问题的解决的主要原理是一致的，小组研究认为，此课题解决问题程度能够达到 80%以上是合理的，对于可行性论证可以按 80%进行分析验算。

3.2　目标的理论测算

由调查表 5-1、表 5-2 和排列图 5-1、图 5-2 可以看出，“内壁塌落”和“外壁网影”所占比例为 (93+72)÷218=75.6%，是影响环形电杆废品率的症结问题。如果将这两个问题解决 80%，废品数降低为：218-(93+72)×80%=86(个)，环形电杆的废品率降低为：86/24797×100%=3.4‰，达到

4‰的质量目标。

计算过程如下：

（1）218-（93+72）×80%=86 个；

（2）86/24797×100%=3.4‰<4‰。

3.3　历史性达到最好成绩

通过调查统计分析，2019 年 8～10 月环形电杆废品率曾达到 4‰以下，有以往经验可以借鉴。

综上所述，将环形电杆的废品率降低到 4‰的目标可行。

六、原因分析

小组成员召开头脑风暴会议，对“内壁塌落”和“外壁网影”问题的原因进行分析，并整理出关联图，见图 6-1。

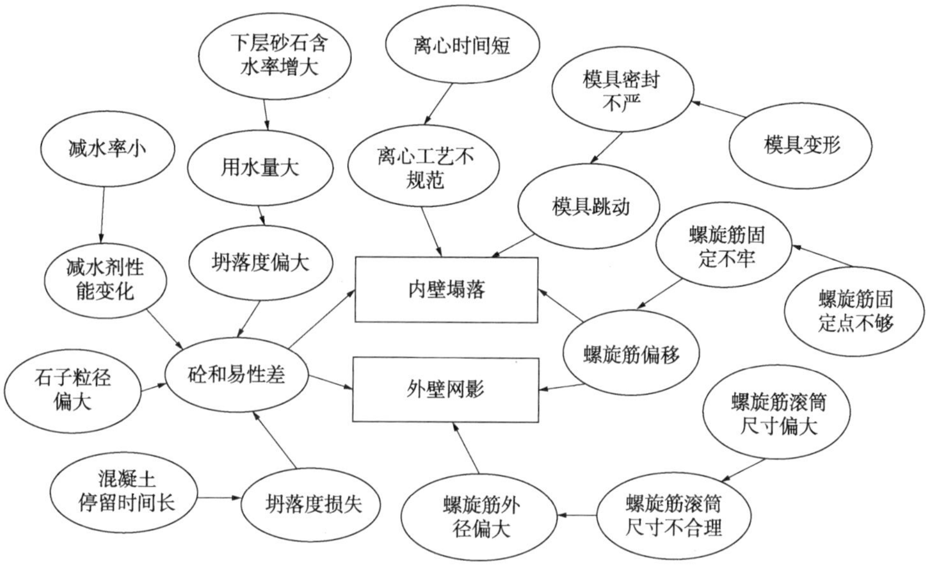

图 6-1　“内壁塌落”和“外壁网影”问题原因关联图

制图人：董荔　制图时间：2021 年 4 月

小组根据关联图，找到了八条末端原因：

1. 混凝土停留时间长；
2. 石子粒径偏大；
3. 减水率小；
4. 下层砂石含水率增大；
5. 离心时间短；
6. 模具变形；
7. 螺旋筋固定点不够；
8. 螺旋筋滚筒尺寸偏大。

七、确定主要原因

为验证这些原因是否为要因，小组针对上述八条末端原因逐一进行分析确认。

要因确认一：混凝土停留时间长

确定混凝土停留时间长的影响程度见表 7-1。

表 7-1　混凝土停留时间长的影响程度确定表

确认内容	混凝土停留时间长对“混凝土塌落”的影响程度
确认方法	调查分析、现场试验
影响程度	电杆混凝土塌落是指混凝土的石子与水泥浆分离，不能均匀的分布于内壁上，引起混凝土内壁粗糙、松散的现象。混凝土塌落现象出现在混凝土坍落度过大或过小都会出现。混凝土停留时间过长会产生坍落度损失过大，混凝土黏性降低，产生塌落

续表

影响程度

电杆混凝土正常坍落度为 30~50mm，属于塑性混凝土，需要从搅拌站，搅拌完成后运输到厂房内，进行逐根放料浇筑。为测定混凝土停留时间对混凝土和易性的影响。小组分别按照搅拌后停留时间为 20min、35min、50min 测定混凝土塌落度，评定混凝土质量，测定停留时间对混凝土和易性的影响程度。见图 7-1 和表 7-2。

图 7-1　混凝土塌落度测定试验图

表 7-2　停留时间与和易性影响试验表

停留时间		20min	35min	50min
实测坍落度/mm	试验 1	45	25	10
	试验 2	40	20	10
	试验 3	40	20	5
	试验 4	45	30	10
	试验 5	40	30	10
	试验 6	30	25	5
	试验 7	45	25	10
	试验 8	40	25	5

制表人：封彦文　　　　制表时间：2021 年 4 月 6 日

从试验调查发现，混凝土停留时间越长，坍落度损失越大，当达到 50min 以上时，混凝土坍落度已经降 10mm 以下。当此时离心混凝土，非常困难，尽管延长离心时间，仍出现混凝土塌落现象。

试验结论：当停留时间达到 50min 时，电杆混凝土和易性变差，塌落度会急剧下降，出现内壁塌落，影响电杆产品质量

确认过程

为了验证混凝土停留时间对内壁塌落的影响，首先我们要测定电杆混凝土的浇筑时间。从调查结果来看，目前均采用每车搅拌 1.5m^3 混凝土，以 10m 电杆为例，每根 0.38m^3，小组对电杆停留时间及混凝土内壁质量统计如下：能够浇筑 4 根电杆，每根电杆浇筑时间 10min。为了进一步验证混凝土等待时间对电杆生产的影响。我们进一步调查统计分析，只是针对一车混凝土的最后一根电杆的混凝土的等待时间及内壁质量情况进行调查，连续 5 天，每天上下午抽检 4 次，统计分析，见表 7-3。

表 7-3　混凝土停留时间及内壁质量情况测定表

测定日期		第一根	第二根	第三根	第四根
4.5	停留时间/min	20	30	40	50
	内壁质量	好	好	一般	内壁粗糙
4.6	停留时间/min	22	31	42	52
	内壁质量	好	好	好	局部有塌落
4.7	停留时间/min	18	27	36	46
	内壁质量	好	好	好	可以
4.8	停留时间/min	22	31	40	49
	内壁质量	好	好	好	略微塌落
4.9	停留时间/min	24	33	42	55
	内壁质量	好	好	可以	局部有塌落

制表人：封彦文　　　　制表时间：2021 年 4 月 10 日

从检查测量统计结果可以看出，在正常生产过程中，混凝土停留时间在 45min 以内，完整浇筑，电杆内壁不受影响，当时间超过 45min，就会出现内壁塌落问题，从而导致废品率增加。因此"混凝土停留时间长"是要因

确认人	于海明、李波、董荔		
确认时间	2021 年 4 月 11 日	确认地点	电杆生产车间
确认结论	要因		

要因确认二：石子粒径偏大

确定石子粒径偏大的影响程度见表 7-4。

表 7-4　石子粒径偏大的影响程度确定表

确认内容	石子粒径偏大对“内壁塌落”和“外壁网影”的影响程度
确认方法	调查分析、现场试验

影响程度

为了检验石子粒径对电杆离心成型及内壁塌落的影响，小组分别采用 5~25mm 碎石、10~20mm 和混合石各 50%，进行 C50 混凝土搅拌，并对电杆质量评定，见表 7-5。

表 7-5　混凝土粒径对比试验测定表

石子粒径	5~25mm	10~20mm	混合石各 50%
坍落度/mm	35	35	35
和易性	石子偏大	石子分布均匀	有少量石子偏大
内壁坍塌情况/MPa	容易坍塌	内壁持续稳定	内壁持续稳定
成型质量	内壁多处石子裸露	否	有外露石子，个别有局部

制表人：于海明　　　　制表时间：2021 年 4 月 11 日

从实验结果可以看出，石子粒径偏大容易导致混凝土石子集中，造成内壁石子外露，包裹水泥浆容易分层，产生内壁塌落。

试验结论：当采用 5~25mm 石子搅拌混凝土，更容易出现电杆“内壁塌落”及“外壁网影”问题。而当采用 10~20mm，将可以有效避免上述问题

确认过程

小组对 2020 年电杆混凝土土配合比及石子使用情况进行实际调查，见表 7-6。

表 7-6　混凝土配合比试验数据对比统计表

配合比编号		水泥	石子	砂	外加剂
2020-GJP-0012	规格	P. O42. 5	10~20mm	中砂	JRJ1 减水剂
	用量	489	1109	624	14. 7
2020-GJP-0018	规格	P. O42. 5	10~20mm	中砂	JRJ1 减水剂
	用量	526	1102	567	0

制表人：于海明　　　　制表时间：2021 年 4 月 11 日

从调查结果来看，电杆混凝土均采用 10~20mm 连续级配小碎石搅拌 C50，石子粒径及级配合理，不会导致电杆离心分层，满足壁厚 45mm 电杆的生产要求，不会引起“局部塌落”，形成“外壁网影”。

确认结果：石子粒径偏大不是产生“内壁塌落”和“外壁网影”的主要因素。确认为非要因

确认人	于海明、李波、乔丽		
确认时间	2021 年 4 月 12 日	确认地点	搅拌站/实验室
确认结论	非要因		

要因确认三：减水率小

确定减水率小的影响程度见表 7-7。

表 7-7　减水率小的影响程度确定表

确认内容	减水率小对“内壁塌落”的影响程度
确认方法	调查分析、现场试验
影响程度	混凝土塌落度过大或过小都会引起电杆内壁塌落。塌落度过大，出现离心后，混凝土不能与模具内壁有效贴合，在电杆吊装入窑过程出现碰撞，发生局部脱落。塌落度过小，在离心过程，混凝土内壁不够密实，水泥浆不能较好包裹石子，造成离心效果不好，内壁粗糙，引起内壁塌落。减水剂的减水率改变，势必造成混凝土搅拌时用水量的改变，从而改变电杆混凝土塌落度。我厂针对电杆产品，专门配制了加减水剂和不加减水剂的两种配合比，不加减水剂的混凝土采用提高水泥用量来保证混凝土强度，加减水剂时，采用降低砂率，减少水泥用量，从而保证混凝土强度同时，降低造价。在构件混凝土中，我厂电杆生产主要采用固定减水率的减水剂，来保证混凝土的和易性。小组针对每次进来的减水剂，进行抽检，见表 7-8。

续表

影响程度

表 7-8 电杆混凝土用减水剂试验统计表

试验日期	4.3	4.10	4.17	4.14	4.30	5.7	5.14
减水率	18%	18.1%	18%	18.2%	18%	18.2%	18%
试验人	于海明	于海明	于海明	于海明	于海明	于海明	于海明

试验结论：我厂采用固定厂家提供的减水剂，减水剂性能稳定，减少率很少有波动

确认过程

小组对 2021 年 4 月电杆混凝土搅拌机外加剂掺量情况统计分析如表 7-9。

表 7-9 电杆混凝土搅拌机外加剂掺量情况统计

试验日期	4.3	4.10	4.14	4.17
减水剂品牌	JRJ1	JRJ1	JRJ1	JRJ1
减水剂掺量	3%	3%	3%	3%
减水剂重量	14.7	14.7	14.7	14.7
掺加方法	自动计量	自动计量	自动计量	自动计量

制表人：乔丽　　　　制表时间：2021 年 4 月 18 日

从调查结果可以看出，环形混凝土电杆均采用 C50 均掺加了减水剂，自动计量掺加方法，减水剂性能稳定，不会引起混凝土塌落度的改变，进而导致“内壁塌落”问题。

确认结果：减水剂性能变化不是导致“内壁塌落”的主要因素

确认人	于海明、乔丽、朴磊		
确认时间	2021 年 4 月 19 日	确认地点	搅拌站/实验室
确认结论	非要因		

要因确认四：下层砂石含水率变大

确定下层砂石含水率变大见表 7-10。

表 7-10 下层砂石含水率变大的影响程度确定表

确认内容	下层砂石含水率变大“内壁塌落”和“外壁网影”的影响程度
确认方法	调查分析、试验

影响程度

电杆使用砂石材料部分正常生产时都堆放在料棚内，采用装载车上料。通常情况下，下层含水率高压上层含水率，含水率测定取中间值。为了准确测定砂石含水率对混凝土和易性的影响，在砂石上料过程中，我们分别加细上下层对砂、石含水率按上下午分别进行测定，进行统计见表 7-11。

表 7-11 电杆混凝土砂石含水率试验统计表

试验日期	4.3 上	4.3 下	4.4 上	4.4 下	4.5 上	4.5 下	4.6 上	4.6 下	4.7 上
砂含水率/%	4.5	4.6	4.15	4.20	4.25	4.4	5.5	5.1	5.2
砂含水/kg	31.5	32.2	29	29.4	29.7	30.8	38.5	35.7	36.4
砂含水量偏差	0	0.7	-2.5	-2.1	1.8	-0.7	7	4.2	4.9
石含水率/%	1.5	2.1	1.7	2.0	1.6	2.1	1.4	1.9	1.3
石含水量/kg	16.5	23.1	18.7	22	17.6	23.1	15.4	20.9	14.3
石用水量偏差	0	6.6	2.2	5.5	-1.1	6.6	-1.1	4.4	-2.2
总偏差	0	7.3	-0.3	3.4	0.7	5.9	5.9	8.6	2.7
试验人	乔丽	乔丽	乔丽	乔丽	乔丽	乔丽	乔丽	乔丽	乔丽

试验结论：砂石含水率，是随着气温、运料时间和堆放部位变化的。混凝土搅拌过程，只能使用一个砂石含水率测定值。局部砂石含水率变化对混凝土搅拌实际用水量波动，进而影响混凝土和易性

续表

确认过程：

小组对2021年4电杆混凝土搅拌时砂石含水率逐一测定，并搅拌混凝土，并绘制折线图，见图7-2。

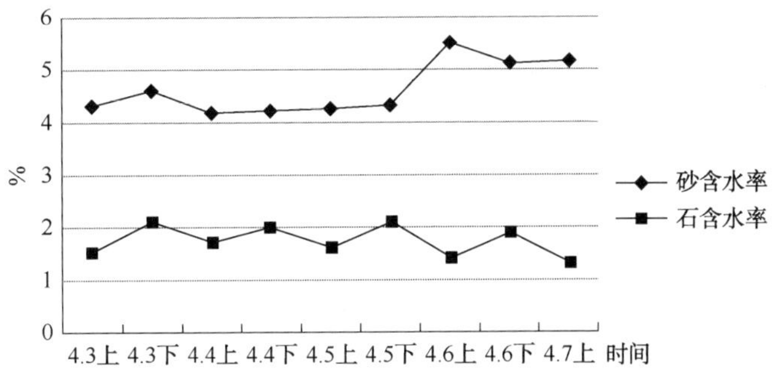

图7-2　砂石含水率测定折线图

制图人：乔丽　制图时间：2021年4月8日

从折线图可以看出，石子含水率测定值变化很小，在1.5%~2%波动，砂含水率变化稍较些，对混凝土搅拌用水量影响较小，而砂含水率在4.25%~5.2%，主要影响混凝土搅拌用水量。每次搅拌混凝土，搅拌操作手都要输入砂石含水率，调整搅拌实际用水量，保证实际搅拌的混凝土的水灰比恒定。从统计表来看，每立方米混凝土砂石含水率引起搅拌用水量改变达到7kg，这个变化值需要搅拌手在混凝土搅拌过程通过搅拌电流观察，进行用水量微调，可以消除含水率变化的影响，能够保证水灰比的准确不变。确认结果：下层砂石含水率变大没有对“内壁塌落”和“外壁网影”产生影响，是非要因

确认人	李洪志、于海明、李波		
确认时间	2021年4月10日	确认地点	搅拌站料场/实验室
确认结论	非要因		

要因确认五：离心时间短

确定离心时间短的影响程度见表7-12。

表7-12　离心时间短的影响程度确定表

确认内容	离心时间短对“内壁塌落”的影响程度
确认方法	调查分析、试验

影响程度：

电杆离心是将混凝土均匀分布到电杆模具内壁上，保证混凝土密实，内壁光滑，钢筋复位的过程，为了测定离心时间对电杆内壁塌落和网影的影响，小组在4月12日采用工艺文件的离心时间进行试验，试验结果见下表：工艺文件要求离心时间：低速2min、中速2min、高速8~10min。统计见表7-13。

表7-13　离心试验统计表

试验批次	离心时间/min			内壁质量
	低速	中速	高速	
1	2	2	10	无塌落、内壁光滑
2	2	2	8	无塌落、内壁光滑
3	2	2	10	无塌落、内壁光滑
4	2	2	9	无塌落、内壁光滑
5	2	2	10	无塌落、内壁光滑

制表人：董荔　　制表时间：2021年4月12日

从试验结果来看，按照工艺文件的离心时间，电杆“内壁塌落”问题不会出现，工艺文件要求的离心程序能够满足生产要求。电杆离心成型后能够保证内壁光滑，光亮密实

续表

确认过程

2021年4月15~18日，小组对10根电杆的离心过程进行监控，并测定实际离心时间，测量结果见表7-14。

表7-14　离心时间测量表

序号		1	2	3	4	5	6	7	8	9	10
标准值/min		实测值									
低速	2	2′20″	2′33″	2′45″	2′30″	2′20″	2′48″	2′45″	2′40″	2′55″	2′25″
中速	2	2′20″	2′13″	2′15″	2′10″	2′10″	2′18″	2′45″	2′10″	2′15″	2′25″
高速	8-10	8′20″	8′33″	9′45″	8′30″	8′20″	8′48″	8′45″	9′40″	8′55″	9′25″
是否满足规定		是	是	是	是	是	是	是	是	是	是

制表人：董荔　　　　制表时间：2021年4月18日

由测量结果可以看出，电杆离心时间满足《环形混凝土电杆生产技术操作规程》中对于离心时间的规定，说明高速离心阶段离心时间短对症结无影响。通过观察分析，电杆离心时间受到电杆混凝土塌落度影响较大。塌落度小是需要延长离心时间；塌落度大时需要缩短离心时间，可以通过手电筒照亮，观察离心质量。总的来说，电杆离心时间是可控的，离心工艺是有效的，不存在离心时间短问题而影响电杆质量问题。电杆离心成型对比图见图7-3。

图7-3　电杆离心成型对比图

确认结果：离心时间短均按照工艺文件执行，对“内壁质量差”问题无影响，属于非要因

确认人	李洪志、董荔、封彦文		
确认时间	2021年4月19日	确认地点	电杆生产车间
确认结论	非要因		

要因确认六：模具变形

确定模具变形的影响程度见表7-15。

表7-15　模具变形的影响程度确定表

确认内容	模具变形对“内壁塌落”的影响程度
确认方法	现场测量、调查分析

影响程度

小组2021年4月15~16日对正在生产的8套10m生产过程跟踪检查，确定模具变形的影响程度，见统计表7-16。

表7-16　在用模具状况调查统计表

模具编号	02	03	04	05	06	07	08	09
跑浆	无	有	无	无	无	有	无	无
跑浆部位	—	顶部	根部	—	—	中间连接处	—	—
变形部位	—	顶部翘曲合口	大盘缝隙	—	—	连接螺栓松动	—	—

制图人：李波　　　　制图时间：2021年4月8日

从测量结果可以看出，存在变形的模具，产生了相应的废品，说明模具变形对电杆质量有很大影响

续表

确认过程

2021年4月18~22日，小组对出现废品的电杆，按标号进行追查模具，发现其中8套模具存合模后存在杆段连接螺栓松动、模具变形、端头大盘存在缝隙等现象。见统计表7-17和图7-4。

表7-17 在用模具状况调查统计表

编　号	03	04	07	13	16	18	22	25
端头大盘存在缝隙	否	是	否	否	是	否	否	是
杆段连接螺丝松动出现缝隙	否	否	是	是	否	否	是	否
接口缝隙	是	否	否	否	否	是	否	否

制表人：李波　　　　制表时间：2021年4月22日

图7-4　追查模具标识图

根据产品质量追踪模具质量调查结果可以看出，产生“内壁塌落”的电杆产品生产模具存在端头大盘缝隙、连接螺丝松动，模具出现变形等问题，与“内壁塌落”有直接关系。

确认结果：模具变形是产生“内壁塌落”的主要因素

确认人	李洪志、李波、刘培冬		
确认时间	2021年4月22日	确认地点	电杆堆场/生产车间
确认结论	要因		

要因确认七：螺旋筋固定点不够

确定螺旋筋固定点不够的影响程度见表7-18。

表7-18　螺旋筋固定点不够的影响程度确定表

确认内容	螺旋筋固定点不够对“外壁网影”的影响程度
确认方法	现场测量、调查分析

影响程度

电杆螺旋筋是在螺旋筋加工套筒上缠绕形成的，保证其展开后与电杆的1/75的锥度相一致。施工过程采用将螺旋筋从稍端向根本展开，确保两端1.5m范围内螺旋筋间距为70mm，中间部位为100mm。如有螺旋筋固定点不够，会导致局部螺旋筋聚集，产生聚集部位螺旋筋内径偏大，出现网影，见图7-5。

图7-5　局部螺旋筋过密、外壁网影

经调查发现，出现的网影废品部位，螺旋筋间距均小于100mm，明显部位达到80mm以下，同时伴有内壁塌落。

分析观察结论：螺旋筋固定不牢导致螺旋筋聚集，对电杆网影有直接影响。当中间部位钢筋间距小于100mm时，就会出现钢筋聚集网影问题，进而伴随着内壁塌落

续表

确认过程	2021年4月23~25日，小组对班组生产过程进行跟踪观察，经调查发现，在实际生产中，操作工人布筋过程仅进行两端密绕绑扎及两端1.5m处绑扎，中间部位未进行绑扎连接，仅用采用粗略观察，布筋均匀后，就放料浇筑混凝土。而实际由于螺旋筋弹性回缩，中间部位螺旋筋趋于向上段稍径部位聚集，网影现象主要出现于此部位。这是导致电杆上部经常出现网影的主要原因之一。 确认结果：螺旋筋固定点不够属于要因

<table>
<tr><td>确认人</td><td colspan="3">董荔、于海明、李波</td></tr>
<tr><td>确认时间</td><td>2021年4月25日</td><td>确认地点</td><td>电杆堆场</td></tr>
<tr><td>确认结论</td><td colspan="3">要因</td></tr>
</table>

要因确认八：螺旋筋缠绕滚筒尺寸偏大

确定螺旋筋缠绕滚筒尺寸偏大见表7-19。

表7-19 螺旋筋缠绕滚筒尺寸偏大的影响程度确定表

<table>
<tr><td>确认内容</td><td>螺旋筋缠绕滚筒尺寸偏大“外壁网影”的影响程度</td></tr>
<tr><td>确认方法</td><td>现场测量、调查分析</td></tr>
<tr><td>影响程度</td><td>电杆螺旋筋是在螺旋筋加工套筒上缠绕形成的，2021年4月22~27日小组利用无齿锯将出现“网影”废品的环形混凝土电杆进行切割，检查螺旋筋直径，见图7-6和表7-20。

图7-6 电杆切割螺旋筋直径检查
表7-20 螺旋筋直径测量统计表
<table>
<tr><td>位置</td><td>理论直径/mm</td><td>实际测量值/mm</td><td>直径偏差/mm</td></tr>
<tr><td>1</td><td>275</td><td>293</td><td>18</td></tr>
<tr><td>2</td><td>275</td><td>298</td><td>27</td></tr>
</table>
测量分析结论：经调查发现，出现的网影废品部位，螺旋筋直径大于该部位电杆理论直径。螺旋筋直径是由加工套筒的直径决定的，整体螺旋筋加工套筒直径影响螺旋筋分布。小组进一步观察统计分析，确定螺旋筋网影位置，见统计表7-21。
表7-21 网影出现位置调查统计表
<table>
<tr><td>网影部位</td><td>上杆段2~6m</td><td>中间段2m处</td><td>下杆段3~6m</td></tr>
<tr><td>数量/处</td><td>54</td><td>18</td><td>4</td></tr>
</table>
从表7-21可以看出，螺旋筋网影部位主要集中在中上部，而在根部以下3m和杆顶部2m范围没有出现。说明中间部位螺旋筋就位后尺寸偏大。跟螺旋筋中部成型直径有直接关系</td></tr>
</table>

续表

确认过程：

为查出网影症结的直接原因，进行螺旋筋缠绕尺寸试验，对照螺旋筋理论位置，测定螺旋筋尺寸，见调查统计表7-22。

表7-22　螺旋筋直径调查统计表

距梢端位置	0.5	1	1.5	2	2.5	3	3.5	4
理论直径	157	164	170	177	184	190	197	204
实际直径	157	165	171	180	190	210	205	214
偏差	0	1	1	3	6	10	8	10
距梢端位置	4.5	5	5.5	6	6.5	7	7.5	8
理论直径	210	217	224	230	237	244	250	257
实际直径	230	235	242	248	255	260	265	271
偏差	20	18	18	18	18	16	15	14
距梢端位置	8.5	9	9.5	10	10.5	11	11.5	12
理论直径	264	270	277	284	290	297	303	310
实际直径	275	279	276	283	290	297	303	310
偏差	9	6	1	1	1	1	0	0

制表人：封彦文　　　　制表时间：2021年5月3日

可以看出，螺旋筋加工完毕，安放到模具上，在3~9m中间部出现了螺旋筋直径大于理论值。经小组讨论，一致认为螺旋筋制作滚筒尺寸偏大，特别是中间位置，使加工成型螺旋筋尺寸局部偏大，对电杆网影出现起主导影响。

确认结果：螺旋筋滚筒尺寸偏大是要因

确认人	李洪志、董荔、于海明		
确认时间	2021年5月5日	确认地点	电杆堆场
确认结论	要因		

通过要因验证，最终确认了导致“内壁塌落”和“外壁网影”问题的四条主要因素：

1. 混凝土停留时间长；
2. 模具变形；
3. 螺旋筋固定点不够；
4. 螺旋筋滚筒尺寸偏大。

八、制定对策

针对确定的四条要因，经过充分讨论与深入分析，逐一制定了切实可行的对策，见对策表8-1：

表8-1　对　策　表

序号	要　因	对　策	目　标	措　施	实施地点	完成时间	负责人
1	混凝土停留时间长	减少单次混凝土搅拌量，确保一次搅拌混凝土正好生产3根电杆	一次拌制的混凝土在30mm内完成浇筑使用，保证3根电杆生产。浇筑时，混凝土塌落度控制在20~40mm	1. 根据电杆生产类型，测定单次混凝土搅拌配送混凝土量； 2. 保证混凝土浇筑的连续性，减少混凝土等待时间	120搅拌站	2021年5月30日	于海明
2	模具变形	进行模具系统维修及时更新模具	裂缝宽度小于1mm，无漏浆缝。模具变形量小于5mm，无松动、跑浆现象	1. 逐根检查模具，进行维修； 2. 模具变形及损坏发现及时，快速维修改进； 3. 改进端头挡板连接形状，保证端头密封	电杆生产车间	2021年6月20日	董荔
3	螺旋筋不固定	增加螺旋筋绑扎点，专人负责	螺旋筋距离：两端60±5mm，中间100±5mm	1. 中间上下，2m间距固定绑扎； 2. 钢筋预拉10%进行绑扎； 3. 专人负责监督检查	电杆生产车间	2021年6月15日	封彦文

续表

序号	要　因	对　策	目　标	措　施	实施地点	完成时间	负责人
4	螺旋筋滚筒尺寸偏大	重新设计制作螺旋筋加工套筒	螺旋筋直径偏差量小于 5mm	1. 采用折线型套筒制作； 2. 搅拌、供应、浇筑混凝土及和易性测定	电杆生产车间和模具制作车间	2021 年 6 月 25 日	李洪志

制表人：李洪志　　　　制表时间：2021 年 5 月 10 日

九、对策实施

对策实施一：减少单次混凝土搅拌量，确保一次搅拌混凝土正好生产 3 根电杆，混凝土等待时间缩短为 30min 以下。见表 9-1。

表 9-1　对策实施一步骤

<table>
<tr><th>步　骤</th><th>实施方法</th><th colspan="3">图纸与数据</th></tr>
<tr><td>步骤 1：确定单次混凝土搅拌配送量</td><td>统计、计算、测定试验</td><td colspan="3">2021 年 5 月 15 日开始，小组对电杆混凝土用量进行细化统计，见下表。
<table>
<tr><th>型　号</th><th>10m</th><th>11m</th><th>12m</th></tr>
<tr><td>1 根电杆用混凝土/m³</td><td>0. 33</td><td>0. 40</td><td>0. 5</td></tr>
<tr><td>3 根电杆用混凝土/m³</td><td>1</td><td>1. 2</td><td>1. 5</td></tr>
</table>
小组根据不同电杆混凝土用量，确保每次搅拌混凝土仅够 3 根电杆使用，两条生产线，同一时间仅能生产两种电杆，根据电杆生产型号，配送混凝土量。通过规定单车混凝土搅拌量，加强与搅拌站沟通，确保不同电杆混凝土配送连续，达到等待时间缩短为 30min 以下</td></tr>
<tr><td>步骤 2：减少等待时间、浇筑混凝土及和易性测定</td><td>调查、测量试验</td><td colspan="3">2021 年 5 月 19~23 日，小组连续 4 天跟踪，开始对混凝土等待时间、末次浇灌电杆混凝土坍落度、混凝土工作性内壁质量进行测量、检查，统计如下表所示。
混凝搅拌调查统计表
<table>
<tr><th rowspan="2">测定日期</th><th colspan="4">上午测定结果</th><th colspan="4">下午测定结果</th></tr>
<tr><th>等待时间/min</th><th>塌落度</th><th>工作性</th><th>内壁质量</th><th>等待时间/min</th><th>塌落度</th><th>工作性</th><th>内壁质量</th></tr>
<tr><td>5. 19</td><td>28</td><td>30</td><td>好</td><td>好</td><td>29</td><td>30</td><td>可以</td><td>好</td></tr>
<tr><td>5. 20</td><td>30</td><td>25</td><td>好</td><td>好</td><td>28</td><td>25</td><td>好</td><td>好</td></tr>
<tr><td>5. 21</td><td>29</td><td>20</td><td>好</td><td>好</td><td>29</td><td>20</td><td>可以</td><td>好</td></tr>
<tr><td>5. 22</td><td>28</td><td>30</td><td>好</td><td>好</td><td>30</td><td>30</td><td>可以</td><td>好</td></tr>
<tr><td>5. 23</td><td>30</td><td>20</td><td>可以</td><td>好</td><td>29</td><td>20</td><td>好</td><td>好</td></tr>
</table>
制图人：杨新刚　　　　制表时间：2021 年 5 月 28 日
从检测结果来看，电杆浇筑混凝土等待时间均在 30min 以下，浇灌时混凝土坍落度均在 20~40mm 内，混凝土和易性和电杆内壁质量，都得到很大提高，实施结果有效，该对策目标实现，见下图。
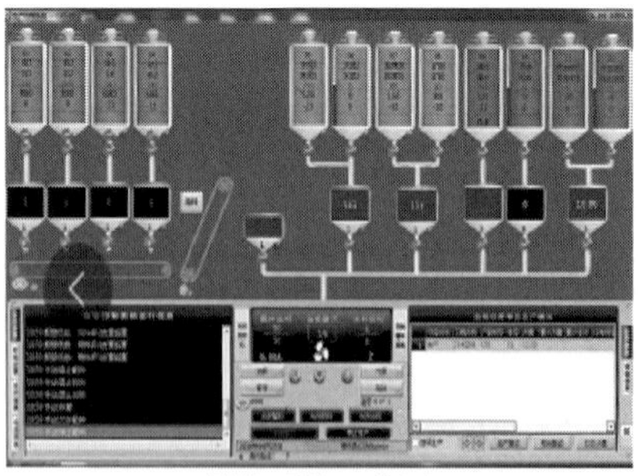
搅拌系统工艺图</td></tr>
<tr><td>步骤 3：效果检查</td><td>综合分析</td><td colspan="3">综合分析，小组通过单次减少混凝土配送量，按照生产杆型实施定量配送混凝土，既缩短了混凝土停留时间，又保证了混凝土供应的连续型，较少因停留时间过长引起混凝土塌落度损失过大，有效避免混凝土过干引起的塌落问题。
结论：对策实施有效</td></tr>
<tr><td>实施负责人</td><td colspan="2">于海明</td><td>效果检查人</td><td>李波</td></tr>
<tr><td>实施日期</td><td colspan="2">2021 年 5 月 22~30 日</td><td>检查日期</td><td>2021 年 5 月 30 日</td></tr>
</table>

对策实施二：进行模具系统维修，及时更新模具

对策二实施步骤见表9-2。

表9-2 对策实施二步骤

<table>
<tr><th>步　骤</th><th>实施方法</th><th>图纸与数据</th></tr>
<tr><td>步骤1：逐根检查模具，确定维修方案</td><td>现场调查分析</td><td>2021年6月3~5日，小组电杆再用的81套模具进行逐一检查，并对存在纵向连接螺栓松动及开焊、端板存在缝隙，合模螺丝缺失或损坏的问题，确定维修方案，准备逐个进行维修</td></tr>
<tr><td>步骤2：维修实施</td><td>检查、测量焊接修复模具</td><td>2021年6月7日，小组将统计结果中破损严重的模具上报厂里进行外委修复，重点对接口开焊，螺栓松动进行修复，并建议购买了10套10m新模具，以替换老旧模具。见下图。

焊接加固

焊点打磨</td></tr>
<tr><td>步骤3：更换修复</td><td>更换、改进</td><td>
螺丝更换

挡圈改进
6月7~15日，针对连接螺栓松动、开焊、端板存在缝隙，合模螺丝缺失或损坏的模具，小组组织生产技术和维修车间进行修复和更换处理，对于开焊松动部位进行焊接、打磨，对于缺失或损坏的合模螺丝进行更换，对端板与模体连接存在缝隙，增加端板塞入模具部分</td></tr>
<tr><td>步骤4：效果检查</td><td>综合分析</td><td>2021年6月16日，小组对维修及购买模具统计见下表。
维修及购买模具统计表
<table>
<tr><td>型　号</td><td>10m</td><td>11m</td><td>12m</td></tr>
<tr><td>维修数量</td><td>2</td><td>5</td><td>7</td></tr>
<tr><td>新购买模具</td><td>10套</td><td>—</td><td>—</td></tr>
</table>
制图人：董荔　　制表时间：2021年4月8日
2021年6月17开始，小组组织开始使用维修过的模具生产环形电杆，跟踪使用维修过的模具生产情况，生产出来的电杆产品不再出现模具变形引起跑浆、端头破损，进而导致内壁塌落现象。
综合分析，小组通过维修模具，新购模等对策有效实施，消除模具变形因素对电杆质量的影响，避免模具变形引起内壁塌落问题。
结论：对称实施有效</td></tr>
</table>

<table>
<tr><td>实施负责人</td><td>董荔</td><td>效果检查人</td><td>李洪志</td></tr>
<tr><td>实施日期</td><td>2021年6月3~22日</td><td>检查日期</td><td>2021年6月23日</td></tr>
</table>

对策实施三：专人负责均匀布筋，增设螺旋筋绑扎点

对策三实施步骤见表 9-3。

表 9-3　对策实施三步骤

<table>
<tr><th>步　骤</th><th>实施方法</th><th colspan="2">图纸与数据</th></tr>
<tr><td>步骤 1：中间上下，2m 间距固定绑扎。钢筋预拉 10% 进行绑扎</td><td>现场检查
统计分析</td><td colspan="2">2021 年 6 月 2 开始时实施，在预应力钢筋骨架入模后，将螺旋筋从梢端向根部拉伸两端均匀密布，间距为 50~70mm，中间均匀分布，间距 100±5mm 分布，先将两端加密三圈绑扎在一起，在分布两端 1.5m 范围内螺旋筋，将预应力紧预拉紧，再在两端 1.5m 处左右分别绑扎两点，两端螺旋筋间距 70mm；最后将中段螺旋筋均匀分布。采用隔 2m 进行上下，左右交错两点绑扎，固定螺旋筋，防止螺旋筋聚集，见下图。

端部螺旋筋绑扎

中部螺旋筋绑扎</td></tr>
<tr><td>步骤 2：效果检查</td><td>测量、检查</td><td colspan="2">2021 年 6 月 5 日和 6 月 10 日，经小组现场调查，班组均能按照规定的间距和绑扎要求进行螺旋筋绑扎，且绑扎牢固。证明对策实施有效，达到预定目标</td></tr>
<tr><td>步骤 3：效果检查</td><td>综合分析</td><td colspan="2">2021 年 6 月 12 日，小组对对策实施的效果进行综合分析，电杆生产螺旋筋分布是一道重要工序，具有一定的机动性和不稳定因素，工人不仅要懂得绑扎点，还要每天按照操作规程不折不扣地执行下去，这样才能保证对策目标持续有效，为此小组在班组内增加质量内控人员。
综合分析，小组通过增加螺旋筋绑扎点，并一一落实，螺旋筋能够与预应力筋较好地连接在一起，使螺旋筋在设定的电杆中心位置，防止螺旋筋聚集现象，能够避免因螺旋筋聚集产生网影。
结论：对策实施有效</td></tr>
<tr><td>实施负责人</td><td>董荔</td><td>效果检查人</td><td>李洪志</td></tr>
<tr><td>实施日期</td><td>2021 年 6 月 2~12 日</td><td>检查日期</td><td>2021 年 6 月 13 日</td></tr>
</table>

对策实施四：重新制作螺旋筋加工套筒

对策四实施步骤见表 9-4。

表 9-4　对策实施四步骤

步　骤	实施方法	图纸与数据
步骤 1：螺旋筋制作套筒的设计	现场测量、分析、设计确定	2021 年 6 月 4~6 日，小组经反复测量计算，进行螺旋筋制作套筒重新设计如下图所示，将套筒设计主体由原来的一个锥度改为 1、2、3 三段，1、3 段为一个锥度，用来缠绕两端 1.5m 螺旋筋加密区，2 段为中间段螺旋筋缠绕，螺旋筋加工套筒，中间部分外径平均缩小 15mm 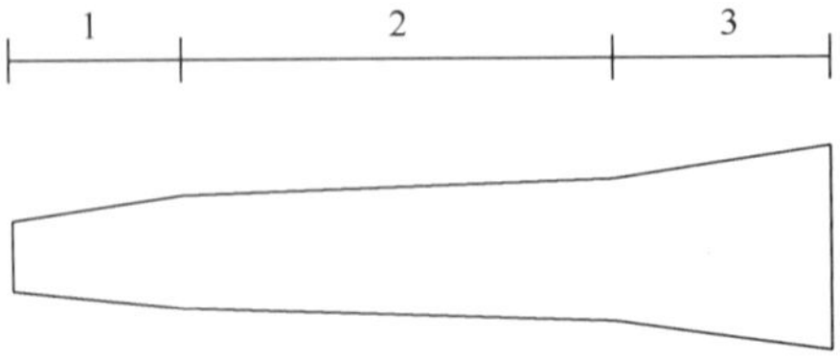 套筒加工示意图

续表

<table>
<tr><th>步　骤</th><th>实施方法</th><th>图纸与数据</th></tr>
<tr><td>步骤 2：
螺旋筋加工套筒制作</td><td>模具制作</td><td>2021 年 6 月 8~15 日，小组组织模具制作车间进行套筒制作。如下图所示。

螺旋筋制作套筒
制图人：李洪志　　制图时间：2021 年 6 月 18 日</td></tr>
<tr><td>步骤 3：
缠丝圈数测算，及设定</td><td>计算、测量</td><td>通过使用改进后螺旋筋制作筋，反复试验测定螺旋起点缠绕位置、缠绕圈数，及螺旋筋剪断回弹后剩余圈数，标定螺旋筋缠绕终点位置。达到螺旋筋剩余圈数为：
L×10+16，即 10m、11m、12m、15m 电杆螺旋筋剩余圈数见下表。
螺旋筋加工圈数制作表
<table>
<tr><td>杆长</td><td>10m</td><td>11m</td><td>12m</td><td>15m</td></tr>
<tr><td>螺旋筋缠绕圈数</td><td>130</td><td>142</td><td>150</td><td>180</td></tr>
<tr><td>螺旋筋剩余圈数</td><td>116</td><td>126</td><td>136</td><td>166</td></tr>
</table>
制表人：李洪志　　2021 年 6 月 18 日</td></tr>
<tr><td>步骤 4：
效果检查</td><td>测量、
综合分析</td><td>通过对策实施后，我们对螺旋筋位置及外径进行测量统计，进行理论值与实际值，并对比分析，见下表(12m 杆为例)：
螺旋筋位置及外径进行测量统计表
<table>
<tr><td>距稍径/mm</td><td>0. 75</td><td>1. 5</td><td>2. 25</td><td>3</td><td>3. 75</td><td>4. 5</td><td>5. 25</td><td>6</td></tr>
<tr><td>理论值/mm</td><td>160</td><td>170</td><td>180</td><td>190</td><td>200</td><td>210</td><td>220</td><td>230</td></tr>
<tr><td>实际值/mm</td><td>161</td><td>172</td><td>181</td><td>193</td><td>203</td><td>209</td><td>221</td><td>230</td></tr>
<tr><td>偏差/mm</td><td>1</td><td>2</td><td>1</td><td>3</td><td>3</td><td>1</td><td>1</td><td>0</td></tr>
<tr><td>距稍径/m</td><td>6. 75</td><td>7. 5</td><td>8. 25</td><td>9</td><td>9. 75</td><td>10. 5</td><td>11. 25</td><td>12</td></tr>
<tr><td>理论值/mm</td><td>240</td><td>250</td><td>260</td><td>270</td><td>280</td><td>290</td><td>300</td><td>310</td></tr>
<tr><td>实际值/mm</td><td>241</td><td>253</td><td>264</td><td>274</td><td>281</td><td>290</td><td>301</td><td>309</td></tr>
<tr><td>偏差/mm</td><td>1</td><td>2</td><td>4</td><td>4</td><td>1</td><td>0</td><td>1</td><td>1</td></tr>
</table>
制图人：封彦文　　制表时间：2021 年 6 月 22 日
综合分析，从检查测量结果来看，螺旋筋位置理论值与实际值偏差均在 5mm 以内，达到规范要求，消除螺旋筋偏大引起“外壁网影”问题。
结论：实施效果有效</td></tr>
</table>

实施负责人	董荔	效果检查人	李洪志
实施日期	2021 年 6 月 8~22 日	检查日期	2021 年 6 月 23 日

十、效果检查

(一) 目标完成情况

通过此次 PDCA 循环，环形混凝土电杆废品率得到实质性下降，经统计，各对策实施后，2021 年 7~12 月环形电杆出现废品情况，见表 10-1。

表 10-1　2021 年 7~12 月环形混凝土电杆废品情况统计表

时间	7 月	8 月	9 月	10 月	11 月	12 月	合计
电杆产量数/根	3150	3085	3110	2457	2134	1589	15525
不合格数/根	8	10	7	7	8	6	46
废品率	2. 54‰	3. 24‰	2. 25‰	2. 51‰	3. 74‰	3. 78‰	3. 01‰

制表人：乔丽　　　　制表时间：2021 年 12 月

活动效果前后对比见图 10-1。

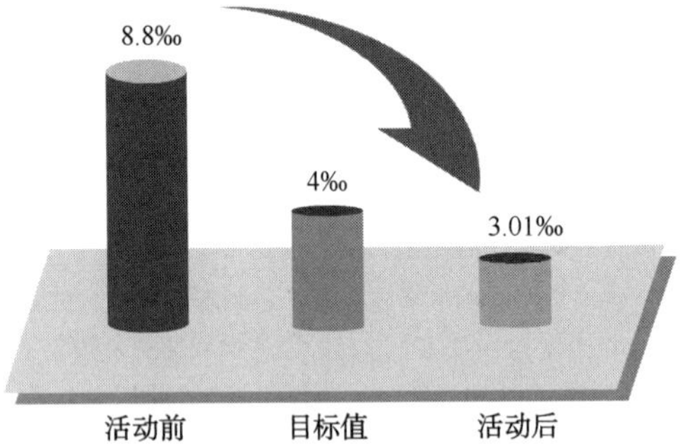

图 10-1　活动效果对比图

制图人：乔丽　制图时间：2021 年 12 月

小组对环形电杆出现废品质量问题进行分类，进行统计分析，绘制统计表和排列图，见表 10-2 和图 10-2。

表 10-2　2021 年 7~12 月电杆废品问题统计表

序号	项　目	频数/次	累计频数/次	频率/%	累计频率/%
1	贯穿裂纹	17	17	36. 9	36. 9
2	弯曲度超标	16	33	34. 8	71. 7
3	内壁缺陷	8	41	17. 4	89. 1
4	外壁网影	4	45	8. 7	97. 8
5	其他	1	46	2. 2	100
合计：46				100	100

制表人：乔丽　　　　制表时间：2021 年 12 月

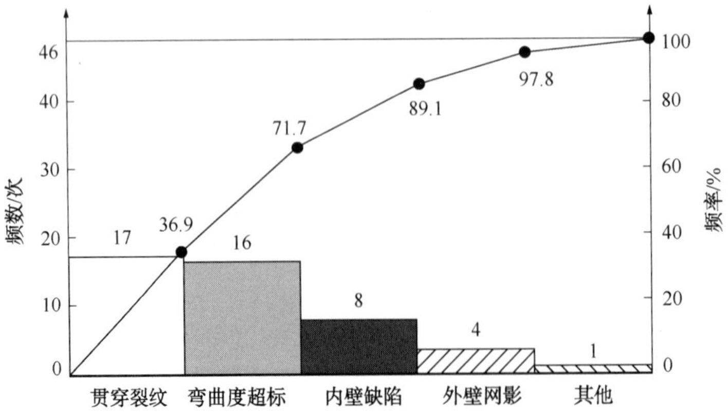

图 10-2　2021 年 7~12 月电杆内壁缺陷问题排列图

结论：从表 10-2 和图 10-2 可以看出，“内壁缺陷”和“外壁网影”占总电杆质量问题的（17.4%+8.7%）= 26.1%，不是造成电杆废品的主要问题。

（二）经济效益

投入费用明细见表 10-3。

表 10-3　投入费用明细表

序号	投 入 项 目	数　量	单价/元	总费用/元
1	套筒设计制作费	2 套	550	1100
2	模具修理费	14 套	650	9100
3	混凝土搅拌试验费	10 次	120	1200
合计：12200				

制表人：孙政国　　　　制表时间：2021 年 12 月 31 日

产出：电杆质量废品率由 8.8‰下降到 3.01‰，减少电杆废品数：15525×(8.8‰-3.01‰) = 90 根，按每根电杆销售价格为 1200 元，则节省电杆废品成本：1200×90 = 10.8 万元，总效益：产出-投入 = 10.8-1.22 = 9.58 万元。

（三）社会效益

通过本次 QC 活动的开展，降低了我公司环形混凝土电杆的废品率，减少了浪费，提高了生产效率，降低了生产成本，提高了电杆产品整体质量，减少了混凝土固定废物的污染产生，改善了生产环境。

十一、制定巩固措施

活动后，小组针对症结对策制定了以下巩固措施，见表 11-1。

表 11-1　巩固措施汇总表

对策措施	巩固方式	巩固内容	文件编号	
减少单次混凝土搅拌量，确保一次搅拌混凝土正好生产 3 根电杆	工艺文件	重新修订《预应力环形预应力电杆施工技术措施》，增加了 6.1 混凝土搅拌及配送操作规程	GYGC04-2022	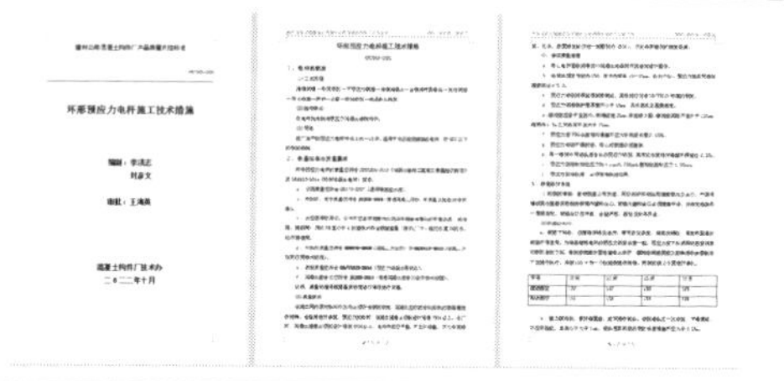
进行模具系统维修及时更新模具	企业标准	重新修订《环形混凝土电杆》企业内控标准，增加了 4.1 模具制作及检验标准	GJZLBZ-003-22	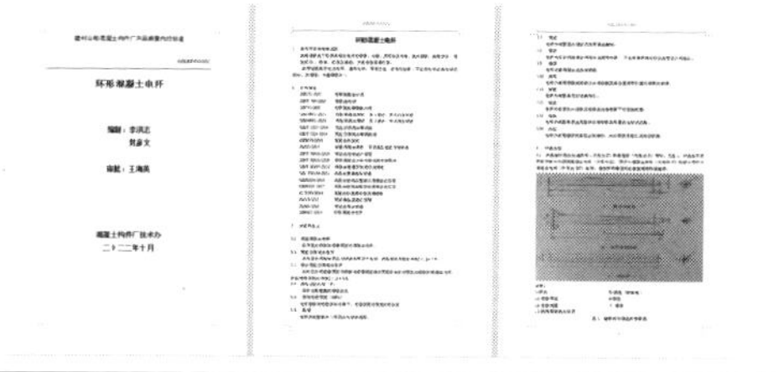
增加螺旋筋绑扎点，专人负责	操作规程	重新修订《环形混凝土电杆生产技术操作规程》，增加了 5.1 钢筋绑扎要求	GYYGC04-2022	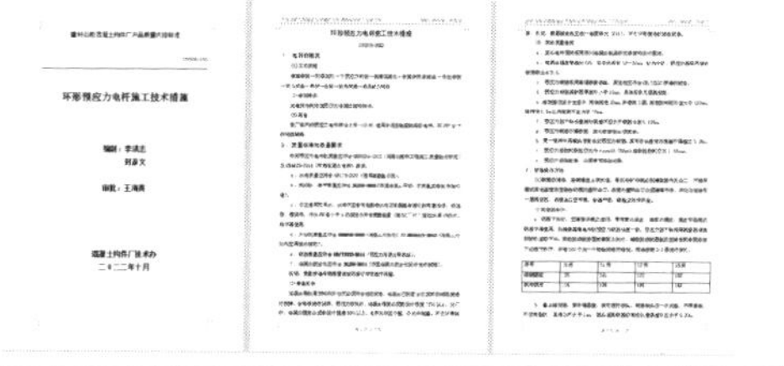

续表

对策措施	巩固方式	巩固内容	文件编号	
重新设计制作螺旋筋加工套筒	操作规程	重新修订《预应力环形预应力电杆施工技术措施》，增加了 7.1 螺旋筋缠绕方法及要求	GYYGC04—2022	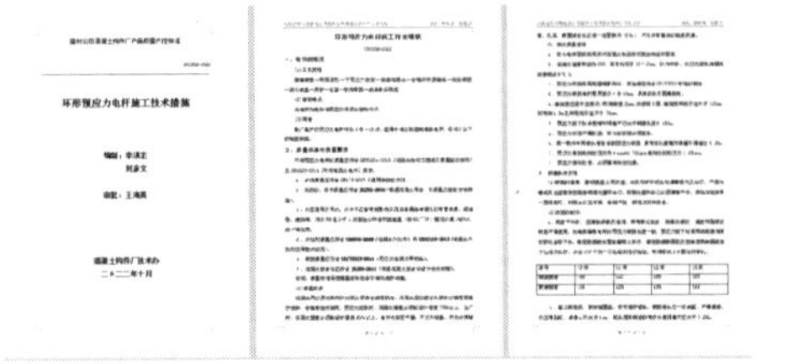

十二、总结和下一步打算

（一）总结

通过开展此次 QC 小组活动，小组实现了预先制定的活动目标，并在以下几个方面有所收获，见表 12-1。

表 12-1　活动亮点和不足之处汇总表

分类	亮　　点	不 足 之 处
小组专业技术方面	电杆混凝土采用离心成型工艺，理论塌落度为 30~50mm，而实际生产中，常常会因为含水率变化，搅拌过程偏差，浇筑间隔时间过长，而导致电杆混凝土实际使用时塌落度过大超过（50mm）或过小（小于 10mm），从而导致电杆混凝土水泥浆流失塌落或混凝土过硬黏结性差引起塌落。生产过程中，我们要加强实际使用时混凝土塌落度过程监测，及时调整生产工序，测定含水率，保证电杆产品质量	需要加强沟通和含水检测频次，即使调整搅拌质量
	螺旋筋加工尺寸和固定点数量对螺旋筋的混凝土保护层起到直接作用，生产中我们要加强螺旋筋制作和绑扎固定工序，可以合理避免网影出现影响电杆质量	人员自我控制及监督不足
	为了进一步优化了环形电杆生产预制技术，对电杆生产的关键岗位要加强管理，和责任意识教育，保证每个工人都能按照岗位操作规程和工艺文件执行，避免操作不规范和责任意识不足造成电杆产品质量下降	出现人员岗位变动，现场培训延迟，有待提高
小组管理技术方面	通过应用 PDCA 循环解决了“内壁塌落”和“外壁网影”问题，使小组成员，能够深入生产一线，去发现问题，把控问题的根源，并能够提出有效的解决办法，小组成员专研意识和创新意识得到增强，分析与解决问题的能力得到有效提升	需要增强小组人员解决问题的工作热情和全面性
	从全厂质量控制方面，提高了环形电杆生产的技术质量管理水平，能够从人、机、料、法、环等多角度，全方位思考问题，把质量问题消灭在萌芽中	由于材料质量的差异性，需对材料进厂及质量变动统计，及时调整施工配合比
小组成员素质方面	小组成员分析和解决问题的能力有较大提升，尤其是在复杂问题面前，通过现场跟踪调查，反复试验，小组全员讨论，一致认定症结所在，从不同的角度通过层层分析查找，靶向问题实质，达到从根本上解决问题	QC 工具运用不够娴熟，统计方法的运用还需要加强
	小组成员，不仅能提出问题，还能够进行模具设备设计，亲临车间班组跟踪指导作业，相互支持，团队协作意识和创新意识方面得到全方位的提高	理论与实际结合能力还有待提高

（二）下一步打算

近几年各类型钢筋混凝土排水管产品的需求量较大，类型较多，在其生产过程中存在混凝土塌落、表面蜂窝麻面、缺棱掉角等质量问题，针对上述问题，我们产能构件 QC 小组明年将开展新的 PDCA 循环，其活动课题为：提高钢筋混凝土排水管一次成型合格率。

成果点评

该成果活动类型为问题解决型(指令性目标)课题。产能构件 QC 小组针对所在单位提出的“将环形混凝土电杆废品率控制在4‰以下”的要求，作为课题目标，开展小组活动。通过查找现状差距，采用分层整理和分析，确定“外壁网影”和“内壁塌落”两个症结，依照“用数据说话”的原则，运用了关联图、调查表、排列图、折线图、柱状图等方法整理相关数据，采取了减少单次混凝土搅拌量、模具维修、增加螺旋筋绑扎点、设计制作螺旋筋加工套筒四个有效对策措施，使废品率减低至3.01‰，达到了课题目标，取得了一定的经济效益和社会效益，并制定了相应的巩固措施，活动过程逻辑较严密，符合 T/CAQ 10201—2020《质量管理小组活动准则》要求。

本 QC 小组成果存在以下方面的不足，希望以后持续改进：

(1) 目标可行性论证中，对 2020 年 218 根环形电杆废品率统计分析表 5-1 中，内壁缺陷不具体，与外壁网影、贯穿裂纹、弯曲度超标不同层；对历史性达到最好成绩缺少具体数据，对以往经验借鉴也未具体提及。

(2) 原因分析中，个别原因之间存在逻辑颠倒和不紧密问题，如离心时间短与离心工艺不规范，下层砂石含水率增大与用水量大等。

(3) 确定主要原因中，要因确认三(减水率小)只确认减水剂对塌落度无影响，未对“内壁塌落”症结影响程度进行判定。要因确认五(离心时间短)，离心试验统计表和离心时间测量表，前后统计时间单位不统一，前者至 min，后者至 s，且以满足《环形混凝土电杆生产技术操作规程》的规定说明对症结无影响的判定表述不当。要因确认六(模具变形)未收集模具变形程度的具体数据，影响程度判定通过“跑浆”，未直接对症结内壁塌落影响程度进行判定。

(4) 制定对策及对策实施中，对策一表述不明确，采用口号形式，如“减少……确保……”，可结合要因改为“缩短混凝土停留时间”；措施一不具体，应列出如何“保证混凝土浇筑连续性，减少混凝土等待时间”的具体措施。对策实施二、三的目标检查，缺少对对策目标进行效果验证的具体数据。

(5) 效果检查中，收集数据的时间与现状调查时收集数据的时间长度不一致；应与对策实施前现状调查时的问题症结进行比较，判断问题症结改善程度。

安全带锚固点装置的研制

我爱创新 QC 小组

（黑龙江省大庆钻探工程公司钻井二公司）

一、小组概况

表 1-1　小组概况表

小组名称		我爱创新 QC 小组		注册编号	DQZTZR2021011
课题名称		安全带锚固点装置的研制		成立时间	2021 年 1 月 8 日
课题类型		创新型		活动时间	2021 年 1 月～2021 年 12 月
小组人数		10 人		当年活动次数	15
近三年获奖情况		荣获 2018 年度全国优秀质量管理小组、全国标杆 QC 小组			
序号	姓名	年龄	文化程度	职务/职称	组内分工
1	张建山	48	大学	副队长/助理工程师	组长
2	肖　枫	46	大学	质量管理主管/工程师	组员
3	郑清武	49	大学	部门主任/工程师	组员
4	郭明刚	37	大学	安全管理干事/工程师	组员
5	吴宝民	52	大学	交井员/工程师	组员
6	杨明伟	39	大学	副队长/技师	组员
7	孙怀伍	53	大学	质量管理干事/政工师	组员
8	李　光	45	大学	副经理/工程师	组员
9	曲光远	46	大学	生产管理大班/工程师	组员
10	曹永一	58	大学	质量管理主管/工程师	组员

二、选择课题

1. 需求分析

在钻井生产过程中，钻井队完井拆搬时需将井架及钻台解体成若干部分拉运至新井场组装。钻台在拆装过程中安全防护设施也是一步一步进行拆装，那么就需要作业人员扎专业的三点式防坠式安全带进行施工，由于钻台的施工范围大且处于最高点，只能选择脚平面或以下的横梁或孔洞作为固定点，无法满足安全带使用时“高挂低用”的要求，所以安全带尾绳的挂点也就是锚固点（锚固点通常是指横梁、支架、柱子等，上面可用来系救生索。经实际测量小组所在的钻井队钻台高度为 5m，钻台宽为 7.3m、长 9.5m，分为上下两层，底层为下层底座高 2.3m，上层为支架高 2.7m。需拆装的可分为 7 大部分共 21 个部件，需最少 4 人配合吊车完成。拆装顺序为先是钻台面以上，其次是钻台面，最后是先拆前支架然后拆后支架，人员在挂完后支架绳索后从支架底部撤离。本课题的锚固点为安全带尾绳的挂点，本小组称锚固点）的选择就成为钻井队最迫切的需求，现存在的隐患：

（1）挂点位置在脚平面以下，至身体挂点约 1.5m，安全带尾绳长 1.5m，所以下落净空间必须满足 3m 以上，而队钻台上层高 2. 7m，不满足要求，一旦下坠就会落至平台、横梁等基准面上或碰到低层结构，不能起到有效的保护作用。

（2）与锚固点角度不能垂直(锚固点水平方向的要求：须尽量靠近作业位置，以避免钟摆效应)发生坠落时产生横向摆动，角度越大摆动幅度越大，身体容易撞击低层结构或尾绳与棱刃边缘摩擦后尾绳断裂发生坠落。

经调查，此类安全事故案例在国内外各钻井公司发生过多起，我公司虽有预防措施，未发生安全事故，但“低挂高用”安全带始终是极大的安全隐患，特别是雨雪天气造成的作业面湿滑，季节大风引起的视线不清、站立不稳等问题极易发生坠落事故。而拆搬作业是属于高频次的常态化施工，所以安全带低挂高用给我们的安全工作带来了很大的风险。经查询，公司每支钻井队一年中需要进行四五百次的拆搬作业，所以满足钻台拆装需求的多角度大范围的锚固点就成为我们井队急需的安全设施。

经调查，钻井二公司施工的 40 支钻井队，2020 年井队拆搬 474 次，此类安全隐患一直存在于钻井队。

2. 广泛借鉴

我们对相关类似的装置进行了调查，找到了几种可借鉴的方式方法：

在专利查询网、360 搜索网、百度等网站，查到建筑工地和其他涉及高处作业的场所所应用的方式。网络上的“水平生命线”系统是一种锚固装置。见图 2-1。它由锚点支架和水平缆绳(以钢缆为主)组成，即所谓的水平生命线，或称为安全线。这一装置，一般永久地固定在一个结构上，旨在确保单人或多人在有可能发生坠落的高空能够安全地工作，为他们提供一个更加自由的活动空间。它可以通过直线、曲线等方式安装系统的主要组成部分，包括：滑梭、能量缓冲器、中间支架和末端支架。水平生命线可为高空安装、维护和清洁工作的安全保护提供完美的解决方案。虽然不能完全满足我们的需求，但可借鉴的地方很多。架高的专用钢丝绳作为安全带的锚固点，安全带的合理锚固点，安全操作有了保障。

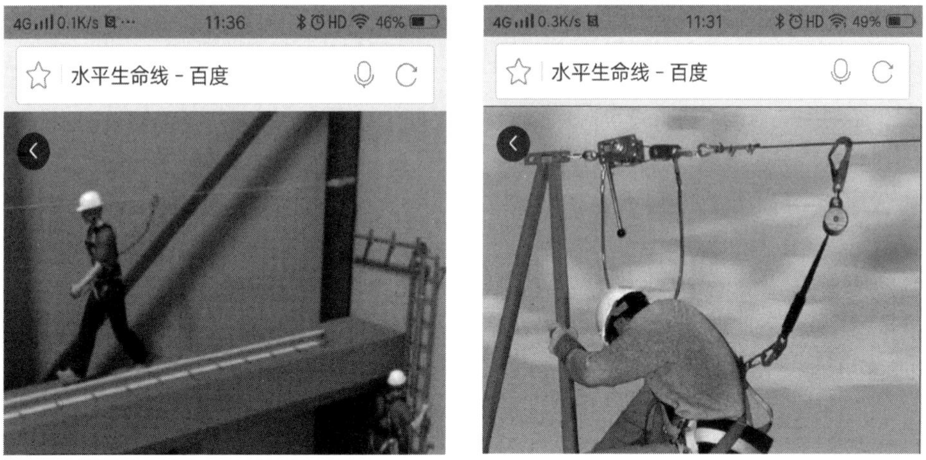

图 2-1　查询网站页面

我们通过借鉴网络上的“生命线”构造及安装方式，借鉴建筑用“水平生命线”的“从点到线”锚点方式，假想在钻台上制作安装几套自主活动的类似“生命线”装置，“从线到面”，就能满足钻井队钻台拆安设备安全带锚点的需求。为此，小组决定开展课题：安全带锚固点装置的研制。

三、设定目标及目标可行性论证

（一）设定目标

根据钻井队钻台的实际情况。受到建筑施工队所用的锚固点装置启发，发现自由连接方式远远优于固定连接的方式，使作业面更广，更灵活且不受角度限制。研制一种可多角度大范围使用的安全带锚固点，按网络借鉴标准，预设安装两组锚固点装置，实测：钻台宽 7.3m、长 9.5m，共 $69.35m^2$；预计用 4 个立柱点，使用两组缆绳，并自由组合，初步按 4 组操作面，预设锚固点装置缆绳两侧 2m 操作面：$2m\times7m=14m^2$，$2m\times9m=18m^2$；减掉交叉重复的 $8m^2$，4 组面积：$(14m\times2m+18m\times2m)-8m^2=56m^2$。能够钻台工作面占比为：56÷69.35=80.7%。

为此，目标设定为：安全带锚固点装置，使用安全带拆装钻台设备工作面 80%以上。（见示意图图 3-1 和柱状图图 3-2：图红色区域为未达到的工作面，黑色线为“生命线”）。

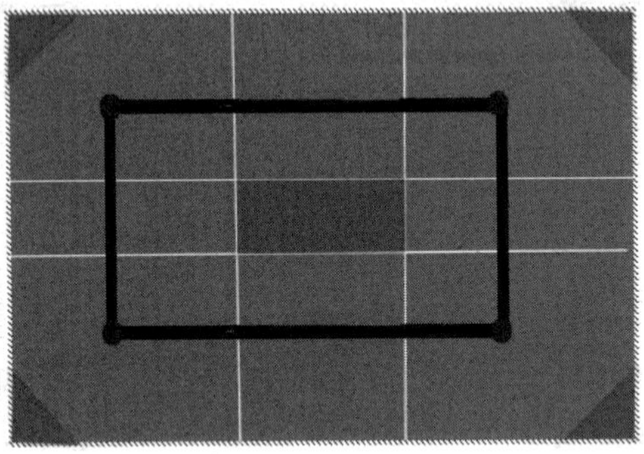

图 3-1　示意图

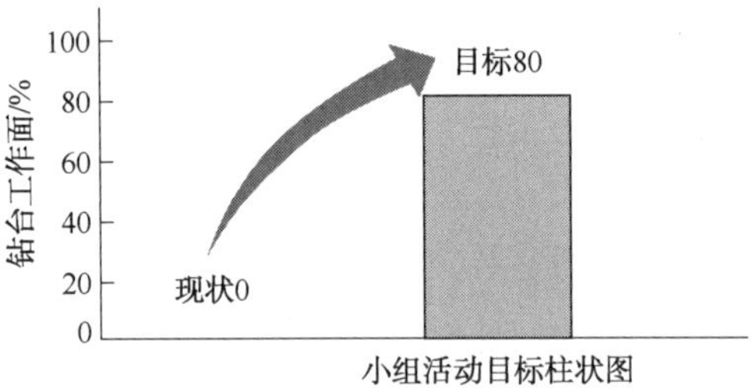

图 3-2　柱状图

（二）目标可行性论证

我们对相关的、类似的装置进行了调查，找到了几种可借鉴的方式方法：

1. 借鉴建筑用“水平生命线”的“从点到线”锚点方式，以钢丝绳作为锚固点，安全带尾绳在钢丝绳上任意滑动，使锚固点变成线，使作业人员在系好安全带的情况下在钻台上随意走动，作业面更大。

2. 虽然钻台要拆除的部分较多，但钻台宽为 7.3m、长 9.5m，面积较大可加装多个“生命线”装置，预设合理还是可行的。

3. 安装拆卸的工作位置相对固定，可以将各工作点串连成一条或几条工作线路用来确定“生命线”的安装位置，并借鉴各行业不同方式的高处作业防护措施进行创新，能够满足钻台设备拆卸的安全进行。

4. 营造现场的安全施工环境，得到了领导和员工的认可在制作实施和应用上有了保障。

四、提出方案并确定最佳方案

（一）提出方案

小组针对课题目标，根据借鉴“生命线”，提出方案。

我们小组经过讨论，并且实地测量，提出了装置必须满足的几个条件：

1. 高度必须满足人体坠落后不接触底层下船为准及距工作面 1.2m 以上。
2. 施工时挂点与人体角度不大于 15°。
3. 造价低，维修、换件方便。
4. 适合各种恶劣环境使用。
5. 不破坏原有设备设施，不妨碍其他工作。

我们结合了几种数据和钻台拆装顺序结合需要必须满足的几个条件，又通过查新对装置有了基本的思路。我们决定装置的连接方式确定为线连接。

绘制平面图将工作时人员的站位点和行走路线相结合，然后在钻台上选出四个点安装立柱，使任意两点相连接形成交叉和平行的六条工作线路，用来满足钻台的拆装作业施工要求。经过小组成员讨论，初步确定了装置由起支撑作用的立柱和限制作业范围并与安全带尾绳连接的钢缆及钢缆绷紧装置三个部分组成，总体结构树图如图 4-1 所示。

经过小组成员认真讨论，理论联系实际，分析安全带锚固点装置的结构及各个组成部分，最终确定了具体的各个部分的总体方案。总体方案树图如图 4-2 所示。

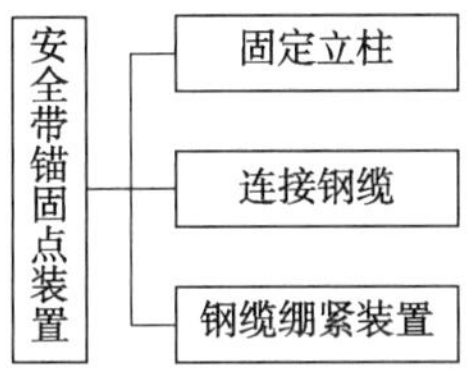

图 4-1　总体结构树图

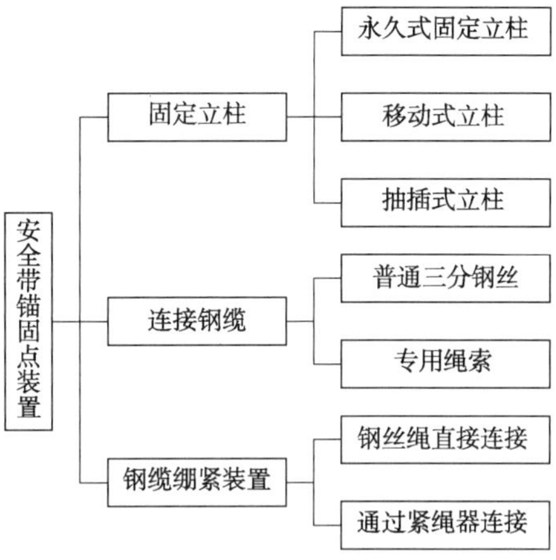

图 4-2　总体方案树图

（二）确定最佳方案

分方案的评价与选择：

1. 立柱的固定方式

立柱固定方式汇总见表 4-1。

表 4-1　立柱固定方式汇总表

项　目	方案一：永久式	方案二：移动式	方案三：抽插式
安全性	占用逃生路线有风险	安全性好	安全性好
安装方式	无须拆装	拆装不方便	拆装简单
成本	立柱 230 元	立柱+丝扣 2300 元	立柱+底座 350 元
选择	不选	不选	选定

方案一：虽成本较低，一次性安装，但占用了钻台的逃生路线，所以不选。

方案二：成本较高，用于固定的一套丝扣底座成本为 500 元，而且使用前后都必须进行拆装，上下钻台极为不便，并且要单独存放，所以不选。

方案三：拆装简单，不用时隐藏在钻台面以下，用时抽出用销子固定，简单方便，只需增加底座，用料成本共 120 元。

2. 钢丝绳的选择

钢丝绳的选择方案汇总见表 4-2。

表 4-2　钢丝绳选择方案汇总表

项　目	方案一：三分钢丝绳	方案二：锚固点装置专用护套钢丝绳
安全性	现场使用拖拉机牵引实验可承受 3t 的拉力，不耐磨	现场使用拖拉机牵引实验可承受 3t 的拉力，护套可防腐并具耐磨性
安装方式	可压套，美观，免维护	用绳卡固定，定期检查紧固
成本	本队闲置边角料即可制作	每米 30 元，共 450 元
选择	不选	选择

方案一：虽然零成本，但钢丝绳不具有耐腐蚀性，安全带的安全钩在滑动时会产生磨损，所以不选。

方案二：虽然成本较高，需定期维护。但从耐用性和安全性方面考虑还是选择专用的锚固点装置钢丝绳。

3. 钢丝绳连接方式的选择

钢丝绳连接方式的选择方案汇总见表 4-3。

表 4-3　钢丝绳连接方式的选择方案汇总表

项　　目	方案一：钢丝绳直接连接	方案二：用紧绳器连接
安全性	现场用 100kg 重物模拟人员坠落：两端用牵引钩挂在立柱上不能收紧，受力后高度降低 850mm，且易脱钩造成危险	现场用 100kg 重物模拟人员坠落：一端用牵引钩挂在前侧立柱上，另一端用拉力 1t 的紧绳器与另一侧立柱相连，可收紧钢丝绳。受力后高度降低 200mm
安装标准	钢丝绳有垂度，绷直度差，安装简单	可用紧绳器拉紧，使用顺滑牢固
成本	按作业路线需配备六条，共 1350 元	长度可调只需配备最短两条即可，450 元+2 只紧绳器 500 元，共 950 元
选择	不选	选择

方案一：虽然安装简单，但钢丝绳不能收紧，一旦发生坠落，受力点下沉，坠落深度增加，且易脱钩，存在一定的风险，并且需配备不同长度的六组锚固点装置，不易管理且成本较高。

方案二：每根绳索配备一只紧绳器，不但能收紧绳索，并且紧绳器有一定的伸缩距离，增加了灵活性，只需配备两根最短距离的绳索配合紧绳器便可连接六条工作路线的任意两条，并且能完全满足防护需要，节省成本的同时又增加了安全性。

确定最佳方案树图见图 4-3。

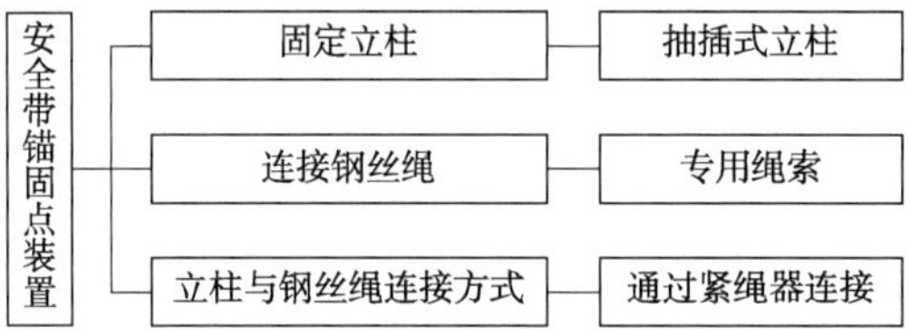

图 4-3　确定最佳方案树图

五、制定对策

对策汇总详见表 5-1。

表 5-1　对策汇总表

序号	对策	目　　标	措　　施	实施地点	完成时间	负责人
1	加工抽插式立柱	1. 加工尺寸准确度误差要求不大于±5mm； 2. 满足拉力需求，根部收缩、咬边和接头符合，连接处满焊，焊缝不得存在表面夹渣、裂纹和电弧擦伤等缺陷，合格率 98%以上	1. 绘制图纸，构件校正好之后方可施焊； 2. 严格控制焊接部位的相对位置尺寸，合格后方准焊接，焊接时精心操作	30143 队井场	2021 年 5 月	张建山 孙怀伍
2	专用绳索选购	专用钢丝绳、配套专用绳卡子、自锁挂钩，承载力大于 1t	1. 按行业规定的锚固点装置材料标准采购直径不小于 12mm 绳索及相符合相配套专用的卡子、挂钩； 2. 按行业标准链接卡固；采用 3 个绳扣，开口方向对着活绳，绳卡间距为 6 倍钢丝绳直径(8cm 左右)，绳头露出长度为钢丝绳 3 倍直径(4cm)	30143 队井场	2021 年 6 月	肖　枫

续表

序号	对策		目　　标	措　　施	实施地点	完成时间	负责人
3	紧绳器选购		满足野外各恶劣环境，承载力满足不小于1t标准，要求的紧绳器、伸缩距离不小于1.5m	到五金店按行业标准采购承载力为1t且伸缩距离为1.5m的手扳倒链	五金总汇	2021年6月	曹永一
4	组装试验	现场组装	1. 设计图纸精准98%； 2. 安装位置、安装质量与图纸符合98%以上	1. 与现场结合，绘制图纸； 2. 按安装图纸标定的位置安装； 3. 安装完成后进行质量	30143队钻台	2021年8月	郑清武 李　光
		模拟实验	按照设计要求能够达锚固点装置行业标准	1. 确保安装固定可靠、走向合理并不妨碍其他工作； 2. 分别对需工作的点进行模拟作业； 3. 操作人员穿戴好安全带，在锚固点上作载核实验	30143队钻台	2021年8月	曲光远 杨明伟
		现场实验	验证操作面能否达到100%，并不妨碍其他工序的作业施工	在高162-斜更453井搬家时： 1. 进行现场实验，做承载力测试； 2. 系安全带在钻台上做操作面的实验	30143队钻台	2021年9月	吴宝民 郭明刚

六、对策实施

实施一：加工抽插式立柱

1. 绘制装置各部分组件的图纸(如图6-1所示)。

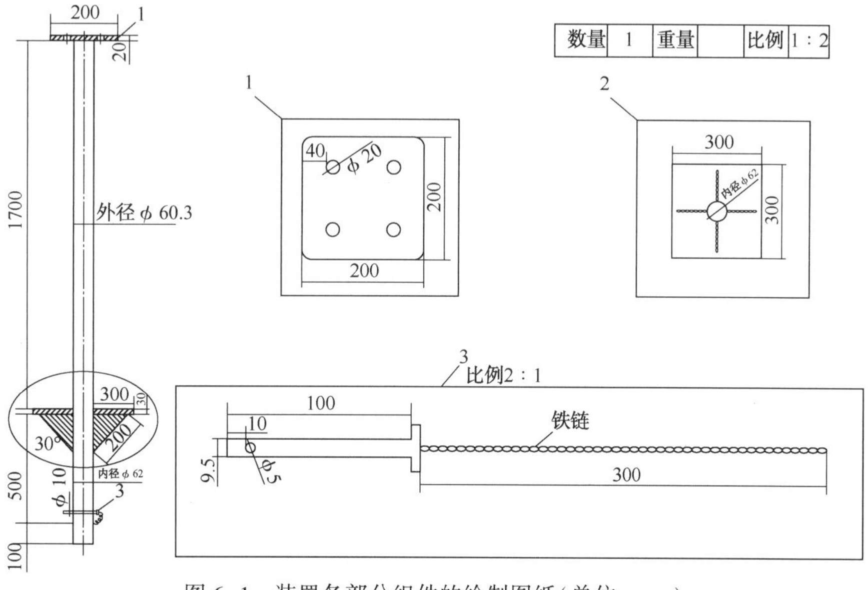

图6-1　装置各部分组件的绘制图纸(单位：mm)

2. 按加工图纸尺寸下料(如图6-2所示)。

图6-2　下料现场图

3. 进行焊接制作(如图 6-3 所示)。

图 6-3　焊接制作现场图

经过小组验证，加工尺寸准确度误差要求不大于±5mm；满足拉力需求，根部收缩、咬边和接头符合，连接处满焊，焊缝不得存在表面夹渣、裂纹和电弧擦伤等缺陷，合格率达 99%以上。

实施二：专用绳索选制

1. 购买锚固点装置专用绳索(如图 6-4 所示)。

图 6-4　专用绳索实物图

2. 购买配套专用绳卡子(如图 6-5 所示)。

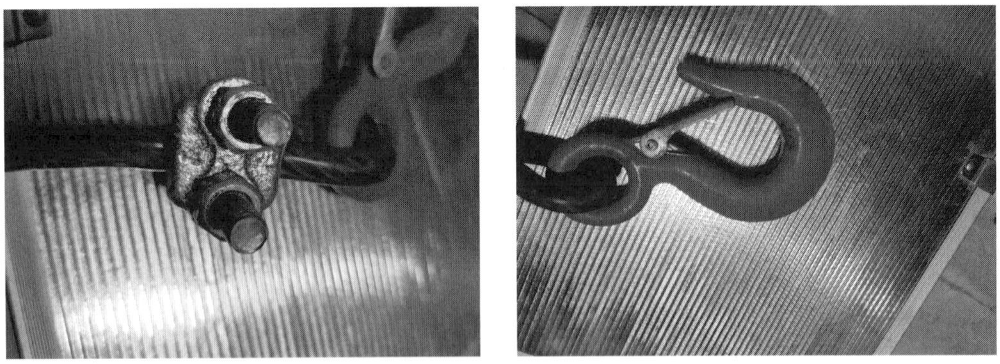

图 6-5　专用绳卡子实物图

3. 购买足够承载力的自锁挂钩(如图 6-6 所示)。

按标准链接卡固(如图 6-7 所示)。

经过选购并进行连接，小组吊装 1t 物体验证，专用钢丝绳、配套专用绳卡子、自锁挂钩，均无变形，方案实施有效。

图 6-6　自锁挂钩实物图

图 6-7　链接卡固实物图

实施三：采购紧绳器

1. 承载力满足行业标准要求(如图 6-8 所示)。

图 6-8　现场作业图

2. 满足野外各恶劣环境使用(如图 6-9 所示)。

图 6-9　现场作业图

3. 有足够的伸缩距离(如图 6-10 所示)。

图 6-10　现场作业图

选购经过安装位置、安装满足野外各恶劣环境，承载力满足不小于1t标准，紧绳器伸缩距离不小于1.5m的要求。

实施四：组装实验

1. 现场组装

（1）实测钻台面，绘制安装图纸(如图6-11所示)。

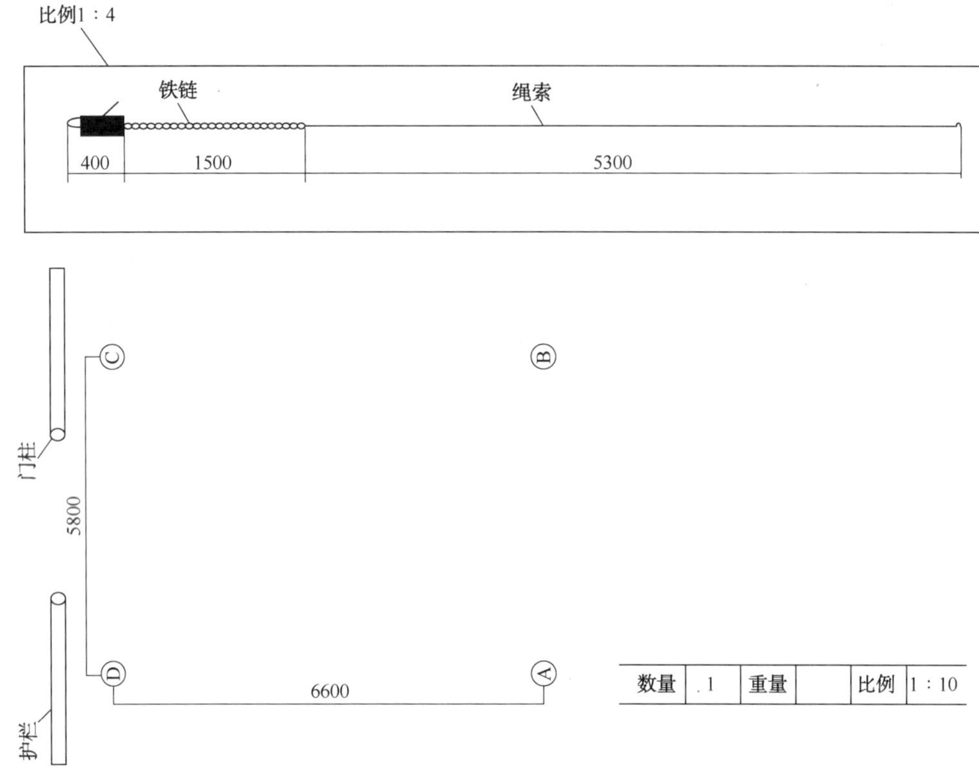

图6-11　安装图纸绘图(单位：mm)

（2）确保安装后对设备设施和不影响其他工作(如图6-12所示)。

图6-12　现场作业图

经过安装位置、安装满足野外各恶劣环境，承载力满足不小于 1t 标准，并进行现场实操，方案实施有效。

2. 模拟实验

（1）确保安装固定可靠、走向合理并不妨碍其他工作(如图 6-13 所示)。

图 6-13　模拟现场作业图

（2）分别对需工作的点进行模拟作业。

3. 现场实验

在高 162-斜更 453 井搬家时进行现场实验中，作业人员都能在安全线的保护下在各个作业项点进行施工作业，并且锚固点装置的高度、角度完全符合安全要求。安装、拆除都非常简单、方便、安全，立杆收回后，并不妨碍其他工序的作业施工。如图 6-14 所示。

图 6-14　现场作业图

专家鉴定：为了检验该装置的安全性，小组四人一起把全部的体重压到专用绳索(网络上称生命线)。经分公司设备、安全部门专家鉴定，立柱有轻微弹性变形，其他部件无变化。各种参数达到设计指标要求，操作简便，装置自身安全，降低了操作风险，提高了安全系数。成果验收报告如图 6-15 所示。

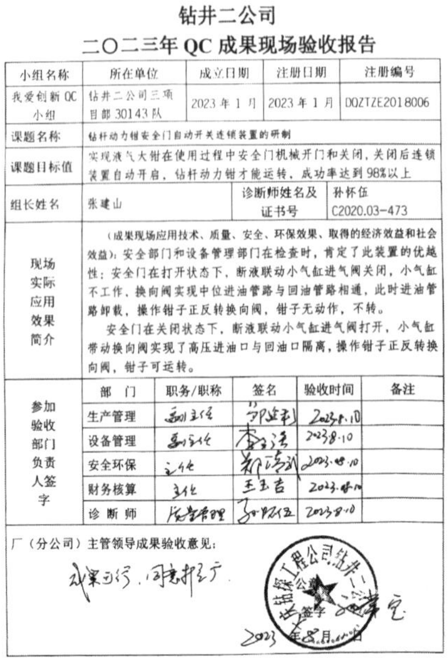

钻井二公司

二〇二三年 QC 成果现场验收报告

小组名称	所在单位	成立日期	注册日期	注册编号
我爱创新 QC 小组	钻井二公司三项目部 30143 队	2023 年 1 月	2023 年 1 月	DQZTZE2018006
课题名称	钻杆动力钳安全门自动开关连锁装置的研制			
课题目标值	实现液气大钳在使用过程中安全门机械开门和关闭，关闭后连锁装置自动开启，钻杆动力钳才能运转，成功率达到 98%以上			
组长姓名	张建山		诊断师姓名及证书号	孙怀伍 C2020.03-473
现场实际应用效果简介	（成果现场应用技术、质量、安全、环保效果、取得的经济效益和社会效益）：安全部门和设备管理部门在检查时，肯定了此装置的优越性：安全门在打开状态下，断液联动小气缸进气阀关闭，小气缸不工作，换向阀实现中位进油管路与回油管路相通，此时进油管路卸载，操作钳子正反转换向阀，钳子无动作，不转。 安全门在关闭状态下，断液联动小气缸进气阀打开，小气缸带动换向阀实现了高压进油口与回油口隔离，操作钳子正反转换向阀，钳子可运转。			

参加验收部门负责人签字	部门	职务/职称	签名	验收时间	备注
	生产管理	副主任	[illegible]	2023.8.10	
	设备管理	副主任	[illegible]	2023.8.10	
	安全环保	主任	[illegible]	2023.8.10	
	财务核算	主任	王玉吉	2023.8.10	
	诊断师	[illegible]	孙怀伍	2023.8.10	

厂（分公司）主管领导成果验收意见：

成果可行，同意推广。

（公章）签字：[illegible]

2023 年 8 月 10 日

图 6-15　成果验收报告

七、效果检查

1. 完成情况

通过此次 PDCA 循环，实现了多角度水平锚固点装置的研制，在拆板作业过程中作业人员都能在安全线的保护下在各个作业项点进行施工作业，并且使用的高度、角度完全符合高处作业要求。安装及拆除都非常简单、方便、安全，立杆收回后，并不妨碍其他工序的作业施工。活动之初设订的目标是在 4 个点形成 4 个线(面)，完成后 4 个点经过排列组合，组成了 4 个点 6 个线(面)，经检查测试，安全带锚固点装置，使用安全带拆装钻台设备工作面 90%以上(见图 7-1 和图 7-2：图中深色的四个三角区域为未达到的工作面，黑色线为“生命线”)。超过了活动目标，工作面基本上覆盖了整个钻台面。

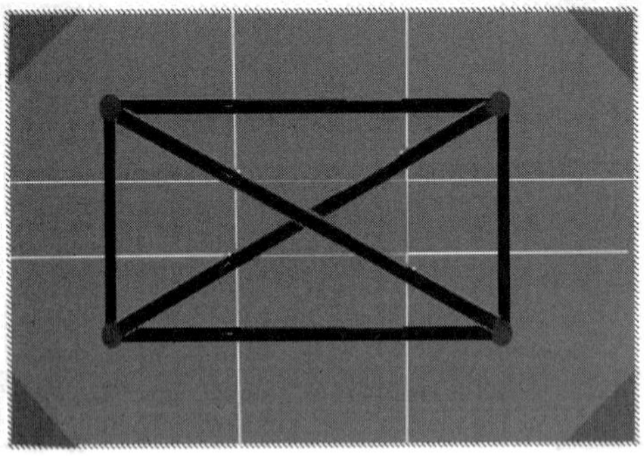

图 7-1　目标完成情况示意图

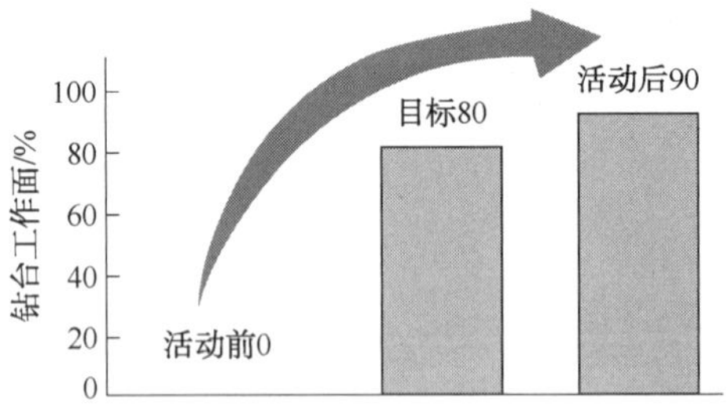

图 7-2　小组活动后目标完成情况柱状图

2. 社会效益

(1) 钻台锚固点装置的推广使用将极大地增强高处施工人员的安全系数，减少工人的劳动强度。

(2) 避免了可能产生的人员伤害事故。

八、标准化

1. 把锚固点装置的设计资料、图纸整理归档，并且在公司质量安全环保部的助推下，开始着手同型号钻机的钻井队进行锚固点装置的推广，截至 2023 年 6 月，已推广此类装置 22 套。其他钻井队正在改造，制作适合的钻台安全带锚固点装置。设计图纸和资料见图 8-1。

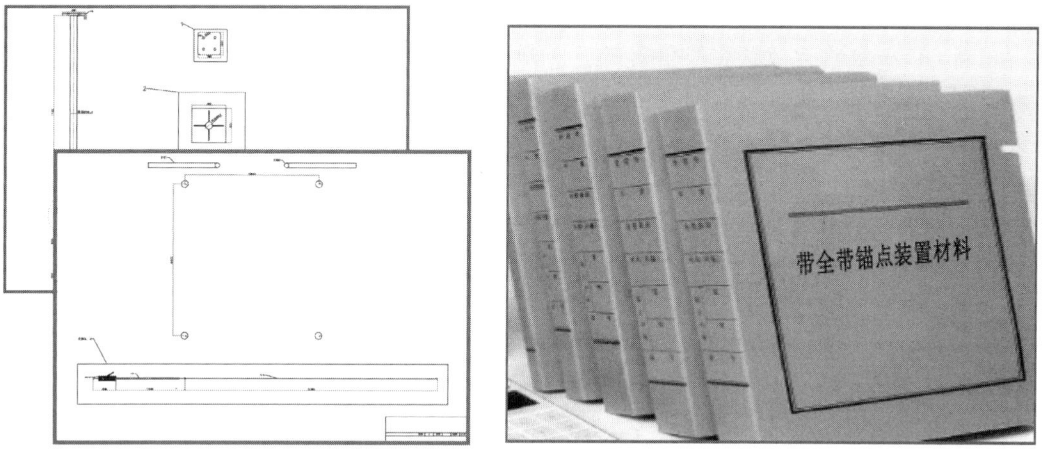

图 8-1　锚固点装置的设计图纸和资料

2. 制定锚固点装置的安装及操作，并将其标准化。安全带锚固点装置使用检查表见图 8-2。
3. 编制锚固点装置的操作规程(试运行，标准审核中)。见图 8-3。

安全带锚固点装置使用检查表

位置		搭设单位	
搭设时间		检查时间	
检查人			
检查项目	检查情况		备注
钢丝绳完好情况	□合格	□不合格	
松紧度	□合格	□不合格	
跨距	□合格	□不合格	
绳头包扎和牢固性	□合格	□不合格	
搭接牢固性及搭接长度	□合格	□不合格	
防护软垫	□合格	□不合格	

图 8-2　使用检查表示意图

安全带锚固点装置的操作规程

1.生命线全部采用直径不低于 12 毫米的镀锌钢丝绳，应无断丝.断股.灼伤.受腐蚀，严重变形等缺陷。

2.生命线卡扣无损伤。

3.拉设生命线所用的钢丝绳能够承受瞬间冲量不得小于 1 吨。

4.从事生命线搭设和拆除及使用的人员，必须持有高处作业证。

5.生命线与钢梁锐边接触的部分应放软垫，以防损坏生命线。

6.生命线拉设在临空面立柱内侧，不得拉设在外侧。

7.生命线最大跨距 12m，超过 12m 时需增加一根立杆固定生命线；而且生命线高出工作面至少为 1.2m。

8.每根生命线只允许搭接一人作业。

9.安全检查必须由安全管理人员和操作人员共同进行。每次使用前必须检查一次并做好检查记录。

10.安装生命线必须在钻台安全设施拆除前完成，定位销及别针安装到位，紧绳器将钢丝绳拉紧。

11.改变钢丝绳连接方向时，作业人员必须将安全带挂在主杆上。

12.拆除刚按先前再后的原则，先将大门处两支立杆拆除后，人员撤离到后侧下到钻台下拆除剩余两根立杆，确保全程都在保护范围内。

图 8-3　操作规程

九、总结和下一步打算

（一）总结

1. 在本次活动过程中，充分发挥了组员的主观能动性，提高了团队合作能力；
2. 小组成员的创造性思维及动手能力进一步增强，个别小组成员焊接水平有所提高；
3. 提高了钻井生产搬迁过程中操作人员的安全系数；
4. 减小劳动强度，减轻了工作人员负担。

（二）下一步打算

为了降低工人劳动强度，避免在此工况发生安全事故，不产生环境污染，我们小组要继续努力，下一步将着重考虑防渗围堰的优化设计，初步计划开展《防渗布围堰的改造》的课题研究。

成果点评

我爱创新QC小组的活动成果符合创新型活动程序。小组成员针对现场“无法满足安全带使用时‘高挂低用’”的要求，井队急需研制一台“满足钻台拆装需求的多角度大范围的锚固点”安全设施。通过创新借鉴网络上建筑系统“水平生命线”的“从点到线”锚点方式，通过多套类似“生命线”装置组合，实现“从线到面”，以满足钻井队钻台拆装设备时安全带锚点“多角度大范围”的需求，开展了本次小组的创新活动。通过一系列卓有成效的活动，实现了多角度水平锚固点装置的研制，达到了活动目标，增强了高处施工人员的安全系数，减少工人的劳动强度，避免了可能产生的人员伤害事故，社会效益显著。

成果存在着以下几个方面的问题，宜持续加以改进：

(1) 文中仅说明了借鉴的实物是建筑施工的“水平生命线”，但没有介绍借鉴点数据，即借鉴无特性值，如有特性值应与需求及目标相关；

(2) 目标可行性论证无可借鉴的相关数据做依据，仅是文字描述，目标设定依据不足；

(3) 提出方案并确定最佳方案中，方案选择没有通过现场试验、测量和调查分析等方式取得数据进行选择，仅是定性分析；

(4) 总体方案树图中的“普通三分钢丝”和“专用绳索”对比性不强；

(5) 实施与措施不对应，如“1. 绘制图纸，构件校正好之后方可施焊；2. 严格控制焊接部位的相对位置尺寸，合格后方准焊接，焊接时精心操作”。而实施中是“1. 绘制装置各部分组件的图纸；2. 按加工图纸尺寸下料；3. 进行焊接制作”；

(6) 实施中验证没有在实施完毕后，重新收集具体数据验证，而是像实施二中所述“经过选购并进行连接，小组吊装1t物体验证，专用钢丝绳、配套专用绳卡子、自锁挂钩，均无变形，方案实施有效。”一笔带过；

(7) 实施三中没有确认对策目标完成情况；

(8) 对策实施过程缺少实质性的内容，实施过程描述不具体，无法翔实展现实施的具体过程；

(9) 标准化中未对成果的推广应用价值进行评估就进行了推广及标准化程序；

(10) 标准化中对于可推广的成果进行标准化即可，不需要“把锚固点装置的设计资料、图纸整理归档”；

(11) 总结和下一步打算中，没有从创新角度对专业技术、管理方法和小组成员综合素质等方面进行全面回顾、总结小组活动的创新特色与不足；

(12) 下一步中提出的课题名称不符合QC命名要求，不应是“×××的改造”，而应是“×××的研制或研发”。

高空防坠落装置的研制

带电作业 QC 小组

（大庆油田中国石油集团电能有限公司）

一、小组概况

带电作业 QC 小组共有成员 10 人，成员全部来自电网检修生产一线，有多年 QC 活动经验。成员情况如表 1-1 所示。

表 1-1　小组成员情况表

小组名称	带电作业 QC 小组	注册编号	2022DN047
课题名称	高空防坠落装置的研制	成立时间	2022 年 03 月
课题类型	创新型	活动时间	2022 年 3~12 月
小组人数(≤10 人)	10 人	当年活动次数	19

序号	姓名	年龄	文化程度	职务、职称	组内分工
1	王舒平	50	本科	主任、高级工程师	组长
2	张艳军	45	本科	副主任、工程师	组员
3	周恩军	52	本科	主任、工程师	组员
4	藏玉军	55	本科	专工、三级师	组员
5	崔博闻	36	硕士研究生	安全员、高级工程师	组员
6	郭　鑫	42	本科	安全员、工程师	组员
7	张庆年	49	本科	队长、工程师	组员
8	高广志	36	本科	副队长、助理工程师	组员
9	高　宇	45	本科	班长、技师	组员
10	马忠兴	47	本科	副队长、工程师	组员

二、选择课题

（一）提出需求

钢管塔电杆是电力线路重要的组成部分，平均高度 30m，用于支撑带电导线，输送电能。每年线路检修人员需要攀爬钢管塔电杆进行登高检修。

依据《电能公司高处作业安全管理规范》第 4.6 条规定："高处作业人员应根据作业的实际情况配备相应的高处作业安全防护用品，并应按规定正确佩戴和使用相应的安全防护用品、用具"，见图 2-1。

因此，依据规定每名检修人员需穿戴五点式安全带进行登高检修，防止检修人员坠落，造成人员伤害。见图 2-2。

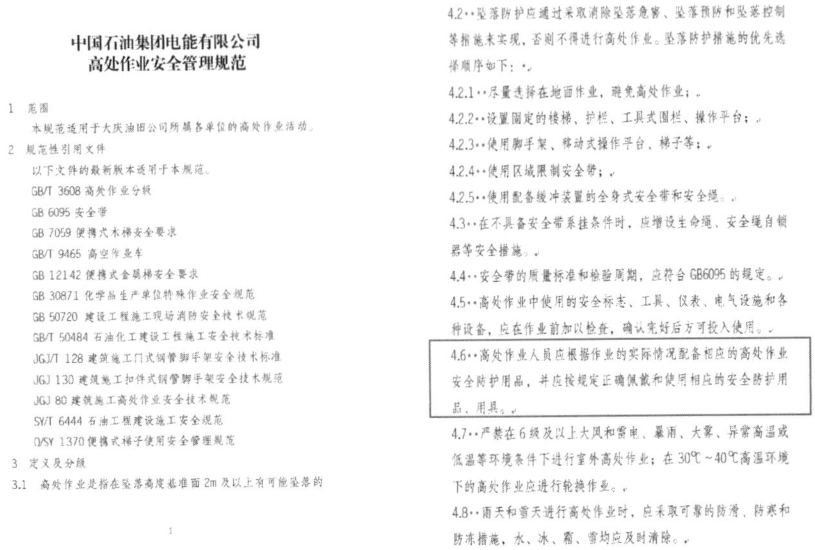

中国石油集团电能有限公司
高处作业安全管理规范

1　范围

本规范适用于大庆油田公司所属各单位的高处作业活动。

2　规范性引用文件

以下文件的最新版本适用于本规范。

GB/T 3608 高处作业分级

GB 6095 安全带

GB 7059 便携式木梯安全要求

GB/T 9465 高空作业车

GB 12142 便携式金属梯安全要求

GB 30871 化学品生产单位特殊作业安全规范

GB 50720 建设工程施工现场消防安全技术规范

GB/T 50484 石油化工建设工程施工安全技术标准

JGJ/T 128 建筑施工门式钢管脚手架安全技术标准

JGJ 130 建筑施工扣件式钢管脚手架安全技术规范

JGJ 80 建筑施工高处作业安全技术规范

SY/T 6444 石油工程建设施工安全规范

Q/SY 1370 便携式梯子使用安全管理规范

3　定义及分级

3.1　高处作业是指在坠落高度基准面 2m 及以上有可能坠落的

1

4.2··坠落防护应通过采取消除坠落危害、坠落预防和坠落控制等措施来实现，否则不得进行高处作业。坠落防护措施的优先选择顺序如下：·

4.2.1··尽量选择在地面作业，避免高处作业；

4.2.2··设置固定的楼梯、护栏、工具式围栏、操作平台；

4.2.3··使用脚手架、移动式操作平台、梯子等；

4.2.4··使用区域限制安全带；

4.2.5··使用配备缓冲装置的全身式安全带和安全绳。

4.3··在不具备安全带系挂条件时，应增设生命绳、安全绳自锁器等安全措施。

4.4··安全带的质量标准和检验周期，应符合 GB6095 的规定。

4.5··高处作业中使用的安全标志、工具、仪表、电气设施和各种设备，应在作业前加以检查，确认完好后方可投入使用。

4.6··高处作业人员应根据作业的实际情况配备相应的高处作业安全防护用品，并应按规定正确佩戴和使用相应的安全防护用品、用具。

4.7··严禁在 6 级及以上大风和雷电、暴雨、大雾、异常高温或低温等环境条件下进行室外高处作业；在 30℃ ~40℃高温环境下的高处作业应进行轮换作业。

4.8··雨天和雪天进行高处作业时，应采取可靠的防滑、防寒和防冻措施，水、冰、霜、雪均应及时清除。

图 2-1 《电能公司高处作业安全管理规范》

图 2-2　五点式安全带分解图

2021 年 12 月 24 日，公司四季度专业检修分析会上，检修人员普遍表示，登高过程中反复解(系)安全带频次高，体能消耗大，最好能够通过攻关研究，实现登高过程中仅需解 1 次、系 1 次安全带。

（二）需求分析

针对检修人员的需求，小组成员查询供电公司 2021 年 4~12 月线路专业检修完成情况显示，累计完成电力线路登高检修工作 2757 次，见表 2-1。

表 2-1　2021 年电力线路登高检修完成情况统计表

时间	4 月	5 月	6 月	7 月	8 月	9 月	10 月	11 月	12 月	合计
次数	257 次	380 次	397 次	408 次	260 次	418 次	378 次	229 次	30 次	2757 次

小组成员对检修情况又做了进一步汇总统计，见表 2-2。

表 2-2　2021 年电力线路登高检修完成情况统计表

从事登高作业队伍	一队	二队	三队	合计
登高检修人数	10 人	11 人	10 人	31 人

续表

从事登高作业队伍	一队	二队	三队	合计
全年参加次数	910 次	920 次	927 次	2757 次
人均登高次数	91 次/人	83.6 次/人	92.7 次/人	88.9 次/人

从表 2-2 中可以看出，检修人员年均登高次数 88.9 次/人。每次登高时，安全带和后备保护绳交替使用锚固在钢管塔电杆上。由于安全带和后备保护绳长度固定，每攀爬一定距离，需要解(系)安全带一次，攀爬钢管塔电杆需要反复解(系)安全带平均 20 次，见表 2-3。

表 2-3　攀爬钢管塔电杆每次解(系)安全带次数统计表

钢管塔高度	电工甲	电工乙	电工丙
25m	18 次	17 次	17 次
30m	21 次	20 次	21 次
35m	24 次	20 次	22 次
平均解系次数	21 次	19 次	20 次
综合平均解系次数	20 次		

为了满足检修人员减少解(系)安全带次数、降低体能消耗的需求，小组成员分析认为：需要研制一种新型的登高防坠落装置，有效保证检修人员上下杆塔的安全。

(三) 广泛借鉴

针对需求分析的结果，小组成员在“中国知网、国家知识产权专利局网”等网站检索关键词：“高空防坠落”“解系安全带”进行查询借鉴，见表 2-4。

表 2-4　需求查新汇总表

序号	查询策略	图示	查新关键词		查新结果
			高空防坠落	解系安全带	
1	中国知网		110 条信息	0 条信息	共查到 110 条信息
2	国家知识产权局		182 条信息	15 条信息	共查到 197 条信息

小组在中国知网查询得到 110 条“高空防坠落”、0 条“解系安全带”信息；在国家知识产权局专

利检索平台查询得到 182 条“高空防坠落”、15 条“解系安全带”信息。对查询信息进行分析，剔除无关项及重复项，得出以下 2 项专利可借鉴。

1. 借鉴专利《轨道式防坠落保护装置》CN201058186Y。该专利安装在铁塔上，采用模块式组合结构，包括固定模块、导轨模块、止滑模块。安全带套设在引导轨道上，可直接从地面攀爬至杆塔顶部，只需解系安全带 2 次，省时省力效果好，见图 2-3。

CN201058186Y 实用新型 全部撤回 无效程序

轨道式防坠落保护装置

翻译

基本信息 | 权利要求 | 说明书 | 附图 (3) | PDF原文 | 法律信息 | 引用信息 | 相似专利

摘要

本实用新型公开了一种在输电线路杆塔作业的轨道式防坠落保护装置，包括引导轨道和自锁器，引导轨道固定安装在杆塔上，采用A4钢材料，表面做粉末渗锌工艺处理，耐锈蚀性强，满足杆塔寿命使用要求。自锁器可滑动套设在引导轨道上，包括右支块、左支块、上拐臂、下拐臂和连杆，各部件通过连接构件双头螺纹轴和联结轴组装构成，右支块、左支块上分别设有横向导轮与纵向导轮，导轮通过各自的圆周面接触引导轨道，各部件均采用高强度合金材料，耐磨性能高，表面做防锈工艺处理，耐锈蚀性强，结构简单通用，高挂高用，锁止距离小，冲击力小，不造成二次性伤害，整体的轻量化设计适应其安全可靠性要求，同时其便携式设计更符合工人高空作业使用需求。

著录项目

申请号:	CN200720121503.X
申请日:	2007-07-16
公开(公告)号:	CN201058186Y
公开(公告)日:	2008-05-14
(预计)失效日:	2010-02-17

图 2-3 《轨道式防坠落保护装置》专利及应用

2. 借鉴专利《单向移动式安全吊挂装置》CN217925700U。该专利利用杠杆原理制动自锁，安全钩和轨道配合使用方便灵活。该防坠落装置使用方便，上下杆塔时防坠器流程自如，见图 2-4。

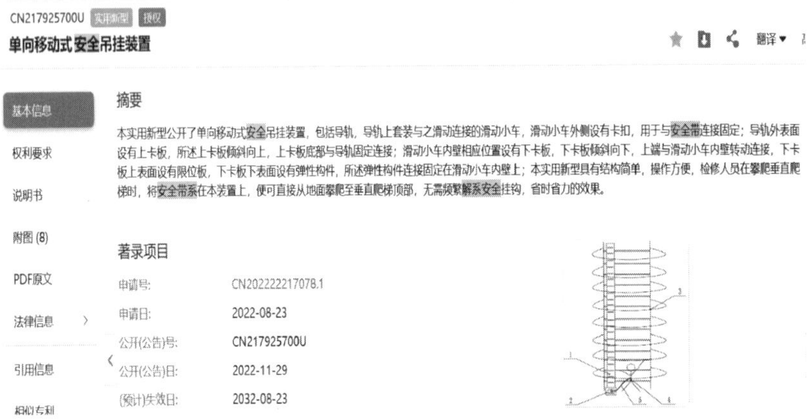
CN217925700U 实用新型 授权

单向移动式安全吊挂装置

翻译

基本信息 | 权利要求 | 说明书 | 附图 (8) | PDF原文 | 法律信息 | 引用信息 | 相似专利

摘要

本实用新型公开了单向移动式安全吊挂装置，包括导轨，导轨上套装与之滑动连接的滑动小车，滑动小车外侧设有卡扣，用于与安全带连接固定；导轨外表面设有上卡板，所述上卡板倾斜向上，上卡板底部与导轨固定连接；滑动小车内壁相应位置设有下卡板，下卡板倾斜向下，上端与滑动小车内壁转动连接，下卡板上表面设有限位板，下卡板下表面设有弹性构件，所述弹性构件连接固定在滑动小车内壁上；本实用新型具有结构简单，操作方便，检修人员在攀爬垂直爬梯时，将安全带系在本装置上，便可直接从地面攀爬至垂直爬梯顶部，无需频繁解系安全挂钩，省时省力的效果。

著录项目

申请号:	CN202222217078.1
申请日:	2022-08-23
公开(公告)号:	CN217925700U
公开(公告)日:	2022-11-29
(预计)失效日:	2032-08-23

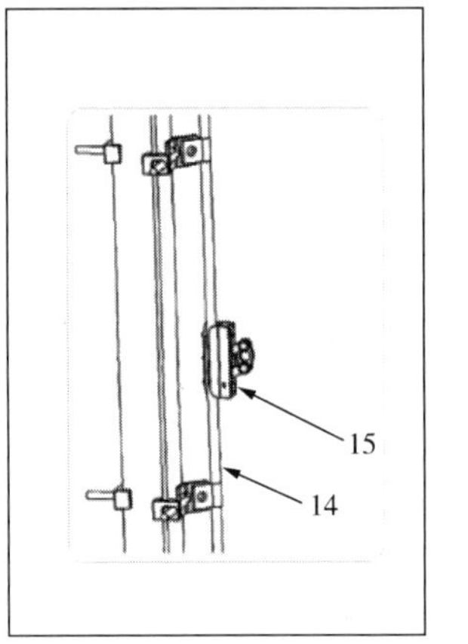

图 2-4 专利《单向移动式安全吊挂装置》

小组通过借鉴查询和分析认为，专利《轨道式防坠落保护装置》借鉴——模块化组合结构；专利《单向移动式安全吊挂装置》借鉴——利用杠杆原理制动自锁，以上 2 个创新思路可以借鉴。

(四) 确定活动课题

本课题实现的技术需求与借鉴对象有以下不同：

一是借鉴的专利《轨道式防坠落保护装置》轨道属于分段拼接而成，轨道容易变形，间隙变化明显，无法自动调节，在攀爬过程中轨道连接处容易出现卡涩，影响攀爬效果。

二是借鉴的专利《单向移动式安全吊挂装置》配件多，加工工序复杂，组装一套完整的需要配件 40 个，安装 1 套费用平均 0. 8 万元，不能满足公司降本增效需求。

专利与需求对比汇总表如表 2-5 所示。

表 2-5 专利与需求对比汇总表

对比项	小组需求	专利特点	借鉴专利
结构对比	少于 10 件	40 件	CN217925700U
安装对比	安装简单	安装工艺复杂	CN217925700U

续表

对比项	小组需求	专利特点	借鉴专利
调节对比	自动调节	—	—
使用效果	上下顺畅	个别位置有卡涩	CN201058186Y
经济性对比	0.1 万以下	0.8 万	CN217925700U

总结：由于借鉴的装置无法完全满足登高检修使用需求，本小组确定课题为“高空防坠落装置的研制”。

三、设定目标及目标可行性论证

（一）设定目标

依据检修人员的需求，小组活动的课题目标设定为登高过程中，解(系)安全带次数由 20 次减少到 2 次，见图 3-1。

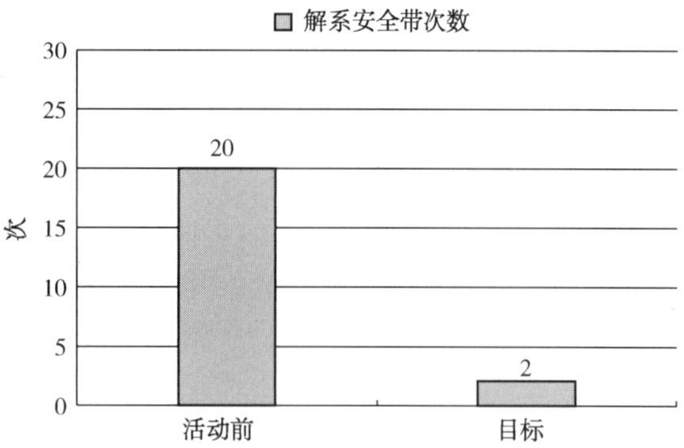

图 3-1　设定目标柱状图

（二）目标可行性论证

小组进行横向对比，统计了国网庆局、国网齐局、国网四川公司使用轨道式防坠装置，登高解系安全带次数，见表 3-1。

表 3-1　解系安全带次数统计

钢管塔高度	国网庆局	国网四川	国网齐局
25m	2 次	2 次	2 次
30m	2 次	2 次	3 次
35m	4 次	2 次	4 次
平均解系次数	2.6 次	2 次	3 次

小组借鉴模块化组合结构和杠杆原理制动自锁，利用工作室进行模拟试验、论证对比，见表 3-2。

表 3-2　目标可行性论证表

<table>
<tr><td>试验道具</td><td>模拟钢管塔、尼龙绳、抓索模型、试验假人、细绳、模拟安全带</td></tr>
<tr><td>动力方式</td><td>向上拉动试验假人，提供上升动力</td></tr>
<tr><td>借鉴原理</td><td>小组借鉴模块化组合结构，将试验道具进行组合安装，止滑模型受试验假人重力，借鉴杠杆原理制动自锁，发生形变与导轨摩擦，产生摩擦力，阻止试验假人下滑</td></tr>
<tr><td>试验准备</td><td>小组利用加工好的模拟钢管塔作为试验对象，利用尼龙绳索作为防坠落导轨，利用金属夹制作成抓索模型，再利用玩具小人模拟登高检修人员。分三轮进行试验，统计解系安全带次数</td></tr>
<tr><td>试验过程</td><td>先将抓索模型安装在导轨(尼龙绳)上作为安全带锚固点，抓索模型通过模拟安全带与试验假人相连，用细绳拉动试验假人带着抓索模型沿导轨(尼龙绳)向上移动。停止拉动细绳，抓索模型受试验假人自身重力作用，发生形变，与导轨发生摩擦止滑，使试验假人不向下坠落</td></tr>
<tr><td>试验数据</td><td><table><tr><td>轮次</td><td>第一轮</td><td>第二轮</td><td>第三轮</td></tr><tr><td>解系安全带次数</td><td>2 次</td><td>2 次</td><td>2 次</td></tr><tr><td>平均次数</td><td colspan="3">2 次</td></tr></table></td></tr>
</table>

续表

试验分析	在试验假人沿导轨(尼龙绳)上、下移动过程中，导轨(尼龙绳)上下贯通，抓索模型在导轨上无障碍移动，模拟安全带与试验假人连接为一体与抓索模型始终相连，无须解系，仅在试验开始和结束各解系 1 次，共计 2 次				
试验结论	通过模拟试验，解系安全带次数由 20 次降至 2 次，因此小组设定目标可行				
试验时间	2022 年 3 月 21 日	试验地点	工作室	试验人	藏玉军、高广志

四、提出方案并确定最佳方案

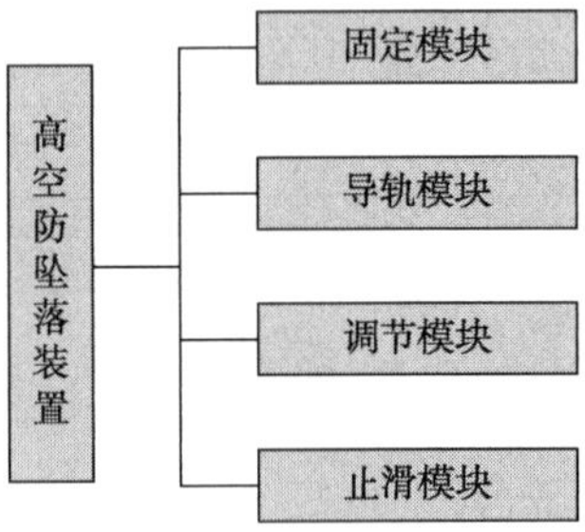

图 4-1　结构树图

(一) 提出方案

小组针对课题目标，借鉴专利《轨道式防坠落保护装置》模块化组合结构，借鉴专利《单向移动式安全吊挂装置》利用杠杆原理制动自锁，防止下滑和坠落，提出具体模块分解方案，加入自动调节导轨平直需求，将高空防坠落装置分为固定模块、导轨模块、调节模块、止滑模块共 4 部分，并确定结构树图，见图 4-1。

小组根据确定的结构树图，结合借鉴专利的借鉴内容，构建高空防坠落装置的研制攻关思路，见表 4-1。

表 4-1　高空防坠落装置研制攻关思路构建表

序号	模块	借鉴专利	借鉴内容	构建思路
1	固定模块	《轨道式防坠落保护装置》CN201058186Y	模块化组合结构	结合安装高度和位置，采用上下两端固定的方式进行装置固定
2	导轨模块			采用直通式、一体式轨道，中间无断点、无接缝、无卡涩
3	调节模块	无	无	利用材料特性或功能特性，调节导轨，使导轨平直，无弯曲
4	止滑模块	《单向移动式安全吊挂装置》CN217925700U	杠杆原理制动自锁	在结构上环抱住导轨，在外力作用下，借助杠杆原理制动自锁，可夹住导轨，实现止滑

依据小组构建的攻关思路确定了总方案树图，见图 4-2。

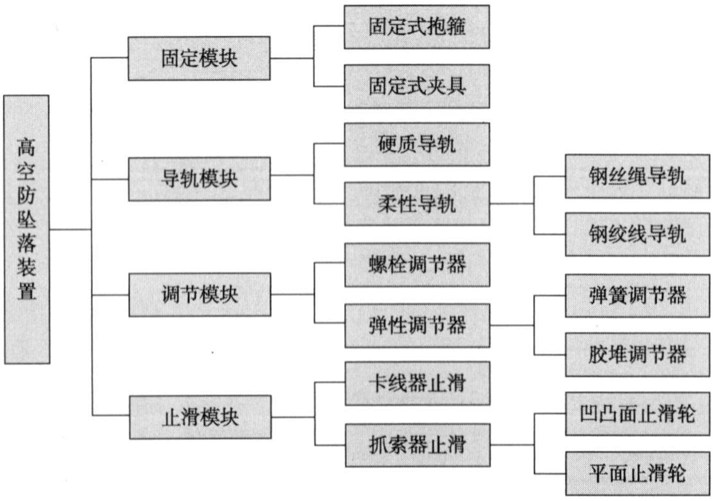

图 4-2　总方案树图

（二）确定最佳方案

1. 一级方案确定及评价

小组根据总方案树图确定一级方案树图，见图 4-3。

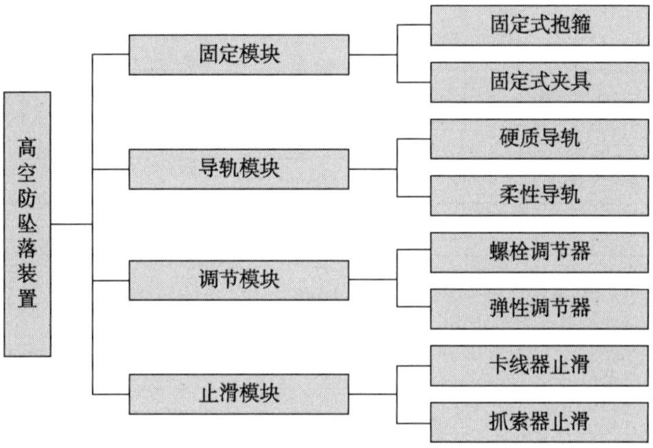

图 4-3　一级方案树图

（1）固定模块的评价、比较和选择

详见表 4-2。

表 4-2　固定模块评价、比较和选择分析表

<table>
<tr><td>选择一</td><td colspan="3">固定模块选择</td></tr>
<tr><td>备选方案</td><td>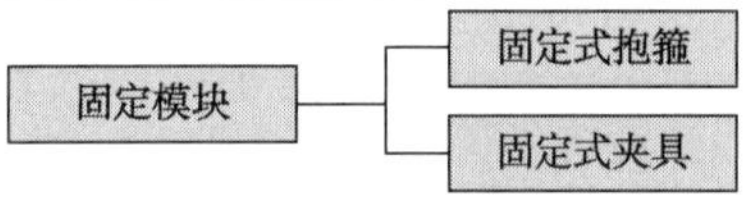</td><td>方案选择依据</td><td>1. 下滑距离≤20mm；
2. 承受力≥100kg</td></tr>
<tr><td>方案名称</td><td>固定式抱箍</td><td colspan="2">固定式夹具</td></tr>
<tr><td>方案描述</td><td>采用电网固定式抱箍原理，将整个防坠装置固定在杆塔本体上</td><td colspan="2">采用电网固定夹具原理，将整个防坠装置固定在杆塔附件上</td></tr>
<tr><td>方案图示</td><td>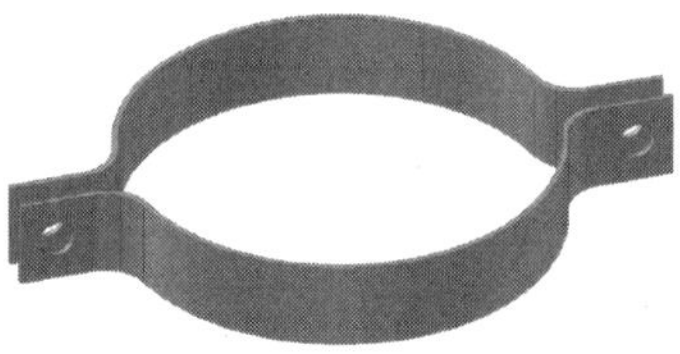</td><td colspan="2">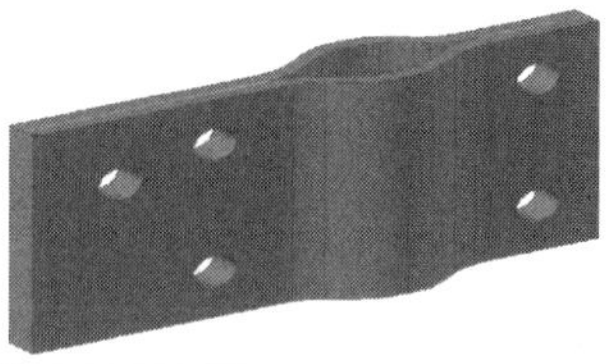</td></tr>
<tr><td>试验分析</td><td colspan="3">小组成员对两组方案进行调查对比分析，如下表所示。
两组方案对比表
<table>
<tr><td rowspan="2">项　目</td><td>方案一</td><td>方案二</td></tr>
<tr><td>固定式换箍</td><td>固定式夹具</td></tr>
<tr><td rowspan="2">规格尺寸对比</td><td>厚度 3mm、内径 ϕ190mm</td><td>厚度 4mm、内径 ϕ50mm</td></tr>
<tr><td>宽度 40mm</td><td>宽度 150mm</td></tr>
<tr><td>适用范围对比</td><td>ϕ190 以上的大杆径</td><td>ϕ100 以下的小杆径</td></tr>
<tr><td>固定位置对比</td><td>杆塔本体上</td><td>杆塔附件上</td></tr>
<tr><td>螺栓固定数量对比</td><td>2 个</td><td>4 个</td></tr>
<tr><td>安装人数对比</td><td>2 人</td><td>1 人</td></tr>
</table>小组成员对两组方案施加三组拉力，按不同的时间，对两种固定方式在杆塔上的牢固性进行测试，测试下滑距离并记录数据，并对所得数据进行分析，如下表所示。</td></tr>
</table>

续表

选择一	固定模块选择	
试验分析	见下列两表	
综合分析	通过上表可以看出，施加三组拉力进行承重测试，固定式抱箍最大下滑距离为 10mm，固定式夹具下滑距离均为 0	
结论	不采用	采用
试验人：张庆年、郭鑫	地点：实训场地	日期：2022 年 4 月 18 日

方案一：固定式抱箍

承受力 / 下滑距离 / 时间	100kg	120kg	140kg
5min	0mm	0mm	5mm
10min	0mm	1mm	8mm
15min	0mm	1mm	10mm

方案二：固定式夹具

承受力 / 下滑距离 / 时间	100kg	120kg	140kg
5min	0mm	0mm	0mm
10min	0mm	0mm	0mm
15min	0mm	0mm	0mm

（2）导轨模块的评价、比较和选择

详见表 4-3。

表 4-3 导轨模块评价、比较和选择分析表

选择二	导轨模块选择		
备选方案	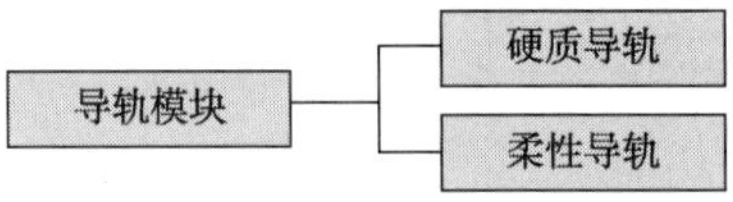	方案选择依据	1. 破坏强度≥15kN； 2. 表面粗糙度≤3. 2μm； 3. 成本
方案名称	硬质导轨	柔性导轨	
方案描述	利用带凹槽结构的轻钢，制成导轨，使止滑模块可沿硬质导轨上下移动	利用金属绞线制成柔性导轨，使止滑模块可沿柔性导轨上下移动	
方案图示			
试验分析	小组成员截取 6m 长度的硬质导轨和柔性导轨，使用粗糙度仪和强度测试器对两种方案，进行试验比较，如下表所示。（见两种方案对比表） 通过市场调查，在成本上硬质导轨 200 元/m；柔性导轨 10 元/m		

两种方案对比表

	方案一：硬质导轨				方案二：柔性导轨			
序号	1	2	3	4	1	2	3	4
破坏强度测试	15kN	25kN	37kN	40kN	15kN	25kN	37kN	40kN
形变	无变化	无变化	外观变形	断裂	无变化	无变化	有断股	断裂
测试位置	0. 1m 处	3. 0m 处	5. 9m 处		0. 1m 处	3. 0m 处	5. 9m 处	
粗糙度测度	1. 6μm	1. 6μm	1. 6μm		1. 6μm	1. 6μm	1. 6μm	

续表

<table>
<tr><td>选择二</td><td colspan="2">导轨模块选择</td></tr>
<tr><td>综合分析</td><td colspan="2">硬质导轨在受力 37kN 时发生形变，40kN 发生断裂，价格高。软质导轨 35kN 时发生形变，45kN 发生断裂，性能略优于硬质导轨，且价格低</td></tr>
<tr><td>结论</td><td>不采用</td><td>采用，但需进一步分析</td></tr>
<tr><td>试验人：张庆年、郭鑫</td><td>地点：实训场地</td><td>日期：2022 年 4 月 20 日</td></tr>
</table>

（3）调节模块评价、比较和选择

详见表 4-4。

表 4-4　调节模块评价、比较和选择分析表

<table>
<tr><td>选择三</td><td colspan="3">调节模块选择</td></tr>
<tr><td>备选方案</td><td>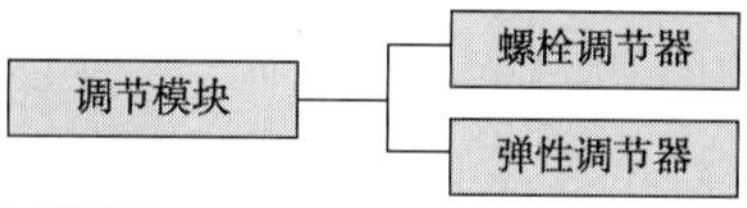
</td><td>方案选择依据</td><td>1. 屈服强度≥500MPa；
2. 调节范围 0~30mm</td></tr>
<tr><td>方案名称</td><td>螺栓调节器</td><td colspan="2">弹性调节器</td></tr>
<tr><td>方案描述</td><td>通过工具带动螺帽顺或逆时针旋转，螺帽可沿螺杆上下移动并带动导轨，微调导轨平整度，使导轨平直</td><td colspan="2">材料本身具有的弹性特点，受力后可以在一定范围内发生形变并带动导轨，自动调节导轨平整度，使导轨平直</td></tr>
<tr><td>方案图示</td><td>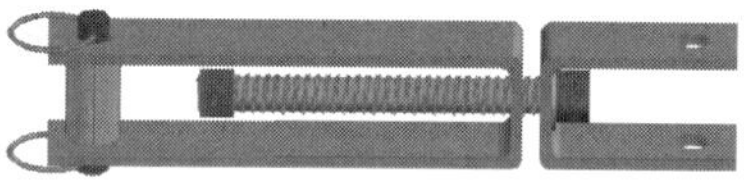</td><td colspan="2">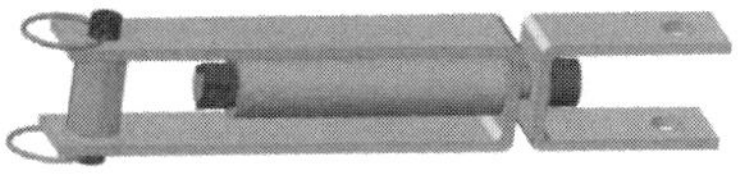</td></tr>
<tr><td>试验分析</td><td colspan="3">小组成员对两种方案进行现场比较，分析数据见下表和下图。

两种方案对比表
<table>
<tr><td rowspan="2">项　目</td><td>方案一</td><td>方案二</td></tr>
<tr><td>螺栓调节器</td><td>弹性调节器</td></tr>
<tr><td>屈服强度</td><td>830MPa</td><td>700MPa</td></tr>
<tr><td>调节范围对比</td><td>0~30mm</td><td>0~30mm</td></tr>
<tr><td>价格对比</td><td>50 元</td><td>80 元</td></tr>
<tr><td>维护周期对比</td><td>10 次/年</td><td>无需维护</td></tr>
<tr><td>维护人次对比</td><td>10 人/次</td><td>无需维护</td></tr>
</table>
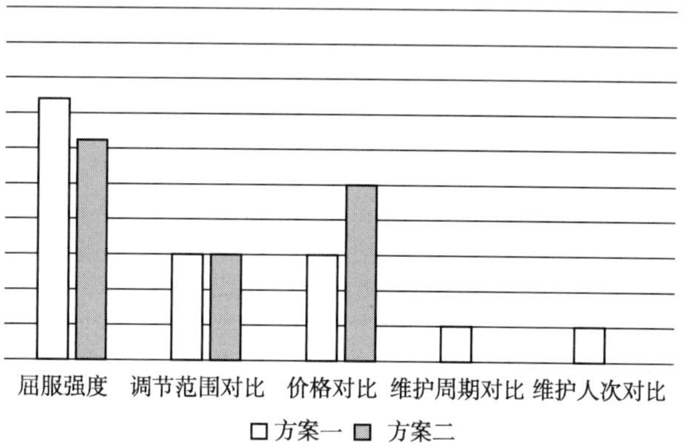

调节模块方案综合比较图</td></tr>
<tr><td>综合分析</td><td colspan="3">螺栓调节器价格低，需定期维护保养，维护工作量大；弹性调节器无需操作，不增加维护工作量，但价格略高</td></tr>
<tr><td>结论</td><td>不采用</td><td colspan="2">采用，但需进一步分析</td></tr>
<tr><td>试验人：张庆年、郭鑫</td><td>地点：实训场地</td><td colspan="2">日期：2022 年 4 月 22 日</td></tr>
</table>

（4）止滑模块评价、比较和选择

详见表 4-5。

表 4-5　止滑模块评价、比较和选择分析表

选择四	止滑模块选择		
备选方案	止滑模块 → 卡线器止滑 / 抓索器止滑	方案选择依据	1. 下滑制动距离≤20mm； 2. 破坏强度≥15kN
方案名称	卡线器止滑	抓索器止滑	
方案描述	使用卡线器在柔性导轨上进行止滑测试	使用抓索器在柔性导轨上进行止滑测试	
方案图示	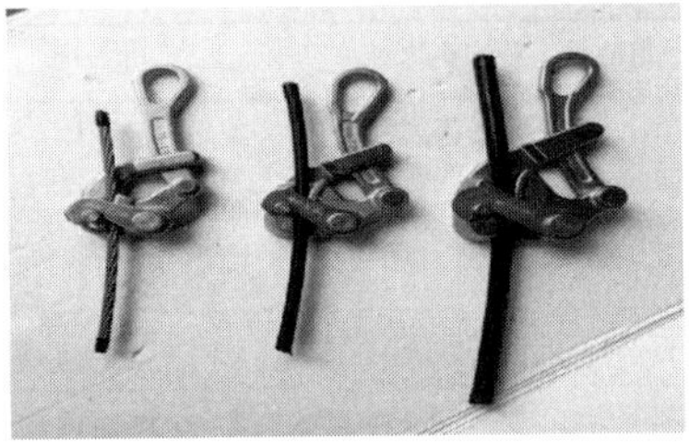	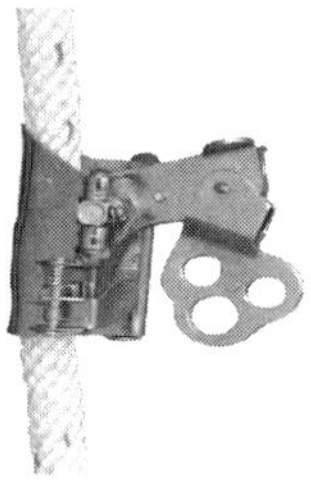	

试验分析

小组成员对两种止滑模块进行调查分析和现场试验，对所得数据进行分析，如下表所示。

两种止滑模块对比表

项　　目	方案一：卡线器止滑		方案二：抓索器止滑	
止滑方式	卡线器夹片夹住柔性导轨，达到止滑的效果		通过向下的重力带动夹片，瞬间夹住绳索，达到止滑的效果	
应用方式	能随着登杆人员自由上下，但需要随时操作		能随着人员自由上下，受力能瞬间卡住绳索	
破坏强度≥15kN	15kN	无变化	15kN	无变化
	30kN	无变化	30kN	无变化
	50kN	有变形	40kN	有变形

试验人：郭鑫　　地点：工作室　　日期：2022 年 5 月 5 日

方案一：卡线器止滑

时间 ＼ 下滑距离 ＼ 承受力	100kg	120kg	140kg
5min	0mm	0mm	0mm
10min	0mm	1mm	3mm
15min	0mm	3mm	5mm

方案二：抓索器止滑

时间 ＼ 下滑距离 ＼ 承受力	100kg	120kg	140kg
5min	0mm	0mm	0mm
10min	0mm	0mm	0mm
15min	0mm	0mm	0mm

综合分析	卡线器止滑每爬一步都需要操作，增加了登杆人员的登杆难度，经承受力测试最大下滑距离为 5mm，而抓索器则不需要其他辅助动作，可随检修人员自由上下，无下滑距离	
结论	不采用	采用，但需进一步分析
试验人：张庆年	地点：工作室	日期：2022 年 5 月 8 日

通过上述方案评价比较和选择，最后确定的一级最佳方案树图，见图 4-4。

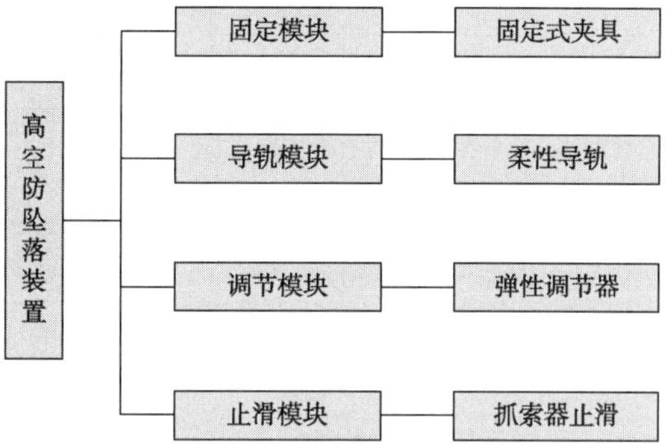

图 4-4　一级最佳方案树图

2. 二级方案确定及评价

经过小组成员讨论，对于一级方案中柔性导轨、弹性调节器和抓索器止滑需要进一步分析细化，确定二级方案，见图 4-5。

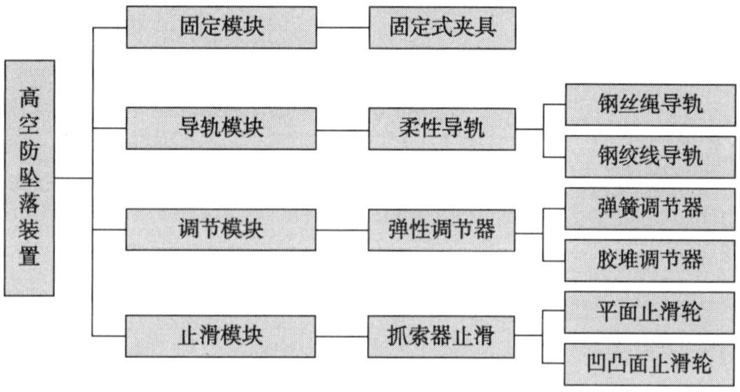

图 4-5　二级方案树图

(1) 柔性导轨评价、比较和选择

详见表 4-6。

表 4-6　柔性导轨评价、比较和选择分析表

选择一	柔性导轨选择		
备选方案	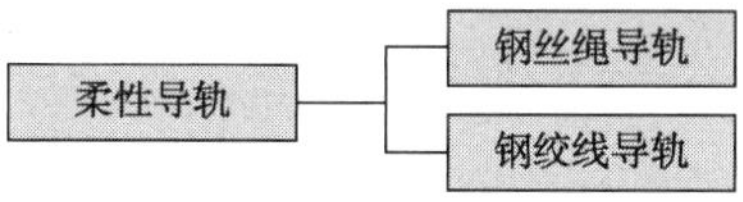	方案选择依据	1. 破坏强度≥15kN； 2. 膨胀系数≤0.17； 3. 弹性模量≤190
方案名称	钢绞线导轨	钢丝绳导轨	
方案描述	选择电网常用的钢绞线作为防坠落导轨，刚性高，与调节模块进行连接，保证平直	选择电网常用钢丝绳作为防坠落导轨，柔软且延展性好，强度高，与调节模块进行连接，保证平直	
方案图示			

续表

<table>
<tr><td>选择一</td><td colspan="2">柔性导轨选择</td></tr>
<tr><td>试验分析</td><td colspan="2">
小组成员调查不同导轨模块性能，并进行分析。根据方案目标，小组准备了钢绞线和钢丝绳各 15m，从破坏强度、膨胀系数、弹性模量等方面进行分析对比，记录如下表所示。
两种方案对比表
<table>
<tr><td rowspan="2">项　　目</td><td>方案一</td><td>方案二</td></tr>
<tr><td>钢绞线导轨</td><td>钢丝绳导轨</td></tr>
<tr><td>规格对比</td><td>7. 8mm</td><td>8. 1mm</td></tr>
<tr><td>加工工艺对</td><td>较难</td><td>简单</td></tr>
<tr><td>安装人数对比</td><td>2 人</td><td>2 人</td></tr>
<tr><td>硬度对比</td><td>HRC50</td><td>HRC35</td></tr>
<tr><td>经济性对比</td><td>30 元</td><td>40 元</td></tr>
<tr><td>膨胀系数</td><td>0. 1667</td><td>0. 124</td></tr>
<tr><td>弹性模量</td><td>185</td><td>128</td></tr>
</table>
调查人：高广志　　地点：五金市场、工作室　日期：2022 年 5 月 20 日
小组成员对两种方案的破坏强度进行试验对比，如下所示。
两种方案破坏强度对比表
<table>
<tr><td rowspan="2">项　　目</td><td colspan="2">方案一</td><td colspan="2">方案二</td></tr>
<tr><td colspan="2">钢绞线导轨</td><td colspan="2">钢丝绳导轨</td></tr>
<tr><td rowspan="4">破坏强度
≥15kN</td><td>15. 0kN</td><td>无变化</td><td>15. 0kN</td><td>无变化</td></tr>
<tr><td>25. 0kN</td><td>无变化</td><td>25. 0kN</td><td>无变化</td></tr>
<tr><td>42. 4kN</td><td>有断股</td><td>40. 2kN</td><td>有断股</td></tr>
<tr><td>60. 4kN</td><td>断裂</td><td>55. 1kN</td><td>断裂</td></tr>
</table>
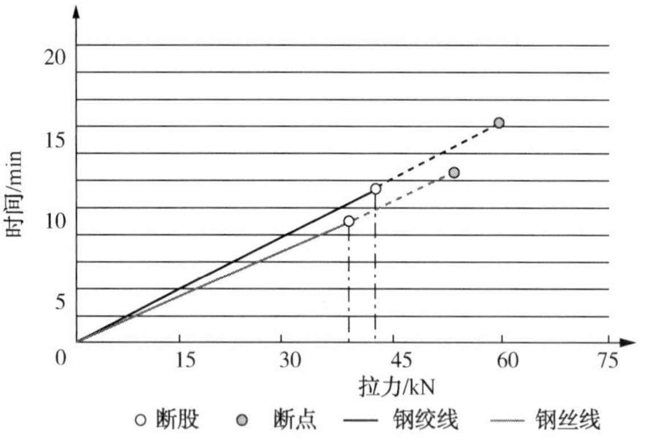

破坏强度对比折线图
试验人：藏玉军　　地点：工作室　　日期：2022 年 5 月 21 日
</td></tr>
<tr><td>综合分析</td><td colspan="2">通过对上述两种材料性能的调查，并进行对比分析，综合比较钢丝绳材料性能更加适合制作防坠落导轨，但是价格略高一些</td></tr>
<tr><td>结论</td><td>不采用</td><td>采用</td></tr>
</table>

（2）弹性调节器评价、比较和选择

详见表 4-7。

表 4-7　弹性调节器评价、比较和选择分析表

选择二	弹性调节器选择		
备选方案	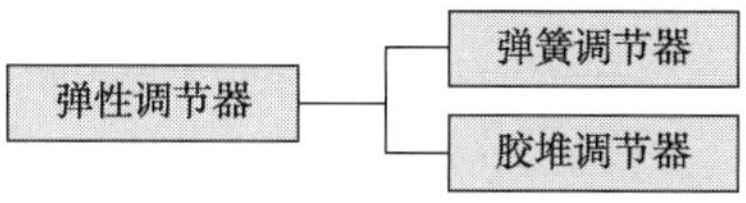	方案选择依据	1. 在环境温度$-20\sim45$℃下弹性系数大于1×10^{-5}； 2. 材料硬度≥HRC30； 3. 抗压强度≥200MPa
方案名称	弹簧调节器	胶堆调节器	
方案描述	通过弹簧调节器对钢丝绳导轨弹性进行调节	通过胶堆调节器对钢丝绳导轨弹性进行调节	
方案图示	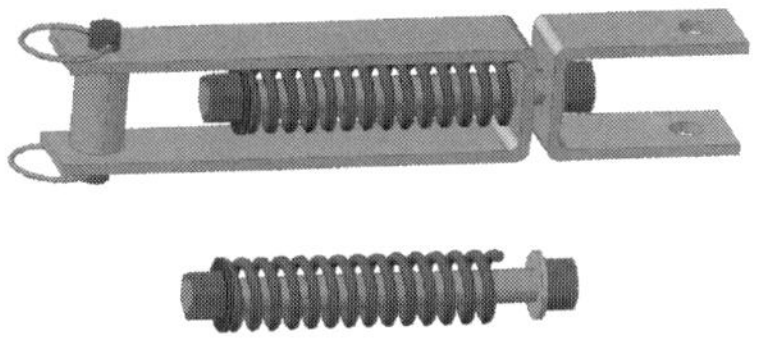		

试验分析：

小组成员对弹簧调节器和胶堆调节器性能进行调查对比，相关数据进行调查，如下表所示。

两种方案对比表

项　目	方案一	方案二
	弹簧调节器	胶堆调节器
材料硬度	HRC55	HRC50
弹性系数($-20\sim45$℃)	16.6×10^{-6}	$5.75\times10^{6}\sim11.5\times10^{6}$
使用年限	10~15 年	1~3 年

调查人：藏玉军　　地点：工作室　　日期：2022 年 5 月 22 日

小组成员对两种方案的抗压强度进行试验对比，如下表所示。

方案一：弹簧调节器

试验项目			变化量	
抗压强度试验	5min	200MPa	0mm	外形无变化
	5min	300MPa	0mm	外形无变化
	5min	400MPa	0mm	外形无变化

方案二：胶堆调节器

试验项目			变化量	
抗压强度试验	5min	200MPa	0mm	无变化
	5min	300MPa	2mm	有不可逆变形
	5min	400MPa	—	变形破损

试验人：藏玉军　　地点：工作室　　日期：2022 年 5 月 22 日

综合分析	通过抗压强度试验，弹簧调节器都没有发生外形变化，而胶堆调节器在 300MPa 以上抗压强度测试中，发生破损变形。在相同的环境下，弹簧调节器使用年限更长，而胶堆调节器使用年限短	
结论	采用	不采用

(3) 抓索器止滑评价、比较和选择

详见表 4-8 所示。

表 4-8　抓索器止滑评价、比较和选择分析表

选择三	抓索器止滑选择		
备选方案	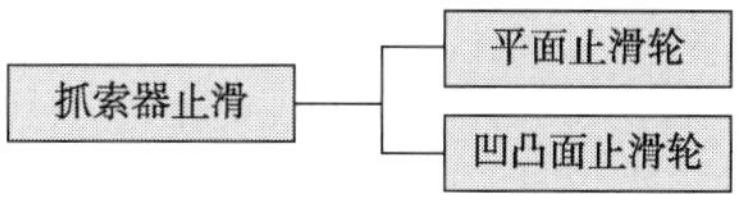	方案选择依据	1. 摩擦系数≥0.1； 2. 下滑距离≤20mm

续表

<table>
<tr><td>选择三</td><td colspan="2">抓索器止滑选择</td></tr>
<tr><td>方案名称</td><td>凹凸面止滑轮</td><td>平面止滑轮</td></tr>
<tr><td>方案描述</td><td>抓索器采用凹凸面止滑轮沿导轨上下移动，外力作用时能夹住导轨，抓索器能立刻固定在导轨上</td><td>抓索器采用平面止滑轮沿导轨上下移动，外力作用时能夹住导轨，抓索器能立刻固定在导轨上</td></tr>
<tr><td>方案图示</td><td>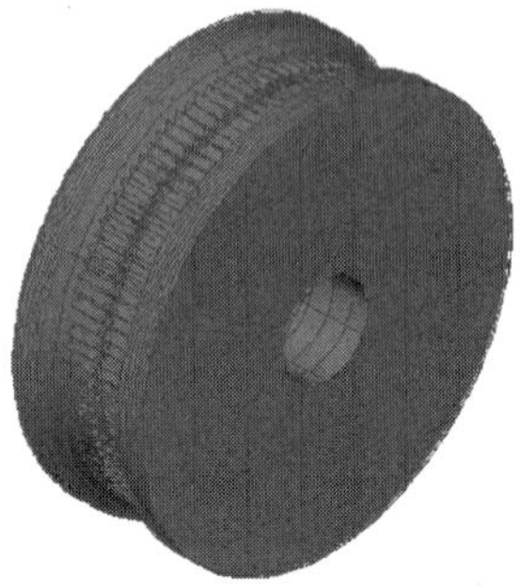</td><td></td></tr>
<tr><td>试验分析</td><td colspan="2">
小组成员对两种方案下滑距离进行试验比较分析，如下所示。
方案一：凹凸面止滑轮
<table>
<tr><td colspan="2">摩擦系数</td><td colspan="2">0.3</td></tr>
<tr><td rowspan="3">下滑距离试验</td><td>100kg</td><td>0mm</td><td>无变化</td></tr>
<tr><td>120kg</td><td>0mm</td><td>无变化</td></tr>
<tr><td>140kg</td><td>3mm</td><td>外观无变化，导轨有压痕</td></tr>
</table>
方案二：平面止滑轮
<table>
<tr><td colspan="2">摩擦系数</td><td colspan="2">0.3</td></tr>
<tr><td rowspan="3">下滑距离试验</td><td>100kg</td><td>0mm</td><td>无变化</td></tr>
<tr><td>120kg</td><td>0mm</td><td>无变化</td></tr>
<tr><td>140kg</td><td>5mm</td><td>无变化</td></tr>
</table>
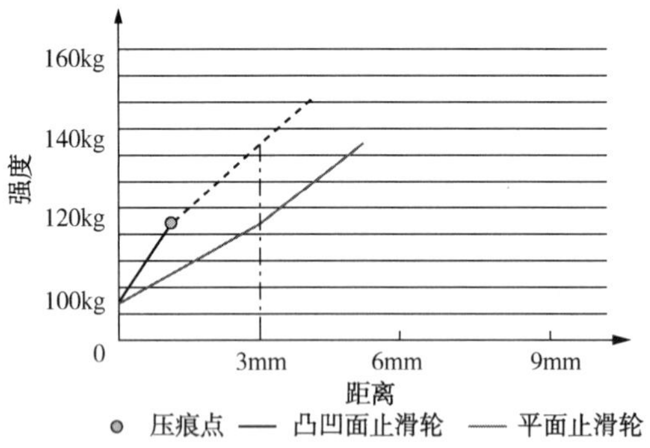

止滑轮下滑距离测试对比折线图
试验人：藏玉军　　地点：工作室　　日期：2022 年 6 月 5 日
</td></tr>
<tr><td>综合分析</td><td colspan="2">凹凸面止滑轮可上下移动，受力 140kg 后下滑 3mm，导轨有压痕，对导轨有损伤；平面止滑轮上下移动顺畅，受力 140kg 后下滑 5mm，受力后对导轨无损伤</td></tr>
<tr><td>结论</td><td>不采用</td><td>采用</td></tr>
</table>

3. 确定最佳方案树图

通过一、二级方案评价、选择和分析，确定最佳方案树图，见图 4-6。

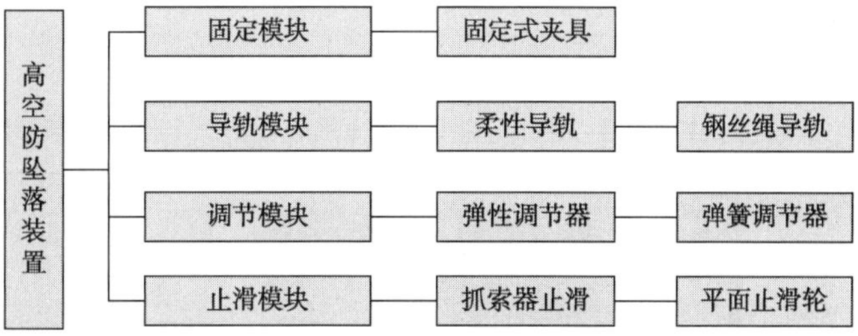

图 4-6　最佳方案树图

五、制定对策

我们以油田电网常见的钢管塔作为高空防坠落装置的安装对象，根据 5W1H，制定了对策表，见表 5-1。

表 5-1　对　策　表

序号	对策	目　标	措　施	地点	负责人	完成时间
1	制作固定式夹具	(1)下滑距离≤20mm； (2)承受力≥100kg； (3)尺寸误差±0.2mm	(1)绘制固定式夹具加工图； (2)加工固定式夹具； (3)试验验证	工作室	张庆年 藏玉军	2022 年 7 月
2	制作钢丝绳导轨	(1)钢丝绳直径 8mm； (2)导轨破坏强度≥15kN； (3)尺寸误差±0.2mm	(1)确定钢丝绳导轨尺寸； (2)加工钢丝绳导轨； (3)尺寸和试验验证	工作室	张庆年 张艳军	2022 年 7 月
3	制作弹簧调节器	(1)硬度≥HRC30； (2)抗压强度≥200MPa； (3)尺寸误差±0.2mm	(1)绘制弹簧调节加工图； (2)使用机加设备加工； (3)尺寸和试验验证	工作室	藏玉军 高广志	2022 年 8 月
4	制作平面止滑轮	(1)下滑距离≤20mm； (2)尺寸误差±0.2mm	(1)绘制平面止滑轮加工图； (2)使用机加设备加工； (3)尺寸和试验验证	工作室	张庆年 郭　鑫	2022 年 9 月
5	总体整合试运行实验验证	拉力试验≥100kg	(1)将加工好的零件进行组装； (2)组装后整体调试； (3)现场试验检查效果； (4)经第三方验证有无负面影响； (5)组织员工对高空防坠落装置进行安装、操作培训	实训场地	马忠兴 高　宇	2022 年 10 月

制表人：张庆年、藏玉军　　　　日期：2022 年 6 月 20 日

六、对策实施

（一）对策实施一

固定式夹具制作过程详见表 6-1。

表 6-1　制作固定式夹具

目标	1. 下滑距离≤20mm；2. 承受力≥100kg；3. 尺寸误差±0.2mm	
实施过程	措施 1：绘制固定式夹具加工图	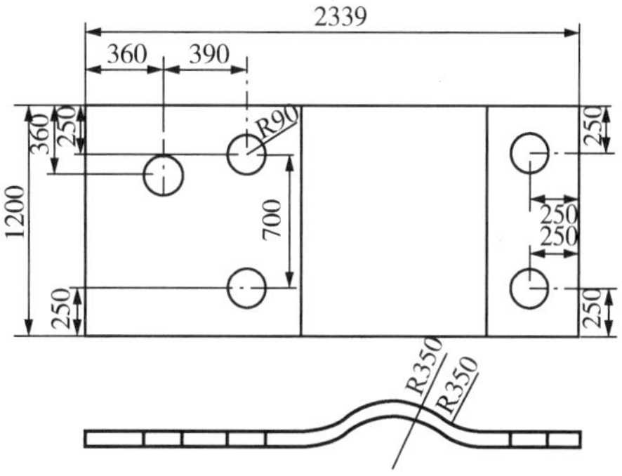

续表

<table>
<tr><td>目标</td><td colspan="2">1. 下滑距离≤20mm；2. 承受力≥100kg；3. 尺寸误差±0. 2mm</td></tr>
<tr><td rowspan="2">实施
过程</td><td>措施 2：加工固定式夹具</td><td>2022 年 7 月 5 日，小组成员藏玉军使用钻床、弯板机，按照图纸设计的加工尺寸进行加工。机械开孔，边缘打磨，螺栓连接，板中做圆弧，对拼成圆
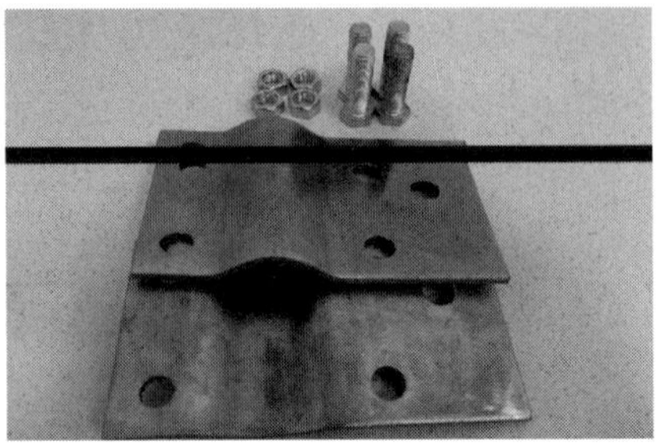</td></tr>
<tr><td>措施 3：试验验证</td><td>小组成员使用拉力机对固定式夹具施加≥100kg 的拉力，做了 3 次静态拉力试验，如下表所示。
静态拉力试验
<table>
<tr><td>项目</td><td>下滑距离</td><td>承重测试</td><td>外观检查</td><td>内径</td></tr>
<tr><td>目标值</td><td>20mm</td><td>100kg</td><td>—</td><td>50mm</td></tr>
<tr><td>实测值 1</td><td>0mm</td><td>100kg</td><td>无变化</td><td>50. 1mm</td></tr>
<tr><td>实测值 2</td><td>0mm</td><td>120kg</td><td>无变化</td><td>50mm</td></tr>
<tr><td>实测值 3</td><td>0mm</td><td>140kg</td><td>无变化</td><td>50. 1mm</td></tr>
<tr><td>平均值</td><td>0mm</td><td>120kg</td><td>无变化</td><td>50. 07mm</td></tr>
</table></td></tr>
<tr><td>对策目标检查</td><td colspan="2">使用拉力机对固定式夹具做 3 次静态拉力试验，下滑距离均为 0<20mm，与目标值对比，平均尺寸误差 0. 07mm <0. 2mm，符合目标要求</td></tr>
<tr><td colspan="2">实施时间：2022 年 7 月 5 日</td><td>实施地点：工作室　　实施人：藏玉军</td></tr>
</table>

(二) 对策实施二

钢丝导轨制作过程详见表 6-2。

表 6-2　制作钢丝绳导轨

<table>
<tr><td>目标</td><td colspan="2">1. 钢丝绳直径 8mm、长度 15m；2. 破坏强度≥15kN；3. 尺寸误差±0. 2mm</td></tr>
<tr><td rowspan="2">实施
过程</td><td>措施 1：确定钢丝绳导轨尺寸</td><td>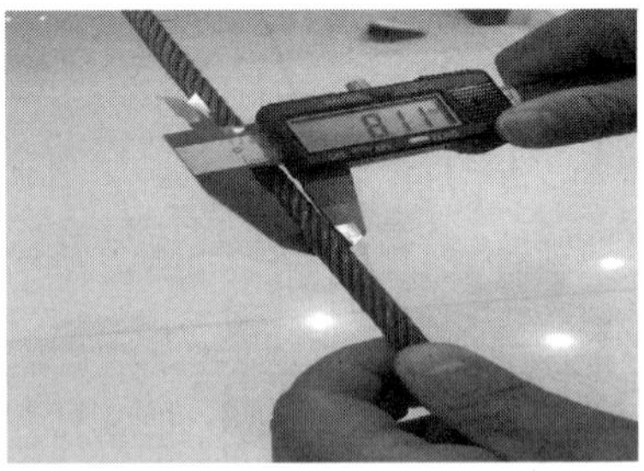</td></tr>
<tr><td>措施 2：制作钢丝绳导轨</td><td>2022 年 7 月 20 日，小组成员张庆年使用台虎钳，按照图纸设计的加工尺寸进行加工
</td></tr>
</table>

续表

<table>
<tr><td>目标</td><td colspan="2">1. 钢丝绳直径 8mm、长度 15m；2. 破坏强度≥15kN；3. 尺寸误差±0. 2mm</td></tr>
<tr><td>实施过程</td><td>措施 3：尺寸和试验验证</td><td>使用游标卡尺和拉力机对加工后的钢丝绳进行尺寸和试验验证

测试结果如下表所示。
测试结果
<table>
<tr><th>项　目</th><th>长度</th><th>直径</th><th>破坏强度</th></tr>
<tr><td>目标值</td><td>15m</td><td>8mm</td><td>≥15kN</td></tr>
<tr><td>实测值</td><td>15m</td><td>8. 1mm</td><td>25kN</td></tr>
<tr><td>误差</td><td>0</td><td>0. 1mm</td><td>—</td></tr>
</table></td></tr>
<tr><td>对策目标检查</td><td colspan="2">使用游标卡尺对加工后的钢丝绳导轨进行检查测量，钢丝绳直径 8. 1mm，尺寸误差 0. 1mm<0. 2mm，长度 15m，满足目标要求</td></tr>
<tr><td colspan="2">实施时间：2022 年 7 月 20 日</td><td>实施地点：工作室　　实施人：张庆年</td></tr>
</table>

（三）对策实施三

弹簧调节器制作过程详见表 6-3。

表 6-3　制作弹簧调节器

<table>
<tr><td>目标</td><td colspan="2">1. 硬度≥HRC30；2. 抗压强度≥200MPa；3. 尺寸误差±0. 2mm</td></tr>
<tr><td rowspan="2">实施过程</td><td>措施 1：绘制弹簧调节器加工图</td><td>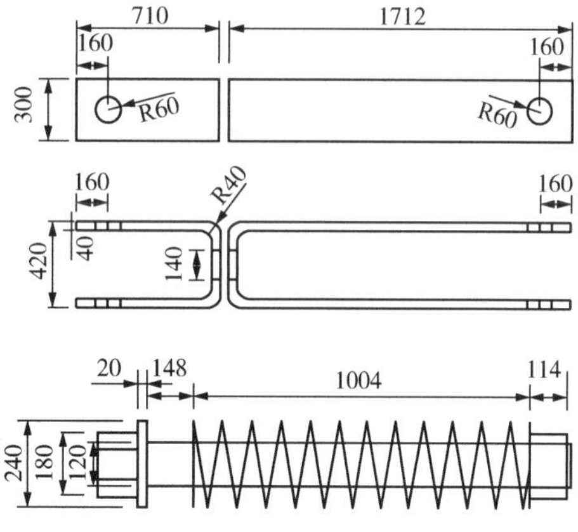
</td></tr>
<tr><td>措施 2：使用机加设备加工</td><td>2022 年 8 月 12 日，小组成员藏玉军使用剪板机、台钻等设备，按照图纸设计的加工尺寸进行加工
 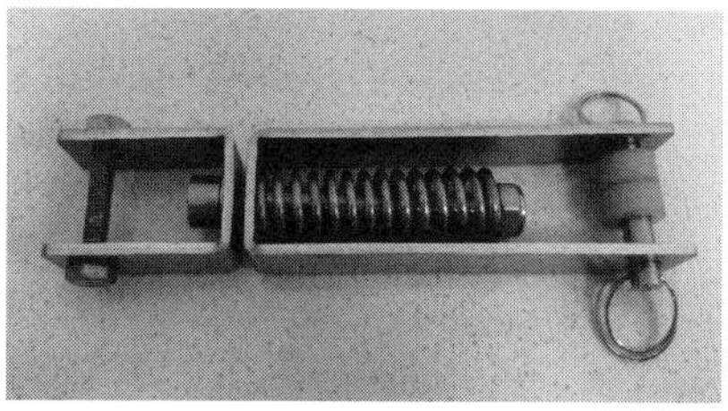</td></tr>
</table>

续表

<table>
<tr><td>目标</td><td colspan="2">1. 硬度≥HRC30；2. 抗压强度≥200MPa；3. 尺寸误差±0. 2mm</td></tr>
<tr><td>实施过程</td><td>措施 3：尺寸和试验验证</td><td>小组成员藏玉军使用游标卡尺、压力机和硬度检测仪对加工后的零件进行测量
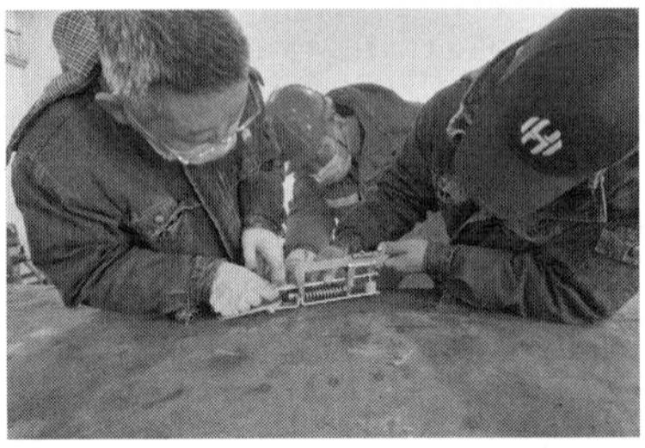 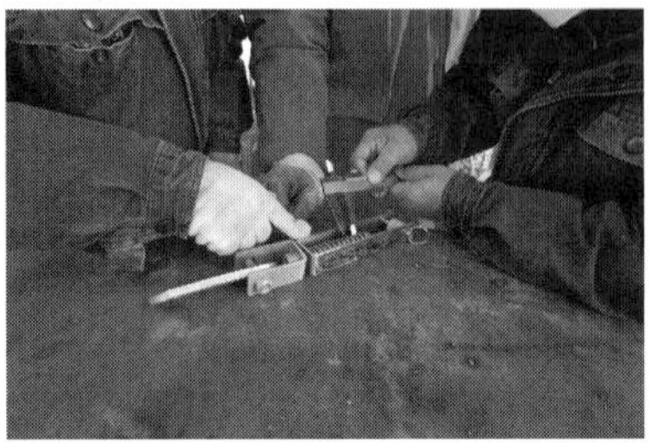
测试结果如下表所示。
测试结果
<table><tr><td>项目</td><td>长度</td><td>硬度</td><td>抗压强度</td></tr><tr><td>目标值</td><td>180mm</td><td>≥HRC30</td><td>≥200MPa</td></tr><tr><td>实测值</td><td>180. 1mm</td><td>HRC35</td><td>350MPa</td></tr><tr><td>误差</td><td>0. 1mm</td><td>—</td><td>—</td></tr></table></td></tr>
<tr><td>对策目标检查</td><td colspan="2">通过使用游标卡尺对加工后的弹簧调节器进行精度测量，实测弹簧调节器全长 180. 1mm，加工误差 0. 1mm<0. 2mm，视觉检查零件边缘已经倒角，表面光滑，手触无明显凸起，硬度和抗压强度达到目标要求</td></tr>
<tr><td colspan="2">实施时间：2022 年 8 月 12 日</td><td>实施地点：工作室　　实施人：藏玉军</td></tr>
</table>

（四）对策实施四

平面止滑轮制作过程见表 6-4。

表 6-4　制作平面止滑轮

<table>
<tr><td>目标</td><td colspan="2">1. 下滑距离≤20mm；2. 尺寸误差±0. 2mm</td></tr>
<tr><td rowspan="3">实施过程</td><td>措施 1：绘制平面止滑轮加工图</td><td>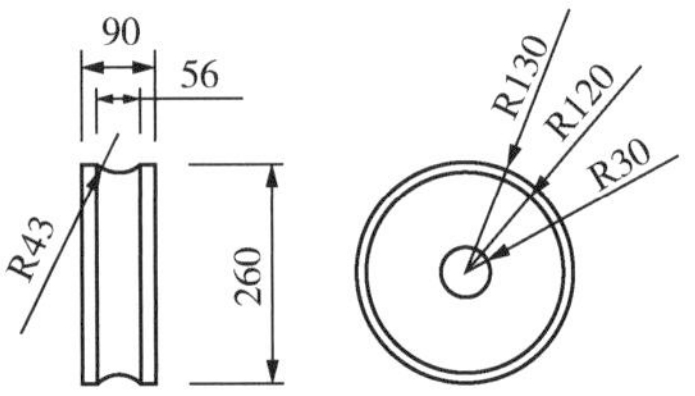</td></tr>
<tr><td>措施 2：使用机加设备加工</td><td>2022 年 9 月 18 日，小组成员藏玉军使用机加设备，按照图纸设计的加工尺寸进行加工
 </td></tr>
<tr><td>措施 3：尺寸验证和试验</td><td> 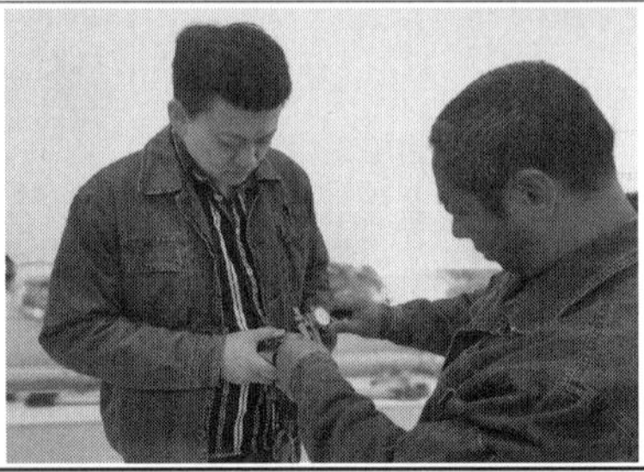</td></tr>
</table>

续表

<table>
<tr><td>目标</td><td colspan="2">1. 下滑距离≤20mm；2. 尺寸误差±0. 2mm</td></tr>
<tr><td>实施过程</td><td>措施3：尺寸验证和试验</td><td>小组成员张庆年、高广志，使用游标卡尺对加工后的平面止滑轮进行测量，结果如下表所示。
测试结果
<table>
<tr><td>项目</td><td>内径</td><td>壁厚</td><td>接触面宽度</td><td>接触面长度</td></tr>
<tr><td>目标值</td><td>10mm</td><td>1. 5mm</td><td>12mm</td><td>20mm</td></tr>
<tr><td>实测值</td><td>10. 1mm</td><td>1. 5mm</td><td>12mm</td><td>20mm</td></tr>
<tr><td>误差</td><td>0. 1mm</td><td>0</td><td>0</td><td>0</td></tr>
</table>
通过使用游标卡尺对加工后的平面止滑轮测量，内径误差为 0. 1mm<0. 2mm，符合目标要求。
小组成员张庆年、高广志，对改造后的平面止滑轮进行止滑效果进行试验验证，结果如下表所示。
试验验证结果
<table>
<tr><td>项目</td><td>下滑距离</td><td>承重测试</td></tr>
<tr><td>目标值</td><td>20mm</td><td>100kg</td></tr>
<tr><td>实测值 1</td><td>2mm</td><td>100kg</td></tr>
<tr><td>实测值 2</td><td>4mm</td><td>120kg</td></tr>
<tr><td>实测值 3</td><td>6mm</td><td>140kg</td></tr>
<tr><td>平均值</td><td>4mm</td><td>120kg</td></tr>
</table></td></tr>
<tr><td>对策目标检查</td><td colspan="2">通过上表可以看出，抓索器在 3 组拉力的测试下平均下滑 4mm<20mm，满足目标要求</td></tr>
<tr><td colspan="3">实施时间：2022 年 9 月 18 日 | 实施地点：工作室 | 实施人：张庆年</td></tr>
</table>

（五）对策实施五

详见表 6-5。

表 6-5 总体整合试运行

<table>
<tr><td>目标</td><td colspan="2">拉力试验≥100kg</td></tr>
<tr><td rowspan="2">实施过程</td><td>措施 1：将加工好的零件进行组装</td><td>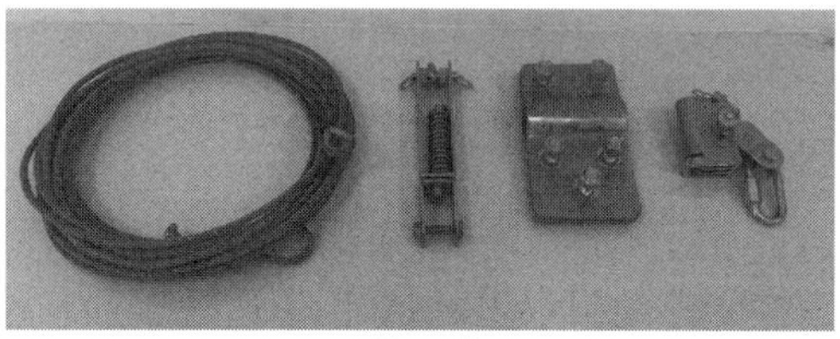
零件组装

整体组装</td></tr>
<tr><td>措施 2：组装后整体调试</td><td>
调试弹簧调节器

调试钢丝绳导轨</td></tr>
</table>

续表

目标	拉力试验≥100kg	
实施过程	措施2：组装后整体调试	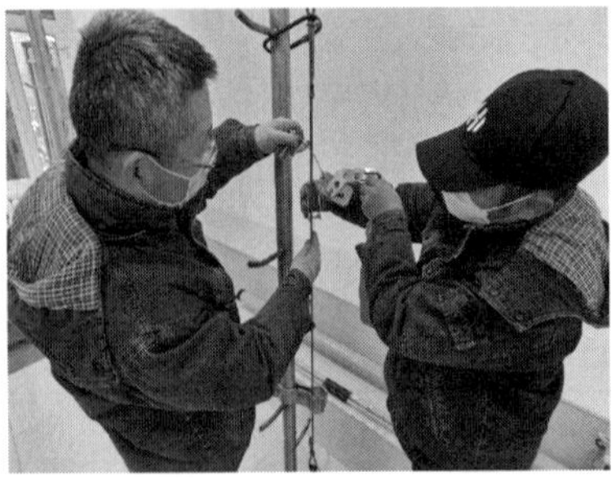 调试抓索器  调试固定式夹具  试验现场安装  试验现场测试
实施过程	措施3：现场试验检查效果	2022年10月17日，选择110kV繁兴甲线4号杆作为实验对象，安装高空防坠落装置进行测试 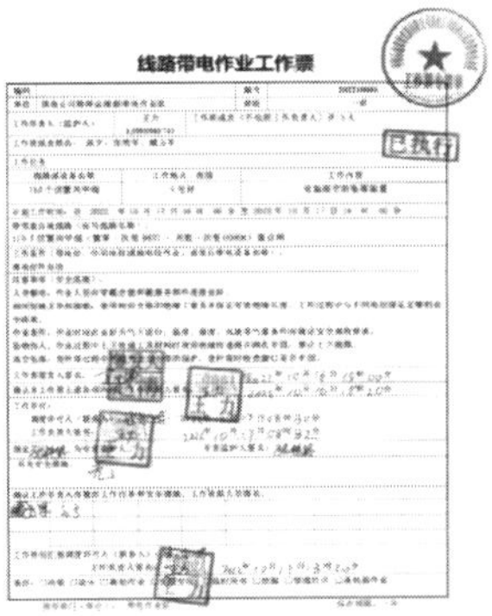 线路带电作业工作票  工作前安全分析表
		2022年10月17日，现场安装高空防坠落装置并对装置进行测试   安装高空防坠落装置，各部分连接牢固、可靠、顺滑、无卡涩  

续表

<table>
<tr><td>目标</td><td colspan="2">拉力试验≥100kg</td></tr>
<tr><td>实施过程</td><td>措施 3：现场试验检查效果</td><td>小组成员高宇穿戴五点式安全带，使用高空防坠落装置进行登杆测试使用的流畅性
 </td></tr>
<tr><td>安全验证</td><td colspan="2">小组成员利用拉力器对高空防坠落装置整体做拉力试验。对装置从 0kg 到 200kg 逐步施加拉力，装置各部分无变形，使用正常
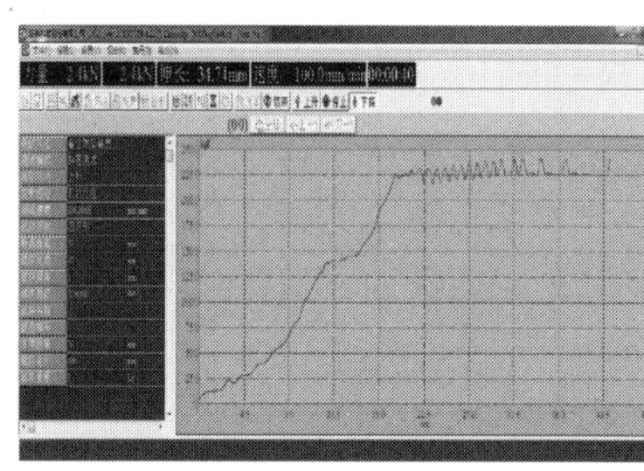</td></tr>
<tr><td>成果确认</td><td colspan="2">经公司相关部门确认，在安全、环保、质量等方面均无负面影响，可以进行下一步推广</td></tr>
<tr><td>对策目标检查</td><td colspan="2">经现场试验，检修人员使用小组研制的高空防坠落装置攀爬电杆，上下顺畅，导轨平直，无卡涩，试验拉力 200kg≥100kg，达到了目标要求

大庆油田有限责任公司
二〇二二年 QC 成果现场验收报告
小组名称：带电 QC 小组；所在单位：中油电能供电公司；成立日期：2022 年 03 月；注册日期：2022 年 03 月；注册编号：2022DN0474
课题名称：高空防坠落装置
组长名称：王舒平；诊断师姓名及证书编号：周秀军 CAQ-QC-TJ1-2022G-1004
现场实际应用效果简介：高空防坠落装置利用专业检测仪器对局部和整体做静态及动态拉力试验，已达到技术标准要求；2022 年 10 月，在 110 千伏繁兴甲线 4 号杆进行现场安装及测试，上下顺畅、无卡涩、导轨平直，均满足安全要求。经公司安全部门确认，在安全、环保、质量等方面均无负面影响。
厂（分公司）成果验收意见
单位：中国石油集团电能有限公司供电公司
2022 年 10 月 20 日</td></tr>
<tr><td>组织员工对高空防坠落装置进行安装、操作培训</td><td colspan="2">2022 年 10 月 24～29 日，小组对线路专业共计 20 人进行高空防坠落装置安装及操作培训。通过培训，全体人员均能熟练使用高空防坠落装置完成登杆检修工作
<table><tr><th colspan="4">高空防坠落装置安装及操作培训计划</th></tr><tr><th>培训时间</th><th>培训内容</th><th>培训人数</th><th>培训效果</th></tr><tr><td>2022 年 10 月 24 日</td><td>高空防坠落装置零件组装</td><td>20 人</td><td>合格</td></tr><tr><td>2022 年 10 月 25 日</td><td>高空防坠落装置安装前的准备及检查</td><td>20 人</td><td>合格</td></tr><tr><td>2022 年 10 月 26–28 日</td><td>高空防坠落装置安装步骤及操作</td><td>20 人</td><td>合格</td></tr><tr><td>2022 年 10 月 29 日</td><td>高空防坠落装置日常维护</td><td>20 人</td><td>合格</td></tr></table></td></tr>
<tr><td colspan="2">实施时间：2022 年 10 月 29 日</td><td>实施地点：110kV 繁兴甲线 4 号杆　　实施人：马忠兴、高宇</td></tr>
</table>

七、效果检查

（一）目标完成情况

2022 年 11～12 月，小组在 110kV 繁兴甲线钢管塔安装 30 套高空防坠落装置，见表 7-1。检修人员使用高空防坠落装置，在登高过程中，解系安全带次数均为 2 次，达到了 QC 小组的活动目标，见图 7-1。

表 7-1　高空防坠落装置安装进度表

序号	安装时间	具体线路	具体杆号	安装人	解系安全带次数
1	2022 年 11 月 3 日	110kV 繁兴甲线	1~3 号杆	王立双、赵博	2 次
2	2022 年 11 月 4 日	110kV 繁兴甲线	5~6 号杆	王立双、赵博	2 次
3	2022 年 11 月 7 日	110kV 繁兴甲线	7~8 号杆	丁大翔、许蓬	2 次
4	2022 年 11 月 8 日	110kV 繁兴甲线	9~11 号杆	丁大翔、许蓬	2 次
5	2022 年 11 月 9 日	110kV 繁兴甲线	12~14 号杆	王立双、赵博	2 次
6	2022 年 11 月 11 日	110kV 繁兴甲线	15~18 号杆	赵　博、许蓬	2 次
7	2022 年 11 月 14 日	110kV 繁兴甲线	19~22 号杆	李家骏、赵博	2 次
8	2022 年 11 月 15 日	110kV 繁兴甲线	23~24 号杆	丁大翔、许蓬	2 次
9	2022 年 11 月 17 日	110kV 繁兴甲线	25~27 号杆	李家骏、许蓬	2 次
10	2022 年 11 月 19 日	110kV 繁兴甲线	28~30 号杆	王立双、赵博	2 次

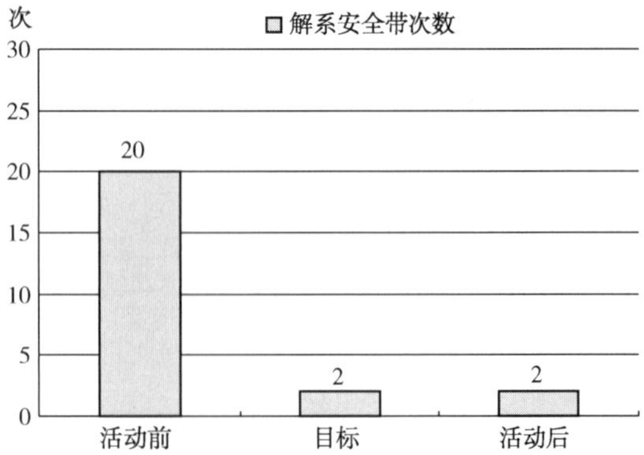

图 7-1　目标完成情况柱状图

（二）经济效益

小组以 110kV 繁兴甲线停电检修进行测算。全线路共 30 基钢管塔，安装 30 套高空防坠落装置：

安装成本为 320 元/套×30 套＝0.96（万元），如果安装国网公司滑轨防坠落装置，安装费用约为 8000 元/套×30 套＝24（万元），节省安装费用 24－0.96＝23.04（万元）。

（三）社会效益

1. 保证了登高检修人员的安全，做到了全过程的安全防护，有效地降低了人员坠落风险；

2. 减少了登高检修人员体能消耗，使检修人员有充足的体能投入检修工作中；

3. 具有推广和应用价值，油田有上万基的电杆和不同种类的通信铁塔、高空爬梯等，因此应用范围非常广泛。

八、标准化

小组为使成果更好地应用和推广，进行了成果标准化，具体如下：

一是编制了《高空防坠落装置安装工艺规程》《高空防坠落装置操作及维护安全注意事项》，为装置日常维护、使用和成果推广奠定了基础，见表 8-1。

表 8-1　技术资料归档一

标准化	开展内容	成　　果
编制标准化文件，列入日常工作规范	编制《高空防坠落装置安装工艺规程》	 高空防坠落装置安装工艺规程 编制：臧玉军 审核：张艳军 批准：王舒平 中油电能供电公司　发布  目　录 1、总　则……1 2、高空防坠落装置外观检查及检测……2 3、高空防坠落装置零件组装……3 4、高空防坠落装置安装前的准备……5 5、高空防坠落装置安装步骤及标准……6 6、高空防坠落装置安装后的测试……8 7、高空防坠落装置交接验收……10

续表

标准化	开展内容	成　　果
编制标准化文件，列入日常工作规范	编制《高空防坠落装置操作及维护安全注意事项》	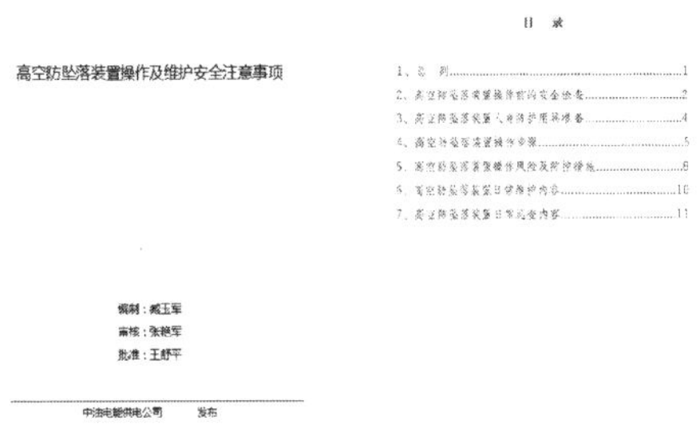

高空防坠落装置操作及维护安全注意事项

编制：臧玉军

审核：张艳军

批准：王舒平

中油电能供电公司　　发布

目　录

1、总　则……1

2、高空防坠落装置操作前的安全检查……2

3、高空防坠落装置人身防护用品准备……4

4、高空防坠落装置操作步骤……5

5、高空防坠落装置操作风险及防控措施……8

6、高空防坠落装置日常维护内容……10

7、高空防坠落装置日常检查内容……11

二是该成果经公司生产部门评估，具有推广应用价值，可应用于电网检修，服务于安全生产，见表 8-2。

表 8-2　技术资料归档二

标准化	开展内容	成　　果
编制标准化文件，列入日常工作规范	进行风险评估和推广	

应 用 证 明

项目名称	高空防坠落装置的研制		
转化应用单位	供电公司		
转化应用起止时间	长期		
联系人	王舒平	联系电话	15046968869
转化应用地点、规模（数量）及效果： 高空防坠落装置在 110 千伏繁兴甲线安装 30 套，经现场试验验证和实际应用，在安全性、实用性等方面都达到了预期的效果，得到用户单位较高的评价。油田有上万基的电杆和不同种类的通信铁塔、高空爬梯，都可应用高空防坠落装置对登高检修人员进行安全保护，因此该装置应用范围非常广泛。			
转化应用单位（盖章） 2022 年 12 月 20 日			

安全环境风险评估表

成果/课题名称	高空防坠落装置的研制
所属二级单位	
所属三级单位（具体到基层班组）	
评审等级	口油田公司级　　√ 厂/处级
成果/课题内容	
存在的安全环境风险	高空坠落伤害
解决方案及防控措施	
单位意见	质量安全环保部

三是将设计图纸、各零部件详细尺寸打印存档，以便于推广、改进和应用，见表 8-3。

表 8-3　技术资料归档三

标准化	开展内容	成果
编制标准化文件，列入日常工作规范	图纸归档	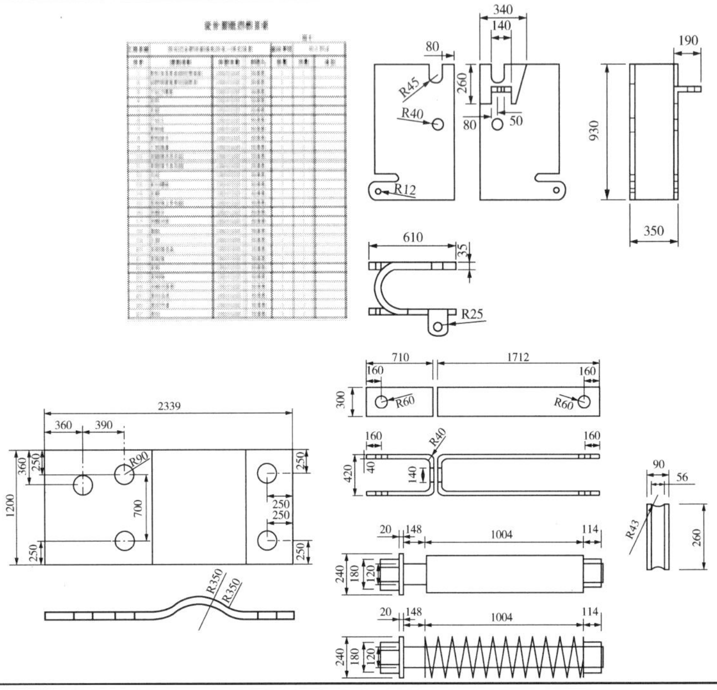

续表

标准化	开展内容	成果
编制标准化文件，列入日常工作规范	效果图归档	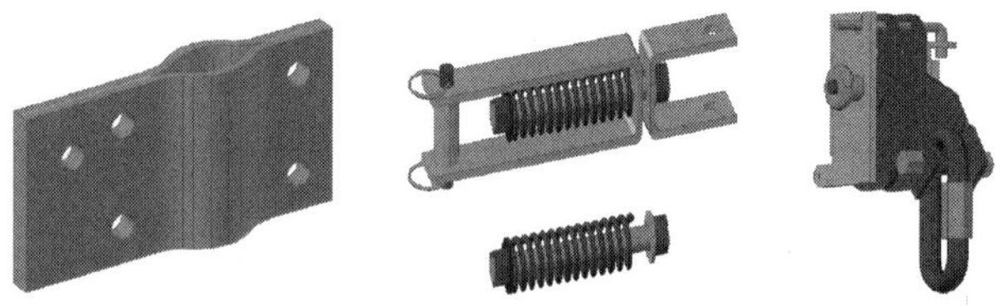 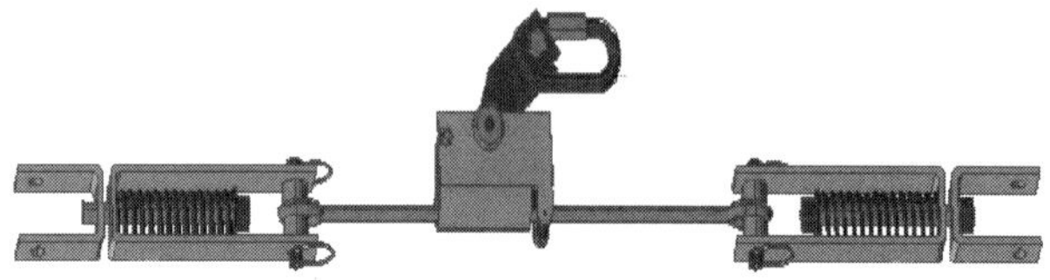

九、总结和下一步打算

小组成员利用 QC 管理知识，运用创新思维，成功研制了高空防坠落装置，并对活动收获积极总结。

1. 小组具有主动创新的思路与理念，以需求为导向，在专业技术上有突破。主动获取电网检修的实际需求，通过借鉴类似专业的知识、技术、经验，选择了本次课题《高空防坠落装置的研制》。在装置加工上展开研究的过程中，也学习到各种材料特性知识，为以后对装置的维护和性能的升级做了知识储备。

2. 小组在活动过程中以事实为依据，用数据说话，使小组成员在逻辑思维、创新能力上具有创新特色。通过本次 QC 活动，小组成员运用 CAD、Solidworks、柱状图等软件和质量工具来分析，创新能力得到提升，各方面技能、技术得到了全面发展。

下一步，带电作业 QC 小组将针对“油田电网开关、刀闸接电过热缺陷带电处理方法的研发”展开攻关，解决电网生产难题，为电网平稳运行贡献小组力量。

成果点评

《高空防坠落装置的研制》是带电作业 QC 小组 2022 年的创新型课题成果，小组按照创新型课题活动程序，从顾客需求出发，《轨道式防坠落保护装置》专利借鉴模块式组合结构和《单向移动式安全吊挂装置》专利借鉴杠杆原理，通过 2 项专利借鉴其结构和原理启发小组创新的灵感、思路和方法研制出高空防坠落装置，基于现场测量、试验和调查分析，以图表和数据为主线通过正确适宜地运用调查表、柱状图、折线图等统计方法满足了顾客需求。检修人员在登高过程中，解系安全带次数由 20 次降至 2 次，达到了 QC 小组的活动课题目标。成果报告真实，有逻辑性，充分体现小组的创新性，小组活动过程符合 T/CAQ 10201—2020《质量管理小组活动准则》要求。

本 QC 小组成果存在以下方面的不足，希望以后持续加以改进：

在提出方案并确定最佳方案环节中：“2. 二级方案确定及评价(2)弹性调节器评价、比较和选择”，对弹性调节器选择采用后，从提供的图片可以看出弹性调节器由弹簧、固定部分等组成，缺少选择采用后进一步分析方案确定及评价。

减少变电站一次设备故障次数

电气试验 QC 小组

（大庆油田中国石油集团电能有限公司）

一、前言

电气试验队创建于 2018 年 3 月，现有员工 34 人，承担油田电网 110kV 变电站、35kV 变电站、移动变共计近 220 座的改造验收、常规检修、带电检测、在线检测等工作。随着电力系统向高度信息化、智能化和自动化方向发展的需求，我们致力于利用以专业化巡检为核心的带电检测和在线检测模式，成为电网设备安全可靠运行最现实、最有效的措施。如图 1-1 所示。

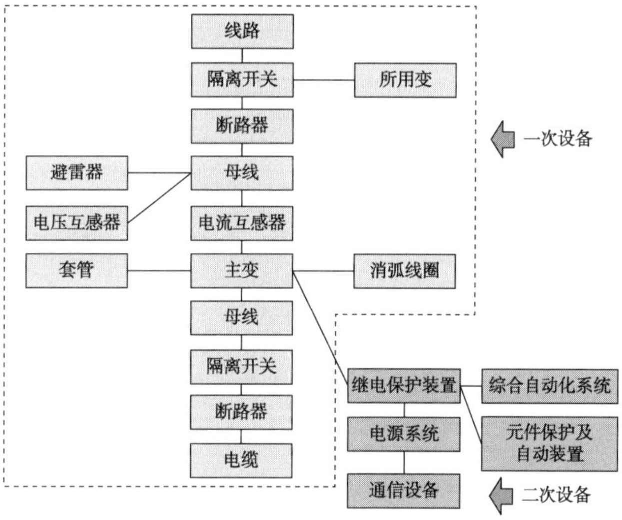

图 1-1　变电站设备图示

名词解释

变电站一次设备：变电站中直接用来接受与分配电能以及与改变电能电压相关的所有设备，均称为一次设备。

二、小组概况

详见表 2-1。

表 2-1　小组概况汇总表

小　组　简　介			
小组名称	电气试验 QC 小组	注册编号	2022DN043
课题名称	减少变电站一次设备故障次数	成立时间	2022 年 1 月
课题类型	问题解决型	活动时间	2022 年 1～12 月
小组人数(≤10 人)	10	当年活动次数	18

续表

近三年获奖情况	2022年度"减少变电站一次设备故障次数"获大庆油田QC成果一等奖					
小组成员情况						
序号	成员姓名	年龄	文化程度	岗务、职称	组内分工	备注
1	杨辉	44	大学	副队长、工程师	组长	
2	李维东	39	大学	队长、工程师	组员	
3	杜娟	41	大学	技术负责人、助理工程师	组员	
4	高原	35	大学	班长、助理工程师	组员	
5	王曦敏	41	大学	副主任、工程师	组员	
6	张磊	48	大学	副主任、工程师	组员	
7	郭立虎	49	大学	副队长、首席技师	组员	
8	王熙峰	43	中专	班长、技师	组员	
9	杨洲	46	大学	副队长、工程师	组员	
10	乔梁	44	大专	副队长、首席技师	组员	

三、选择课题

详见图3-1。

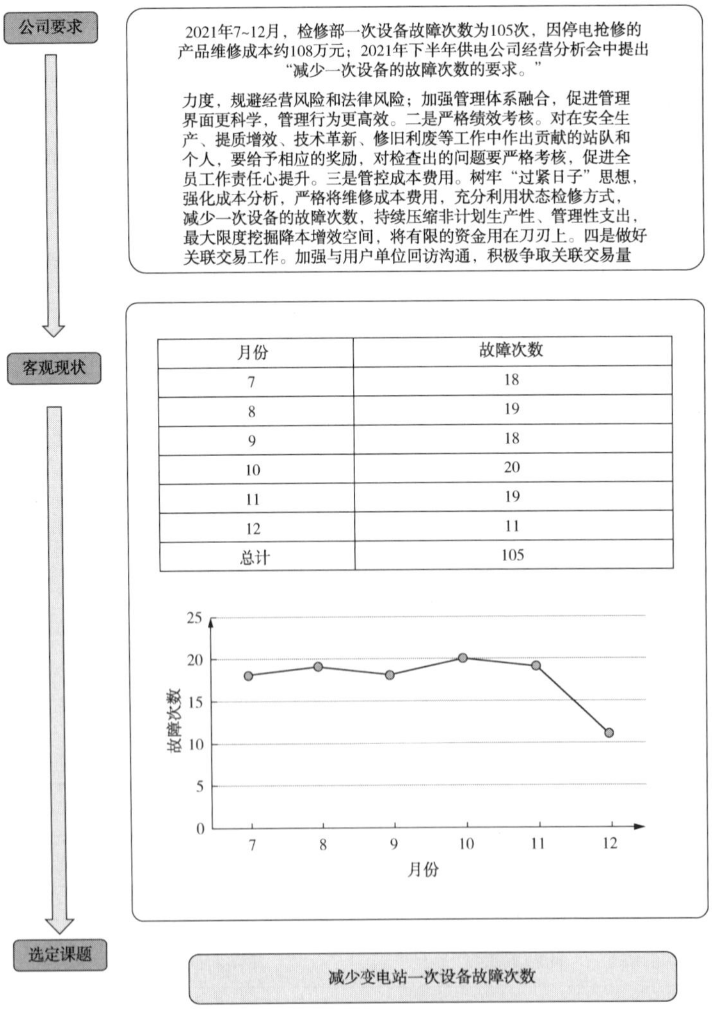

图3-1　确定课题流程图

四、现状调查

（一）一次设备故障性质调查

小组成员对 2021 年 7~12 月一次设备故障性质进行调查，调查结果如表 4-1 和图 4-1 所示。

表 4-1　2021 年 7~12 月一次设备故障性质统计表

故障性质	故障次数	频率	累计频率
过热故障	89	84.76%	84.76%
绝缘故障	14	13.33%	98.1%
接地故障	2	1.9%	100%
合计频次	105	100%	—

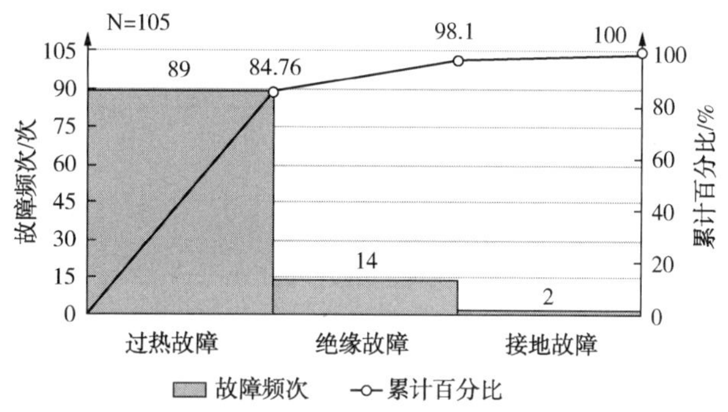

图 4-1　2021 年 7~12 月一次设备故障性质排列图

结论：根据图表可以看出，变电站一次设备过热故障达到总数的 84.76%，是主要的故障性质。

（二）一次设备过热故障性质调查

小组成员对 2021 年 7~12 月一次设备过热故障进行进一步调查，将过热故障分为一次接点过热故障、二次接点过热故障和本体过热故障，统计结果如表 4-2 和图 4-2 所示。

表 4-2　2021 年 7~12 月变电站一次设备过热故障统计表

故障性质	故障次数	频率	累计频率
一次接点过热故障	72	80.9%	80.9%
本体过热故障	16	17.98%	98.88%
二次接点过热故障	1	1.12%	100%
合计频次	89	100%	—

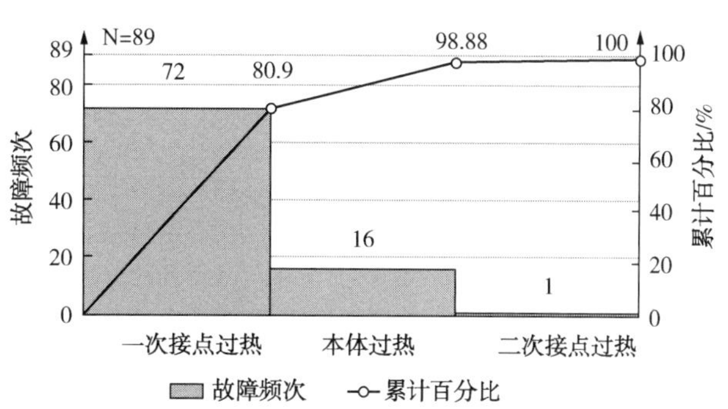

图 4-2　2021 年 7~12 月变电站一次设备过热故障统计表

结论：从统计图表中可以看出，一次接点过热故障占所有变电站一次设备过热故障的 80.9%，由此可以判断一次接点过热故障是产生变电站一次设备故障的症结。

五、设定目标

（一）目标设定依据

1. 同行业对比

小组人员根据检修维护规模、设备运行年限、一次设备型号等，对周边同行业优秀企业的一次设备故障次数进行调查统计，调查结果如表 5-1 和图 5-1 所示。

表 5-1　2021 年 7~12 月周边电业局故障统计表

单位	设备名称	厂家	型号	出厂年限	故障次数	总台组数
国网某 1 供电公司检修公司	电气设备	山东、哈尔滨、上海	GW5、LW8-35B、SFSZ9	2005~2010	40	9108
国网某 2 供电公司检修公司	电气设备	山东、哈尔滨、上海	GW5、LW8-35B、SFSZ9	2008~2011	45	8042
国网某 3 供电公司检修公司	电气设备	山东、哈尔滨、上海	GW5、LW8-35B、SFSZ9	2006~2011	38	7998
我公司变电检修部	电气设备	山东、哈尔滨、上海	GW5、LW8-35B、SFSZ9	2008~2012	105	8586

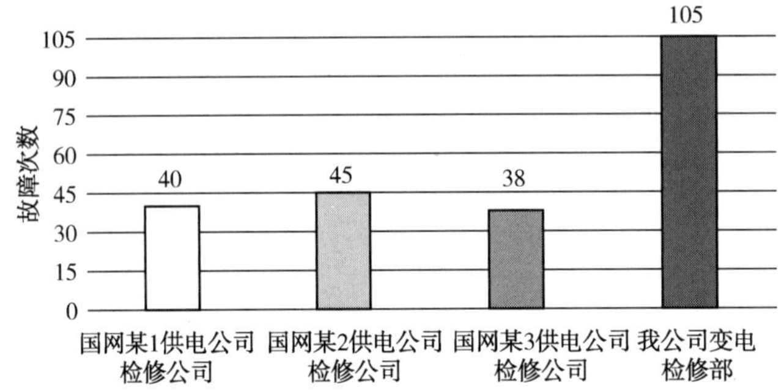

图 5-1　2021 年 7~12 月周边电力局过热故障统计图

结论：由图表可知，其他公司的故障次数均在 40 次左右，而供电公司变电检修部达到 105 次，与其他三家电业局相比，具有很大的差距。

2. 历史水平比较

小组成员查阅 2019~2021 年每半年一次设备故障次数情况，统计结果如表 5-2 和图 5-2 所示。

表 5-2　变电站历年（半年）一次设备故障次数统计表

时间	设备名称	故障次数	总台组数
2020 年 1~6 月	一次设备	35	8256
2020 年 7~12 月	一次设备	53	8457
2021 年 7~12 月	一次设备	105	8586

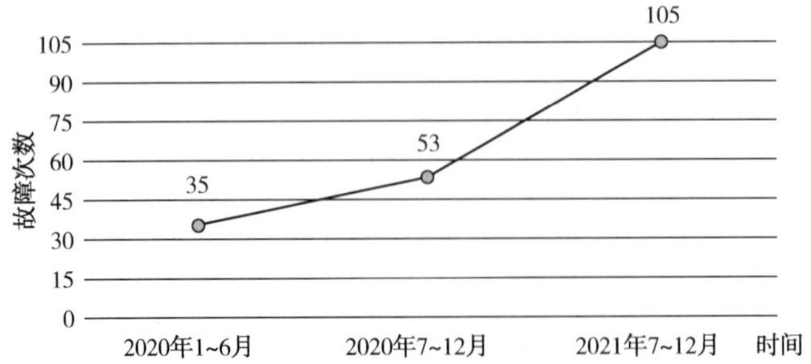

图 5-2　变电站历年（半年）一次设备故障次数统计图

结论：从统计图表可以看出，变电站一次设备故障在逐年增加，2020 年 1~6 月为 35 次，远低于 2021 年一次设备故障次数。

3. 理论计算

小组成员通过同行业分析与历史最高水平对比综合分析，结合人员支持情况，小组成员有信心解决主要症结的 90%，所以变电站一次设备故障次数可达到：

$$105-105\times84.76\%\times80.9\%\times90\%=40(\text{次})。$$

（二）设定目标

小组成员决定将减少变电站一次设备故障次数，由 2021 年下半年的 105 次减少到 40 次。目标值图见图 5-3。

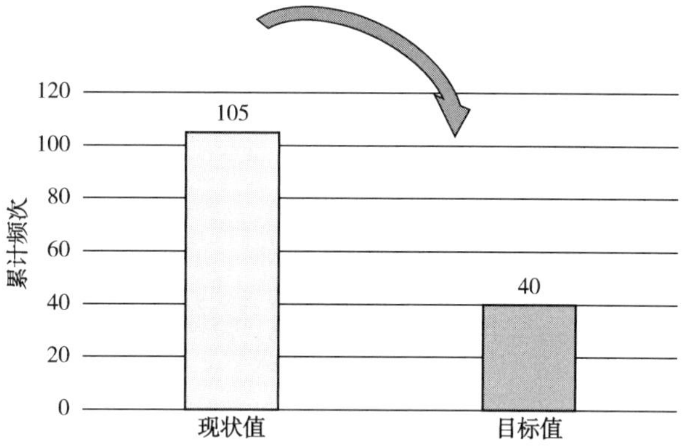

图 5-3　目标值图

六、原因分析

目标确定后，QC 小组召开了专题会议，采用头脑风暴法对变电站一次接点故障进行了分析和讨论，绘制了关联图，如图 6-1 所示。

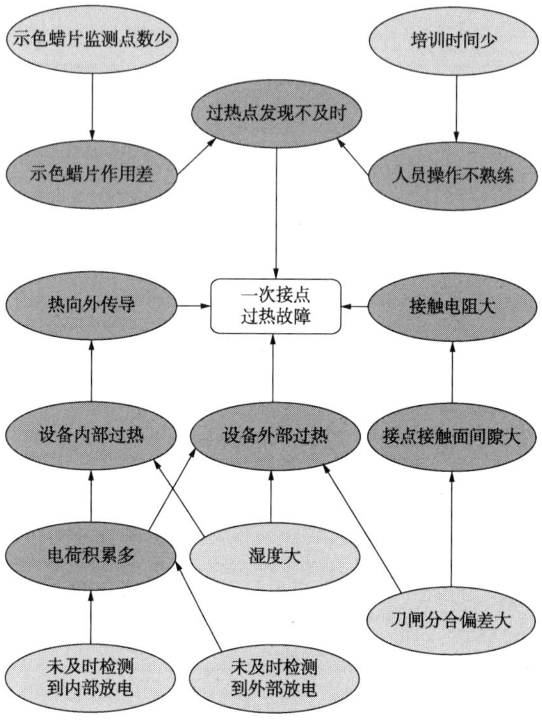

图 6-1　故障原因分析关联图

根据关联图可以看出，小组成员共统计出色蜡片监测点数少、色蜡片监测点数少、未及时检测到外部放电、未及时检测到内部放电、湿度大、刀闸分合偏差大6个末端原因。

七、确定主要原因

确定末端原因后，小组成员制定要因确认计划表，对6条末端原因进行逐一确认。

（一）要因确认一

详见表7-1。

表7-1　要因确认一汇总表

末端原因	示色蜡片监测点数少
确认内容	示色蜡片监测点数少对一次接点过热故障的影响程度
判定方式	试验、调查分析
影响程度及确认过程	见下

影响程度及确认过程：

1. 小组人员对变电站示色蜡片监测点数进行调查。见下图所示。

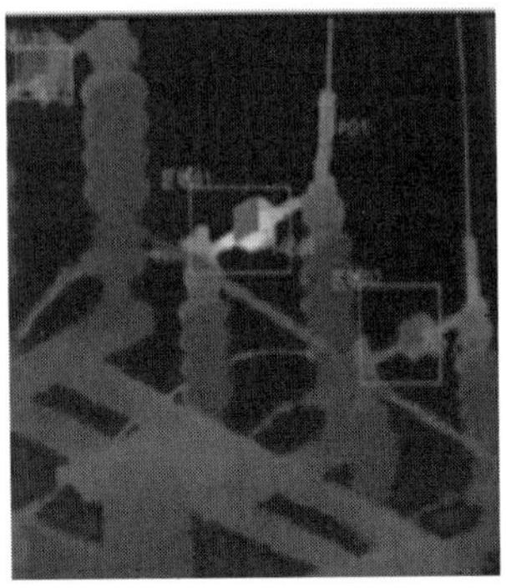

刀闸过热红外图谱

蜡片脱落

2. 2022年1月，小组成员抽取2021年10~12月中10座发生过热故障的变电站统计一次接点蜡片监测情况，结果如下表所示。

10座变电站蜡片监测情况统计表

序号	地点	蜡片情况				热故障次数
		检测点数/个	未检测点数/个	合计	未检测点数点比/%	
1	南一变	30	75	105	71.42	3
2	杏南一次变	182	87	269	32.34	1
3	南油气变	42	84	126	66.67	2
4	北三变	93	24	117	20.51	1
5	西三变	33	72	105	68.57	3
6	南三一变	36	72	108	66.67	3
7	建新一次变	87	210	297	70.72	4
8	聚南二十变	42	93	135	68.89	3
9	中九变	36	90	126	71.43	4
10	北油库变	42	87	129	67.44	2
合计		623	894	1517	58.93	26

<table>
<tr><td>影响程度及确认过程</td><td colspan="3">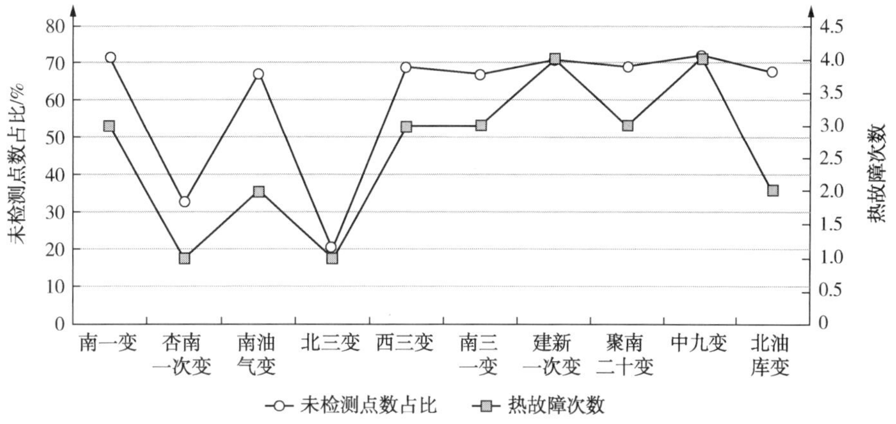

一次接点过热故障与蜡片监测情况折线图

确认结果：通过统计 2021 年 10~2021 年 12 月蜡片情况与一次接点过热故障与蜡片监测情况统计表从折现图看出，示色蜡片未检测比例越高，一次接点过热故障越多，因此示色蜡片监测点数少对症结有明显影响</td></tr>
<tr><td>确认人</td><td>李维东 高原</td><td>确认地点</td><td>变电所</td></tr>
<tr><td>确认结论</td><td colspan="3">要因</td></tr>
</table>

（二）要因确认二

详见表 7-2。

表 7-2 要因确认二汇总表

<table>
<tr><td>末端原因</td><td>培训时间少</td></tr>
<tr><td>确认内容</td><td>培训时间少对一次接点过热故障的影响程度</td></tr>
<tr><td>判定方式</td><td>试验、调查分析</td></tr>
<tr><td>影响程度及确认过程</td><td>小组人员对电气试验操作人员分组进行区域性进行检修试验。见下图所示。
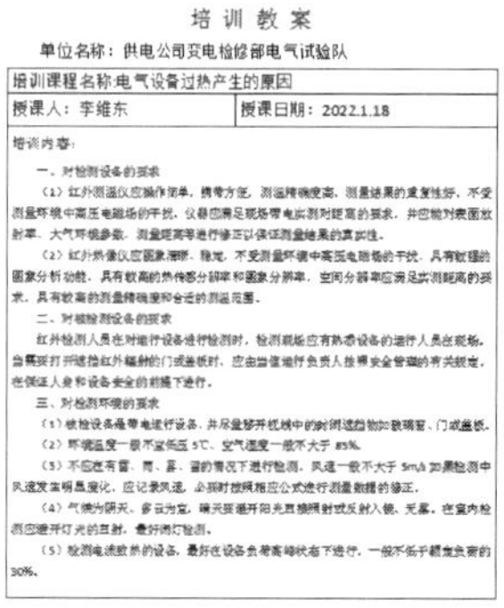
培 训 教 案
单位名称：供电公司变电检修部电气试验队
培训课程名称:电气设备过热产生的原因
授课人：李维东　授课日期：2022.1.18
培训内容:
一、对检测设备的要求
（1）红外测温仪应操作简单，携带方便，测温精确度高，测量结果的重复性好，不受测量环境中高压电磁场的干扰，仪器应满足现场带电实测对距离的要求，并应能对表面放射率、大气环境参数、测量距离等进行修正以保证测量结果的真实性。
（2）红外热像仪应图象清晰、稳定，不受测量环境中高压电磁场的干扰，具有较强的图象分析功能，具有较高的热传感分辨率和图象分辨率，空间分辨率应满足实测距离的要求，具有较高的测量精确度和合适的测温范围。
二、对被检测设备的要求
红外检测人员在对运行设备进行检测时，检测现场应有熟悉设备的运行人员在现场。当需要打开遮挡红外辐射的门或盖板时，应由当值运行负责人按照安全管理的有关规定，在保证人身和设备安全的前提下进行。
三、对检测环境的要求
（1）被检设备是带电运行设备，并尽量移开视线中的封闭遮挡物如玻璃窗、门或盖板。
（2）环境温度一般不宜低于 5℃、空气湿度一般不大于 85%。
（3）不应在有雷、雨、雾、雪的情况下进行检测，风速一般不大于 5m/s 如果检测中风速发生明显变化，应记录风速，必要时按照相应公式进行测量数据的修正。
（4）气候为阴天、多云为宜，晴天要避开阳光直接照射或反射入镜、无雾，在室内检测应避开灯光的直射，最好闭灯检测。
（5）检测电流致热的设备，最好在设备负荷高峰状态下进行，一般不低于额定负荷的 30%。

检修试验图片

检测小组人员培训时间及测试合格率情况统计如下表所示。

测试合格率统计
<table>
<tr><td rowspan="2">小组名称</td><td rowspan="2">所辖区域</td><td rowspan="2">培训时长（h）</td><td colspan="6">月份</td><td rowspan="2">发现故障次数</td></tr>
<tr><td>7</td><td>8</td><td>9</td><td>10</td><td>11</td><td>12</td></tr>
<tr><td>1 组</td><td>采油一厂</td><td>81</td><td>1</td><td>2</td><td>1</td><td>0</td><td>1</td><td>2</td><td>7</td></tr>
<tr><td>2 组</td><td>采油二厂</td><td>66</td><td>0</td><td>1</td><td>1</td><td>0</td><td>1</td><td>2</td><td>5</td></tr>
<tr><td>3 组</td><td>采油三厂</td><td>30</td><td>0</td><td>1</td><td>2</td><td>1</td><td>1</td><td>1</td><td>6</td></tr>
<tr><td>4 组</td><td>采油六厂</td><td>95</td><td>2</td><td>0</td><td>1</td><td>2</td><td>1</td><td>0</td><td>6</td></tr>
</table></td></tr>
</table>

续表

影响程度及确认过程	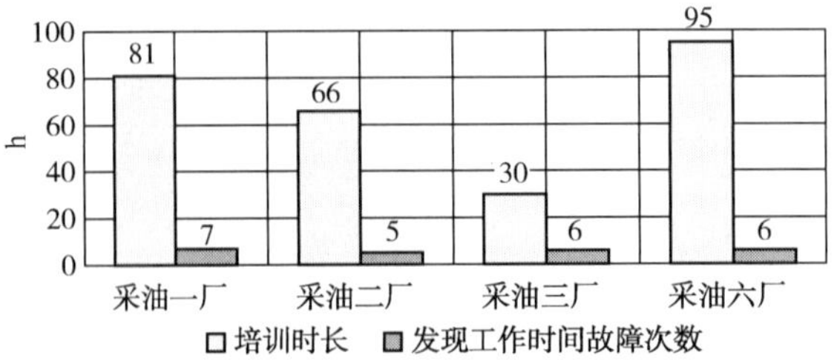 测试合格率折线图培训时间和发现柱状图 确认结果：根据7~12月的培训时长和发现故障次数统计表及柱状图可以看出，小组培训时长与发现故障次数无明显数据差异，培训时长对症结无明显影响		
确认人	吴博庆 王熙峰	确认地点	变电所
确认结论	非要因		

（三）要因确认三

详见表7-3。

表7-3　要因确认三汇总表

末端原因	未及时检测到外部放电
确认内容	未及时检测到外部放电对一次接点过热故障的影响程度
判定方式	试验、调查分析
影响程度及确认过程	小组成员将一次接点位置不同材质，在20℃、20kV电压下进行红外测温试验，统计试验量长与一次接点温度的变化，试验结果如下表所示。

外部放电试验确认表

被试品	试验地点	交流耐压试验			红外测温试验	
		设备型号	试验电压/kV	试验时长/s	设备型号	测试温度/℃
1号（瓷质）	试验室	MOEN-2903C	20	0	SAT-G95	20
		MOEN-2903C	20	30	SAT-G95	20
		MOEN-2903C	20	60	SAT-G95	21
		MOEN-2903C	20	90	SAT-G95	22
		MOEN-2903C	20	120	SAT-G95	25
		MOEN-2903C	20	150	SAT-G95	28
		MOEN-2903C	20	180	SAT-G95	33
		MOEN-2903C	20	210	SAT-G95	40
		MOEN-2903C	20	240	SAT-G95	48
		MOEN-2903C	20	270	SAT-G95	48
		MOEN-2903C	20	300	SAT-G95	49
12(金属)	试验室	MOEN-2903C	20	0	SAT-G95	20
		MOEN-2903C	20	30	SAT-G95	23
		MOEN-2903C	20	60	SAT-G95	28
		MOEN-2903C	20	90	SAT-G95	29
		MOEN-2903C	20	120	SAT-G95	32
		MOEN-2903C	20	150	SAT-G95	35
		MOEN-2903C	20	180	SAT-G95	39
		MOEN-2903C	20	210	SAT-G95	45
		MOEN-2903C	20	240	SAT-G95	50
		MOEN-2903C	20	270	SAT-G95	51
		MOEN-2903C	20	300	SAT-G95	55

续表

<table>
<tr><td rowspan="1">影响程度及确认过程</td><td>
<table>
<tr><th rowspan="2">被试品</th><th rowspan="2">试验地点</th><th colspan="3">交流耐压试验</th><th>红外测温试验</th><th></th></tr>
<tr><th>设备型号</th><th>试验电压/kV</th><th>试验时长/s</th><th>设备型号</th><th>测试温度/℃</th></tr>
<tr><td rowspan="11">3号
(环氧树脂)</td><td rowspan="11">试验室</td><td>MOEN-2903C</td><td>20</td><td>0</td><td>SAT-G95</td><td>20</td></tr>
<tr><td>MOEN-2903C</td><td>20</td><td>30</td><td>SAT-G95</td><td>22</td></tr>
<tr><td>MOEN-2903C</td><td>20</td><td>60</td><td>SAT-G95</td><td>25</td></tr>
<tr><td>MOEN-2903C</td><td>20</td><td>90</td><td>SAT-G95</td><td>27</td></tr>
<tr><td>MOEN-2903C</td><td>20</td><td>120</td><td>SAT-G95</td><td>32</td></tr>
<tr><td>MOEN-2903C</td><td>20</td><td>150</td><td>SAT-G95</td><td>34</td></tr>
<tr><td>MOEN-2903C</td><td>20</td><td>180</td><td>SAT-G95</td><td>37</td></tr>
<tr><td>MOEN-2903C</td><td>20</td><td>210</td><td>SAT-G95</td><td>40</td></tr>
<tr><td>MOEN-2903C</td><td>20</td><td>240</td><td>SAT-G95</td><td>45</td></tr>
<tr><td>MOEN-2903C</td><td>20</td><td>270</td><td>SAT-G95</td><td>48</td></tr>
<tr><td>MOEN-2903C</td><td>20</td><td>300</td><td>SAT-G95</td><td>51</td></tr>
</table>

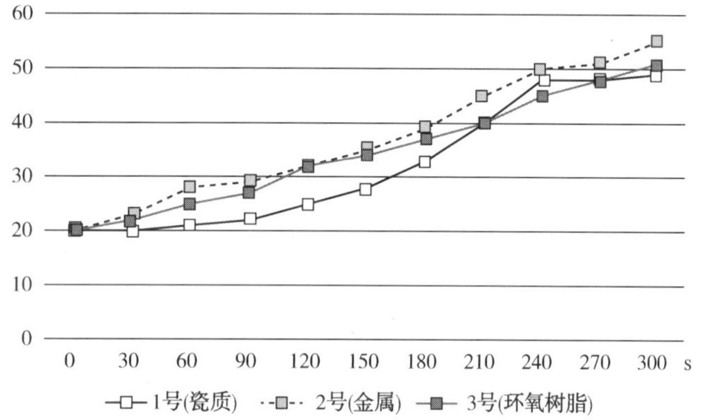

模拟外部放电试验与红外测试温度折线图

试验室试验过程图

确认结果：根据试验室试验数据图表可以看出，虽然一次接点材质不相同，但是整体的测试温度随着试验放电时间的增长而升高温度，放电时间与接点温度成正相关，未及时发现外部放电导致一次接点温度的升高，产生过热故障，是影响症结的主要原因
</td></tr>
</table>

确认人	李鹏 贾思圣	确认地点	变电所、试验室
确认结论	要因		

（四）要因确认四

详见表 7-4。

表 7-4　要因确认四汇总表

末端原因	未及时检测到内部放电		
确认内容	未及时检测到内部放电对一次接点过热故障的影响程度		
判定方式	现场测量、试验、调查分析		

影响程度及确认过程：

1. 小组成员对 2022 年的红外测试与停电检修的放电痕迹进行确认，结果下表所示。

2022 年内部放电痕迹确认表

地点	红外测试		停电检修	
	检测时间	是否过热	检修时间	是否存在放电痕迹
南四变	2022 年 3 月 39 日	过热	2022 年 3 月 30 日	放电
喇一次变	2022 年 4 月 3 日	过热	2022 年 4 月 21 日	放电

2. 检修成员将放电痕迹处理。如下图所示。

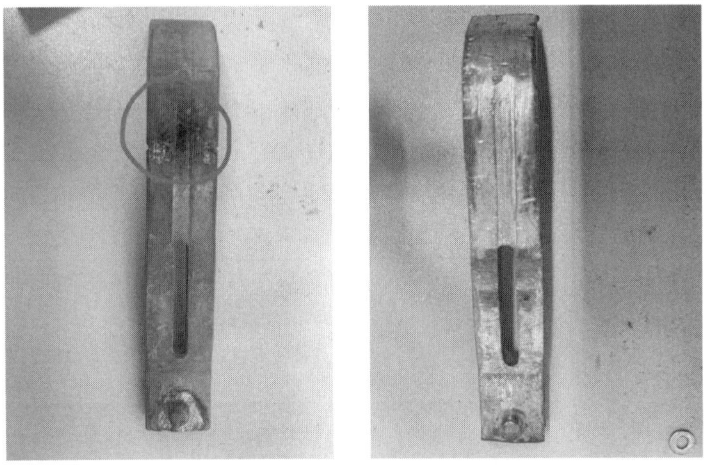

放电痕迹及处理图

3. 放电痕迹处理后，小组成员对南四、喇一这两个变电所的有痕迹的接点红外测试进行追踪，查看温度变化，统计结果如下表所示。

2022 年放电痕迹过热追踪表

序号	变电所名称	时间	是否过热	备注
1	南四变	2022 年 4 月 11 日	正常	—
		2022 年 4 月 21 日	正常	—
		2022 年 5 月 5 日	正常	—
		2022 年 5 月 16 日	正常	—
2	喇一次变	2022 年 4 月 11 日	正常	—
		2022 年 4 月 21 日	正常	—
		2022 年 4 月 31 日	正常	—
		2022 年 5 月 11 日	正常	—

确认结果：根据 2022 年内部放电痕迹可以看出，小组发现放电痕迹检修前，存在过热情况，放电痕迹检修后，过热情况消失。由于内部放电不易判断和发现，若不能及时发现，通过电荷的积累，极易发现过热故障造成非计划停电事故，通过小组活动结果可以看出，未及时检测到内部放电对症结有明显影响

确认人	李维东、高原	确认地点	试验室、变电所
确认结论	要因		

（五）要因确认五

详见表 7-5。

表 7-5　要因确认五汇总表

末端原因	湿度大
确认内容	湿度大对一次接点过热故障的影响程度
判定方式	试验、调查分析
影响程度及确认过程	小组人员调查大庆一年四季常见大气湿度在 20%~90%rh；并在模拟环境温度在 19~20℃的试验条件下，每次以递增 2%rh 的情况下，模拟在相对湿度 20%~90%rh，以 30min 为监测时间测量一次接点温度情况。见下图所示。

现场照片

试验记录

温湿度表

2022 年现场湿度统计表

日期	试验时间/min	试验最高湿度/(%rh)	模拟试验		
			试验项目	试验设备	温度/℃
2022 年 2 月 16 日	30	20	红外测温	SAT-G95	20.2
2022 年 2 月 16 日	30	22	红外测温	SAT-G95	19.8
2022 年 2 月 16 日	30	24	红外测温	SAT-G95	20.1
2022 年 2 月 16 日	30	26	红外测温	SAT-G95	20.3
2022 年 2 月 16 日	30	28	红外测温	SAT-G95	19.6
2022 年 2 月 16 日	30	30	红外测温	SAT-G95	20.4
2022 年 2 月 16 日	30	32	红外测温	SAT-G95	20.6
2022 年 2 月 16 日	30	34	红外测温	SAT-G95	20.3
2022 年 2 月 16 日	30	36	红外测温	SAT-G95	21.1
2022 年 2 月 16 日	30	38	红外测温	SAT-G95	20.8
2022 年 2 月 16 日	30	40	红外测温	SAT-G95	20.1

续表

影响程度及确认过程

日期	试验时间/min	试验最高湿度/(%rh)	模拟试验		
			试验项目	试验设备	温度/℃
2022 年 2 月 17 日	30	42	红外测温	SAT-G95	19. 5
2022 年 2 月 17 日	30	44	红外测温	SAT-G95	20. 4
2022 年 2 月 17 日	30	46	红外测温	SAT-G95	20. 5
2022 年 2 月 17 日	30	48	红外测温	SAT-G95	18. 7
2022 年 2 月 17 日	30	50	红外测温	SAT-G95	18. 5
2022 年 2 月 17 日	30	52	红外测温	SAT-G95	20. 3
2022 年 2 月 17 日	30	54	红外测温	SAT-G95	20. 6
2022 年 2 月 17 日	30	56	红外测温	SAT-G95	19. 3
2022 年 2 月 17 日	30	58	红外测温	SAT-G95	20. 4
2022 年 2 月 17 日	30	60	红外测温	SAT-G95	20. 5
2022 年 2 月 17 日	30	62	红外测温	SAT-G95	20. 1
2022 年 2 月 18 日	30	64	红外测温	SAT-G95	21. 2
2022 年 2 月 18 日	30	66	红外测温	SAT-G95	20. 6
2022 年 2 月 18 日	30	68	红外测温	SAT-G95	20. 1
2022 年 2 月 18 日	30	70	红外测温	SAT-G95	20. 4
2022 年 2 月 18 日	30	72	红外测温	SAT-G95	19. 5
2022 年 2 月 18 日	30	74	红外测温	SAT-G95	20. 6
2022 年 2 月 18 日	30	76	红外测温	SAT-G95	20
2022 年 2 月 18 日	30	78	红外测温	SAT-G95	19. 7
2022 年 2 月 18 日	30	80	红外测温	SAT-G95	19. 8
2022 年 2 月 18 日	30	82	红外测温	SAT-G95	21. 2
2022 年 2 月 18 日	30	84	红外测温	SAT-G95	18. 9
2022 年 2 月 18 日	30	86	红外测温	SAT-G95	20. 2
2022 年 2 月 18 日	30	88	红外测温	SAT-G95	19. 6
2022 年 2 月 18 日	30	90	红外测温	SAT-G95	20. 3

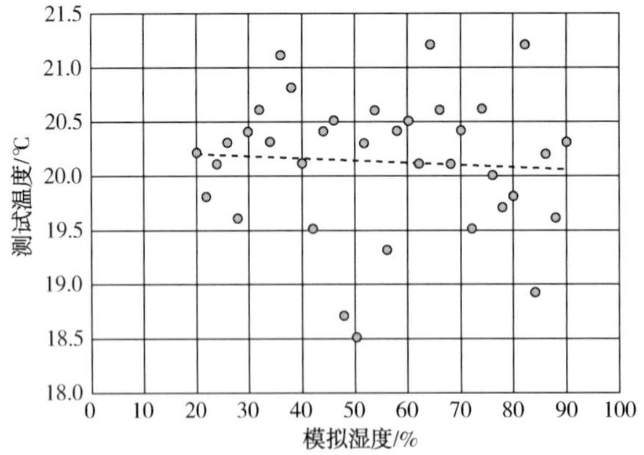

模拟湿度试验与红外测试温度散布图

确认结果：小组依据散布图测算获得 $R^2=0.0046$，发现湿度与症结一次接点过热无相关性，可见湿度大对症结的影响程度小，为非要因

确认人	杜娟、冯秀颖	确认地点	试验室
确认结论	非要因		

（六）要因确认六

详见表 7-6。

表 7-6　要因确认六汇总表

末端原因	刀闸分合偏差大
确认内容	刀闸分合偏差大对一次接点过热故障的影响程度
判定方式	试验、调查分析

影响程度及确认过程：

1. 小组成员对刀闸进行测温，发现确实存在刀闸过热情况。见下图所示。

刀闸分合角度

结合红外测试

2. 小组成员对刀闸偏差对温度影响情况试验，针对不同刀闸偏接触一定角度放电时的红外测试温度进行统计，统计结果如下表所示。

刀闸偏差试验确认表

被试品	试验地点	交流耐压试验			红外测温试验	
		设备型号	试验电压	刀闸偏接触角度	设备型号	测试温度/℃
1 号刀闸	试验室	MOEN-2903C	20	0	SAT-G95	20
		MOEN-2903C	20	1	SAT-G95	20
		MOEN-2903C	20	2	SAT-G95	21
		MOEN-2903C	20	3	SAT-G95	21
2 号刀闸	试验室	MOEN-2903C	20	0	SAT-G95	22
		MOEN-2903C	20	1	SAT-G95	23
		MOEN-2903C	20	2	SAT-G95	22
		MOEN-2903C	20	3	SAT-G95	22
3 号刀闸	试验室	MOEN-2903C	20	0	SAT-G95	21
		MOEN-2903C	20	1	SAT-G95	21
		MOEN-2903C	20	2	SAT-G95	20
		MOEN-2903C	20	3	SAT-G95	20

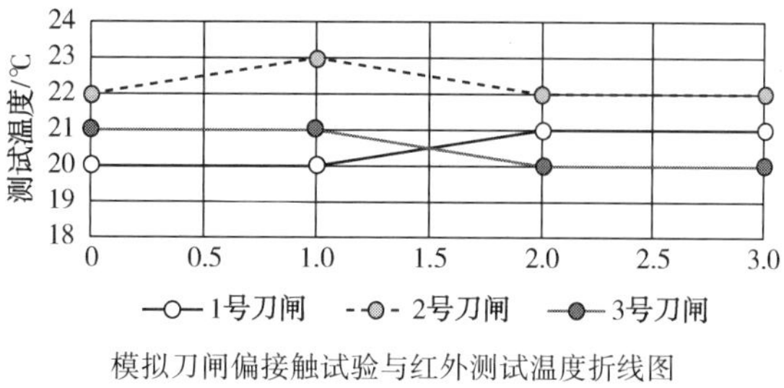

模拟刀闸偏接触试验与红外测试温度折线图

确认结果：根据统计图表可以看出，不同的刀闸角度，刀闸红外温度测试变化并不大，因此可以判断，刀闸分合偏差大对症结无明显影响

确认人	吴博庆、万振	确认地点	试验室
确认结论	非要因		

通过以上分析论证，确认要因如表 7-7 所示。

表 7-7　确认要因

序号	要因
1	示色蜡片监测点数少
2	未及时检测到外部放电
3	未及时检测到内部放电

八、制定对策

（一）提出对策

针对三个要因，小组成员经过分析，选出了 6 条对策，如表 8-1 所示。

表 8-1　要因及对策确认表

要因	对策
示色蜡片监测点数少	采用远处红外测温方法检测接点温度
	采用远程温度监测法检测接点温度
未及时检测到外部放电	采用紫外成像方法检测外部放电
	采用超声波成像方法检测外部放电
未及时检测到内部放电	采用紫外成像检测法检测内部放电
	采用超声波成像方法检测内部放电

（二）对策评估

1. 示色蜡片监测点数少。示色蜡片监测点数少的对策评估表如表 8-2 所示。

表 8-2　示色蜡片监测点数少的对策评估表

序号	项目	方案一：远处红外测温方法	方案二：远程温度监测方法
1	图例	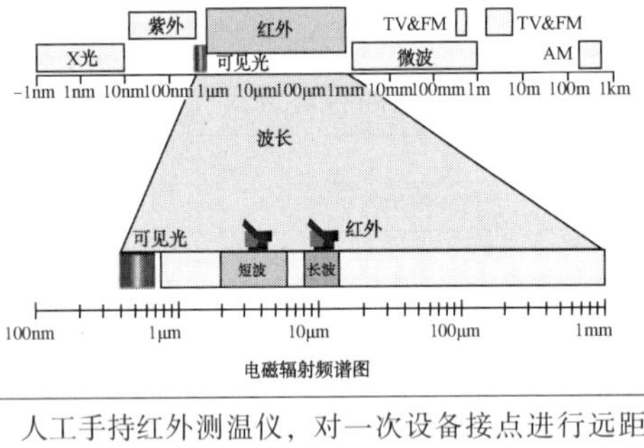	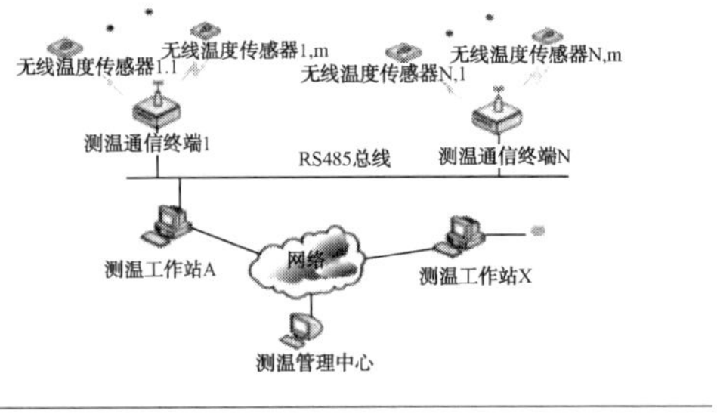
2	方案描述	人工手持红外测温仪，对一次设备接点进行远距离进行温度测试	利用一次设备接点处绑扎温度传感器的方式，通过无线射频技术远程实时监测一次设备发热接点
3	接触式	不需要接触被检目标，是非接触式测试	监测电力装置在运行过程中的发热接点，由传感器直接接触式测试
4	准确度	精度为±2℃	精度为±2℃
5	预警方式	远处红外测温方法是通过运行或检修人员在变电站内通过早晚两次定期巡视的方法，对可观察到的一次接点进行温度测试，通过测试结果判断接点是否有异常温升变化，并及时上报，通过相关部门进行处理	当无线传感器发送被监测点温度的同时，把其自身的编号（ID 号）也传输出来，这些数据被传输到计算机时，计算机根据事先在数据库中保存的传感器编号与安装地点，自动确定各监测点的温度。每天 24h 连续在线监测。传感器每隔一定时间自动发射一次监测点的温度数据。报警温度可以根据实际情况自行设定，对到达预警值和越线值的监测点能进行声光报警显示报警点的具体位置并记录在案

续表

<table>
<tr><th>序号</th><th>项目</th><th>方案一：远处红外测温方法</th><th>方案二：远程温度监测方法</th></tr>
<tr><td>6</td><td>成本</td><td>××.×万</td><td>××.×万</td></tr>
<tr><td>7</td><td>测温效果</td><td>一次设备监测点覆盖不全
<table>
<tr><th rowspan="2">序号</th><th rowspan="2">地点</th><th colspan="4">监测点覆盖情况</th></tr>
<tr><th>监测点数/个</th><th>未监测点数/个</th><th>合计</th><th>未监测点数占比/%</th></tr>
<tr><td>1</td><td>南一变</td><td>30</td><td>75</td><td>105</td><td>71.42</td></tr>
<tr><td>2</td><td>杏南一次变</td><td>182</td><td>87</td><td>269</td><td>32.34</td></tr>
<tr><td>3</td><td>南油气变</td><td>42</td><td>84</td><td>126</td><td>66.67</td></tr>
<tr><td>4</td><td>北三变</td><td>93</td><td>24</td><td>117</td><td>20.51</td></tr>
<tr><td>5</td><td>西三变</td><td>33</td><td>72</td><td>105</td><td>68.57</td></tr>
<tr><td>6</td><td>南三一变</td><td>36</td><td>72</td><td>108</td><td>66.67</td></tr>
<tr><td>7</td><td>建新一次变</td><td>87</td><td>210</td><td>297</td><td>70.71</td></tr>
<tr><td>8</td><td>聚南二十变</td><td>42</td><td>93</td><td>135</td><td>68.89</td></tr>
<tr><td>9</td><td>中九变</td><td>36</td><td>90</td><td>126</td><td>71.43</td></tr>
<tr><td>10</td><td>北油库变</td><td>42</td><td>87</td><td>129</td><td>67.44</td></tr>
<tr><td colspan="2">合计</td><td>623</td><td>894</td><td>1517</td><td>58.93</td></tr>
</table>
通过统计10座变电所的红外监测点数，可以看出，未监测点数平均占比为58.93%</td>
<td>一次设备监测点覆盖率100%
<table>
<tr><th rowspan="2">序号</th><th rowspan="2">一次监点类别</th><th colspan="4">监测点覆盖情况</th></tr>
<tr><th>监测点数/个</th><th>不能监测点数/个</th><th>合计</th><th>监测点数覆盖率/%</th></tr>
<tr><td>1</td><td>开关接线板</td><td>30</td><td>0</td><td>30</td><td>100</td></tr>
<tr><td>2</td><td>刀闸口</td><td>24</td><td>0</td><td>24</td><td>100</td></tr>
<tr><td>3</td><td>刀闸压板</td><td>48</td><td>0</td><td>48</td><td>100</td></tr>
<tr><td>4</td><td>软连接</td><td>12</td><td>0</td><td>12</td><td>100</td></tr>
<tr><td>5</td><td>穿墙套管</td><td>6</td><td>0</td><td>6</td><td>100</td></tr>
<tr><td>6</td><td>主变套管</td><td>12</td><td>0</td><td>12</td><td>100</td></tr>
<tr><td>7</td><td>小车开关</td><td>96</td><td>0</td><td>96</td><td>100</td></tr>
<tr><td>8</td><td>小车插件</td><td>18</td><td>0</td><td>18</td><td>100</td></tr>
<tr><td>9</td><td>母排</td><td>48</td><td>0</td><td>48</td><td>100</td></tr>
<tr><td colspan="2">合计</td><td>294</td><td>0</td><td>394</td><td>100</td></tr>
</table>
通过统计一个变电站监测点数的监测情况，可以看出，监测点数覆盖率达到100%</td></tr>
<tr><td>8</td><td>优缺点</td><td>优点：
1. 成本低；
2. 准确度高；
缺点：
1. 一次设备接点监测率58.96%；
2. 需要人员现场测试</td><td>优点：
1. 远程实时监测；
2. 准确度高；
3. 一次设备接点监测率100%；
4. 异常温升预警。
缺点：
成本高</td></tr>
<tr><td colspan="2">是否采用</td><td>否</td><td>是</td></tr>
</table>

2. 未及时检测到外部放电。未及时检测到外部放电的对策评估表如表8-3所示。

表8-3　未及时检测到外部放电的对策评估表

<table>
<tr><th>序号</th><th>项目</th><th>方案一：紫外成像测试方法</th><th>方案二：超声波成像测试方法</th></tr>
<tr><td>1</td><td>图例</td><td>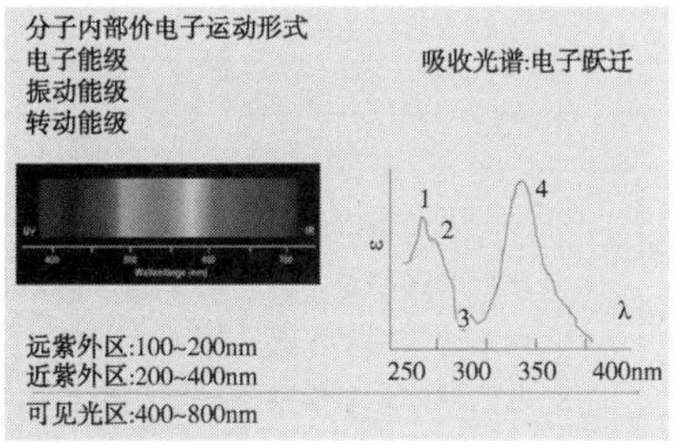
</td><td>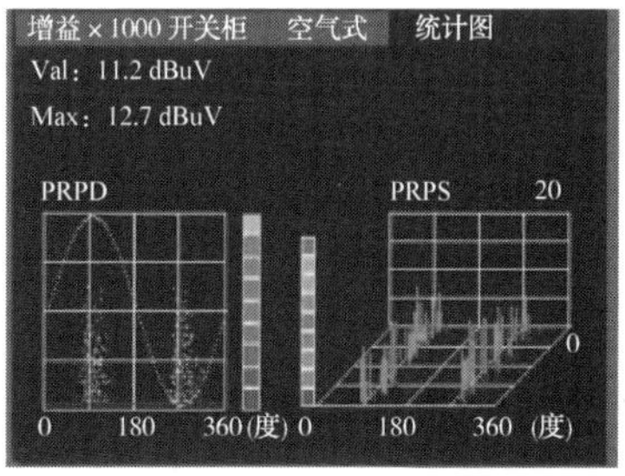
</td></tr>
<tr><td>2</td><td>方案描述</td><td>紫外成像测试方法，对一次设备接点进行远距离进行局部放电测试</td><td>超声波测试方法，将超声波转换为声音，判断放电的位置和强度，对一次设备进行放电测试</td></tr>
<tr><td>3</td><td>抗干扰能力</td><td>系统的辐射功率可根据通信距离要求而减至最小，因此紫外光通信不容易受到常规无线电设备的干扰</td><td>超声波局部放电检测法是利用超声波传感器在电力设备的外壳部分进行检测。电力设备在运行过程中存在较强的电磁干扰，而超声波检测是非电检测方法，其检测频段可以有效躲开电磁干扰，取得更好的检测效果。不能阻隔其他干扰</td></tr>
</table>

续表

序号	项目	方案一：紫外成像测试方法	方案二：超声波成像测试方法
4	准确性	5pc 距离 10m 处	±1dB
5	成本	××.×万	××.×万
6	放电检测效果	电力设备外部产生局部放电信号的过程中，会产生光晕、电弧等，有着明显的能量释放，出现声波、光波、紫外线等。紫外线成像技术则是利用接收紫外线信号，形成图像之后，确定光晕的强度和位置。通常情况下，通过放电时的光子数量确定放电的强度，以此为依据评估放电的严重程度	电力设备内部产生局部放电信号的过程中，会产生冲击的振动及声音。由于超声波成像测试法在介质质点振动的频率很高，因而能量很大，通过测量局部放电信号体外壁能准确地将内部放电情况检测出来，准确判断内部放电的位置
7	优缺点	优点： 1. 抗干扰能力强； 2. 准确性高； 3. 测试外部放电效果好。 缺点： 成本高	优点： 1. 准确性高； 2. 测试内部放电效果好。 缺点： 除电磁干扰，不能阻隔其他干扰
是否采用		是	否

3. 未及时检测到内部放电。未及时检测到内部放电的对策评估表如表 8-4 所示。

表 8-4　未及时检测到内部放电的对策评估表

序号	项目	方案一：紫外成像测试方法	方案二：超声波成像测试方法
1	图例	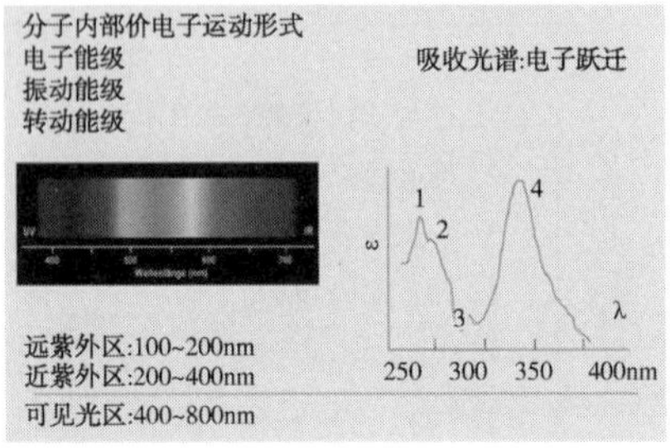	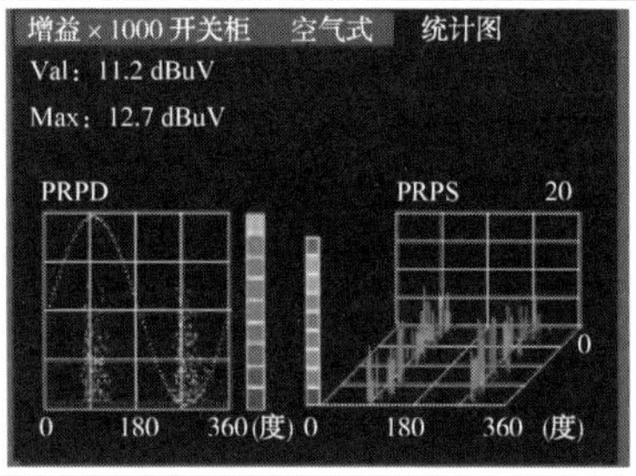
2	方案描述	紫外成像测试方法，对一次设备接点进行远距离进行局部放电测试	超声波测试方法，将超声波转换为声音，判断放电的位置和强度，对一次设备进行放电测试
3	抗干扰能力	系统的辐射功率可根据通信距离要求而减至最小，因此紫外光通信不容易受到常规无线电设备的干扰	超声波局部放电检测法是利用超声波传感器在电力设备的外壳部分进行检测。电力设备在运行过程中存在较强的电磁干扰，而超声波检测是非电检测方法，其检测频段可以有效躲开电磁干扰，取得更好的检测效果。不能阻隔其他干扰
4	准确性	5pc 距离 10m 处	±1dB
5	成本	12.6 万元	10.1 万元
6	放电检测效果	电力设备外部产生局部放电信号的过程中，会产生光晕、电弧等，有着明显的能量释放，出现声波、光波、紫外线等。紫外线成像技术则是利用接收紫外线信号，形成图像之后，确定光晕的强度和位置。通常情况下，通过放电时的光子数量确定放电的强度，以此为依据评估放电的严重程度	电力设备内部产生局部放电信号的过程中，会产生冲击的振动及声音。由于超声波成像测试法在介质质点振动的频率很高，因而能量很大，通过测量局部放电信号体外壁能准确地将内部放电情况检测出来，准确判断内部放电的位置
7	优缺点	优点： 1. 抗干扰能力强； 2. 准确性高； 3. 测试外部放电效果好。 缺点： 成本高	优点： 1. 准确性高； 2. 测试内部放电效果好。 缺点： 除电磁干扰，不能阻隔其他干扰
是否采用		否	是

（三）制定对策

小组成员经过认真讨论，按照 5W1H 的原则制定了对策表，见表 8-5。

表 8-5　对策表

序号	要因	对策	目标	措施	负责人	地点	完成时间
1	示色蜡片监测点数少	采用远程温度检测法检测增加点数	一次接点温度监测率 100%，60℃发生报警率 100%	1. 设计远程温度检测原理和确定技术要求； 2. 寻找相关厂家，确定相关构件及参数，合作完成设备功能； 3. 组装调试应用调试； 4. 效果验证	高原	电气试验队、变电所	2022. 06. 30
2	未及时检测到外部放电	采用接收紫外信号检测法及时检测外部放电	外部放电检测率 98%，能够实现外部放电积累造成的异常温升，提前预判故障趋势，为及时采取应对措施提供依据	1. 设计紫外信号检测法原理和确定技术要求； 2. 寻找相关厂家，确定相关构件及参数，合作完成设备功能； 3. 组装调试应用调试； 4. 效果验证	李维东	电气试验队、变电所	2022. 06. 30
3	未及时检测到内部放电	采用超声检测法及时检测内部放电	内部放电检测率 98%，能够实现内部放电积累造成的异常温升，提前预判故障趋势，为及时采取应对措施提供依据	1. 设计超声波信号检测法原理和确定技术要求； 2. 寻找相关厂家，确定相关构件及参数，合作完成设备功能； 3. 组装调试应用调试； 4. 效果验证	王熙峰	电气试验队、变电所	2022. 06. 30

制表人：杨辉、杜娟　　　　制表时间：2022 年 5 月 15 日

九、对策实施

（一）对策实施一：采用远程温度检测法检测接点温度（见表9-1）。

表9-1 采用远程温度检测法检测接点温度工作实施表

步骤	实施方法	图纸与数据
1. 设计远程温度检测原理和确定技术要求	根据电网实际需求、网上技术要求、咨询同行业先进单位经验方法	小组成员通过根据电网实际需求、查找网上相关资料，并向电业局咨询，确定电网可用的远程温度检测法，检测接点温度的原理及原理图如下： 原理：系统通过无线温度传感器、测温通信终端、测温工作和测温管理中心，实现供配电无线温度在线监测系统的数据采集、实时监测，温度异常预警记录、统计和分析等，完成企业供电系统中设备运行温度无线监测和预警管理。 原理图（见下图）： 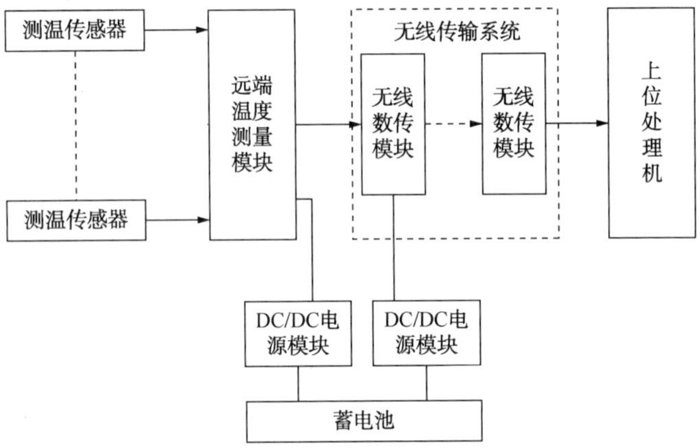 原理图 根据接点材质和接点位置及温度控制（或者接点的其他特点）参数等特性，确定了输入设备： 技术指标： 1. 工作环境：-40~85℃，≤95%RH；　2. 工作频段：433MHz； 3. 传输距离：≥500m（无遮挡）　4. 测温方式：接触式； 5. 测温范围：-45~+125℃　6. 测量精度：±1.0℃； 7. 自动触发预警温度：60℃
2. 寻找相关厂家，确定相关构件及参数，合作完成设备功能	按照小组确定的技术特性和结构及功能，咨询相关厂家，确定了相应设备，共同合作完成设备制作	经过小组成员按照电网实际需求并咨询厂家，按照小组确定的技术特性和结构决定利用远程温度监测技术和原理作为主要技术方法。远程温度监测是采用高精度温度传感器实时监测金具的工作温度，传感器通过无线通信方式（433Mhz）将温度信号传输到无线收发器，无线收发器通过RS485通信方式将温度信号传输到无线通信终端，无线通信终端通过4G网络把温度信号传输到基站上，最后在监控主机显示出各个测温点温度信息。 远程温度监测装置在结构上满足可镶嵌进线夹中，内置在线夹本体内。无线温度传感器应适用于各种设备的温度监测，防止在运行过程中因氧化、松动、灰尘等因素，造成接点接触电阻过大而发热成为安全隐患，提高设备安全保障，及时、持续、准确反映设备运行状态，减少设备事故率。 由小组成员根据现场实际条件，向技术单位提供适应电网的产品设计、质量标准和生产工艺，保证所设计研发的产品质量符合国家相关行业的技术要求，共同合作完成设备制作 系统安装图见下图。

续表

<table>
<tr><th>步骤</th><th>实施方法</th><th>图纸与数据</th></tr>
<tr><td>2. 寻找相关厂家，确定相关构件及参数，合作完成设备功能</td><td>按照小组确定的技术特性和结构及功能，咨询相关厂家，确定了相应设备，共同合作完成设备制作</td><td>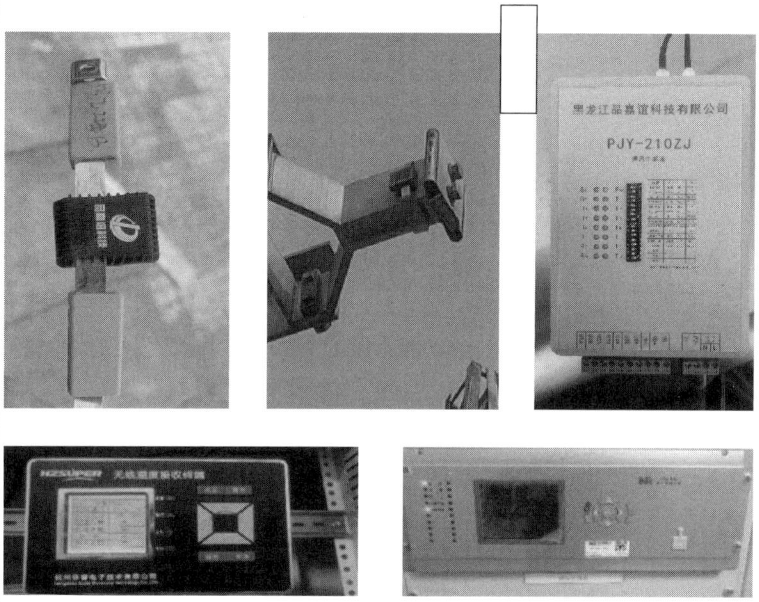

系统安装图</td></tr>
<tr><td>3. 组装调试应用调试</td><td>与厂家技术人员对接，对系统进行调试</td><td>小组成员与厂家技术人员共同对采用远程温度检测法的性能等各方面进行调试。
2022 年 6 月 15 日，小组成员万振等到马鞍山一次变对采用远程温度检测法采集的一次接点温度监测数据与红外测试温度情况进行统计，系统性能测试结果如下表所示。
马鞍山一次变一次接点温度监测记录表
<table>
<tr><th>组号</th><th>柜号</th><th>柜名</th><th>位置</th><th>相位</th><th>编号</th><th>实时温度显示</th><th>红外测试数据</th></tr>
<tr><td>1</td><td rowspan="3">125</td><td rowspan="3">Ⅲ段电压互感器</td><td rowspan="3">上母排</td><td>A</td><td>621402</td><td>5</td><td>5</td></tr>
<tr><td>2</td><td>B</td><td>621403</td><td>3</td><td>3</td></tr>
<tr><td>3</td><td>C</td><td>621404</td><td>4</td><td>4</td></tr>
<tr><td>4</td><td rowspan="3">125</td><td rowspan="3">100ARGG 主风机</td><td rowspan="3">上母排</td><td>A</td><td>621405</td><td>5</td><td>4</td></tr>
<tr><td>5</td><td>B</td><td>621406</td><td>5</td><td>5</td></tr>
<tr><td>6</td><td>C</td><td>621407</td><td>5</td><td>5</td></tr>
<tr><td>95</td><td rowspan="3">198</td><td rowspan="3">10kV 母联开关</td><td rowspan="3">上母排</td><td>A</td><td>621392</td><td>4</td><td>4</td></tr>
<tr><td>96</td><td>B</td><td>621393</td><td>5</td><td>5</td></tr>
<tr><td>97</td><td>C</td><td>621394</td><td>3</td><td>4</td></tr>
<tr><td>98</td><td rowspan="3">198</td><td rowspan="3">10kV 母联开关</td><td rowspan="3">下母排</td><td>A</td><td>621395</td><td>3</td><td>3</td></tr>
<tr><td>99</td><td>B</td><td>621396</td><td>3</td><td>3</td></tr>
<tr><td>100</td><td>C</td><td>621108</td><td>5</td><td>5</td></tr>
</table>
小组成员随机对 7 组 21 个安装接点进行进一步加温报警测试，测试结果如下表所示。</td></tr>
</table>

续表

步骤	实施方法	图纸与数据
3. 组装调试应用调试	与厂家技术人员对接，对系统进行调试	**马鞍山一次变一次接点加温报警测试表**

序号	柜号	位置	相位		编号	模拟加温	是否报警
1	125	2号压缩机	上母排	A	629026	60	是
2				B	629027	60	是
3				C	629028	60	是
4	192	马加乙线	上母排	A	629029	60	是
5				B	629030	60	是
6				C	629031	60	是
7	160	丙烷压缩机	上母排	A	629032	60	是
8				B	629033	60	是
9				C	629034	60	是
10	1	1号主变	高压侧	A	558947	60	是
11				B	558948	60	是
12				C	558949	60	是
13	1-1	6kV管母1号主变侧	上接点	A	621478	60	是
14				B	621479	60	是
15				C	621480	60	是
16	2	2号主变	高压侧	A	558956	60	是
17				B	559501	60	是
18				C	559502	60	是
19	2-1	6kV管母2号主变侧	上接点	A	621441	60	是
20				B	621442	60	是
21				C	621443	60	是

步骤	实施方法	图纸与数据
4. 效果验证	对系统进行性能测试验证	该变电所的一次接点数量及远程温度监测点安装数量进行统计，如下表所示。 **马鞍山一次变一次接点数量及安装点数量统计表**

序号	设备单元	点数/相	安装数量/个	监测温度/℃	合格数/个
1	主变	12	12	12	12
2	断路器	6	6	15	6
3	刀闸	9	9	13	9
4	电压互感器	6	6	14	6
5	电流互感器	6	6	12	6
6	电容器	3	3	11	3
7	电缆	3	3	13	3
8	电抗器	9	9	14	9
9	母线	12	12	12	12
10	主变开关柜	4	4	14	4
11	主变间隔柜	4	4	15	4
12	电压互感器	2	2	16	2
13	线路开关柜	6	6	12	6
合格率					100%

通过测试结果可以看出，远程温度监控检测出了所有温度过热情况，一次接点检测率100%，对策目标实现，措施有效

对策表负责人：万振　　实施人：杜娟、杨辉　　时间：2022年6月20日

(二)对策实施二：采用接收紫外信号检测法检测外部放电(见表9-2)。

表9-2　采用接收紫外信号检测法检测外部放电

步骤	实施方法	图纸与数据
1. 设计紫外信号检测法原理和确定技术要求	根据电网实际需求，网上技术要求、咨询同行业先进单位经验方法	小组成员根据电网实际需求、查找网上相关资料，并向电业局咨询，确定电网可用的接收紫外信号检测法的原理及原理图如下： 原理：当空气中电场强度达到 *E*d(*E*d = 3kV/mm，实际情况受空气气压、温度、湿度、污染程度影响有所不同)以上时，就会产生电离放电现象。电离过程中，空气中的电子不断获得和释放能量。当电子释放能量时，会辐射出光波和声波，在高压设备放电处就会有电晕(corona)产生。伴随放电产生的，有臭氧、紫外线、微量的硝酸和声波等。高压设备的电晕消耗了电能，并在某些情况下可反映设备的损坏程度。紫外成像技术，就是利用特殊的仪器接收紫外线信号，经处理后成像并与可见光图像重合，达到确定电晕的位置和强度的目的，从而为进一步评价设备的运行情况提供依据。 原理图如下所示： 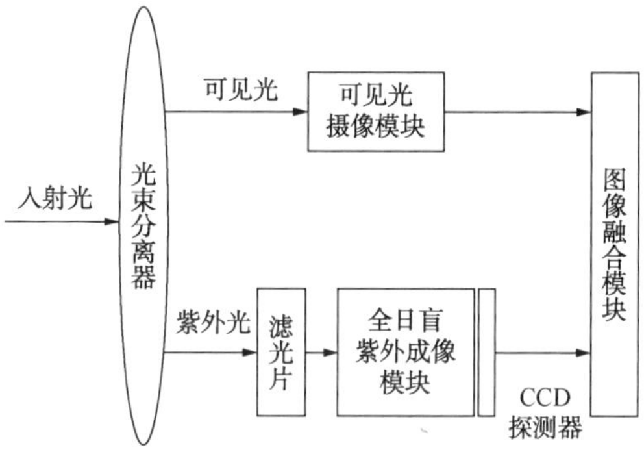 紫外成像原理图 根据放电特性，外部结构和适合工作操作等方面，确定技术指标： 1. 紫外灵敏度 3×10^{-18} W/cm^2； 2. 电晕检测灵敏度 1.5~2pc(8m处)； 3. 调节范围 0~100%连续
2. 寻找相关厂家，确定相关构件及参数，合作完成设备功能	按照小组确定的技术特性和结构及功能，咨询相关厂家，确定了相应设备，共同合作完成设备制作	经过小组成员按照电网实际需求并咨询厂家，决定利用紫外信号检测技术和原理与厂家进行共同研发。 紫外信号检测技术是采用人体工学设计，按键操作，非常适合各种高压电气设备的日常维护。该仪器采用日盲技术，将可见光、紫外光双光路同时成像，通过两路图像的实时同步融合来实现对紫外发光位置的定位，可全天候进行检测。其中视频显示可单独显示紫外视频和可见光视频，或者叠加后的合成视频，可对选定范围的紫外光点进行计数，提供测量数据。 由小组成员根据现场实际条件，向技术单位提供适应电网的产品设计、质量标准和生产工艺，保证所设计研发的产品质量符合国家相关行业的技术要求，共同合作完成设备制作
3. 组装调试应用调试	与厂家技术人员对接，对系统进行调试	 

续表

<table>
<tr><th>步骤</th><th>实施方法</th><th>图纸与数据</th></tr>
<tr><td>3. 组装调试应用调试</td><td>与厂家技术人员对接，对系统进行调试</td><td>
2022 年 6 月 17 日，小组成员高原等对紫外线成像仪进行调试验收，并在调试后组织工作人员召开学习使用紫外线成像仪专题会学习使用方法。
2022 年 6 月 18 日，小组成员吴博庆等到中三对一次接点温度监测数据与紫外测试温度情况进行统计，系统性能测试结果如下表所示。
变电站一次接点放电监测记录表
<table>
<tr><th>序号</th><th>测试单元</th><th>相序</th><th>电压/kV</th><th>光子数/pc</th><th>备注</th></tr>
<tr><td>1</td><td colspan="5">1 号主变本体</td></tr>
<tr><td>2</td><td rowspan="3">高压侧</td><td>A</td><td>35</td><td>34</td><td></td></tr>
<tr><td>3</td><td>B</td><td>35</td><td>43</td><td></td></tr>
<tr><td>4</td><td>C</td><td>35</td><td>33</td><td></td></tr>
<tr><td>5</td><td rowspan="3">低压侧</td><td>A</td><td>35</td><td>34</td><td></td></tr>
<tr><td>6</td><td>B</td><td>35</td><td>43</td><td></td></tr>
<tr><td>7</td><td>C</td><td>35</td><td>45</td><td></td></tr>
<tr><td>……</td><td></td><td>……</td><td>……</td><td>……</td><td>……</td></tr>
<tr><td>133</td><td rowspan="3">6kV Ⅱ段穿墙套管外</td><td>A</td><td>6</td><td>44</td><td></td></tr>
<tr><td>134</td><td>B</td><td>6</td><td>45</td><td></td></tr>
<tr><td>135</td><td>C</td><td>6</td><td>44</td><td></td></tr>
<tr><td>136</td><td rowspan="3">6kV Ⅱ段穿墙套管内</td><td>A</td><td>6</td><td>43</td><td></td></tr>
<tr><td>137</td><td>B</td><td>6</td><td>47</td><td></td></tr>
<tr><td>138</td><td>C</td><td>6</td><td>45</td><td></td></tr>
</table>
小组成员在现场对一次设备进行紫外测试，测试结果如下表所示。
试验室模拟放电紫外测试统计表
<table>
<tr><th rowspan="2">被试品</th><th rowspan="2">试验地点</th><th colspan="2">交流耐压试验</th><th colspan="2">测试内部放电</th></tr>
<tr><th>设备型号</th><th>试验电压/kV</th><th>设备型号</th><th>光子数/pc</th></tr>
<tr><td rowspan="11">刀闸</td><td rowspan="11">高压试验室</td><td>MOEN-2903C</td><td>20</td><td>STP-3H</td><td>367</td></tr>
<tr><td>MOEN-2903C</td><td>30</td><td>STP-3H</td><td>567</td></tr>
<tr><td>MOEN-2903C</td><td>35</td><td>STP-3H</td><td>890</td></tr>
<tr><td>MOEN-2903C</td><td>40</td><td>STP-3H</td><td>1254</td></tr>
<tr><td>MOEN-2903C</td><td>45</td><td>STP-3H</td><td>1648</td></tr>
<tr><td>MOEN-2903C</td><td>50</td><td>STP-3H</td><td>2131</td></tr>
<tr><td>MOEN-2903C</td><td>55</td><td>STP-3H</td><td>2700</td></tr>
<tr><td>MOEN-2903C</td><td>60</td><td>STP-3H</td><td>3303</td></tr>
<tr><td>MOEN-2903C</td><td>65</td><td>STP-3H</td><td>4078</td></tr>
<tr><td>MOEN-2903C</td><td>70</td><td>STP-3H</td><td>4898</td></tr>
<tr><td>MOEN-2903C</td><td>76</td><td>STP-3H</td><td>6089</td></tr>
</table>
</td></tr>
</table>

续表

<table>
<tr><th>步骤</th><th>实施方法</th><th>图纸与数据</th></tr>
<tr><td>4. 效果验证</td><td>对系统进行性能测试</td><td>
该变电所的一次接点数量及紫外检测点合格数进行统计如下表所示。

接点检测统计表

<table>
<tr><th>序号</th><th>设备单元</th><th>点数/相</th><th>电压/kV</th><th>光子数/个</th><th>合格数/个</th></tr>
<tr><td>1</td><td>主变</td><td>12</td><td>35</td><td>78</td><td>12</td></tr>
<tr><td>2</td><td>断路器</td><td>6</td><td>35</td><td>69</td><td>6</td></tr>
<tr><td>3</td><td>刀闸</td><td>9</td><td>35</td><td>53</td><td>9</td></tr>
<tr><td>4</td><td>电压互感器</td><td>6</td><td>35</td><td>66</td><td>6</td></tr>
<tr><td>5</td><td>电流互感器</td><td>6</td><td>35</td><td>350</td><td>5</td></tr>
<tr><td>6</td><td>电容器</td><td>3</td><td>35</td><td>48</td><td>3</td></tr>
<tr><td>7</td><td>电缆</td><td>3</td><td>35</td><td>54</td><td>3</td></tr>
<tr><td>8</td><td>电抗器</td><td>9</td><td>35</td><td>55</td><td>9</td></tr>
<tr><td>9</td><td>母线</td><td>12</td><td>35</td><td>44</td><td>12</td></tr>
<tr><td colspan="5">合格率</td><td>98%</td></tr>
</table>

通过测试结果可以看出，采用接收紫外信号检测法检测外部放电检测出了所有温度过热情况，外部放电检测率98%，对策目标实现，措施有效
</td></tr>
</table>

对策表负责人：吴博庆　　　　实施人：李维东、尚蕾　　　　时间：2022 年 6 月 24 日

（三）对策实施三：采用超声检测法检测内部放电（见表 9-3）。

表 9-3　采用超声检测法检测内部放电工作实施表

<table>
<tr><th>步骤</th><th>实施方法</th><th>图纸与数据</th></tr>
<tr><td>1. 通过查找咨询确定技术原理</td><td>根据电网实际需求，网上技术要求、咨询同行业先进单位经验方法</td><td>
小组成员通过根据电网实际需求、查找网上相关资料，并与电业局咨询，确定电网可用的超声检测法的原理及原理图如下：

原理：智能型超声波可视化检测是在不停电的状态下实现判断故障隐患的位置和故障类型。仪器通过超声波探测器（超声波传感器）采集超声波异常信号后，传输到主机，同时通过主机内置的分析软件准确诊断出故障隐患类型及严重等级，并转换为可听声音信号及波形输出，准确发现故障隐患。

原理图见下图：

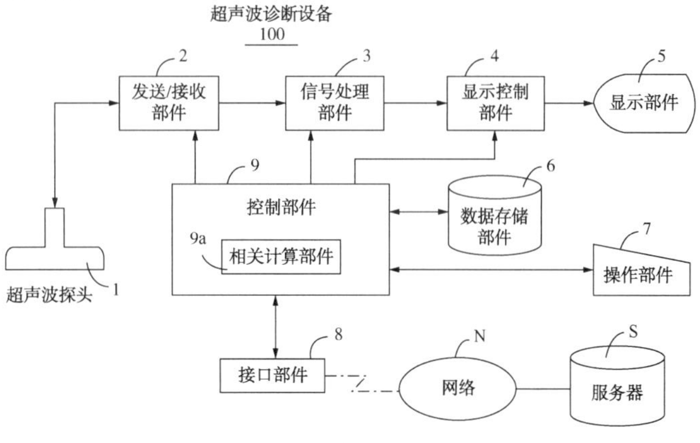

超声波原理图

根据放电特性，外部结构和适合工作操作等方面，确定技术指标：

1. 紫外灵敏度 3×10^{-18} W/cm^2；

2. 电晕检测灵敏度 1.5~2pc（8m 处）；

3. 调节范围 0~100% 连续；

4. 寻找并确定合作厂家，实现设备功能；

按照小组确定的技术特性和结构及功能，咨询相关厂家，确定 * * 公司，确定了相应设备，共同合作完成设备制作。

5. 现场应用调试
</td></tr>
</table>

续表

<table>
<tr><th>步骤</th><th>实施方法</th><th>图纸与数据</th></tr>
<tr><td>2. 共同研发超声波检测设备</td><td>按照小组确定的技术特性和结构及功能，咨询相关厂家，确定了相应设备，共同合作完成设备制作</td><td>经过小组成员按照电网实际需求并咨询厂家，决定利用超声检测技术和原理与厂家进行共同研发。超声检测技术主要由超声波传感器、地电波传感器、特高频传感器、耳机等组成，主要用于检测电气设备的局部放电情况。是基于地电波、超声波、特高频及高频电流检测方法，测试设备的局部放电情况，可以提供可读出的局部放电幅度及图谱波形，可以提供二维、三维图谱的存储以及读出功能等，彩屏 LCD 显示，不同颜色灯指示检测结果，可以方便、快速评估电气设备局部放电情况。
由小组成员根据现场实际条件，向技术单位提供适应电网的产品设计、质量标准和生产工艺，保证所设计研发的产品质量符合国家相关行业的技术要求，共同合作完成设备制作</td></tr>
<tr><td>3. 组装调试应用调试</td><td>与厂家技术人员对接，对系统进行调试</td><td>2022 年 6 月 19 日，小组成员李维东等对超声局放检测方法进行现场测试。见下图。

超声波现场调试图
2022 年 6 月 19 日，小组成员高原到王家围子对一次接点温度监测数据与红外测试温度情况进行统计，结果如下所示。
一次接点模拟温度监测记录表
<table>
<tr><th>序号</th><th>测试单元</th><th>相序</th><th>电压/kV</th><th>局放量/dB</th><th>备注</th></tr>
<tr><td>1</td><td>1 号主变本体</td><td>0</td><td>35</td><td>2</td><td></td></tr>
<tr><td>2</td><td rowspan="3">高压侧</td><td>A</td><td>35</td><td>3</td><td></td></tr>
<tr><td>3</td><td>B</td><td>35</td><td>4</td><td></td></tr>
<tr><td>4</td><td>C</td><td>35</td><td>3</td><td></td></tr>
<tr><td>5</td><td rowspan="3">低压侧</td><td>A</td><td>35</td><td>3</td><td></td></tr>
<tr><td>6</td><td>B</td><td>35</td><td>3</td><td></td></tr>
<tr><td>7</td><td>C</td><td>35</td><td>2</td><td></td></tr>
<tr><td>……</td><td>……</td><td>……</td><td>……</td><td>……</td><td>……</td></tr>
<tr><td>148</td><td rowspan="3">6kV Ⅱ段
穿墙套管外</td><td>A</td><td>6</td><td>2</td><td></td></tr>
<tr><td>149</td><td>B</td><td>6</td><td>2</td><td></td></tr>
<tr><td>150</td><td>C</td><td>6</td><td>3</td><td></td></tr>
<tr><td>151</td><td rowspan="3">6kV Ⅱ段
穿墙套管内</td><td>A</td><td>6</td><td>2</td><td></td></tr>
<tr><td>152</td><td>B</td><td>6</td><td>4</td><td></td></tr>
<tr><td>153</td><td>C</td><td>6</td><td>2</td><td></td></tr>
</table>
小组成员在对一次接点进行超声波检测，测试结果如下所示。</td></tr>
</table>

续表

<table>
<tr><th>步骤</th><th>实施方法</th><th>图纸与数据</th></tr>
<tr><td>3. 组装调试应用调试</td><td>与厂家技术人员对接，对系统进行调试</td><td>
刀闸放电超声波测试统计表
<table>
<tr><th rowspan="2">被试品</th><th rowspan="2">试验地点</th><th colspan="2">交流耐压试验</th><th colspan="2">超声波局部放电</th></tr>
<tr><th>设备型号</th><th>试验电压/kV</th><th>设备型号</th><th>放电量/dB</th></tr>
<tr><td rowspan="11">刀闸</td><td rowspan="11">高压试验室</td><td>MOEN-2903C</td><td>20</td><td>SLD300H</td><td>5</td></tr>
<tr><td>MOEN-2903C</td><td>30</td><td>SLD300H</td><td>9</td></tr>
<tr><td>MOEN-2903C</td><td>35</td><td>SLD300H</td><td>12</td></tr>
<tr><td>MOEN-2903C</td><td>40</td><td>SLD300H</td><td>15</td></tr>
<tr><td>MOEN-2903C</td><td>45</td><td>SLD300H</td><td>20</td></tr>
<tr><td>MOEN-2903C</td><td>50</td><td>SLD300H</td><td>24</td></tr>
<tr><td>MOEN-2903C</td><td>55</td><td>SLD300H</td><td>28</td></tr>
<tr><td>MOEN-2903C</td><td>60</td><td>SLD300H</td><td>31</td></tr>
<tr><td>MOEN-2903C</td><td>65</td><td>SLD300H</td><td>35</td></tr>
<tr><td>MOEN-2903C</td><td>70</td><td>SLD300H</td><td>40</td></tr>
<tr><td>MOEN-2903C</td><td>76</td><td>SLD300H</td><td>44</td></tr>
</table>
</td></tr>
<tr><td>4. 效果验证</td><td>对系统进行性能测试</td><td>
该变电所的一次接点数量及超声波测试检测点安装数量进行统计，见下表。
接点检测统计表
<table>
<tr><th>序号</th><th>设备单元</th><th>点数</th><th>电压/kV</th><th>超声/dB</th><th>合格数/个</th></tr>
<tr><td>1</td><td>主变开关柜</td><td>4</td><td>35</td><td>4</td><td>4</td></tr>
<tr><td>2</td><td>主变间隔柜</td><td>4</td><td>35</td><td>5</td><td>4</td></tr>
<tr><td>3</td><td>电压互感器</td><td>2</td><td>35</td><td>4</td><td>2</td></tr>
<tr><td>4</td><td>线路开关柜</td><td>6</td><td>35</td><td>2</td><td>6</td></tr>
<tr><td>5</td><td>线路乙刀闸</td><td>6</td><td>35</td><td>3</td><td>6</td></tr>
<tr><td>6</td><td>所用变</td><td>4</td><td>6</td><td>2</td><td>4</td></tr>
<tr><td>7</td><td>电容器</td><td>8</td><td>6</td><td>5</td><td>7</td></tr>
<tr><td>8</td><td>母联开关柜</td><td>4</td><td>6</td><td>1</td><td>4</td></tr>
<tr><td>9</td><td>母联间隔柜</td><td>4</td><td>6</td><td>2</td><td>4</td></tr>
<tr><td>10</td><td>电抗器</td><td>8</td><td>6</td><td>2</td><td>8</td></tr>
<tr><td colspan="5">合格率</td><td>98%</td></tr>
</table>
通过测试结果可以看出，采用超声检测法检测内部放电检测率为98%，对策目标实现，措施有效
</td></tr>
</table>

对策表负责人：李维东　　实施人：王熙峰、李鹏　　时间：2022 年 6 月 24

各检测方法在现场试验应用的过程中，效果良好，经公司相关部门认证在安全、质量、管理等方面均无负面影响。

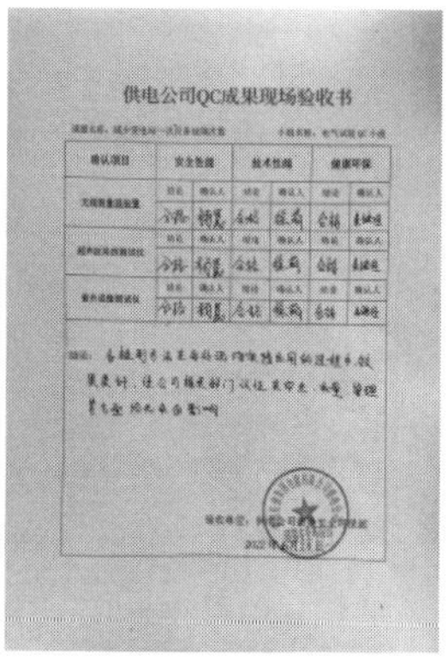
供电公司QC成果现场验收书

十、效果检查

（一）目标完成情况

小组成员对 2022 年 7~12 月变电站一次设备故障次数进行统计，统计结果如表 10-1 所示。

表 10-1　2022 年 7～12 月变电站一次设备故障次数统计表

月份	过热性故障	绝缘故障	接地故障	合计
7	3	3	1	7
8	0	1	1	2
9	4	3	0	7
10	10	2	0	12
11	3	3	0	6
12	2	2	0	4
总计	22	14	2	38

根据统计结果可以看出，2022 年下半年变电站一次设备故障次数减少到 38 次，实现了本次活动目标。见图 10-1。

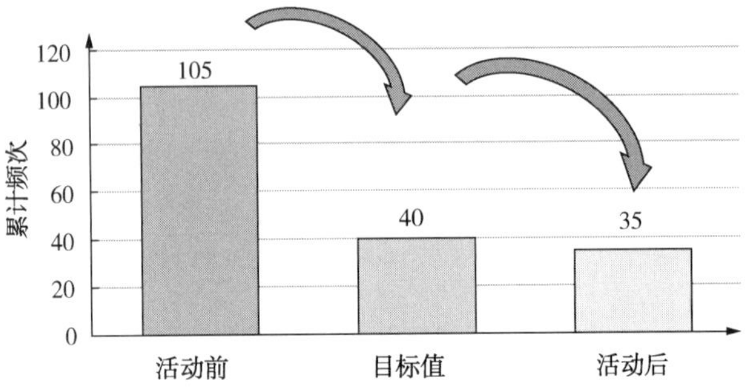

图 10-1　目标完成图

（二）症结完善程度

小组成员对 2022 年下半年一次接点故障问题进行调查，调查结果如表 10-2 所示。

表 10-2　2022 年变电站一次接点过热故障统计表

故障性质	故障次数	频率	累计频率
本体故障	13	68. 42%	68. 42%
一次接点过热故障	5	26. 32%	94. 74%
二次接点过热故障	1	5. 26%	100%
合计频次	19	100%	—

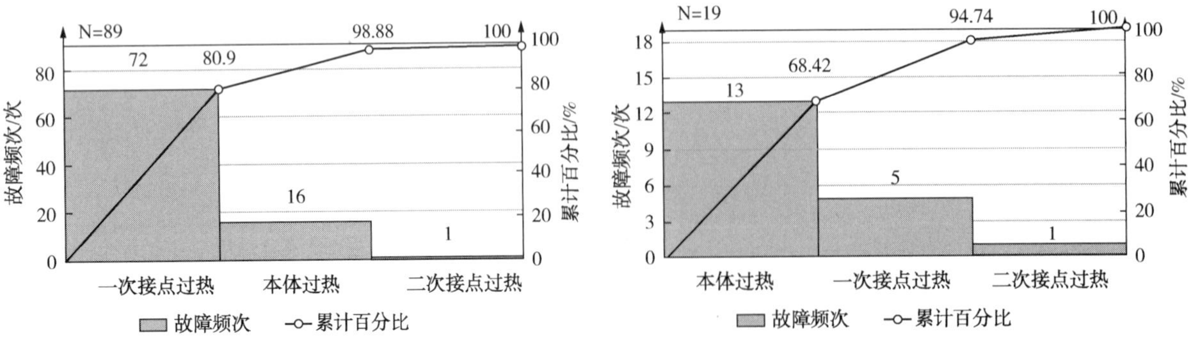

图 10-2　2021 年下半年与 2022 年下半年变电站一次接点过热故障对比图

从对比图中可以看出，变电站一次接点过热故障次数由原来的 72 次减少到 5 次，症结问题得到了明显改善。

（三）经济效益

通过一年的小组活动，2022 年下半年一次设备故障次数比 2021 年下半年减少 70 次，根据 2021 年下半年因故障维修的总成本与故障次数计算出平均一次的维修成本，造成直接经济损失估算如下：

2021 年下半年发生 105 次故障产生的维修成本约为 108 万元

平均一次故障的维修成本为：

$$108\text{ 万元} \div 105 = 1.03\text{ 万元}$$

2022 年下半年小组活动后，全年共发生故障次数为 35 次

维修成本为：

$$1.03\text{ 万元} \times 35 = 36.05\text{ 万元}$$

2022 年下半年较比 2021 年下半年减少的维修成本约：

$$108\text{ 万元} - 36.05\text{ 万元} = 71.95\text{ 万元}$$

与三家技术公司共同研发投入的成本约 12.3 万元小组活动后，实际产生的经济效益约：

$$71.95\text{ 万元} - 12.3\text{ 万元} = 59.65\text{ 万元}$$

（四）社会效益

通过本次活动，小组成员在加强设备监测手段的基础上，运用 QC 思维模式采取针对性措施，使一次设备故障次数大大减少，电网实现了动态检修模式。

1. 延长检修周期，提高电气设备运行效率。通过带电巡检发现早期状态异常的设备，进行明确的维护，将检修周期适度延长，有效地避免出现检修不足以及检修过度的问题，减少电力企业的检修成本，电力电气设备的运行也维持了连续性，提高电气设备运行效率。

2. 提高工作效率，减少大面积检修产生的各项支出。从传统的 20 人的停电检修力量，降至 6~8 人就可以进行带电巡检，大大减少了人力、物力、财力，减少了检修维护人员的日常工作量。

十一、制定巩固措施

活动后，小组针对症结的对策制定了巩固措施如表 11-1 所示。

表 11-1 巩固措施表

对策措施	巩固方式	巩固内容	文件编号	成果
采用远程温度检测法监测接点温度	操作手册	重新修订《变电检修部电气试验队操作手册》中电气试验岗操作规程中增加 3.20 远程温度检测法操作规程	DQYT-2016-I-25-GDZX03-B	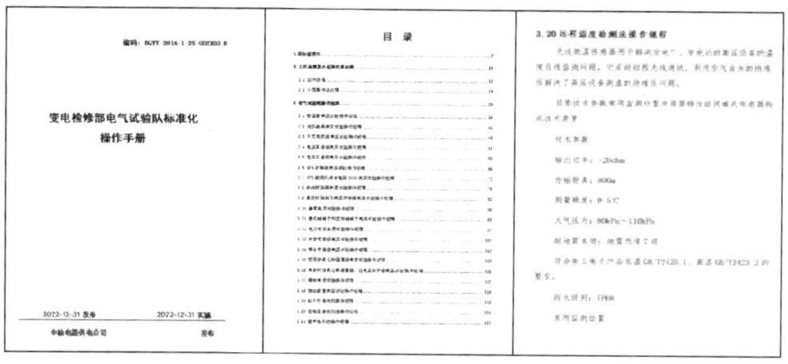

续表

对策措施	巩固方式	巩固内容	文件编号	成果
采用超声检测法检测内部放电	操作手册	重新修订《变电检修部电气试验队操作手册》中电气试验岗操作规程中增加3.21 超声检测法操作规程	DQYT-2016-I-25-GDZX03-B	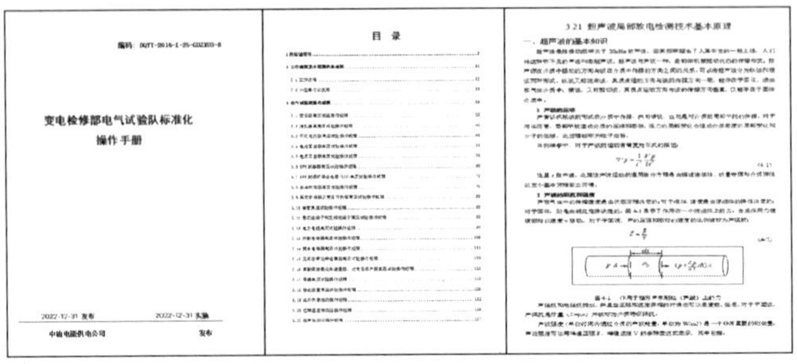
	技术规范	编写《电气设备带电检测技术规范》	试行阶段	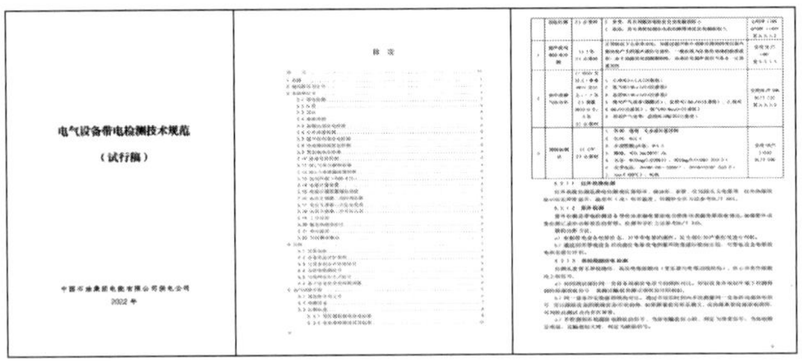
采用紫外检测法检测外部放电	操作手册	重新修订《变电检修部电气试验队操作手册》中电气试验岗操作规程中增加3.22 紫外测试操作规程	DQYT-2016-I-25-GDZX03-B	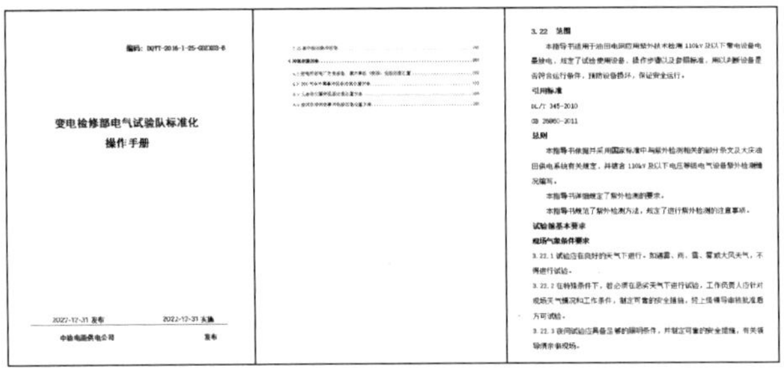

十二、总结及下一步打算

（一）总结

本次课题“减少变电站一次设备故障次数”，用增加带电测试方法，全方位发现一次设备过热问题，将停电式检修转变成局部停电检修或状态检修(带电巡检)，合理延长变电站检修周期，减少停送电对电气设备的冲击。通过调查研究，对数据进行整理、分类、统计。小组通过方案优选的方法，比较出最优带电检测方法，通过现场实施和确认，达到了预期目标，为电气设备的状态评价提供了可靠的依据，完成了2022年的变电站状态评估工作，进一步提高了检修工作效率，减少了人力、物力、财力，本次活动的总结如表12-1所示。

表 12-1 小组活动总结

分类	创新特色	不足之处
小组专业技术方面	小组具有质量改进与创新的思路与理念，以现场问题为导向，在专业技术上有重大突破。通过调查分析变电站一次设备故障次数，选择了本次课题“减少变电站一次设备故障次数”。 (1)找到放电对接电过热的影响，并通过紫外线和超声原理对其进行监测；在线测温系统的了解，实现了接点处采用测温电偶与无线传感原理实现远程在线测温和实时报警功能。	带电测试方法可能会发生短路风险，需进一步的研究

续表

<table>
<tr><th>分类</th><th>创新特色</th><th>不足之处</th></tr>
<tr><td>小组专业技术方面</td><td>(2)课题以减少变电站一次设备故障次数为目的，调查发现症结为一次接点过热，运用调查表、直方图等工具进行要因分析，确定了示色蜡片监测点少、未及时检测到内部放电、未及时检测到外部放电三个要因，通过远程温度监测方法、超声波测试方法、紫外线测试方法来制定相应对策，将2022年下半年变电站一次设备故障次数由105次减少到38次，实现了本次QC活动的目标。最后通过制定标准化文件规范此次活动成果，巩固此次小组QC活动。
(3)在对策实施上，小组对于逻辑性分析有了很大的提升，小组将项目进行模块化分析，并做方案细化研究，依托群创对成果加以巩固应用，使项目更具可信度和可行性。通过严密科学的活动程序，学习了解了PDCA质量改进的方法。
(4)课题技术具有先进性，已编写了《电气设备带电检测技术规范》《供电公司2022年电网状态检修技术指导方案》并下发执行。
(5)应用范围广泛。带电测试方法，可全方位发现一次设备过热问题，将停电式检修转变成局部停电检修或状态检修(带电巡检)，合理延长变电站检修周期，减少停送电对电气设备的冲击，更大程度提高运行质量与运行效率</td><td>带电测试方法可能会发生短路风险，需进一步的研究</td></tr>
<tr><td>管理技术提升</td><td>通过本次QC活动实施过程，小组成员明确每个人的职责，相互之间配合默契，凝聚了团队精神，管理技术水平得到提升，如下表所示。
活动后管理技术提升汇总表
<table>
<tr><th>活动内容</th><th>优点</th><th>运用工具</th></tr>
<tr><td>选择课题</td><td>选题围绕预先设定的目标，结合企业特色，有针对性地解决问题</td><td>调查表、折线图</td></tr>
<tr><td>现状调查</td><td>能够层层深入调查，找准症结，确定了可改进的程度</td><td>调查表、排列图等</td></tr>
<tr><td>设定目标</td><td>科学合理的制定活动目标</td><td>调查表</td></tr>
<tr><td>原因分析</td><td>针对症结问题，逐条分析到末端原因</td><td>关联图</td></tr>
<tr><td>要因确定</td><td>通过试验的方法逐条确认每一个末端原因</td><td>调查表、柱状图、折线图等</td></tr>
<tr><td>制定对策</td><td>按照5W1H的原则制定对策表</td><td>调查表</td></tr>
<tr><td>实施对策</td><td>结合实际有效解决问题调查表</td><td>调查表</td></tr>
<tr><td>检查效果</td><td>确认实施效果</td><td>调查表、柱状图、排列图</td></tr>
</table></td><td>对QC工具的运用还不够熟练，需进一步精进</td></tr>
<tr><td>小组成员素质提升</td><td>小组成员质量改进能力，应用质量工具分析问题、解决问题能力得到提升，各方面技能、技术得到了全面发展，如下表所示。
活动后小组成员素质提升汇总表
<table>
<tr><th>活动内容</th><th>优点</th><th>运用工具</th></tr>
<tr><td>杨辉</td><td>多次组织QC活动，经验丰富</td><td>对QC小组活动的科学性加深了认识，增加了对企业管理的投入</td></tr>
<tr><td>李维东</td><td>有QC小组活动经验</td><td>创新能力、各方面技能得到了提升</td></tr>
<tr><td>杜娟</td><td>有QC小组活动经验</td><td>学些了QC撰写的技巧</td></tr>
<tr><td>高原</td><td>有QC小组活动经验</td><td>提高了团队精神，激发了对科技创新的积极性</td></tr>
<tr><td>王曦敏</td><td>对QC工作了解较少</td><td>对QC各方面知识都得到了更加深入的了解与学习</td></tr>
<tr><td>张磊</td><td>有QC小组活动经验</td><td>学习了用关联图、直方图等QC工具</td></tr>
<tr><td>郭立虎</td><td>对QC工作了解较少</td><td>各方面技能、技术以及综合素质都得到了提升</td></tr>
<tr><td>王熙峰</td><td>对QC工作了解较少</td><td>学习了QC知识，调动了创新积极性</td></tr>
<tr><td>杨洲</td><td>对QC工作了解较少</td><td>掌握了撰写QC的方法</td></tr>
<tr><td>乔梁</td><td>对QC工作了解较少</td><td>学会运用QC工具，解决生产生活中的技术难题</td></tr>
</table></td><td>需进一步对新规范、新标准进行学习领会，提高创新能力</td></tr>
</table>

（二）下一步打算

通过本次 QC 活动，小组成员不仅减少了变电站一次设备故障次数，同时小组成员的质量改进能力、应用质量工具分析问题、解决问题能力得到提升，在今后的 QC 活动中，小组将依托实际工作中遇到的问题开展 QC 活动，不断创新，不断用 PDCA 循环的方法来解决电力生产实践中发现的难题，为企业生产发展添砖加瓦。

2023 年，小组拟定的课题为：《远程温度传感器验收装置的研制》。

成果点评

该成果活动类型为问题解决型（自定目标）课题。电气试验 QC 小组针对所在公司提出的半年一次设备故障次数过多难题，确定活动课题，开展 QC 小组活动。通过分层整理和分析，确定一次接点过热故障为症结，按照“用数据说话”的原则，运用了关联图、调查表、排列图、折线图、柱状图、散布图等工具，确定了三条要因，并采取使用远程温度检测法增加检测点数、紫外信号检测法检测外部放电、超声检测法检测内部放电三个有效对策及对应措施，最终将半年故障次数降至 38 次，同时，取得了可观的经济效益和社会效益，并制定了相应的巩固措施，活动过程逻辑较严密，符合 T/CAQ 10201—2020《质量管理小组活动准则》要求。

本 QC 小组成果存在以下方面的不足，希望以后持续改进：

现状调查中对一次设备故障性质进行分层，第一层提出过热故障、绝缘故障、接地故障，第二层对过热故障分层提出一次接点过热、本体过热、二次接点过热，而前言对一次设备介绍及图示中，均未示意以上节点和介绍相关专业名词，包括对过热的解释，影响行业外人员对成果的理解。只围绕故障性能进行分层，未考虑及从区域位置等不同角度进行深入层层分析。

设定目标中，对历史最高水平比较时，2020 年 1~6 月为 38 次、2020 年 7~12 月为 53 次，而 2021 年 7~12 月达到 105 次，突然故障增幅较大的原因没有得到调查；理论计算中，“小组成员有信心解决主要症结的 90%”较为主观，未经严格推敲计算，缺乏说服力。设定目标时未明确课题的目标为半年目标，易误理解为全年指标。

原因分析中，个别问题和原因之间的逻辑关系紧密性和深度有待加强，如未及时检测到内部放电、未及时检测到外部放电的末端原因未分析到位，湿度大对设备内部、外部过热的因果关系不够紧密。

确定主要原因中，在要因确认一、二调查分析的数据只抽取局部数据，应考虑数据的全面性，如确认二调查 4 个组，合计 7~12 月故障次数为 24 次，而现状调查中症结总故障次数 72 次，其余 48 次未进行调查分析。要因确认三、五、六判定是否为要因的方式是通过测量、试验和调查分析末端因素对“测试温度变化”的影响程度，而不是对症结“一次接点过热故障”的影响程度的判定。

制定对策中，针对三条要因提出的多种对策，多采用主观和理论分析进行判断，缺少试验、测试等数据；制定对策表时，措施的制定应不含“效果验证”环节，应予以删除。

对策实施一中，效果验证未明确对“60℃发生报警率 100%”目标的验证情况。

在总结和下一步打算中，对课题中技术方面总结只是简单描述，缺乏开发研制过程中好的做法和不足的针对性总结，如果将有效对策实施进行整理形成相应论文、专利等效果更佳。

集成式抽油杆在线刮蜡装置的研制

井下作业 QC 小组

（大庆油田有限责任公司第八采油厂）

一、小组概况

表 1-1　小组概总汇总表

小组名称	井下作业 QC 小组			注册编号	CY8-2022-QC-26	
课题名称	集成式抽油杆在线刮蜡装置的研制			成立时间	2012 年 1 月	
课题类型	创新型			活动时间	2022 年 1~12 月	
小组人数（≤10 人）	10 人			当年活动次数	20 次	
近三年获奖情况	2021 年《密闭式油管刮蜡清洗回收一体化装置的研制》获全国优秀 QC 成果 2022 年《螺旋式油管内壁在线刮蜡装置的研制》获全国优秀 QC 成果					
序号	姓 名	年 龄	文化程度	岗位/职称	组内分工	备注
1	王志贤	49	大学	高级工程师/作业管理	组长	国际 TRIZ 二级专家
2	王媛媛	40	大学	助理工程师/技术员	组员	
3	王天琪	33	大学	工程师/调度员	组员	
4	张南兵	53	大专	助理工程师/驾驶员	组员	
5	李义峰	48	大专	高级技师/副班长	组员	
6	刘 勇	38	技校	技师/副班长	组员	达索认证机械工程师
7	张兆欣	37	大学	经济师/质量员	组员	初级 QC 诊断师
8	李天一	30	大学	助理工程师/调度员	组员	
9	刘金亮	32	大学	工程师/机采管理	组员	
10	高洪财	51	大学	高级政工师/班长	组员	

制表人：王志贤　　　　制表时间：2022 年 1 月 8 日

二、选择课题

1. 需求的提出

抽油机是石油举升的主要设备，当井下发生故障时，需要及时进行检泵作业。经过统计，2021 年 5~12 月，第八采油厂抽油机井检泵作业 626 口，具体情况见表 2-1。

表 2-1　2021 年 5~12 月第八采油厂检泵作业情况统计表

月份	5	6	7	8	9	10	11	12
数量	82	79	93	68	85	77	80	62
合计	626							

制表人：刘金亮　　　　制表时间：2022 年 1 月 8 日

小组对检泵作业队伍进行了需求调研，第八采油厂作业队伍提出了抽油杆表面油蜡清洗时间不超过 245min 的顾客期望，以确保抽油机井检泵作业效率，减少环境污染。

抽油杆表面油蜡清洗时间取决于抽油杆清洗各环节总用时，清洗过程主要包括施工准备、铺设钢制平台、搭杆桥、装刮蜡器、起抽油杆、刮蜡、清洗抽油杆、融化污油、回收污油、拆刮蜡器、加热污油、回注流程、收尾工作 13 个环节，总耗时 545min(如图 2-1 所示)。

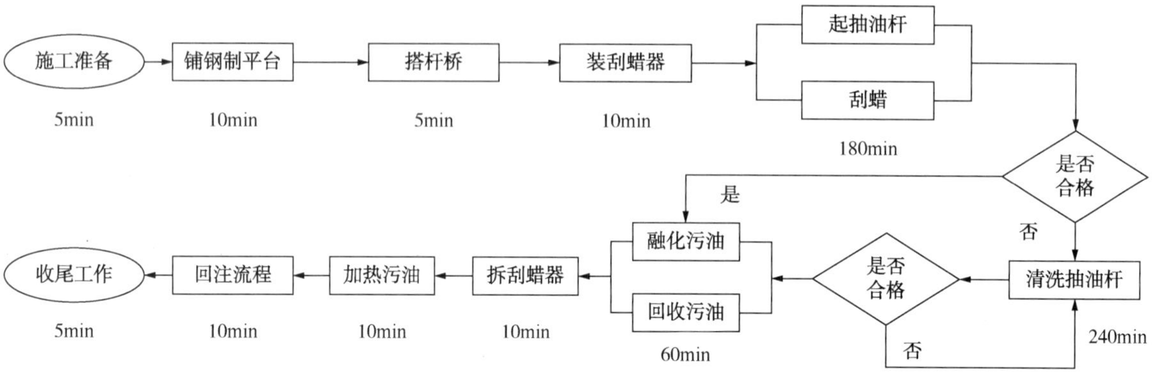

图 2-1　抽油杆地面清洗流程图

$T_{抽油杆清洗时间}=T_{施工准备}+T_{铺钢制平台}+T_{搭杆桥}+T_{装刮蜡器}+T_{起抽油杆}+T_{刮蜡}+T_{清洗抽油杆}+T_{融化污油}+T_{回收污油}+T_{拆刮蜡器}+T_{储存污油}+T_{回注流程}+T_{收尾工作}$

$=5min+10min+5min+10min+180min+240min+60min+10min+10min+10min+5min=545min$

由于施工准备、铺钢制平台、搭杆桥、装刮蜡器、拆刮蜡器、加热污油、回注流程、收尾工作等时间(65min)已经高度标准化，无法对其时间进行压缩，故而对起抽油杆、刮蜡、清洗抽油杆、融化污油、回收污油操作(545min-65min=480min)进行研究，为了满足客户需求，需要将抽油杆刮蜡时间由 480min 减少至 180min(245min-65min=180min)以内，才能满足客户需求。

结论：通过需求分析，需要将起抽油杆、刮蜡、清洗抽油杆、融化污油、回收污油时间由 480min 缩短至 180min 以内，抽油杆清洗时间才能不超过 245min。

2. 创新思路的借鉴

小组根据上述需求，确定关键词为：抽油杆和刮蜡，将检索到的偏心自调式油杆刮蜡器(专利号：ZL02239833. 3)作为借鉴对象，对其刮蜡功能进行了借鉴，具体如表 2-2 所示。

表 2-2　课题借鉴

步骤	借鉴内容
借鉴项目	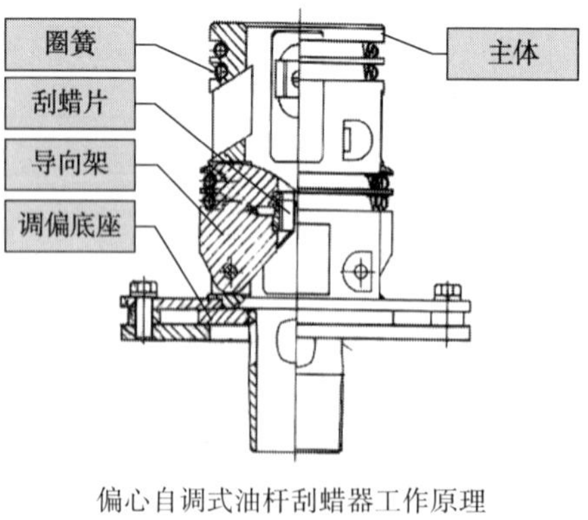 偏心自调式油杆刮蜡器工作原理
	工作原理：起出抽油杆过程中，圈簧通过扶正器导向架使刮蜡片抱紧扶抽油杆进行刮蜡，当扶正器接近导向架时沿导向架斜面上行，横向挤压导向架带动刮蜡片向外翻转，同时挤压圈簧，扶正器通过后，被挤压的圈簧的弹力使导向架带动刮蜡片回位，刮蜡片抱紧抽油杆继续刮蜡，调偏底座使刮蜡器与抽油杆始终保持居中状态，从而大幅提高刮蜡效果

续表

步骤	借鉴内容
项目分析	偏心自调式油杆刮蜡器利用偏心自调刮蜡的特点，将刮蜡、导向、调偏等三项功能集于一体，主要由以下五部分组成。 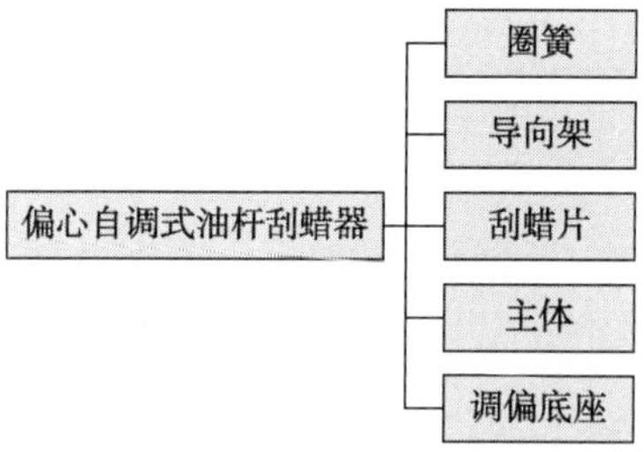 借鉴对象采用弹性刮蜡、扶正器导向和自动调偏功能，实现抽油杆刮蜡操作
提炼原理	通过偏心自调式油杆刮蜡器借鉴了多模块高度集成的原理
借鉴 特性值	1. 该装置将刮蜡、导向和调偏等功能集于一体，在160min内完成抽油杆刮蜡操作； 2. 刮蜡片与抽油杆之间的间隙≤1mm； 3. 刮蜡后抽油杆表面油蜡厚度≤2mm

制表人：刘勇　　　　制表时间：2022年1月10日

3. 确定课题

本课题要实现的技术需求与借鉴的对象有五点不同，如图2-2所示。

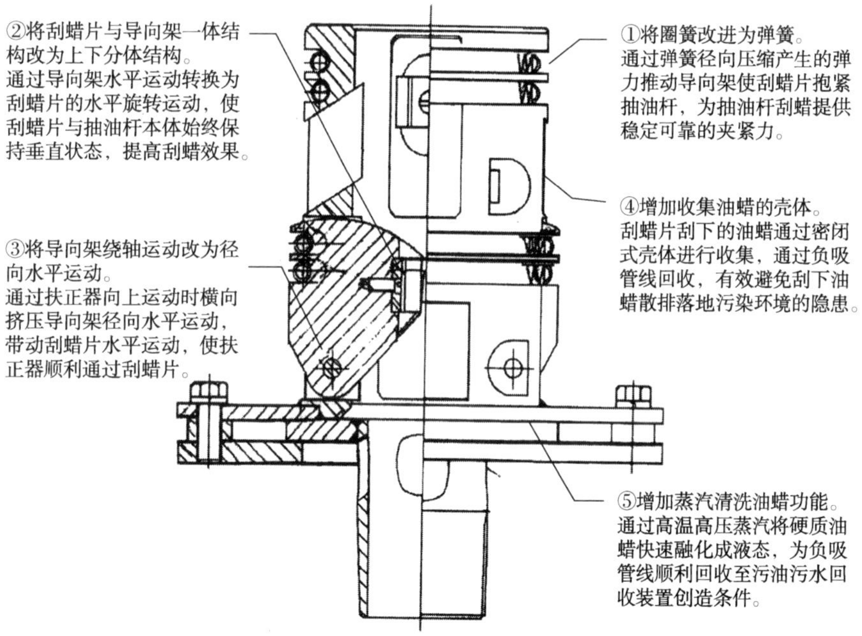

图2-2　技术需求与借鉴对象的不同点

由于借鉴的偏心自调式油杆刮蜡器无法满足抽油杆在线刮蜡、清洗和回收的需求，因此，本次小组课题确定为“集成式抽油杆在线刮蜡装置的研制”。

三、设定目标及目标可行性论证

1. 设定目标

在保证抽油杆刮蜡一次达到下井要求，污油污染率为零的情况下，平均单井抽油杆刮蜡时间由

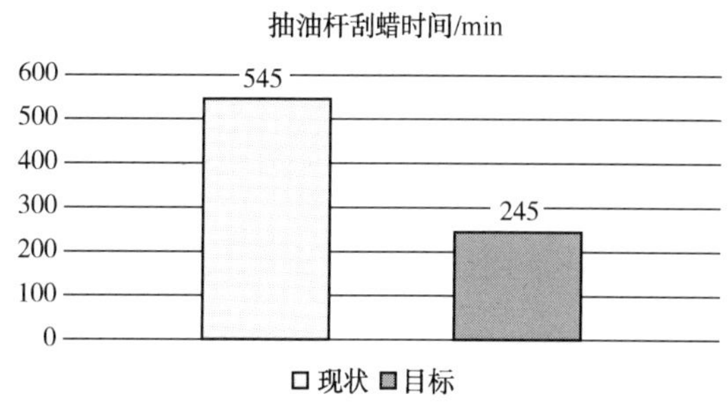

图3-1　小组活动目标设定图

制图人：李义峰　制图时间：2022年1月12日

545min 降低到 245min。如图 3-1 所示。

2. 目标可行性论证

小组以抽油杆刮蜡流程为判断依据，对抽油杆刮蜡过程进行了可行性论证(如表 3-1 所示)。

表 3-1 可行性论证表

<table>
<tr><th>要素</th><th>借鉴内容</th></tr>
<tr><td rowspan="3">技术认证</td><td>小组通过借鉴多个功能组合的集成原理，减少抽油杆刮蜡时间。根据借鉴 160min 内实现抽油杆刮蜡的数据，假设其他环节不变，总工作时间为：
$T_{\text{抽油刮蜡洗时间}} = T_{\text{施工准备}} + T_{\text{铺钢制平台}} + T_{\text{搭杆桥}} + T_{\text{装刮蜡器}} + (T_{\text{起抽油杆}} + T_{\text{刮蜡}} + T_{\text{清洗抽油杆}} + T_{\text{融化污油}} + T_{\text{回收污油}}) + T_{\text{拆刮蜡器}} + T_{\text{加热污油}} + T_{\text{回注流程}} + T_{\text{收尾工作}} = 5min+10min+5min+10min+160min+10min+10min+10min+5min = 225min<245min$</td></tr>
<tr><td>小组利用 ECRS 原则，将融化污油工序消除，将起抽油杆、刮蜡、清洗抽油杆、污油回收四个环节进行合并，将各项工序进行了重排，使起抽油杆、刮蜡、清洗抽油杆、污油回收同时进行，得出了简化后的抽油杆刮蜡流程图，见下图所示。
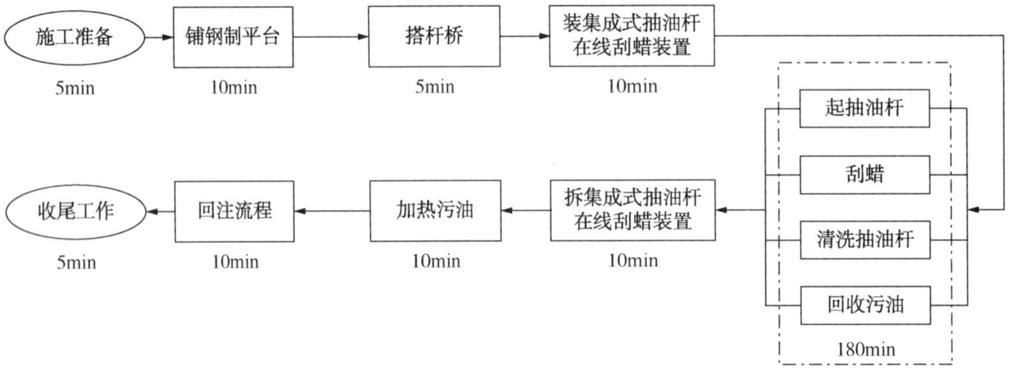

简化后的抽油杆刮蜡流程图</td></tr>
<tr><td>小组通过借鉴偏心自调式油杆刮蜡器的刮蜡、导向和调偏机构，加工制作了一个抽油杆在线刮蜡模拟装置，结构及工作原理如下：
模拟装置主要由壳体、清洗喷头、加热器、清洗管线、加热管线、负吸管线、调偏套、刮蜡胶片和压盖等组成。见下图。
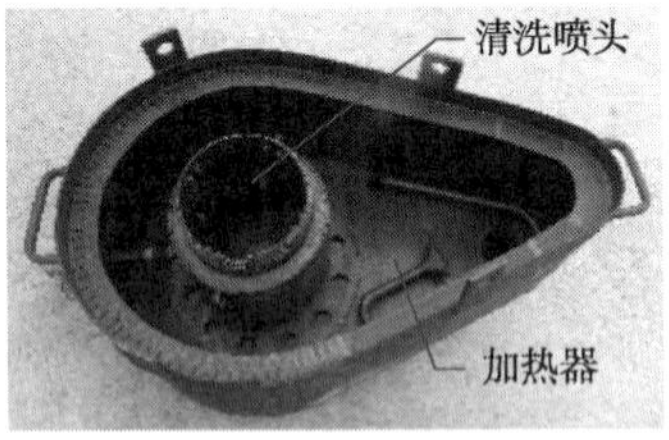

清洗喷头+加热器

清洗+加热+回收

调偏套

刮蜡胶片</td></tr>
</table>

续表

要素	借鉴内容
技术认证	（见下）

工作原理：起抽油杆时，随动套随抽油杆运动，刮下的油蜡在壳体内经过蒸汽清洗、加热，快速融化成液态，通过负吸管线回收至污油水回收装置。

测算依据：我厂抽油机井的全井抽油杆数量平均为 180 根，起 1 根抽油杆时间平均为 48S，起全井抽油杆时间平均为 145min。

模拟试验：抽油杆在线刮蜡模拟装置与回收装置的地面锅炉和回收装置配合，在地面进行抽油杆在线刮蜡模拟试验 9 口井，具体刮蜡过程如下图所示。

刮蜡模拟装置

刮蜡+清洗+回收

现场模拟试验

模拟试验效果

试验结果：刮蜡后抽油杆表面油蜡厚度均小于 1.00mm，平均抽油飘走清洗时间 157min，具体情况如下表所示。

试验数据统计表

试验编号	起抽油杆刮蜡清洗回收操作时间/min			中均值
1	160	157	161	159
2	158	155	157	156
3	155	159	150	155
平均				157

模拟试验结果如下：

$$T_{抽油杆清洗时间} = T_{施工准备} + T_{铺钢制平台} + T_{搭杆桥} + T_{装刮蜡器} + (T_{起抽油杆} + T_{刮蜡} + T_{清洗抽油杆} + T_{回收污油}) + T_{拆刮蜡器} + T_{储存污油} + T_{回注流程} + T_{收尾工作} = 5min+10min+5min+10min+157min+10min+10min+10min+5min = 222min<245min$$

要素	借鉴内容
结论	通过借鉴偏心自调式油杆刮蜡器刮蜡时间为 160min 等各方面进行可行性论证，同时小组是具有较强的技术创新能力、机械设计能力和丰富的工作经验，小组有信心和有能力完成抽油杆刮蜡时间由 545min 减少至 245min 的活动目标

制表人：王天琪　　　　制表时间：2022 年 1 月 16 日

四、提出方案并确定最佳方案

(一) 提出方案

小组成员根据借鉴偏心自调式油杆刮蜡器集成化原理与技术需求，绘制总体方案模型示意图（如图 4-1 所示）。

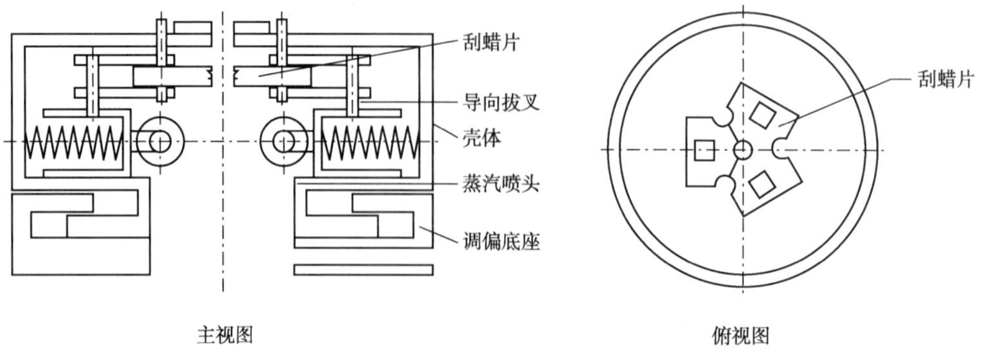

图 4-1　总体方案的模型示意图

制图人：刘勇　制图时间：2022 年 1 月 18 日

根据总体方案模型图，提出了具体部件分解方案，将集成式抽油杆在线刮蜡装置分解为：刮蜡片、导向拔叉、蒸汽喷头、壳体、调偏底座五个部分，具体如图 4-2 所示。

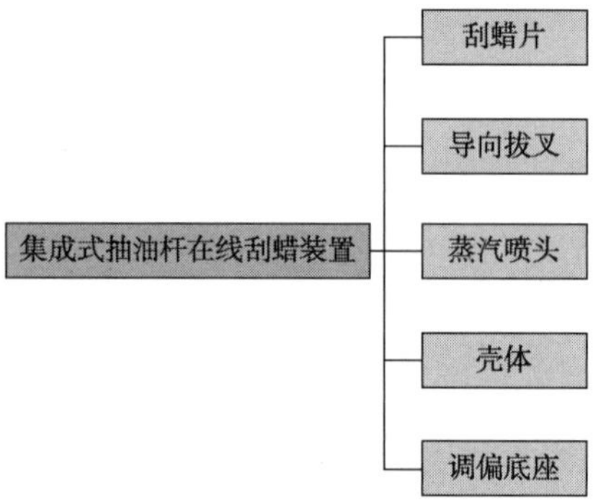

图 4-2　装置部件分解图

制图人：张南兵　制图时间：2022 年 1 月 18 日

（二）确定最佳方案

1. 一级方案确定

依据前期借鉴特性值与《偏心自调式油杆刮蜡器操作规程》及各部件自身关键要求对装置相关技术参数需求确定如表 4-1 所示。

表 4-1　相关技术参数的确定

序号	所属部件	技术规范与技术规范需求	关键技术参数
1	刮蜡片	（1）抽油杆本体直径为 ϕ19mm/22mm/25mm； （2）抽油杆表面油蜡厚度≤1mm	刮蜡片闭合直径 ϕ19mm/22mm/25±0. 2mm
2	导向拔叉	（1）抽油杆接箍直径为 ϕ56mm； （2）扶正器直径 ϕ58mm	（1）导向拔叉闭合直径 = ϕ19mm/22mm/25±0. 2mm； （2）刮蜡片张开最大直径 = ϕ76. 8±0. 2mm
3	蒸汽喷头	（1）蒸汽压力 0. 8MPa； （2）蒸汽管线内径为 ϕ13mm	（1）喷孔出口内径 3. 0±0. 2mm； （2）喷孔≤12 个
4	壳体	承受全井抽油杆的重量	（1）壳体内径 300±0. 2mm； （2）壳体外径 330±0. 2mm； （3）壳体高度 129±0. 2mm
5	调偏底座	（1）抽油杆本体直径为 ϕ19mm/22mm/25mm； （2）套管内径 ϕ124	（1）外套与隔套的上下间隙 0. 20+0. 10mm； （2）外套与隔套的左右间隙 43. 00±0. 5mm

制表人：王媛媛　　　　制表时间：2022 年 1 月 19 日

依据关键技术参数，小组成员展开讨论，最后选择各模块的第一级分解方案，如图 4-3 所示。

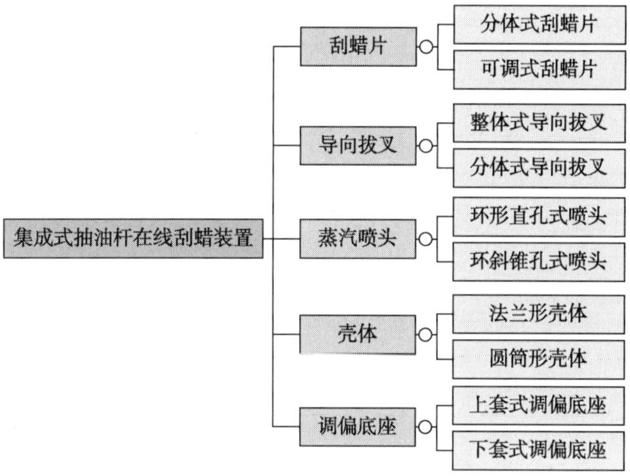

图 4-3　一级方案细化分解图

制图人：王媛媛　制图时间：2022 年 1 月 19 日

2. 一级方案评价

(1) 刮蜡片类型的选择

刮蜡片类型选择见表 4-2。

表 4-2　刮蜡片类型的选择

<table>
<tr><td>选择一</td><td colspan="3">刮蜡片类型的选择</td></tr>
<tr><td>备选方案</td><td>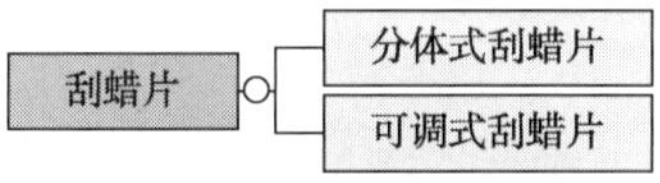</td><td>方案目标</td><td>刮蜡片闭合直径 ϕ19mm/22mm/25±0. 2mm</td></tr>
<tr><td>试验方式</td><td colspan="3">试验：对刮蜡片闭合内切圆直径误差进行模拟试验并对数据分析</td></tr>
<tr><td>方案名称</td><td colspan="2">
方案一：分体式刮蜡片</td><td>
方案二：可调式刮蜡片</td></tr>
<tr><td>方案描述</td><td colspan="2">抽油杆向上运动时，3 个刮蜡片环抱抽油杆进行刮蜡，刮蜡片有 3 种型号，刮蜡时，刮蜡片型号可以根据抽油杆尺寸(ϕ19mm/22mm/25mm)进行更换以保证刮蜡效果</td><td>抽油杆向上运动时，3 个刮蜡片环抱抽油杆进行刮蜡，刮蜡片型号可以根据抽油杆尺寸通过旋转 60°方式调节刮蜡片的抱合抽油杆(ϕ19mm/22mm/25mm)以保证刮蜡效果</td></tr>
<tr><td>试验</td><td colspan="2">
<table>
<tr><td rowspan="2">试验次数</td><td colspan="3">刮蜡片闭合直径范围/mm</td></tr>
<tr><td colspan="3">9</td></tr>
<tr><td>抽油标尺寸</td><td>ϕ19</td><td>ϕ22</td><td>ϕ25</td></tr>
<tr><td>1</td><td>19. 11</td><td>22. 10</td><td>25. 12</td></tr>
<tr><td>2</td><td>19.. 15</td><td>22. 20</td><td>25. 10</td></tr>
<tr><td>3</td><td>19. 12</td><td>22. 15</td><td>25. 16</td></tr>
<tr><td>平均误差</td><td>0. 15</td><td>0. 15</td><td>0. 13</td></tr>
</table>
</td><td>
<table>
<tr><td rowspan="2">试验次数</td><td colspan="3">刮蜡片闭合直径范围/mm</td></tr>
<tr><td colspan="3">9</td></tr>
<tr><td>抽油标尺寸</td><td>ϕ19</td><td>ϕ22</td><td>ϕ25</td></tr>
<tr><td>1</td><td>19. 13</td><td>22. 10</td><td>25. 12</td></tr>
<tr><td>2</td><td>19. 15</td><td>22. 18</td><td>25. 15</td></tr>
<tr><td>3</td><td>19. 14</td><td>22. 14</td><td>25. 13</td></tr>
<tr><td>平均误差</td><td>0. 14</td><td>0. 14</td><td>0. 13</td></tr>
</table>
</td></tr>
<tr><td>试验结果</td><td colspan="2">刮蜡片闭合直径误差为 0. 15mm 范围以内</td><td>刮蜡片闭合直径误差为 0. 14mm 范围以内</td></tr>
</table>

续表

选择一	刮蜡片类型的选择	
安全性	针对不同尺寸抽油杆更换抽刮蜡片时间较长，抽油杆吊卡悬吊抽油杆时间较长，存在刹车失灵抽油杆坠落伤人的风险	通过旋转刮蜡片方式快速实现不同尺寸抽油杆刮蜡需求，时间大幅缩短，安全性大幅提高
经济性	刮蜡片结构简单，但是需要根据 3 种型号的抽油杆加工制作 3 套不同尺寸的刮蜡片，总体费用 425 元	刮蜡片结构较为复杂，但只需要加工 1 套就可以满足 3 种不同尺寸抽油杆的刮蜡需求，总体费用为 400 元
可操作性	针对不同尺寸的抽油杆需要更换不同尺寸的抽刮蜡片，费时费力，影响抽油杆刮蜡效率	通过旋转刮蜡片方式实现不同尺寸抽油杆刮蜡需求，省时省力，大幅提高抽油杆刮蜡效率
综合分析	刮蜡片闭合直径误差均在误差要求范围内，能够满足刮蜡的需求	刮蜡片闭合直径误差均在误差要求范围内，能够满足刮蜡的需求
结论	不采用	需要进一步分析采用何种材质制作可调节式刮蜡片

制表人：刘金亮　　　　　　　　　　制表时间：2022 年 2 月 16 日

（2）导向拔叉类型选择

导向拔叉类型选择见表 4-3。

表 4-3　导向拔叉类型选择

<table>
<tr><td>选择二</td><td colspan="3">导向拔叉类型的选择</td></tr>
<tr><td>备选方案</td><td>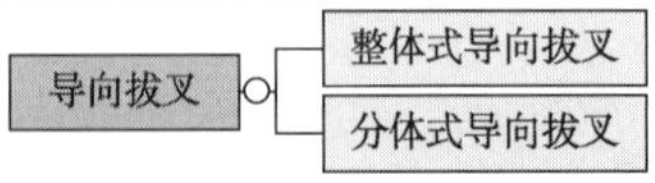
</td><td>方案目标</td><td>1. 导向拔叉闭合直径 = ϕ19mm/22mm/25±0. 2mm；
2. 刮蜡片张开最大直径 = ϕ76. 8±0. 2mm</td></tr>
<tr><td>试验方式</td><td colspan="3">试验：对导向拔叉带动刮蜡片的开合范围进行模拟试验并对数据分析</td></tr>
<tr><td>方案名称</td><td>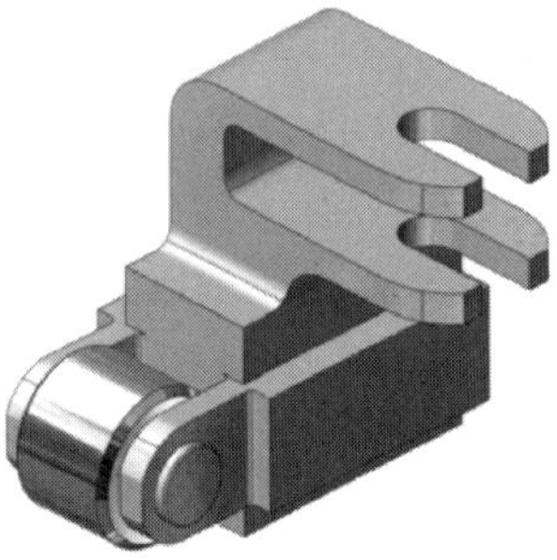
方案一：整体式导向拔叉</td><td colspan="2">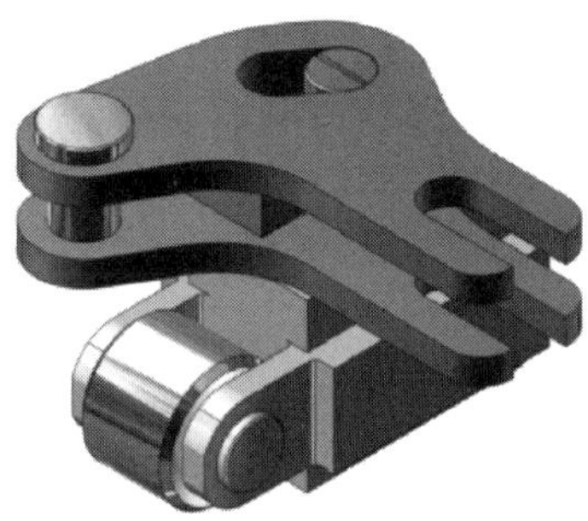
方案二：分体式导向拔叉</td></tr>
<tr><td>方案描述</td><td>整体式导向拔叉，控制三个刮蜡片开合，保证 ϕ19mm/22mm/25mm 抽油杆刮蜡和 ϕ58mm 扶正器顺利通过刮蜡装置</td><td colspan="2">分体式导向拔叉，控制三个刮蜡片开合，保证 ϕ19mm/22mm/25mm 抽油杆刮蜡和 ϕ58mm 扶正器顺利通过刮蜡装置</td></tr>
<tr><td>试验</td><td>
<table>
<tr><td rowspan="2">试验次数</td><td colspan="3">导向拔叉闭合直径范围/mm</td></tr>
<tr><td colspan="3">9</td></tr>
<tr><td>抽油标尺寸</td><td>ϕ19</td><td>ϕ22</td><td>ϕ25</td></tr>
<tr><td>1</td><td>19. 11</td><td>22. 10</td><td>25. 13</td></tr>
<tr><td>2</td><td>19. 12</td><td>22. 11</td><td>25. 12</td></tr>
<tr><td>3</td><td>19. 15</td><td>22. 15</td><td>25. 11</td></tr>
<tr><td>平均误差</td><td>0. 18</td><td>0. 12</td><td>0. 12</td></tr>
</table>
</td><td colspan="2">
<table>
<tr><td rowspan="2">试验次数</td><td colspan="3">导向拔叉闭合直径范围/mm</td></tr>
<tr><td colspan="3">9</td></tr>
<tr><td>抽油标尺寸</td><td>ϕ19</td><td>ϕ22</td><td>ϕ25</td></tr>
<tr><td>1</td><td>19. 14</td><td>22. 11</td><td>25. 12</td></tr>
<tr><td>2</td><td>19. 12</td><td>22. 15</td><td>25. 13</td></tr>
<tr><td>3</td><td>19. 13</td><td>22. 12</td><td>25. 17</td></tr>
<tr><td>平均误差</td><td>0. 13</td><td>0. 16</td><td>0. 14</td></tr>
</table>
</td></tr>
<tr><td>试验结果</td><td>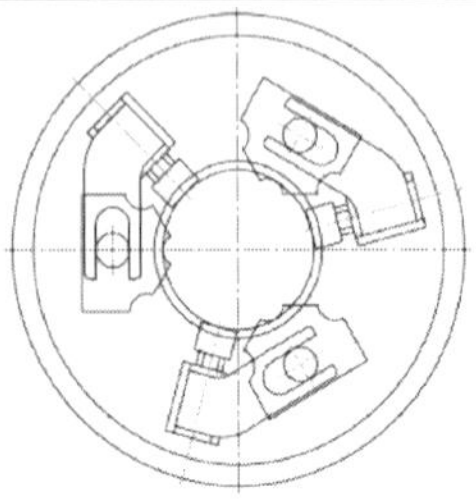
整体式导向拔叉试验模拟结果</td><td colspan="2">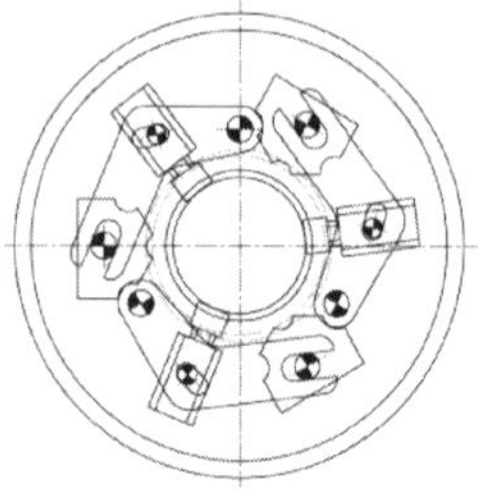
分体式导向拔叉试验模拟结果</td></tr>
</table>

续表

<table>
<tr><td>选择二</td><td colspan="2">导向拔叉类型的选择</td></tr>
<tr><td>试验结果</td><td>整体式导向拔叉闭合平均误差均在 0.20mm 范围以内，通过更换不同型号的刮蜡片可以满足刮蜡片对 φ19mm/22mm/25mm3 种型号抽油杆刮蜡的需求</td><td>分体式导向拔叉闭合平均误差均在 0.20mm 范围以内，通过旋转刮蜡片形成的抱合直径可以满足刮蜡片对 φ19mm/22mm/25mm3 种型号抽油杆刮蜡的需求</td></tr>
<tr><td>试验</td><td>
<table>
<tr><td rowspan="2">试验次数</td><td colspan="3">刮蜡片张开最大直径/mm</td></tr>
<tr><td colspan="3">9</td></tr>
<tr><td>扶正器尺寸</td><td colspan="3">φ58</td></tr>
<tr><td>1</td><td>56.81</td><td>56.82</td><td>56.85</td></tr>
<tr><td>2</td><td>56.86</td><td>56.85</td><td>56.88</td></tr>
<tr><td>3</td><td>56.85</td><td>56.86</td><td>56.84</td></tr>
<tr><td>平均误差</td><td>1.15</td><td>1.15</td><td>1.15</td></tr>
</table>
</td><td>
<table>
<tr><td rowspan="2">试验次数</td><td colspan="3">刮蜡片张开最大直径/mm</td></tr>
<tr><td colspan="3">9</td></tr>
<tr><td>扶正器尺寸</td><td colspan="3">φ58</td></tr>
<tr><td>1</td><td>76.82</td><td>76.84</td><td>76.82</td></tr>
<tr><td>2</td><td>76.83</td><td>76.86</td><td>76.87</td></tr>
<tr><td>3</td><td>76.84</td><td>76.83</td><td>76.84</td></tr>
<tr><td>平均误差</td><td>0.08</td><td>0.08</td><td>0.08</td></tr>
</table>
</td></tr>
<tr><td>试验结果</td><td>整体式导向拔叉张开平均误差均在 0.2mm 范围以内，整体式导向拔叉带动刮蜡片移动到最大位置时的径向尺寸为 56.88mm，φ58mm 扶正器无法通过刮蜡片</td><td>分体式导向拔叉张开平均误差均在 0.2mm 范围以内，分体式导向拔叉带动刮蜡片移动到最大位置时的径向尺寸为 76.87mm，φ58mm 扶正器可以顺利通过</td></tr>
<tr><td>安全性</td><td>因扶正器无法通过刮蜡片，安全性无法保证</td><td>扶正器可以顺利通过刮蜡片，安全性无问题</td></tr>
<tr><td>经济性</td><td>结构是一体式结构，加工工艺复杂，加工难度较大，加工费用测算为 558 元/件，费用相对较高</td><td>结构是分体式结构，加工工艺较为简单，加工费用测算为 290 元/件，加工费用相对较低</td></tr>
<tr><td>可操作性</td><td>安装更换方便，可操作性较好</td><td>安装更换较为复杂，可操作性较差一些</td></tr>
<tr><td>综合分析</td><td>整体式导向拔叉无法实现刮蜡片刮蜡、导向和扶正器顺利通过刮蜡片的需求</td><td>分体式导向拔叉可以同时满足刮蜡片刮蜡、导向和拨动刮蜡片张开时扶正器顺利通过的需求</td></tr>
<tr><td>结论</td><td>不采用</td><td>需要进一步分析采用何种材质制作分体式导向拔叉</td></tr>
</table>

制表人：张兆欣　　　　制表时间：2022 年 2 月 16 日

(3) 蒸汽喷头类型的选择

蒸汽喷头的类型选择见表 4-4。

表 4-4　蒸汽喷头类型的选择

<table>
<tr><td>选择三</td><td colspan="3">蒸汽喷头类型的选择</td></tr>
<tr><td>备选方案</td><td>蒸汽喷头：环形直孔式喷头；环斜锥孔式喷头</td><td>方案目标</td><td>1. 喷孔出口内径 3.0±0.2mm；
2. 喷孔数量≤12 个</td></tr>
<tr><td>试验方式</td><td colspan="3">试验：对喷头出口直径和个数进行模拟试验并对数据分析</td></tr>
<tr><td>方案名称</td><td>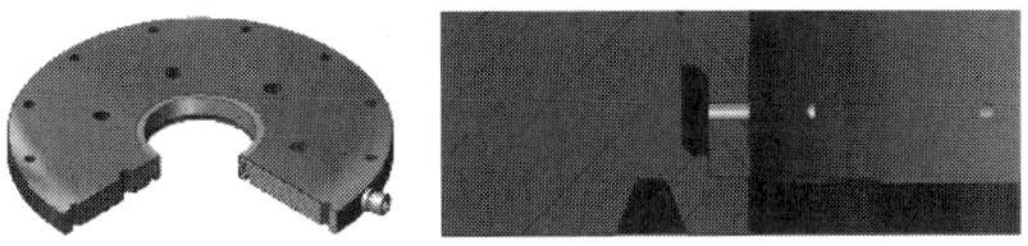
方案一：环形直孔式喷头</td><td colspan="2">
方案二：环形锥孔式喷头</td></tr>
<tr><td>方案描述</td><td>通过喷孔喷出的垂直于抽油杆表面的高压蒸汽射流对抽油杆表面油蜡进行清洗，并将刮下油蜡融化成液态</td><td colspan="2">通过喷孔内大外小，并与抽油杆表面成 45°角，喷出的高压蒸汽射流对抽油杆表面油蜡进行清洗，并将刮下油蜡融化成液态</td></tr>
</table>

续表

<table>
<tr><td>选择三</td><td colspan="2">蒸汽喷头类型的选择</td></tr>
<tr><td>试验</td><td>
<table>
<tr><td rowspan="2">试验次数</td><td>喷孔出口直径/mm</td><td>喷孔个数</td></tr>
<tr><td>3.00</td><td>12</td></tr>
<tr><td>1</td><td>3.02</td><td>12</td></tr>
<tr><td>2</td><td>3.02</td><td>12</td></tr>
<tr><td>3</td><td>3.03</td><td>12</td></tr>
<tr><td>4</td><td>3.03</td><td>12</td></tr>
<tr><td>平均误差</td><td>3.02</td><td>12</td></tr>
</table>
</td><td>
<table>
<tr><td rowspan="2">试验次数</td><td>喷孔出口直径/mm</td><td>喷孔个数</td></tr>
<tr><td>3.00</td><td>12</td></tr>
<tr><td>1</td><td>2.99</td><td>12</td></tr>
<tr><td>2</td><td>2.99</td><td>12</td></tr>
<tr><td>3</td><td>2.98</td><td>12</td></tr>
<tr><td>4</td><td>2.95</td><td>12</td></tr>
<tr><td>平均误差</td><td>2.98</td><td>12</td></tr>
</table>
</td></tr>
<tr><td>试验结果</td><td>喷孔出口直径 3.02，喷孔个数 12 个</td><td>喷孔出口直径 2.98mm，喷孔个数 12 个</td></tr>
<tr><td>安全性</td><td>蒸汽射流在壳体内进行，蒸汽压力与负吸压力经过调整匹配后可保证蒸汽不外泄，无安全问题</td><td>蒸汽射流在壳体内进行，蒸汽压力与负吸压力经过调整匹配后可保证蒸汽不外泄，无安全问题</td></tr>
<tr><td>经济性</td><td>直孔加工工艺简单，加工难度较小，加工费用 400 元/套</td><td>锥孔的加工工艺较为简单，加工难度较大，加工费用 580 元/套</td></tr>
<tr><td>可操作性</td><td>直孔式喷头蒸汽通过环形内孔时能量损失大，出口压力小，无法满足清洗需求</td><td>环斜锥孔时的能量损失更小，冲击能力更强，更加有利于抽油杆表面油蜡的清洗，可以满足抽油杆清洗需求</td></tr>
<tr><td>综合分析</td><td>喷孔 12 个符合要求，喷孔出口内径平均为 3.02mm，符合误差要求</td><td>喷孔个数符合要求，喷孔出口直径 2.98mm，符合误差要求</td></tr>
<tr><td>结论</td><td>不采用</td><td>需要进一步分析采用何种材质制作环形锥孔式喷头</td></tr>
</table>

制表人：李天一　　　　制表时间：2022 年 2 月 18 日

(4) 壳体类型的选择

壳体的类型选择见表 4-5。

表 4-5　壳体类型的选择

<table>
<tr><td>选择四</td><td colspan="3">壳体类型的选择</td></tr>
<tr><td>备选方案</td><td>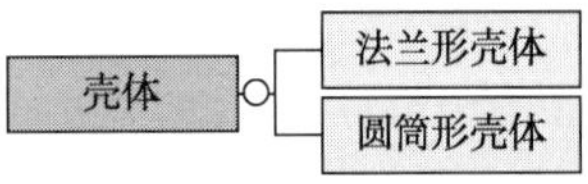
</td><td>方案目标</td><td>1. 壳体内径 300±0.2mm；
2. 壳体外径 330±0.2mm；
3. 壳体高度 129±0.2mm</td></tr>
<tr><td>试验方式</td><td colspan="3">测量：对壳体内径、外径和高度尺寸进行测量并对数据分析</td></tr>
<tr><td>方案名称</td><td colspan="2">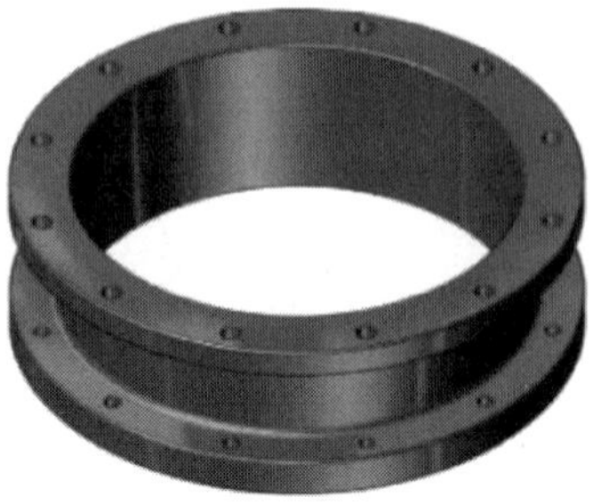
方案一：法兰形壳体</td><td>
方案二：圆筒形壳体</td></tr>
<tr><td>方案描述</td><td colspan="2">用于收集刮蜡片刮下的固体油蜡和蒸汽融化后的液态油蜡，同时容纳刮蜡片和导向拔叉等装置部件</td><td>用于收集刮蜡片刮下的固体油蜡和蒸汽融化后的液态油蜡，同时容纳刮蜡片和导向拔叉等装置部件</td></tr>
</table>

续表

<table>
<tr><td>选择四</td><td colspan="2">壳体类型的选择</td></tr>
<tr><td>试验</td><td>
<table>
<tr><td rowspan="2">试验次数</td><td>外径/mm</td><td>内径/mm</td><td>高度/mm</td></tr>
<tr><td>330</td><td>300</td><td>129</td></tr>
<tr><td>1</td><td>380. 02</td><td>300. 12</td><td>129. 13</td></tr>
<tr><td>2</td><td>380. 03</td><td>300. 15</td><td>129. 12</td></tr>
<tr><td>3</td><td>380. 02</td><td>300. 17</td><td>129. 14</td></tr>
<tr><td>4</td><td>380. 01</td><td>300. 14</td><td>129. 16</td></tr>
<tr><td>平均误差</td><td>50. 02</td><td>0. 12</td><td>0. 15</td></tr>
</table>
</td><td>
<table>
<tr><td rowspan="2">试验次数</td><td>外径/mm</td><td>内径/mm</td><td>高度/mm</td></tr>
<tr><td>330</td><td>300</td><td>129</td></tr>
<tr><td>1</td><td>330. 02</td><td>300. 12</td><td>129. 12</td></tr>
<tr><td>2</td><td>330. 03</td><td>300. 16</td><td>129. 13</td></tr>
<tr><td>3</td><td>330. 03</td><td>300. 14</td><td>129. 15</td></tr>
<tr><td>4</td><td>330. 02</td><td>300. 19</td><td>129. 17</td></tr>
<tr><td>平均误差</td><td>0. 025</td><td>0. 015</td><td>0. 155</td></tr>
</table>
</td></tr>
<tr><td>试验结果</td><td>壳体外径、内径和高度误差分别为 50. 02mm、0. 12mm 和 0. 15mm</td><td>壳体外径、内径和高度误差分别为 0. 025mm、0. 015mm、0. 155mm</td></tr>
<tr><td>安全性</td><td>蒸汽清洗和加热均在壳体内进行，蒸汽压力与负吸压力经过调整匹配后可保证蒸汽不外泄，无安全问题</td><td>蒸汽清洗和加热均在壳体内进行，蒸汽压力与负吸压力经过调整匹配后可保证蒸汽不外泄，无安全问题</td></tr>
<tr><td>经济性</td><td>法兰形壳体需要锻造，加工工艺较为复杂，加工费用 980 元/套</td><td>圆筒形壳体用普通管管材加工即可，加工工艺较为简单，加工费用 450 元/套</td></tr>
<tr><td>可操作性</td><td>安装时需要连接 24 长螺栓，时间较长，可操作性较差</td><td>安装时只需要连接六条双头螺栓即可，可操作性较好</td></tr>
<tr><td>综合分析</td><td>壳体外径超出误差范围 49. 82mm，壳体内径和高度均在要求的 0. 2mm 范围以内</td><td>壳体外径、壳体内径和壳体高度误差均在要求的 0. 2mm 范围以内</td></tr>
<tr><td>结论</td><td>不采用</td><td>需要进一步分析采用何种材质制作圆筒形壳体</td></tr>
</table>

制表人：王天琪　　　　制表时间：2022 年 2 月 18 日

（5）调偏底座类型的选择

调偏底座类型选择见表 4-6。

表 4-6　调偏底座类型的选择

<table>
<tr><td>选择五</td><td colspan="3">调偏底座的选择</td></tr>
<tr><td>备选方案</td><td>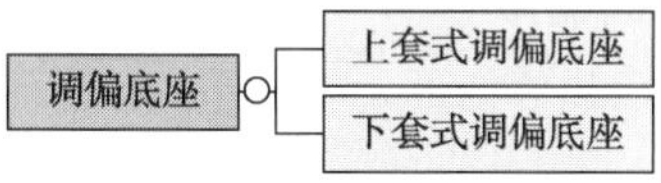
</td><td>方案目标</td><td>1. 外套与隔套的上下间隙 0. 20mm+0. 10mm；
2. 外套与隔套的左右间隙 43. 00mm±0. 5mm</td></tr>
<tr><td>试验方式</td><td colspan="3">试验：对外套与隔套的上下间隙和左右间隙进行模拟试验并对数据分析</td></tr>
<tr><td>方案名称</td><td colspan="2">
方案一：上套式调偏底座</td><td>
方案二：下套式调偏底座</td></tr>
<tr><td>方案描述</td><td colspan="2">通过外套与隔套的上下间隙保证壳体间密封，通过外套与隔套的左右间隙，实现管柱随动调偏</td><td>通过外套与隔套的上下间隙保证壳体间密封，通过外套与隔套的左右间隙，实现管柱随动调偏</td></tr>
</table>

续表

<table>
<tr><td>选择五</td><td colspan="2">调偏底座的选择</td></tr>
<tr><td>试验</td><td>
<table>
<tr><td rowspan="2">试验次数</td><td>上下间隙/mm</td><td>左右间隙/mm</td></tr>
<tr><td>0. 20</td><td>43. 00</td></tr>
<tr><td>1</td><td>0. 25</td><td>43. 10</td></tr>
<tr><td>2</td><td>0. 26</td><td>43. 50</td></tr>
<tr><td>3</td><td>0. 21</td><td>43. 00</td></tr>
<tr><td>4</td><td>0. 28</td><td>43. 20</td></tr>
<tr><td>平均误差</td><td>0. 05</td><td>0. 02</td></tr>
</table>
</td><td>
<table>
<tr><td rowspan="2">试验次数</td><td>上下间隙/mm</td><td>左右间隙/mm</td></tr>
<tr><td>0. 20</td><td>43. 00</td></tr>
<tr><td>1</td><td>0. 24</td><td>43. 20</td></tr>
<tr><td>2</td><td>0. 25</td><td>43. 30</td></tr>
<tr><td>3</td><td>0. 24</td><td>43. 40</td></tr>
<tr><td>4</td><td>0. 27</td><td>43. 30</td></tr>
<tr><td>平均误差</td><td>0. 05</td><td>0. 03</td></tr>
</table>
</td></tr>
<tr><td>试验结果</td><td>外套与隔套的上下间隙为 0. 05mm，外套与隔套的左右间隙为 0. 02，均在误差允许范围 0. 10mm 和 0. 5mm 以内</td><td>外套与隔套的上下间隙为 0. 05mm，外套与隔套的左右间隙为 0. 03，均在误差允许范围 0. 10mm 和 0. 5mm 以内</td></tr>
<tr><td>安全性</td><td>在刮蜡装置随动调偏过程中，外套随刮蜡装置一起晃动，外套容易碰撞操作人员造成伤害，存在一定的安全隐患</td><td>在刮蜡装置随动调偏过程中，隔套随刮蜡装置一起晃动，外套是静止不动的，保证操作人员的安全操作</td></tr>
<tr><td>经济性</td><td>上套式调偏底座各部件只需用螺栓连接即可完成部件安装，加工难度小，经济性较好</td><td>下套式调偏底座活动套需焊接操作，质量要求较高，需额外增加费用，经济性较差</td></tr>
<tr><td>可操作性</td><td>在刮蜡装置随动调偏过程中，外套随刮蜡装置一起晃动，能较好完成调偏功能，可操作性较好</td><td>在刮蜡装置随动调偏过程中，隔套随刮蜡装置一起晃动，能较好完成调偏功能，可操作性较好</td></tr>
<tr><td>综合分析</td><td>上套式调偏底座从安全性、经济性和可操作性综合考虑，效果一般</td><td>下套式调偏底座从安全性、经济性和可操作性综合考虑，效果较好</td></tr>
<tr><td>结论</td><td>不采用</td><td>需要进一步分析采用何种材质制作下套式调偏底座</td></tr>
</table>

制表人：张兆欣　　制表时间：2022 年 2 月 19 日

通过上述方案评价分析，最后选择各模块的一级方案确定如图 4-4 所示。

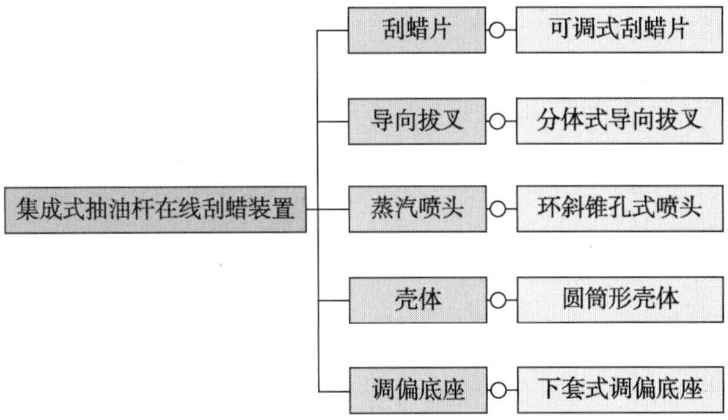

图 4-4　评价后的一级方案细化分解图

制图人：李天一　制图时间：2022 年 2 月 25 日

3. 二级方案确定

通过以上分析，需要对集成式抽油杆在线刮蜡装置各部件采用何种材质需要进一步选择，最后选择各模块分级方案。

依据借鉴的特性值与《偏心自调式油杆刮蜡器操作规程》以及各模块自身的关键需求，对集成式抽油杆在线刮蜡装置各部件的相关技术参数确定如表 4-7 所示。

表 4-7　相关技术参数

序号	所属于部件	技术规范及技术规范要求	关键技术参数
1	刮蜡片	抽油杆硬度 241～286HB	刮蜡片硬度<241HB
2	导向拔叉	抽油杆接箍硬度 241～286HB	导向拔叉硬度<241HB
3	蒸汽喷头	蒸汽压力 0. 8MPa，温度 120℃	屈服强度≥235N/mm²
4	壳体	承受全井抽油杆 3. 5t 的重量	屈服强度≥235N/mm²
5	调偏底座	承受全井抽油杆 3. 5t 的重量	屈服强度≥235N/mm²

制表人：李天一　　制表时间：2022 年 3 月 1 日

通过上述方案评价分析，最后选择各模块的二级方案确定如图 4-5 所示。

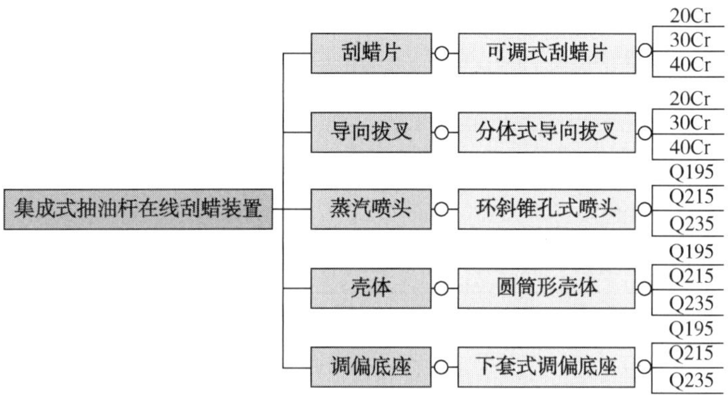

图 4-5　二级方案细化分解图

制图人：王天琪　制图时间：2022 年 3 月 1 日

4. 二级方案评价

装置各部件选择见表 4-8。

表 4-8　装置各部件材质的选择

选择六	可调式刮蜡片材质的选择					
备选方案	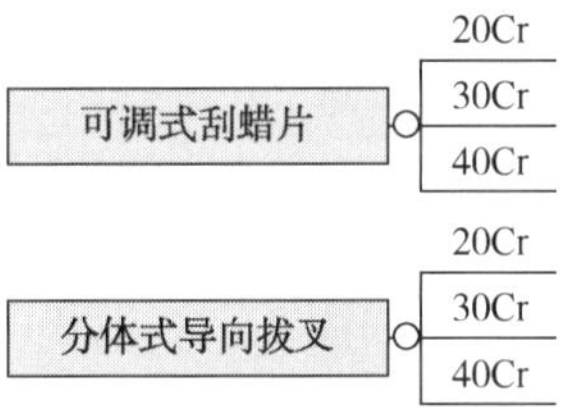			方案目标	可调式刮蜡片硬度<241HB	
数据调查	对 20Cr/30Cr/40Cr 三种合金钢硬的硬度、抗磨性、耐腐蚀性和价格等数据进行调查				验证方式	1. 查阅手册； 2. 现场调查
方案	材质	硬度(HB)/（C 含量）	抗磨性好（Cr 含量）	耐腐蚀性（Cr 含量）	经济性/（元/kg）	结论
方案一	20Cr	179/0. 18～0. 24	0. 7～1. 0	0. 7～1. 0	3. 75	不采用
方案二	30Cr	187/0. 27～0. 34	0. 8～1. 10	0. 8～1. 10	4. 05	不采用
方案三	40Cr	207/0. 37～0. 44	0. 8～1. 10	0. 8～1. 10	4. 65	采用
数据分析	40Cr 钢硬度能够满足目标要求，用量较少，虽价格略高，但对成本影响不大					
选择七	环形锥孔式喷头材质的选择					
备选方案	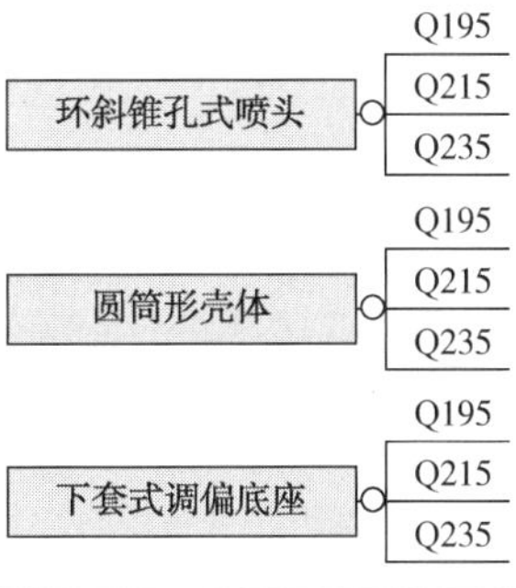			方案目标	屈服强度≥235N/mm^2	
数据调查	选择 Q195/Q215/235Q 两种碳素结构钢进行硬度试验并进行数据分析				验证方式	1. 现场试验； 2. 现场调查

续表

方案	材质	屈服强度 /(N/mm²)	抗拉强度 /(N/mm²)	厚度或直径 /mm	经济性 /(元/kg)	结论
方案一	Q195	194/194/195	315～430	16～200	3.8	不采用
方案二	Q215	214/215/215	335～450	16～200	4.3	不采用
方案三	Q235	233/234/235	370～500	16～200	5.2	采用
数据分析	Q235 能够满足目标要求，虽价格略高，但用量较少，对成本影响不大					

制表人：高洪财　　　　制表时间：2022 年 3 月 1 日

5. 确定最佳方案

针对方案进一步细化分解，通过对相关参数及优缺点对比分析，确定了细化后的最佳方案，整理归纳如图 4-6 所示。

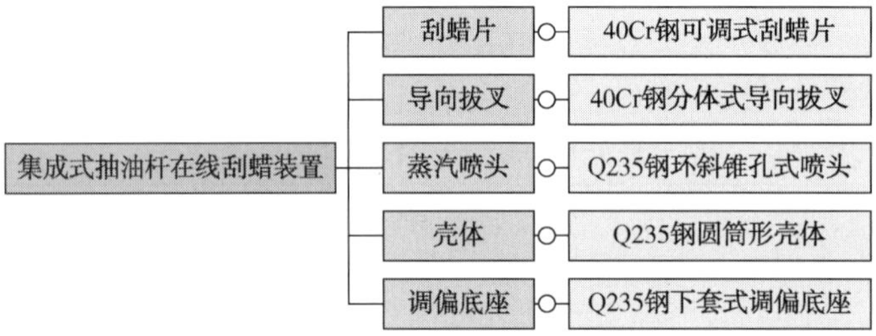

图 4-6　最佳方案细化分解图

制图人：王媛媛　时间 2022 年 3 月 11 日

最佳方案的结构示意图、刮蜡原理图和扶正器导向原理图，如图 4-7、图 4-8 和图 4-9 所示。

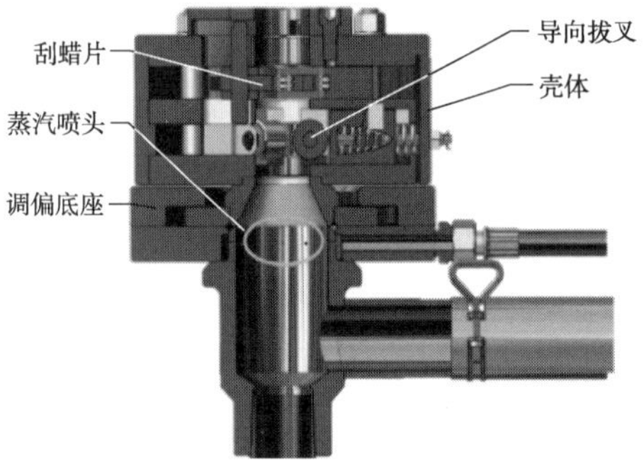

图 4-7　结构示意图

图 4-8　刮蜡原理图

图 4-9　扶正器导向原理图

制图人：刘勇　时间：2022 年 3 月 12 日

五、制定对策

小组根据细化的最佳方案及 5W1H 原则，制定了详细的对策如，表 5-1 所示。

表 5-1　对策实施表

序号	对策	目标	措施	地点	负责人	完成时间
1	40Cr 钢可调式刮蜡片的设计制作	刮蜡片闭合直径 ϕ19mm/22mm/25±0.2mm	1. 40Cr 钢可调式刮蜡片的图纸设计； 2. 根据图纸加工制作 40Cr 钢可调式刮蜡片； 3. 根据图纸安装 40Cr 钢可调式刮蜡片	QC 工作室	王志贤	2022 年 4 月
2	40Cr 钢分体式导向拔叉的设计制作	刮蜡片开合范围（19～76.80）±0.2mm	1. 40Cr 钢分体式导向拔叉的安装图纸设计； 2. 根据图纸加工制作分体式导向拔叉； 3. 安装分体式导向拔叉	QC 工作室	刘勇	2022 年 4 月
3	Q235 钢环斜锥孔式喷头设计制作	喷孔出口内径 3.0±0.2mm	1. Q235 钢环斜锥孔式喷头图纸设计； 2. 根据图纸加工制作环斜锥孔式喷头； 3. 根据图纸焊接环斜锥孔式喷头	QC 工作室	王媛媛	2022 年 4 月
4	Q235 钢圆筒形壳体的设计制作	壳体内径 300±0.2mm	1. Q235 钢圆筒形壳体图纸设计； 2. 根据收集油蜡需求进行图纸设计； 3. 根据图纸安装 Q235 钢圆筒形壳体	QC 工作室	刘金亮	2022 年 4 月
5	Q235 钢下套式调偏底座的设计制作	外套与隔套的左右间隙 43±0.5mm	1. Q235 钢下套式调偏底座图纸设计； 2. 根据图纸加工制作下套式调偏底座； 3. 根据设计图纸安装下套式调偏底座	QC 工作室	高洪财	2022 年 4 月
6	试验验证	抽油杆刮蜡时间控制在 245min 以内	1. 进行第三方验证； 2. 进行部件组装； 3. 进行室内试验； 4. 进行现场试验； 5. 验证有无负面影响	施工现场	张南兵	2022 年 5 月

制表人：王志贤　　　　时间：2022 年 3 月 16 日

六、对策实施

对策实施一：40Cr 钢可调式刮蜡片的设计制作如表 6-1 所示。

表 6-1　40Cr 钢可调式刮蜡片的设计制作及实施表

<table>
<tr><th>步骤</th><th>措施</th><th>实施效果</th></tr>
<tr><td>1. 40Cr 钢可调式刮蜡片的图纸设计</td><td>根据抽油杆刮蜡需求，进行图纸设计</td><td>根据抽油杆刮蜡需求，进行 40Cr 钢可调式刮蜡片图纸设计
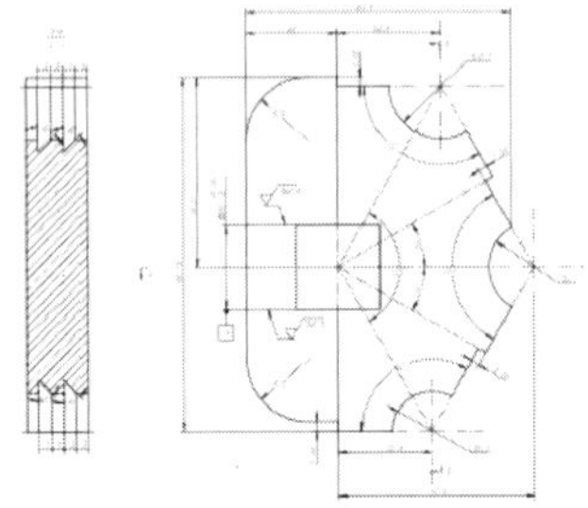</td></tr>
<tr><td>2. 根据图纸加工制作 40Cr 钢可调式刮蜡片</td><td>根据设计图纸进行加工制作</td><td>小组根据安装设计图纸进行加工制作

可调式刮蜡片实物图</td></tr>
<tr><td>3. 根据图纸安装 40Cr 钢可调式刮蜡片</td><td>根据设计图纸安装 40Cr 钢可调式刮蜡片</td><td>
可调式刮蜡片安装图</td></tr>
<tr><td>4. 效果检查</td><td>根据设定目标值进行效果检查</td><td>小组进行了现场测量，结果如下表所示。
<table>
<tr><td rowspan="2">试验次数</td><td colspan="3">40Cr 钢可调试刮蜡片闭合直径/mm</td></tr>
<tr><td colspan="3">ϕ19mm/22mm/25±0. 2mm</td></tr>
<tr><td>抽油杆型号</td><td>ϕ19</td><td>ϕ22</td><td>ϕ25</td></tr>
<tr><td>1</td><td>19. 14</td><td>22. 13</td><td>25. 13</td></tr>
<tr><td>2</td><td>19. 16</td><td>22. 14</td><td>25. 15</td></tr>
<tr><td>3</td><td>19. 15</td><td>22. 15</td><td>25. 14</td></tr>
<tr><td>平均值</td><td>0. 15</td><td>0. 14</td><td>0. 14</td></tr>
</table>
从模拟数据结果可以看出，3 个 40Cr 钢可调式刮蜡片闭合时的内径为 ϕ19mm/22mm/25±0. 2mm 以内，目标达成</td></tr>
</table>

制表人：王志贤　　　　时间：2022 年 4 月 1 日

对策实施二：40Cr 钢分体式导向拔叉的设计制作如表 6-2 所示。

表 6-2　40Cr 钢分体式导向拔叉的设计及实施表

<table>
<tr><th>步骤</th><th>措施</th><th>实施效果</th></tr>
<tr><td>1. 40Cr 钢分体式导向拔叉的图纸设计</td><td>根据抽油杆刮蜡及接箍通过的需求，设计图纸</td><td>根据抽油杆扶正器通过的需求，进行图纸设计
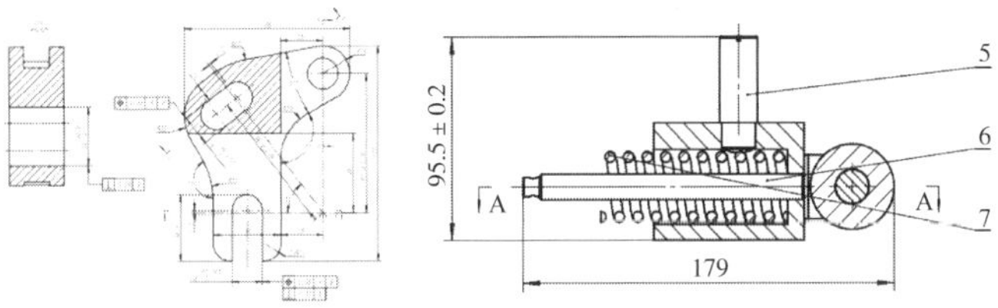
</td></tr>
<tr><td>2. 根据图纸加工制作 40Cr 钢分体式导向拔叉</td><td>根据安装设计图纸进行加工制作</td><td>小组根据设计图纸进行实物加工
  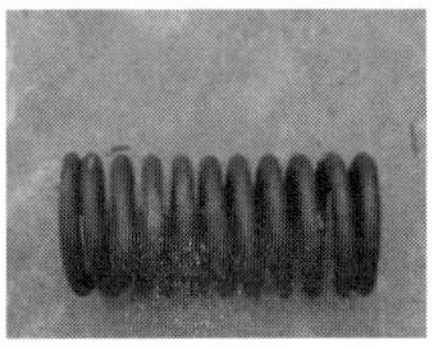
分体式导向拔叉加工实物图</td></tr>
<tr><td>3. 安装 40Cr 钢分体式导向拔叉</td><td>根据图纸安装分体式导向拔叉</td><td>小组根据装配设计图纸进行安装
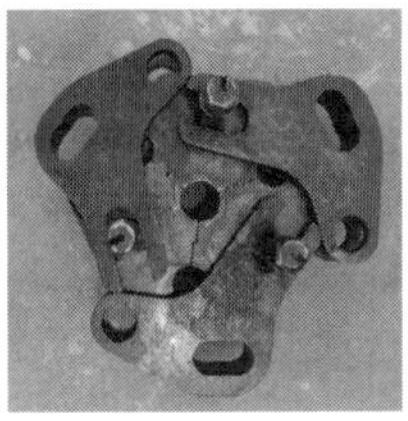
分体式导向拔叉安装

最小内切圆直径
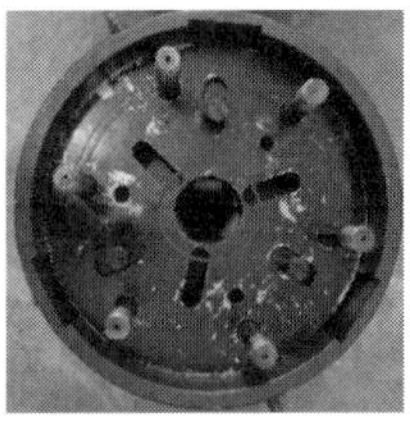
最大内切圆直径</td></tr>
<tr><td>4. 效果检查</td><td>根据设定目标值进行效果检查</td><td>小组对抽油杆刮蜡和扶正器通过时的最小内切圆直径和最大内切圆直径两种情况进行测量，结果如下表所示。
<table><tr><td rowspan="2">试验次数</td><td>最小内切圆直径</td><td>最大内切圆直径</td></tr><tr><td>ϕ19±0. 2mm</td><td>ϕ78. 8±0. 2mm</td></tr><tr><td>1</td><td>19. 14</td><td>76. 82</td></tr><tr><td>2</td><td>19. 16</td><td>76. 86</td></tr><tr><td>3</td><td>19. 15</td><td>76. 84</td></tr><tr><td>4</td><td>19. 15</td><td>76. 84</td></tr><tr><td>平均误差</td><td>0. 15</td><td>0. 04</td></tr></table>从测量结果可以看出，40Cr 钢可调式导向拔叉开合范围控制在(ϕ19~ϕ76. 8)±0. 2mm 范围以内，目标达成</td></tr>
</table>

制表人：刘勇　　　　时间：2022 年 4 月 2 日

对策实施三：Q235 钢环斜锥孔式喷头设计制作如表 6-3 所示。

表 6-3 Q235 钢环斜锥孔式喷头设计制作及实施表

<table>
<tr><th>步骤</th><th>措施</th><th>实施效果</th></tr>
<tr><td>1. Q235 钢环斜锥孔式喷头的图纸设计</td><td>根据抽油杆清洗及刮下油蜡预热融化需求，进行图纸设计</td><td>根据抽油杆清洗油蜡需求，进行 Q235 钢环斜锥孔式喷头的图纸设计。
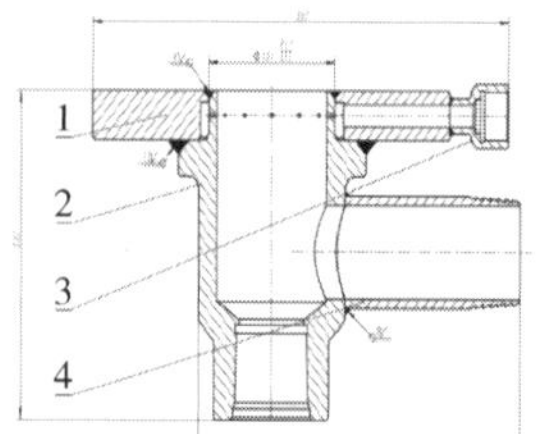

Q235 钢环斜锥孔式喷头设计图纸</td></tr>
<tr><td>2. 根据图纸加工制作 Q235 钢环斜锥孔式喷头</td><td>根据设计图纸进行加工制作</td><td>小组根据设计图纸进行加工制作

Q235 钢环斜锥孔式喷头实物图</td></tr>
<tr><td>3. 根据图纸焊接 Q235 钢环斜锥孔式喷头</td><td>焊接环斜锥孔式喷头</td><td>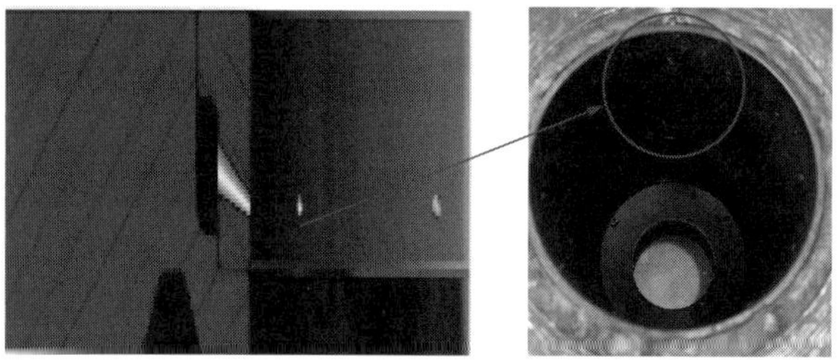
Q235 钢环斜锥孔式喷头焊接图</td></tr>
<tr><td>4. 效果检查</td><td>根据设定目标值进行效果检查</td><td>小组进行了实际测量，测量结果如下表所示。
<table>
<tr><td rowspan="2">测量次数</td><td colspan="3">喷孔直径/mm</td></tr>
<tr><td colspan="3">3.00</td></tr>
<tr><td>1</td><td>3.00</td><td>2.98</td><td>2.99</td></tr>
<tr><td>2</td><td>2.99</td><td>2.99</td><td>2.98</td></tr>
<tr><td>3</td><td>2.99</td><td>2.99</td><td>3.00</td></tr>
<tr><td>4</td><td>2.98</td><td>2.98</td><td>2.99</td></tr>
<tr><td>平均值</td><td colspan="3">2.99</td></tr>
</table>
从测量结果可以看出，Q235 钢环斜锥孔式喷头形状符合设计要求，喷孔直径均≤3.0mm，均满足目标需求，对策目标达成</td></tr>
</table>

制表人：王媛媛　　　　时间：2022 年 4 月 4 日

对策实施四：Q235 钢圆筒形壳体的设计制作如表 6-4 所示。

表 6-4　Q235 钢圆筒形壳体设计制作及实施表

<table>
<tr><th>步骤</th><th>措施</th><th>实施效果</th></tr>
<tr><td>1. Q235 钢圆筒形壳体的图纸设计</td><td>根据收集固体和液态油蜡需求，进行图纸设计</td><td>根据收集油蜡需求，进行 Q235 钢圆筒形壳体的图纸设计。
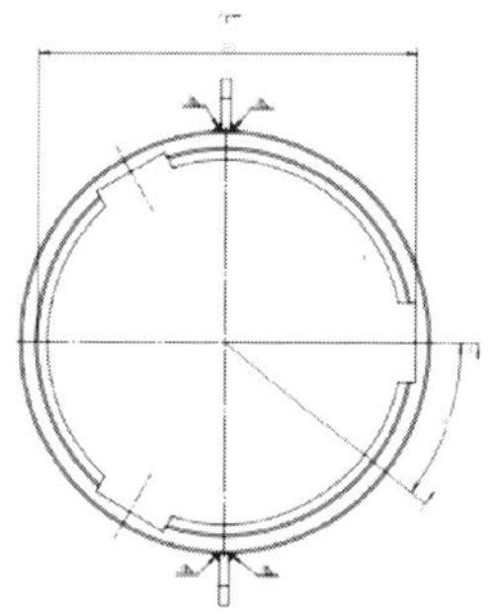
Q235 钢圆筒 形壳体设计图纸</td></tr>
<tr><td>2. 根据图纸加工制作 Q235 钢圆筒形壳体</td><td>根据设计图纸进行加工制作</td><td>小组根据设计图纸进行加工制作

Q235 钢圆柱筒形壳体实物图</td></tr>
<tr><td>3. 根据设计图纸安装 Q235 钢圆筒形壳体</td><td>安装 Q235 钢圆筒形壳体</td><td>
安装 Q235 钢圆筒形壳体安装图</td></tr>
<tr><td>4. 效果检查</td><td>根据设定目标值进行效果检查</td><td>小组进行了实际测量，测量结果如下表所示。
<table>
<tr><td rowspan="2">试验次数</td><td colspan="3">内径/mm</td></tr>
<tr><td colspan="3">300</td></tr>
<tr><td>1</td><td>300. 13</td><td>300. 12</td><td>300. 15</td></tr>
<tr><td>2</td><td>300. 15</td><td>300. 15</td><td>300. 14</td></tr>
<tr><td>3</td><td>300. 16</td><td>300. 17</td><td>300. 19</td></tr>
<tr><td>4</td><td>300. 18</td><td>300. 14</td><td>300. 16</td></tr>
<tr><td>平均误差</td><td colspan="3">0. 15</td></tr>
</table>
从测量结果可以看出，Q235 钢圆柱形壳体在 300±0. 2mm 范围以内，满足目标需求，对策目标达成</td></tr>
</table>

制表人：刘金亮　　　　时间：2022 年 4 月 4 日

对策实施五：Q235 钢下套式调偏底座的设计制作如表 6-5 所示。

表 6-5　Q235 钢下套式调偏底座的设计制作及实施表

<table>
<tr><th>步骤</th><th>措施</th><th>实施效果</th></tr>
<tr><td>1. Q235 钢下套式调偏底座的图纸设计</td><td>根据抽油杆刮蜡时调偏需求进行图纸设计</td><td>根据抽油杆刮蜡时调偏需求，进行 Q235 钢下套式调偏底座的图纸设计。
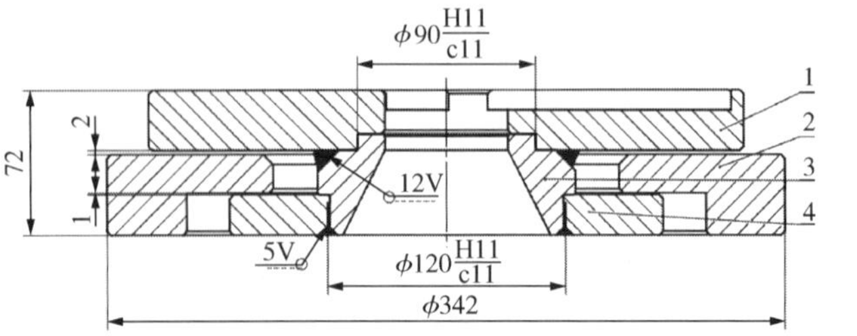

Q235 钢下套式调偏底座设计图纸</td></tr>
<tr><td>2. 根据图纸加工制作 Q235 钢下套式调偏底座</td><td>根据设计图纸进行加工制作</td><td>小组根据安装设计图纸进行加工制作

Q235 钢下套式调偏底座实物仰视图</td></tr>
<tr><td>3. 根据设计图纸安装 Q235 钢下套式调偏底座</td><td>根据设计图纸安装 Q235 钢下套式调偏底座</td><td>
Q235 钢下套式调偏底座安装图</td></tr>
<tr><td>4. 效果检查</td><td>根据设定目标值进行效果检查</td><td>小组进行了实际测量，测量结果如下表所示。
<table>
<tr><td rowspan="2">试验次数</td><td>上下间隙/mm</td><td>左右间隙/mm</td></tr>
<tr><td>0. 20±0. 10mm</td><td>43. 00±0. 5mm</td></tr>
<tr><td>1</td><td>0. 24</td><td>43. 20</td></tr>
<tr><td>2</td><td>0. 25</td><td>43. 30</td></tr>
<tr><td>3</td><td>0. 24</td><td>43. 40</td></tr>
<tr><td>4</td><td>0. 27</td><td>43. 30</td></tr>
<tr><td>平均值</td><td>0. 05</td><td>0. 30</td></tr>
</table>
从测量结果看出，Q235 钢下套式导向拔叉之间的间隙在 0. 20±0. 10mm 和 43. 00±0. 5mm 范围内，满足装置调偏的目标需求，目标达成</td></tr>
</table>

制表人：高洪财　　　　时间：2022 年 4 月 5 日

对策实施六：试验验证如表 6-6 所示。

表 6-6　试验验证实施表

<table>
<tr><th>步骤</th><th>措施</th><th>实施效果</th></tr>
<tr><td>1. 进行部件组装</td><td>按照装配图对装置各部件进行组装</td><td>根据按照装配图，对各部件进行组装，各部件运转灵活可靠
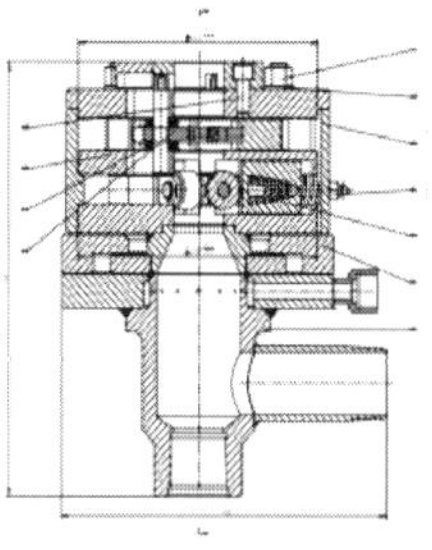 
装配图　装配后的实物图</td></tr>
<tr><td>2. 进行室内试验</td><td>按照装置导向、刮蜡和调偏需求进行室内模拟试验</td><td>小组进行室内模拟试验，具体过程如下图所示

刮蜡片抱紧油杆刮蜡　扶正器顺利通过刮蜡装置

装置调偏居中
具体试验数据测量如下表所示。
<table>
<tr><th>序号</th><th>刮蜡片夹紧力/N</th><th>调偏范围/mm</th><th>导向功能</th></tr>
<tr><td>1</td><td>51</td><td>9. 5～29</td><td>顺利完成</td></tr>
<tr><td>……</td><td>……</td><td>……</td><td>……</td></tr>
<tr><td>10</td><td>51</td><td>9. 5～29</td><td>顺利完成</td></tr>
</table>
试验结果：抽油杆起出过程中刮蜡片始终抱紧抽油杆进行刮蜡，扶正器顺利通过刮蜡装置，装置与抽油杆始终处于居中状态</td></tr>
<tr><td>3. 进行现场试验</td><td>按照装置刮蜡、清洗和回收需求进行现场试验</td><td>小组进行现场试验，具体过程如下图所示。

抽油杆刮蜡　扶正器顺利通过</td></tr>
</table>

续表

<table>
<tr><th>步骤</th><th>措施</th><th>实施效果</th></tr>
<tr><td>3. 进行现场试验</td><td>按照装置刮蜡、清洗和回收需求进行现场试验</td><td>
蒸汽清洗+负吸回收
具体试验数据如下表所示。
<table>
<tr><th>序号</th><th>抽油杆表面油蜡厚度/mm</th><th>蒸汽清洗</th><th>负吸回收</th></tr>
<tr><td>1</td><td>1.5</td><td>蒸汽清洗杆体并将刮下油蜡融化成液态</td><td>液态油水顺利回收到污油污水回收装置</td></tr>
<tr><td>……</td><td>……</td><td>……</td><td>……</td></tr>
<tr><td>180</td><td>1.6</td><td>蒸汽清洗杆体并将刮下油蜡融化成液态</td><td>液态油水顺利回收到污油污水回收装置</td></tr>
</table>
试验结果：抽油杆起出过程中实现了刮蜡清洗回收一体化操作，抽油杆表面油蜡厚度均小于 2mm，一次合格率 100%，污染率为零</td></tr>
<tr><td>4. 进行第三方验证</td><td>选择石油工业机械产品监督检验站进行检验</td><td>   </td></tr>
<tr><td>5. 验证有无负面 影响</td><td>小组请厂质量安全环保部相关领导到现场验证</td><td>本成果在现场应用过程中，抽油杆刮蜡、清洗、回收一次合格率 100%，经过厂质量安全环保部认证，在安全、环保、质量等方面均无负面影响，相关报告如下图所示。
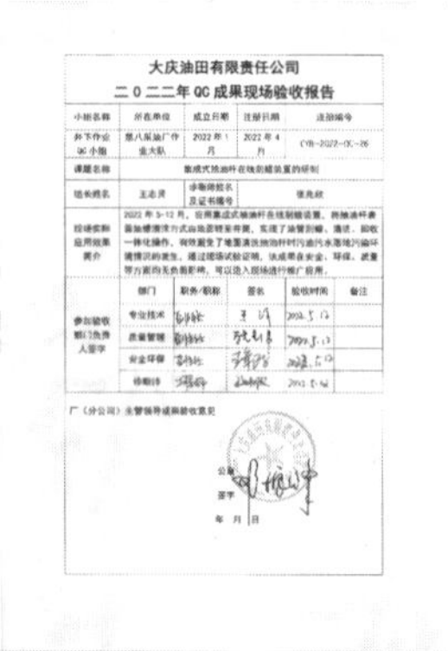
大庆油田有限责任公司
二〇二二年 QC 成果现场验收报告
小组名称 所在单位 成立日期 注册日期 注册编号
部门 职务/职称 签名 验收时间 备注
厂（分公司）主管领导审核验收意见
成果现场验收报告</td></tr>
</table>

制表人：张南兵　　　　时间：2022 年 5 月 18 日

七、效果检查

（一）目标值检查

2022 年 5 月 19 日～12 月 31 日，在第八采油厂的 6 个作业小队应用集成式抽油杆刮蜡装置 615 井次，在保证抽油杆刮蜡一次性达到下井标准，污染率为零的情况下，平均单井抽油杆清洗用时由 545min 降至 234min，<245min 的目标要求，完成了 QC 小组的活动目标。情况统计见表 7-1。

表 7-1　2022 年 5～12 月集成式抽油杆刮蜡装置应用情况统计表

序号	队伍	5 月	6 月	7 月	8 月	9 月	10 月	11 月	12 月
1	宏庆 1 队	234	238	225	238	234	234	235	233
2	宏庆 7 队	237	235	238	235	231	235	236	232
3	宏庆 12 队	235	235	244	237	234	224	235	235
4	倍通 3 队	232	234	235	239	236	239	237	235
5	倍通 6 队	235	233	225	238	238	236	226	237
6	倍通 7 队	234	228	234	237	232	228	237	233
平均	234								

制表人：王志贤　　　　时间：2022 年 12 月 31 日

具体指标完成情况见图 7-1。

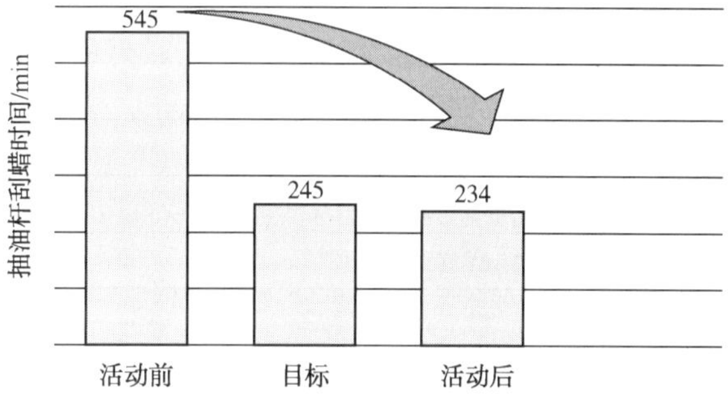

图 7-1　活动前后目标完成情况柱状图

制图人：刘勇　制表时间：2022 年 12 月 31 日

现场应用及抽油杆清洗图见图 7-2～图 7-4。

图 7-2　装置现场应用

图 7-3　抽油杆清洗干净

图 7-4　抽油杆清洗无污染

（二）效益验证

1. 直接经济效益

2022 年 5 月 19 日～12 月 31 日应用集成式抽油杆刮蜡装置 615 井次，单井平均用时由 545min 缩短至 234min，同期对比产生直接经济效益 327210 元。

详细测算及评价依据如下：

其中产出 = 节省油料费；

节省油料费：615 口×6 元/升×(545−234) min /60min/h/口×20 升/h = 382530 元；

投入 = 机械加工费 = 9220 元/套×6 套 = 55320 元；

直接经济效益 = 产出−投入 = 节省油料费−机械加工费 = (382530−55320) 元 = 327210 元，具体可见经济效益分析评价报告，如图 7-5 所示。

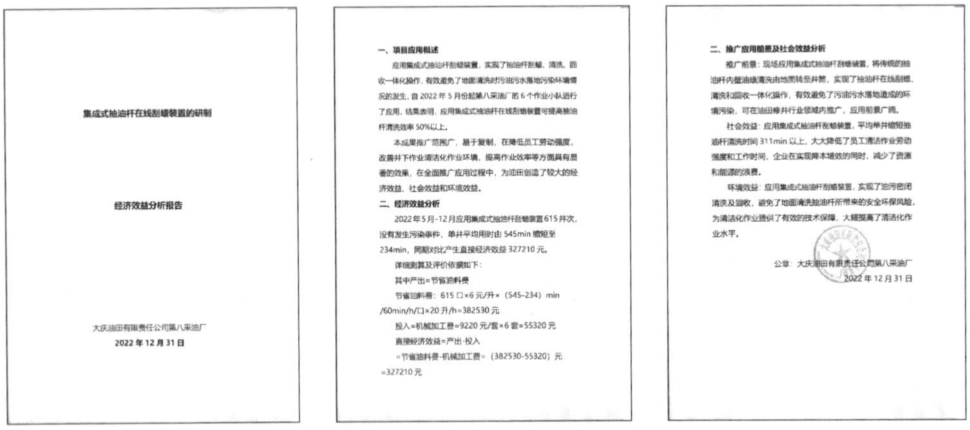

集成式抽油杆在线刮蜡装置的研制

经济效益分析报告

大庆油田有限责任公司第八采油厂

2022 年 12 月 31 日

一、项目应用概述

应用集成式抽油杆刮蜡装置，实现了抽油杆刮蜡、清洗、回收一体化操作，有效避免了地面清洗时污油污水落地污染环境情况的发生，自 2022 年 5 月份起第八采油厂的 6 个作业小队进行了应用，结果表明，应用集成式抽油杆在线刮蜡装置可提高抽油杆清洗效率 50%以上。

本成果推广范围广，易于复制，在降低员工劳动强度，改善井下作业清洁化作业环境，提高作业效率等方面具有显著的效果，在全面推广应用过程中，为油田创造了较大的经济效益、社会效益和环境效益。

二、经济效益分析

2022 年 5 月-12 月应用集成式抽油杆刮蜡装置 615 井次，没有发生污染事件，单井平均用时由 545min 缩短至 234min，同期对比产生直接经济效益 327210 元。

详细测算及评价依据如下：

其中产出 = 节省油料费

节省油料费：615 口×6 元/升×（545-234）min /60min/h/口×20 升/h = 382530 元

投入 = 机械加工费 = 9220 元/套×6 套 = 55320 元

直接经济效益 = 产出-投入

= 节省油料费-机械加工费 =（382530-55320）元

= 327210 元

二、推广应用前景及社会效益分析

推广前景：现场应用集成式抽油杆刮蜡装置，将传统的抽油杆内壁油蜡清洗由地面转至井筒，实现了抽油杆在线刮蜡、清洗和回收一体化操作，有效避免了污油污水落地造成的环境污染，可在油田修井行业领域内推广，应用前景广阔。

社会效益：应用集成式抽油杆刮蜡装置，平均单井缩短抽油杆清洗时间 311min 以上，大大降低了员工清洁作业劳动强度和工作时间，企业在实现降本增效的同时，减少了资源和能源的浪费。

环境效益：应用集成式抽油杆刮蜡装置，实现了油污密闭清洗及回收，避免了地面清洗抽油杆所带来的安全环保风险，为清洁化作业提供了有效的技术保障，大幅提高了清洁化作业水平。

公章：大庆油田有限责任公司第八采油厂

2022 年 12 月 31 日

图 7-5　经济效益分析报告

2. 社会效益

2022 年，通过应用该集成式抽油杆在线刮蜡装置，产生了较好的社会效益。

（1）应用该装置，抽油杆清洗时间由 545min 缩短为 234min，清洗效率提高了 57.06%[(545−234)/545]，实现了降本增效。

（2）应用该装置将抽油杆地面清洗转化为井筒内清洗，污油污染率为零，实现了清洁化作业，消除了环境污染，大幅降低了员工的劳动强度。

八、标准化

技术先进：本装置将传统的抽油杆清洗由地面转至井筒，实现了密闭式抽油杆刮蜡、清洗和回收一体化操作，从根源上消除了地面清洗抽油杆产生的污油污水落地容易造成环境污染的隐患，大幅提高了油井检泵清洁化作业水平。

应用范围广：统计调研大庆油田的小修、中修和大修等作业队伍，发现该装置可在上述作业中均可进行应用，通过该装置刮蜡片内径尺寸的改进，可对不同直径的钻杆和油管表面进行油蜡刮削、清洗和回收一体化操作，应用范围广，具有显著的经济效益和社会效益。功能特性统计表见表 8-1。

表 8-1　第八采油厂修井作业所需功能特性统计表

需求及特性	抽油机井/电泵井/螺杆泵井	
年检泵数量/口	2800	
平均检泵年限/年	3~5	
刮蜡对象	钻杆	油管
刮蜡直径/mm	ϕ73mm/ϕ88.90mm	ϕ50.3mm/ϕ62mm/ϕ73mm
必备功能	油管接箍、钻杆接箍的导向，装置的调偏居中，油管、钻杆油蜡刮削、清洗和污油污水回收	

制表人：刘勇　　　　时间：2022 年 12 月 31 日

成果易复制：本课题成果能够大幅提高抽油杆清洗效率，该成果准备在大庆油田第八采油厂进行推广，具有较好的推广价值，应用前景广阔，成果推广价值评估表如图 8-1 所示。

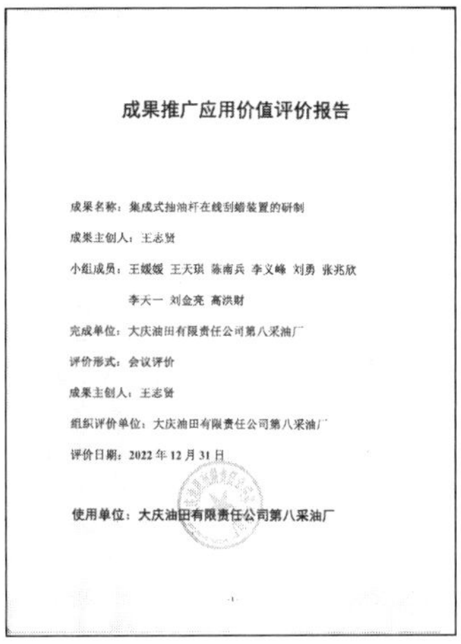
成果推广应用价值评价报告

成果名称：集成式抽油杆在线刮蜡装置的研制

成果主创人：王志贤

小组成员：王媛媛 王天琪 陈南兵 李文峰 刘勇 张兆欣 李天一 刘金亮 高洪财

完成单位：大庆油田有限责任公司第八采油厂

评价形式：会议评价

成果主创人：王志贤

组织评价单位：大庆油田有限责任公司第八采油厂

评价日期：2022 年 12 月 31 日

使用单位：大庆油田有限责任公司第八采油厂

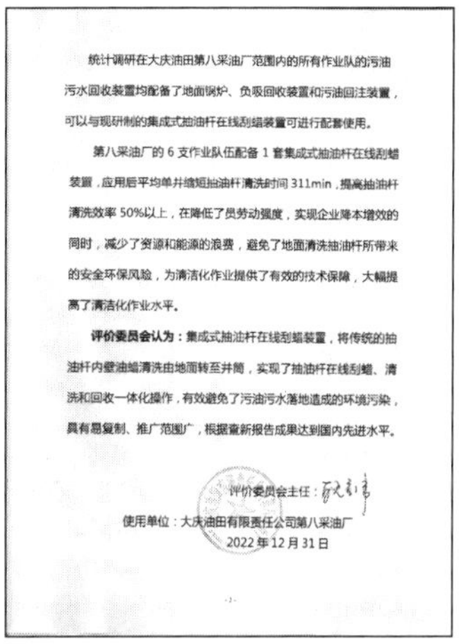
统计调研在大庆油田第八采油厂范围内的所有作业队的污油污水回收装置均配备了地面锅炉、负吸回收装置和污油回注装置，可以与现研制的集成式抽油杆在线刮蜡装置可进行配套使用。

第八采油厂的 6 支作业队伍配备 1 套集成式抽油杆在线刮蜡装置，应用后平均单井缩短抽油杆清洗时间 311min，提高抽油杆清洗效率 50%以上，在降低了员劳动强度，实现企业降本增效的同时，减少了资源和能源的浪费，避免了地面清洗抽油杆所带来的安全环保风险，为清洁化作业提供了有效的技术保障，大幅提高了清洁化作业水平。

评价委员会认为： 集成式抽油杆在线刮蜡装置，将传统的抽油杆内壁油蜡清洗由地面转至井筒，实现了抽油杆在线刮蜡、清洗和回收一体化操作，有效避免了污油污水落地造成的环境污染，具有易复制、推广范围广，根据查新报告成果达到国内先进水平。

评价委员会主任：

使用单位：大庆油田有限责任公司第八采油厂

2022 年 12 月 31 日

图 8-1　成果推广应用价值评价报告

效果评价： 小组根据成果推广应用价值评价报告，对该成果进行了标准化，见表 8-2。

表 8-2　标准化工作实施表

标准化	开展内容	成果编号	成果
编制标准化文件，列入作业小队日常规范	编制《HSE 作业计划指导书》	XJ-50301	 HSE 作业计划指导书 
	图纸归档	YGGLQ-TZ-202211	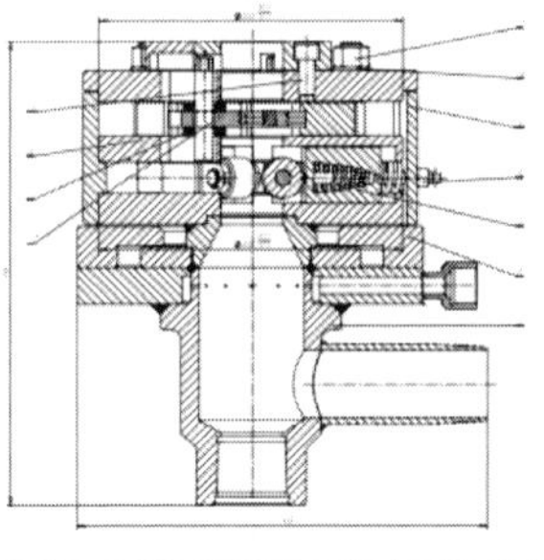 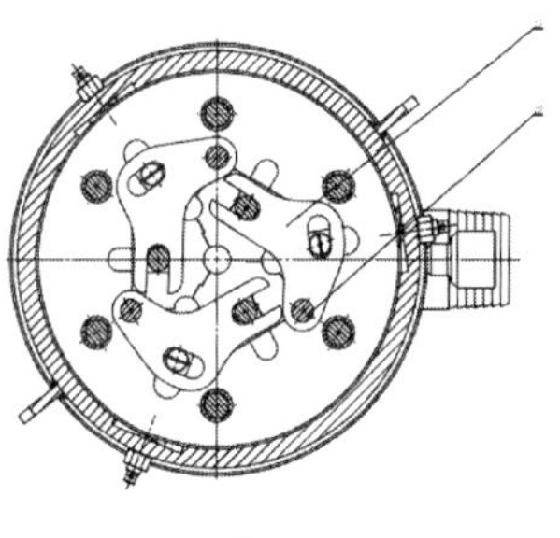

制表人：王媛媛　　　　制表时间：2022 年 12 月 31 日

九、总结和下一步打算

（一）总结

活动的创新和不足之处如表 9-1 所示。

表 9-1　标准化工作实施表

分类	创新特色	不足之处
小组在技术创新方面	1. 在专业技术上有重大突破。应用小组研制的集成式抽油杆在线刮蜡装置，实现了密闭式抽油杆刮蜡、清洗和回收一体化操作，抽油杆一次性刮蜡达到下井标准，清洗效率提高了 57.06%，污油污染率为零，专业技术效果取得了显著进步	可进一步拓展装置的功能
	2. 课题技术最有先进性。为了对成果进行知识产权保护，申请发明专利 1 项，正在审批当中	知识产权保护范围小

续表

<table>
<tr><th>分类</th><th>创新特色</th><th>不足之处</th></tr>
<tr><td>小组在管理水平方面</td><td>通过本次活动，提升了小组成员的管理水平，从小组成员选题、注册、活动开展，成果总结，到发布评审各环节顺利衔接，成员配合默契，团队管理水平得到大幅度提升
<table>
<tr><th>活动内容</th><th>优点</th><th>运用工具</th></tr>
<tr><td>课题选择</td><td>课题针对强，能有效解决现场实际用户需求</td><td>流程图
调查表</td></tr>
<tr><td>目标设定及可行性论证</td><td>根据借鉴与计算，通过试验、测量的数据进行可行性论证确定目标</td><td>柱状图
调查表</td></tr>
<tr><td>提出并确实最佳方案</td><td>通过试验、测量、调查统计等方式，确定最佳方案</td><td>调查表</td></tr>
<tr><td>制定对策</td><td>用数据确定最佳方案，提出有效的实施措施</td><td>调查表</td></tr>
<tr><td>效果检查</td><td>针对课题目标进行有效检查</td><td>柱状图
调查表</td></tr>
<tr><td>标准化</td><td>对具有推广应用价值的课题进行标准化</td><td>调查表</td></tr>
</table>
</td><td>QC 工具应用不熟练</td></tr>
<tr><td>小组在成员素质提升方面</td><td>2022 年底，小组成员中有 1 人通过破格由采油测试高级工晋升为高级技师，技术创新能力得到进一步提升</td><td>小组成员在新标准认证方面需进一步提升</td></tr>
</table>

制表人：张南兵　　　　制表时间：2022 年 12 月 31 日

（二）下一步打算

针对小组成员在 QC 活动过程中存在的不足，在技术、管理和人员素质方面提出了改进措施并落实到人，详见表 9-2。

表 9-2　下一步打算

分类	改进措施	预期目标	负责人	完成时间
针对技术上的不足	开展钻杆、套管在线清洗技术研究	实现钻杆、套管在线刮蜡清洗回收一体化操作，从源头上消除钻杆清洗污油污染	刘勇	2023 年 12 月
	学习专利代理实务知识，提高权利要求书的撰写水平	提升说明书中权利要求书的撰写水平，扩大专利的独立权利要求的保护范围	王志贤	2023 年 12 月
针对管理上的不足	增加 QC 工具的学习培训	正交试验、PDPC 法等 QC 工具的使用，开展该类专项培训次	张兆欣	2023 年 10 月
针对小组成员素质方面的不足	需要进一步加深对新标准的理解	聘请培训老师进行新标准培训，使人员素质进一步加强	王志贤	2023 年 10 月

制表人：张兆欣　　　　制表时间：2022 年 12 月 31 日

在今后的工作中，小组将针对检泵过程中存在的问题继续开展 QC 活动，针对客户需求不断改进，下一阶段准备将活动课题确定为《油管螺纹密封脂涂抹装置研制》。

成果点评

井下作业 QC 小组的活动成果符合创新型活动程序，严格遵循 PDCA 循环，体现了小、实、活、新的特点，该成果缩短了抽油杆清洗时间，实现了清洁化作业，消除了环境污染，大幅降低了员工的劳动强度，实用性强，具有推广价值。课题从生产实际出发，以作业队伍的需求为导向，通过借

鉴偏心自调式油杆刮蜡器工作原理，提出了本次活动课题。分级方案明确，且逐层展开到可实施的具体方案，收集了大量的数据用于方案选择，对策实施时也测试了大量数据证实对策目标的实现，同时还验证了实施结果在安全、质量、管理、成本等方面有无负面影响，从创新角度对在专业技术、管理方法和小组成员综合素质等方面进行全面的回顾和总结，提出了下阶段活动课题。该成果灵活使用了调查表等统计方法，采用图、表配合的方式将结果对比呈现。

本 QC 小组成果存在以下方面的不足，希望以后持续改进：

(1) 蒸汽喷头类型的选择时，可操作性判断较为主观，缺少数据支持；另外有分项选择时无需进行综合分析；

(2) 对策表中对策 6 目标不宜定为课题目标，目标确定为组装后实现在线刮蜡，没有检查对策目标是否实现；

(3) 效果检查 5 月 18 日完成一套刮蜡装置，能否满足每月 6 次的使用频率，48 次使用数据如何得出的没有依据；

(4) 下一步打算准则只要求提出下步课题即可，针对技术、管理、人员素质的改进措施应该在总结中提出。

注水井堵塞器一拖三式投捞装置的研制

工作室 QC 小组

（大庆油田有限责任公司第六采油厂）

一、小组概况

详见表 1-1。

表 1-1　小组概况统计表

小组名称	工作室 QC 小组		注册编号		QC-CY6-2022025	
课题名称	注水井堵塞器一拖三式投捞装置的研制		成立时间		2022 年 1 月	
课题类型	创新型		活动时间		2022 年 1~12 月	
小组人数（≤10 人）	10		当年活动次数		12	
近三年获奖情况	中石油天然气集团公司 2019 年度优秀 QC 成果一等奖 中石油天然气集团公司 2020 年度优秀 QC 成果一等奖 黑龙江省 2021 年度优秀 QC 成果一等奖					
小组成员情况						
序号	姓名	年龄	文化程度	职务、职称	组内分工	备注
1	贾婷婷	31	研究生	工程师	组长	
2	于秀娟	45	本科	测试技师	组员	
3	胡胜杰	45	本科	技能专家	组员	
4	班国栋	47	大专	测试技师	组员	
5	牛　青	34	本科	工程师	组员	
6	李　艳	36	本科	工程师	组员	
7	吕佳男	33	本科	工程师	组员	
8	齐　伟	31	本科	助理工程师	组员	
9	时　光	33	本科	高级工	组员	
10	孙宝安	48	大专	测试技师	组员	

二、选择课题

1. 需求分析

油田在投入生产之后，油田地层能量(地层压力)随之降低，为了让地层压力维持在饱和压力附近，为维持油井的良好的生产能力，需要向地层注水来补充地层流失能量。目前注水井多采用分层注水方式，而分层注水中常用的井下分层定量注水工具是偏心配水器，它可根据油层的不同吸水能力进行分层定量注水，主要包括工作筒和堵塞器两部分。见图 2-1。

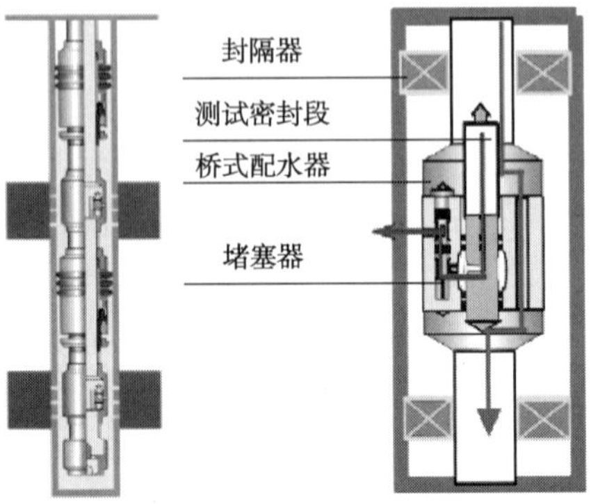

图 2-1　偏心配水器结构图

注水井堵塞器投捞器是一种与配水器配套使用的井下

工具，用于对偏心配水器中的堵塞器实施投放、打捞的专用工具，是堵塞器更换水嘴必不可少的工具。目前大庆油田在投捞偏心堵塞器时采用的工具普遍为单个投捞爪的投捞器，特点是每次只能投送一个偏心堵塞器。然而随着油田的发展需要，每口注水井注水层段约有 2~5 个层，甚至 6~9 个层，层位增加后投捞次数也在相对增加，为确保测试资料合格，测试过程中的投捞环节就显得尤为重要，多数测试时间用在投捞上，当地层、油管、注水环境复杂时，投捞的难度就比较大，下井次数如果增多就会引起连锁反应发生井下落物的风险也相对增加，严重影响着测试效率。单投捞器作业现场见图 2-2。

图 2-2　投捞器作业图

（1）从作业成本方面进行分析

小组成员对测调班 2021 年注水井堵塞投捞情况进行了统计。见表 2-1 和图 2-3。

表 2-1　测调班 2021 年 1~12 月注水井堵塞器投捞情况统计表

月份	堵塞器投捞次数	投捞成功次数	成功率/%	井下落物次数
1	125	125	100. 00	0
2	132	131	99. 24	1
3	128	126	98. 44	2
4	139	136	97. 84	3
5	115	114	99. 13	1
6	142	140	98. 59	2
7	136	135	99. 26	1
8	129	126	97. 67	3
9	144	143	99. 31	1
10	133	130	97. 74	3
11	121	118	97. 52	3
12	116	115	99. 14	1
总计	1560	1539	98. 66	21

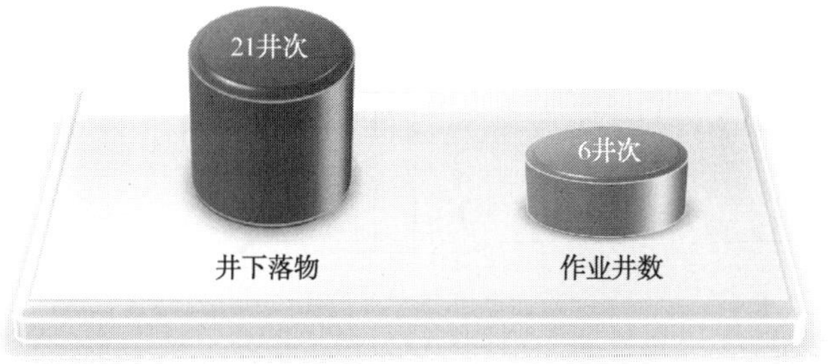

图 2-3　2021 年井下落物及作业情况统计

从统计表中可以看出，试井队 2021 年全年共投捞注水井堵塞器为 1560 次，其中投捞成功 1539 次，成功率 98.66%，造成井下落物次数 21 次，作业井数 6 井次，作业费用 18 万元。

(2) 从投捞效率进行分析

注水井堵塞器投捞工作包括 7 个步骤，平均一次投捞时间为 67min，全年 1560 次共需 1742h，员工劳动强度大，工作效率低，尤其在冬季，更增加了员工的工作难度。见图 2-4。

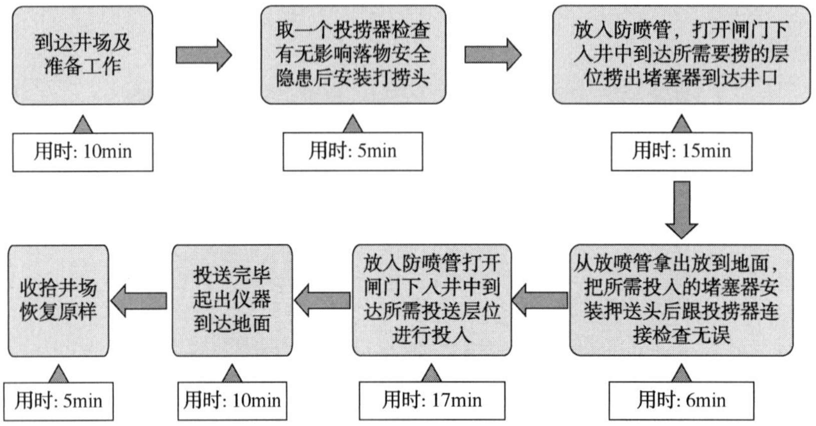

图 2-4 各个步骤耗时示意图

为缩短投捞工作的时间，节约作业成本，需研制一种可以缩短投捞时间的装置。

2. 创新思路借鉴

针对顾客的需求，小组成员提出过去有没有相关的装置能够解决快速或者多次投捞问题呢？针对这个考虑，小组成员搜寻关键数据，比如"快速投捞""多次投捞""高效投捞"等，找到"多捞自动储藏异型导向式投捞器"借鉴对象，具体如表 2-2 所示。

表 2-2 借鉴信息统计表

步骤	借鉴内容
项目名称	多捞自动储藏异型导向式投捞器
图示	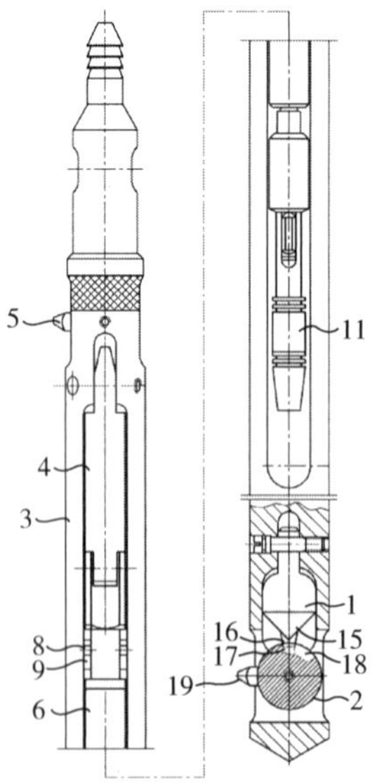

续表

步骤	借鉴内容
工作原理	多捞自动储藏异型导向式投捞器涉及石油机械，打捞卡爪(7)设有从打捞头总成(6)壳体两侧伸出的销轴(8)，投捞主体(3)容纳打捞头总成(6)的槽内有与打捞卡爪(7)上的销轴(8)配合的解锁斜面(9)，投捞主体(3)于打捞头总成(6)的下方设有堵塞器储藏仓(10)，打捞头总成(6)抓取到堵塞器(11)后，在收入投捞主体(3)的容纳槽内时，通过解锁斜面(9)和销轴(8)的配合使打捞卡爪(7)上行并松开堵塞器(11)，将堵塞器(11)投入下方的堵塞器储藏仓(10)内。它具有结构设计合理、工作效率高的优点，一次下井作业便可打捞出多个堵塞器
项目分析	多捞自动储藏异型导向式投捞器，该仪器和油田水井测试车由钢丝连接，通过测试防喷管，下到井下预定深度。到达井下预定深度，其特征在于，所述的堵塞器储藏仓(10)可以容纳三个堵塞器。一次下井作业便可打捞出三个堵塞器
提炼思路	一次下井作业便可打捞出三个堵塞器
借鉴特性值	1. 仪器和油田水井测试车由钢丝连接，通过测试防喷管，下到井下预定深度； 2. 一次下井作业便可打捞出三个堵塞器

制表人：贾婷婷　　日期：2022 年 3 月 15 日

3. 确定活动课题

通过创新思路借鉴，小组成员可以根据借鉴装置的结构、原理以及局限性，同样将仪器和油田水井测试车由钢丝连接，通过测试防喷管，下到井下预定深度，实现一次下井作业便可打捞出 3 个堵塞器。然而由于考虑到堵塞器如果不能准确进入储藏仓就会造成井下落物，所以小组成员讨论后一致认为可以将投捞器主体延长叠加，采取一拖三式投捞装置，一次下井即可完成 3 次投捞工作，最终实现缩短施工耗时。本课题实现的技术需求与借鉴对象有如下几点不同。

(1) 投捞器主体部分，原装置长度 873mm，仅有 1 个投捞支臂，我们要研制的一拖三式投捞装置包括 3 个投捞支臂，长度在 2000mm 左右。

(2) 投捞器开槽部分，原装置槽内无强磁，我们要研制的一拖三式投捞装置需在槽内加装强磁，使捞到堵塞器后牢牢地闭合，堵塞器的网磨不到管壁使之不能脱落遇卡。

(3) 储藏方式，多捞自动储藏异型导向式投捞器包含 1 个储藏仓，能储藏 3 个堵塞器，而新装置是利用 3 个开槽来储存 3 个堵塞器。

总结：由于借鉴的装置无法完全满足生产现场顾客的使用需求，本小组确定课题开展“注水井堵塞器一拖三式投捞装置的研制”。

三、设定目标及目标可行性论证

1. 设定目标

小组成员在生产现场进行讨论，并对课题目标进行了量化，根据平均一次投捞时间为 67min，通过分析，将新装置应用在多层段投捞工作中，35min 就可以完成注水井堵塞器的投捞流程。最终确定目标值，平均单次投捞耗时由原来的 67min 降低为 35min。见图 3-1。

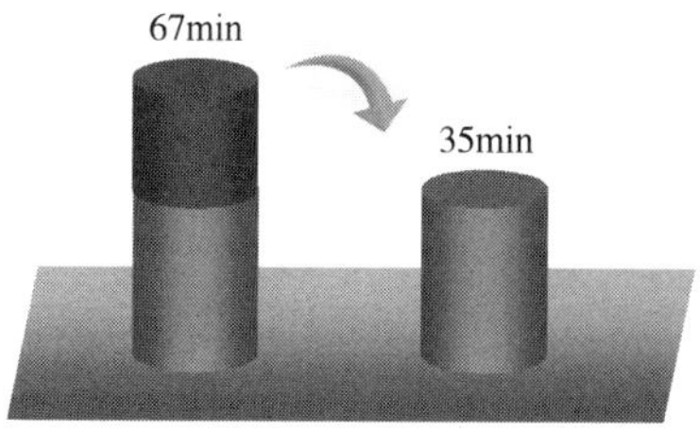

图 3-1　平均单次投捞耗时

2. 目标可行性论证

我们借鉴了多捞自动储藏异型导向式投捞器的思路，可以将投捞器主体延长叠加，采取一拖三式投捞装置，一次下井即可完成三次投捞工作，最终实现缩短施工耗时。见图 3-2。

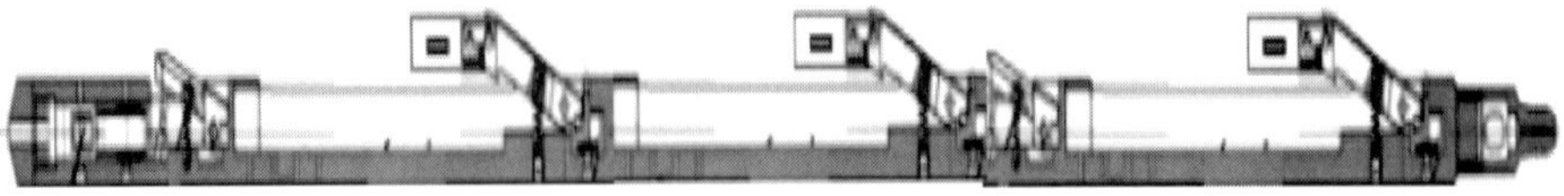

图 3-2　一拖三式投捞装置示意图

小组成员对原投捞装置和新投捞装置的流程和时间进行了分析和统计，如表 3-1 和表 3-2 所示。

表 3-1　原投捞流程和用时情况统计

序号	操作工序	具体内容	平均用时/min
1	准备工作	到达井场及准备工作	10
2	安装仪器	取一个投捞器检查有无影响落物安全隐患后，安装打捞头	5
3	捞堵塞器	放入防喷管，打开闸门下入井中到达所需要捞的层位捞出堵塞器到达井口	15
4	安堵塞器	从放喷管拿出放到地面，把所需投入的堵塞器安装押送头后跟投捞器连接，检查无误	6
5	投堵塞器	放入防喷管，打开闸门下入井中到达所需投送层位进行投入	17
6	起出仪器	投送完毕起出仪器到达地面	10
7	收尾工作	收拾井场，恢复原样	5
总计			68

表 3-2　新投捞流程和用时情况统计

序号	操作工序	具体内容	平均用时/min
1	准备工作	到达井场及准备工作	10
2	安装仪器	取一个投捞器检查有无影响落物安全隐患后，安装打捞头 3 个	10
3	捞堵塞器	放入防喷管，打开闸门下入井中到达所需要捞的 3 个层位捞出堵塞器到达井口	25
4	安堵塞器	从放喷管拿出放到地面，把所需投入的 3 个堵塞器安装押送头后跟投捞器连接，检查无误	15
5	投堵塞器	放入防喷管，打开闸门下入井中到达所需 3 个投送层位进行投入	30
6	起出仪器	投送完毕起出仪器到达地面	10
7	收尾工作	收拾井场，恢复原样	5
总计			105

通过分析发现，原投捞流程投捞一个堵塞器共需 67min，若使用新研制的一拖三式投捞装置投捞 3 个堵塞器需用时 105min，平均投捞一个堵塞器用时 35min，因此平均单次投捞耗时降低为 35min 的目标是可以实现的。

通过讨论分析，小组成员一致认为，有了经济和技术支持，研制注水井堵塞器一拖三式投捞装置是可行的。

结论：目标可行。

四、提出方案并确定最佳方案

1. 提出方案

根据借鉴多捞自动储藏异型导向式投捞器的原理与技术需求，小组提出了具体结构分解方案，将注水井堵塞器一拖三式投捞装置分为主体部分、投捞部分、导向机构、自锁机构四个部分。见图 4-1。

2. 确定最佳方案

(1) 一级方案确定

依据前期借鉴特性值与《注水井测试投捞堵塞器操作规程》及各结构自身关键要求确定了装置的第一级分方案如图 4-2 所示。

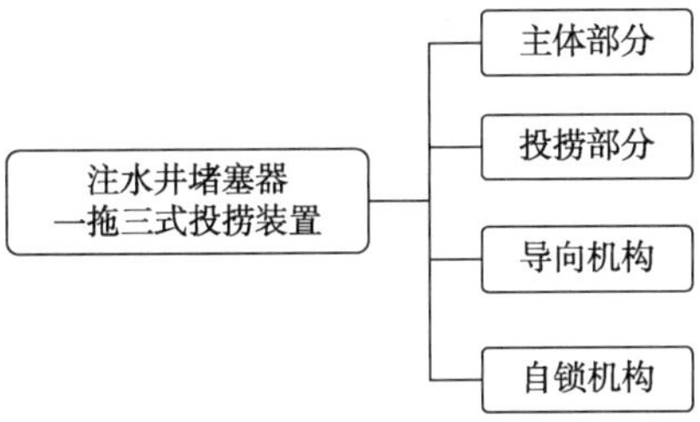

图 4-1　投捞装置分解图

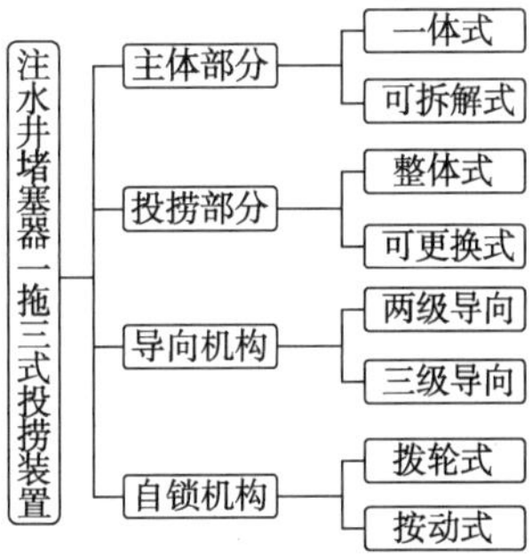

图 4-2　一级方案细化分解图

（2）一级方案评价

① 主体部分的选择见表 4-1。

表 4-1　主体部分的选择方案汇总表

<table>
<tr><td>备选方案</td><td>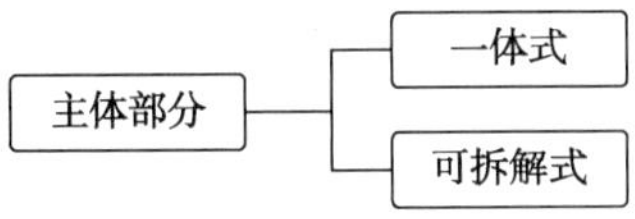</td><td>方案目标</td><td>1. 能够实现一次下井就完成投捞三个堵塞器的工作；
2. 投捞三个堵塞器的用时不超过 105min</td></tr>
<tr><td>选择方式</td><td colspan="3">调查分析：调查统计不同的主体部分加工模式对堵塞器投捞的适应性，并进行分析</td></tr>
<tr><td>方案名称</td><td colspan="2">方案一：一体式主体结构</td><td>方案二：可拆解式主体结构</td></tr>
<tr><td>方案图示</td><td colspan="2"></td><td>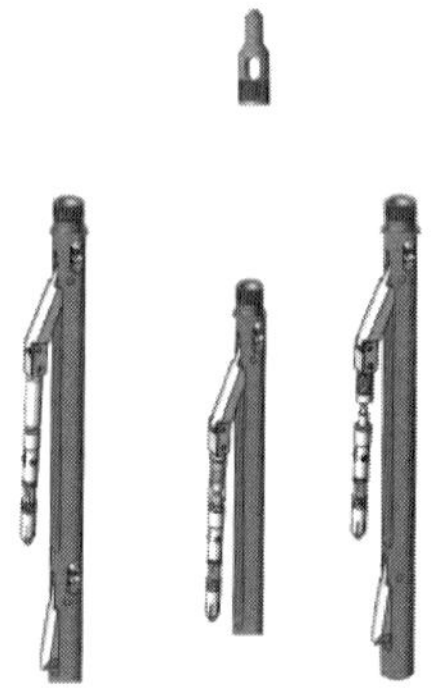</td></tr>
<tr><td>使用方式</td><td colspan="2">将 3 个投捞支臂、3 个自锁机构、2 个导向机构都焊接在投捞主体上，使用时不需要安装，直接下入井筒就可以进行投捞工作</td><td>将 3 个投捞支臂、3 个自锁机构、2 个导向机构拆分为三部分，分开加工，形成三级组合投捞器，使用时拧紧丝扣进行安装后，下入筒进行投捞工作</td></tr>
<tr><td>加工成本</td><td colspan="2">2500 元</td><td>3500 元</td></tr>
<tr><td>模拟实验</td><td colspan="3">小组成员在工作室模拟两种方式的投捞过程并对用时进行了统计
<table>
<tr><td>操作工序</td><td>具体内容</td><td>整体或主体结构平均用时/min</td><td>可拆解式式主体结构平均用时/min</td></tr>
<tr><td>安装仪器</td><td>取一个投捞器检查有无影响落物安全隐患后，安装打捞头 3 个</td><td>10</td><td>15</td></tr>
<tr><td>捞堵塞器</td><td>在工作室模拟下入井中到达所需要捞的 3 个层位捞出堵塞器到达井口</td><td>20</td><td>25</td></tr>
<tr><td>安堵塞器</td><td>把所需投入的 3 个堵塞器安装押送头后跟投捞器连接；检查无误</td><td>15</td><td>15</td></tr>
<tr><td>投堵塞器</td><td>在工作室模拟下入井中到达所需 3 个投送层位进行投入</td><td>20</td><td>23</td></tr>
<tr><td colspan="2">合计</td><td>65</td><td>88</td></tr>
</table></td></tr>
<tr><td>综合分析</td><td colspan="2">一体式主体结构操作起来更方便，投捞 3 个堵塞器的用时更少</td><td>可拆解式主体结构在仪器安装时耗时较长，使用时需拧紧丝扣进行安装，3 个投捞支臂不容易保持高度同心</td></tr>
<tr><td>结果</td><td colspan="2">采用</td><td>不采用</td></tr>
</table>

② 投捞部分的选择见表 4-2。

表 4-2 投捞部分的选择方案汇总表

<table>
<tr><td>备选方案</td><td colspan="2">投捞部分 —— 整体式 / 可更换式</td><td>方案目标</td><td>1. 具有投送和捞取堵塞器的功能；
2. 加工成本不超过 3000 元</td></tr>
<tr><td>选择方式</td><td colspan="4">调查分析：调查统计不同的投捞部分加工模式对投捞支臂的适应性，并进行分析</td></tr>
<tr><td>方案名称</td><td colspan="2">方案一：整体式投捞结构</td><td colspan="2">方案二：可更换式投捞结构</td></tr>
<tr><td>方案图示</td><td colspan="2">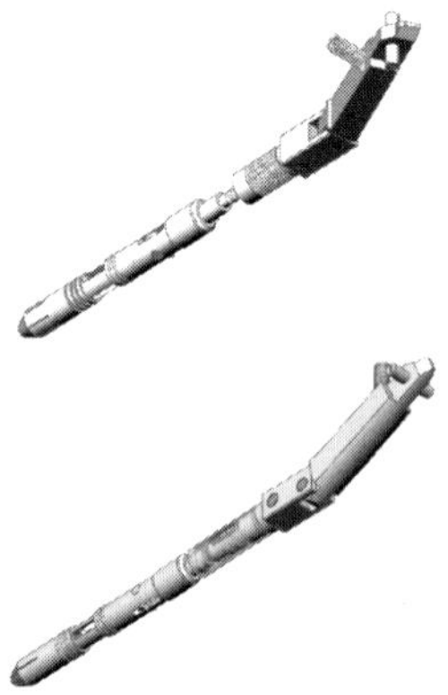</td><td colspan="2">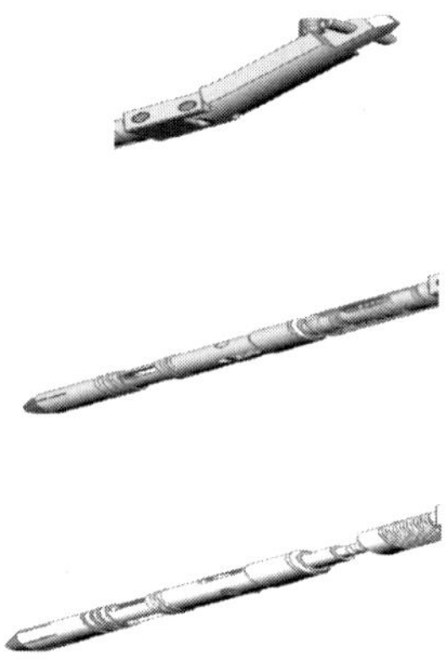</td></tr>
<tr><td>使用方式</td><td colspan="2">每个投捞支臂包含两个整体式支臂，分为捞取支臂和投送支臂，使用时需要安装后下入井筒进行投捞工作</td><td colspan="2">每个投捞支臂包含一个支架和两个可拆解式分支，分为捞取支臂和投送支臂，使用时需要安装后下入井筒进行投捞工作</td></tr>
<tr><td>加工成本</td><td colspan="2">3500 元</td><td colspan="2">2500 元</td></tr>
<tr><td>模拟实验</td><td colspan="4">小组成员模拟两种方式的投捞支臂的安装过程并对用时进行了统计
<table>
<tr><th>操作工序</th><th>具体内容</th><th>一体式主体结构平均用时/min</th><th>可拆解式式主体结构平均用时/min</th></tr>
<tr><td>安装仪器</td><td>取一个投捞器检查有无影响落物安全隐患后，安装打捞头 3 个</td><td>10</td><td>15</td></tr>
<tr><td>捞堵塞器</td><td>在工作室模拟下入井中到达所需要捞的 3 个层位捞出堵塞器到达井口</td><td>20</td><td>25</td></tr>
<tr><td>安堵塞器</td><td>把所需投入的 3 个堵塞器安装押送头后跟投捞器连接；检查无误</td><td>15</td><td>15</td></tr>
<tr><td>投堵塞器</td><td>在工作室模拟下入井中到达所需 3 个投送层位进行投入</td><td>20</td><td>23</td></tr>
<tr><td colspan="2">合计</td><td>65</td><td>88</td></tr>
</table></td></tr>
<tr><td>综合分析</td><td colspan="2">整体式投捞结构操作起来更方便，但加工成本略高</td><td colspan="2">可更换式投捞结构操作起来略微麻烦，但加工成本在预期内</td></tr>
<tr><td>结果</td><td colspan="2">不采用</td><td colspan="2">采用</td></tr>
</table>

③ 导向机构的选择见表 4-3。

表 4-3 导向机构的选择方案汇总表

备选方案	导向机构 → 二级导向；三级导向	方案目标	1. 投捞装置的导向机构的中心和投捞支臂在纵向上处于一条直线； 2. 导向机构能够顺利将投捞支臂带进槽内
选择方式	调查分析：调查统计不同的导向机构加工模式对堵塞器投捞的适应性，并进行分析		
方案名称	方案一：二级		方案二：三级
方案图示	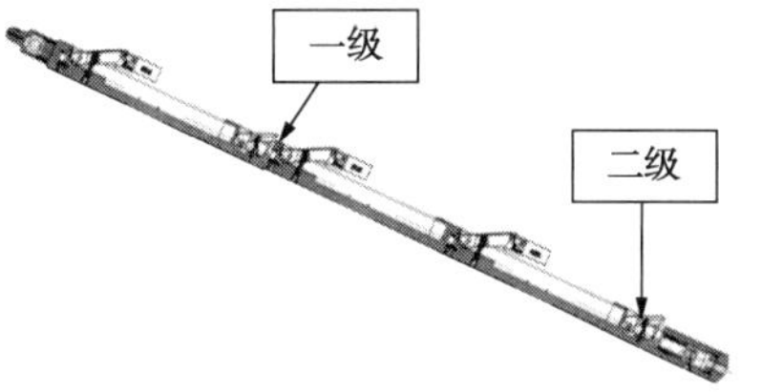		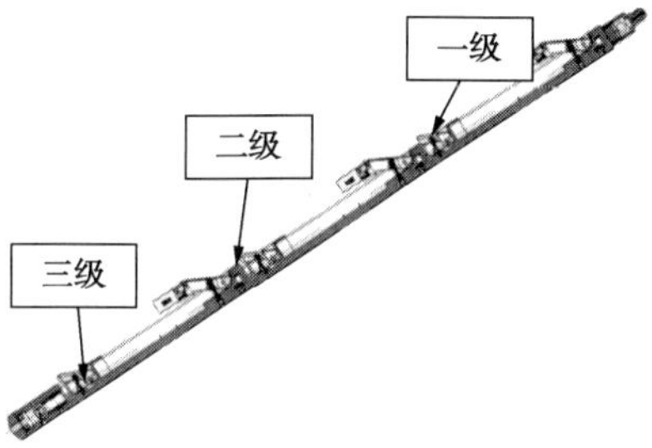
原理	第一级导向机构负责将最上端的投捞支臂带进配水器的槽内，第二级导向机构负责将下边的两个投捞支臂带进配水器的槽内，投捞精准度很高		每一级导向机构可负责将其对应的投捞支臂带进配水器的槽内，使得投捞的精准度更高
材质	高合金钢		铸铁
价格	200 元		300 元
综合分析	二级导向就可以满足将投捞支臂带进配水器的槽内，加工成本较低		三级导向可以满足将投捞支臂带进配水器的槽内，但加工成本较高
结果	采用		不采用

④ 自锁机构的选择见表 4-4。

表 4-4 自锁机构的选择方案

备选方案	自锁机构 → 拨轮式；按动式	方案目标	1. 下井时能够将投捞臂锁紧在投捞器的主体侧腔内； 2. 进入配水器时直径变小后可自动打开
选择方式	调查分析：调查统计不同的自锁方式对堵塞器投捞的适应性，并进行分析		
方案名称	方案一：凸轮式		方案二：按动式
方案图示	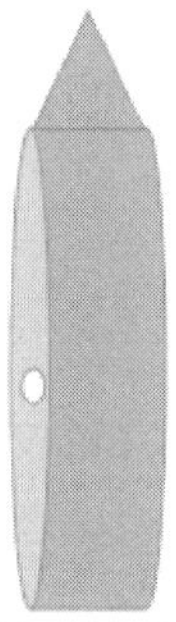		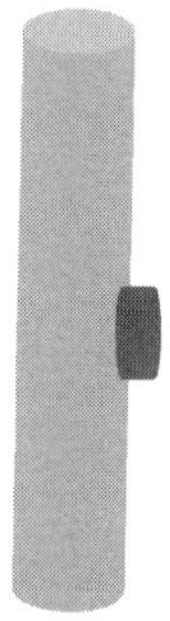
重量	0.05kg		0.04kg
可通过直径	4.2~4.6cm		4.2~5cm
单价	40 元		50 元
综合分析	凸轮式自锁机构可通过直径正好在油管内径 4.6cm 范围内		按动式自锁机构可通过直径超过油管内径 4.6cm 范围内，有可能造成井下遇卡
结果	采用		不采用

通过上述方案评价分析，最后选择各结构的第一级分级方案，如图 4-3 所示。

（3）二级方案确定

通过以上分析，需对投捞部分中采用何种强磁结构进行进一步的选择，小组成员展开讨论，最后选择各部分的分级方案，如图 4-4 所示。

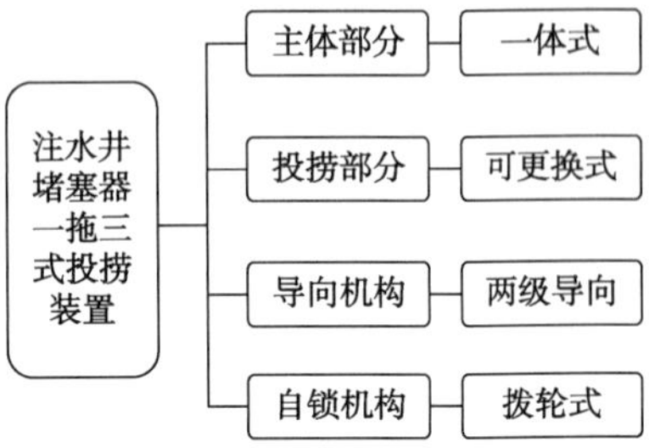

图 4-3　评价后的一级方案细化分解图

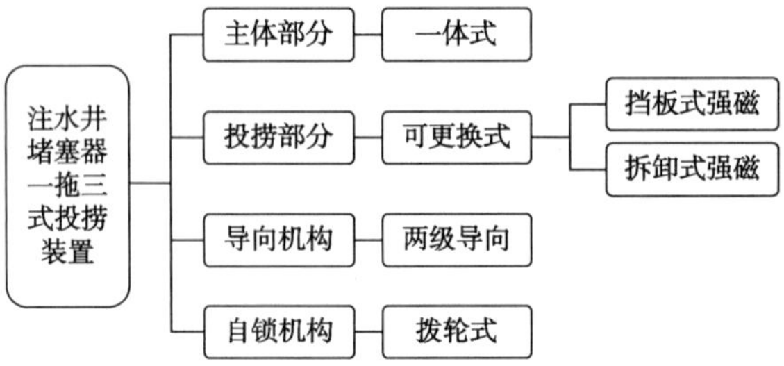

图 4-4　二级方案细化分解图

（4）二级方案评价

投捞部分强磁的选择见表 4-5。

表 4-5　投捞部分强磁的选择方案汇总表

<table>
<tr><td>备选方案</td><td>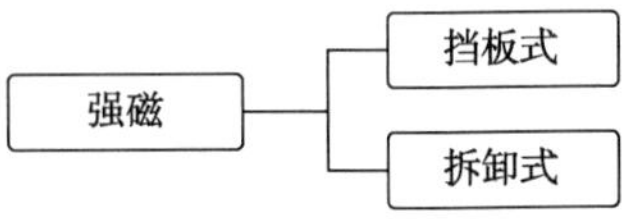</td><td>方案目标</td><td>能够在开槽内增加强磁功能，将连接的投捞支臂牢牢吸住，避免投捞支臂所连接的堵塞器掉入井筒内造成落物。当捞取堵塞器时启用，投送时不启用</td></tr>
<tr><td>选择方式</td><td colspan="3">模拟实验：调查统计不同的强磁部分加工模式对堵塞器投捞的适应性，并进行分析</td></tr>
<tr><td>方案名称</td><td colspan="2">方案一：挡板式</td><td>方案二：拆卸式</td></tr>
<tr><td>方案图示</td><td colspan="2">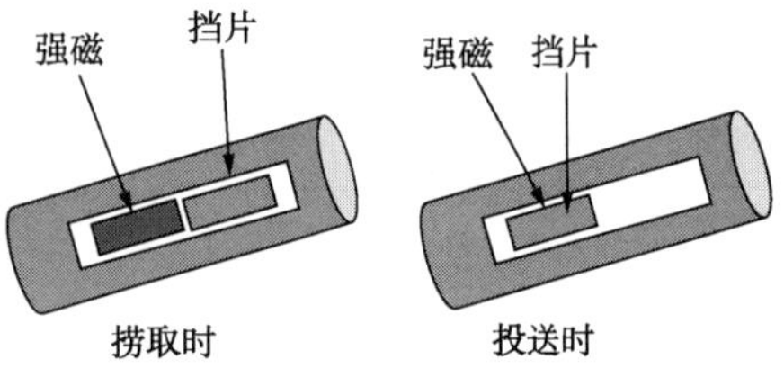</td><td>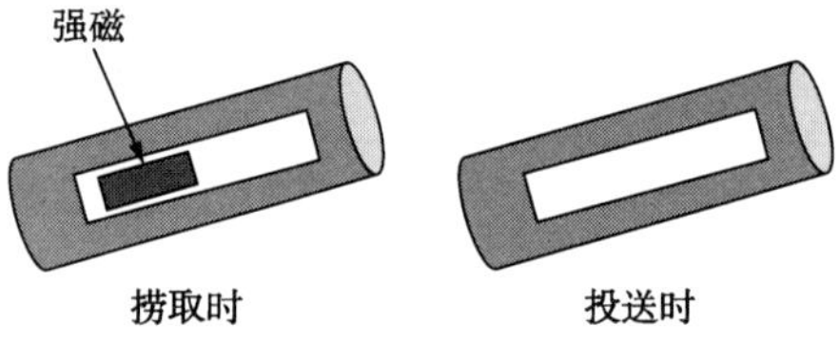</td></tr>
<tr><td>工作原理</td><td colspan="2">将强磁片焊接在槽内，并加装挡片，当捞取堵塞器时，挡片不在强磁上，投捞主体有吸住堵塞器的功能；投送堵塞器时，将挡板拨到强磁上，投捞主体不能吸住堵塞器</td><td>将强磁片随工具携带，在捞取堵塞器时，将强磁片安装在开槽的卡槽内，投捞主体有吸住堵塞器的功能</td></tr>
<tr><td>安装方式</td><td colspan="2">固定式</td><td>拆卸式</td></tr>
<tr><td>使用寿命</td><td colspan="2">20~30 年</td><td>10~20 年</td></tr>
<tr><td>价格</td><td colspan="2">20 元/个</td><td>10 元/个</td></tr>
<tr><td>综合分析</td><td colspan="2">加工成本相对较高，但可随仪器一同携带，不容易丢失</td><td>强磁片需随工具携带，容易丢失</td></tr>
<tr><td>结论</td><td colspan="2">采用</td><td>不采用</td></tr>
</table>

（5）最佳方案确定

针对方案进一步的细化分解，通过对相关参数及优缺点对比分析最终确定细化后最终方案如图 4-5所示。

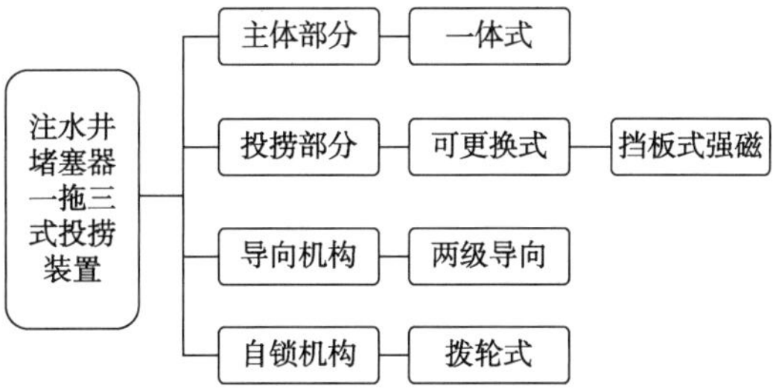

图 4-5 最佳方案细化分解图

五、制定对策

根据所确定的最佳方案，小组成员按照“5W1H”原则制定了对策表。见表 5-1。

表 5-1 对策表

序号	对策	目标	措施	实施地点	负责人	完成时间
1	主体部分	1. 材质：高合金钢； 2. 最大直径小于油管内径：ϕ4.6cm； 3. 长度尺寸偏差不超过±0.2mm，外径尺寸偏差不超过±0.05mm，开槽长度偏差不超过±0.1mm	1. 绘制图纸； 2. 选择有资质、信誉好、长年合作机械加工厂家加工； 3. 专人负责现场监督及验收； 4. 效果检查	机械加工厂	班国栋	2022 年 6 月
2	投捞部分	1. 下井一次投捞三个堵塞器时间不超 105min； 2. 加装挡板式强磁	1. 绘制图纸； 2. 选择有资质、信誉好、长年合作机械加工厂家加工； 3. 专人负责现场监督及验收； 4. 在工作室进行模拟实验并记录操作时间； 5. 效果检查	机械加工厂	孙宝安	2022 年 6 月
3	导向机构	1. 采用两级导向； 2. 最大直径小于油管内径：ϕ4.6cm	1. 绘制图纸； 2. 选择有资质、信誉好、长年合作机械加工厂家加工； 3. 专人负责现场监督及验收； 4. 效果检查	机械加工厂	时　光	2022 年 6 月
4	自锁机构	1. 凸轮式锁定方式； 2. 最大直径小于油管内径：ϕ4.6cm	1. 绘制图纸； 2. 选择有资质、信誉好、长年合作机械加工厂家加工； 3. 专人负责现场监督及验收； 4. 效果检查	机械加工厂	牛　青	2022 年 6 月
5	连接各部件并进行模拟试验和现场应用	1. 组装后 100%符合设计要求； 2. 该装置能够准确捞取和投送配水器内的堵塞器； 3. 符合安全规范； 4. 对于现场注水井投捞堵塞器时使用该装置，检验其现场应用效果； 5. 对装置的使用方法及操作规程进行培训，培训课时 2 个课时	1. 按设计要求进行组装，检验是否符合设计要求； 2. 在工作室利用井下配水器模型进行模拟试验； 3. 填写试验报告，邀请场相关部门对成果进行公正评价； 4. 在注水井测试时需要投捞堵塞器时，使用该装置对堵塞器进行投捞； 5. 对该装置的使用方法及操作规程进行培训，培训对象为试井队现场测试人员； 6. 效果检查	工作室和需要投捞堵塞器的注水井	胡胜杰	2022 年 7 月

制表人：牛青　　　　时间：2022 年 5 月 16 日

六、对策实施

小组成员明确了对策、目标、措施、实施地点、负责人及完成时间，并按照对策表逐一进行了实施。

对策实施一：主体部分见表 6-1。

表 6-1　对策实施一汇总表

<table>
<tr><td>目标</td><td colspan="2">1. 材质：高合金钢；
2. 最大直径小于油管内径：φ4. 6cm；
3. 长度尺寸偏差不超过±0. 2mm，外径尺寸偏差不超过±0. 05mm，开槽长度偏差不超过±0. 1mm</td></tr>
<tr><td>措施</td><td colspan="2">1. 按设计绘制投捞主体；
2. 选择有资质、信誉好、长年合作机械加工厂家进行加工；
3. 专人负责现场监督及验收</td></tr>
<tr><td rowspan="3">实施过程</td><td>措施 1：按设计绘制开合主体图纸</td><td>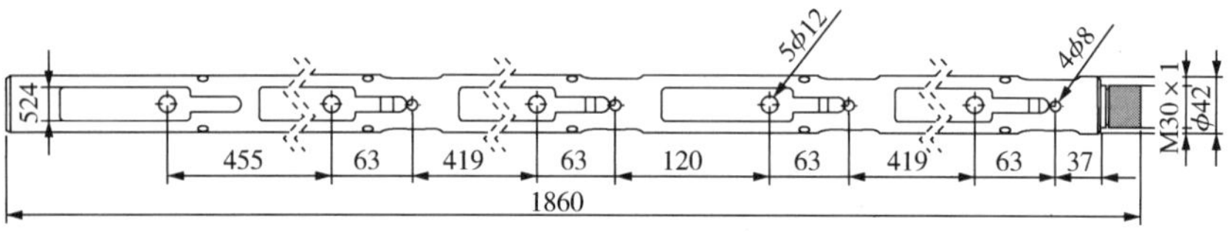
</td></tr>
<tr><td>措施 2：选择有资质、信誉好、长年合作机械加工厂家进行加工</td><td></td></tr>
<tr><td>措施 3：专人负责现场监督及验收</td><td><table>
<tr><th colspan="4">实测尺寸检验对照表</th></tr>
<tr><td>项目</td><td>长度</td><td>外径</td><td>开槽长度</td></tr>
<tr><td>目标值</td><td>1860mm</td><td>42mm</td><td>280mm</td></tr>
<tr><td>偏差</td><td>± 0.20mm</td><td>± 0.05mm</td><td>± 0.1mm</td></tr>
<tr><td>实测值</td><td>1860.15mm</td><td>41.96mm</td><td>28.06mm</td></tr>
<tr><td>误差</td><td>0.05mm</td><td>0.04mm</td><td>0.06mm</td></tr>
<tr><td>结果</td><td>合格</td><td>合格</td><td>合格</td></tr>
</table>
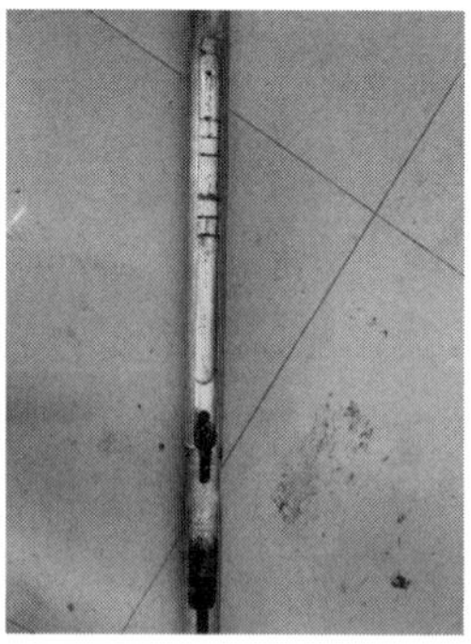</td></tr>
<tr><td>效果检查</td><td colspan="2">通过负责人的跟踪检测与成品最后检测，材质为高合金钢，最大直径小于油管内径 4. 6cm，尺寸偏差都在规定范围内，投捞主体加工合格，分目标实现</td></tr>
<tr><td colspan="3">完成时间：2022 年 6 月 1 日　　实施地点：机械加工厂　　实施人：班国栋</td></tr>
</table>

对策实施二：投捞部分见表 6-2。

表 6-2　对策实施二汇总表

<table>
<tr><td>目标</td><td colspan="2">1. 下井一次投捞三个堵塞器时间不超 105min；
2. 加装挡板式强磁</td></tr>
<tr><td>措施</td><td colspan="2">1. 按设计绘制投捞支臂图纸；
2. 选择有资质、信誉好、长年合作机械加工厂家进行加工；
3. 专人负责现场监督及验收；
4. 在工作室进行模拟实验并记录操作时间</td></tr>
<tr><td rowspan="4">实施过程</td><td>措施 1：按设计绘制投捞支臂图纸</td><td>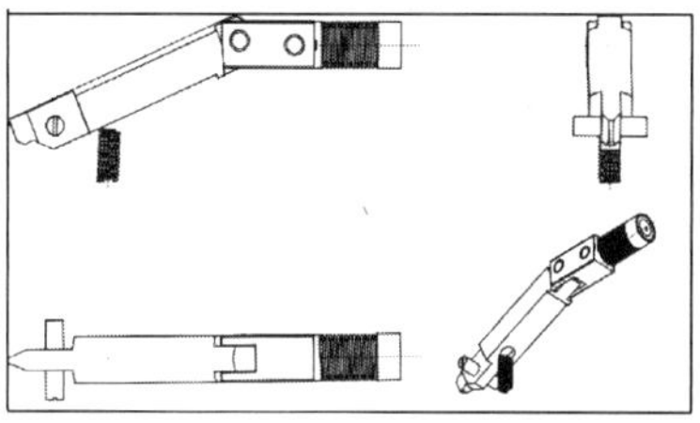 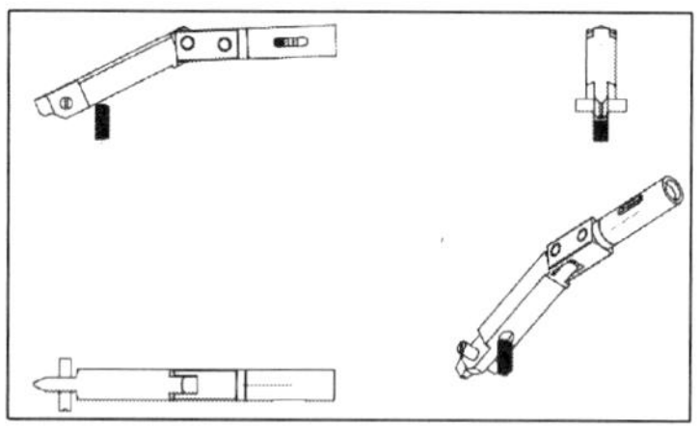</td></tr>
<tr><td>措施 2：选择有资质、信誉好、长年合作机械加工厂家进行加工</td><td></td></tr>
<tr><td>措施 3：专人负责现场监督及验收</td><td>
<table>
<tr><th colspan="5">实测尺寸检验对照表</th></tr>
<tr><td>项目</td><td>投送长度</td><td>投送外径</td><td>捞取长度</td><td>捞取外径</td></tr>
<tr><td>目标值</td><td>200mm</td><td>10mm</td><td>230mm</td><td>10mm</td></tr>
<tr><td>偏差</td><td>±0.2mm</td><td>±0.02mm</td><td>±0.2mm</td><td>±0.02mm</td></tr>
<tr><td>实测值</td><td>199.15mm</td><td>9.98mm</td><td>230.08mm</td><td>9.99mm</td></tr>
<tr><td>误差</td><td>0.05mm</td><td>0.02mm</td><td>0.08mm</td><td>0.01mm</td></tr>
<tr><td>结果</td><td>合格</td><td>合格</td><td>合格</td><td>合格</td></tr>
</table>
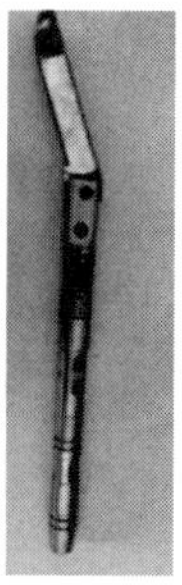 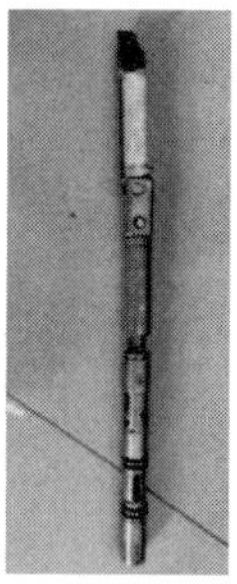</td></tr>
<tr><td>措施 4：在工作室进行模拟实验并记录操作时间</td><td>
<table>
<tr><th>序号</th><th>操作工序</th><th>具体内容</th><th>用时/min</th></tr>
<tr><td>1</td><td>准备工作</td><td>到达井场及准备工作</td><td>10</td></tr>
<tr><td>2</td><td>安装仪器</td><td>取一个投捞器检查有无影响落物安全隐患后，安装打捞头3个</td><td>9</td></tr>
<tr><td>3</td><td>捞堵塞器</td><td>放入防喷管，在工作室模拟下入井中到达所需要捞的3个层位捞出堵塞器到达井口</td><td>23</td></tr>
<tr><td>4</td><td>安堵塞器</td><td>模拟从放喷管拿出放到地面，把所需投入的3个堵塞器安装押送头后跟投捞器连接；检查无误</td><td>14</td></tr>
<tr><td>5</td><td>投堵塞器</td><td>模拟放入防喷管，下入井中到达所需3个投送层位进行投入</td><td>26</td></tr>
<tr><td>6</td><td>起出仪器</td><td>模拟投送完毕起出仪器到达地面</td><td>9</td></tr>
<tr><td>7</td><td>收尾工作</td><td>收拾井场、恢复原样</td><td>5</td></tr>
<tr><td colspan="3">总计</td><td>96</td></tr>
</table></td></tr>
<tr><td>效果检查</td><td colspan="2">通过负责人的跟踪检测与成品最后检测，模拟用时 96min，时间不超 105min，投捞部分加工合格，分目标实现</td></tr>
</table>

完成时间：2022 年 6 月 16 日	实施地点：机械加工厂	实施人：孙宝安

对策实施三：导向机构见表6-3。

表6-3 对策实施三汇总表

<table>
<tr><td>目标</td><td colspan="2">1. 采用两级导向；
2. 最大直径小于油管内径：ϕ4.6cm</td></tr>
<tr><td>措施</td><td colspan="2">1. 按设计绘制导向机构；
2. 选择有资质、信誉好、长年合作机械加工厂家进行加工；
3. 专人负责现场监督及验收</td></tr>
<tr><td rowspan="3">实施过程</td><td>措施1：按设计绘制导向机构图纸</td><td>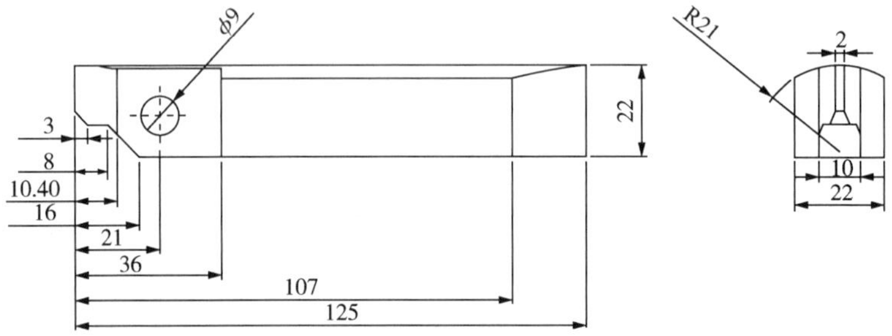
</td></tr>
<tr><td>措施2：选择有资质、信誉好、长年合作机械加工厂家进行加工</td><td>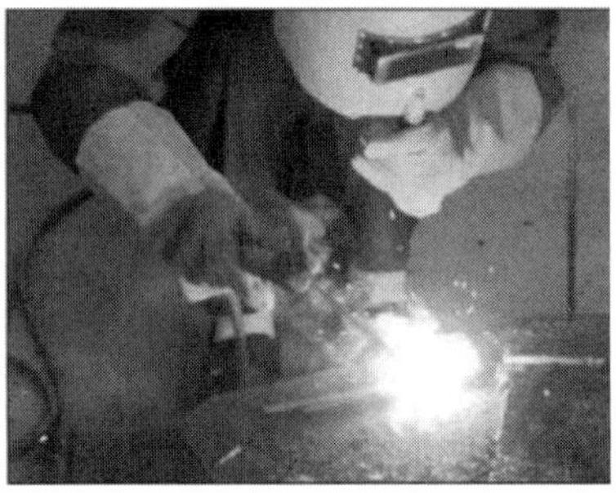</td></tr>
<tr><td>措施3：专人负责现场监督及验收</td><td>

实测尺寸检验对照表

项目	长度	高度
目标值	125mm	22mm
偏差	±0.2mm	±0.02mm
实测值	124.96mm	21.98mm
误差	0.04mm	0.02mm
结果	合格	合格

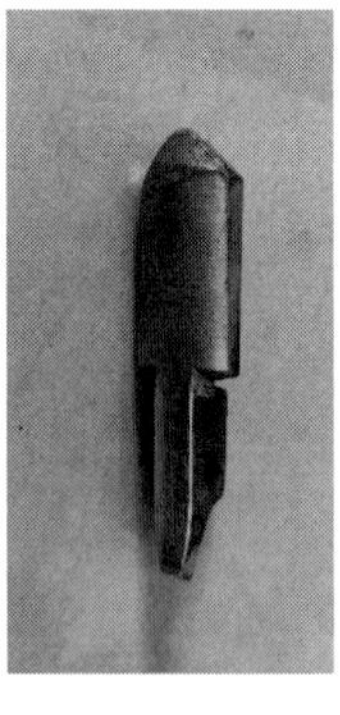</td></tr>
<tr><td>效果检查</td><td colspan="2">通过负责人的跟踪检测与成品最后检测，最大直径小于油管内径4.6cm，尺寸偏差都在规定范围内，导向机构加工合格，分目标实现</td></tr>
</table>

完成时间：2022年6月24日	实施地点：机械加工厂	实施人：时光

对策实施四：自锁机构见表 6-4。

表 6-4　对策实施四汇总表

<table>
<tr><td>目标</td><td colspan="2">1. 拨轮式锁定方式；
2. 最大直径小于油管内径：ϕ4. 6cm</td></tr>
<tr><td>措施</td><td colspan="2">1. 按设计绘制自锁机构图纸；
2. 选择有资质、信誉好、长年合作机械加工厂家进行加工；
3. 专人负责现场监督及验收</td></tr>
<tr><td rowspan="3">实施过程</td><td>措施 1：按设计绘制自锁机构图纸</td><td>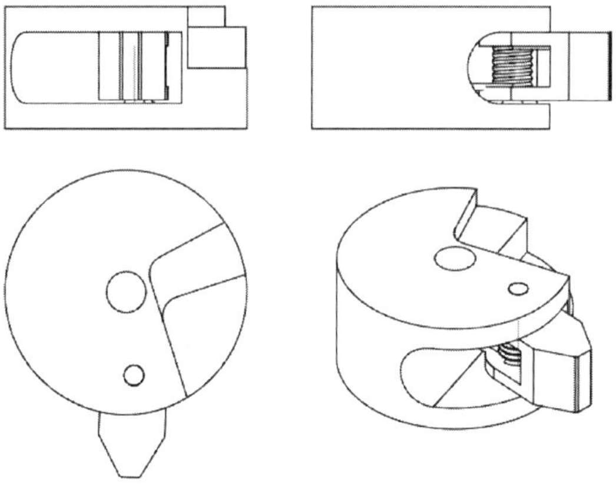</td></tr>
<tr><td>措施 2：选择有资质、信誉好、长年合作机械加工厂家进行加工</td><td>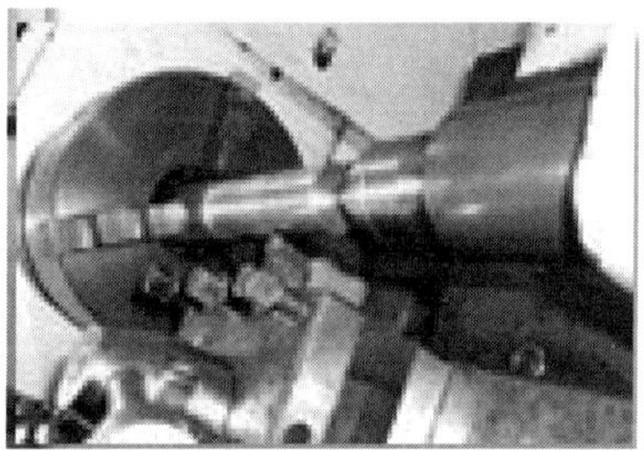</td></tr>
<tr><td>措施 3：专人负责现场监督及验收</td><td><table>
<tr><td colspan="4">实测尺寸检验对照表</td></tr>
<tr><td>项目</td><td>长度</td><td>宽度</td><td>爪长度</td></tr>
<tr><td>目标值</td><td>400mm</td><td>40mm</td><td>45mm</td></tr>
<tr><td>偏差</td><td>± 0.20mm</td><td>± 0.20mm</td><td>± 0.20mm</td></tr>
<tr><td>实测值</td><td>399.8mm</td><td>40.01mm</td><td>44.99mm</td></tr>
<tr><td>误差</td><td>0.20mm</td><td>0.01mm</td><td>0.01mm</td></tr>
<tr><td>结果</td><td>合格</td><td>合格</td><td>合格</td></tr>
</table></td></tr>
<tr><td>效果检查</td><td colspan="2">通过负责人的跟踪检测与成品最后检测，最大直径小于油管内径 4. 6cm，尺寸偏差都在规定范围内，自锁机构加工合格，分目标实现</td></tr>
<tr><td colspan="3">完成时间：2022 年 6 月 28 日　　实施地点：机械加工厂　　实施人：牛青</td></tr>
</table>

对策实施五：连接各部件并进行模拟试验和现场应用见表 6-5。

表 6-5　对策实施五汇总表

<table>
<tr><td>目标</td><td colspan="2">1. 组装后 100% 符合设计要求；
2. 该装置能够准确捞取和投送配水器内的堵塞器；
3. 符合安全规范；
4. 对于现场注水井投捞堵塞器时使用该装置，检验其现场应用效果；
5. 对装置的使用方法及操作规程进行培训，培训课时 2 个课时</td></tr>
<tr><td>措施</td><td colspan="2">1. 按设计要求进行组装，检验是否符合设计要求；
2. 在工作室利用井下配水器模型进行模拟试验；
3. 填写试验报告，邀请场相关部门对成果进行公正评价</td></tr>
<tr><td rowspan="2">实施过程</td><td>措施 1：按设计要求进行组装，检验是否符合设计要求</td><td>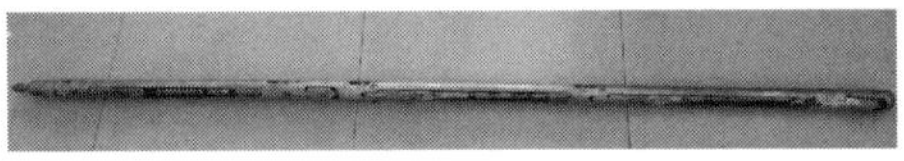
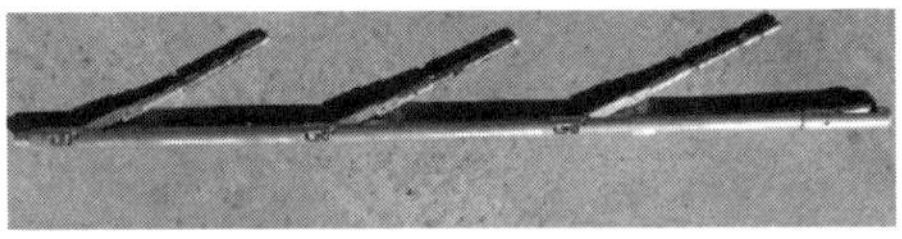</td></tr>
<tr><td>措施 2：模拟试验</td><td>利用井下配水器模型模拟投捞过程，当装置进入配水器导向槽后，可以顺利完成投送和捞取堵塞器工作。
①模拟打捞堵塞器
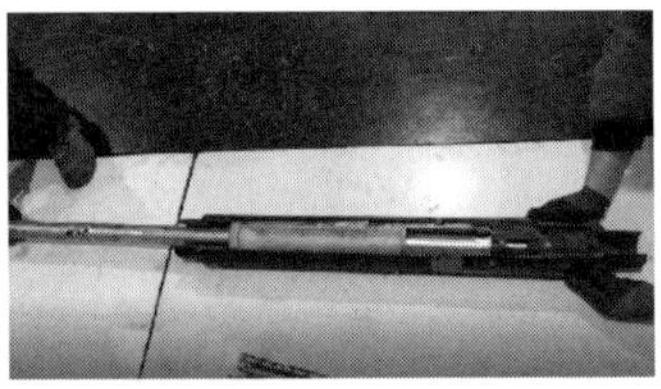
打捞头被导向带入槽内

打捞头捞到槽内的堵塞器

打捞头将堵塞器捞起后上提
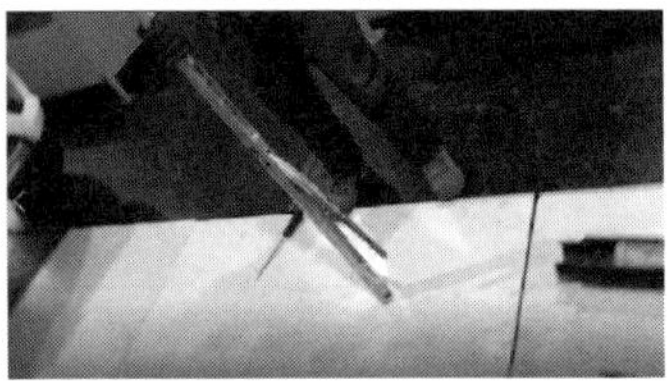
捞起堵塞器上提至管口，打捞完毕
②模拟投送堵塞器
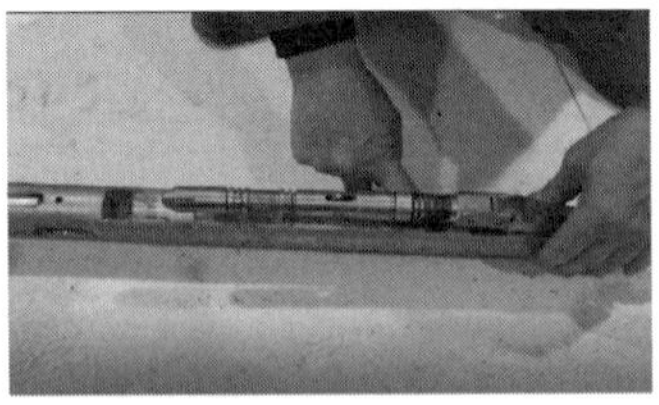
拨动强磁挡片
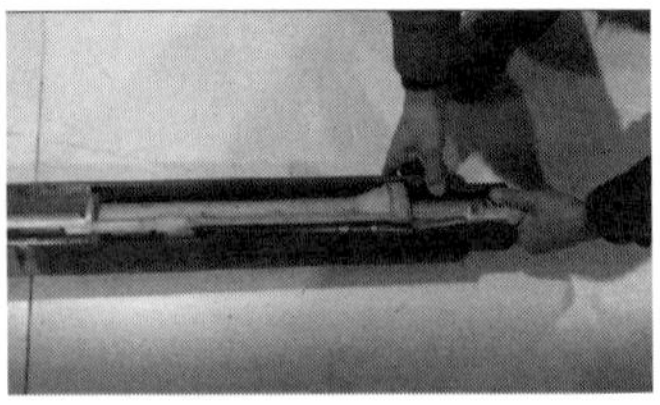
堵塞器被导向带进槽内
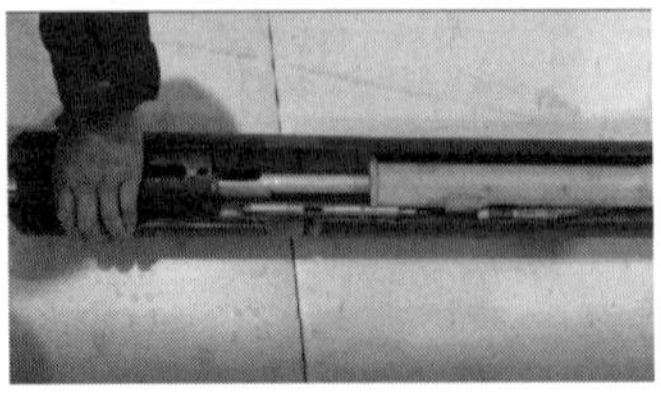
堵塞器进入槽内
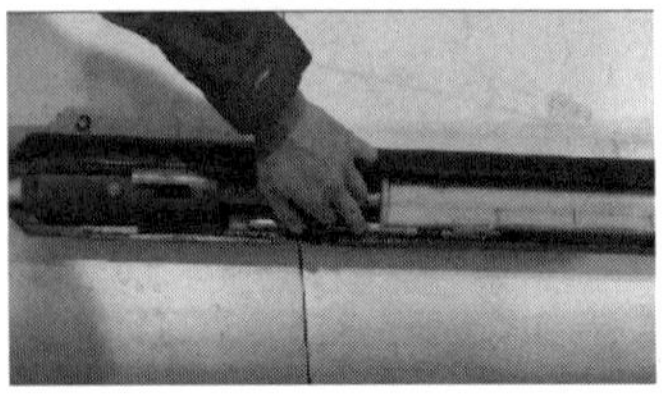
堵塞器卡在指定位置，投送完毕</td></tr>
</table>

续表

<table>
<tr><td>目标</td><td colspan="2">1. 组装后 100%符合设计要求；
2. 该装置能够准确捞取和投送配水器内的堵塞器；
3. 符合安全规范；
4. 对于现场注水井投捞堵塞器时使用该装置，检验其现场应用效果；
5. 对装置的使用方法及操作规程进行培训，培训课时 2 个课时</td></tr>
<tr><td rowspan="3">实施过程</td><td>措施 3：填写试验报告，邀请场相关部门对成果进行公正评价</td><td>邀请厂安全、技术部门专家，到现场对其性能进行鉴定，结果为该装置严格执行相关标准可到现场进行应用
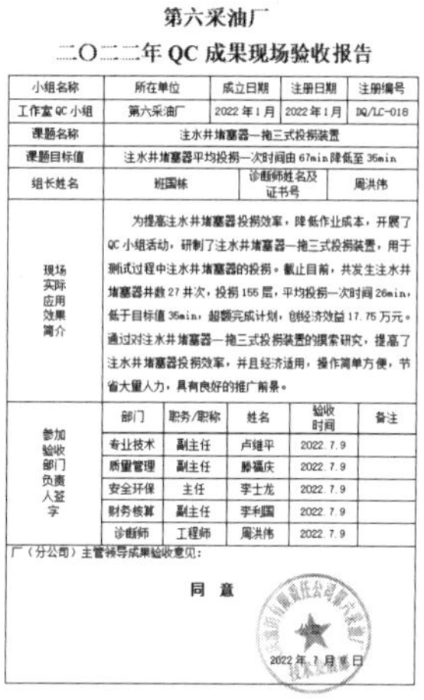
第六采油厂
二〇二二年 QC 成果现场验收报告
<table>
<tr><td>小组名称</td><td>所在单位</td><td>成立日期</td><td>注册日期</td><td>注册编号</td><td></td></tr>
<tr><td>工作室 QC 小组</td><td>第六采油厂</td><td>2022 年 1 月</td><td>2022 年 1 月</td><td>DQ/LC-018</td><td></td></tr>
<tr><td>课题名称</td><td colspan="5">注水井堵塞器一拖三式投捞装置</td></tr>
<tr><td>课题目标值</td><td colspan="5">注水井堵塞器平均投捞一次时间由 67min 降低至 35min</td></tr>
<tr><td>组长姓名</td><td colspan="2">班国栋</td><td>诊断师姓名及证书号</td><td colspan="2">周洪伟</td></tr>
<tr><td>现场实际应用效果简介</td><td colspan="5">为提高注水井堵塞器投捞效率，降低作业成本，开展了 QC 小组活动，研制了注水井堵塞器一拖三式投捞装置，用于测试过程中注水井堵塞器的投捞。截止目前，共发生注水井堵塞器井数 27 井次，投捞 155 层，平均投捞一次时间 26min，低于目标值 35min，超额完成计划，创经济效益 17.75 万元。通过对注水井堵塞器一拖三式投捞装置的摸索研究，提高了注水井堵塞器投捞效率，并且经济适用，操作简单方便，节省大量人力，具有良好的推广前景。</td></tr>
<tr><td rowspan="6">参加验收部门负责人签字</td><td>部门</td><td>职务/职称</td><td>姓名</td><td>验收时间</td><td>备注</td></tr>
<tr><td>专业技术</td><td>副主任</td><td>卢继平</td><td>2022.7.9</td><td></td></tr>
<tr><td>质量管理</td><td>副主任</td><td>滕福庆</td><td>2022.7.9</td><td></td></tr>
<tr><td>安全环保</td><td>主任</td><td>李士龙</td><td>2022.7.9</td><td></td></tr>
<tr><td>财务核算</td><td>副主任</td><td>李利国</td><td>2022.7.9</td><td></td></tr>
<tr><td>诊断师</td><td>工程师</td><td>周洪伟</td><td>2022.7.9</td><td></td></tr>
<tr><td colspan="6">厂（分公司）主管领导成果验收意见：
同 意
2022 年 7 月 8 日</td></tr>
</table>
</td></tr>
<tr><td>措施 4：7 月 23 日，注水井喇 9-1712 分配了投捞堵塞器任务，使用了新研制的投捞装置，该井 9 个层段需全部捞出，使用新装置不紧张轻松情况下仅需要 90min 就完成</td><td> </td></tr>
<tr><td>措施 5：对该装置的使用方法及操作规程进行培训，培训对象为测调班现场测试人员，培训课时 2 个课时</td><td></td></tr>
<tr><td>效果检查</td><td colspan="2">通过模拟实验，组装后 100%符合设计要求，当装置进入配水器导向槽后，可以顺利完成投送和捞取堵塞器工作，操作过程简单，各项数据均已达到要求。对于现场注水井测试时需要投捞堵塞器时，使用该装置对堵塞器进行投捞，检验其现场应用效果，使用时能够一次完成多层位的投捞，符合设计要求。同时对该装置的使用方法及操作规程进行培训，培训对象为测调班现场测试人员，培训课时 2 个课时，分目标实现</td></tr>
</table>

完成时间：2022 年 7 月 25 日	实施地点：工作室	实施人：胡胜杰

七、效果检查

小组经过攻关活动，完成了课题，达到预期目标，较好地解决了注水井堵塞器投捞效率低的问题，取得了显著效果。

1. 目标值检查

2022 年，QC 小组成员使用自主研发的注水井堵塞器一拖三式投捞装置，用于测试过程中注水井堵塞器的投捞，2022 年 8~12 月，共应用 27 井次，投捞层数 155 层，平均投捞一次用时 26min，低于目标值 35min，超额完成计划。情况统计表见表 7-1 和图 7-1.

表 7-1 测调班应用注水井堵塞器一拖三式投捞装置情况统计表

井号	投捞层数	投捞时间/min	投捞一次平均时间/min
L3-151	5	75	25
L3-161	6	84	28
L3-162	7	81	27
L3-172	8	60	20
L3-1722	4	66	22
L3-1822	5	75	25
L3-F182	5	78	26
L4-1120	4	87	29
L4-122	5	72	24
L4-132	7	84	28
L4-1322	7	90	30
L4-14	5	75	25
L4-142	6	90	30
L4-1422	6	87	29
L4-1426	6	84	28
L4-143	6	81	27
L4-15	7	93	31
L4-152	6	78	26
L4-1526	5	81	27
L4-153	7	87	29
L4-162	7	84	28
L4-1624	4	63	21
L4-1626	6	78	26
L4-1632	7	84	28
L4-172	4	69	23
L4-1721	4	66	22
L4-1728	6	72	24
平均数值	155	79	26

2. 经济效益

(1) 投入：该打捞器包括投捞主体部分、投捞支臂部分、导向机构、自锁机构四部分组成，其中投捞主体制作费用费为 1000 元，单个投捞支臂制作费用为 300 元，单个导向机构制作费用为 200 元，单个自锁机构制作费用为 40 元，总计 2500 元。打捞器结构见图 7-2。

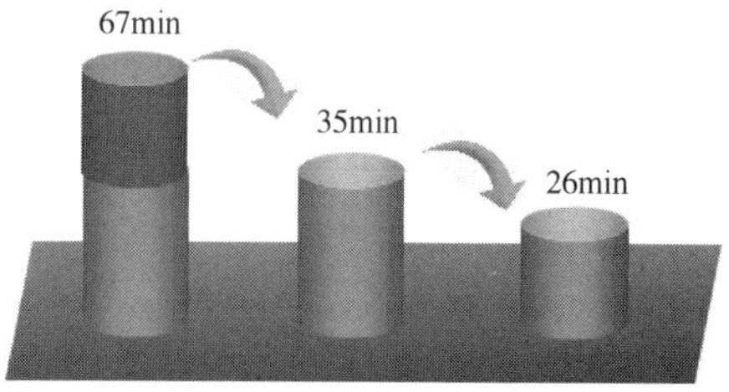

图 7-1 平均单次投捞耗时

投入总成本 = 1000 元+300 元×3+200 元×2+40 元×5 = 2500 元

(2) 产出：2022 年 8～12 月共应用 27 井次，投捞层数 155 层，平均投捞一次用时 26min，比原方法节约时间 41min，155 层共计节约 106h，按每小时投捞费用 500 元计算，共节约人工成本 52958 元。

产出 = 106×500 元 = 52958 元

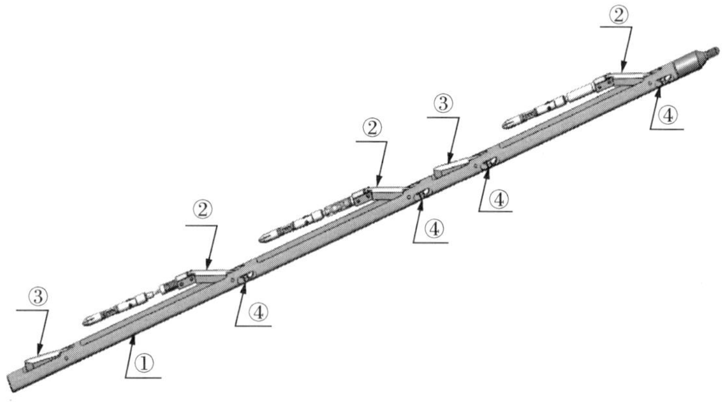

①投捞主体②投捞支臂③导向机构④自锁机构

图 7-2 打捞器结构示意图

经济效益评价表见表 7-2。

表 7-2 经济效益评价表

项目		数量/个	单价/元	费用/万元	合计/万元
投入	主体部分	1	1000	1×0. 1 = 0. 1	0. 25
	投捞部分	3	300	3×0. 03 = 0. 09	
	导向机构	2	200	2×0. 02 = 0. 04	
	自锁机构	5	40	5×0. 004 = 0. 02	
产出	人工成本	106h	500	106×0. 05 = 5. 29	5. 29

经济效益：产出效益-投入费用 = 5. 29-0. 25 = 5. 04 万元。

3. 社会效益

QC 小组通过对注水井堵塞器一拖三式投捞装置的摸索研究，提高了注水井堵塞器投捞效率，并且经济适用，操作简单方便，节省大量人力，能满足测试工作顺利进行，具有良好的推广前景。

八、标准化

活动期后，为了巩固项目成果，制订了几项措施：

(1) 对注水井堵塞器一拖三式投捞装置相关的设计图纸、原始数据等进行归档保存，列出原材料清单以便推广。如图 8-1 和表 8-1 所示。

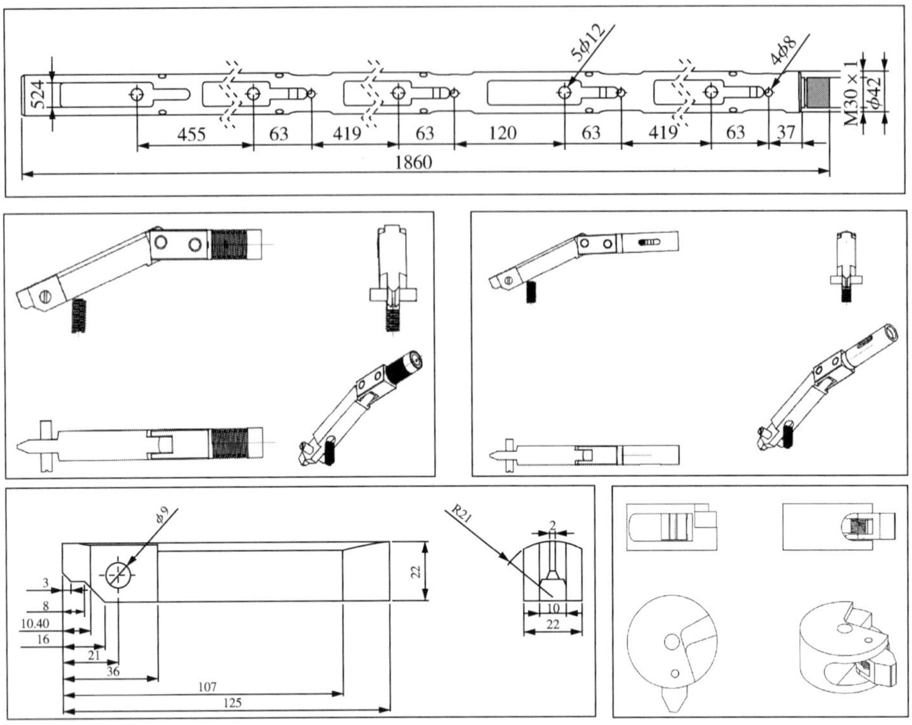

图 8-1　投捞装置相关设计图

表 8-1　材料费用清单

项目		数量/个	单价/元	费用/万元	合计/万元
材料清单	投捞主体部分	1	1000	1×0. 1＝0. 1	0. 25
	投捞支臂部分	3	300	3×0. 03＝0. 09	
	导向机构	2	200	2×0. 02＝0. 04	
	自锁机构	5	40	5×0. 004＝0. 02	

（2）将注水井堵塞器一拖三式投捞装置申报了第六采油厂技术革新成果。成果简介见图 8-2。

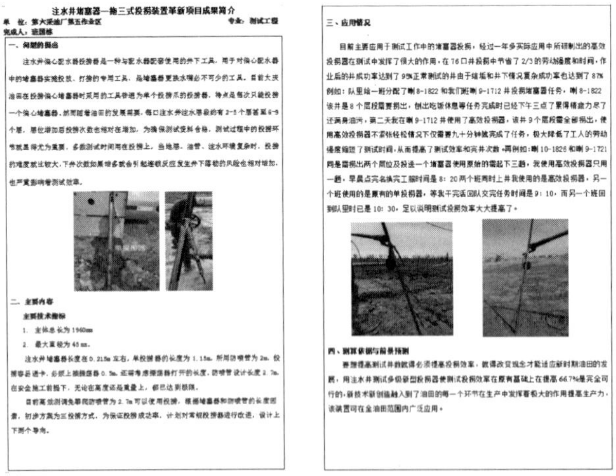

注水井堵塞器一拖三式投捞装置革新项目成果简介

单　位：第六采油厂第五作业区　　专业：测试工程

完成人：

一、问题的提出

注水井偏心配水器投捞器是一种与配水器配套使用的井下工具，用于对偏心配水器中的堵塞器实施投放、打捞的专用工具，是堵塞器更换水嘴必不可少的工具。目前大庆油田在投捞偏心堵塞器时采用的工具普遍为单个投捞爪的投捞器，特点是每次只能投捞一个偏心堵塞器。然而随着油田的发展需要，每口注水井注水层段约有 2-5 个层甚至 6-9 个层，层位增加后投捞次数也相对在增加，为确保测试资料合格，测试过程中的投捞环节就显得尤为重要，多数测试时间用在投捞上，当地层、油管、注水环境复杂时，投捞的难度就比较大，下井次数如果增多就会引起连锁反应发生井下落物的风险也相对增加，也严重影响着测试效率。

二、主要内容

主要技术指标

1. 主体总长为 1960mm

2. 最大直径为 45 mm。

注水井堵塞器长度在 0. 215m 左右，单投捞器的长度为 1. 15m，所用防喷管为 2m。投捞器进中，必须上提捞器 0. 5m，还需考虑捞器打开的长度，防喷管设计长度 2. 7m，在安全施工前提下，无论在高度还是重量上，都已达到极限。

目前高效测调免吊防喷管为 2. 7m 可以使用投捞，根据堵塞器和防喷管的长度因素，初步方案为三投捞方式，为保证投捞成功率，计划对常规投捞器进行改进，设计上下两个导向。

三、应用情况

目前主要应用于测试工作中的堵塞器投捞，经过一年多实际应用中所研制出的高效投捞器在测试中发挥了很大的作用，在 76 口井投捞中节省了 2/3 的劳动强度和时间，作业后的井成功率达到了 95%正常测试的井由于结垢和井下情况复杂成功率也达到了 87%例如：队里给一班分配了喇 8-1822 和我们班喇 9-1712 井投捞堵塞器任务，喇 8-1822 该井是 8 个层段需要捞出，刨出吃饭休息等任务完成时已经下午三点了累得精疲力尽了还满身油污，第二天我在喇 9-1712 井使用了高效投捞器，该井 9 个层段需全部捞出，使用高效投捞器不紧张轻松情况下仅需要九十分钟就完成了任务，极大降低了工人的劳动强度缩短了测试时间，从而提高了测试效率和完井次数。再例如：喇 10-1826 和喇 9-1721 同是需捞出两个层位及投送一个堵塞器使用原始的需起下三趟，我使用高效投捞器只用一趟，早晨点完名换完工服时间是 8：20 两个班同时上井我使用的是高效投捞器，另一个班使用的是原有的单投捞器，等我干完活回队交完任务时间是 9：10，而另一个班回到队里时已是 10：30，足以说明测试投捞效率大大提高了。

四、测算依据与前景预测

要想提高测试井的就得必须提高投捞效率，就得改变观念才能适应新时期油田的发展，用注水井测试多级新型投捞器使测试投捞效率在原有基础上在提高 66.7%是完全可行的，新技术新创造融入到了油田的每一个环节在生产中发挥着极大的作用提高生产力，该装置可在全油田范围内广泛应用。

图 8-2　技术革新成果简介

九、总结及下步打算

本次 QC 小组活动成功地研制出注水井堵塞器一拖三式投捞装置，该仪器的应用提高了注水井堵塞器投捞效率，降低了投捞作业成本，在现场应用效果良好，具有实际推广应用价值。

1. 创新思路方面：通过小组 QC 活动开展，小组全体成员在测试工作中创新思路不断拓宽、强化小组 QC 活动能力的同时也增强了研制新工具的能力。

2. 专业技术方面：小组成员在应用 CAD、solidworks 制图软件加强了机械原理绘制图纸的能力；在连接各部件过程中提高了现场制作能力；根据现场试验加强了分析、查找问题、解决问题的能力；在加工过程中，QC 小组成员利用周末休息时间，加快组装进度，任劳任怨，不辞辛苦，得到了各级领导与同事的一致好评。

3. 管理水平方面：经过 PDCA 循环改进工作，小组成员在课题选择、目标可行性分析等阶段，进一步掌握和应用了 QC 工具。在推广应用过程中，对装置的使用方法及操作规程进行培训，培训课时为 2 个课时，加强了培训方面的业务水平。

4. 下一步打算：通过本次活动提高了注水井堵塞器投捞效率，解决了油田在实际生产过程中遇到的一些问题，但是我们并不满足现状，在巩固取得成果的同时我们打算对注聚井投捞问题进行研究，以《提高注聚井测试投捞成功率》为题，进行新的 PDCA 循环。

成果点评

工作室 QC 小组的活动成果符合创新型活动程序。小组成员针对现场注水井堵塞器投捞时间长，影响测试效率，有缩短投捞工作的时间的需求，通过借鉴"多捞自动储藏异型导向式投捞器"实物，成功研制出注水井堵塞器一拖三式投捞装置，完成了"平均单次投捞耗时由原来的 67min 降低为 35min"的目标，有效地提高了注水井堵塞器投捞效率，降低了投捞作业成本，在现场应用效果良好，具有实际推广应用价值。

成果存在着以下几个方面的不足，希望以后持续加以改进：

(1) 需求与目标不一致。选题理由中的需求是"为缩短投捞工作的时间，节约作业成本，需研制一种可以缩短投捞时间的装置"为两个需求，而目标中只是设定了"缩短投捞工作的时间"这一个目标。

(2) 无借鉴特性值相关数据，无法为目标可行性论证提供依据。

(3) 提出方案时最好将借鉴实物的具体借鉴方案进行说明，以明确该方案的创新性。

(4) 提出方案并确定最佳方案：提出的分级方案可比性不强，基本是"陪衬型"方案，如整体式和可更换式等；方案的选择大多是文字说明，缺少数据，应通过现场测量、试验和调查分析取得数据，如强磁方案的选择。

(5) 未按照最佳方案制定对策表。如文中主体部分的选择有两个分方案，一个是"一体式主体结构"，另一个是"可拆解式主体结构"，而在最佳方案中简写成"一体式"，前后不对应。对策一按照正确的最佳方案应是"一体式主体结构的制作"而不是"主体部分"。

(6) 对策二：投捞部分的目标一"下井一次投捞三个堵塞器时间不超 105min"是课题目标，不应是对策二的目标，应将挡板式强磁投捞部分的制作尺寸等指标列入目标中。

(7) 对策五的措施与实施过程不符。

(8) 标准化中，技术革新成果荣誉应放在总结中。

(9) 统计方法应用较少，流程图使用不正确。

降低塔架式抽油机月故障率

求实 QC 小组

（大庆油田有限责任公司第四采油厂）

一、塔架式抽油机简介

塔架式抽油机整机无减速机构，采用永磁同步电机通过链轮、链条带动负载皮带做往复直线运动，通过电机正反向转动换向，完成抽汲动作。电机仅对井下载荷与配重箱载荷差值做功，并配备了智能变频控制柜，可根据负载变化自行调整电机参数，实现自主调参。塔架机无四连杆机构，采用对称平衡，能耗低，“长冲程、低冲次”的节能效果明显。但是，该机型对平衡要求高，超载能力差，故障率高导致的沉没度高、时率低等问题时有发生。塔架式抽油机见图 1-1。

图 1-1　塔架式抽油机

二、小组概况

详见表 2-1。

表 2-1　小组概况汇总表

小　组　简　介			
小组名称	求实 QC 小组	注册编号	2022CY404004
课题名称	降低塔架式抽油机月故障率	成立时间	2022 年 3 月
课题类型	问题解决型	活动时间	2022 年 3～12 月
小组人数(≤10 人)	8 人	当年活动次数	15 次

续表

小组成员情况						
序号	成员姓名	年龄	文化程度	职务、职称	组内分工	备注
1	楚殿庆	46	硕士	书记、工程师	组长	
2	赵玉龙	48	技校	采油工、技师	组员	
3	刘新丽	49	技校	采油工、特级技师	组员	
4	陈丰	51	大学	班长、助理工程师	组员	
5	刘新艳	47	技校	采油工、技师	组员	
6	施岩	48	技校	注水工、技师	组员	
7	朱英	49	大学	副班长、工程师	组员	
8	廖金玉	46	大专	采油工	组员	

三、选择课题

第四作业区2020年陆续投产75口塔架式抽油机，其中水驱井20口，聚驱井55口。实景图见图3-1。

图3-1　塔架式抽油机实景图

名词解释：$月故障率=\frac{生产井月故障天数}{所有井月日历天数}\times 100\%$。

经过一年多的运行，小组成员统计2021年全年月故障率(见表3-1)。

表3-1　2021年月故障率统计表

月份	1	2	3	4	5	6	7	8	9	10	11	12
月故障天数	258.1	218.4	220.9	297.0	158.1	267.8	200.0	258.1	554.4	252.0	699.5	508.0
月日历天数	2325	2100	2325	2250	2325	2250	2325	2325	2250	2325	2250	2325
月故障率	11.1%	10.4%	9.5%	13.2%	6.8%	11.9%	8.6%	11.1%	24.6%	10.8%	31.1%	21.9%

根据表 3-1 绘制折线图(图 3-2)如下所示。

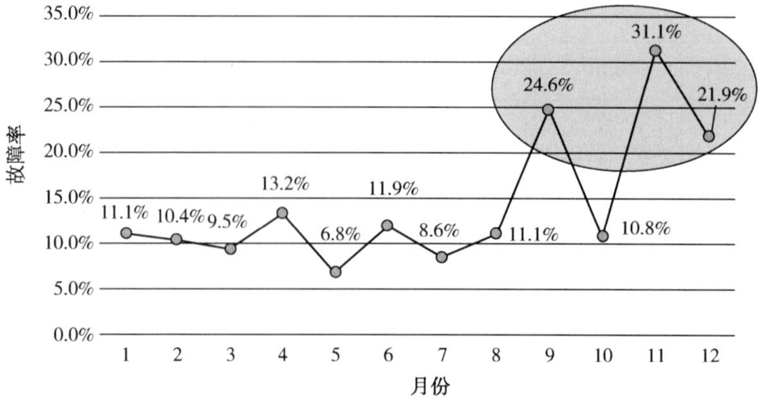

图 3-2　2021 年全年塔架式抽油机故障率折线图

小组发现塔架式抽油机前九个月的月故障率较稳定，2021 年 9~12 月有 3 个月故障率居高不下，月均故障率达到 22.0%，月故障率最高达到 31.1%。

由于塔架机部件的特殊性，故障维修费用比较昂贵，对原油生产也造成比较大的影响(见表 3-2、表 3-3)。

表 3-2　月故障率高影响产量统计表

月份	影响产液/t	影响产油/t	平均含水率/%
9	13609. 25	430. 05	96. 84
10	6801. 21	197. 24	97. 1
11	18167. 21	683. 09	96. 24
12	12748. 12	283. 01	97. 78
合计	51325. 79	1593. 39	

表 3-3　塔架机 2021 年 9~12 月故障维修费用统计表

序号	维修或更换配件	数量	费用
1	更换 32A 链条	4 条	* * *
2	更换 28A 链条	5 条	* * *
3	更换驱动滚筒	4 套	* * *
4	更换导向轮	25 个	* * *
5	维保注油	720L	* * *
6	维修电机	12 台	* * *
7	能力补偿器	3 台	* * *
合计			685790

因此，本小组成员选择“降低塔架式抽油机月故障率”为课题开展本轮 QC 小组活动。

四、现状调查

小组成员围绕课题，开展了一系列分层分析。

(一) 查找症结

1. 现状调查一：按照塔架式抽油机驱动类型分类

75 口塔架式抽油机按照驱动类型可以分为 2 类，水驱井 20 口，聚驱井 55 口。小组查阅了 2021 年 9~12 月塔架式抽油机故障停机天数记录，按照驱动类型进行调查分析(见表 4-1 和图 4-1)。

表 4-1　2021 年 9~12 月两驱井故障停机调查表

故障类型	水驱井				聚驱井			
月份	9	10	11	12	9	10	11	12
故障天数	72.6	18.6	67.6	45.9	481.8	233.4	631.9	462.1
日历天数	600	620	600	620	1650	1705	1650	1705
故障率	12.10%	3.00%	11.27%	7.40%	29.20%	13.69%	38.30%	27.10%
故障率平均	8.39%				26.96%			

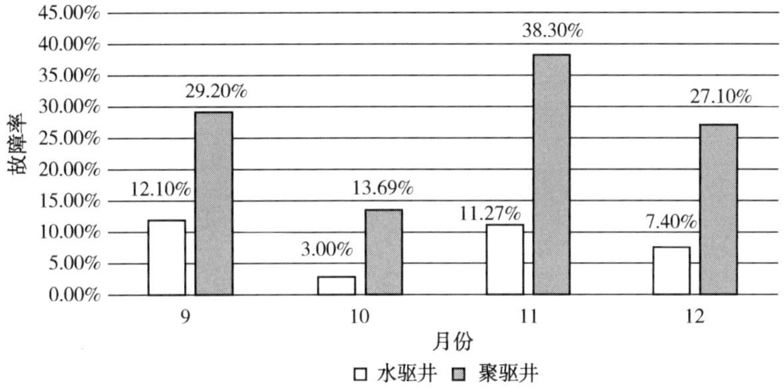

图 4-1　2021 年 9~12 月聚驱与水驱井故障率对比柱状图

从柱状图中可以看出，聚驱井故障率明显高于水驱井，平均故障率为 26.96%，是塔架式抽油机故障率高的主要类型，但还需要进一步分层找出症结问题。

2. 现状调查二：聚驱井故障率高

小组成员针对聚驱井故障率高的各种因素进一步分层分析。

1）按机型不同调查

聚驱 55 口塔架式抽油机，机型分为 10 型机、12 型机、14 型机，统计各机型故障率情况如表 4-2 所示。

表 4-2　聚驱井故障率分机型统计表

序号	塔架机型号	总井数/次	故障停机天数	日历天数	故障率/%
1	WCYJD10-8-25Z(10 型机)	36	1194.30	4392	27.19
2	WCYJD12-8-37Z(12 型机)	16	520.50	1952	26.66
3	WCYJD14-8-50Z(14 型机)	3	94.40	366	25.79
合计		55	1809.2	6710	26.96

根据上表，绘制分机型故障率柱状图，如图 4-2 所示。

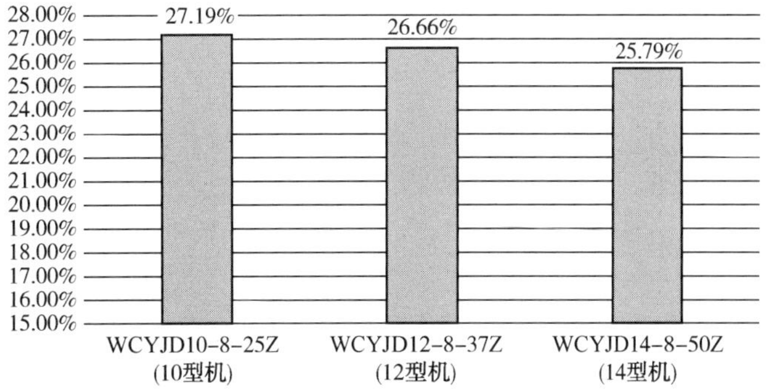

图 4-2　　聚驱井故障率分机型柱状图

从柱状图中可以看出，3种机型在故障率上区别不大，所以，小组排除了机型不同对聚驱井故障率高的影响。

2）按故障类型调查

小组成员查阅聚驱55口塔架式抽油机故障类型记录，统计故障停机天数，共计1809.2天，结果如表4-3所示。

表4-3　聚驱塔架式抽油机故障类型影响天数统计表

序号	影响因素	影响天数	百分比/%
1	变频柜故障	1459.2	80.65
2	机械故障	175.1	9.68
3	电机故障	74.3	4.11
4	皮带故障	64.7	3.58
5	其他	35.9	1.98
合计	1809.2		100

根据统计表，绘制饼分图，如图4-3所示。

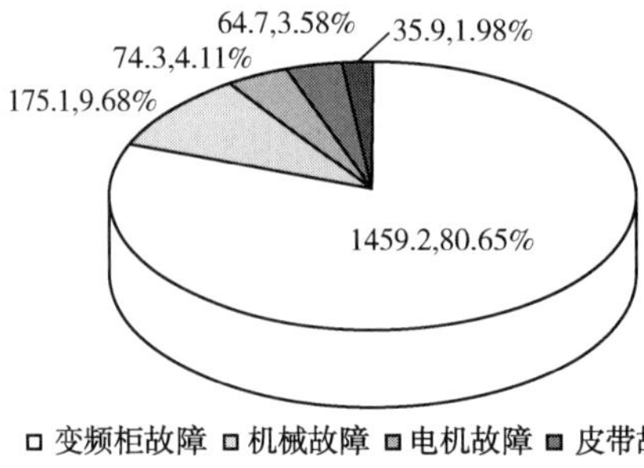

图4-3　聚驱塔架式抽油机故障类型饼分图

从饼分图中可以看出，“变频柜故障”占聚驱塔架式抽油机故障率的80.65%，占比最大，但数据偏高，需要进一步分层找出症结问题。

3. 现状调查三：变频柜故障

小组成员对造成“变频柜故障”的各种因素进一步统计分析，统计故障停机天数，共计1459.2天，结果如表4-4所示。

表4-4　变频柜保护故障类型影响天数统计表

序号	影响因素	影响天数	百分比/%
1	过流保护停机	954.4	65.41
2	低电压保护停机	253.8	17.39
3	元件损坏停机	114.1	7.82
4	低温保护停机	68.9	4.72
5	其他	68.0	4.66
合计	1459.2		100

根据统计表，绘制饼分图，如图4-4所示。

通过饼分图可以看出，“过流保护停机”占变频柜故障的65.41%。

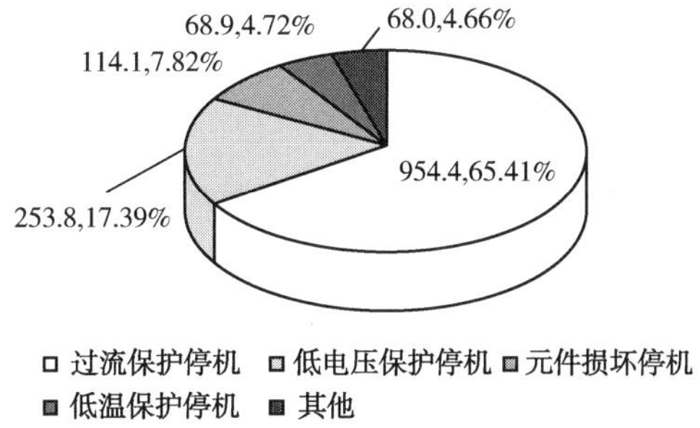

图 4-4　变频柜故障类型影响因素饼分图

综上调查分析，“过流保护停机”是造成塔架式抽油机故障率高的症结所在。

（二）为目标设定提供依据

查阅 2021 年全年月故障天数，统计全年月故障率，见表 4-5。

表 4-5　2021 年月故障天数统计表

月份	1	2	3	4	5	6	7	8	9	10	11	12
月故障天数	258. 1	218. 4	220. 9	297. 0	158. 1	267. 8	200. 0	258. 1	554. 4	252. 0	699. 5	508. 0
月日历天数	2325	2100	2325	2250	2325	2250	2325	2325	2250	2325	2250	2325
月故障率	11. 1%	10. 4%	9. 5%	13. 2%	6. 8%	11. 9%	8. 6%	11. 1%	24. 6%	10. 8%	31. 1%	21. 9%
平均	10. 3%								22. 0%			

根据表 4-5，绘制 2021 年全年塔架式抽油机月故障率折线图 4-5。

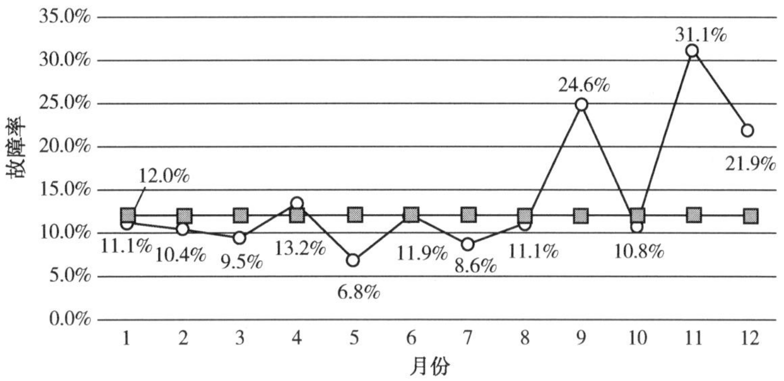

图 4-5　2021 年全年塔架式抽油机月故障率折线图

从图中我们可以看到，2021 年 1～8 月，塔架式抽油机月均故障率为 10. 3%。

考虑到实施过程中的不可控因素，并留有一定的裕度，小组成员认为塔架式抽油机的月故障率降低到 12. 00%，目标可行。

五、设定目标

小组决定对此课题开展活动，将塔架式抽油机的故障率从 2021 年 9～12 月的月均 20. 00%降低到 12. 00%作为本次活动的目标，如图 5-1 所示。

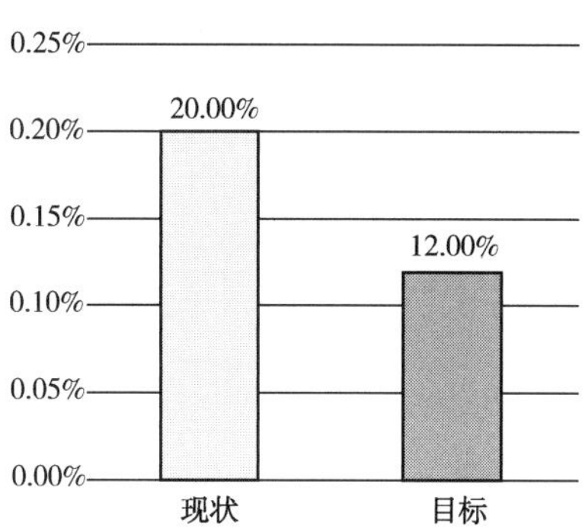

图 5-1　目标设定柱状图

六、原因分析

目标确定后，小组成员围绕“降低塔架式抽油机月故障率”的课题，针对“过流保护停机”的症结，绘制成关联图 6-1。

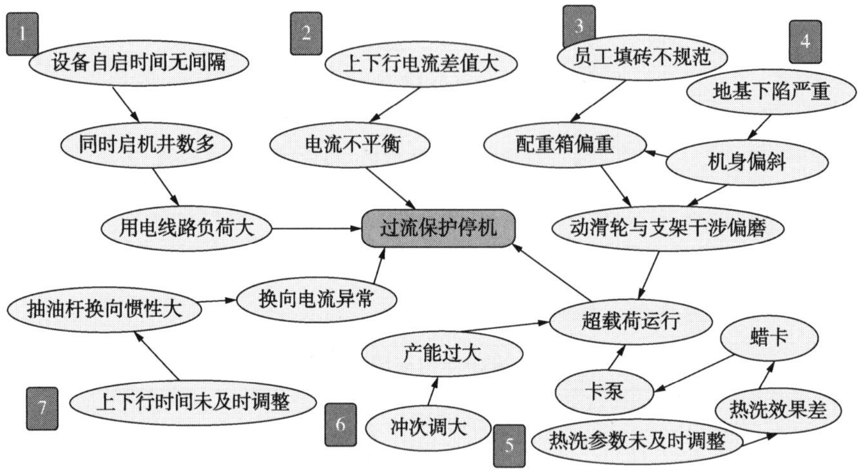

图 6-1 “过流保护停机”症结问题关联图

结论：通过分析，得到影响“过流保护停机”的 7 个末端因素，分别是：1. 设备自启时间无间隔；2. 上下行电流差值大；3. 员工填砖不规范；4. 地基下陷严重；5. 热洗参数未及时调整；6. 冲次调大；7. 上下行时间未及时调整。

七、确定主要原因

（一）要因确认过程

小组采用调查分析、现场测量、现场验证等方法逐个验证各个末端因素。

1. 要因确认一：设备自启时间无间隔

确认方式：现场测试、调查分析。

确认过程：

塔架式抽油机具有断电自启功能，出厂统一设置断电 300s 后自动启机，减轻了员工的劳动强度，但是生产现场经常因施工、恶劣天气、线路检修等情况导致线路停电，待电路恢复后，线路上多达上百口井同时启机，对电网冲击很大。

小组查阅 2021 年 9~12 月线路停电记录，发现塔架式抽油机因线路负荷大导致过流保护停机次数较多，详见表 7-1。

表 7-1 各种线路停电情况与停机井次统计表

序号	日期	停电原因	自启时间	过流保护停机井次
1	2021 年 9 月 8 日	线路检修	300s	8
2	2021 年 9 月 13 日	线路检修	300s	10
3	2021 年 9 月 26 日	施工导致线路故障	300s	6
4	2021 年 10 月 3 日	线路检修	300s	5
5	2021 年 10 月 19 日	线路检修	300s	4
6	2021 年 10 月 24 日	生产限电	300s	15
7	2021 年 10 月 29 日	线路检修	300s	9
8	2021 年 11 月 6 日	生产限电	300s	12

续表

序号	日期	停电原因	自启时间	过流保护停机井次
9	2021 年 11 月 15 日	施工导致线路故障	300s	7
10	2021 年 12 月 4 日	线路检修	300s	8
11	2021 年 12 月 21 日	生产限电	300s	11
合计				95

从表 7-1 可以看出，塔架式抽油机延时自启时间由于使用出厂统一设定的来电后 300s 自启，用电线路负荷大，共计有 95 口井次出现因过流保护停机故障。

小组成员进行深入调查，塔架式抽油机采用集成优化配控站进行集中供电，每个配控站 2 台变压器，容量为 630kVA，55 口塔架式抽油机由 3 座配控站集中供电。集成优化配控站及路牌见图 7-1。

(a)集成优化配控站　　(b)铭牌

图 7-1　集成优化配控站及铭牌

集成优化配控站内有 16 个空气开关，每个空气开关控制 3~5 口井，线路故障时停井较多，即同一线路同时自启大于 5 口井就会对空气开关造成冲击导致停井。

3 月 15~18 日，小组选取 5 口井分别按照自启时间无间隔和有间隔进行两组模拟停电自启试验，试验数据如表 7-2 所示。

表 7-2　两组模拟停电自启试验情况表

序号	日期	井号	试验一			试验二		
			试验时间	自启时间	是否停机	试验时间	自启时间	是否停机
1	3 月 15 日	X＊-32-SP916	9：00	300s	否	10：00	300s	否
2		X＊-4-SP918	9：00	300s	是	10：00	305s	否
3		X＊-32-SP917	9：00	300s	否	10：00	310s	否
4		X＊-32-SP918	9：00	300s	是	10：00	315s	否
5		X＊-32-SP919	9：00	300s	否	10：00	320s	否
6	3 月 16 日	X＊-32-SP916	9：20	300s	是	10：30	300s	否
7		X＊-4-SP918	9：20	300s	否	10：30	305s	否
8		X＊-32-SP917	9：20	300s	否	10：30	310s	否
9		X＊-32-SP918	9：20	300s	是	10：30	315s	否
10		X＊-32-SP919	9：20	300s	是	10：30	320s	否

续表

序号	日期	井号	试验一			试验二		
			试验时间	自启时间	是否停机	试验时间	自启时间	是否停机
11	3月17日	X＊-32-SP916	8：50	300s	否	9：30	300s	否
12		X＊-4-SP918	8：50	300s	否	9：30	305s	否
13		X＊-32-SP917	8：50	300s	否	9：30	310s	否
14		X＊-32-SP918	8：50	300s	是	9：30	315s	否
15		X＊-32-SP919	8：50	300s	是	9：30	320s	否
16	3月18日	X＊-32-SP916	9：00	300s	否	10：00	300s	否
17		X＊-4-SP918	9：00	300s	是	10：00	305s	否
18		X＊-32-SP917	9：00	300s	是	10：00	310s	否
19		X＊-32-SP918	9：00	300s	否	10：00	315s	否
20		X＊-32-SP919	9：00	300s	否	10：00	320s	否
结论		自启时间一致时，5口井中总有2~3口井无法自启，当自启时间错开时，均能自启						

根据表7-2可做出柱状图7-2。

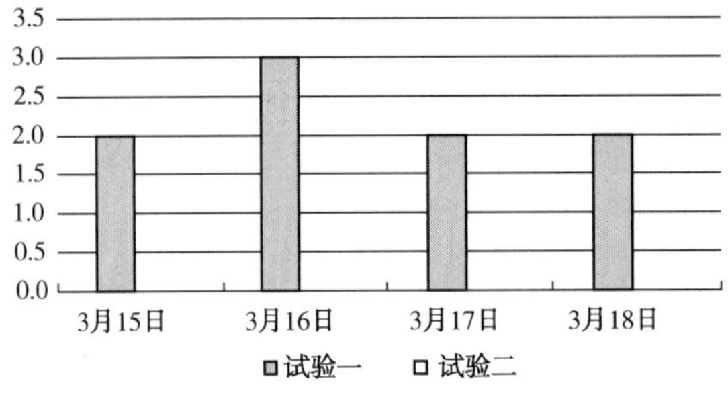

图7-2 自启时间无间隔和有间隔试验对比柱状图

从表7-2和图7-2中可以看出，自启时间无间隔时，5口井中总有2~3口井无法自启，当自启时间错开时，均能自启，说明设备自启时间无间隔对“过流保护停机”症结影响较大。

确认结论：设备自启时间无间隔是要因。

2. 要因确认二：上下行电流差值大

确认方式：现场验证、调查分析。

确认过程：

《电控换向型无游梁式抽油机配重调整说明》中对塔架式抽油机的平衡调整有要求：“1.2.5 执行启机操作，设备运行稳定后校对上下行电流差值，差值不超5A为合理运行区间，差值越小对设备运行状态越有利、越节能。”

小组调查发现2021年9~12月塔架式抽油机上下行电流差值超过5A的井较多，平衡率忽高忽低，远达不到80%~100%的要求，甚至导致过流保护停机。

小组成员统计了2021年9~12月上下行电流差值大的记录，有14口井频繁出现过流保护停机现象(见表7-3)。

表7-3 上下行电流差值大与过流保护停机井次统计表

序号	井号	上行电流/A	下行电流/A	差值	要求	平衡比/%	过流保护/次
1	X＊-D4-2116	23.97	32.70	-8.73	≤5A	136.4	8
2	X＊-D4-P918	20.67	11.33	9.34	≤5A	54.8	6

续表

序号	井号	上行电流/A	下行电流/A	差值	要求	平衡比/%	过流保护/次
3	X＊-32-SP917	25.79	10.32	15.47	≤5A	40.0	10
4	X＊-1-SP923	44.77	52.13	-7.36	≤5A	116.4	7
5	X＊-D2-SP920	22.73	11.50	11.23	≤5A	50.6	5
6	X＊-D1-SP921	43.50	22.83	20.67	≤5A	52.5	8
7	X＊-4-SP918	43.27	55.23	-11.96	≤5A	127.6	10
8	X＊-32-SP922	32.80	25.20	7.60	≤5A	76.8	7
9	X＊-D4-SP922	31.17	23.10	8.07	≤5A	74.1	4
10	X＊-4-SP921	21.00	11.03	9.97	≤5A	52.5	8
11	X＊-32-SP922	22.78	10.93	11.85	≤5A	48.0	10
12	X＊-20-SP925	26.30	18.20	8.10	≤5A	69.2	8
13	X＊-D1-S3318	32.40	21.90	10.50	≤5A	67.6	9
14	X＊-4-SP924	23.97	32.70	-8.73	≤5A	136.4	6
合计							106

从表7-3可以看出，塔架式抽油机有14口井因上下行电流超过合理值5A，平衡率均不在80%~100%合理区间内，导致106井次出现过流保护停机现象。

确认结论：上下行电流差值大是要因。

3. 要因确认三：员工填砖不规范

确认方式：现场验证、现场测量。

确认过程：

塔架机配重箱分为左、右两个箱体，配重需要均匀装填才能保证配重箱不偏重，3月12日，小组成员通过现场询问及对故障停机井现场查验10口井，情况见图7-3和表7-4。

图7-3 员工填

表7-4 员工填砖不规范与过流保护停机井次统计表

序号	井号	左箱配重砖/块	右箱配重砖/块	差值/块	过流保护/次
1	X＊-32-SP919	403	405	-2	1
2	X＊-D4-SP922	339	338	1	0
3	X＊-D1-SP919	315	315	0	1
4	X＊-D1-SP921	326	324	2	1
5	X＊-4-SP922	345	342	3	0

续表

序号	井号	左箱配重砖/块	右箱配重砖/块	差值/块	过流保护/次
6	X＊-D2-SP920	306	306	0	0
7	X＊-32-SP926	316	315	1	0
8	X＊-4-S2118	336	335	1	1
9	X＊-D1-SP924	398	400	-2	0
10	X＊-4-SP925	399	400	-1	1
合计					5

从表7-4可以看出，员工在填装配重砖时左、右两个箱内装填数量基本相同，现场监督员工填砖操作规范，而塔架机依然有一部分发生过流保护停机，因此员工填砖不规范与“过流保护停机”的症结问题没有必然的因果关系。

确认结论：员工填砖不规范是非要因。

4. 要因确认四：基础下陷严重

确认方式：现场测试、现场测量。

确认过程：

第四作业区塔架机所在的井场土质比较松软，雨季积水较多，导致塔架机基础下陷，机身偏斜，甚至配重箱偏重，动滑轮与支架干涉偏磨，严重时造成生产负荷超载，出现过流保护停机故障。见图7-4。

图7-4　现场井场土质

小组成员调查，5口塔架机基础有下陷情况，但没有发生过流保护停机故障，生产现场通过在基础加斜铁保持机身平衡，很快解决了机身偏斜现象，详见表7-5。

表7-5　基础下陷与过流保护停机情况统计表

序号	井号	备注	产液/t	产油/t	是否过流保护停机
1	X＊-4-P916	基础下沉磨槽钢	27.11	2.1	否
2	X＊-32-S2118	基础下沉磨槽钢	65.6	1.57	否
3	X＊-4-SP918	基础下沉磨槽钢	21.36	0.14	否
4	X＊-32-S2016	基础下沉磨槽钢	32.38	0.93	否
5	X＊-4-SP918	基础下沉磨槽钢	21.36	0.14	否

从表7-5可以看出，5口井基础下陷情况没有导致过流保护停机现象。

确认结论：基础下陷严重是非要因。

5. 要因确认五：热洗参数未及时调整

确认方式：现场验证。

确认过程：

小组成员通过现场抽查热洗执行情况及后续跟踪功图液面变化发现，塔架机热洗参数如果不能及时根据现场情况调整会造成热洗效果差，导致井下结蜡快、会发生卡泵，交变载荷上升，严重时发生过流保护停机。

小组成员调查2021年9~12月10口井在热洗后是否发生过流保护停机情况(见表7-6)。

表7-6 10口井热洗时参数变化情况统计表

序号	井号	热洗温度/℃	热洗时间/min	热洗压力/MPa	回油温度/℃	过流保护停机次数
1	X＊-32-SP919	72.3	120	1.7	51.3	6
2	X＊-32-SP925	71.4	120	1.60	50.1	4
3	X＊-D1-SP924	71.5	120	1.65	49.4	7
4	X＊-20-SP925	71.2	120	1.70	52.6	6
5	X＊-32-SP921	71.6	120	1.80	48.9	4
6	X＊-32-SP926	72.1	120	1.75	50.3	6
7	X＊-D4-SP920	70.5	120	1.80	51.4	4
8	X＊-D4-SP927	72.1	120	1.60	48.6	5
9	X＊-41-P927	70.6	120	1.70	49.6	7
10	X＊-4-SP924	71.2	120	1.80	51.9	6
平均值		71.45	120	17.1	50.4	55

从表7-6可以看出，10口热洗井，热洗时间均为120min，热洗温度为70~72℃，热洗压力1.6~1.8MPa，这三项热洗参数变化不大，回油温度平均仅50.4℃，远低于60℃的要求，热洗效果差，现场热洗参数没有根据实际情况及时调整，过流保护停机次数较多。

为了验证热洗参数调整的重要性，3月15日，小组成员选取X＊-D4-SP922开展热洗试验，针对不同时间节点取样化验含水、矿化度参数，不断延长热洗时间，结合取样情况、返回温度观察热洗情况。详见表7-7。

表7-7 X＊-D4-SP922洗井前后各项数据统计表

热洗数据		井号X＊-D4-SP922　实验日期2022.3.15　洗井时间180min				
时间	回油温度/℃	计量间压力/MPa	计量间温度/℃	含水/%	矿化度/(mg/L)	备注
洗前	42.3	1.70	72.3	96.6	3956.91	
30min	45.4	1.60	71.4	51.7	4021.36	
60min	43.1	1.65	71.5	72.6	4204.29	
120min	51.3	1.65	71.2	85.3	4693.44	
150min	58.6	1.70	71.6	95.4	5594.74	温度返回
180min	63.2	1.80	72.1	100	6347.89	洗井结束

从表7-7数据中可以看出，洗井120min温度开始返回，但是返回速度较慢，回油温度仅51.3℃，洗井效果较差。

洗井150min后，温度开始返回，矿化度上升明显，说明热洗水从井底大量返回，洗井效果良好，含水上升至95.4%，但回油温度58.6℃未达到洗井返回温度60℃的要求。

洗井180min后，回油温度63.2℃，矿化度升至最高6347.89mg/L，且化验含水达100%，热洗水从井下返回，热洗结束。

由试验可知，热洗参数未及时调整导致热洗效果较差，井下易结蜡卡泵造成过流保护停机。

确认结论：热洗参数未及时调整是要因。

6. 要因确认六：冲次调大

确认方式：调查分析。

确认过程：

小组成员调查了 2021 年 11 月冲次调大的井，即调参井，并落实与过流保护停机关系(见表 7-8)。

表 7-8 调参井与过流保护停机调查表

序号	标准井号	现场冲程	现场冲次	载荷	参数调整	调整时间	是否过流保护停机
1	X＊-32-SP919	7.0	2.5	30.02	7.0m/3 次	11 月 25 日	否
2	X＊-32-SP926	6.6	1.5	32.40	6.6m/3 次	11 月 27 日	是
3	X＊-D1-SP924	6.0	2.5	32.24	6.0m/3 次	11 月 26 日	否
4	X＊-4-SP925	6.2	2.5	32.65	6.2m/3 次	11 月 26 日	否
5	X＊-32-SP924	6.3	2.5	32.40	6.3m/3 次	11 月 27 日	否
6	X＊-D4-SP926	5.4	2.5	25.63	6.9m/3 次	11 月 27 日	否
7	X＊-D4-SP920	6.4	2.5	26.26	7.0m/3 次	11 月 25 日	否
8	X＊-D4-P917	3.9	1.5	26.83	7.0m/2 次	11 月 26 日	否
9	X＊-D1-P923	6.2	2.0	32.10	7.0m/3 次	11 月 26 日	否
10	X＊-D4-SP925	6.1	1.5	31.40	6.2m/3 次	11 月 27 日	是
11	X＊-32-SP925	6.0	2.5	32.85	6.3m/3 次	11 月 27 日	否
12	X＊-32-SP918	5.5	2.0	22.37	6.6m/3 次	11 月 25 日	否
13	X＊-32-SP917	5.8	2.0	30.40	6.0m/3 次	11 月 25 日	否
14	X＊-4-SP924	6.1	2.5	32.57	6.5m/3 次	11 月 26 日	否
15	X＊-1-SP923	5.2	2.5	20.25	6.7m/3 次	11 月 27 日	是
16	X＊-D4-P924	6.0	2.5	28.90	6.5m/3 次	11 月 27 日	否
17	X＊-32-SP927	5.3	1.5	33.05	6.0m/3 次	11 月 27 日	否
18	X＊-4-P916	5.8	2.0	26.68	5.8m/3 次	11 月 26 日	否

影响程度分析：聚驱井注聚后，为了上产，塔架式抽油机冲次调大在所难免，由于塔架式抽油机的特点是“长冲程、低冲次”，冲次调整幅度在 0.5～1.5 次，调整幅度较小，过流保护停机现象仅出现 3 次，对症结影响不大。

确认结论：冲次调大是非要因。

7. 要因确认七：上下行时间未及时调整

确认方式：现场验证。

确认过程：

小组成员于 2022 年 3 月 22～25 日现场调参 18 口，根据具体情况调整加减速时间进行现场跟踪，如表 7-9 所示。

表 7-9 2022 年 3 月 22～25 日调参井 18 口试验数据表

序号	标准井号	调参前		调参后		是否过流保护停机
		加速时间/s	减速时间/s	加速时间/s	减速时间/s	
1	X＊-32-SP919	2	2	3	3	否
2	X＊-D1-SP924	2	2	2	2	否
3	X＊-4-SP925	2	2	3	3	否
4	X＊-32-SP924	2	2	3	3	否

续表

序号	标准井号	调参前		调参后		是否过流保护停机
		加速时间/s	减速时间/s	加速时间/s	减速时间/s	
5	X＊-D4-SP926	2	2	3	3	否
6	X＊-D4-SP920	2	2	3	3	否
7	X＊-D4-P917	2	2	3	3	否
8	X＊-D1-P923	2	2	4	4	否
9	X＊-D4-SP925	2	2	2	2	否
10	X＊-32-SP925	2	2	2	2	是
11	X＊-32-SP918	2	2	3	3	否
12	X＊-32-SP917	2	2	2	2	否
13	X＊-4-SP924	2	2	2	2	否
14	X＊-1-SP923	2	2	4	4	否
15	X＊-D4-P924	2	2	4	4	是
16	X＊-32-SP927	2	2	3	3	否
17	X＊-4-P916	2	2	2	2	否
18	X＊-4-SP923	2	2	3	3	否

从表7-9中可以看出，调参后上下行时间有12口及时调整，有6口未做调整，均未发生过流保护停机井现象。

确认结论：上下行时间未及时调整不是要因。

（二）要因确认结果

通过以上分析论证，确认要因为：1. 设备自启时间无间隔；2. 上下行电流差值大；3. 热洗参数未及时调整。

八、制定对策

1. 方案确定

针对上下行电流差值大优选方案。

要解决"上下电流差值大"的要因就需要调节电流差值在5A范围内才能达到平衡，即"调平衡"，小组成员与厂家沟通发现，目前有两种方法调平衡，如表8-1所示。

表8-1　平衡调整方法选择

序号	项目	电流调平衡法	悬点载荷调平衡法
1	方法依据	根据屏幕采集的上行、下行电流直接计算	根据杆柱和液柱重量计算或根据实测示功图获得
2	计算方法	1）$X=(I_{上}-I_{下})/2\times R$ X——需要调整配重砖的重量，单位，kg； 当$X>0$时，增加配重砖重量，当$X<0$时，减少配重砖重量； R——重量系数，单位，kg/A，经验赋值60； 2）8～10块配重砖（单块重量7.5kg），调节1A电流	$X=[1000\times(P_{max}-P_{min})/2/9.8]-M$ X——需要调整配重砖的重量，单位，kg； 当$X>0$时，增加配重砖重量，当$X<0$时，减少配重砖重量； M——调整前配重重量，单位，kg
3	优点	调整简单、方便	调后平衡率较高
4	缺点	由于R是根据经验值8块配重砖调节1A电流的经验估算法而来的，误差较大	需要理论计算或功图测试， 现场功图测量不准确
5	适用人员	基层员工	技术人员

续表

<table>
<tr><th>序号</th><th>项目</th><th>电流调平衡法</th><th>悬点载荷调平衡法</th></tr>
<tr><td colspan="2">试验结论：以井X＊－D4－2116为例，说明电流法与理论配重差值仅为49kg，而悬点载荷法与理论差值为-336kg，差值比电流法大</td><td colspan="2">
<table>
<tr><th>序号</th><th>井号</th><th>类别</th><th>上电流/A</th><th>下电流/A</th><th>平衡率/%</th><th>理论配重/kg</th><th>电流法配重/kg</th><th>与理论差值</th><th>悬点载荷法配重/kg</th><th>与理论差值</th></tr>
<tr><td>1</td><td>X＊-D4-2116</td><td>平衡</td><td>11.3</td><td>10.3</td><td>91.2</td><td>2731</td><td>2780</td><td>49</td><td>2395</td><td>-336</td></tr>
</table>
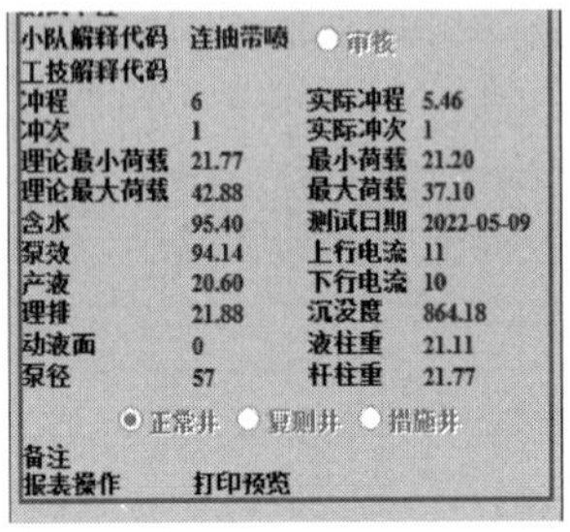

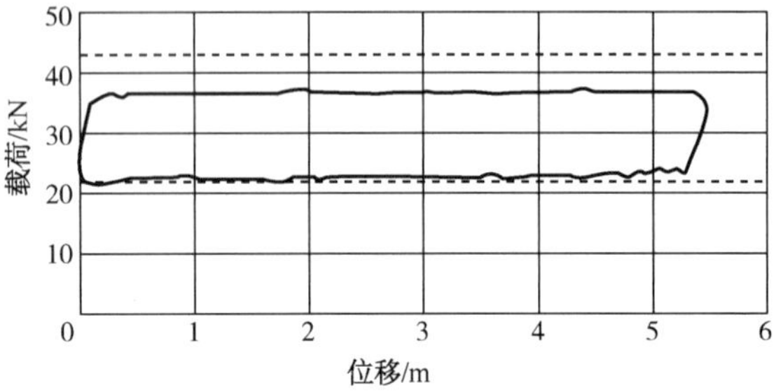

</td></tr>
<tr><td colspan="2">方案选择</td><td>采用</td><td>不采用</td></tr>
</table>

从表 8-1 可以看出，最终选择的对策是“电流调平衡法”。

2. 制定对策表

小组成员针对上述 3 个要因，结合方案选择，按照“5W1H”原则制定对策表，如表 8-2 所示。

表 8-2　对策表

序号	要因	对策	目标	措施	负责人	地点	计划完成日期
1	设备自启时间无间隔	梯次设置设备自启时间	分批次自启时间间隔≥5s	1. 将塔架井根据所带变电线路合理分组； 2. 试验调整自启时间间隔	楚殿庆	单井现场	2022 年 7 月
2	上下行电流差值大	电流调平衡法	上下行电流差值≤5A，平衡率在 80%～100%	1. 现场试验不同配重砖数调节 1A 电流规律； 2. 完善塔架式抽油机配重调整说明	刘新丽	单井现场	2022 年 8 月
3	热洗参数未及时调整	优化调整热洗参数	热洗回温 60℃以上	1. 设定正交试验因素位级表； 2. 确定试验方案； 3. 分析与结论； 4. 效果检查	廖金玉	单井现场	2022 年 8 月

制表人：廖金玉　　制表时间：2022 年 6 月 10 日

九、对策实施

（一）对策实施一：梯次设置设备自启时间

1. 将塔架井根据所带变电线路合理分组

2022 年 7 月 6 日，小组成员根据作业区变电线路图查找 55 口塔架式抽油机所在变电线路，如表 9-1 所示。

表 9-1　聚驱塔架式抽油机所在变电线路分布表

序号	线路名称	聚 912 计量间	聚 914 计量间	聚 913 计量间	合计
1	*4 线	5			5
2	* 南二线	5		12	17
3	* 北二线		11	5	16
4	* 南一线 5 丁 2 西		2		2
5	* 南一线丙 511 西		3		3
6	*441 西(东)			10	10
7	* 区西线			2	2
合计		10	16	29	55

从表 9-1 可以看出，55 口塔架式抽油机共分布在 7 条变电线路上，根据线路所带井数将 55 口塔架式抽油机分成 7 组。

2. 试验调整自启时间间隔

2022 年 7 月 11 日，小组成员对变电线路“*441 西(东)”所带的聚 9-13 计量间的 10 口井进行调整自启时间间隔试验，如表 9-2 所示。

表 9-2　试验调整 10 口井自启时间间隔情况表

序号	井号	试验时间	自启设定时间	时间间隔	目标间隔时间	是否有过流保护停机现象
1	X*-斜 P921	2022 年 7 月 11 日 9：00	300s			否
2	X*-斜 P922		310s	10s	5s	否
3	X*-斜 P922		320s	10s	5s	否
4	X*-斜 P922		330s	10s	5s	否
5	X*-斜 P923		340s	10s	5s	否
6	X*-斜 P923		350s	10s	5s	否
7	X*-斜 P924		360s	10s	5s	否
8	X*-P923		370s	10s	5s	否
9	X*-P924		380s	10s	5s	否
10	X*-斜 P925		390s	10s	5s	否

从表 9-2 可以看出，我们将聚 9-13 计量间的 10 口井依次间隔 10s 设定自启时间，通过试验启机后未发生过流保护停机现象，自启间隔时间均超过分目标确定的 5s 时间，试验有效。现场试验图见图 9-1。

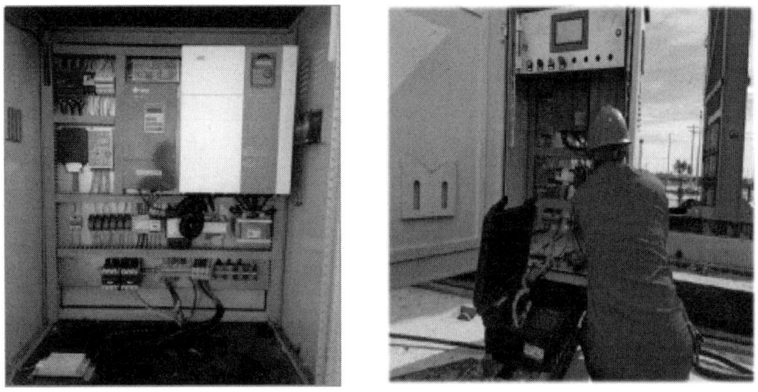

(a)配电箱内部　　(b)现场调整自启时间间隔

图 9-1　调整自启时间间隔现场试验图

3. 效果检查

2022 年 7 月 12~14 日，小组成员对其他 6 条线路塔架式抽油机统一进行调整自启时间，具体如表 9-3 所示。

表 9-3 其他 6 条线路自启时间调整情况表

序号	线路	井号	试验时间	自启设定时间	时间间隔	目标间隔时间	是否有过流保护停机现象
1	＊线(＊440 西、＊丁 4 西)	X＊-斜 P916	2022 年 7 月 12 日 9：00	300s			否
2		X＊-斜 P917		310s	10s	5s	否
3		X＊-P916		320s	10s	5s	否
4		X＊-斜 P917		330s	10s	5s	否
5		X＊-P917		340s	10s	5s	否
6	＊南二线	X＊-斜 P918	2022 年 7 月 13 日 9：00	300s			否
7		X＊-斜 P919		310s	10s	5s	否
8		X＊-斜 P918		320s	10s	5s	否
9		X＊-P918		330s	10s	5s	否
10		X＊-斜 P919		340s	10s	5s	否
11		X＊-斜 P920		350s	10s	5s	否
12		X＊-斜 P920		360s	10s	5s	否
13		X＊-斜 P921		370s	10s	5s	否
14		X＊-斜 P926		380s	10s	5s	否
15		X＊-斜 P927		390s	10s	5s	否
16		X＊-斜 P920		400s	10s	5s	否
17		X＊-P921		410s	10s	5s	否
18		X＊-斜 P926		420s	10s	5s	否
19		X＊-斜 P927		430s	10s	5s	否
20		X＊-斜 P924		440s	10s	5s	否
21		X＊-斜 P925		450s	10s	5s	否
22		X＊-斜 P925		460s	10s	5s	否
23	＊北二线	X＊-斜 P921	2022 年 7 月 14 日 9：00	300s			否
24		X＊-斜 P923		310s	10s	5s	否
25		X＊-斜 P920		320s	10s	5s	否
26		X＊-斜 P921		330s	10s	5s	否
27		X＊-斜 P919		340s	10s	5s	否
28		X＊-斜 P917		350s	10s	5s	否
29		X＊-斜 P918		360s	10s	5s	否
30		X＊-斜 P919		370s	10s	5s	否
31		X＊-斜 P918		380s	10s	5s	否
32		X＊-斜 P920		390s	10s	5s	否
33		X＊-斜 P919		400s	10s	5s	否
34		X＊-斜 P922		410s	10s	5s	否
35		X＊-P923		420s	10s	5s	否
36		X＊-斜 P924		430s	10s	5s	否
37		X＊-P925		440s	10s	5s	否
38		X＊-斜 P925		450s	10s	5s	否

续表

序号	线路	井号	试验时间	自启设定时间	时间间隔	目标间隔时间	是否有过流保护停机现象
39	＊南一线 5 丁 2 西	X＊-斜 P920	2022 年 7 月 12 日 9：00	300s			否
40		X＊-斜 P919		310s	10s	5s	否
41	＊南一线丙 511 西	X＊-斜 P923	2022 年 7 月 12 日 9：00	300s			否
42		X＊-斜 P924		310s	10s	5s	否
43		X＊-P922		320s	10s	5s	否
44	＊区西线(＊441 西)	X＊-斜 P928	2022 年 7 月 12 日 9：00	300s			否
45		X＊-P927		310s	10s	5s	否

通过表 9-3 可以看出，塔架式抽油机自启时间调整后，塔架机没有出现过流保护停机现象，自启时间依次间隔 10s，达到了分目标设定的自启时间≥5s 的要求，分目标实现了，该对策有效。

（二）对策实施二：电流调平衡法

1. 现场试验不同配重砖数调节 1A 电流规律

电流法平衡调整方法是根据屏幕采集的上行、下行电流直接计算，计算公式为：

$$X=\frac{I_{上}-I_{下}}{2}\times R$$

X——需要调整配重砖的重量，单位，kg；

当 $X>0$ 时，增加配重砖重量，当 $X<0$ 时，减少配重砖重量；

R——重量系数，单位，kg/A，经验赋值 60。

其中：$R=60$ 是根据经验估算，按照厂家给出的经验估算法，8 块配重砖×单块重量 7.5kg = 60kg，调节 1A 电流。

由于井下情况多变，结蜡状况、含油比、排液黏度等不确定因素存在，厂家给出的经验估算法还需与生产实际对比，在生产现场试验确定 R 值。

小组于 2022 年 8 月 10 日以 X＊-32-斜 P919 井做实验，将调节 1A 电流分别按照 5 块、6 块、7 块、8 块、9 块配重砖进行调整配重，实验数据如表 9-4、图 9-2 和图 9-3。

表 9-4　配重砖经验估算实验表

井号	5 块配重砖/A			6 块配重砖/A			7 块配重砖/A			8 块配重砖/A			9 块配重砖/A		
	上电流/A	下电流/A	平衡率	上电流/A	下电流/A	平衡率	上电流/A	下电流/A	平衡率	上电流/A	下电流/A	平衡率	上电流/A	下电流/A	平衡率
X＊-32-SP919	48	40	83.3%	45	43	95.6%	38	45	118.4%	37	48	129.7%	36	50	138.9%

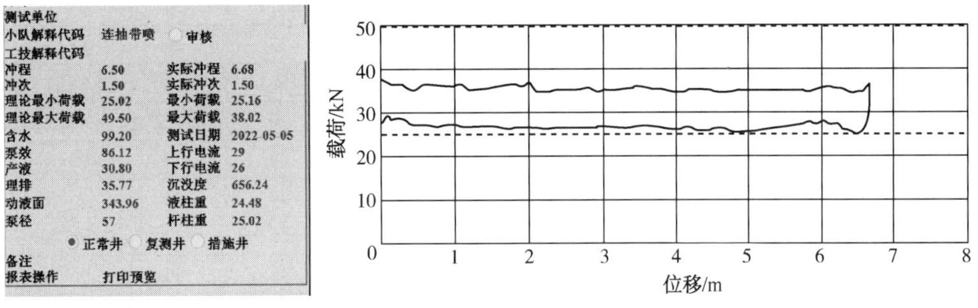

图 9-2　X＊-32-斜 P919 井功图曲线

从表 9-4 中可以看出，5~6 块配重砖(单块重量 7.5kg)，调节 1A 电流才能保证单井平衡率 80%~100%，如果要求上下行电流≤5A 同时满足，则应将经验估算改为：6 块配重砖（单块重量 7.5kg)，调节 1A 电流，而电流法调平衡公式中 $R=6\times7.5=45kg/A$。

图 9-3　X＊-32-斜 P919 井现场调配重试验

2. 完善塔架式抽油机配重调整说明

为了更好地做好塔架式抽油机调平衡的全过程管控，小组成员现场讨论，将配重砖的参数调整方法、塔架式抽油机的动态平衡两类调整方法及相关注意事项，纳入《塔架式抽油机配重调整说明》，将措施制度化。见图 9-4。

3. 塔架式抽油机动态平衡调整方法

结合塔架式抽油机出现不平衡情况的原因，将塔架式抽油机的动态平衡调整方法分为以下三类：

（1）泵况正常井的平衡调整方法。对于供排关系相对稳定的井，进行一次平衡调整，采取电流法或悬点载荷法来进行平衡调整。

（2）作业开井后的平衡调整方法。若泵况正常时是平衡井，作业后不需要立即进行平衡调整，作业开井后跟踪电流变化，待稳定运行 5~7 天后再决定是否进行平衡调整，采取电流法或悬点载荷法进行平衡调整。

（3）措施开井后的平衡调整方法。实施调参、换泵、压裂等措施后载荷变化较大，需要进行两次平衡调整。措施后先通过初始配重法进行第一次平衡调整，待稳定运行 10~15 天，井下载荷稳定后再采取电流法或悬点载荷法进行平衡调整。

4. 注意事项

（1）当塔架式抽油机井下载荷发生变化时，将会出现不平衡状况，甚至出现过载停机情况，在调整平衡前需落实清油井泵况，判断准确泵况无问题后再进行平衡调整。

（2）塔架式抽油机井井下结蜡对载荷影响较大，结蜡严重将会出现不平衡状况，若功图显示蜡影响，应先对油井进行洗井，洗井后再跟踪电流变化，决定是否进行平衡调整。

（3）塔架式抽油机井抽油泵沉没压力对悬点载荷有一定影响，对于供液不足的不平衡井建议优先调小参数，待沉没度稳定恢复至 200~300m 时再进行平衡调整。另外，套压对液面影响较大，日常管理套压应控制在合理范围内。

（4）对于聚驱塔架式抽油机井受效后载荷变化较大，悬点载荷法需要赋予修正系数，需要根据井下液体粘度变化进行修正。

（5）电流法平衡调整简单、方便，但平衡范围较为宽泛，悬点载荷法平衡调整需要理论计算或功图测试，平衡调整后平衡率较高。目前低压测试采用光杆弹性变形得到示功图，交变载荷准确，但最大载荷及最小载荷波动较大，目前无法使用，待数字化压载式示功仪投入使用后，可应用于功图测试得到的悬点载荷进行平衡调整。

图 9-4　塔架式抽油机配重调整说明

3. 效果检查

小组成员按照新的调平衡方法操作，配重调整情况如表 9-5 所示。

表 9-5　新调平衡方法调配重情况表

井号	目前配重/kg	调前				调后			
		调前上行电流/A	调前下行电流/A	平衡比/%	厂家计算配重/kg	调后上行电流/A	调后下行电流/A	平衡比/%	调后配重/kg
X＊-32-S2115	2880	50	37.8	75.6	3509	25.4	24	94.5	2880
X＊-32-S3316	2100	19	33	173.7	3915	33	29	87.9	2100
X＊-4-SP917	3292.5	24.8	25	100.8	3747	15.3	13	85.0	3292.5
X＊-D4-P917	2900	31.2	18.5	59.3	3698	20	17.2	86.0	2900
X＊-D4-P918	3400	25.5	26.2	102.7	1850	47	45	95.7	1990
X＊-D4-SP920	2040	28	19	67.9	3700	44	42	95.5	3092
X＊-D4-P923	2200	49.7	40	80.5	3674	35	32	91.4	3490
X＊-D1-P923	1520	41	49	119.5	3496	48	46	95.8	2127

从表 9-5 中可以看出，应用新的电流调平衡法后，配重调整更方便快捷，上下行电流均≤5A，平衡率均在 80%~100%合理范围内，调平衡后取得较好效果，该对策有效。

(三) 对策实施三：优化调整热洗参数

1. 设定正交试验因素水平表

为了获得优化的热洗参数，我们小组调查，所有聚驱塔架机井含水率都达到70%以上，8 月 2~11 日，我们在 X＊-1-斜 P923 井现场开展了为期 10 天的热洗参数正交试验。

我们小组成员分析热洗的工艺参数主要有：热洗时间（A）、热洗温度(B)、热洗压力(C)，每个因素取三个位级，制定因素位级表(见表 9-6)。

表 9-6　因素位级表

位级	A 热洗时间/min	B 热洗温度/℃	C 热洗压力/MPa
1	120	70	1. 5
2	150	75	1. 7
3	180	80	1. 8

2. 确定试验方案

我们用正交表 $L_9(3^4)$来完成，得到了试验表(见表 9-7)。

表 9-7　正交试验及试验结果

试验号	A 热洗时间/min	B 热洗温度/℃	C 热洗压力/MPa	Y 回油温度/℃
1	120	70	1. 5	52. 3
2	120	75	1. 8	53. 4
3	120	80	1. 7	55. 6
4	150	70	1. 8	54. 9
5	150	75	1. 7	54. 2
6	150	80	1. 5	52. 9
7	180	70	1. 7	60. 8
8	180	75	1. 5	63. 7
9	180	80	1. 8	65. 8
位级Ⅰ之和 T1	161. 3	168	168. 9	T=513. 6
位级Ⅱ之和 T2	162	171. 3	170. 6	
位级Ⅲ之和 T3	190. 3	174. 3	174. 1	
级差 R	29	6. 3	5. 2	

3. 分析与结论

各个因素对指标影响的程度为：$R_A>R_B>R_C$。即热洗时间对指标影响最大，热洗温度对指标影响其次，热洗压力对指标影响第三。

因素最高水平：

1）直接看：反冲洗效果最好的试验组合为 $A_3B_3C_3$；

2）算一算：比较各列位级和，最好方案为 $A_3B_3C_3$；

3）看一看=算一算。

这样通过正交试验确定的最佳组合为：热洗时间 180min、热洗温度 80℃、热洗压力 1. 8MPa。

4. 效果检查

小组根据正交试验的最佳热洗参数进行现场试验 10 口井，统计热洗参数如表 9-8所示。

表 9-8　10 口井优化热洗参数回油温度情况表

序号	井号	日产液量/t	含水率/%	热洗时间/min	热洗温度/℃	热洗压力/MPa	回油温度/℃
1	X＊-SP917	46.18	97.64	180	79	1.8	64.3
2	X＊-SP919	61.69	93.48	180	80	1.8	65.1
3	X＊-SP920	59.13	98.48	180	80	1.8	64.6
4	X＊-SP921	89.34	98.65	180	79	1.8	61.8
5	X＊-SP922	38.88	98.79	180	80	1.8	66.4
6	X＊＊-SP923	66.37	98.54	180	79	1.8	64.2
7	X＊-SP924	59.07	98.02	180	78	1.8	62.5
8	X＊-SP927	47.35	94.8	180	79	1.8	63.4
9	X＊-SP920	43.89	95.85	180	80	1.8	66.7
10	X＊-SP921	89.69	98.25	180	80	1.8	65.8

通过表 9-8 可以看出，优化塔架式抽油机热洗参数后，塔架机回油温度稳定在 60℃以上，达到了热洗温度，分目标实现了，该对策有效。

十、效果检查

（一）目标完成情况

2022 年 12 月，小组统计了 2022 年 9~12 月塔架式抽油机故障停机天数及月故障率情况（见表 10-1）。

表 10-1　2022 年 9~12 月塔架式抽油机故障率情况统计表

月份	9	10	11	12	合计	实施前	目标
故障停机天数	216	125	246	216	803		
月日历天数	2250	2305	2250	2305	9110		
月故障率	9.60%	5.42%	10.93%	9.37%	8.81%	20.0%	12%

小组制作柱状图检查目标完成情况，如图 10-1 所示。

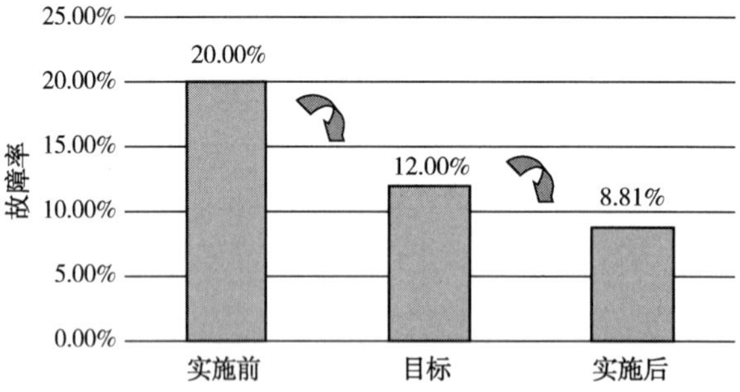

图 10-1　目标完成前后对比图

结论：对策实施后，塔架式抽油机月故障率由活动前的月均 20.0%降为活动后的 8.81%，达到了目标 12%的要求，小组目标实现。

（二）实施前后效果对比

小组统计 2022 年 9~12 月变频柜故障停机天数，与 2021 年同期数据进行对比，如表 10-2 所示。

表 10-2　聚驱塔架式抽油机变频柜故障停机天数对比统计表

序号	影响因素	对策实施前(2021 年 9～12 月)		对策实施后(2022 年 9～12 月)	
		故障天数	百分比/%	故障天数	百分比/%
1	过流保护停机	954. 4	65. 41	133. 15	16. 58
2	低电压保护停机	253. 8	17. 39	319. 71	39. 81
3	元件损坏停机	114. 1	7. 82	185. 88	23. 15
4	低温保护停机	68. 9	4. 72	121. 96	15. 19
5	其他	68. 0	4. 66	42. 30	5. 27
合计		1459. 2	100	803	100

根据统计表，绘制饼分图(图 10-2、图 10-3)

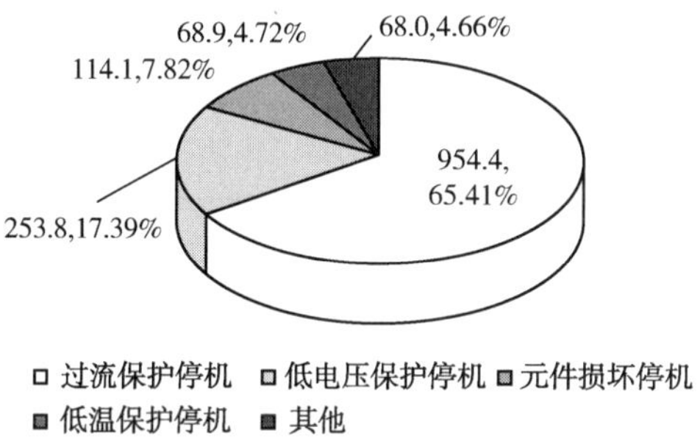

图 10-2　活动前饼分图

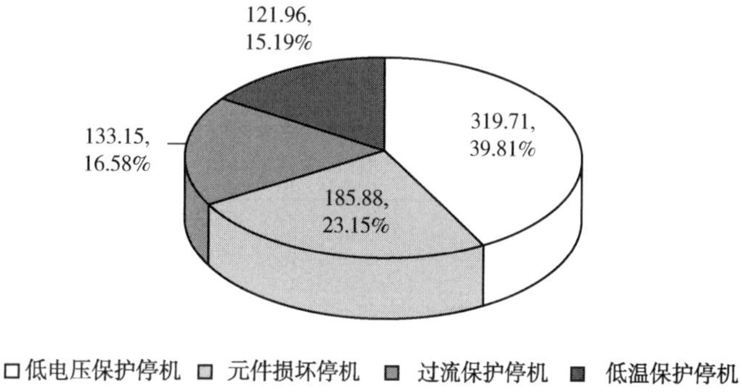

图 10-3　活动后饼分图

结论：对比表 10-2、饼分图 10-2、图 10-3 可以看出，通过对策的实施，“过流保护停机”由活动前的 65. 41%降低到 16. 58%，不再是塔架式抽油机月故障率高的主要症结问题。

(三) 直接经济效益

通过本次 QC 活动，小组通过采取针对性的调整方案和措施，成功地降低了塔架式抽油机的月故障率，节约了塔架式抽油机的维护、维修费用。

1. 原油增产

活动后，同期对比 2022 年 9 月 1 日～12 月 31 日影响产油量，见表 10-3。

表 10-3　同期影响产量对比表

2021 年				2022 年			
月份	影响产液/t	影响产油/t	平均含水率/%	月份	产液/t	影响产油/t	平均含水率/%
9	13609. 25	430. 05	96. 84	9	5310. 93	153. 49	97. 11
10	6801. 21	197. 24	97. 1	10	3400. 61	93. 52	97. 25
11	18167. 21	683. 09	96. 24	11	6367. 29	184. 65	97. 10
12	12748. 12	283. 01	97. 78	12	5471. 80	148. 83	97. 28
合计	51325. 79	1593. 38		合计	20550. 63	580. 49	

从表 10-3 中可以看出，同期对比，2022 年比 2021 年少影响原油量为 1593. 38t－580. 49t＝1012. 89t，即原油增产。2022 年吨油销售价格 3126 元/t，单井成本 2014 元/t，原油增产产值：

1012. 89t×(3126－2014)万元/t＝112. 633 万元

2. 投入成本

其间各种故障维修或更换费用如表 10-4 所示，共计投入成本 21. 386 万元。

表 10-4　维修或更换配件费用统计表

序号	维修或更换配件	数量	费用/元
1	更换 32A 链条	2 条	* * *
2	更换 28A 链条	3 条	* * *
4	更换导向轮	更换 8 个	* * *
5	维保注油	360L	* * *
6	维修电机	4 台	* * *
7	更换皮带	16 条	* * *
合计			213860

3. 经济效益

经济效益 = 112. 633 万元-21. 386 万元 = 91. 247 万元，效益证明见图 10-4。

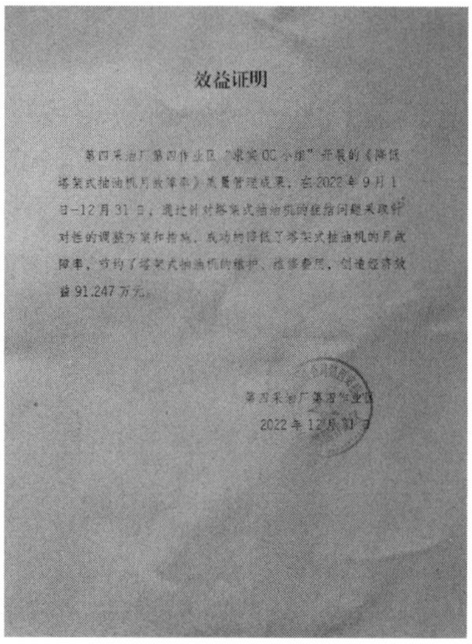

效益证明

第四采油厂第四作业区"求实QC小组"开展的《降低塔架式抽油机月故障率》质量管理成果，在2022年9月1日-12月31日，通过针对塔架式抽油机的故障问题采取针对性的调整方案和措施，成功的降低了塔架式抽油机的月故障率，节约了塔架式抽油机的维护、维修费用，创造经济效益91.247万元。

第四采油厂第四作业区
2022年12月31日

图 10-4　效益证明

(四) 社会效益

通过本次活动，小组成员通过 QC 思维采取有针对性的措施，有效降低了塔架式抽油机的月故障率，降低了成本和维修人员工作量，为故障的识别和处理提供了试验支持，为设备的安全运行提供了坚实的保障。

十一、制定巩固措施

为巩固成果，小组根据实施对策的有效措施，完善《塔架式抽油机配重调整说明》和作业指导书(详见表 11-1 和图 11-1)，要求岗位员工严格按照本方案执行，确保该方案精准实施。

表 11-1　巩固措施表

序号	文件名称	相应条款	备注
1	将塔架式抽油机自启时间调整方法和热洗方法纳入到《注采 406 班 HSE 作业指导书》中	4. 3. 1 塔架式抽油机以计量间为单位，根据实际情况实行自启时间梯次调整，时间间隔≥5s； 3. 2. 1 塔架式抽油机通过热洗正交试验确定的最佳组合为：热洗时间 180min、热洗温度 80℃、热洗压力 1. 8MPa	
2	将配重砖的参数调整方法纳入《塔架式抽油机配重调整说明》	1. 3. 2 经验估算 ……得出不完全准确规律： 6 块配重配重砖(单块重量 7. 5kg)，调节 1A 电流	

塔 架 式 抽 油 机
配 重 调 整 说 明

编 制 人：赵玉龙
审 批 人：楚殿庆
发布日期：2022 年 7 月 20 日　　实施日期：2022 年 7 月 26 日
大庆油田有限责任公司第四采油厂第四作业区

注采 406 班 HSE 作业指导书

编 制 人：赵玉龙
审 批 人：楚殿庆
发布日期：2022 年 1 月 4 日　　实施日期：2022 年 1 月 4 日
大庆油田有限责任公司第四采油厂第四作业区

图 11-1　塔架式抽油机配重调整说明

十二、总结和下一步打算

（一）总结

详见表 12-1。

表 12-1　求是 QC 小组活动小结

分类	亮点	不足之处
小组专业技术方面	1. 小组具有主动解决问题的思路与理念，以现场存在急需解决的实际问题为导向，进行质量改进，在专业技术上有突破。根据小组实际工作，选择了本次课题《降低塔架式抽油机月故障率》。 本次课题以降低塔架式抽油机月故障率，提高运行时率，降低成本，夺油上产为目的，通过调查研究并运用调查表、柱状图、饼分图、折线图等方法，对数据进行整理、分类、统计。小组通过开展原因分析找到 7 条末端因素，通过要因确认找到了 3 条要因，并通过正交试验等方法实施并有效完成目标。最后，小组通过完善作业指导书和配重调整说明等来巩固此次小组 QC 活动	1. 选题面不够广； 2. 技术创新有待加强
	2. 小组在活动过程中以事实为依据，用数据说话。在对策实施上小组对于逻辑性分析有了很大的提升，针对每项措施逐项细致分析，试验验证，课题结果更具可信度与可行性。通过严密科学的活动程序，学习了解熟悉了 PDCA 质量改进的方法和技能	小组在试验分析上使用的方法比较单一
	3. 为塔架机的广泛使用提供了可借鉴的依据	目前成果仅在四厂注采＊班应用
管理技术提升	小组管理上具有过程管控特色。 通过本次 QC 活动，提升了小组的管理技术，从选题注册、活动开展、成果总结、材料评审各环节，小组严格按照 T/CAQ 10201—2020 新版质量管理小组活动准则开展。活动中，小组成员明确了每个人的职责，在项目中分工合理，相互之间的配合更加默契，团队精神大幅提高，管理技术得到提升	QC 工具应用少

续表

<table>
<tr><th>分类</th><th>亮点</th><th>不足之处</th></tr>
<tr><td>管理技术提升</td><td>
<table>
<tr><th>活动内容</th><th>优点</th><th>运用工具</th></tr>
<tr><td>课题选择</td><td>课题紧密结合生产实际急需解决的问题</td><td>统计表、折线图</td></tr>
<tr><td>现状调查</td><td>通过全面的多角度分层，找到了症结问题，并根据历史数据为目标值的设定提供了依据</td><td>统计表、柱状图、饼分图、折线图</td></tr>
<tr><td>设定目标</td><td>目标值围绕根据历史数据进行测算得到</td><td>柱状图</td></tr>
<tr><td>原因分析</td><td>开展头脑风暴，集思广益，深度剖析现场，分析所有可能原因</td><td>关联图</td></tr>
<tr><td>确定主要原因</td><td>通过试验、调查统计，用数据说话，要因确认能够通过对症结问题影响大小来判断</td><td>统计表、柱状图</td></tr>
<tr><td>制定对策</td><td>针对放电工具重研制了轻便放电工具</td><td>统计表</td></tr>
<tr><td>对策实施</td><td>逐条实施并检查实施效果，数据充分</td><td>调查表、正交试验法</td></tr>
<tr><td>效果检查</td><td>通过对课题效果、经济效果、社会效果、症结解决程度等方面进行检查</td><td>调查表、饼分图、柱状图等</td></tr>
<tr><td>制定巩固措施</td><td>对实施证明有效的措施进行逐项巩固</td><td>统计表</td></tr>
</table>
</td><td>QC 工具应用少</td></tr>
<tr><td>小组成员素质提升</td><td>通过本次 QC 活动，小组成员创新能力、应用质量工具分析问题、解决问题能力得到提升，各方面技能、技术得到了全面发展。
不仅如此，小组成员在专业技能、职称晋升上都得到了大幅提升
<table>
<tr><th>小组成员</th><th>活动前</th><th>活动后</th></tr>
<tr><td>施岩</td><td>高级工</td><td>技师</td></tr>
<tr><td>楚殿庆</td><td>工程师，国家级 QC 初级诊断师</td><td>工程师，集团公司和黑龙江省评委</td></tr>
</table>
</td><td>需进一步对新准则进行理解，进一步提高创新能力</td></tr>
</table>

（二）下一步打算

围绕活动中遇到塔架式抽油机系统效率低于其他作业区的问题，我们下一次活动的课题定为：《提升塔架式抽油机系统效率》。

成果点评

求实 QC 小组的活动成果符合问题解决型（自定目标）活动程序，严格遵循 PDCA 循环，体现了小、实、活、新的特点，有效降低了塔架式抽油机的月故障率，降低了成本和维修人员工作量，为故障的识别和处理提供了试验支持。课题从生产实际出发，通过对塔架式抽油机的驱动类型、型号、故障类型进行分层整理，经过两次分层找到症结问题，验证和实施过程遵循了“用数据说话”的质量管理基本原则，采用了实验、测试、调查分析的方式进行论证，适宜、正确地运用了 QC 工具，采用图、表配合的方式将结果对比呈现。

本 QC 小组成果存在以下方面的不足，希望以后持续改进：

（1）选题理由没有给出月故障率高对生产有何具体影响，选题理由不充分；

（2）现状调查是对已经发生的问题进行调查，报告中变频柜故障调查时，不应该进行统计分析；

（3）设定目标中活动前月故障率 20%无依据；

（4）原因分析中机身偏斜、动滑轮与支架干涉偏磨、卡泵属于机械故障，在现状调查时已作为

次要问题不予考虑，作为中间原因不合适；因果关系倒置，如机身偏斜导致配重箱偏重；未分析到末端，如上下行电流差值大，在方案确定时指明是不平衡造成的，热洗参数未及时调整，具体是热洗水温度还是排量未分析；

（5）要因确认时没有依据末端对问题症结影响程度来判断，如员工填砖不规范统计表中是规范填砖的数据，不规范的影响没有验证；验证时进行原因分析，如基础下陷严重和热洗参数未及时调整等；另外上下行电流差值大验证时已经表明属于违反要求运行；

（6）制定对策中要因一设备自启时间无间隔的对策目标无依据，要因三热洗参数未及时调整的对策时回温60℃以上，要因验证表7-7显示的是延长热洗时间即可到热洗要求，对策目标设定不合理；对策实施中电流调平衡法仅用一口井的实验数据不具有代表性；

（7）经济效益分析中投入的维修或更换配件费用没有在活动中体现，纳入效益计算不合适；

（8）巩固措施中《塔架式抽油机配重调整说明》“1.3.2得出不完全准确规律”作为巩固措施不适宜。

二元注入体系 HLX 表活剂浓度检测方法的研发

三采攻关 QC 组

（大庆油田有限责任公司第四采油厂）

一、小组概况

小组概况如表 1-1 所示。

表 1-1　小组概况统计表

小　组　简　介						
小组名称		三采攻关 QC 小组		注册编号	2022CY409003	
课题名称		二元注入体系 HLX 表活剂浓度检测方法的研发		成立时间	2022 年 1 月	
课题类型		创新型		活动时间	2022 年 1~12 月	
小组人数(≤10 人)		10		当年活动次数	12	
小　组　成　员　情　况						
序号	成员姓名	年龄	文化程度	职务、职称	组内分工	备注
1	孙丽	36	大学	工程师	组　长	
2	高慧颖	44	大专	工程师	组　员	
3	李雪涛	45	大学	高级技师	组　员	
4	单茹	35	大学	工程师	组　员	
5	陈燕	35	大学	工程师	组　员	
6	黄思婷	40	大学	工程师	组　员	
7	孟晓威	32	大学	工程师	组　员	
8	张立东	43	研究生	高级工程师	组　员	
9	田翠娟	52	大学	工程师	组　员	
10	李波	52	大学	高级工程师	组　员	

二、选择课题

1. 员工需求

大庆油田首个无碱二元(HLX 表活剂、聚合物)复合驱现场试验区“杏五区西部三类油层无碱二元复合驱现场试验”于 2022 年投产。油田没有检测二元注入体系中 HLX 表活剂浓度的检测方法，目前采用厂家提供的电位滴定法进行室内评价，单样检测时间约 3. 5h，每增加 1 个样品，检测时间平均增加 40min。

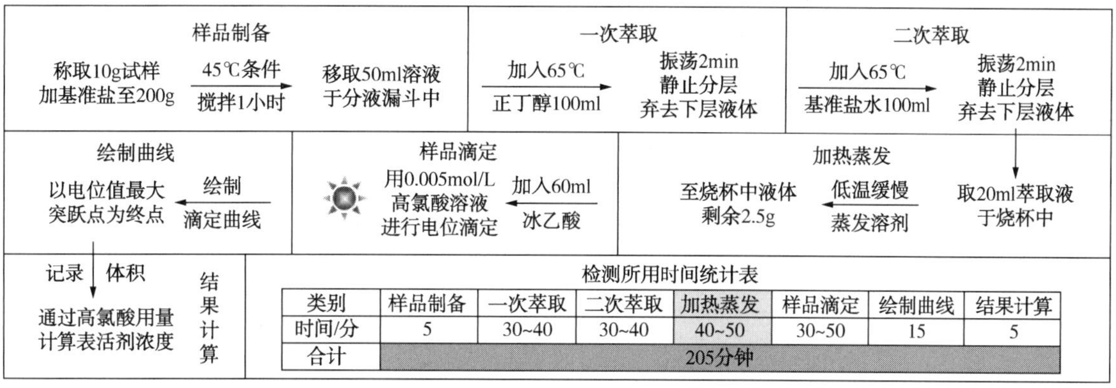

图 2-1　电位滴定法检测 HLX 表活剂浓度单个样品检测时间统计图

方案要求每天检测 4~5 个样品，站内 2 个样品上午 8：30 点开始检测，12：30 点结束；井口 2~3 个样品 11 点送回检测，15：30 点完成，员工中午不能准时就餐，没有午休时间，没有整理资料时间，不能及时上传检测数据，检测人员有缩短检测时间的需求。

2. 创新思路

小组成员通过查阅文献资料，并与厂家沟通，了解到 HLX 表活剂具有与聚合物相同的 R-NH-胺基官能团。因此，检测聚合物浓度的原理适用于 HLX 表活剂浓度检测。分子结构示意图见图 2-2。

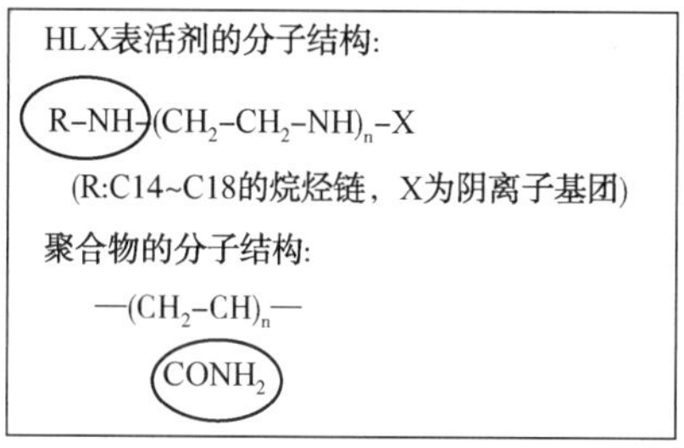

图 2-2　分子结构图对比图

油田目前检测“聚合物浓度”采用“浊度法”，浊度法检测时间约 45min，可以满足员工缩短时间的需求。

借鉴与需求的不同：“浊度法”检测的是单一聚合物溶液，但我们要检测的“二元注入体系”溶液中既有“聚合物”也有“表活剂”，二者可同时参与反应，直接使用会导致检测结果偏大，所以需要先将聚合物和表活剂分开后再用“浊度法”进行检测。聚合物和表活剂的分离可以通过常用的“萃取法”来实现。所以，借鉴“浊度法”的检测原理进行表活剂浓度检测，能够缩短检测时间，因此以“二元注入体系 HLX 表活剂浓度检测方法的研发”为题开展活动。

三、设定目标及目标可行性论证

（一）设定目标

每天有效工作时间：上午 8：30～11：00，下午 1：30~4：00，上下午有效工作时间均为 2.5h，因此小组成员经过讨论，将活动目标设定为：单个样品表活剂浓度检测时间≤2.5h。见图 3-1。

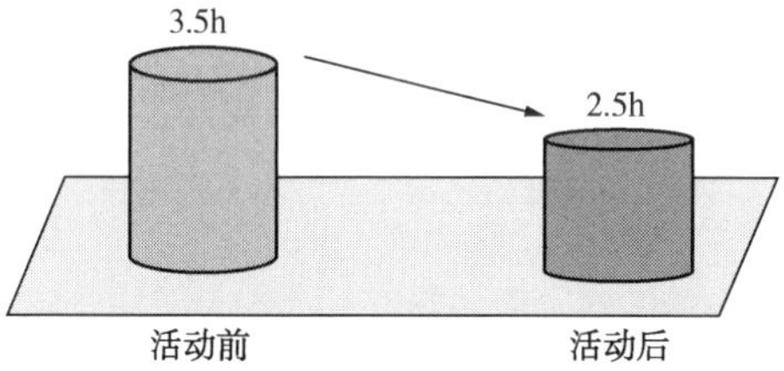

图 3-1　单个样品表活剂浓度检测时间

（二）目标可行性论证

1. 方法可行性验证

小组成员用现场污水配制不同浓度的单一 HLX 表活剂标准系列样品，用“浊度法”进行检测。

实验结果进一步证实：“浊度法”检测单一 HLX 表面活性剂的现象与聚合物一致，“浊度法”适用。

2. 目标可行性论证

聚合物浓度检测时间约 45min，萃取分离时间约 30min。采用“浊度法”检测单个样品表活剂浓度用时最多为 75min，小于 2.5h，目标可行。见表 3-1。

表活剂浓度/%	浊度值
0.1	0.025
0.2	0.070
0.3	0.118
0.4	0.170
0.5	0.211

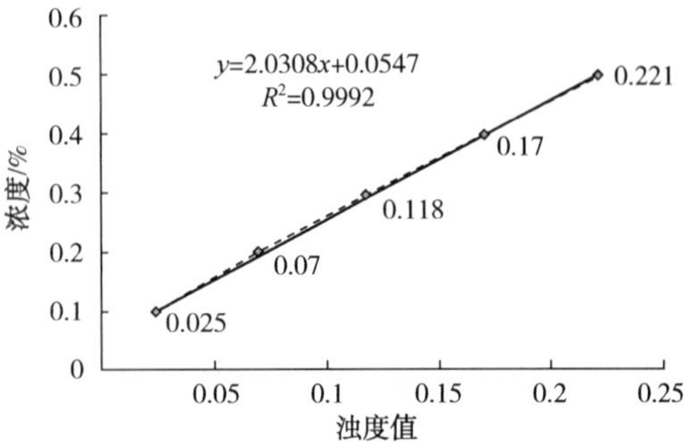

图 3-2　浊度法检测 HLX 表活剂关系曲线图

表 3-1　“浊度法”单个样品表活剂浓度检测时间测算表

检项目	萃取分离/min	样品稀释/min	检品检测/min	结果计算/min	用时/min
浊度法	30	20	20	5	75

四、提出方案并确定最佳方案

（一）提出方案

“浊度法”原理：胺基在酸性溶液中与次氯酸钠反应产生溶性的氯酸胺，使溶液混浊，其浊度值与聚丙烯酰胺浓度成正比，可由分光光度计测定。曲线图见图 4-1。

聚合物浓度/(mg/L)	浊度值
200	0.202
225	0.220
250	0.239
275	0.259
300	0.279

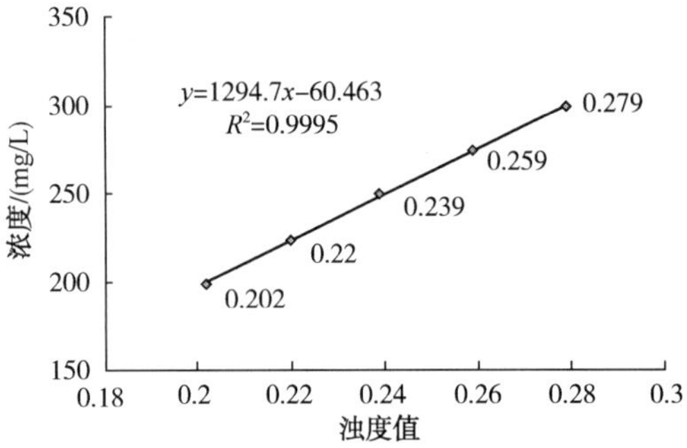

图 4-1　浊度法检测聚合物标准曲线

“浊度法”检测流程见图 4-2。

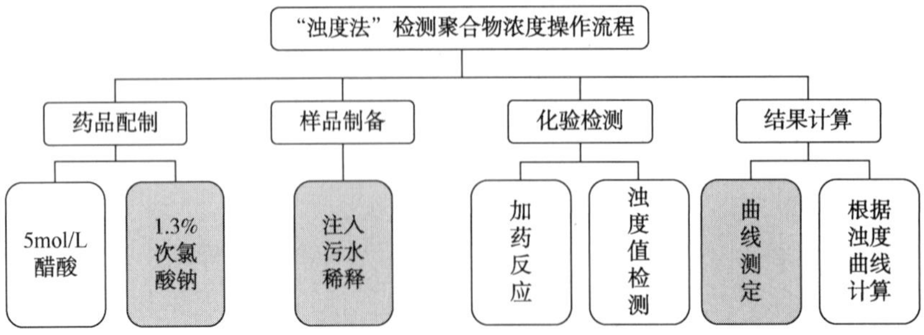

图 4-2　“浊度法”检测流程图

小组成员对“浊度法”检测流程进行分析，其中醋酸在检测过程中起到酸化环境的作用，满足检测要求，直接引用标准；加药反应、浊度值检测、根据浊度曲线计算也直接引用标准。而反应药剂次氯配钠浓度、样品稀释用水、标准曲线的绘制方式需针对表活剂浓度检测进行调整。

技术难点：

1. 样品制备增加萃取过程，萃取剂和萃取比例如何确定；
2. 反应药剂次氯酸钠的浓度如何确定；
3. 如何使聚表分离更彻底；
4. 标准曲线如何测试才能消除聚合物的影响。

小组成员对“浊度法”建立过程、技术难题进行了讨论，集思广益，根据将表活剂和聚合物二者分离后“浊度法”检测对象、曲线测定方式的不同，提出三种方案，并绘制了树图，见图 4-3 和表 4-1。

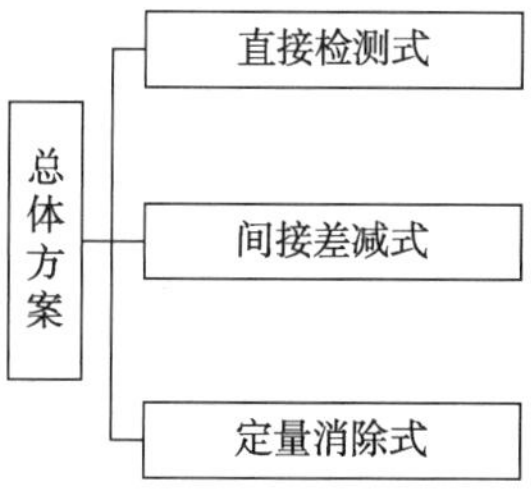

图 4-3　总体方案树图

表 4-1　三种方案对比表

对比项	直接检测式	间接差减式	定量消除式
独立技术特性	1. 检测对象是表活剂层； 2. 绘制 1 条单一表活剂曲线	1. 检测对象是聚合物层和二元液； 2. 绘制 9 条浊度差值曲线	1. 检测对象是聚合物层和二元液； 2. 绘制 1 条含定量聚合物浓度的表活剂曲线
反应现象	溶液分层、混浊低	溶液不分层、产生混浊	溶液不分层、产生混浊
参与计算浊度值	表活性剂层	二元液-聚合物层	表活性剂层
准确性评价	表活剂溶解在有机溶剂中，与次氯酸钠水溶液反应不充分，误差为-60%，准确度低	曲线多工作量大，现场注入浓度与方案浓度有偏差且不固定，误差不可控	通过按曲线聚合物浓度定量稀释二元液可消除聚合物影响，误差小且可控
选择结果	不采用	不采用	采用
时间：2022 年 4 月 20 日	地点：312 室	负责人：张立东、黄思婷	

小组确定了“定量消除式”为最佳检测方式，绘制了定量消除式二元注入体系 HLX 表活剂浓度检测方案树图，见图 4-4。

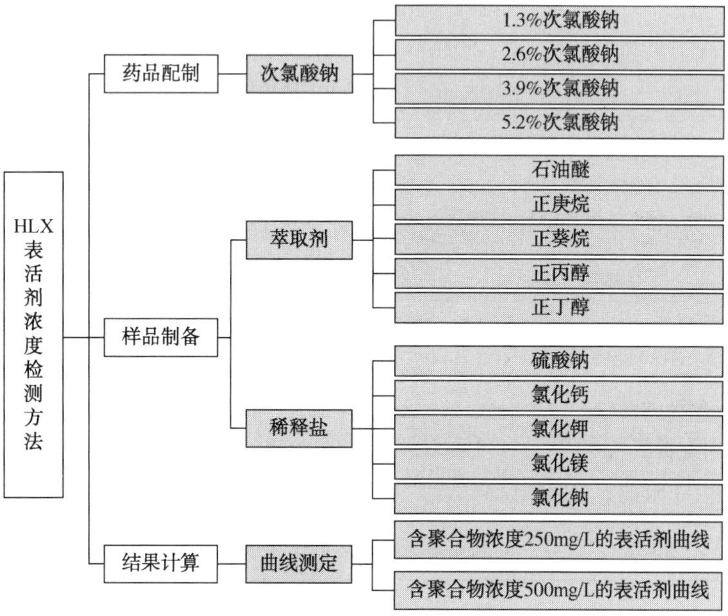

图 4-4　HLX 表活剂浓度检测方案树图

（二）一级方案确定

1. 次氯酸钠配制浓度筛选

实验方案：

1）《Q/SYDQ0925—2012 聚合物溶液取样与化验操作规程》中次氯酸钠浓度是 1.3%，按不同倍数提高次氯酸钠浓度，配制 1.3%、2.6%、3.9%、5.2%的次氯酸钠溶液。

2）采用现场注入污水配制单一表活剂浓度 0.1%、0.2%、0.3%、0.4%、0.5%的表活剂样品。

3）用不同浓度的次氯酸钠检测不同浓度的表活剂。

4）对比浊度值。

次氯酸钠浓度选择方案见表 4-2。

表 4-2　次氯酸钠浓度选择表

选择依据		1.3%的不同倍数			
选择最佳方案条件		浊度值稳定、线性度好，相邻两浓度样品浊度值有一定差距			
次氯酸钠浓度/%		1.3	2.6	3.9	5.2
表活剂浓度/%	0.1	0.005	0.006	0.026	0.085
	0.2	0.008	0.014	0.319	0.308
	0.3	0.011	0.022	0.619	0.855
	0.4	0.014	0.03	0.921	0.883
	0.5	0.017	0.038	1.221	1.072
浊度值曲线		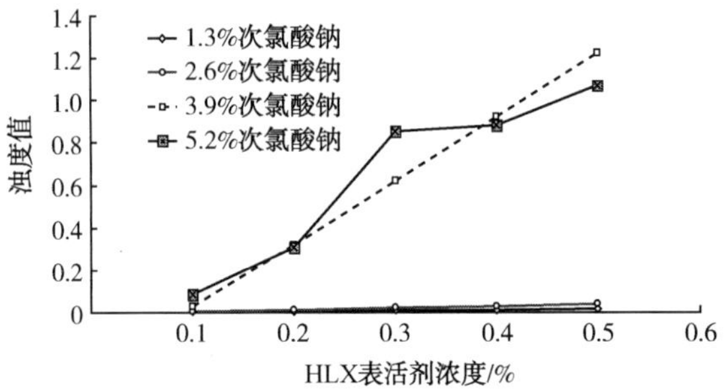			
准确性评价		次氯酸钠浓度 1.3%和 2.6%浊度值曲线虽然线性好，但浊度值偏低，相邻两个不同浓度样品浊度值差距小，很容易受到污水的影响，容错率低。浓度 5.2%时虽然浊度值增大，但不稳定，线性不好，错误率高。浓度为 3.9%时，浊度值之间差距大，且线性度好，容错率高、误差小			
选择结果		不采用	不采用	采用	不采用
时间：2022 年 5 月 13 日		地点：312 室		负责人：单茹、陈燕	

2. 萃取用有机溶剂筛选

试验方案：采用蒸馏水配制单一 0.3%HLX 表活剂溶液，选取化验室常用的 5 种有机溶剂，按照 1∶1 的比例进行混合振荡，观察分层情况，并采用分光光度计直接检测水层浊度值。见表 4-3。

表 4-3　有机溶剂选择表

选择依据	常用、无毒害、易采购
选择最佳方案条件	不发生乳化，分层界面清晰，浊度值接近 0

续表

备选项	石油醚	正庚烷	正葵烷	正丙醇	正丁醇
加药现象					
	乳化不分层	乳化不分层	乳化不分层	乳化不分层	分层清晰
浊度值	无法检测	无法检测	无法检测	12.457	0.003
选择结果	不采用	不采用	不采用	不采用	采用
时间：2022 年 5 月 25 日		地点：化验室 312		负责人：李波、田翠娟	

3. 稀释用盐筛选

试验方案：

1）模拟污水配制聚合物 1200mg/L、HLX 表活剂 0.3%的二元液和只含聚合物 1200mg/L 的一元液。

2）配制浓度为 1000mg/L 的 5 种盐溶液。

3）用不同种类的盐溶液将二元液稀释 5 倍，将稀释液与正丁醇按 1∶1 的比例混合，振荡后观察下层液情况。

4）分别取萃取后的下层液和单一 1200mg/L 聚合物溶液，检测浊度值进行比较，对比分析萃取效果。

选择方案汇总见表 4-4。

表 4-4　不同种类盐选择表

选择依据	常用、易溶解、易采购、无毒害				
选择最佳方案条件	下层透明，浊度值接近单一聚合物浊度值				
备选项	硫酸钠	氯化钙	氯化镁	氯化钾	氯化钠
加药现象	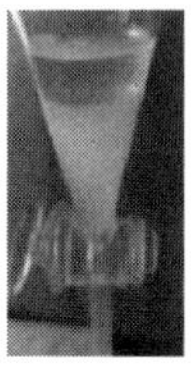				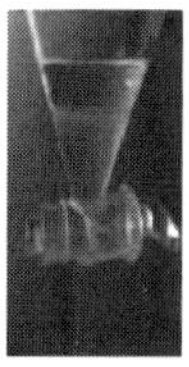
	下层液混浊	下层液混浊	下层液混浊	下层液较透明	下层液透明
浊度值	0.455	0.449	0.416	0.334	0.118
	单一聚合物浊度值 0.106				
选择结果	不采用	不采用	不采用	不采用	采用
时间：2022 年 5 月 26 日		地点：化验室 312		负责人：李雪涛	

4. 标准曲线筛选

要想直接通过检测二元液浊度值来计算表活剂浓度，需在做表活剂浓度与浊度标准曲线时在标准样中加固定浓度的聚合物，来消除聚合物的影响。检测聚合物浓度时，将待测样品稀释至聚合物浓度约为250mg/L进行检测；井口最低聚合物浓度为600mg/L，浓度设置低，稀释倍数增大会带来稀释误差。因配制浓度存在波动，可能达不到600mg/L，所以设置曲线聚合物浓度分别250mg/L、500mg/L，进行筛选。

实验方案：

1）用现场注入污水分别绘制含聚浓度为250mg/L、500mg/L的两条表活剂浓度和浊度的关系曲线。

2）用现场注入污水配制聚合物浓度为600mg/L、1500mg/L、1950mg/L、表活剂浓度为0.3%的标准样品。

3）分别用两条曲线检测标准样品。

4）对比浓度值进行效果分析。

标准曲线含聚合物浓度选择方案见表4-5。

表4-5 标准曲线含聚合物浓度选择表

选择依据		不高于井口最低聚合物配注浓度	
选择最佳方案条件		标准样的检测浓度接近配制浓度	
二元体系配制浓度		不同标准曲线检测的表活剂浓度/%	
表活剂	聚合物	含聚浓度250表活剂曲线	含聚浓度500表活剂曲线
0.3%	600mg/L	0.283	0.291
	1500mg/L	0.317	0.309
	1950mg/L	0.329	0.314
准确性评价		聚合物浓度为500mg/L的曲线检测出的结果，更接近标准样浓度，检测准确度更高	
选择结果		不采用	采用
时间：2022年6月2日		地点：312室	负责人：张立东、黄思婷

通过筛选确定了一级方案，绘制一级方案树图，见图4-5。

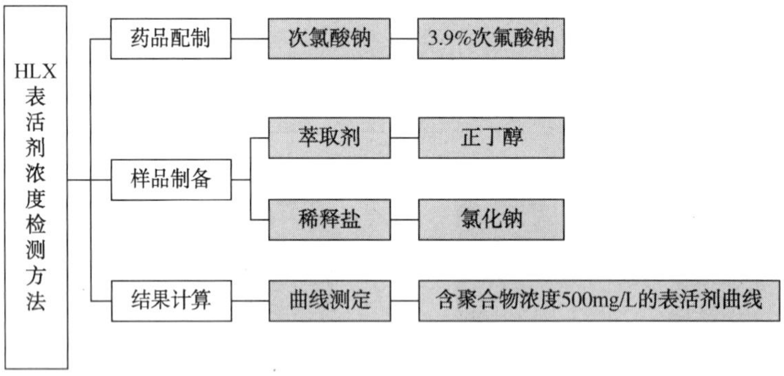

图4-5 一级方案树图

（三）二级方案确定

优选萃取液比例及盐浓度。

小组经过对比分析，萃取剂的用量与盐溶液的浓度相关，因此需根据萃取剂的用量确定盐溶液的浓度树图，见图4-6。

试验方案：

1）用模拟污水配制1200mg/L聚合物和0.3%HLX表活剂的二元液和只含聚合物1200mg/L的一元液。

2）用不同浓度的氯化钠溶液将二元液和一元液分别稀释5倍。

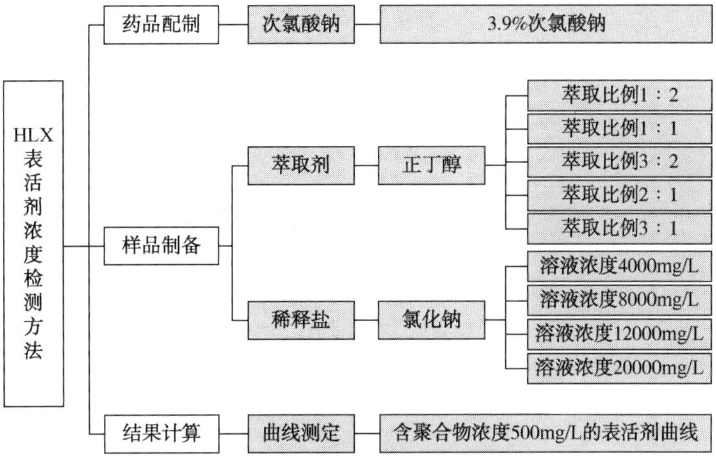

图 4-6　确定盐溶液浓度树图

3）分别取 10ml 稀释液，与正丁醇按不同比例溶合，振荡后静置分层。

4）分别取下层萃取液加药反应后测浊度值进行比较。

萃取液的浊度值与单一聚合物体系的浊度值相近效果最佳。

优化试验数据汇总见表 4-6。

表 4-6　正丁醇比例和氯化钠浓度优化试验数据表

体系	稀释后药剂浓度		萃取剂		不同矿化度下的浊度值			
	聚合物/（mg/L）	HLX/（mg/L）	正丁醇/mL	萃取比	4000/（mg/L）	8000/（mg/L）	12000/（mg/L）	20000/（mg/L）
一元	240	0	—	—	0. 304	0. 304	0. 306	0. 305
二元	240	600	5	1：2	0. 455	0. 386	0. 306	0. 308
	240	600	10	1：1	0. 505	0. 423	0. 353	0. 347
	240	600	15	3：2	0. 542	0. 474	0. 389	0. 391
	240	600	20	2：1	0. 603	0. 533	0. 449	0. 454
	240	600	30	3：1	0. 753	0. 671	0. 593	0. 587
日期：2022 年 5 月 28 日			地点：化验室 312		人员：孙丽、高慧颖			

经过对比综合分析，在正丁醇萃取比为 1：2、氯化钠溶液的浓度为 12000mg/L 时，萃取液的浊度值与单一聚合物体系的浊度值相近，证明表活剂与聚合物分离较完全，萃取效果最好。所以，确定萃取剂与二元液混配比为 1：2，氯化钠最佳浓度为 12000mg/L。

小组成员通过系列试验，确定了定量消除式二元注入体系 HLX 表活剂浓度检测方法最佳方案，并绘制了最佳方案树图，见图 4-7 和表 4-7。

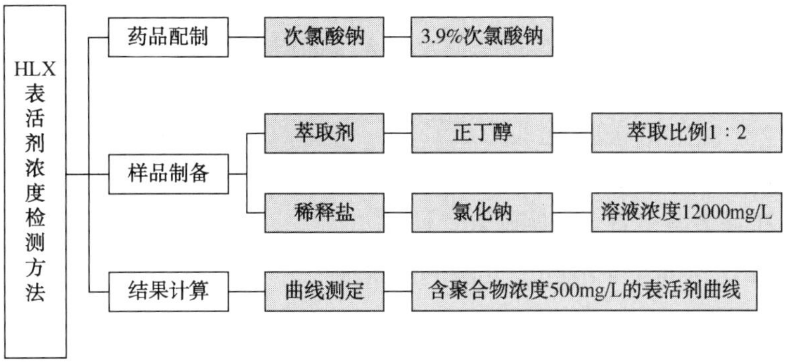

图 4-7　最佳方案树图

表 4-7　对策表

序号	对策	目标	措施	地点	负责人	完成时间
1	配制 3.9%的次氯酸钠溶液	误差≤±2%	1. 仪器、材料准备； 2. 计算 X 值； 3. 称取次氯酸钠； 4. 称取蒸馏水； 5. 配制	化验室	高慧颖 孟晓威	2022 年 8 月
2	制备 1∶2 的正丁醇与二元液的混配液	误差≤±5%	1. 仪器、材料准备； 2. 二元液制备； 3. 萃取分离	化验室	张立东 黄思婷	2022 年 8 月
3	配制 12000mg/L 氯化钠溶液	误差≤±5%	1. 仪器、材料准备； 2. 称取氯化钠； 3. 配制	化验室	孙　丽 单　茹	2022 年 8 月
4	测定含聚浓度 500mg/L 表活剂标准曲线	线性系数 $R^2 \geq 0.99$	1. 配制 1500mg/L 聚合物母液； 2. 配制聚合物浓度 500mg/L 系列表活剂标准样； 3. 测标准样浊度值； 4. 绘制标准曲线	化验室	李雪涛 陈　燕	2022 年 8 月
5	检测方法的总体调试	误差≤±10%	1. 误差分析； 2. 精密度评价； 3. 编写检测方法	化验室 现场	李　波 田翠娟	2022 年 8 月

制表人：孙丽　　　　制表时间：2022 年 7 月 10 日

五、对策实施

小组成员按照对策表中各项措施，分别开展相应的药剂准备、曲线绘制与室内试验，并进行效果检查，确保目标完成。

（一）配制 3.9%的次氯酸钠溶液

1. 仪器准备：百分之一天平、1000ml 试剂瓶、250ml 烧杯、1000ml 烧杯、蒸馏水；

2. 计算 X：$X=12\%\div3.9\%=9.23$；

3. 称取次氯酸钠：用 250ml 烧杯在百分之一天平上准确称取有效浓度为 12%的次氯酸钠分析纯 100.00g；

4. 称取蒸馏水：用 1000ml 烧杯在百分之一天平上准确称取 100.00g×(9.23-1)=823g 的蒸馏水；

5. 配制：将次氯酸钠转移至 1000ml 试剂瓶中，取已称好的蒸馏水涮洗烧杯 2 次，将涮洗液全部转移至试剂瓶中，缓慢将剩余已称好的蒸馏水加入试剂瓶中，摇匀、过滤，粘贴标签。

效果检查：次氯酸钠称量误差：100.00-100.00=0

蒸馏水称量误差：823.00-823.00=0

配制过程无损失，误差为 0，满足目标。

实施时间：2022 年 8 月 2 日　　实施人：孙丽

（二）制备 1∶2 比例的正丁醇与二元液的混配液

仪器、材料准备

1. 仪器准备：清洁干燥的 250ml 分液漏斗 1 支，涂抹凡士林密封；清洁干燥的 50ml 量筒各 2

支、100ml 烧杯 2 个；

2. 二元液制备：用模拟污水配制 1200mg/L 聚合物和 0.3%HLX 表活剂的二元液一元液；将二元液用加盐污水将聚合物浓度稀释至 200~300mg/L，在磁力搅拌器上搅拌 20min，使溶液能够充分搅拌均匀，得到二元稀释液；

3. 向分液漏斗中，移取二元稀释液 40ml，加入 20ml 正丁醇，摇匀振荡后，静置 30min 分层，得到下层萃取液。

效果验证：对二元下层萃取液和一元液同时加药反应，一元液吸光值 0.312、二元液吸光值 0.316，误差：(0.316-0.312)÷0.312×100%=1.2%，达到≤±5%的目标。

实施时间：2022 年 8 月 2 日　　实施人：李波

(三) 配制 12000mg/L 氯化钠溶液

1. 仪器、材料准备：百分之一天平、100ml 烧杯、1000ml 容量瓶、现场污水；

2. 称取氯化钠：用 100ml 烧杯在百分之一天平上准确称取氯化钠 12.00g；

3. 配制：用现场污水初步溶解后氯化钠后转移至 1000ml 容量瓶，平摇后用现场污水定容至 1L，摇匀后转移至试剂瓶，粘贴标签。

效果检查：12.00g÷1000ml=12000mg/L，误差为 0.00，配制过程无药品和水洒落，实际称量数量与方案数量一致，达到目标要求。

实施时间：2022 年 8 月 3 日　　实施人：单茹

(四) 绘制含聚浓度 500mg/L 的表活剂标准曲线

1. 取现场污水、聚合物，用现场污水配制聚合物浓度 1500mg/L 的聚合物母液，搅拌 2h；

2. 取现场污水、表活剂、1500mg/L 的聚合物母液，配制含有聚合物浓度 500mg/L，HLX 表活剂浓度从 0.06%、0.12%、0.18%、0.24%、0.3%的二元体系溶液；

3. 分别取 5ml 二元液标准样品于 150ml 锥形瓶中，加入 10ml 醋酸，振荡，静置 2min。加入 10ml 次氯酸钠，振荡，静置 15min。以现场污水为空白；

4. 进行浊度值测定；

5. 以浓度为纵坐标，浊度值为横坐标绘制标准曲线。

标准曲线图见图 5-1。

表活剂浓度/%	浊度值
0.06	0.148
0.12	0.336
0.18	0.528
0.24	0.683
0.30	0.881

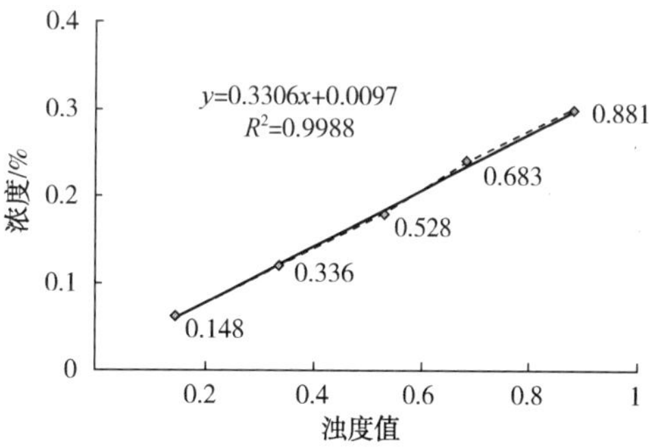

图 5-1　含聚浓度 500mg/L 表活剂标准曲线

实施时间：2022 年 8 月 4 日　　实施人：高慧颖

效果检查：通过拟合，线性系数 $R^2=0.9988\geq0.99$，达到目标要求。

(五) 检测方法的总体调试

1. 方法误差测试

用现场污水室内配制二元体系(聚合物、HLX 表活剂)，用新建立的“浊度法”采用 500mg/L 聚合物浓度曲线定量消除聚合物影响的方式检测二元注入体系 HLX 表活剂浓度，实测浓度与配制浓度检测误差绝对值平均为6.3%。见表5-1。

表5-1 标准样检测误差

序号	配制		检测	
	HLX/%	聚合物/(mg/L)	HLX/%	误差绝对值/%
1	0.10	1000	0.09	9.1
2	0.10	1200	0.09	7.5
3	0.15	1000	0.14	3.5
4	0.15	1200	0.15	1.5
5	0.20	1000	0.21	3.2
6	0.20	1200	0.21	4.3
7	0.25	1000	0.27	7.8
8	0.25	1200	0.27	9.5
9	0.30	1000	0.32	6.7
10	0.30	1200	0.33	9.5
平均值				6.3
时间：2022年8月5日		地点：化验室312		负责人：田翠娟、李波

2. 方法精密度测试

对同一标准样品进行10次平行测试，相对标准偏差为1.33%。见表5-2。

表5-2 精密度测试结果

样品	检测表活剂浓度/%	平均值/%	相对标准偏差/%
表活剂：0.3%； 聚合物：2000mg/L	0.31	0.296	1.33
	0.28		
	0.29		
	0.30		
	0.27		
	0.26		
	0.32		
	0.34		
	0.31		
	0.28		
时间：2022年8月6日		地点：化验室312	负责人：田翠娟、李波

综上所述，应用“浊度法”采用含500mg/L聚合物浓度表活剂曲线定量消除聚合物影响的方式检测二元注入体系HLX表活剂浓度，误差绝对值平均为6.3%，符合标准要求，数据重现性好。

3. 编制检测方法

确定方法准确度符合检测要求后，小组成员整理试验过程记录，因该方法检测表活剂浓度需先检测聚合物浓度，根据已测得聚合物浓度才能进行二元液的稀释，为了查看方便，将整个检测过程拆开，分别编制《二元注入体系聚合物浓度检测方法》《二元注入体系HLX表活剂浓度检测方法》，包括检测原理、试剂材料、仪器和设备、检测步骤、曲线测定、结果计算6个部分。详见图5-2。

实施时间：2022年8月10日　　实施人：张立东、黄思婷

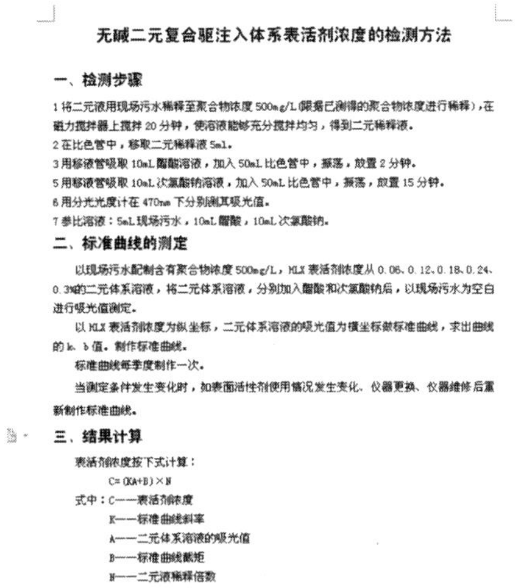

无碱二元复合驱注入体系表活剂浓度的检测方法

一、检测步骤

1 将二元液用现场污水稀释至聚合物浓度 500mg/L(根据已测得的聚合物浓度进行稀释)，在磁力搅拌器上搅拌 20 分钟，使溶液能够充分搅拌均匀，得到二元稀释液。

2 在比色管中，移取二元稀释液 5ml。

3 用移液管吸取 10mL 醋酸溶液，加入 50mL 比色管中，振荡，放置 2 分钟。

5 用移液管吸取 10mL 次氯酸钠溶液，加入 50mL 比色管中，振荡，放置 15 分钟。

6 用分光光度计在 470nm 下分别测其吸光值。

7 参比溶液：5mL 现场污水，10mL 醋酸，10mL 次氯酸钠。

二、标准曲线的测定

以现场污水配制含有聚合物浓度 500mg/L，HLX 表活剂浓度从 0.06、0.12、0.18、0.24、0.3%的二元体系溶液，将二元体系溶液，分别加入醋酸和次氯酸钠后，以现场污水为空白进行吸光值测定。

以 HLX 表活剂浓度为纵坐标，二元体系溶液的吸光值为横坐标做标准曲线，求出曲线的 k、b 值。制作标准曲线。

标准曲线每季度制作一次。

当测定条件发生变化时，如表面活性剂使用情况发生变化、仪器更换、仪器維修后重新制作标准曲线。

三、结果计算

表活剂浓度按下式计算：

C=(KA+B)×N

式中：C——表活剂浓度

K——标准曲线斜率

A——二元体系溶液的吸光值

B——标准曲线截矩

N——二元液稀释倍数

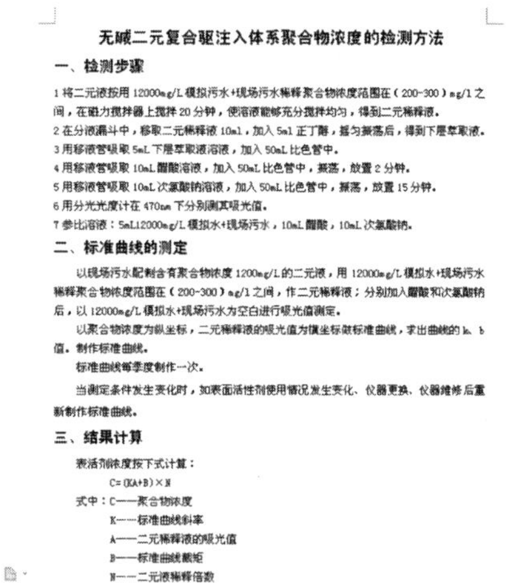

无碱二元复合驱注入体系聚合物浓度的检测方法

一、检测步骤

1 将二元液按用 12000mg/L 模拟污水+现场污水稀释聚合物浓度范围在（200~300）mg/l 之间，在磁力搅拌器上搅拌 20 分钟，使溶液能够充分搅拌均匀，得到二元稀释液。

2 在分液漏斗中，移取二元稀释液 10ml，加入 5ml 正丁醇，摇匀振荡后，得到下层萃取液。

3 用移液管吸取 5mL 下层萃取液溶液，加入 50mL 比色管中。

4 用移液管吸取 10mL 醋酸溶液，加入 50mL 比色管中，振荡，放置 2 分钟。

5 用移液管吸取 10mL 次氯酸钠溶液，加入 50mL 比色管中，振荡，放置 15 分钟。

6 用分光光度计在 470nm 下分别测其吸光值。

7 参比溶液：5mL12000mg/L 模拟水+现场污水，10mL 醋酸，10mL 次氯酸钠。

二、标准曲线的测定

以现场污水配制含有聚合物浓度 1200mg/L 的二元液，用 12000mg/L 模拟水+现场污水稀释聚合物浓度范围在（200~300）mg/l 之间，作二元稀释液；分别加入醋酸和次氯酸钠后，以 12000mg/L 模拟水+现场污水为空白进行吸光值测定。

以聚合物浓度为纵坐标，二元稀释液的吸光值为横坐标做标准曲线，求出曲线的 k、b 值。制作标准曲线。

标准曲线每季度制作一次。

当测定条件发生变化时，如表面活性剂使用情况发生变化、仪器更换、仪器維修后重新制作标准曲线。

三、结果计算

表活剂浓度按下式计算：

C=(KA+B)×N

式中：C——聚合物浓度

K——标准曲线斜率

A——二元稀释液的吸光值

B——标准曲线截矩

N——二元液稀释倍数

图 5-2　编制文件图

措施实施后，小组邀请厂、作业区相关质量、安全、环保管理部门、中心化验室技术组，共同对新方法进行全面评估，检测数据质量符合 Q/SY 2016—106《三元复合驱采出、注入井资料录取管理规定》的要求，检测过程无危险因素、环境因素引入，符合安全环保要求。

六、效果检查

（一）目标完成情况

经过小组成员，室内配制样品，按浊度法操作步骤，细致跟踪每一项操作过程，记录消耗时间情况，整个检测过程所用时间如下：检测时间 120min，小于 2.5h，目标实现。检测过程所用时间情况见表 6-1 和图 6-1。

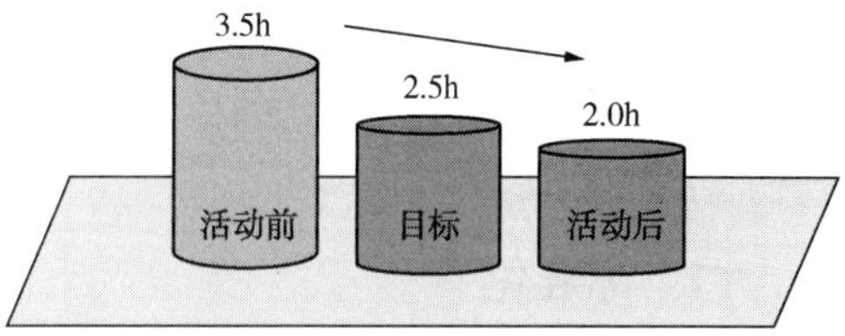

图 6-1　单个样品检测时间

表 6-1　样品检测过程所用时间情况

序号	检测步骤	检测过程	所用时间/min	
			聚合物浓度	表活剂浓度
1	样品制备	样品稀释	5	5
		样品搅拌	15	15
		萃取分离	30	—
2	样品检测	称取溶液	2	2
		醋酸反应	2	2
		次氯酸钠反应	15	15
		测浊度值	1	1
3	结果计算		5	5
小计			75	45
合计			120	
时间：2022 年 8 月 26 日	地点：化验室 312		负责人：李　波、张立东	

（二）现场应用效果

2022 年 12 月，现场注入表活剂后，为保证化验检测时间充足，规定站内样品由夜班人员上午 8 点前送到化验室，井口样品由巡井工上午 11 点前送到化验室，小组成员深入现场对化验人员进行培训并现场指导，抽查 2022 年 12 月 21 日当天化验工作量完成情况，详见表 6-2。

表 6-2　现场检测时间统计

取样点	聚合物浓度/(mg/L)			表活剂浓度/%			开始时间	结束时间	时长	完成检测样品数量
	方案	实测	误差绝对值/%	方案	检测值	误差绝对值/%				
低压二元	5000	5046	0.92	0.3	0.313	4.3	8:30	10:35	2 时 5 分	1 个聚合物 2 个表活剂
高压一元	—	—	—		0.284	5.3	—	—	—	
5 丁 1-E911	1200	1186	1.16		0.326	8.6	12:00	14:35	2 时 35 分	2 个聚合物 2 个表活剂
5 丁 1-E913	1800	1852	2.88		0.318	6.0				

从表 6-2 可以看出，应用新方法检测二元注入体系中 HLX 表活剂浓度，上午同时检测 2 个样品用时 2 时 5 分，下午同时检测 2 个样品用时 2 小时 35 分，均能在工作时间内完成，不影响员工中午休息和就餐。满足员工的需求。

（三）社会效益

1. 提高劳动效率：建立了浊度法快速检测无碱二元复合体系中表活剂有效浓度的方法，使 HLX 表活剂检测时间从 3.5h 缩短至 2h，并且同时完成了聚合物检测，原方法完成聚、表 2 项浓度检测，用时约 4.25h，总工作效率提高 47%。其中纯检测表活剂时间只有 45min，与原来的 3.5h 相比，工作效率提高了 78%。

2. 提高操作安全性：新的检测方法取消了危害性较大的高氯酸，降低了员工操作过程中身体受到伤害的可能性。

七、标准化

经厂质量安全环保部、技术发展部、作业区相关人员对成果进行评价，确认可在现场推广应用。为了更好地将成果推广应用，小组将实验过程数据整理存档，建立《二元注入体系 HLX 表活剂浓度检测方法操作规程》，编入《化验室操作手册》中。见图 7-1。

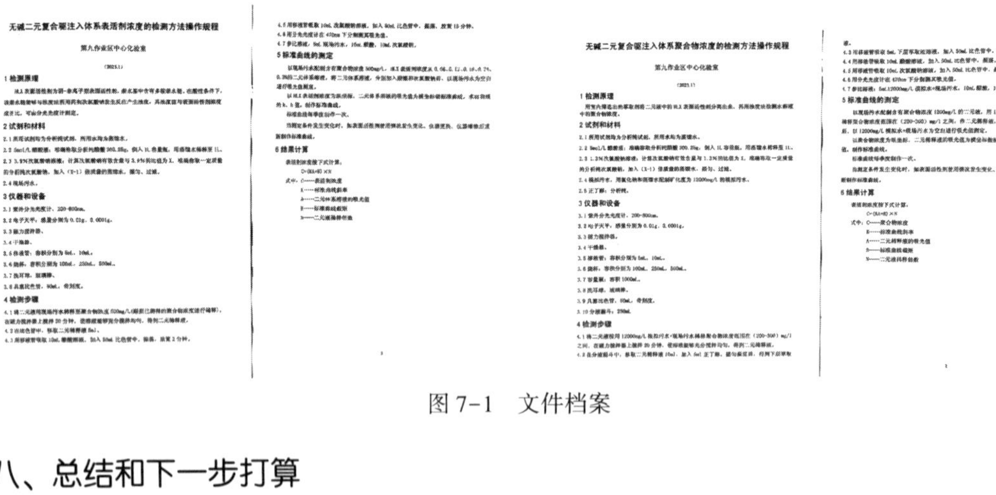

图 7-1　文件档案

八、总结和下一步打算

（一）总结

本轮 PDCA 循环，小组成员善于观察，敢于联想，大胆尝试，通过用“浊度法”检测聚、表二元液中聚合物浓度时的检测结果比检测单一聚合物溶液的检测结果偏大的实验现象，联想到二元液中 HLX 表活剂可能参与了反应，进而对聚、表二者的分子结构进行比对，并通过试验进行了验证，确定了“浊度法”检测原理对 HLX 表活剂浓度检测的适用性。克服了二元液聚、表共存，“浊度法”不能直接使用的技术难题，在检测前增加“萃取分离”预处理过程，对“浊度法”的关键过程根据需求进行方案优选，将常用的检测手段进行了很好的结合，研发出的二元注入体系 HLX 表活剂浓度检测方法大幅缩短检测时间，满足了员工的需求，达到了创新的目的。本次活动中，小组成员从选题、注册到成果发布评审的各环节配合默契，团队管理水平得到大幅度提升，也提高了小组成员的质量意识和团队合作精神，达到了群众性质量管理活动的目的。不足之处：小组的创新能力还有待提高，小组成员对创新型成果活动程序理解不透，对 QC 成果总结报告的编写与科研成果总结报告混淆。

（二）下一步打算

本方法原理也适用于二元体系采出污水中 HLX 表活剂浓度的检测，但采出污水受井网连通性的影响，采出污水并非完全为本区块注入水，为更准确地进行采出污水中 HLX 表活剂浓度的检测，下一步小组将以《提高二元试验区采出污水中 HLX 表活剂浓度检测准确度》为题开展活动。

成果点评

三采攻关 QC 小组的活动成果符合创新型活动程序。小组成员针对现场顾客“有缩短检测时间”的需求，通过借鉴检测“聚合物浓度”采用“浊度法”的原理开展了创新活动，通过对反应药剂、样品稀释用水、标准曲线的绘制方式进行选择，确定了最佳方案，开展了卓有成效的活动，克服了二元液聚、表共存，“浊度法”不能直接使用的技术难题，研发出的二元注入体系 HLX 表活剂浓度检测方法，大幅缩短检测时间，满足了员工的需求，达到了创新的目的。程序基本正确，方法应用合适、基本正确。

成果存在着以下几个方面的不足，希望以后持续加以改进：

（1）每一个对策实施后都需要重新收集数据，检查分目标是否完成，如实施一：配制 3.9%的次氯酸钠溶液中实施的 5 个步骤后，没有效果检查。

（2）实施五种检测方法的总体调试后的“措施实施后，小组邀请厂、作业区相关质量、安全、环保管理部门、中心化验室技术组，共同对新方法进行全面评估”，没有相关评估报告证明。

（3）提出方案中，浊度法检测流程应作流程图，而不是树图。

提素质　重过程　精管理　强质量
建设高质量采油班组
——创建质量信得过班组活动报告

注采 406 班

（大庆油田有限责任公司第四采油厂）

一、需求确定

（一）明确定位

大庆油田有限责任公司第四采油厂第四作业区注采 406 班组（2021 年因基层单位“油公司”模式改革，原第四油矿九零二队更名为现名），现有员工 34 人，管理面积 5.62km^2，位于杏北油田西部，管辖 8 座计量间，管理油井 190 口，其中塔架式抽油机 75 口。主要负责全班组 190 口油井的油气水的平稳集输、油井日常巡检、故障处理及油气计量等重要任务。同时肩负着塔架式抽油机现场试验及推广工作，是一个具有较高技术水平的生产型班组。注采 406 班组所在单位框架图见图 1-1，班组成员岗位职责表见表 1-1。

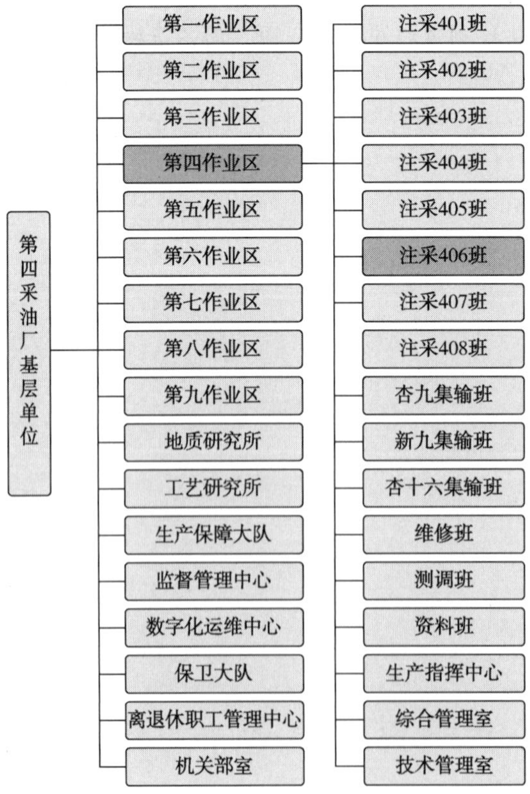

图 1-1　注采 406 班所在单位组织框架图

表 1-1　班组成员岗位职责表

负责人	岗位(人数)	岗位工作内容	主要服务对象
楚殿庆	党支部书记(1人)	1. 负责组织传达、学习党的路线、方针、政策和上级的决议、指示，保证上级精神的贯彻落实； 2. 负责党支部班子和队班子建设工作，加强党员的教育、管理和监督，充分发挥党员的先锋模范作用； 3. 负责队容队貌建设和企业文化建设，为员工营造良好的生产生活环境	上级、班组各岗
李楠	班长(1人)	1. 负责全队安全生产、质量、经营管理工作，组织安排全队生产正常运行； 2. 熟练掌握油井、站、计量间的工艺流程及设备的性能和使用方法	上级、班组各岗
王文东	副班长(1人)	1. 协助队长抓好生产管理工作，掌握全队生产动态； 2. 对全队的生产班组、岗位要定期检查，对存在的生产、安全、环保、质量等问题监督整改； 3. 熟练掌握油井、站、计量间的工艺流程及设备的性能和使用方法	上级、班组各岗
孙婷	副班长(1人)	1. 协助队长抓好资料、标准、计量、质量、培训、节能、设备资产管理、HSE 等工作； 2. 熟练掌握油井、站、计量间的工艺流程及设备的性能和使用方法	上级、班组各岗
闫业成	采油 1 岗(5人)	1. 熟练掌握机采井、计量间工艺流程； 2. 熟练掌握采油工人应知应会能处理各种故障	班长、副班长、班组成员
赵玉龙	采油 2 岗(5人)	1. 熟练掌握机采井、计量间工艺流程； 2. 熟练掌握采油工人应知应会能处理各种故障	班长、副班长、班组成员
明亚伟	采油 3 岗(5人)	1. 熟练掌握机采井、计量间工艺流程； 2. 熟练掌握采油工人应知应会能处理各种故障	班长、副班长、班组成员
邹宏刚	采油 4 岗(5人)	1. 熟练掌握机采井、计量间工艺流程； 2. 熟练掌握采油工人应知应会能处理各种故障	班长、副班长、班组成员
闫佰钢	采油 5 岗(5人)	1. 熟练掌握机采井、计量间工艺流程； 2. 熟练掌握采油工人应知应会能处理各种故障	班长、副班长、班组成员
刘新艳	采油 6 岗、仪表岗(5人)	1. 熟练掌握机采井、计量间工艺流程； 2. 熟练掌握采油工人应知应会能处理各种仪表故障； 3. 按照要求定期进行仪表校验	上级仪表岗、班长、副班长

作为油气集输的第一线，也是油田生产的核心部位，全体员工长期以来秉承着“精管理，强质量，重创新，勇争质量排头兵”的理念，不断提高员工质量意识和素质，平稳高效生产，开展质量信得过班组创建活动。

（二）识别顾客及其他相关方

1. 梳理业务流程，识别顾客及其他相关方

班组采出原油工作流程详见图 1-2。

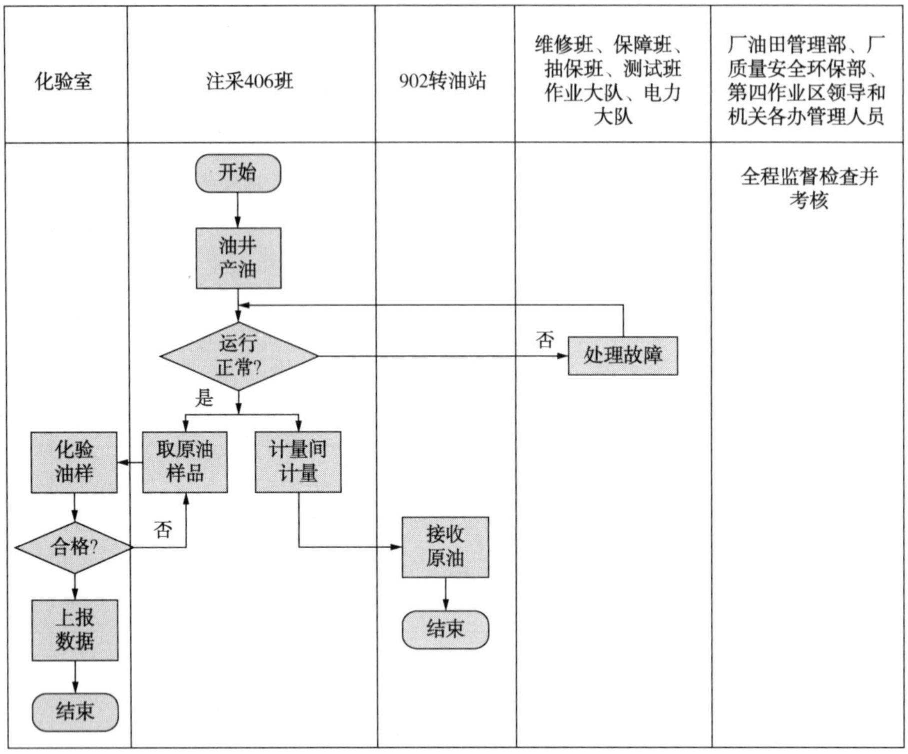

图 1-2　班组采出原油工作流程

识别内部顾客。通过对注采 406 班工作流程进行梳理分析，班组中有采油岗、计量岗、仪表岗和班组领导，大部分工作需要在班组领导统一安排下各岗位之间协同完成，各岗位之间存在工序关系，即下道工序是上道工序的内部顾客。因此，班组成员均为内部顾客。

识别外部顾客。从工作流程中可以看出，406 班计量间油气水需保质保量输送到 902 转油站，因此 902 转油站是外部顾客；采油工从井口按要求取油样需送到化验室进行化验含水，因此化验室为外部顾客。

第四采油厂质量安全环保部、油田管理部等职能科室及第四作业区领导和机关三办管理人员负责监督、考核注采 406 班的生产、安全环保、质量管理等各项活动开展情况，因此厂质量安全环保部、油田管理部、作业区领导和机关各办定义为相关方。

第四作业区维修班、保障班、抽保班、测试班及作业大队、电力大队负责保障注采 406 班的机采井、管线、设备等的保养及维修等工作，因此维修班、保障班、抽保班、测试班、作业大队、电力大队定义为相关方。

五大相关方见图 1-3。

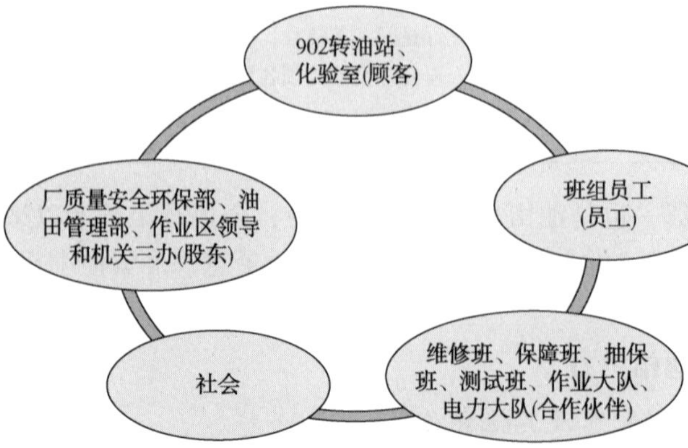

图 1-3　五大相关方识别图

2. 识别确定关键顾客和其他相关方

针对识别的内外部顾客和相关方，确定了关键顾客和其他相关方确认指标原则(见图 1-4)，班组将承担的主要职责和任务进行转化，通过调查走访、现状调查、召开座谈会和头脑风暴法进行矩阵赋分的方法，分析确认关键顾客和相关方的选定。运用矩阵表进行分析，识别关键顾客及其他相关方。见表 1-2。

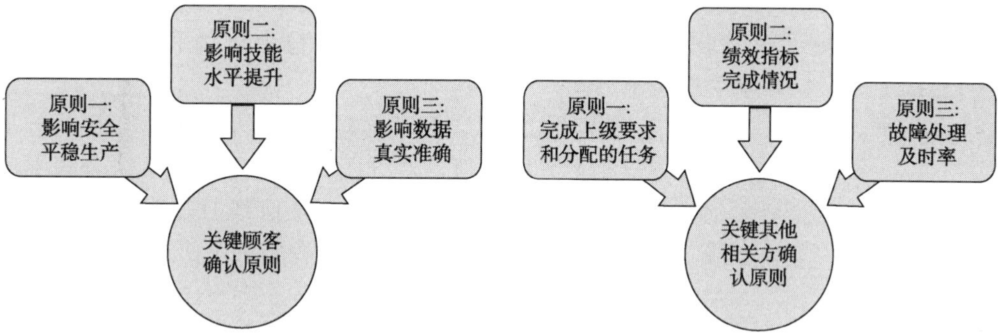

图 1-4 关键顾客和其他相关方确认指标原则图

表 1-2 关键顾客及其他相关方确认矩阵表

权重			9	7	5	3	1	得分(权重乘单项得分后加和)
类型	部门	人员	对油气生产指标完成有影响	决定工作任务	关键绩效考核指标相关	对班组发展有影响力	工作参与程度	
外部顾客	902 转油站	集输工	9	7	7	1	1	169
	化验室	化验员	7	7	7	1	1	151
内部顾客	班组成员	班组长	9	9	9	7	9	219
		采油工	9	7	9	7	9	205
		仪表工	9	5	9	5	9	185
相关方	厂油田管理部	管理人员	9	9	7	5	5	199
	厂质量安全环保部	HSE 监督员	5	9	9	5	5	173
	作业区机关	作业区主管领导	9	9	9	5	5	209
		生产办	9	9	7	5	7	201
		综合办	1	7	7	5	5	113
		经营办	5	5	9	1	5	133
	生产保障部门	维修队	7	7	3	1	3	133
		保障队	7	5	3	1	5	121
		抽保队	7	5	3	1	3	119
		测试队	7	5	3	1	3	119
		作业大队	7	5	1	1	3	109
		电力大队	7	5	1	1	3	109

注：1——程度极低；
3——程度较低；
5——程度一般；
7——程度较高；
9——程度极高。

从关键顾客及其他相关方确认矩阵表中，分别进行关键顾客及其他相关方确认：

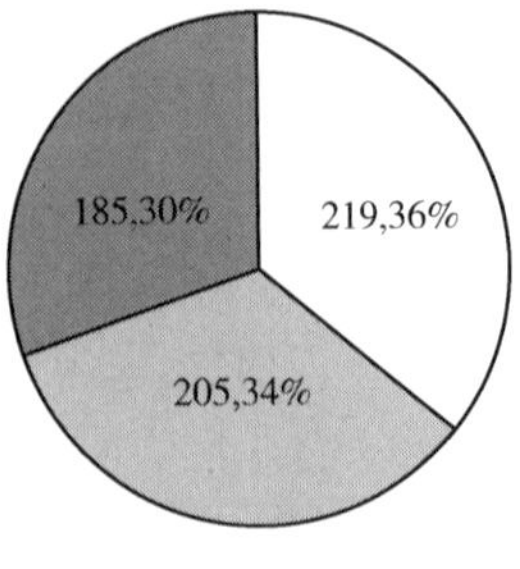

图 1-5　内部顾客权重得分饼分图

1）关键外部顾客确认：外部顾客只有两个——902 转油站集输工和化验室化验员，从确认矩阵表中可以看出得分较一致，我们可以认定均为关键外部顾客；

2）关键内部顾客确认：内部顾客只有三个——班组长、采油工、仪表工，从确认矩阵表可得出内部顾客权重得分饼分图（见图 1-5），从饼分图中可以看出三个内部顾客得分占比较平均，我们可以认定均为关键内部顾客。

3）关键相关方确认：相关方较多，我们需要详细区分，从确认矩阵表可得出相关方权重得分饼分图（见图 1-6），从饼分图中可以看出厂油田管理部管理人员、厂质量安全环保部 HSE 监督员、作业区主管领导、生产办得分占比均超过 10%，我们可以认定为关键相关方。

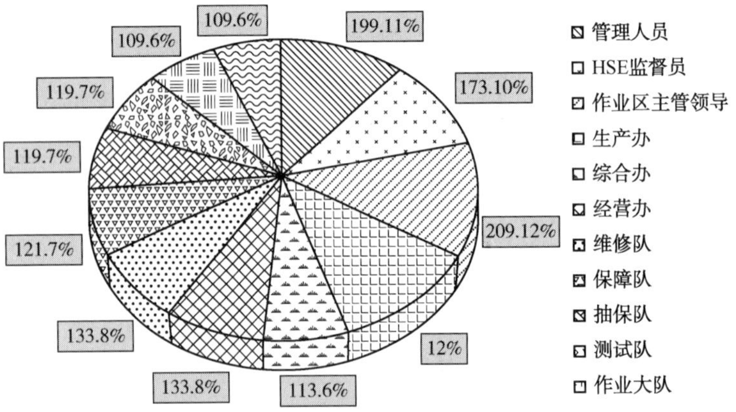

图 1-6　相关方权重得分饼分图

最终找到关键顾客及其他相关方如下：

关键外部顾客为：902 转油站和化验室；关键内部顾客为班组员工；关键相关方为厂油田管理部管理人员、厂质量安全环保部 HSE 监督员、作业区主管领导、生产办。

重要程度按照得分多少排序，依次为：

班组长>作业区主管领导>采油工>生产办>厂油田管理部管理人员>仪表工>厂质量安全环保部 HSE 监督员>902 转油站集输工>化验室化验员。

关键顾客及其他相关方确认见图 1-7。

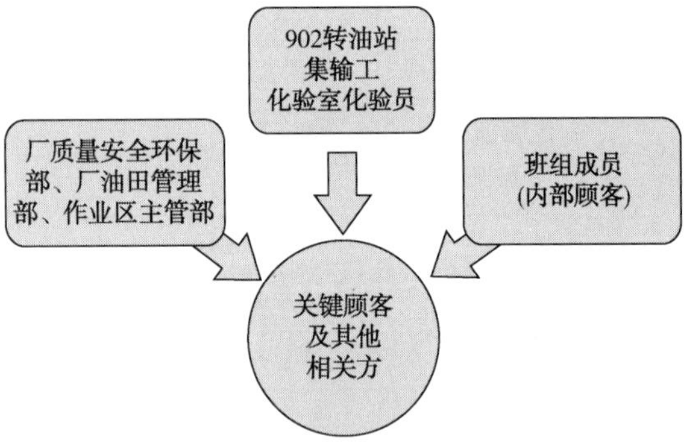

图 1-7　关键顾客及其他相关方确认

3. 识别确定关键需求

班组根据关键顾客和相关方的差异性，采取不同的手段调查顾客需求。内部顾客通过现场调查、座谈讨论、合理化建议等方式收集各岗位的需求和期望，从而进行工作方法、工作流程、质量控制等环节的改进，提高工作质量，实现持续改进。

关键相关方的需求以班组月度生产任务、厂作业区会议要求、绩效考核表、质量反馈单等形式传递到班组，保质保量完成这些任务是班组的使命。

满足外部顾客也就是 902 转油站和化验室的需求，需要把好质量关。为此，注采 406 班组坚持“客户的需求就是我们的标准”的质量理念，建立了顾客需求反馈体系和反馈表，通过电话询问、现场调查、问卷调查等方式，定期和不定期持续完善顾客需求信息收集、分析机制，将信息用于识别改进方向，指导改进工作，提升生产品质。见图 1-8～图 1-10、表 1-3。

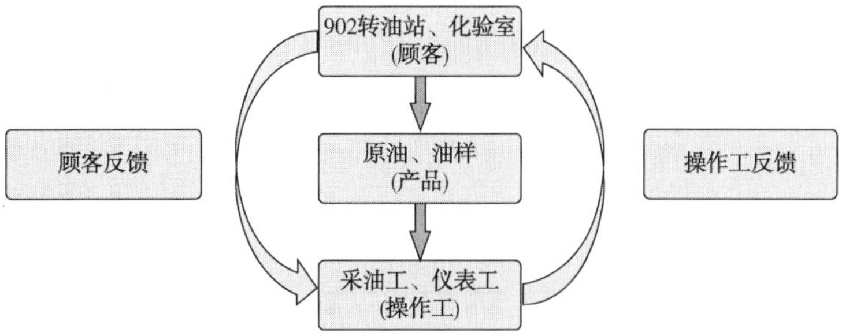

图 1-8 顾客需求反馈体系

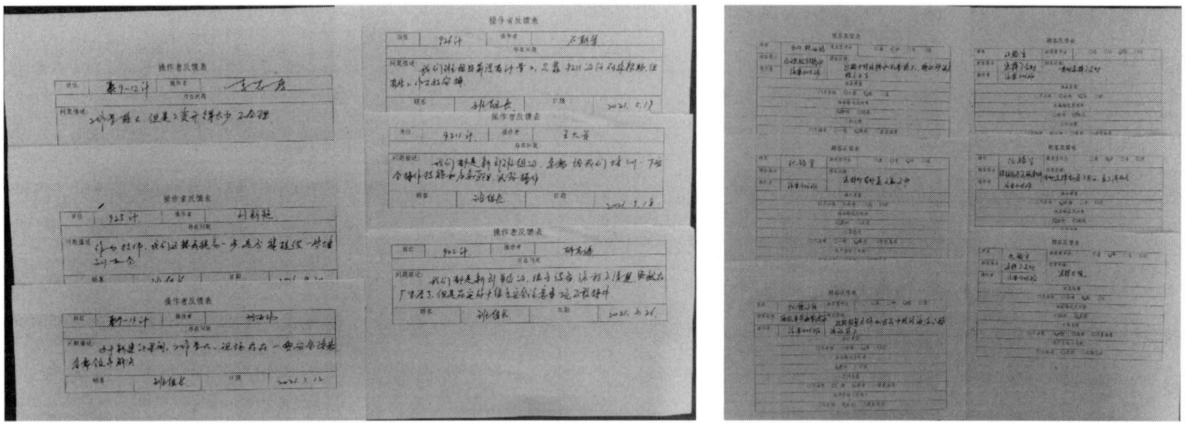

图 1-9 顾客需求反馈表

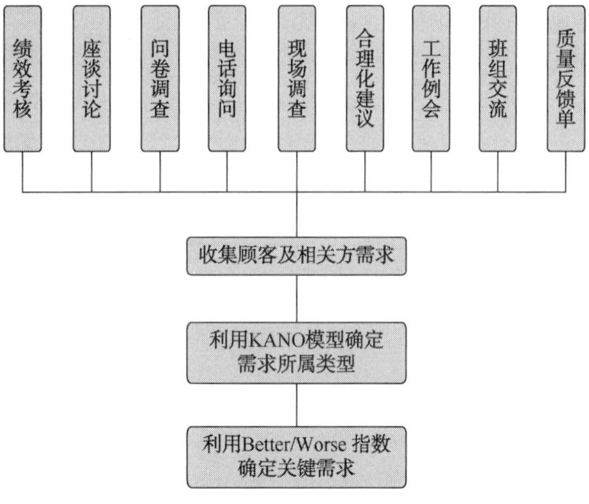

图 1-10 顾客关键需求确定流程图

表 1-3 顾客及相关方调查频率表

顾客类型	顾客	调查方式	频率	调查要点
外部顾客	902 转油站、化验室	问卷调查	每半年一次	了解外部顾客对所输送原油或油样的质量和服务态度等需求
		现场调查	每月一次	
		电话询问	随时	
内部顾客	班组成员	现场调查	每月一次	1. 了解工作中工作任务完成情况及工作质量； 2. 了解工作中遇到的困难或存在的问题
		座谈讨论	每季度一次	
		合理化建议	随时	

续表

顾客类型	顾客	调查方式	频率	调查要点
相关方	厂质量安全环保部、油田管理部、作业区领导和机关生产办	工作例会	每月一次	1. 了解生产任务、安全环保、现场质量完成情况； 2. 了解生产任务、安全环保、现场质量保证过程中存在的问题
		绩效考核	每年一次	
		质量反馈单	随时	
		座谈讨论	每季度一次	

班组在2021年2月1日~2021年3月15日对关键内外部顾客及其他相关方进行了识别需求的调查，经统计分析，识别出关键顾客及相关方的需求24条。需求列表见表1–4。

表1–4 顾客及相关方需求列表

序号	顾客及相关方	需求
1	902转油站	降低单井液量波动
2		合理控制掺水
3		协助转油站应急处置
4	化验室	取样真实有效
5		取样量要达标
6		及时送样
7		样桶标签粘贴正确清晰
8		样桶盖要盖严
9	班组员工	提升操作技能
10		营造班组和谐氛围
11		提供培训机会
12		奖金与工作量挂钩
13		现场无安全隐患
14	班组长	提高应急演练能力
15		提高班组改进创新能力
16		现场规范操作
17		开展多样的班组建设活动
18		节能降耗
19	厂质量安全环保部、油田管理部、作业区领导和机关生产办	完善管理制度
20		上报数据真实有效
21		各项指标完成
22		提高生产管理水平
23		安全无违章无事故
24		环保零污染

4. 关键顾客及相关方需求分析

班组根据关键顾客及相关方的24条需求，通过Kano模型制作内部顾客、外部顾客、相关方分类调查表，于3月20~31日共发下调查表55张，通过对分类调查表进行统计梳理结果，并通过Better–Worse指数，分析可以大幅提高顾客满意度与防止顾客不满的需求，其中Better=(A+O)/(A+O+M+I)、Worse=(M+O)/(A+O+M+I)。按照图1–11~图1–13所示进行分别统计分析。

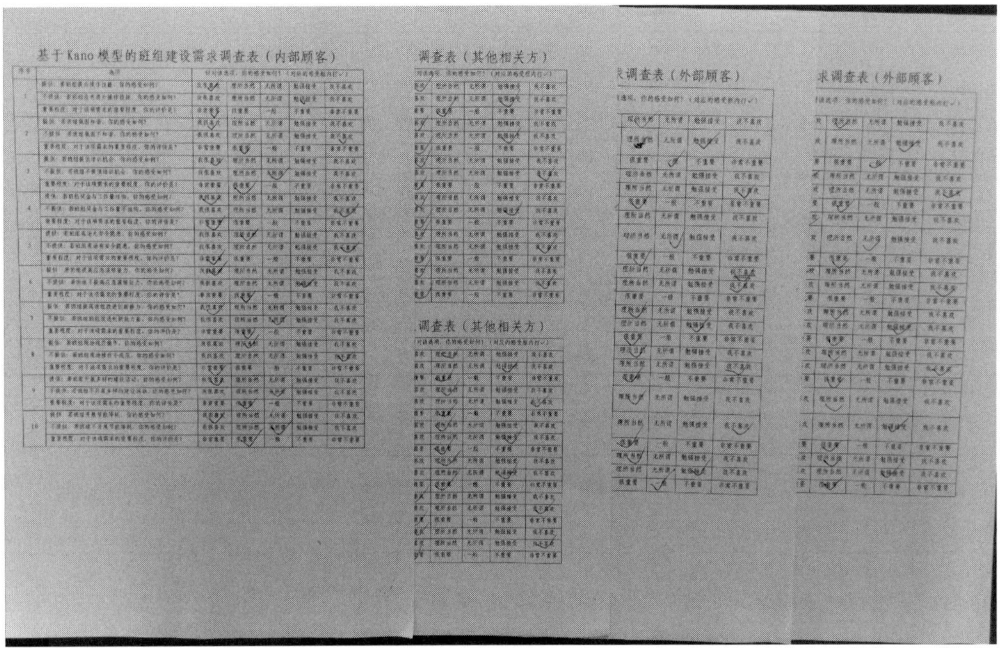

图 1-11　内、外部顾客、相关方 Kano 模型分类调查表

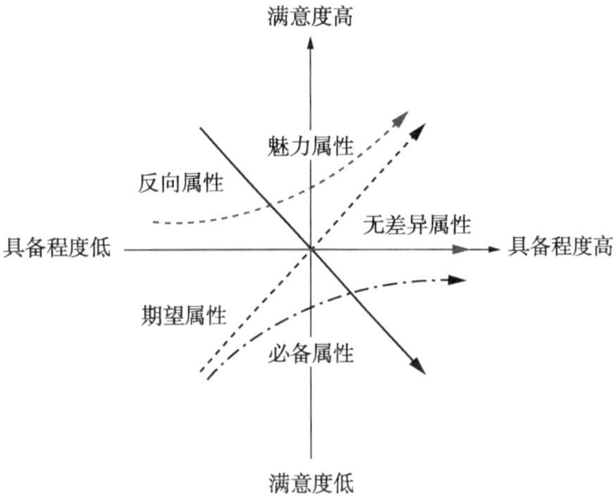

图 1-12　Kano 模型

提供	我很喜欢	理所当然	无所谓	勉强接受	我很不喜欢
我很喜欢	Q	A	A	A	Q
理所当然	R	I	I	I	M
无所谓	R	I	I	I	M
勉强接受	R	I	I	I	M
我很不喜欢	R	R	R	R	Q

图 1-13　Kano 模型分类对照表

以转油站需求“降低单井液量波动”为例，对分类调查表进行统计梳理结果见表 1-5 和表 1-6，从表中可以看出，“降低单井液量波动”需求的 kano 属性是无差异属性，通过 Better-Worse 指数计算。

Better = (A+O)/(A+O+M+I) = (22%+2%)/(22%+2%+0%+62%) = 27.91%，

Worse = (M+O)/(A+O+M+I) = -(0%+2%)/(22%+2%+0%+62%) = -2.33%。

表 1-5 “降低单井液量波动”需求二维属性表

降低单井液量波动						kano 属性：无差异属性	
具备/不具备	我很喜欢	理所当然	无所谓	可以接受	勉强接受	可疑结果：4%	Q
我很喜欢	2%	6%	14%	2%	2%	魅力属性：22%	A
理所当然	4%	4%	8%	8%	0%	期望属性：2%	O
无所谓	0%	4%	22%	4%	0%	反向属性：10%	R
可以接受	2%	2%	10%	0%	0%	无差异属性：62%	I
勉强接受	0%	0%	4%	0%	2%	必备属性：0%	M

表 1-6 “降低单井液量波动”需求重要程度统计表

需求	非常不重要	不重要	重要	很重要	非常重要	结论
降低单井液量波动	5%	45%	25%	20%	5%	不重要

根据问卷分类对照表逐一计算每一个需求的属性及 Better、Worse 值及重要程度情况计算得出（见表 1-7 和表 1-8），将每个需求的 Better 值和 Worse 绝对值作为气泡图的纵坐标和横坐标，气泡大小代表重要程度。落入不同区域代表所归属的属性。

表 1-7 关键顾客及其他相关方需求调查表属性分类汇总表

序号	顾客及其他相关方需求	Q	A	O	R	I	M	属性结果	Better 值	Worse 值
1	降低单井液量波动	4%	22%	2%	10%	62%	0%	I(无差异属性)	0. 28	-0. 02
2	合理控制掺水	5%	25%	35%	13%	2%	20%	O(期望属性)	0. 73	-0. 67
3	协助转油站应急处置	5%	18%	30%	16%	14%	17%	O(期望属性)	0. 61	-0. 59
4	取样真实有效	10%	4%	10%	18%	28%	30%	M(必备属性)	0. 19	-0. 56
5	取样量要达标	13%	2%	15%	14%	20%	36%	M(必备属性)	0. 23	-0. 70
6	及时送样	12%	29%	31%	13%	8%	7%	O(期望属性)	0. 80	-0. 51
7	样桶标签粘贴正确清晰	10%	2%	15%	14%	20%	39%	M(必备属性)	0. 22	-0. 71
8	样桶盖要盖严	4%	25%	10%	5%	40%	16%	I(无差异属性)	0. 38	-0. 29
9	提升操作技能	0%	35%	42%	1%	0%	22%	O(期望属性)	0. 78	-0. 65
10	营造班组和谐氛围	20%	30%	15%	20%	10%	5%	A(魅力属性)	0. 75	-0. 33
11	提供培训机会	5%	31%	35%	9%	4%	16%	O(期望属性)	0. 77	-0. 59
12	奖金与工作量挂钩	5%	33%	43%	0%	7%	12%	O(期望属性)	0. 80	-0. 58
13	现场无安全隐患	20%	13%	12%	17%	15%	23%	M(必备属性)	0. 40	-0. 56
14	提高应急演练能力	2%	24%	42%	0%	4%	28%	O(期望属性)	0. 67	-0. 71
15	提高班组改进创新能力	8%	14%	32%	12%	16%	18%	O(期望属性)	0. 58	-0. 63
16	现场规范操作	20%	5%	10%	20%	20%	25%	M(必备属性)	0. 25	-0. 58
17	开展多样的班组建设活动	4%	30%	15%	0%	35%	16%	I(无差异属性)	0. 47	-0. 32
18	节能降耗	8%	22%	37%	7%	18%	8%	O(期望属性)	0. 69	-0. 53
19	完善管理制度	9%	19%	38%	3%	12%	19%	O(期望属性)	0. 65	-0. 65

续表

序号	顾客及其他相关方需求	Q	A	O	R	I	M	属性结果	Better 值	Worse 值
20	上报数据真实有效	5%	14%	18%	17%	22%	24%	M(必备属性)	0.41	-0.54
21	各项指标完成	12%	15%	15%	20%	8%	30%	M(必备属性)	0.44	-0.66
22	提高生产管理水平	5%	13%	13%	17%	22%	30%	M(必备属性)	0.33	-0.55
23	安全无违章无事故	13%	15%	9%	17%	22%	24%	M(必备属性)	0.34	-0.47
24	环保零污染	10%	15%	15%	20%	15%	25%	M(必备属性)	0.43	-0.57

注：Q——可疑结果；A——魅力属性；O——期望属性；R——反向属性；I——无差异属性；M——必备属性。

表 1-8　关键顾客及其他相关方需求调查表重要程度汇总表

序号	顾客及其他相关方需求	非常不重要	不重要	重要	很重要	非常重要	重要程度
1	降低单井液量波动	5%	45%	25%	20%	5%	不重要
2	合理控制掺水	12%	11%	18%	34%	25%	很重要
3	协助转油站应急处置	10%	16%	22%	31%	21%	很重要
4	取样真实有效	11%	18%	27%	23%	21%	重要
5	取样量要达标	15%	22%	24%	19%	20%	重要
6	及时送样	11%	22%	28%	22%	17%	重要
7	样桶标签粘贴正确清晰	19%	17%	25%	20%	19%	重要
8	样桶盖要盖严	9%	24%	30%	20%	17%	重要
9	提升操作技能	12%	14%	39%	15%	20%	重要
10	营造班组和谐氛围	15%	20%	20%	35%	10%	很重要
11	提供培训机会	11%	14%	17%	36%	22%	很重要
12	奖金与工作量挂钩	9%	15%	19%	22%	35%	非常重要
13	现场无安全隐患	4%	16%	33%	29%	18%	重要
14	提高应急演练能力	11%	17%	20%	18%	34%	非常重要
15	提高班组改进创新能力	15%	15%	32%	20%	18%	重要
16	现场规范操作	15%	20%	29%	15%	21%	重要
17	开展多样的班组建设活动	4%	24%	32%	22%	18%	重要
18	节能降耗	12%	20%	26%	23%	19%	重要
19	完善管理制度	11%	18%	34%	20%	17%	重要
20	上报数据真实有效	9%	16%	28%	25%	22%	重要
21	各项指标完成	14%	15%	17%	21%	33%	非常重要
22	提高生产管理水平	10%	22%	26%	24%	18%	重要
23	安全无违章无事故	5%	17%	33%	28%	17%	重要
24	环保零污染	11%	22%	18%	32%	17%	很重要

Kano 模型 Better-Worse 系数气泡图见图 1-14。

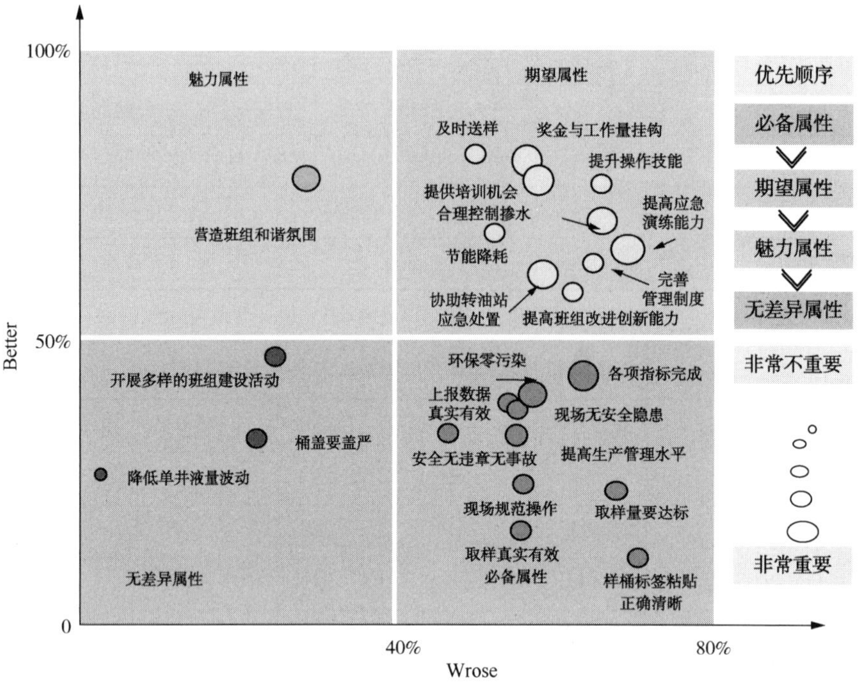

图 1-14　Kano 模型 Better-Worse 系数气泡图

从 Better-Worse 系数气泡图中，我们共计找到 10 个关键需求，按照重要程度由高到低分别是：合理控制掺水、提高应急演练能力、奖金与工作量挂钩、协助转油站应急处置、提供培训机会、提升操作技能、及时送样、提高班组改进创新能力、节能降耗、完善管理制度。经归类整理后如表 1-9所示。

表 1-9　关键顾客及相关方需整合表

项目	整理后的关键需求	合并的关键需求
提升人员素质	提供培训机会	
	提升操作技能	
基础管理	开展节能降耗工作	合理控制掺水
	完善管理制度	
应急管理	提高应急演练能力	协助中转站应急处置
顾客关系	奖金与工作量挂钩	
	及时送样	
改进与创新	提高班组改进创新能力	

二、建设策划

(一) 班组能力评估

注采 406 班现有员工 34 人，平均年龄 43 岁。其中干部 4 人，党员 8 人；工程师 2 人，首席技师 1 人，高级技师 1 人，技师 2 人，高级工 11 人，中级工 7 人；本科学历以上 9 人，大专 5 人，高中、中专 5 人，技校 15 人(具体人员构成比例如图)。公司杰出员工 1 人，厂技术骨干 4 人，公司级培训师 1 人，厂级培训师 4 人，国家质量管理小组诊断师 1 人，国家质量信得过班组自评师 1 人。见图 2-1。

在识别确定关键需求后，通过 SWOT 的方法，从优势、劣势、机会和威胁四个方面对班组满足

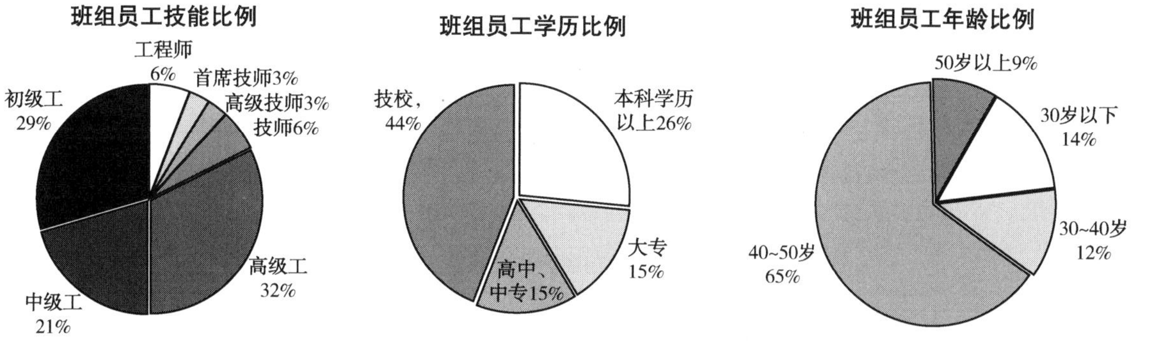

图 2-1　班组员工情况汇总图

关键需求的能力进行全面评估，识别短板，找出差距，确定建设过程中的关键改进工作。

班组通过调查问卷、现场沟通、协同交流、工作研讨等多种方式开展头脑风暴，对满足关键需求的优势、劣势、机会和威胁进行评估，参照行业标准、分析对比、查找差距。

表 2-1　班组能力 SWOT 分析表

外部因素	Strengths 优势	Weaknesses 劣势
	1. 上年度生产指标完成情况为 100%； 2. 重大安全事故为 0； 3. 班组成员操作经验丰富； 4. 井站基础条件好； 5. 技师水平高，技术过硬； 6. 班组员工务实进取，有较好的追求质量卓越意识； 7. 班组有优秀的质量管理人员	1. 班组年龄结构偏大，创新能力偏弱； 2. 员工质量管理意识、学习能力弱； 3. 班组管理模式需要改进完善； 4. 新调入员工质量风险识别不充分，应急演练能力弱； 5. 塔架式抽油机管理难度大； 6. 中转站工艺不完善导致洗井困难； 7. 员工工作量大，工资与工作量不匹配； 8. 井多，量油、取样工作量大
Opportunities 机会	SO（发挥优势，抓住机遇）	WO（利用机会，克服劣势）
1. 上级生产管理水平提升活动的全面开展； 2. 质量信得过班组的创建； 3. 新调入员工的加入，为班组注入新鲜力量； 4. QC、合理化建议、小改小革等质量活动的开展	1. 充分利用公司效益型采油队创建、矿劳动竞赛及矿生产管理水平提升活动，开展班组基础管理； 2. 利用技师开展师带徒活动，提升新调入员工的技能操作水平； 3. 利用质量管理人员开展各项质量培训等活动； 4. 利用技师和质量管理人员，针对现场存在问题开展 QC、合理化建议、小改小革等质量活动，改进工作	1. 整合班组，改进班组管理模式； 2. 通过分类培训，提高员工特别是新员工技能素质和操作水平； 3. 试验摸索，开展洗井等节能降耗工作； 4. 细化取样、量油等工作流程； 5. 完善奖金激励制度，实现多劳多得； 6. 提升新调入员工应急演练能力
Threats 威胁	ST（利用优势，化威胁为机遇）	WT（减少劣势，规避威胁）
1. 上级各种安全环保管理越来越严格； 2. 基建投产井、站给生产管理带来较大的工作量和难度； 3. 新冠疫情导致员工隔离，无法上班； 4. 上级生产管理考核力度加大	1. 建立健全安全环保管理制度，开展全员网格化安全环保管理； 2. 配备专业人员监督基建质量； 3. 严格落实疫情防控政策，完善现场管理制度，确保员工健康状况全时安全受控	1. 开展新调入员工 HSE 矩阵需求培训，消除现场不安全隐患； 2. 按照班组成员的技术、责任心、工作态度等进行优化调整，为基建井站配精兵强将，降低工作量和难度

（二）确定关键改进工作

根据班组能力 SWOT 分析表，班组坚持源头把关、过程控制、全员参与，以全方位现场质量管理为主线，以“客户的需求就是我们的标准”为班组质量管理理念，以“质量为相关方创造价值”为宗旨，以持续改进创新为手段，**提出创建目标：提素质，重过程，精管理，强质量，争创全国质量信得过班组**。并提出班组建设方向及目标，见表 2-2。

表 2-2 班组建设方向及目标

关键改进项分类	关键需求	关键改进计划	可实施的方案
提升人员素质	提供培训机会	组织班组员工参加培训	通过分类培训，技术交流，提高员工特别是新员工技能素质和操作水平
	提升操作技能	开展师带徒活动	利用技师开展师带徒活动，提升新调入员工的技能操作水平
基础管理	开展节能降耗工作	对标先进开展节能降耗工作	试验摸索，开展洗井等节能降耗工作
	完善管理制度	改进班组管理模式	整合班组，改进班组管理模式
		优化调整班组人员	按照班组成员的技术、责任心、工作态度等进行优化调整，为基建井站配精兵强将，降低工作量和难度
		完善基建现场监督制度	配备专业人员监督基建质量
		完善疫情防控制度	严格落实疫情防控政策，完善现场管理制度，确保员工健康状况全时安全受控
应急管理	提高应急演练能力	开展应急演练	提升新调入员工的应急演练能力
		开展 HSE 培训需求调查	开展新调入员工 HSE 矩阵需求培训，消除现场不安全隐患
		完善安全环保管理制度	建立健全安全环保管理制度，开展全员网格化安全环保管理
顾客关系	奖金与工作量挂钩	修订奖金方案	完善奖金激励制度，实现多劳多得
	及时送样	完善工作流程	细化取样、量油等工作流程
改进与创新	提高班组改进创新能力	开展改进创新工作攻关	利用技师和质量管理人员，针对现场存在问题开展 QC、合理化建议、小改小革等质量活动，改进工作

（三）建立目标和测量指标

为了更好地完成关键改进工作，结合 2021 年度上级下达的安全生产工作指标，班组成员制定了年度工作目标，见表 2-3。

表 2-3 班组年度工作目标分解表

类别	指标名称	单位	目标值	进取值	创建措施	具体执行方案	执行人	责任人	考核周期
提升人员素质	岗位培训	次	2	2	“2+5”个性化培训模式，提高员工队伍综合素质	开展二级培训，提升全员操作素质及能力	全员	楚殿庆	季度
	特色培训	次	1	2			岗位员工	孙婷	季度
	技能鉴定通过率	%	90	95		创新五种培训方案，开展个性化培训	岗位员工	孙婷	年度
	职业资格证书持有率	%	85	95			岗位员工	孙婷	年度
	技术培训完成率	%	90	100			岗位员工	孙婷	年度

续表

类别	指标名称	单位	目标值	进取值	创建措施	具体执行方案	执行人	责任人	考核周期
基础管理	标准配备率	%	90	100	完善基础管理	以精细管理为抓手，确保油井资料全准率	岗位员工	孙婷	月度
	油井资料全准率	%	95	96%			岗位员工	孙婷	月度
	油井检泵率	%	月度≤3%	月度≤2%		以优化热洗为抓手，降低油井检泵率	岗位员工	孙婷	月度
	油井时率	%	95	96%		以提高开井率为抓手，确保产量目标完成	岗位员工	孙婷	月度
	设备综合完好率	%	96	97%		以设备保养为抓手，保证生产工艺稳定	岗位员工	孙婷	月度
	建立完善班组管理制度					以整章建制为抓手，确保质量管理有据可依	班组长	孙婷	季度
安全环保	危险区域应急管理覆盖率	%	98	100		以责任落实为抓手，提升安全环保水平	全员	王文东	月度
	一般 C 级安全责任事故	次	0	0			全员	王文东	月度
	废固、废液合法处置率	%	100	100			全员	王文东	月度
	开展应急演练	次	2	4			全员	王文东	季度
	开展 HSE 培训需求调查	次	1	1			全员	王文东	季度
	完善安全环保管理制度						全员	王文东	季度
顾客关系	完善奖金制度					以沟通反馈为抓手，保证顾客需求硬落实	班组长	楚殿庆	季度
	建立反馈机制，充分借助新媒体进行信息反馈，完善流程						班组长	李楠	月度
改进与创新	QC 活动	项	1	1	改进与创新	运用质量管理方法，有效开展 QC 小组活动	全员	楚殿庆	年度
	解决一线难题	项	2	3		开展群众性技术创新，始终保持高质量操作	全员	楚殿庆	年度
	合理化建议	条	5	7			全员	楚殿庆	季度
	技术论文	篇	1	2			全员	孙婷	年度

三、建设过程

（一）提升人员素质

1. 以落实岗位责任为抓手，牢固树立质量意识

班组质量活动建设过程中，人员是关键，想要提高工作质量标准，就要提高员工岗位责任心。因此，我们班组以油田上下开展的岗位责任制大检查活动为契机，深入开展油田公司“不严不实”岗位责任制大检查和岗位“云讲述”活动，通过组织开展全员大查摆、大讨论 3 次，查摆个人问题 30 余条，剖析案例 2 个。岗位员工也通过对岗位责任、任务、质量管理目标的梳理和录制“云讲述”视频，由被动接受到主动撰写和录制“云讲述”内容及视频，讲责任、讲任务、讲担当，使“上标准岗、干标准活、交标准班”逐步内化为全员的价值准则，岗位操作标准化成为员工的行为自觉和职业习惯，质量意识深入人心。见图 3-1~图 3-4。

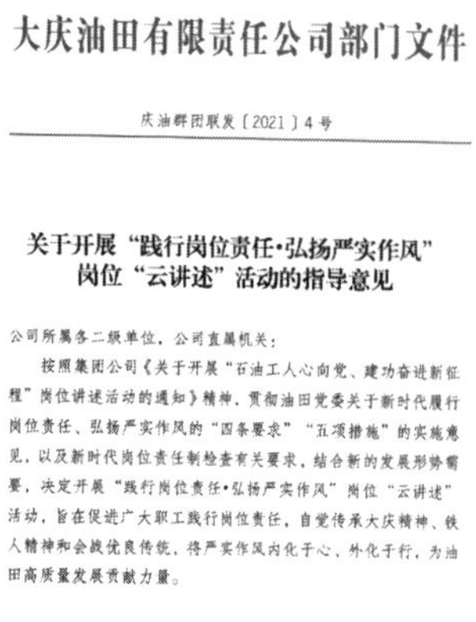

大庆油田有限责任公司部门文件

庆油群团联发〔2021〕4号

关于开展“践行岗位责任·弘扬严实作风”岗位“云讲述”活动的指导意见

公司所属各二级单位，公司直属机关：

按照集团公司《关于开展“石油工人心向党、建功奋进新征程”岗位讲述活动的通知》精神，贯彻油田党委关于新时代履行岗位责任、弘扬严实作风的“四条要求”“五项措施”的实施意见，以及新时代岗位责任制检查有关要求，结合新的发展形势需要，决定开展“践行岗位责任·弘扬严实作风”岗位“云讲述”活动，旨在促进广大职工践行岗位责任，自觉传承大庆精神、铁人精神和会战优良传统，将严实作风内化于心、外化于行，为油田高质量发展贡献力量。

图 3-1 云讲述文件

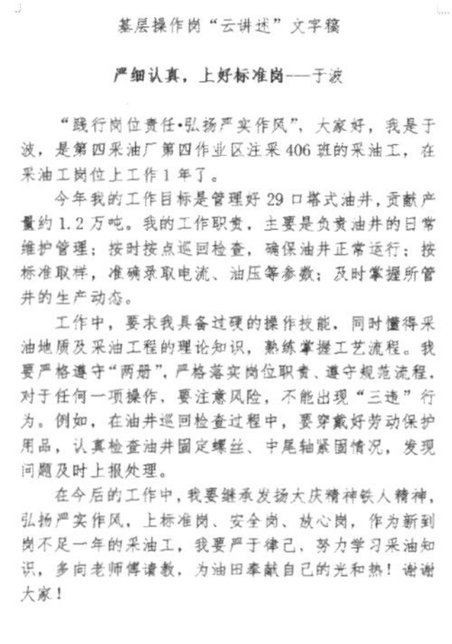

基层操作岗“云讲述”文字稿

严细认真，上好标准岗——于波

“践行岗位责任·弘扬严实作风”，大家好，我是于波，是第四采油厂第四作业区注采406班的采油工，在采油工岗位上工作1年了。

今年我的工作目标是管理好29口塔式油井，贡献产量约1.2万吨。我的工作职责，主要是负责油井的日常维护管理：按时按点巡回检查，确保油井正常运行；按标准取样，准确录取电流、油压等参数；及时掌握所管井的生产动态。

工作中，要求我具备过硬的操作技能，同时懂得采油地质及采油工程的理论知识，熟练掌握工艺流程。我要严格遵守“两册”，严格落实岗位职责、遵守规范流程，对于任何一项操作，要注意风险，不能出现“三违”行为。例如，在油井巡回检查过程中，要穿戴好劳动保护用品，认真检查油井固定螺丝、中尾轴紧固情况，发现问题及时上报处理。

在今后的工作中，我要继承发扬大庆精神铁人精神，弘扬严实作风，上标准岗、安全岗、放心岗，作为新到岗不足一年的采油工，我要严于律己，努力学习采油知识，多向老师傅请教，为油田奉献自己的光和热！谢谢大家！

图 3-2 云讲述文字稿

图 3-3 云讲述视频 1

图 3-4 云讲述视频 2

2. 开展二级培训，提升全员操作素质及能力

1）抓实班子综合能力提升。班子成员大多是刚从基层操作岗位竞选上岗的，对照班组长的综合能力要求还有很大差距，为了尽快提高本班组班子成员的理论素养和综合素质，提高服务基层工作质量和工作效率，班组长带头作表率，制定了《班子学习制度》。由党支部书记牵头，通过集中学习、个人自学、互助学、讲座交流、考察调研的方式开展思想政治理论学习、技术学习、现场操作知识学习，打造政治素质过硬、技术素质高超、现场操作一流的学习型班子。通过学习，班子成员很快理清了工作流程，分析问题和解决问题的能力有了较大提高。见图 3-5 和图 3-6。

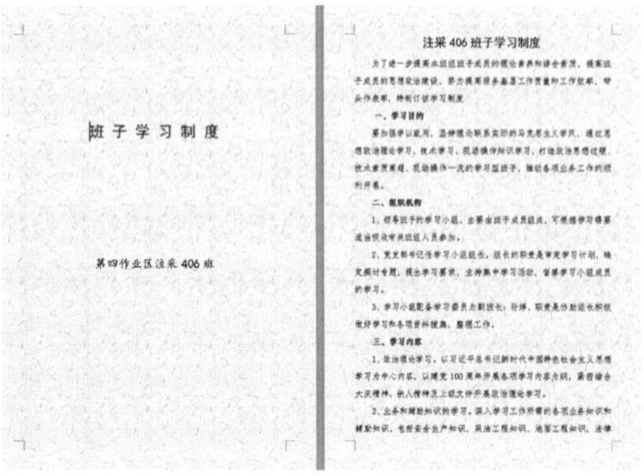

班子学习制度

第四作业区注采406班

注采406班子学习制度

一、学习目的

二、组织机构

三、学习内容

图 3-5 制定《班子学习制度》

图 3-6 制定成员一对一培训

2）抓细生产操作员工培训。班组在每日5道题，每周一堂技术课，每月一考试，每季一考核的“5111”培训制度基础上，充分利用王慧玲技能基地、厂技能人才工作站网上培训资源和手机《海波题库通》进行技能及理论培训，奖励与考核并用，每月对考核不及格者纳入奖金考核，对青工技能鉴定人员开展冬季培训班，学习岗位技能，积极组织参加厂、作业区技能大赛。见图3-7～图3-10。

图3-7　手机题库《海波题库通》

图3-8　采油厂网上技能培训资源

图3-9　实际操作培训

图3-10　技术培训

3. 创新五种培训方案，开展个性化培训

班组发放《员工职业发展需求调查表》（见图3-11），经统计后，绘制成员工兴趣方向统计表和饼分图（详见表3-1和图3-12），通过饼分图可以看出，对工艺类诉求，老员工需求较大，对生产设备类诉求，老员工和钻二新来员工需求较大，其他都是技能高的员工和管理员工分别有相应的诉求，因此根据不同的诉求，班组细化生产操作人员的培训，采取五种培训方案。

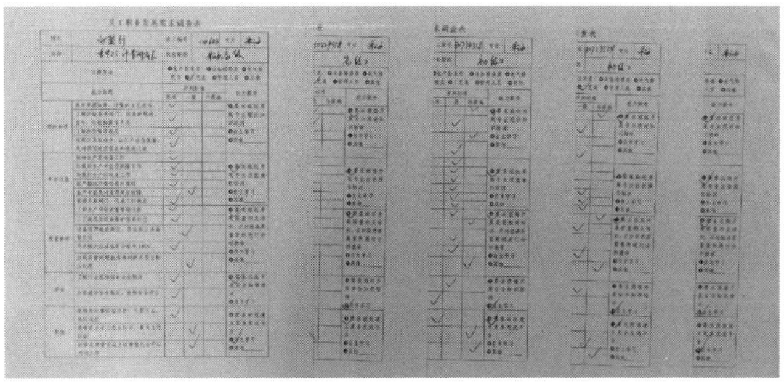

图3-11　员工职业发展需求调查表

表 3-1 注采 406 班员工兴趣方向调查统计表

序号	兴趣方向	频次	累计频次	累计百分数/%
1	工艺类	28	28	45.2%
2	生产技术类	17	45	72.6%
3	设备维修类	7	52	83.9%
4	电器修理类	6	58	93.5%
5	管理人员	4	62	100.0%
合计		62	245	

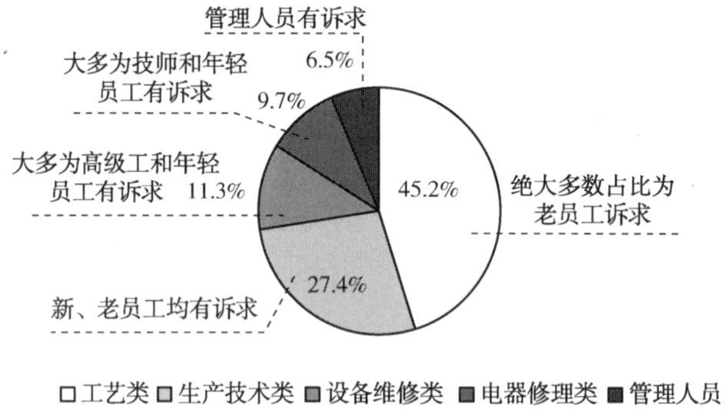

图 3-12 员工职业发展需求饼分图

1）对九名钻井二公司新调转人员，重点由安全副班长每月进行安全环保专题理论培训，做好个人培训笔记，着力提升安全素质和能力。详见图 3-13。

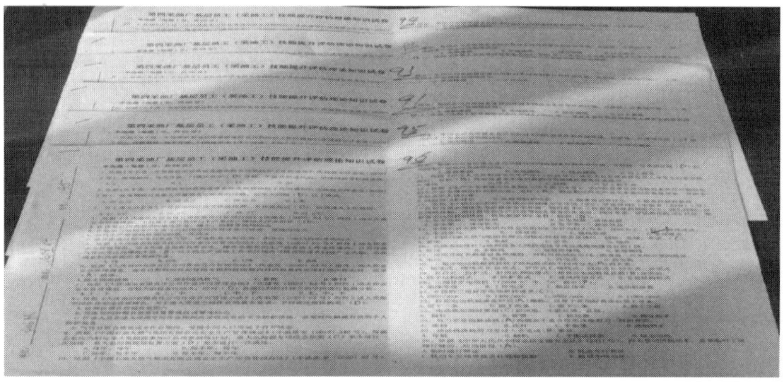

图 3-13 钻井二公司新调转人员理论考试试卷

图 3-14 签订岗位互助计划

2）针对岗位内技术水平参差不齐现象，采取“岗位互助”的方式，以计量间岗位为单位，以岗位内技术水平高的员工为主，成员之间开展技术互助，自主制定、上报互助计划，做好技术“传帮带”工作，切实提高岗位内员工技能操作水平。详见图 3-14 和表 3-2。

3）利用技师优势，改变传统一带一师徒培养模式，创新“一师带多徒交叉培养”方式，培养技术能手，同时协助班组开展培训和现场技术指导，闫柏刚所带徒弟肖雯、杨坤泽和邹洪刚所带徒弟任鹏强在第四采油厂职业技能竞赛中获得“技术能手”称号，徒弟杨坤泽也通过竞聘走上了干部岗位。表彰及荣誉证书见图 3-15～图 3-17。

表 3-2 岗位互助情况统计表

序号	岗位	互助负责人	互助员工	序号	岗位	互助负责人	互助员工
1	杏 922 计量间	闫业成	胡志涛　陈秀华	5	杏 9211 计量间	郑伟刚	王大军、宋凯宾
2	杏 923 计量间	赵玉龙	李焱	6	聚 9-12 计量间	王淑娟	李忠孝、黄光玉
3	杏 925 计量间	向登行	刘新艳	7	聚 9-13 计量间	明亚伟	于波
4	杏 926 计量间	石朝军	郭强、任丽华	8	聚 9-14 计量间	吕振宇	黄海涛

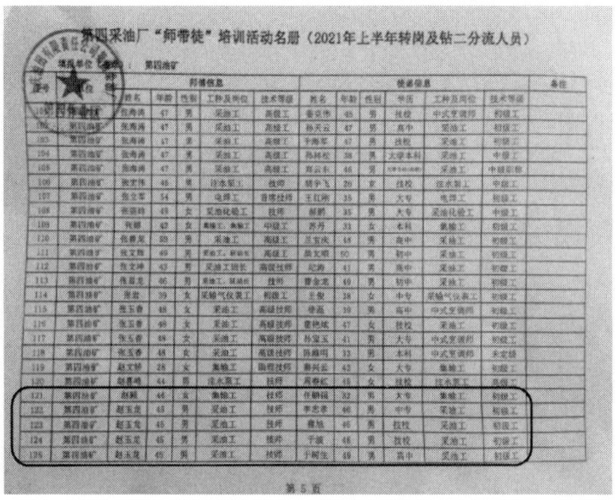
第四采油厂"师带徒"培训活动名册（2021年上半年转岗及钻二分流人员）

图 3-15　厂一师带多徒

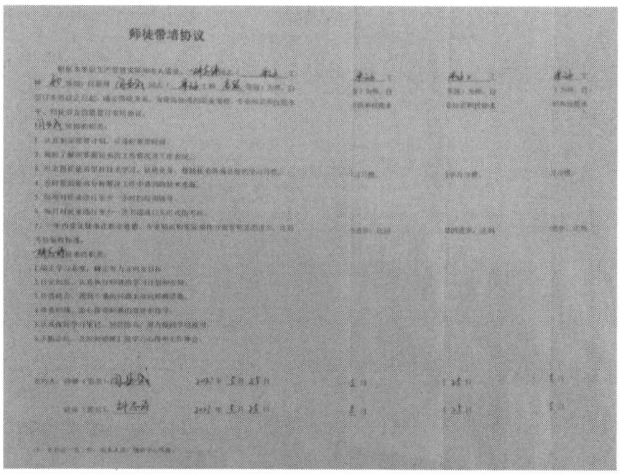
师徒带培协议

图 3-16　班组"师带徒"协议

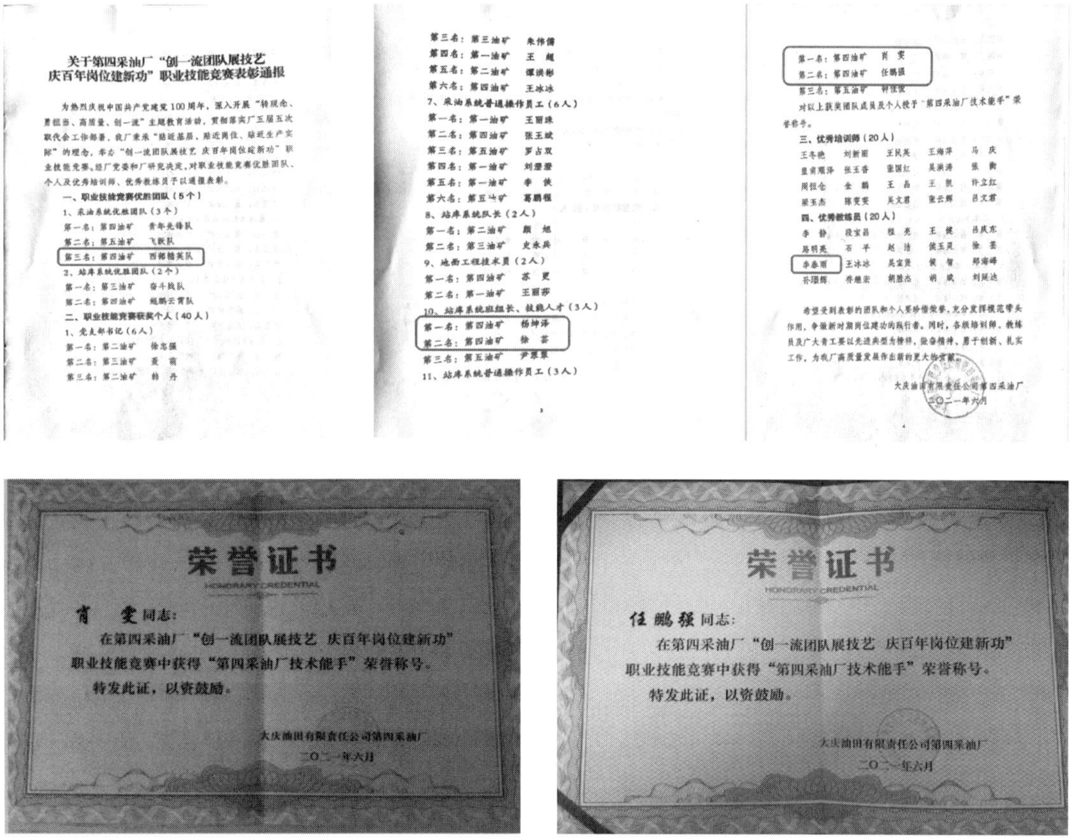
关于第四采油厂"创一流团队展技艺 庆百年岗位建新功"职业技能竞赛表彰通报

荣誉证书

HONORARY CREDENTIAL

肖雯同志：

在第四采油厂"创一流团队展技艺 庆百年岗位建新功"职业技能竞赛中获得"第四采油厂技术能手"荣誉称号。

特发此证，以资鼓励。

大庆油田有限责任公司第四采油厂

二〇二一年六月

荣誉证书

HONORARY CREDENTIAL

任鹏强同志：

在第四采油厂"创一流团队展技艺 庆百年岗位建新功"职业技能竞赛中获得"第四采油厂技术能手"荣誉称号。

特发此证，以资鼓励。

大庆油田有限责任公司第四采油厂

二〇二一年六月

图 3-17　表彰及荣誉证书

4）针对高级工、技师开展外送培训、参加技术交流、业务研修、革新创效等各类培训班，全面提升技能人才队伍整体素质。参加培训活动示例见图 3-18、图 3-19。

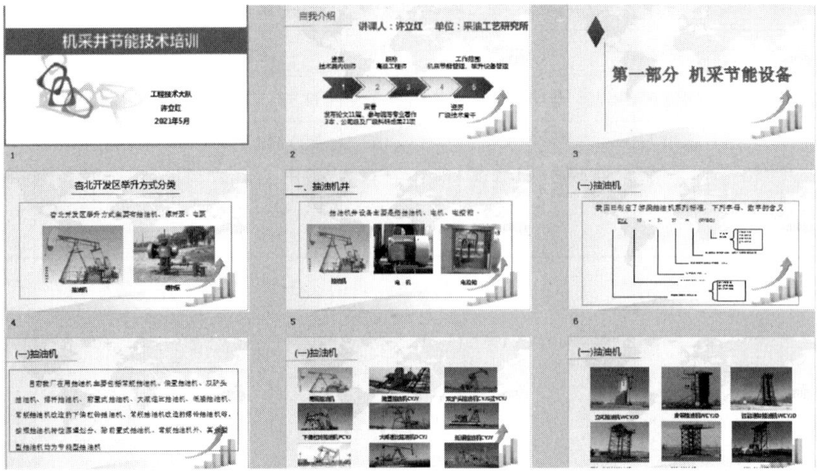

图 3-18　8 人次参加厂机采井节能技术培训

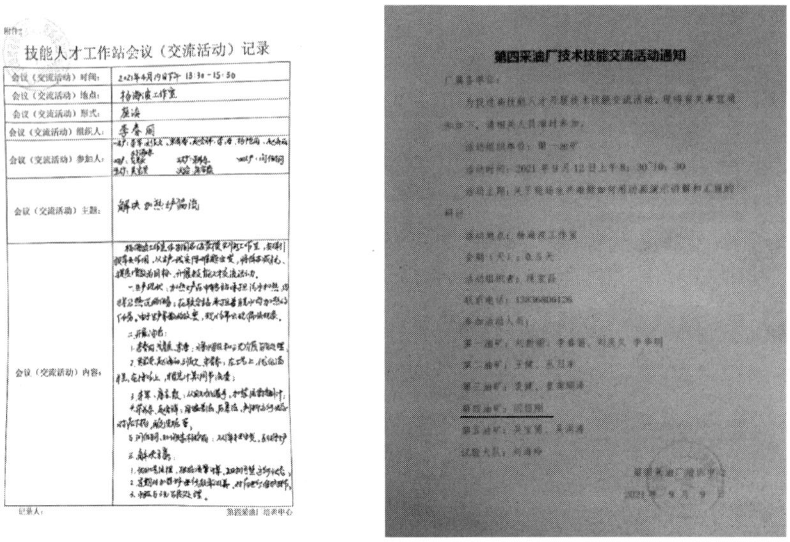

图 3-19　班组人员参加厂级以上技术交流活动

5）利用班组拥有国家级质量管理小组诊断师和质量信得过班组自评师（楚殿庆）的优势，定期开展班组质量知识培训，提升班组质量意识和质量工具的运用。示例见图 3-20。

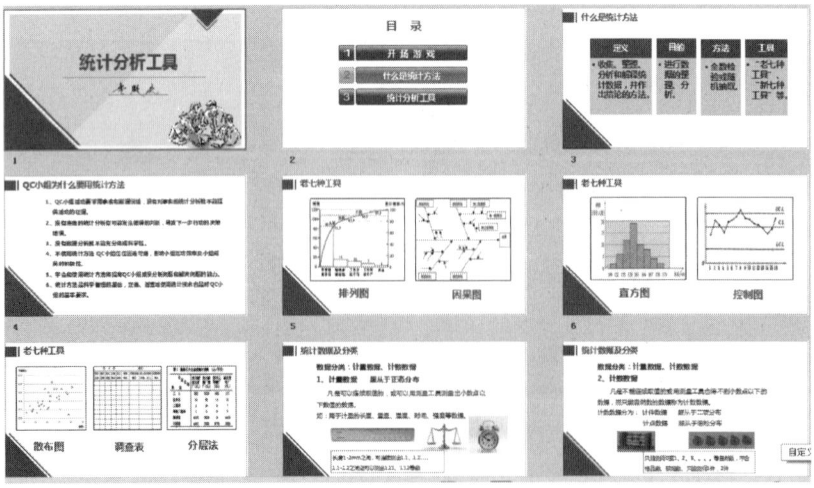

图 3-20　开展质量管理培训 3 期，45 人次

全年举办操作类培训班25期，质量管理培训3期，培训238人次，员工职业资格证书持有率100%，技能鉴定通过率100%，技术培训完成率100%，组织骨干参加厂及以上技术交流3次，有2人获得厂“技术能手”称号，班组技能人才队伍整体素质有了较大的提高。2021年班组成员的职业资格证书持有率情况统计表见表3-3。

表3-3 注采406班2021年职业资格证书持有率情况统计

单位	职业技能等级证书持有人数（截至12月25日）	职业技能等级证书未取证人数（截至12月25日）	职业技能等级证书持有率（证书持有人数/操作人员总数）	备注
406	30	0	100.0%	
合计	30	0	100.0%	

（二）完善基础管理

1. 以精细管理为抓手，确保油井资料全准率

今年我班组为保证油井资料全准率，从基础工作做起，依靠精细管理，为油田开发提供了第一手全准资料。进入6月受部分钻关井影响，我班组液量一度下降，针对产液下降、含水变化较大的情况，对全班组油井资料及时组织人员进行加密录取，为避免资料录取中出现假资料，保证员工保质保量完成资料的录取工作，班子成员每月对全班组油井、站进行一次大检查，同时还不定期、不定井进行抽查，确保第一手资料取全取准。全年班组共落实含水×××井次，落实量油×××井次，憋泵×××井次，油井资料全准率达97.4%，高于创建目标。班组长监督现场见图3-21、图3-22。

图3-21 班组长监督量油现场

图3-22 班组长监督计量间过掺水

2. 以优化热洗为抓手，降低油井检泵率

1）优化洗井参数

在保证严格执行《洗井操作规程》的同时，根据水、聚驱、单井的压力、液量、井深等不同情况，区别对待，实施“一井一对策”，在洗井周期内不断摸索对洗井参数进行优化。特别是2020年，班组投产塔架式抽油机井75口，扶余油层，井深、井况差异较大，井下故障较多，洗井参数难于控制，洗井质量很难保证。为了提高洗井质量，减少产量损失，降低井下故障率，我班组经过反复摸索，积累了一些经验，总结出了“查、测、定、控、验”五字热洗操作法，取得了较好的效果。全班组检泵率由2020年度的24.5%降到2021年的22.2%，检泵周期598天，高于作业区546天的平均水平，抽油机井保持了较高的管理水平。五字热洗操作法制度见图3-23。

2）优化热洗方案

为确保洗井效果，我们对以往定期热洗方案进行优化，通过实行《洗井通知单》管理制度，强化

热洗管理工作。每次热洗前，我们规定技术副班长要认真分析上报结蜡井情况，不适合热洗的井坚决不发《洗井通知单》；有需要并可热洗的井，技术副班长要严格根据结蜡井的特点和结蜡程度，在《洗井通知单》上填清应采取的热洗方式和洗井参数。同时技术副班长或指定专人按照《洗井通知单》要求对洗井全过程质量进行严格监督，从而确保按《洗井通知单》规定的热洗方式、参数洗好每口井。

通过优化洗井方案，2021年在投产35口新井的情况下，比2020年少洗13井次，少影响产油×××t。见图3-24。

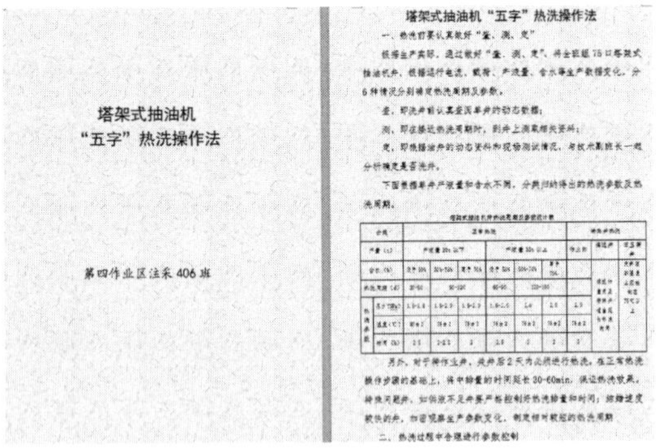
塔架式抽油机
"五字"热洗操作法

第四作业区注采406班

塔架式抽油机"五字"热洗操作法

一、热洗前要认真做好"查、测、定"

根据生产实际，通过做好"查、测、定"，将全班组75口塔架式抽油机井，根据运行电流、载荷、产液量、含水率生产数据变化，分6种情况分别确定热洗周期及参数。

查，即洗井前认真查看单井的动态数据；

测，即在接近热洗周期时，到井上测取相关资料；

定，即根据油井的动态资料和现场测试情况，与技术副班长一起分析确定是否洗井。

下面根据单井产液量和含水不同，分类归纳得出的热洗参数及热洗周期。

另外，对于特殊生产井，关井后2天内必须进行热洗，在正常热洗操作步骤的基础上，将中排量的时间延长30-60min，保证热洗效果。特殊问题井，如供液不足井要严格控制好热洗排量和时间；结蜡速度较快的井，加密观察生产参数变化，制定相对较短的热洗周期

二、热洗过程中合理进行参数控制

图3-23 《塔架式抽油机"五字"热洗操作法》制度

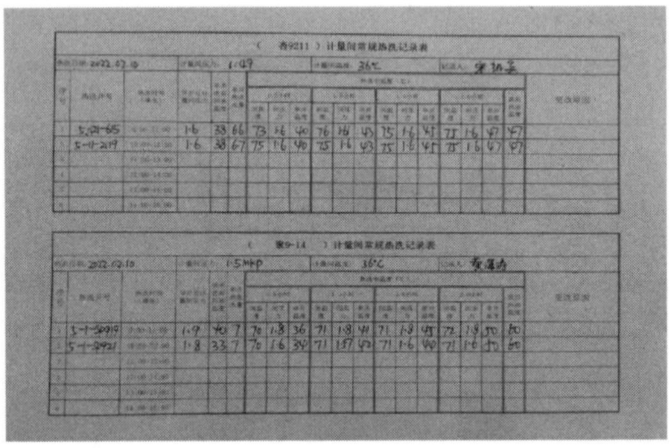

图3-24 常规热洗洗井通知单

3. 以提高开井率为抓手，确保产量目标完成

2021年，我们班组直面井多人少、条件恶劣、管线穿孔频发、冷输周期长的挑战，紧紧围绕提高开井率、提液量做工作，最终赢取了产量主动。

1）倾尽全力抢开井

今年以来，注采406班由于管线老化严重，穿孔高发。最严峻期间，待堵漏井常量保持在10口以上。为此，我们不等不靠，举全班组之力，克服无管线、无电焊工等诸多不利因素，采取"5+2""白+黑"的方法，动员一切可以动员的力量恢复生产秩序，为作业区产量完成奠定了坚实的基础。见图3-25。

图3-25 "白+黑"奋战保开井

2）不遗余力提高开井率

抓好每一个能提高的节点，扎扎实实从一点一滴做起。靠实作业开井、日常维护、加密巡检等诸多保障措施，做到"三强三变"：强巡检巡查，变白天为主为昼夜巡护；强液量预警，变5%波动预警为0.5%行动；强工况排查，将憋泵量油周期调整为原来的一半；强故障处理，变单兵作战为联动处理。同时，畅通协调沟通渠道，积极建立专项工作群，密切协调设备、物料和人员，处理故

障、缩短故障恢复周期；严肃劳动纪律，严格巡回检查等制度，预防停机，及时发现和解决突发问题。一年来未出现一口人为冻堵井，有效提高了开井时间，油井时率始终保持高水平。见图 3-26 和表 3-4。

图 3-26 “白+黑”故障处理

表 3-4 2021 年油井重点工作量

堵漏/井次	更换管线/m	处理回压/井次	处理堵井/井次	配合施工关井、连管线/井次	新井隐患治理/口	打井损坏管线更换/井次	打井损坏电缆更换/m
243	960	158	34	122	48	52	3000

4. 以设备保养为抓手，保证生产工艺稳定

班组针对生产所需电机、配电箱、变压器、仪表等设备做到合理分工、落实到人，加强日常管理，日常保养检查做到“三有四把关”即有记录、有照片、有监督，保养时间严把关、保养责任人严把关、操作程序严把关、保养质量严把关。

按期校检各类仪表，保证仪表的准确性。合理地安排好周期检定计划，并严格执行周期检定计划，保证检定计量器具的配备率、检定率达到 100%，仪表完好率达到 100%。建立健全仪器仪表使用、维护、保养制度及计量自控仪表现场检定维修管理办法，每周检查岗位在用计量器具的彩色标识管理及仪表完好情况，对检查中出现如仪表标识脱落、仪表超期、仪表损坏等现象，做好记录，并限期整改，对下次检查仍未整改的，严格按奖金考核条例进行考核。

通过上述努力，全年设备综合完好率达到 97.2%，高于创建目标。

详见表 3-5~表 3-7。

5. 以整章建制为抓手，确保质量管理有据可依

班组虽小，但也是需要制度来约束的，任何一个班组，要真正做好班组管理工作，首先务必建立健全各项适合的规章制度，注采 406 班组也不例外。

1）建立 BPAS 质量监管体系

为了提升生产质量控制能力，班组针对工作流程，建立 BPAS 质量监管体系，从源头抓质量、全过程监管生产管理状态。见图 3-27、图 3-28。

工作前（Before）细化要求。利用早会时间对当天工作进行安排，涉及的重点工作要从设备状态、操作流程、生产制度、工艺标准进行分析，确定质量要求、安全风险、完成时限；

生产中（Produce）监督检查。生产副班长对岗位员工巡检、取样、量油、调控掺水、热洗、资料录取等重要质量工作带班定期或不定期监督检查，做好监督检查记录，发现不符合生产工艺、安全环保要求等质量问题限期整改，形成闭环管理；

生产后（After）汇总分析。对巡检、取样、量油、调控掺水、热洗、资料录取等完成工作及进度检查和分析，查找质量波动因素，确定整改方向，对工作质量完成不好的严格考核；

特殊过程（Special）专项处理。工作中发现异常情况，如故障停机、管线泄漏等及时反馈班组长，专家“会诊”，集中治理。

表 3-5 （2021）年（B）类计量器具周期检定计划汇总表

单位：第四作业区注采 406 班

序号	计量器具名称	检定周期（月）	数量	检定方式	一季度			二季度			三季度			四季度			全年	送检	自检	备注
					1月	2月	3月	4月	5月	6月	7月	8月	9月	10月	11月	12月				
					计划数	计划数	计划数	计划数	计划数	计划数	计划数	计划数	计划数	计划数	计划教	计划数	计划数			
					完成数	完成数	完成数	完成数	完成数	完成数	完成数	完成数	完成数	完成数	完成数	完成数	完成数			
1	旋进旋涡流量计（口径 20）	12	1	离线	1												1		Z	406 班 1 月 1 个
2	旋进旋涡气体流量计（口径 20）	12	4	离线	1				3								4		Z	406 班 1 月 1 个；5 月检定 3 个
3	涡街流量计（口径 25）	24	7	在线														S		2023 年 4 月检定 7 个
4	普通电磁流量计（口径 25）	24	2	在线														S		2023 年 4 月检定 2 个
5	数字电流表	2	4	离线			4										4	S		406 班 3 月检定 4 个；外送检定
6	钳型电流表	12	4	离线			1				3						4	S		406 班 3 月检定 1 个；7 月检定 3 个；外送检定
7	压力数据采集器（快速压力表）	1	1	离线	1	1	1	1	1	1	1	1	1	1	1	1	12		Z	
8	弹簧管压力表	3	4	离线	4			4			4			4			16		Z	
合计			27		7	1	6	5	4	1	8	1	1	5	1	1	41			

表 3-6 （2021）年（C）类计量器具周期检定计划汇总表

单位：第四作业区注采 406 班

序号	计量器具名称	检定周期（月）	数量	检定方式	一季度			二季度			三季度			四季度			全年	送检	自检	备注
					1月	2月	3月	4月	5月	6月	7月	8月	9月	10月	11月	12月				
					计划数	计划数	计划数	计划数	计划数	计划数	计划数	计划数	计划数	计划数	计划教	计划数	计划数			
					完成数	完成数	完成数	完成数	完成数	完成数	完成数	完成数	完成数	完成数	完成数	完成数	完成数			
1	涡街流量计（口径 25）	12	5	离线										5			5		Z	406 班 10 月检定 5 个
2	涡街流量计（口径 20）	12	3	离线				3									3		Z	406 班 4 月检定 3 个
3	压电式涡街流量计（口径 20）	12	1	离线				1									1		Z	406 班 4 月检定 1 个

续表

序号	计量器具名称	检定周期（月）	数量	检定方式	一季度			二季度			三季度			四季度			全年	送检	自检	备注
					1月	2月	3月	4月	5月	6月	7月	8月	9月	10月	11月	12月				
					计划数	计划数	计划数	计划数	计划数	计划数	计划数	计划数	计划数	计划数	计划数	计划数	计划数			
					完成数	完成数	完成数	完成数	完成数	完成数	完成数	完成数	完成数	完成数	完成数	完成数	完成数			
4	智能磁电流量计（口径20）	12	1	离线				1									1		Z	406班4月检定1个
5	普通电磁流量计（口径25）	12	120	在线				120									120		Z	406班4月检定120个
6	电动压力变送器	12	144	在线					144								144		Z	406班4月检定144个
7	防爆压力变送器	12	6	在线					6								8		Z	408班4月检定6个
8	数字温度变送器	12	59	在线					59								59		Z	406班4月检定59个
9	防爆温度变送器	12	6	在线					6								6		Z	406班4月检定6个
10	弹簧管压力表	3	38	离线	38			38			38			38			152		Z	
11	玻璃棒水银温度计	36	130	离线													0		Z	2023年5月检定130根
			504		38		0	163	215	0	38	0	0	43	0	0	490			

表3-7　（第四作业区）2021年外送检定计量器具明细

单位：第四作业区注采406班

序号	检定单位名称	使用单位	计量器具名称	用途/计量点	编号	测量范围	准确度或/不确定度	检定周期/月	检定有效日期	收费标准/元	是否强检	备注
1	大庆油田计量检定测试所	第四作业区注采406班	数字电流表	406班922计量间	500767	0.3–200A	1.5	12	2022年3月12日		否	
2	大庆油田计量检定测试所	第四作业区注采406班	数字电流表	406班925计量间	500802	0.3–200A	1.5	12	2022年3月12日		否	
3	大庆油田计量检定测试所	第四作业区注采406班	数字电流表	406班926计量间	500654	0.3–200A	1.5	12	2022年3月12日		否	
4	大庆油田计量检定测试所	第四作业区注采406班	数字电流表	406班9211计量间	500520	0.3–200A	1.5	12	2022年3月12日		否	
5	大庆油田计量检定测试所	第四作业区注采406班	钳型电流表	406班923计量间	M130086896	3–300A	1.5	12	2022年3月12日		否	
6	大庆油田计量检定测试所	第四作业区注采406班	钳型电流表	406班聚9–12计量间	C180019506	3–300A	1.5	12	2022年7月12日		否	
7	大庆油田计量检定测试所	第四作业区注采406班	钳型电流表	406班聚9–13计量间	C160803987	3–300A	1.5	12	2022年7月12日		否	
8	大庆油田计量检定测试所	第四作业区注采406班	钳型电流表	406班聚9–14计量间	C180019788	3–300A	1.5	12	2022年7月12日		否	

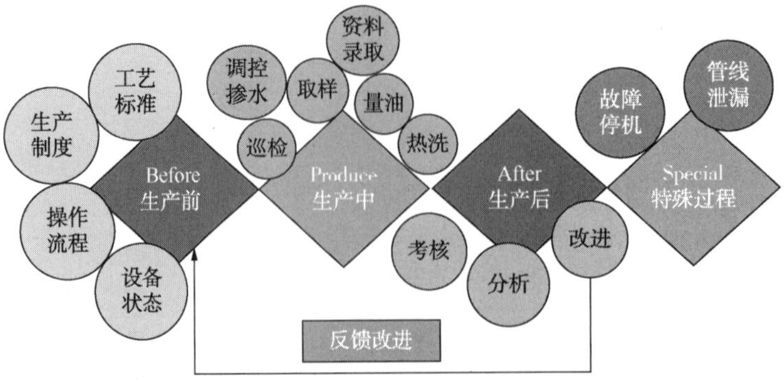

图 3-27　班组 BPAS 质量监管体系

图 3-28　班组早会工作安排

11 月 8 日，一场暴风雪导致塔架式抽油机电路故障停机 14 口，日影响恢复产液×××吨，产油×××吨，班组成员带领技术专家多次现场查看，反复核实，最终确定是塔架式抽油机的配电箱通风口进积雪导致电路故障。为此，我们将 75 口塔架式抽油机的配电箱内积雪全部清扫后，用胶布粘贴配电箱通风口做密封处理，之后没有因电路故障导致塔架式抽油机停机现象。

注采 406 班检查问题汇总表见表 3-8，故障处理前后对比见图 3-29。

表 3-8　注采 406 班检查问题汇总表

序号	责任单位	隐患地点	施工单位	问题描述	检查人	检查日期	是否整改	已整改		
								整改时间	整改人	整改措施描述
1	聚 9-13 计量间	电瓶车安全帽	聚 9-13 计量间	安全帽过期	明亚伟	20210410	是	20210410	李楠	更换新安全帽
2	9211 计量间	* -40-907	抽保队	地脚螺丝松 3 根	郑伟钢	20210412	是	20210412	李春安	上紧地脚螺丝
3	926 计量间	* -1-F18	抽保队	地脚螺丝断	石朝军	20210626	是	20210626	张文坤	更换新螺丝
4	926 计量间	* -2-B19	抽保队	地脚螺丝断	石朝军	20210626	是	20210626	张文坤	更换新螺丝

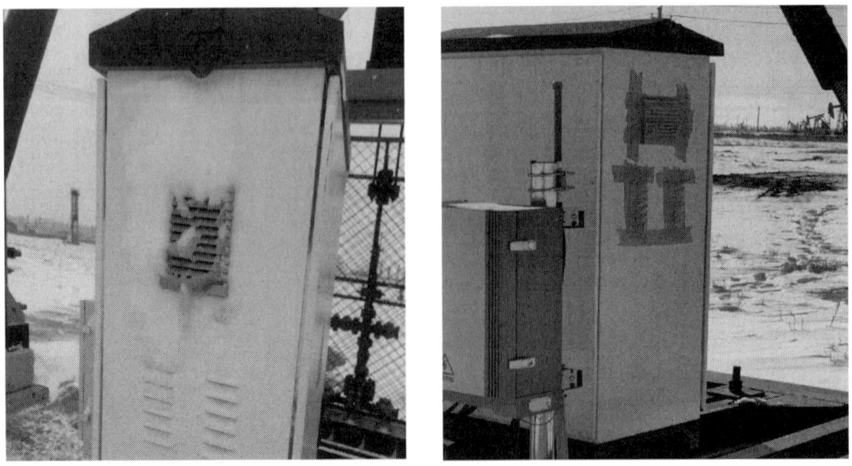

图 3-29　塔架式抽油机通风口因积雪导致电路故障停机处理前后对比图

2）建立完善管理制度

班组在生产过程中根据实际工作中遇到的问题，不断建立和完善相关的管理制度。

2020 年班组新投产 75 口塔架式抽油机，该设备是新设备、新工艺，塔架式抽油机的生产管理、日常巡检、维护、故障处理、风险点源等均没有现成标准和规范可以借鉴，班组员工一边凭借管理游梁式抽油机的经验进行管理，一边不断摸索总结塔架式抽油机管理方法。制定了符合班组实际工作的《塔架式抽油机现场安全管理制度》十五条，规范了现场管理，后经与厂家及厂油田管理部等相结合，制定了 Q/SY DQ2021—136《塔架式抽油机安全操作规程》，规范了塔架式抽油机的现场安全操作。针对塔架式抽油机热洗，制定了《塔架式抽油机“五字”热洗操作法》；针对聚驱计量间工作量大等实际情况，重新进行奖金分配，完善了《管理制度及奖金考核细则》，实现了多劳多得；针对班子成员新手较多，班组建立了《班子学习制度》，规范班子成员长期学习能力；针对污油污水、生活垃圾等环境治理日益严峻形势，建立了《环境保护网格化管理方案》，实现了上下联动，齐抓共管的良好局面。全年共建立相关制度、方案、方法等共计 13 项。见图 3-30。

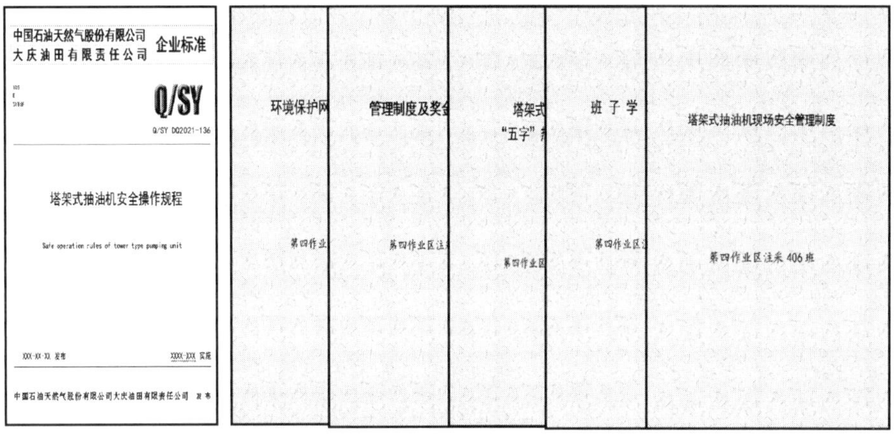

图 3-30 建立健全的管理制度

6. 以责任落实为抓手，提升安全环保水平

1）整章建制，落实安全环保责任

班组成立后，我们根据原 902 队相关资料，建立符合注采 406 班组的“两册一表”，建立健全安全环保资料 56 项，建立完善 8 座计量间应急预案和应急处置卡，每季度开展岗位应急演练或联合演练，开展 HSE 培训矩阵需求调查，有针对性地开展安全培训，定期开展全员安全环保履职测评考试，考试均合格有效，现场安全环保质量得到有效保障。对 8 座计量间的属地责任进行了重新划分，进一步明确了井站的安全环保管理职责，按照“谁主管，谁负责”的原则，逐一落实安全环保责任。见图 3-31～图 3-34。

图 3-31 开展消防应急演练

图 3-32 配合 902 转油站应急演练

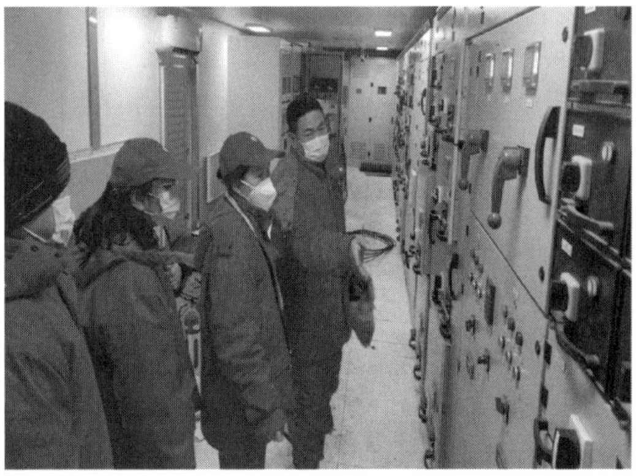

图 3-33　开展联合演练

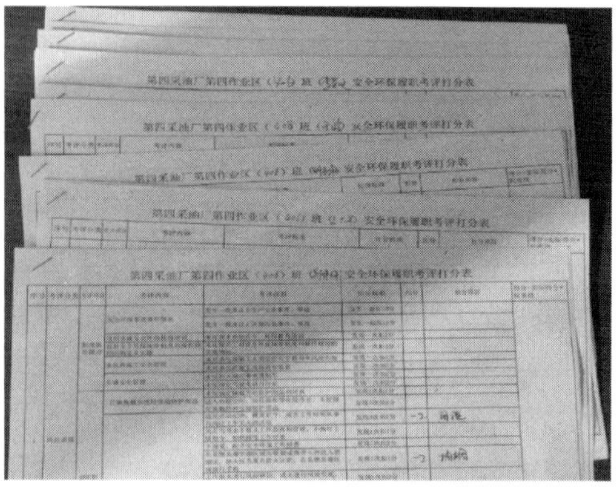

图 3-34　员工安全环保履职考评表

2）监督整改，加大安全环保治理力度

针对环境治理，班组制定《环境保护网格化管理方案》，以计量间为基准划分 8 个管理小组，班组每周一督查，下整改通知单，每月一汇总，针对岗位能解决的问题限期整改，规定辖区内各种成因落地油、污水、垃圾汇报、清理和回收时限及相应考核方案，以此督促环保治理力度和效率，全年各种成因落地油、污水、垃圾合法处置率均达 100%。针对安全治理工作，每天早会进行安全分享，针对当天主要操作进行安全风险提醒，严格开具作业许可证，工作现场做到一人操作，一人监督，操作前"静思 30 秒"，严格遵守集团公司"六大禁令"，工作现场安全有序。全年开展综合性检查 6 次，专项检查 13 次，查改各类隐患 212 个，未发生一起一般 C 级安全责任事故。见图 3-35~图 3-38。

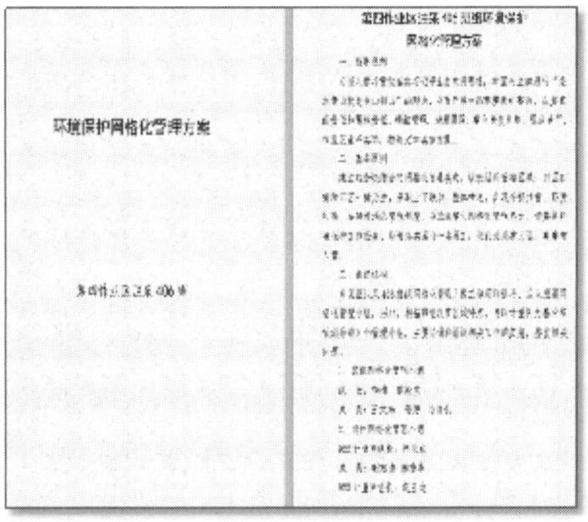

图 3-35　环境保护网格化管理方案

注采406班检查问题汇总表

单位：第四作业区注采406班

序号	责任单位	隐患地点	施工单位	问题描述	检查人	检查日期	是否整改	已整改			未整改				
								整改时间	整改人	整改措施描述	计划整改措施	整改计划完成时间	责任人	防范措施	矿主管部门
1	926计量间	5-1-F18	抽保队	地脚螺丝断	石朝军	20210626	是	20210626	张文坤	更换新螺丝					
2	926计量间	5-2-B19	抽保队	地脚螺丝断	石朝军	20210626	是	20210626	张文坤	更换新螺丝					
3															
4															
5															
6															
7															
8															
9															

填报人：　　审核人：

注采406班车辆本月无违章

图 3-36　定期检查问题整改表

图 3-37　清理落地污油现场

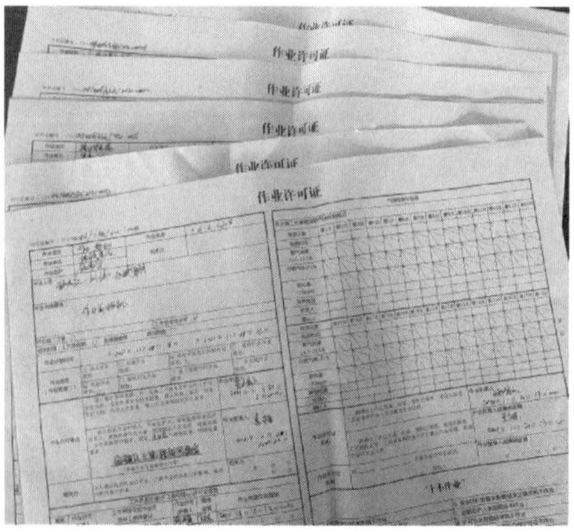

图 3-38　作业许可证

7. 以沟通反馈为抓手，保证顾客需求硬落实

1）客户的需求就是我们的标准

为了更好地服务于班组员工这个内部顾客，我们及时将上级传达的每一项工作安排都第一时间告知整个班组，把质量安全责任落实到每一个岗位、每一环节、每一个人。同时强化规章制度落实，做到岗位分工明确，责任到人，把取样、量油、巡检等工作按照工作标准和流程进行严格监督和考核，提高工作效率，保证工作完成率和质量。在实际工作中，通过每天早晚点名沟通落实现场存在的问题，始终坚持对标管理，有计划、有安排、有落实、有反馈，把质量铭记心间。

班组针对员工反映的奖金问题进行了落实。2020 年新建 2 座撬装车式计量间是 2 座 16 井式计量间组合而成，工作量是 2 座计量间的工作量，但是岗位人员编制是 1 个班组人员，因此班组人员反映工作量大，奖金没有充分考虑多劳多得，员工工作积极性不高，工作标准有所下降。为此，班子成员根据现场调查情况，一方面打报告向作业区领导反映情况，另一方面完善了《管理制度及奖金考核细则》，比如，设定岗位基本工时：针对聚驱井资料及油井管理难度较大，每口井工时分别增加了 10 分和 35 个工时，偏远井站在按要求保质保量完成基本工作的基础上，除得基本工时奖，额外每月嘉奖 200 元以示鼓励。

通过协调沟通，将作业区领导提高班组奖金系数及修改完善奖罚机制的做法全员宣讲，岗位员工工作积极性有了较大提高，工作质量和效率也有了较大提高，奖金制度切实起到了奖勤罚懒的杠杆作用。《管理制度及奖金考核细则》的修订见图 3-39。

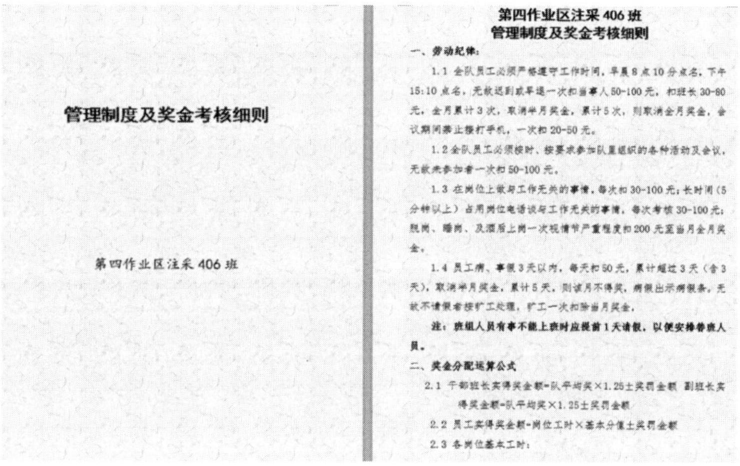
管理制度及奖金考核细则

第四作业区注采 406 班

第四作业区注采 406 班
管理制度及奖金考核细则

一、劳动纪律：

1.1 全队员工必须严格遵守工作时间，早晨 8 点 10 分点名，下午 15:10 点名，无故迟到或早退一次扣当事人 50-100 元，扣班长 30-80 元，全月累计 3 次，取消半月奖金，累计 5 次，则取消全月奖金，会议期间禁止接打手机，一次扣 20-50 元。

1.2 全队员工必须按时、按要求参加队里组织的各种活动及会议，无故未参加者一次扣 50-100 元。

1.3 在岗位上做与工作无关的事情，每次扣 30-100 元；长时间（5 分钟以上）占用岗位电话谈与工作无关的事情，每次考核 30-100 元；脱岗、睡岗、及酒后上岗一次视情节严重程度扣 200 元至当月全月奖金。

1.4 员工病、事假 3 天以内，每天扣 50 元，累计超过 3 天（含 3 天），取消半月奖金，累计 5 天，则该月不得奖，病假出示病假条，无故不请假者按旷工处理，旷工一次扣除当月奖金。

注：班组人员有事不能上班时应提前 1 天请假，以便安排替班人员。

二、奖金分配运算公式

2.1 干部班长实得奖金额=队平均奖×1.25±奖罚金额 副班长实得奖金额=队平均奖×1.25±奖罚金额

2.2 员工实得奖金额=岗位工时×基本分值±奖罚金额

2.3 各岗位基本工时：

图 3-39　修订《管理制度及奖金考核细则》

2）对于外部顾客化验室，注采 406 班组优化了工作流程，专人负责，分别建立了快速沟通反馈渠道。对于化验室和 902 转油站这两个外部顾客，由技术副班长每季度不定期发放顾客满意度调查表 54 份，通过建立 902 含水群和化验沟通群，随时与下游顾客负责人交流工作，将存在的问题反馈到相应岗位员工，根据原油输送、原油样品送样情况及含水化验结果情况，随时掌握并解决顾客的需求，形成良好的沟通氛围。顾客需求反馈体系见图 3-40，建立含水和化验沟通反馈群见图 3-41。

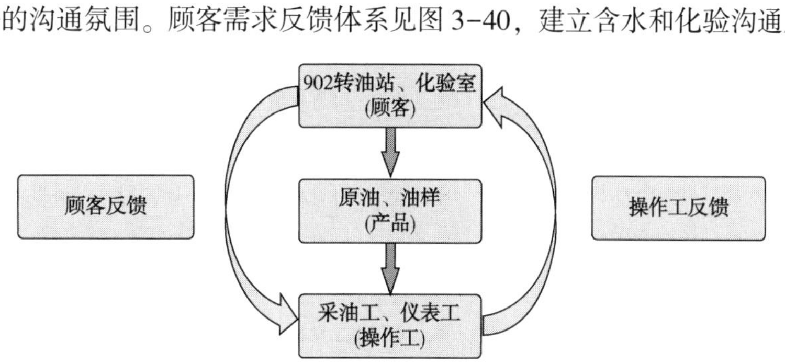

图 3-40　顾客需求反馈体系

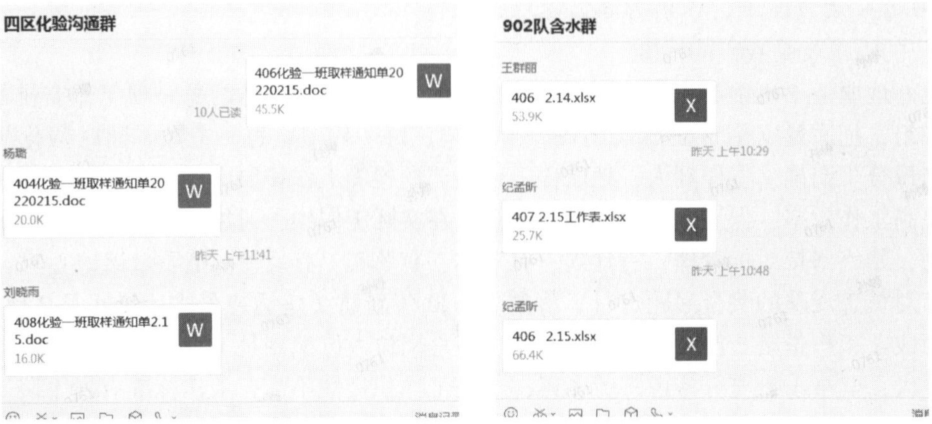

图 3-41　建立含水和化验沟通反馈群

为防止冻样，我们规定采油工取样后将样品放置在带有电热装置的留样室内；为了确保采油工按照标准取样，生产副班长采取现场监督取样流程，采油工都能按规程取样，取样量超过样桶 2/3；为保证按时送样，规定日常每天 13：30~14：00 送样，周末 12：30 前送样；为了取样井号与实物对账，不错样、不漏样，每天由副班长打印送样清单，送样人逐个核实，同时送样清单发送到化验群，做到化验室接样时重新复核井号，提高送样质量。通过定期与化验室人员沟通，送样满意率有了较大提高。见图 3-42~图 3-44。

图 3-42　样品留样室

图 3-43　样桶及井号标签

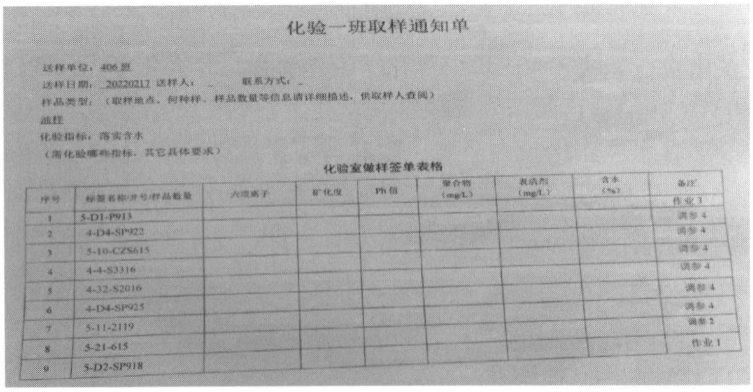

化验一班取样通知单

送样单位：406 班
送样日期：20220217 送样人：_　联系方式：_
样品类型：（取样地点、何种样、样品数量等信息请详细描述，供取样人查阅）
油样
化验指标：落实含水
（需化验哪些指标，其它具体要求）

化验室做样签单表格

序号	标签名称/井号/样品数量	六项离子	矿化度	Ph 值	聚合物（mg/L）	表活剂（mg/L）	含水（%）	备注
1	5-D1-P913							作业 3
2	4-D4-SP922							调参 4
3	5-10-CZS615							调参 4
4	4-4-S3316							调参 4
5	4-32-S2016							调参 4
6	4-D4-SP925							调参 4
7	5-11-2119							调参 4
8	5-21-615							调参 2
9	5-D2-SP918							作业 1

图 3-42　取样通知单

3）对于上级相关部门，由班长负责通过作业区生产会、安全例会、电话沟通、走访等方式收集反馈意见或建议，并及时整改落实。

通过全班员工的有效沟通，每一项工作都有效完成，做到数据真实准确，质量有保障。得到了顾客和相关方的一致认可。作业区生产会现场见图 3-45。

（三）改进与创新

1. 运用质量管理方法，有效开展 QC 小组活动

班组定期开展 QC 知识培训，积极参加上级质量活动月活动，不断提高大家解决问题的能力，并提升大家对质量工具的理解与运用。针对日常生产管理过程中存在的质量问题，运用 QC 工具与方法，解决了现场难题。比如，针对新投产的塔架式抽油机偷停、卡顿，频繁停机造成运转时率低的问题，我们组建勇毅 QC 小组，开展了《提升塔架式抽油机运行时率》的 PDCA 活动，通过现状调查发现影响时率的症结，制定了活动目标，通过对 6 条末端原因现场逐一确认找到了 3 条要因，并制定了相应的对策、措施，通过近 2 个月的现场实施，圆满地完成了活动目标，取得了较好的经济和社会效益。通过活动的开展，小组成员能够主动运用质量的观点看问题、通过现场试验、工具运用提高了解决质量问题的能力，该成果获得厂 QC 小组活动三等奖，同时得到了上级领导等相关方的好评。QC 获奖证书见图 3-46。

图 3-45　作业区生产会

图 3-46　QC 获奖证书

2. 开展群众性技术创新，始终保持高质量操作

为了满足上级相关方对班组科技技术创新的更高要求，班组组织群众性创新攻关活动，通过提合理化建议，解决一线难题、撰写论文、参与编写技术书籍、专利编写与申请等工作，达到信息共享，通力合作，集思广益，优势互补，提升团队的整体创新力，助推油田高质量生产。全年共提出合理化建议 7 条，解决一线难题 4 个，撰写论文 8 篇，参与编写技术书籍 4 本，专利申请 3 个。建议汇总表见表 3-9，技术难题汇总表见表 3-10，班组成员出版书籍、论文、专利情况见图 3-47。

表 3-9　第四采油厂 2021 年劳动竞赛合理化建议汇总表

序号	合理化建议名称	建议日期	建议人	单位	采纳实施情况	效益（社会效益、经济效益）
1	关于塔架式抽油机配重箱设置观测孔的建议	2021 年 10 月 29 日	赵玉龙	第四作业区注采 406 班组	采纳	减少了不必要的工作量，降低员工的劳动强度，便于配重数据的调整工作
2	关于在温度计插孔的铁管上安装防撞管的建议	2021 年 2 月 21 日	刘新艳	第四作业区注采 406 班组	采纳	减少温度计损坏，还能避免温度计彩标氧化
3	关于在井口倒流程对掺水阀进行冲洗解决掺水阀掺水量缓慢下降的问题	2021 年 5 月 12 日	闫业成	第四作业区注采 406 班组	采纳	解决了异物堵塞阀门导致掺水量缓慢下降现象，寒冬季节减少冻井风险
4	关于冬季劳保用品多用可自热，或保暖轻便材质的建议	2021 年 7 月 29 日	任丽华	第四作业区注采 406 班组	采纳	保证员工的身心健康

续表

序号	合理化建议名称	建议日期	建议人	单位	采纳实施情况	效益（社会效益、经济效益）
5	关于解决冬季测试闸门解冻打不开的建议	2021年8月12日	石朝军	第四作业区注采406班组	采纳	解决了冬季测试难题
6	关于用铁板进行调平解决塔架式抽油机基础下沉导致光杆不对中问题	2021年9月10日	赵玉龙	第四作业区注采406班组	采纳	解决了塔架机因基础下沉，光杆与井口不对中，导致盘根漏油问题
7	关于塔架式抽油机加装皮带防护罩的建议	2021年9月15日	明亚伟	第四作业区注采406班组	采纳	解决了皮带因风大晃动导致盘根盒漏油或套管短接螺纹松动漏油故障

表 3-10　一线生产技术难题汇总表

上报单位：注采406班

序号	难题名称	涉及专业	提供难题部门	联系人	联系电话	难题描述
1	塔架机高处护栏问题	塔架机安全	第四采油厂第四作业区注采406班	赵玉龙	18846600523	塔架机护栏存在缺陷，护栏间距过大，在塔架机发生卡泵震动时，造成零部件松动，易掉落，形成高空坠物，对于巡检和正常维护操作存在重大安全隐患
2	封闭配重箱无观察孔影响参数调整	塔架机生产	第四采油厂第四作业区注采406班	明亚伟	13504891983	塔架机的配重箱是封闭状态，无法观察配重数量，不便于平衡的调整，且无严密的防护措施，丢砖时无法及时发现，影响平衡造成停机无法判断，对生产带来诸多不便
3	塔架机卡泵造成频繁移机问题	塔架机生产	第四采油厂第四作业区注采406班	于波	13284908686	塔架机卡泵，需要高压热洗时，由于普通高压热洗压力过低，在解卡时，由于泵车压力过低，难以达成解卡效果，需要作业队高压泵车解卡，因此需要移机，每次只需2罐水便可解开，洗后还需将塔架机移回造成麻烦
4	塔架机配电箱冬季进雪问题	塔架机安全	第四采油厂第四作业区注采406班	赵玉龙	18846600523	问题：塔架机的配电箱安装位置过低，风季周围易形成涡流，尤其是冬季下雪会造成箱体底部进雪，造成电路烧坏故障频出，影响安全和生产

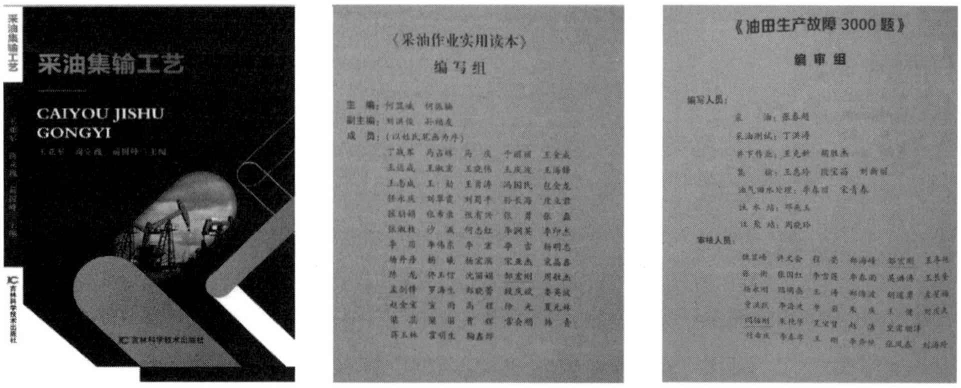

图 3-47　2021年班组成员出版书籍、论文、专利情况

图 3-47　2021 年班组成员出版书籍、论文、专利情况(续)

四、建设成效

(一) 创建目标实现

2021 年，注采 406 班组紧扣“提素质，重过程，强质量，精管理”的质量管理目标，超额完成了各项活动目标。

人员素质提升上：全年开展岗位大培训 3 次，开展特色培训 2 次，9 名钻二转岗人员参加技能鉴定通过率 100%，职业资格证书持有率 100%，技术培训完成率 100%。

基础管理上：通过严格落实岗位责任制，增强质量意识，建立 BPAS 质量监管体系和 13 项管理制度和办法，严格管控生产各环节质量、安全、环保、资料等，标准配备率 100%，油井资料全准率 97.4%，检泵率全年 22.2%，油井时率 97.1%，全面完成了上级工作任务并高于进取值。班组 2019 年至 2021 年连续三年安全事故发生率为 0，应急演练参与度 100%。

创新成果上：全年共提出合理化建议 7 条，解决一线难题 4 个，撰写论文 8 篇，参与编写技术书籍 4 本，专利申请 3 个。

班组三年内没有发生质量、安全、环保事故。班组关键指标创建完成情况见表 4-1，发表论文、书籍统计表见表 4-2。

表 4-1　班组关键指标创建完成情况

类别	指标名称	单位	目标值	进取值	考核周期	完成值	完成情况
提升人员素质	岗位培训	次	2	2	季度	3	√
	特色培训	次	1	2	季度	2	√
	技能鉴定通过率	%	90	95	年度	100	√
	职业资格证书持有率	%	85	95	年度	100	√
	技术培训完成率	%	90	100	年度	100	√

续表

类别	指标名称	单位	目标值	进取值	考核周期	完成值	完成情况
基础管理	标准配备率	%	90	100	月度	100	√
	油井资料全准率	%	95	96%	月度	97.4%	√
	油井检泵率	%	月度≤3%	月度≤2%	月度	月度≤1.85%	√
	油井时率	%	95	96%	月度	97.1%	√
	设备综合完好率	%	96	97%	月度	97.2%	√
	建立完善班组管理制度				季度	已建立	√
安全环保	危险区域应急管理覆盖率	%	98	100	月度	100	√
	一般C级安全责任事故	次	0	0	月度	0	√
	废固、废液合法处置率	%	100	100	月度	100	√
	开展应急演练	次	2	4	季度	4	√
	开展HSE培训需求调查	次	1	1	季度	2	√
	完善安全环保管理制度				季度	已完善	√
顾客关系	完善奖金制度				季度	已完善	√
	建立反馈机制，充分借助新媒体进行信息反馈，完善流程				月度	已建立	√
改进与创新	合理化建议	条	5	7	季度	7	√
	解决一线难题	项	2	3	年度	4	√
	QC活动	项	1	1	年度	1	√
	技术论文	篇	1	2	年度	8	√

表4-2　2021年注采班组发表论文、书籍统计表

序号	作者	论文或书籍标题	期刊名称	采用时间
1	闫柏刚	油气集输系统耗能分析及节能探讨	油气论坛	2021年3月
2	闫柏刚	油气集输管道腐蚀与防腐措施研究	油气论坛	2021年3月
3	闫柏刚	关于油品集输工艺技术措施浅谈	油气论坛	2021年第3期
4	闫柏刚	分析油气集输工艺技术在生产中的应用	油气论坛	2021年第3期
5	闫柏刚	运用油气集输工艺技术提升节能降耗水平	油气论坛	2021年第3期
6	闫柏刚	天然气集输常见自动化仪表的可靠性分析	油气论坛	2021年第3期
7	闫柏刚	采油工艺与油气集输的实践研究	百科出版社	2021年3月
8	邹洪刚	油气集输工艺技术措施研究	油气论坛	2021年第4期
9	邹洪刚	提升低产井采油效率的机械采油技术	油气论坛	2021年第3期

（二）班组管理特色

注采406班组通过不断完善提升员工质量管理意识，开展“2+5”特色培训，抓实班组基础管理，不断针对实际问题开展各项创新活动，逐渐形成了具有班组特色的“两提一控四驱动”管理模式。

“两提”：一是提升质量意识。多年来，班组一直把全员质量意识的提升当作重点来抓。特别是针对“油公司”模式改革，员工中出现的工作标准下降、质量意识淡薄等趋势，我班组结合油田形势任务教育和“大庆精神、铁人精神”等教育活动，因势利导，开展对照标准、制度、先进的对标大查摆大讨论活动，讲责任、讲任务、讲担当，强化质量职责，质量意识深入人心。二是提升技术素质。通过建设学习型班组，针对班组成员不同需求创新开展规定动作与自选动作相结合的“2+5”培训模式，特别是增加了质量管理和工具的培训力度，拓宽了班组成员的知识面和质量管理能力，为高质量生产创造了必要的智力基础。

“一控”：即建立 BPAS 质量监管体系。从源头抓质量、全过程管控生产管理状态。通过整合“生产前、中、后、特殊处理”等过程的制度、标准、工作状态，全方位实现生产现场质量管理受控。

“四轮驱动”：即在质量信得过班组创建活动中重点从“质量、生产、安全、创新”四个方面齐抓共管，共同驱动班组创建活动有效开展，达成“四优集体”，即质量保证优、生产任务优、安全管控优、创新效果优的先进集体。

（三）顾客及相关方评价结果

班组加强全面建设，各项工作高标准严要求，不断完善基础管理、创新管理，效果显著，得到了顾客及相关方的认可。

1. 班组员工

通过质量信得过班组的开展，人员素质、业务能力、操作技能都得到了质的突破，四个季度分别通过座谈会形式交流、讨论，通过匿名投票形式统计员工满意度，对本班组员工提出的合理化建议及采纳的建议，对员工进行正向激励考核，体现季度奖金激励，员工季度满意度逐渐提高，具体评价见图 4-1。

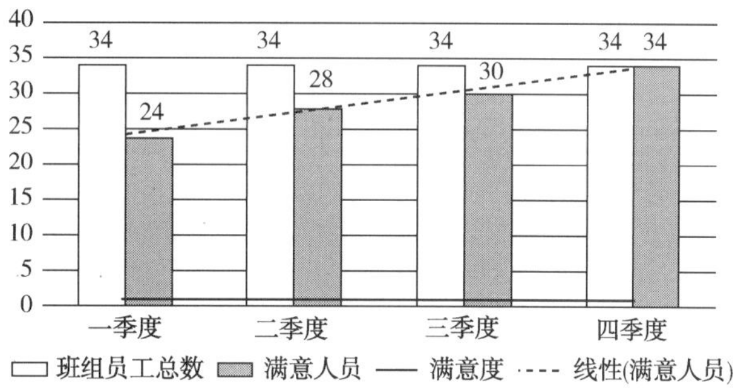

图 4-1　2021 年员工季度满意度调查统计图

年底开展了测评和互评，不论是班组测评、主管领导测评，还是机关各办测评，班组全员胜任率 100%。

2. 外部顾客

我班组根据定期与外部顾客：化验室与 902 转油站员工进行沟通反馈，实时根据外部顾客的满意度情况调整服务态度和服务质量，做到沟通反馈及时，整改到位。年底发放满意度调查表，化验室与 902 转油站员工对服务质量满意率均达 100%。顾客满意度调查表见图 4-2。

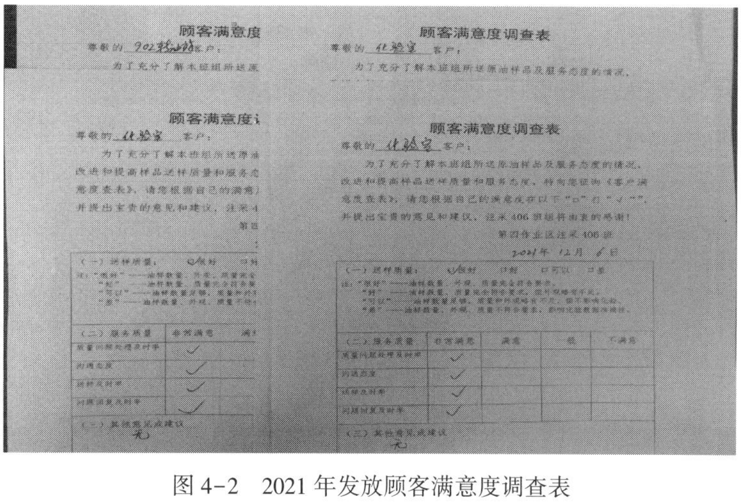
顾客满意度调查表

尊敬的 化验室 客户：

图 4-2　2021 年发放顾客满意度调查表

3. 相关方

我班组一直以“质量为相关方创造价值”为准绳，不断与厂质量安全环保部、厂油田管理部、作业区主管领导、生产办等相关方进行沟通反馈，全年考核次数和金额均低于作业区其他单位，在厂及作业区的油井、计量间检查评比中均获得了好评。

（四）班组及个人三年来所获荣誉

班组及个人三年来所获荣誉见图 4-3。

图 4-3　所获荣誉证书

荣誉证书
王文东同志：
获得“战严冬 勇担当促发展”信息技术应用竞赛网页设计二等奖，特发此证，以资鼓励！
二〇二〇年十一月

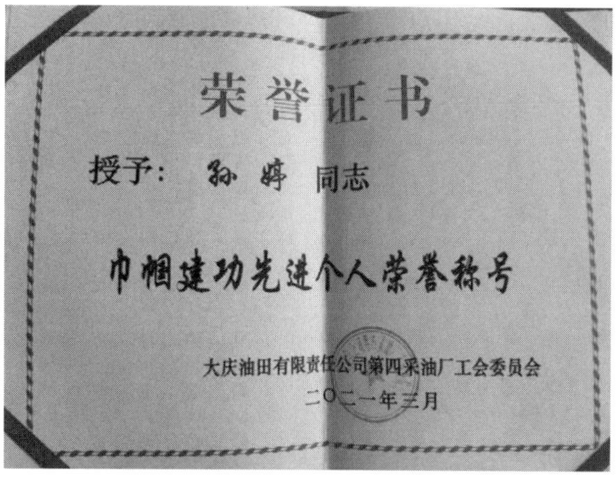
荣誉证书
授予：孙婷 同志
巾帼建功先进个人荣誉称号
大庆油田有限责任公司第四采油厂工会委员会
二〇二一年三月

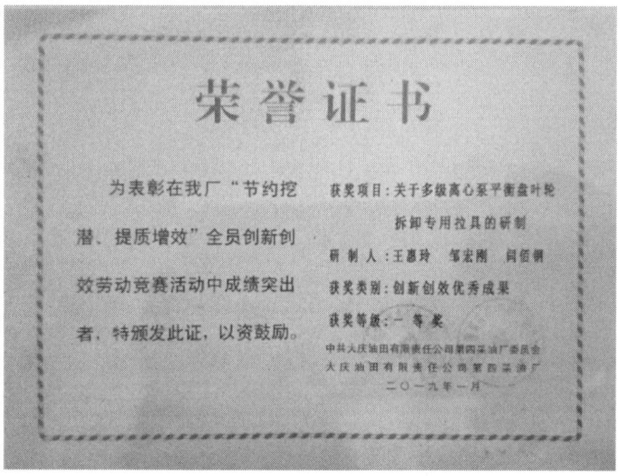
荣誉证书
为表彰在我厂“节约挖潜、提质增效”全员创新创效劳动竞赛活动中成绩突出者，特颁发此证，以资鼓励。
获奖项目：关于多级离心泵平衡盘叶轮拆卸专用拉具的研制
研制人：王惠玲 邹宏刚 闫佰钢
获奖类别：创新创效优秀成果
获奖等级：一等奖
中共大庆油田有限责任公司第四采油厂委员会
大庆油田有限责任公司第四采油厂
二〇一九年一月

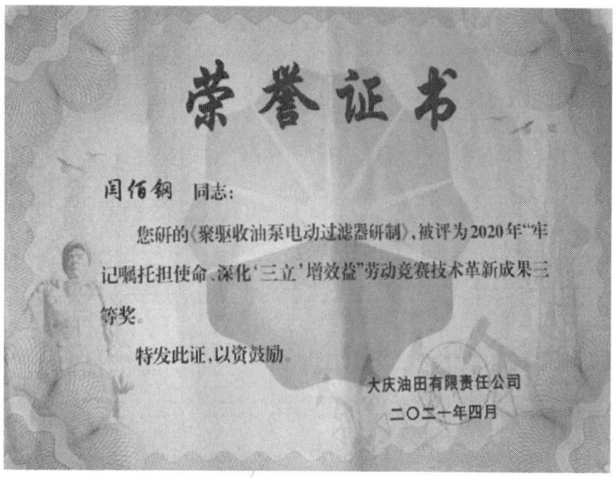
荣誉证书
闫佰钢 同志：
您研的《聚驱收油泵电动过滤器研制》，被评为2020年“牢记嘱托担使命、深化‘三立’增效益”劳动竞赛技术革新成果三等奖。
特发此证，以资鼓励。
大庆油田有限责任公司
二〇二一年四月

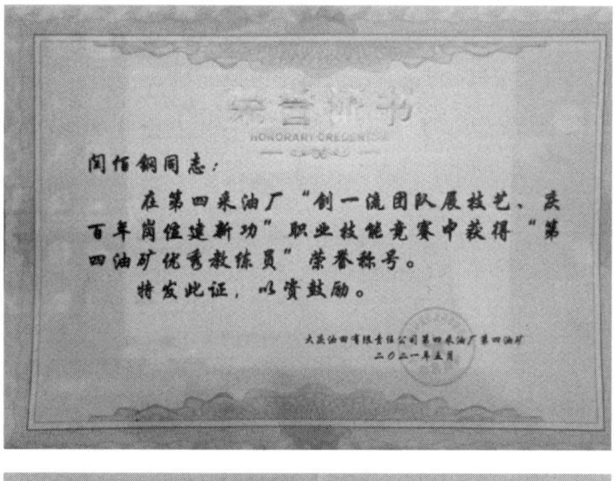
荣誉证书
闫佰钢同志：
在第四采油厂“创一流团队展技艺、庆百年岗位建新功”职业技能竞赛中获得“第四油矿优秀教练员”荣誉称号。
特发此证，以资鼓励。

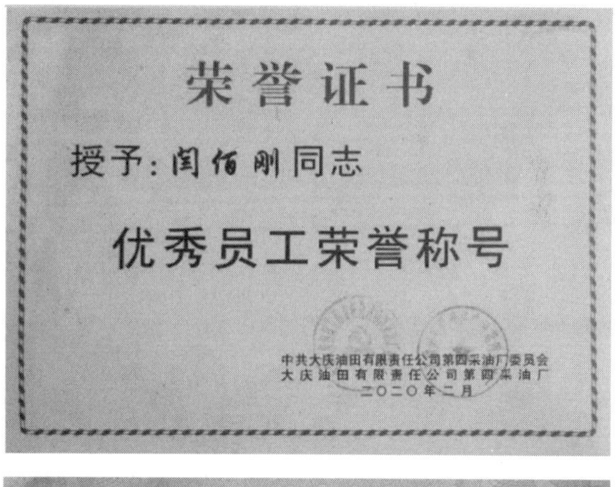
荣誉证书
授予：闫佰刚同志
优秀员工荣誉称号
中共大庆油田有限责任公司第四采油厂委员会
大庆油田有限责任公司第四采油厂
二〇二〇年二月

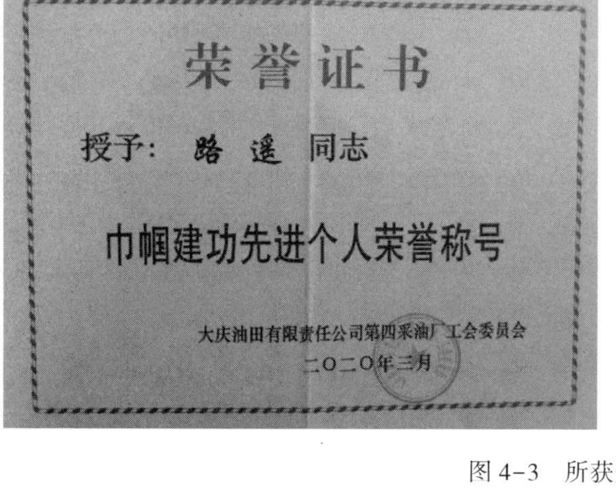
荣誉证书
授予：路遥 同志
巾帼建功先进个人荣誉称号
大庆油田有限责任公司第四采油厂工会委员会
二〇二〇年三月

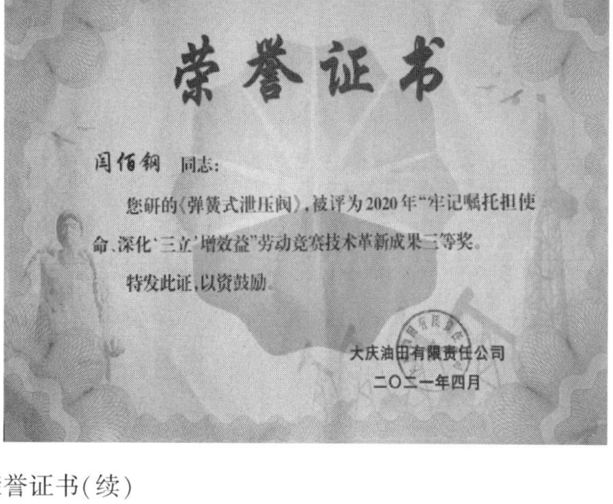
荣誉证书
闫佰钢 同志：
您研的《弹簧式泄压阀》，被评为2020年“牢记嘱托担使命、深化‘三立’增效益”劳动竞赛技术革新成果三等奖。
特发此证，以资鼓励。
大庆油田有限责任公司
二〇二一年四月

图 4-3　所获荣誉证书(续)

图 4-3　所获荣誉证书(续)

成果点评

第四采油厂第四作业区注采 406 班组秉承着“精管理，强质量，重创新，勇争质量排头兵”的理念，是一个具有较高技术水平的生产型班组。班组定位明确，顾客和相关方识别全面，关键顾客和相关方确认有依据。关键改进工作内容具体，班组建设计划清晰具体，具有可实施性，班组建设过程系统性、逻辑性较强。通过流程图、Kano、SWOT、饼分图、调查表等统计方法和应用图表的形式完成了班组的建设目标。班组建设活动过程符合 T/CAQ 10204—2017《质量信得过班组建设准则》

要求。

该班组建设活动还存在以下方面的不足，希望以后持续开展活动时加以改善：

（1）目录需求确定环节中，识别顾客及其他相关方和识别确定关键需求，根据 T/CAQ 1024—2017《质量信得过班组建设准则》目录中 1.2 识别顾客及其他相关方和 1.3 识别确定关键需求是一个层级，不是包含关系；

（2）在需求确定过程中：表 1-4 顾客及相关方需求列表需求中要求和需求内容不清晰，例如，顾客及相关方是化验室的需求“取样量要达标”，这是化验室对取样品的要求；

（3）在建设成效过程中：创建目标实现，建设目标达成情况即完成值在建设过程中没有具体数据支持，没有对比结果是否领先，例如，基础管理上：油井时率 97.1%，在建设过程中没有具体数据支持，没有对比结果是否领先，完成了上级工作任务并高于进取值是否领先没有表达清楚。

凝筑测试资料精品　卓越提升服务品质 持续打造高质量专业化“绘解队伍”

——创建质量信得过班组活动报告

监测信息解释评价中心绘解四室

（大庆油田有限责任公司测试技术服务分公司）

一、班组简介

测试技术服务分公司监测信息解释评价中心绘解四室组建于1984年，下设施工设计编制、原始资料验收、测试井资料解释、测试井资料审核及成果复制入库5个业务岗位，主要负责杏树岗地区油、水井动态监测资料的解释外报工作。

绘解四室现有员工20人，平均年龄41.05周岁，本科以上学历16人(研究生以上学历1人)，占比80%；共产党员14人，占比70%；高级工程师1人、中级职称15人、助理级4人，中级及以上职称占比80%。公司级技术骨干2人，大队级技术骨干4人。拥有计算机20台、工程复印机2台、打印机6台。班组设班长、副班长、施工设计编制岗、原始资料验收岗、测试井资料解释岗、测试井资料审核岗及成果复制入库岗。详见表1-1、表1-2。

经过多年的工作实践，打造了一支敢闯敢拼的女子队伍，在工作中形成了高度负责、严细认真的工作作风，多次获得油田公司“巾帼建功先进集体”“巾帼文明岗”，分公司“青年文明号”“先进集体”等荣誉称号。年完成测、试井资料解释任务11000余井层次，在此基础上开展质量信得过班组创建活动。见图1-1。

表1-1　资料解释设备统计表

设备名称	设备型号	数量	设备名称	设备型号	数量
计算机	惠普/dc7608	8	工程复印机	富士施乐/6035MF	2
	联想/M4380t	4	打印机	惠普/LaserJet5200	4
	戴尔/OptiPlex760MT	2		惠普/M701n	2
	方正/君逸/M580	6			

表1-2　班组成员岗位职责表

岗位	工作内容	服务对象
主任(1人)	1. 组织制定生产管理工作计划并组织实施、汇报生产运行情况；各项管理、经营工作的检查、评比和考核； 2. 全面负责测、试井资料解释全过程的质量监督检查工作； 3. 奖金考核细则的修订、奖金分配以及员工每日考勤考核； 4. 协调应急突发事件及上级领导交办的各项临时工作； 5. 健康安全环保相关工作	上级部门、班组各岗、采油四厂

续表

岗位	工作内容	服务对象
党支部书记兼副主任(1人)	1. 传达学习党的路线、方针、政策和上级的决议、指示，贯彻落实上级精神，贯彻民主集中制，发挥支委会的集体领导作用； 2. 做好一人一事的思想政治工作，了解掌握员工的思想、工作和生活情况，发现问题及时解决，保持队伍稳定； 3. 企业文化建设，形成适合班组特色的文化理念； 4. 队务公开，发挥好群众组织联系群众的桥梁纽带作用； 5. 上级领导交办的各项临时工作	上级部门、班组各岗、采油四厂
副主任(1人)	1. 协调、解决生产中出现的问题； 2. 协调各班组之间人员及技术力量的工作关系，解决生产管理中出现的问题； 3. 资产设备的管理，负责设备的检查、维护保养，保证设备完好运行； 4. 向上级提出改善员工劳动条件合理化建议	上级部门、班组各岗、采油四厂
综合岗长(1人)	1. 熟练掌握测井、试井资料解释技术规程； 2. 测井资料审核、疑难资料汇总、重点试验区块跟踪反馈	主任、副主任、班组成员
试井岗长(1人)	1. 熟练掌握试井资料解释技术规程； 2. 试井资料审核、疑难资料汇总、重点试验区块跟踪反馈	主任、副主任、班组成员
测井岗长(1人)	1. 熟练掌握测井资料解释技术规程； 2. 测试井资料解释、单井资料分析、异常资料库维护	主任、副主任、班组成员
成员(14人)	1. 熟练掌握测井、试井资料解释技术规程； 2. 测试井资料验收、解释、单井资料分析、施工设计编制、数据资料入库等	主任、副主任、班组成员

图 1-1　创建质量信得过班组活动

二、需求确定

(一) 明确定位

绘解四室的主要责任是解释分析杏树岗地区油、水井动态监测资料，除属地采油厂骨架井常规监测外，还针对开发中的重点区块、重点试验进行综合性动态监测方案制定，并对资料应用效果进行跟踪及调整，旨在深刻挖掘动态监测资料附加信息，助力油田稳油上产，是一个技术型班组。

梳理总结了“3+1 质量管控”“监测例会”“测试资料三级预警”等工作制度，秉承“不放过不合格品，不制造不合格品，不交付不合格品”的质量管理理念，践行“为用户创造价值，我们才有价值”

的服务承诺，形成了“SSII”服务模式。

班组主要任务及质量要求见表 2-1。

表 2-1　班组主要任务及质量要求

班组主要任务	质量要求
工作计划及总结：年初制订年度工作计划；年底归纳总结典型经验、特色做法；每月完成上级下达的测、试井资料解释任务确保全年生产任务全面达标	计划合理，提交及时率 100%；总结成绩，剖析问题，总结提交及时率 100%
工作组织与实施： ① 组织制定、修订与技术相关的管理制度、完善生产管理奖励办法和奖惩细则； ② 每月排查安全环保隐患，发现隐患问题及时整改，杜绝安全环保事件发生； ③ 按要求标准管理好计算机、打印机、绘图仪等设备，按时完成维修保养； ④ 制订班组干部思想政治学习计划、班组成员技术及思想政治学习计划，并按计划实施	制度、流程制订科学、执行落实到位，执行率 100%； 问题整改及时率 100%，不发生安全环保事故； 设备完好率 100%； 培训计划完成率 100%
工作沟通与协调：与上级部门、兄弟队室横向之间沟通协调到位，保证工作顺利完成	沟通及时，协调高效
工作成果与输出：对属地采油厂的重点区块、重点试验开展资料解释评价技术攻关	总结全面，数据准确
监督检查与考核：对计划工作进度、工作质量、安全环保及保密工作进行监督；对技术人员的绩效进行考核	严格奖惩，有效激励，覆盖率 100%
其他临时性工作：保质保量按时完成领导交办的各项临时性工作	临时工作任务完成率 100%

（二）识别顾客及其他相关方

1. 识别顾客及其他相关方

通过对体系文件和业务工作流程图进行辨识。

识别内部顾客。对绘解四室工作流程进行梳理分析，班组中有施工设计编制、原始资料验收、测试井资料解释、测试井资料审核、成果复制入库和班组干部，大部分工作需要在班组干部的统一安排下各岗位之间协同完成，各岗位之间存在工序关系，即下道工序是上道工序的内部顾客。因此，班组成员均为内部顾客。

识别外部顾客。从工作流程中可以看出，绘解四室输出的产品输送到采油四厂地质研究所、工艺研究所以及各作业区，因此采油四厂地质研究所、工艺研究所以及各作业区是外部顾客。

测试第四大队负责按照施工设计进行现场施工，因此将测试第四大队定义为相关方。

监测信息解释评价中心相关业务部室保障绘解四室设备保养及维修等工作，因此将监测信息解释评价中心定义为相关方。

测试技术服务分公司质量安全环保部等职能科室、监督保障中心考核绘解四室的生产、安全环保、质量管理等各项活动开展情况，因此将测试技术服务分公司各职能部室、监督保障中心定义为相关方。业务流程图见图 2-1。

2. 识别关键顾客及其他相关方

1）关键顾客及其他相关方确认原则

针对识别的内、外部顾客和其他相关方，确定了关键顾客和其他相关方确认指标原则。

关键顾客确认原则：

① 影响平稳生产进度；

② 影响动态监测资料数据的真实准确；

③ 影响技能水平提升。

关键其他相关方确认原则：

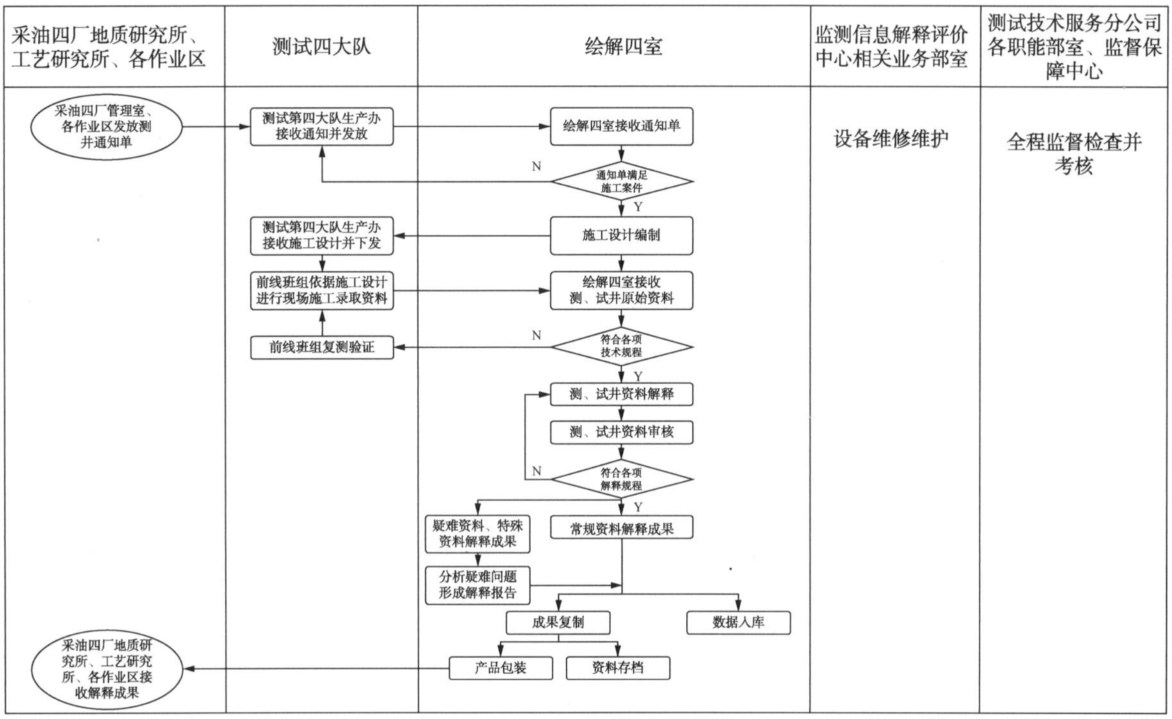

图 2-1　业务流程图

① 绩效指标完成情况；

② 上级的要求及分配的任务。

2）识别关键顾客及其他相关方

班组将承担的主要职责和任务进行转化，通过走访、调查问卷、召开座谈会和头脑风暴法进行矩阵赋分的方法，来分析确认关键顾客及其他相关方的选定。运用矩阵图进行分析，最终以得分高低来识别关键顾客及其他相关方（得分 50 分以上确认为关键顾客及其他相关方）。矩阵表见表 2-2。

表 2-2　关键顾客及其他相关方确认矩阵表

权重		★	☆	◆	◇	▲	得分
类型	部门	对生产进度的影响	上级分配的任务	绩效考核相关指标	对资料真实准确的影响	工作参与程度	
外部顾客	地质研究所	★	◆	◆	◇	◇	52
	工艺研究所	◇	▲	◆	▲	▲	26
	各作业区	◆	▲	◆	▲	▲	31
内部顾客	班组成员	★	★	★	★	★	75
相关方	测试第四大队	★	◇	◇	★	☆	53
	监测信息解释评价中心	◇	★	★	☆	◇	55
	测试技术服务分公司各职能部室	◇	▲	◆	◇	▲	28
	监督保障中心	▲	▲	◇	◆	▲	22

注：影响程度：★——程度极高（5）；☆——程度较高（4）；◆——程度一般（3）；
◇——程度较低（2）；▲——程度极低（1）。

最终找到关键顾客及其他相关方如下：

关键外部顾客为采油四厂地质研究所；关键内部顾客为班组成员；关键相关方为第四大队和监

测信息解释评价中心。

重要程度按照得分排序，依次为班组成员>监测信息解释评价中心>测试第四大队>地质研究所。

关键顾客及其他相关方确认明细表见表2-3。

表2-3 关键顾客及其他相关方确认明细表

关键顾客及其他相关方			
内部顾客	外部顾客	相关方	
班组成员	地质研究所	监测信息解释评价中心	测试第四大队

（三）识别确定关键需求

根据顾客及相关方的需求，班组从资料解释工序出发，梳理并制订了每位员工的岗位职责，并本着“为用户创造价值，我们就有价值”的服务理念，建立了顾客需求反馈体系，见图2-2。

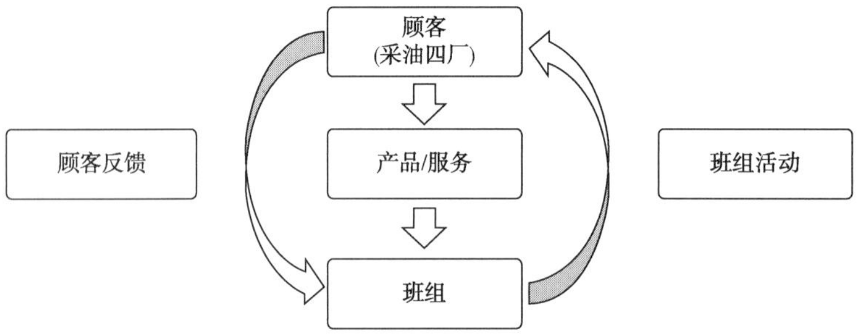

图2-2 顾客需求反馈体系

通过发放满意度调查表、电话、现场问询等方式寻找关键顾客及其他相关方的需求，根据重要程度和影响程度归纳、分析关键顾客及其他相关方的关键性需求。

向关键顾客及其他相关方发放调查问卷47份（其中针对内部顾客20份，外部顾客及其他相关方27份），电话及现场问询20人次，得到15项需求。需求调查表见表2-4。

表2-4 关键顾客及其他相关方需求调查明细表

关键顾客类型	关键顾客及相关方	序号	需求
内部顾客	班组成员	1	提升操作技能
		2	提供培训机会
		3	就餐环境改善
		4	办公设备更新
		5	职业病防治
		6	办公环境改善
		7	绩效考核
	班组干部	8	员工心理疏导
		9	营造班组和谐氛围
外部顾客	地质研究所	10	质量管控
		11	完善管理制度
		12	形成服务模式
		13	技术攻关
相关方	监测信息解释评价中心 测试第四大队	14	QC活动
		15	安全管理

将出现频次达 50%以上的需求确定为关键需求，共计找到 10 个关键需求，按照重要程度由高到低分别是：提高培训机会、提升操作技能、完善管理制度、质量管控、形成服务模式、营造班组和谐氛围、技术攻关、绩效考核、QC 活动、安全管理。见图 2-3。

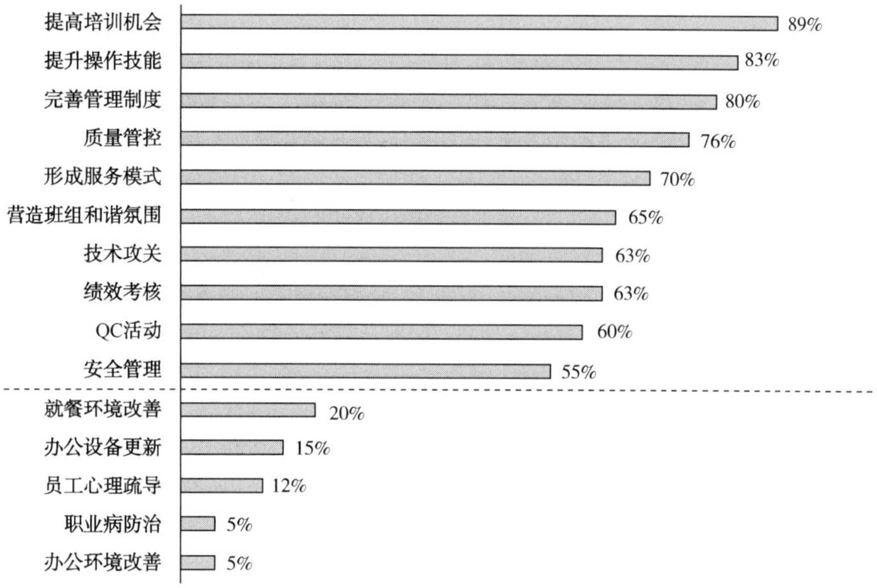

图 2-3 关键顾客及其他相关方需求调查统计图

经归类整理后如表 2-5 所示。

表 2-5 关键顾客及其他相关方关键需求整合表

项目	整理后的关键需求	合并的关键需求
提升人员素质	增加培训机会	
	提升操作技能	
	文化建设	营造班组和谐氛围
完善基础管理	管理体系	质量管控
		形成服务模式
		完善管理制度
		顾客关系管理(绩效考核)
		安全管理
创新创效	技术攻关	
	QC 活动	

三、建设策划

（一）班组能力评估

通过对班组干部及员工的基础调查，发现班组中本及以上学历占比 80%、中级及以上技术职称人员占比 80%，年龄 45 周岁以下占比 75%，可见班组学历较高、技术能力较强。见图 3-1。

通过 SWOT 的方法，从优势、劣势、机会和威胁四个方面对班组满足关键需求的能力进行全面评估，识别短板，找出差距，确定建设过程中的关键改进工作。详见表 3-1 和表 3-2。

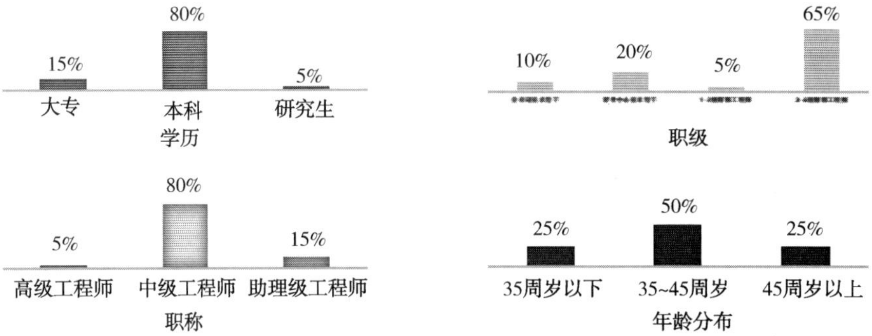

图 3-1　班组成员构成情况统计图

表 3-1　班组干部及员工基础调查表

序号	姓名	岗位	本岗位年限	本专业年限	工作年限	学历	职称	职级划分
1	张威娜	主任	1	17	17	本科	中级工程师	—
2	范琳琳	支部书记兼副主任	2	18	18	本科	中级工程师	二级技术骨干
3	陈敏	副主任	1	15	15	本科	中级工程师	三级技术骨干
4	崔晓华	综合岗长	2	19	19	本科	中级工程师	一级技术骨干
5	王佳	试井岗长	1	5	7	本科	助理级工程师	四级解释工程师
6	藏丽娜	测井岗长	1	19	19	本科	中级工程师	四级解释工程师
7	张书梅	质量监督	2	34	34	本科	高级工程师	—
8	姜丽	测井资料审核	10	31	31	大专	中级工程师	二级解释工程师
9	梁杰	测井资料验收	14	34	34	大专	中级工程师	三级解释工程师
10	孙明柱	测井资料验收	6	19	19	本科	中级工程师	一级技术骨干
11	曹红艳	试井资料验收	20	25	25	本科	中级工程师	三级技术骨干
12	王艳庆	试井资料验收	1	16	16	本科	中级工程师	四级解释工程师
13	杨坤	测试井资料解释	12	12	12	本科	中级工程师	五级解释工程师
14	杨惠杰	测试井资料解释	12	12	12	本科	中级工程师	五级解释工程师
15	刘丽娜	测试井资料解释	4	4	12	本科	助理级工程师	六级解释工程师
16	耿旭	测试井资料解释	15	15	15	本科	中级工程师	五级解释工程师
17	杨萍	测试井资料解释	12	28	28	大专	中级工程师	四级解释工程师
18	李磊	测试井资料解释	1	5	7	本科	助理级工程师	五级解释工程师
19	刘茗茗	测试井资料解释	2	2	8	研究生	中级工程师	六级解释工程师
20	裴文静	测试井资料解释	1	1	8	本科	助理级工程师	—

表 3-2　班组岗位技术操作规程汇总表

序号	标准号	标准名称	应用岗位
1	Q/SY DQ0562—2013	油田动态监测管理	施工设计编制岗、原始资料验收岗、测试井资料解释岗、测试井资料审核岗及成果复制入库岗
2	SY/T 6102—2022	油田开发监测及取资料要求	
3	Q/SY DQ0412—2000	生产测井资料管理细则	
4	Q/SY DQ0132—2016	生产测井资料解释成果格式	测试井资料解释岗、测试井资料审核岗
5	Q/SY DQ0404—2010	生产测井原始资料图头格式	原始资料验收岗
6	Q/SY DQ0405—2019	生产测井原始资料质量及评价	原始资料验收岗

续表

序号	标准号	标准名称	应用岗位
7	Q/SY DQ0409—2010	生产测井资料解释成果报告编写规范	测试井资料解释岗、测试井资料审核岗
8	Q/SY DQ0410—2010	生产测井资料解释规程	测试井资料解释岗、测试井资料审核岗
9	JW/DLTS 001—2018	生产测井电缆深度校正技术要求	原始资料验收岗
10	JW/DLTS 165—2012	生产测井施工设计编制规范	施工设计编制岗
11	Q/SY DQ0437—2013	过环空产出剖面组合测井技术规程	施工设计编制岗、原始资料验收岗、测试井资料解释岗、测试井资料审核岗及成果复制入库岗
12	Q/SY DQ0440—2020	注入剖面五参数组合测井技术规程	
13	Q/SY DQ1138—2008	注水井示踪相关流量测井（点测）技术规程	
14	JW/DLTS 506—2012	双示踪注入剖面测井技术过规程	
15	Q/SY DQ1222—2008	脉冲中子氧活化测井技术规范	
16	JW/DLTS 476—2006	脉冲中子氧活化测井施工设计、资料验收及解释规程	
17	Q/SY DQ1028—2016	电磁流量计测井原始资料质量评价及解释规程	原始资料验收岗、测试井资料解释岗、测试井资料审核岗
18	Q/SY DQ5331—2013	氧活化测井资料处理解释规范	
19	JW/DLTS 559—2012	阵列探针产出剖面测井技术规程	施工设计编制岗、原始资料验收岗、测试井资料解释岗、测试井资料审核岗及成果复制入库岗
20	JW DLTS410—2003	四十臂井径测井（MSC）资料质量评价及解释规程	原始资料验收岗、测试井资料解释岗、测试井资料审核岗
21	SY/T 6641—2017	固井水泥胶结测井资料处理及解释规范	
22	Q/SY DQ0563—2000	试井技术管理	施工设计编制岗、原始资料验收岗、测试井资料解释岗、测试井资料审核岗及成果复制入库岗
23	Q/SY DQ0727—2008	试井施工设计编制规范	施工设计编制岗
24	Q/SY DQ1391—2010	开发试井资料原始报表格式	原始资料验收岗
25	Q/SY DQ1143—2008	不稳定试井解释成果报告编写规范	测试井资料解释岗
26	Q/SY DQ0734—2008	不稳定试井资料验收及解释规程	原始资料验收岗、测试井资料解释岗、测试井资料审核岗
27	Q/SY DQ0751—2008	脉冲试井绘解技术要求	施工设计编制岗、原始资料验收岗、测试井资料解释岗、测试井资料审核岗及成果复制入库岗
28	Q/SY DQ2019-053	注水井分层压力测试操作规程	
29	Q/SY DQ0746—2018	偏心注水井管柱验封测试及绘解规程	
30	Q/SY DQ0729—2008	油水井流压测试绘解技术要求	
31	Q/SY DQ0738—2018	机采井动液面资料绘解规程	

班组通过调查问卷、座谈交流、工作研讨等方式对满足关键需求的优势、劣势、机会和威胁进行评估，参照行业标准、分析对比、查找差距。统计见表 3-3。

表 3-3　班组干部及员工优劣势分析统计表

外部因素	优势(S) 1. 上年度生产指标完成率、及时率、合格率均为100%； 2. 有稳定的技术支持团队； 3. 班组干部及员工具有能吃苦、勇担当、敢于直面困难的信心和决心，且具有追求质量卓越的意识； 4. 重大安全事故为0	劣势(W) 1. 管理模式需要持续改进； 2. 班组成员技术能力有待提升； 3. 员工工作量大，用于学习和提升技能的时间较少； 4. 员工工资与工作量不匹配
机会(O) 1. 上级组织开展绘解员分类定级活动； 2. 技术发展向“数智化”迈进； 3. 质量信得过班组创建； 4. 技术攻关及QC活动的开展	SO 1. 以上级组织的技能竞赛为抓手，开展全员岗位练兵活动； 2. 利用技术骨干开展“师带徒”活动，提升新转岗员工技能操作水平； 3. 开展各项质量管控活动； 4. 针对资料解释过程中的疑难问题开展QC小组活动	WO 1. 梳理管理制度流程，完善管理手册； 2. 通过技术交流，提高技术人员对相关技术领域的认识； 3. 创建SSII服务模式； 4. 完善绘解员职级考核体系
威胁(T) 1. 地质状况越来越复杂，客户需求越来越多； 2. 上级各种安全环保管理越来越严格，工作难度越来越大	ST 1. 建立健全安全管理制度； 2. 加强与顾客的沟通，深入了解目前开发形势的热点及难点，进行技术攻关	WT 按照班组成员的技术、责任心、工作态度等进行优化调整，增强员工的主人翁意识

2. 关键改进工作

分析班组优势和劣势后，结合班组的各项生产经营指标和顾客及相关方的需求，以“不放过不合格品、不制造不合格品、不交付不合格品”为班组质量管理理念，以“为用户创造价值，我们就有价值”为服务承诺，以持续改进创新为手段，重点把提升人员素质、完善基础管理、创新创效三方面内容作为班组关键改进工作，具体如表3-4所示。

表 3-4　2022 年关键改进方向及目标

关键改进项目	关键需求	关键改进计划	可实施方案
提升人员素质	增加培训机会	开展技术培训	制订全年学习计划，通过集中培训、自学及疑难井案例分享，培养员工遇到问题、分析问题、解决问题的深入思考能力
		开展技术交流	到相关技术单位考察学习
	操作技能练习	开展岗位练兵活动	理论+实际操作+案例分析
	质量文化建设	开展“云讲述”	岗位讲述视频录制
完善基础管理	管理体系	任务管理	建立SMR质量监管体系
		服务模式	创建SSII服务模式
		制度管理	修订管理手册
		顾客关系管理	内部顾客建立绘解员职级考核体系；外部顾客定期开展监测例会，沟通顾客需求
		安全管理	每月进行安全知识培训；人人参与“写风险”活动

续表

关键改进项目	关键需求	关键改进计划	可实施方案
创新创效	技术攻关	重点技术工作	持续与地质研究所深入结合，针对重点区块、重点试验开展工作
	QC 活动	QC 成果	针对动态监测资料解释过程中存在的难点问题开展活动

（二）建立目标和测量指标

班组提出了创建目标：凝筑测试资料精品，卓越提升服务品质，持续打造高质量专业化“绘解队伍”，争创大庆油田质量信得过班组。为保障目标顺利完成，做到工作有指标、责任有落实、实施有保障、效果有考核，班组成员将年度工作目标进行分解，具体创建措施如表 3–5 所示。

表 3–5　班组年度工作目标分解表

项目	建立目标		当前值	测量指标	保证措施	负责人	考核周期
提升人员素质	增加培训机会	开展技术培训	集中培训 10h/人 个人自学 20h/人	集中培训 15h/人 个人自学 30h/人	集中培训+个人自学	张威娜	1 次/月
					开展岗位练兵		
					对新转岗员工进行职业生涯规划		1 次/季度
		开展技术交流	交流 10~20min/人	交流 2h/人	到相关技术单位考察学习		1 次/年
	操作技能练习		个人练习 20 井次/年	配备导师指导练习 10 井次/年 个人练习 30 井次/年	进行测试井资料解释资质认证	范琳琳	1 次/2 年
					开展“师带徒”活动		1 次/年
	质量文化建设	开展“云讲述”	未进行岗位讲述	人人进行岗位讲述，梳理质量文化理念	录制岗位“云讲述”视频上传至工会 App	范琳琳	1 次/年
完善基础管理	管理体系	任务管理	1. 重点井施工设计编制 40 井次； 2. 动态资料原始曲线优质率 90%； 3. 解释成果外报合格率、及时率 98%	1. 重点井精细施工设计制定全年生产任务 20%； 2. 动态资料原始曲线优质率 90%以上； 3. 解释成果外报合格率、及时率 100%	源头控制(S)	陈敏	1 次/季度
					资料分析(M)		1 次/季度
					回溯整改(R)		1 次/季度
		服务模式	未树立形成固定模式	创建助力生产的一整套服务模式	服务流程标准化(S)	张威娜	2 次/年
					服务项目系列化(S)		4 次/年
					服务方式个性化(I)		2 次/年
					服务成果信息化(I)		1 次/月
		制度管理	依据 2021 年前岗位设置及管理流程编制	依据 2022 年岗位设置及管理流程编制	修订《管理手册》	张威娜	1 次/年
		顾客关系管理	依据全年工作量完成情况进行绩效考核	建立绘解员分级奖励机制	建立职级考核体系		1 次/年
			1 次/年	开展专项会议	依据外部顾客需求开展专项会议		2 次/年

续表

项目	建立目标		当前值	测量指标	保证措施	负责人	考核周期
完善基础管理	管理体系	安全管理	无安全生产事故	1. 无安全生产事故； 2. 无信息安全漏洞	安全培训	陈敏	1 次/月
					人人参与“写风险”活动		1 次/月
					隐患排查		2 次/月
					安全监督检查		2 次/月
创新创效	技术攻关	重点技术工作	1 项	1 项以上	水驱区块大数据分析	张威娜	1 次/年
					报废井质量检测		
	QC 活动	QC 成果	1 项	1 项以上	开展 QC 小组活动	张威娜	1 次/月

四、建设过程

（一）提升人员素质

通过个别谈话了解、业务技能考试等方法，对班组成员业务能力及精神风貌进行评估，依据考试成绩进行统计，业务技能考试成绩在 70~80 分占比 65%左右（如图 4-1 所示），发现班组成员在专业技术能力上还存在一定不足，在思想政治方面与标杆队还存在一定差距。为了保障杏树岗油田的精准开发，各项重点工作、重点试验的顺利推进，绘解四室根据生产经营形势并结合生产实际，不断强化专业技术培训，持续推进观念创新和学习创新，通过为员工提供学习平台、“师带徒”、成长互助等一系列活动，夯实专业知识体系，努力建设一支业务精通、作风优良、锐意进取的学习型班组，扎实推进业务能力建设。针对班组成员不同需求，开展“6+1”学习模式。

图 4-1　班组成员专业技能考试照片及成绩分析饼图

1. 集中培训+个人自学

班组在制订年度培训计划时，将个人自学和集中培训相结合，充分利用“碎片化”时间，要求员工每年完成 2 本专业技术书籍的学习，并做好学习笔记；针对班组中技术骨干的专长进行集中培训课程安排（如论文写作方法、QC 小组活动、疑难案例分析等内容），通过各种案例的深入分析，养成遇到问题、分析问题、解决问题的深入思考能力。见图 4-2。

2. 开展岗位练兵

为了提升班组综合解释分析能力，开展测井、试井两个专业，比拼形式为理论+实际操作+案例分析的岗位练兵活动。疫情期间多次组织员工线上培训，采取即时通群内答疑、视频讲座、腾讯会议授课等形式，满足了班组员工学技术、练技术的需求。在最终的竞技比赛中，7 人取得分公司前 50 名的好成绩，其中 1 人还取得了满分。见图 4-3 和图 4-4。

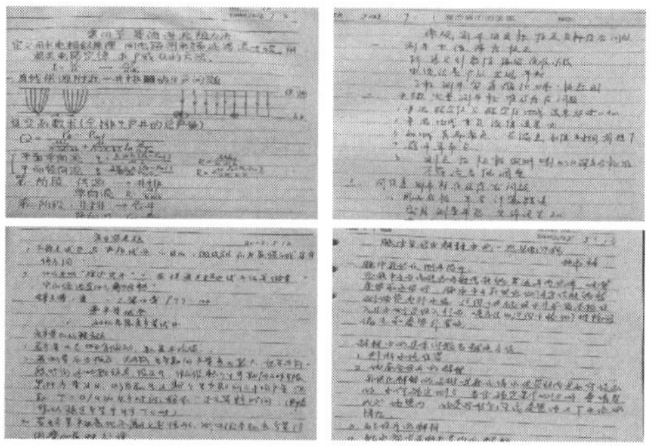

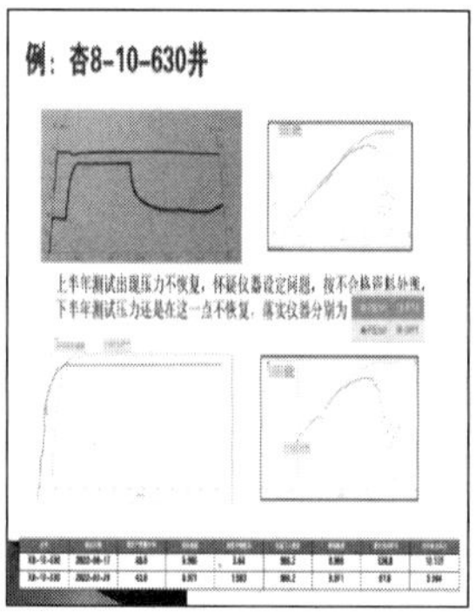

序号	主办单位	培训项目名称	培训对象	培训内容	培训讲师
1	绘解四室	开展QC小组活动经验分享	绘解四室所有绘解人员	1、QC写作方法 2、如何开展QC工作	崔晓华
2	绘解四室	冬训讲课（试井）	绘解四室试井绘解人员	2020年中心冬训试井课程精讲	迟宏
3	绘解四室	不稳定试井验收规程及原始资料问题分析	测试四大队试井操作员、验收员、主管小队领导	1、不稳定试井验收规程2、原始资料问题分析	曹红艳
4	绘解四室	测井资料验收标准及常见问题分析	四大队测井队操作员、验收员、主管领导、绘解四室测井绘解人员	1、测井原始资料验收标准 2、验收常见问题分析	孙明柱
5	绘解四室	测压验收规程及原始资料问题分析	测试四大队试井操作员、验收员、主管小队领导	1、测压验收规程 2、原始资料问题分析	李磊
6	绘解四室	多井试井技术简介	绘解四室试井绘解人员	1、多井试井技术概、及原理及测试方法 2、脉冲试井资料解释分析方法 3、多井试井技术应用实例分析	曹红艳
7	绘解四室	试井资料解释常见问题分析	绘解四室试井绘解人员	1、试井资料解释常见问题 2、问题分析及处理方法	迟宏
8	绘解四室	测井资料解释常见问题分析	绘解四室测井绘解人员	1、测井资料解释常见问题 2、问题分析及处理方法	姜丽
9	绘解四室	2021年测井资料质量问题分析	绘解四室测井绘解人员	1、2021年测井资料出现的主要问题 2、分析问题产生的原因及处理办法 3、下一步工作要求	崔晓华
10	绘解四室	技术论文、总结编写	绘解四室测井绘解人员	1、论文种类分类 2、常用格式 3、技术总结编写要求4、多媒体的制作 5、2021年热点、要点技术应用	范博林

图 4-2　专业技术书籍、学习笔记、案例分析、学习计划图片

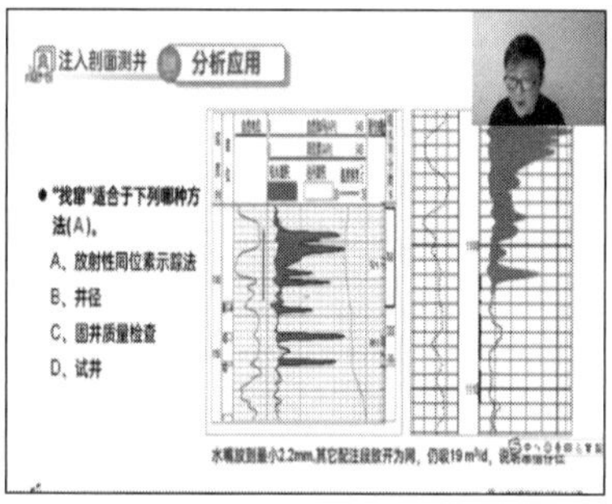

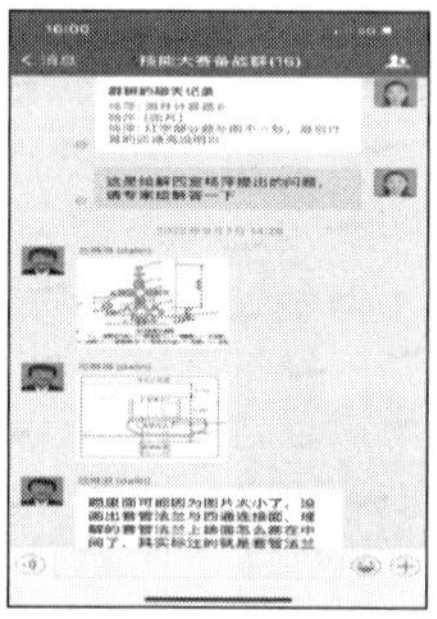

图 4-3　网络授课、即时通答疑、集中培训照片

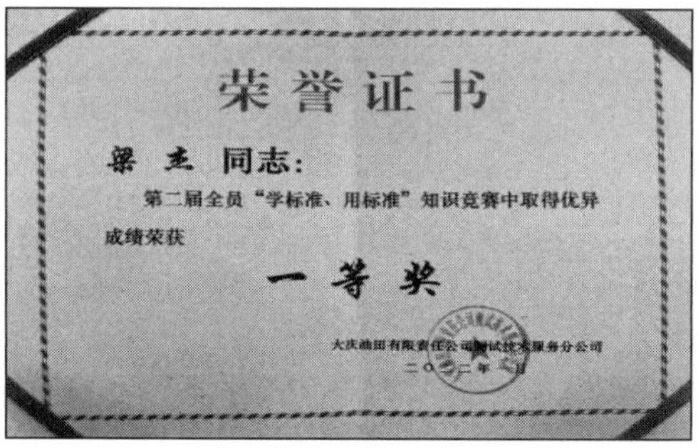

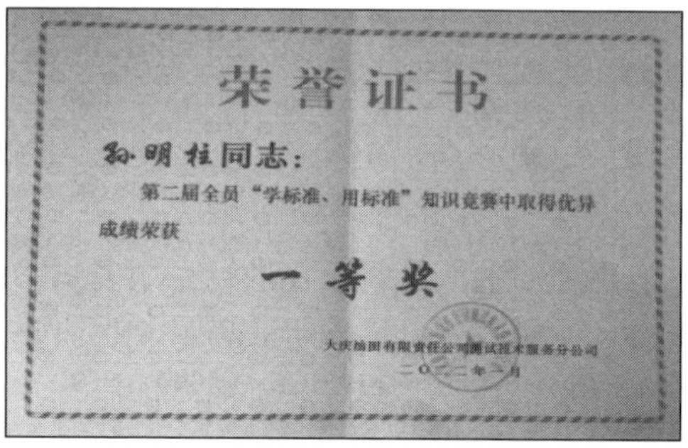

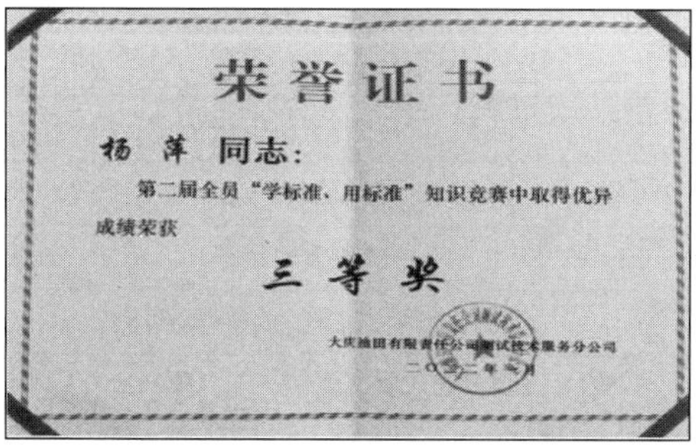

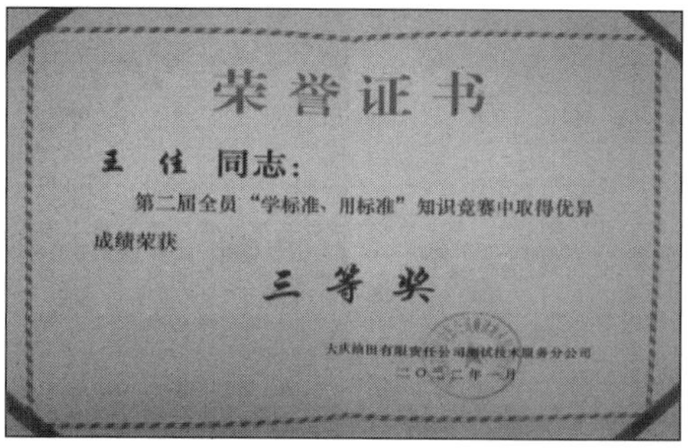

图 4-4　岗位练兵获奖证书

3. 对新转岗员工进行职业生涯规划

对于新毕业或新转岗的“业务小白”，班组为他们定目标、定计划、定师傅，以老带新，以新促老，加快新同志适应岗位工作的进程，形成传、帮、带良好学习风气。另外，还给他们压担子，要求他们在干中学、在学中干，在具体工作中发现问题，带着问题去学习，逐渐掌握解决实际问题的方法，就遇到的问题不断学习，积累自己的技术力量，增长自信。学习过程照片见图 4-5。

时间＼内容	培养计划	培养目标	培养措施
2022 年 3-5 月	1、学习测井原理及基本概念，熟练掌握产出剖面资料解释方法 2、学习试井测试原理及基本概念，熟练掌握试井解释软件的操作	1、掌握当前应用的测井项目基础原理基本概念 2、学会并熟练掌握产出剖面资料解释方法 3、熟练并掌握偏心井试井资料的解释	1、以面授为主、自学为辅 2、师傅操作，徒弟现场学习 3、徒弟实践，师傅指导 4、随时提问随时解答
2022 年 6-11 月	1、学习并熟练掌握注入剖面资料解释方法，学习相关理论 2、学习试井测试原理及基本概念，熟练掌握试井解释软件的操作	1、掌握学习产出剖面测井基础原理基本概念 2、学会并熟练掌握注入剖面资料解释方法 3、熟练并掌握水井压力降落试井资料的解释	1、以面授为主、自学为辅 2、师傅操作，徒弟现场学习 3、徒弟实践，师傅指导 4、随时提问随时解答
2022 年 12-2023 年 2 月	1、学习并熟练掌握工程测井资料解释方法，学习相关理论 2、学习试井测试原理及基本概念，熟练掌握试井解释软件的操作	1、掌握学习工程测井基础原理基本概念 2、学会并熟练掌握工程测井资料解释方法 3、熟练并掌握液面恢复试井资料的解释	1、以面授为主、自学为辅 2、师傅操作，徒弟现场学习 3、徒弟实践，师傅指导 4、随时提问随时解答

图 4-5　新转岗员工学习计划及学习过程照片

4. 到相关技术单位考察学习

依托评价中心“青藤培养计划”和五大技术攻关团队，通过到监测技术推广中心和监测技术研发中心 2 家单位进行考察学习，了解和掌握测、试井技术发展趋势、石油工程、地质学、油田化学等多个领域的知识，切实提升了技术人员的认识，增强了主动性和创造性。讲课照片见图 4-6。

图 4-6　到相关技术单位考察学习、聘请专家讲课照片

5. 进行测、试井资料解释资质认证

对已取得资质的人员每 2 年进行一次复培，新转岗人员当年全部参加资质认证初培，并进行实际操作考试，实现专人专岗。重要质量把关人员（验收、审核、问题井质量小组）全部取得测试资料产品质量检验员资格，要求没有资质不能上岗，参与资格认证人员通过率达 100%。名单见表 4-1。

表 4-1　绘解四室测试资料产品质量检验员名单

资料质量最终检验员	1	王佳	女	试井资料审核
	2	姜丽	女	测井资料审核
	3	张书梅	女	测井资料审核
	4	崔晓华	女	测井资料审核
	5	陈敏	女	绘解四室副主任、试井资料审核
	6	范琳琳	女	绘解四室支部书记、测井资料审核
	7	张威娜	女	绘解四室主任、测井资料审核

续表

资料质量过程检验员	1	梁杰	女	测井资料验收
	2	孙明柱	女	测井资料验收
	3	曹红艳	女	试井资料验收
	4	王艳庆	女	试井资料验收

6. 开展“师带徒”活动

近年来，随着油田开发难度增大，对测试技术提出了更高的要求，但班组内技术人员流失，技术能力接续不足，班组员工需要同时具备资料验收、解释、审核及综合分析应用能力，要求所有解释员、验收员、审核员根据自身专业特长并结合实际工作需要，采用双方双向选择的原则，结为师徒开展学习。师傅自行安排验收、审核学习的内容，明确学习目标，并分阶段签订“师带徒”协议，年终进行考评，旨在达到人人会验收、人人能审核，实现多岗位专业技术精通，满足顾客需求。培养计划见表 4-2。

表 4-2　培养计划表

时间		培养目标	培养措施
第一阶段	3月	对验收标准熟练掌握	测井：学习磁性定位、井径、相关流量、同位素、产出剖面跟师傅验收标准、规程 试井：学习偏心静压、水井静压、液面恢复测试跟师傅完成验收标准、规程
	4月		
	5月	独立完成各种项目验收工作	测井：磁性定位、井径、相关流量、同位素、产出剖面跟师傅完成资料验收实际操作 试井：偏心静压、水井静压、液面恢复测试跟师傅完成资料验收实际操作
	6月	通过 2022 年度技能大赛选拔	室内通过大量考试验收学习成果
第二阶段	7月	独立完成各种项目审核工作，对疑难井有初步认识能够分析	试井资料审核的具体流程、关键质量点、审核涉及的相关专业知识以及疑难井、问题的分析处理
	8月		
	9月		
	10月	对疑难井有更深刻认识	撰写疑难井案例分析并在班组内发布

7. 质量文化建设

开展“践行岗位职责·弘扬严实作风”岗位“云讲述”活动，引导班组员工在岗位上弘扬严实作风，践行优良传统。以大庆精神、铁人精神为依托，凝心聚力，在班组干部认真讲、青年典型示范讲、党员骨干重点讲的“三讲”工作法中，班组内部营造了人人讲述岗位职责，用实际行动诠释初心使命与责任担当。班组员工通过对岗位职责和流程的梳理，总结了“3+1 质量管控”“测试资料三级预警”等工作制度，形成了“不放过不合格品，不制造不合格品，不交付不合格品”的质量管理理念。见图 4-7。

通过开展“6+1”学习模式，拓宽了班组成员的知识面，提升了班组成员的专业技能及综合素质，为高质量满足外部顾客需求奠定了坚实的基础。全年完成集中培训 18h/人(集中培训 12 次、疑难井案例分享 14 篇)、个人自学达 32h/人(每人完成 2 本专业书籍的学习)、到相关单位学习考察 3h/人(3 人分别到监测技术推广中心和监测技术研发中心 2 家单位交流学习)、参与“云讲述”视频录制 20 人、综合素质学习 14h/人。

图 4-7 “云讲述”视频截图

（二）完善基础管理

1. 任务管理

针对当前严峻的开发形势和复杂的井况，动态监测资料反应的信息量增大，为了提高动态监测资料解释分析的准确性，班组员工逐一落实技术规程中各质量控制点，并将质量控制点量化。提升动态监测资料质量管控能力，建立了 SMR 质量监管体系［源头控制（Source control）、资料分析（Matrial analysis）、回溯整改（Retrospective rectification）］，细化质量管理措施，牢固树立员工质量意识，塑造监测资料精品。

1）源头控制

班组成员自觉学习质量管理体系相关知识，围绕多项质量工作开展活动，以“质量月”为契机，精心设计了宣传彩页，放置于宣传栏内，同时悬挂条幅，及时组织员工开展观看、学习。排查现场施工人员未意识到的质量风险 5 处，增加 4 项质量控制关键点，从源头上控制原始资料录取真实、准确，进一步提升动态监测资料质量。现场照片见图 4-8。

图 4-8 质量及监督检查照片

2）资料分析

每季度召开班组与前线小队的质量分析会，同小队班长、操作员共同分析，从现场到井况等各个方面进行分析，相互交流经验，制定提高资料质量的措施及办法，通过这种方式系统地提高了现场测试的仪器、工艺水平及资料的整体质量。依据《注入剖面五参数组合测井技术规程》（Q/SY DQ0440—2020）识别同位素五参数组合测井原始资料验收关键控制点 47 处。照片见图 4-9，关键控制点示意图见图 4-10。

3）回溯整改

就资料检查提出的 5 项问题，班组针对资料解释操作中出现的习惯性错误（如加盖验收合格章、同位素曲线基线回放顺序、环空找水测井第一点测量等问题），进行了修正，并与专家就生产中的问题进行了探讨，加深了班组员工对测试井资料的理解。QC 小组还适时开展了题为《提高杏北注入剖面测井资料的一次解释合格率》的质量提升活动。应用压力计卡片反映测井全过程，依此控制仪器下井速度、投源位置、替注时间及替注量等参数。照片见图 4-11，资料图片见图 4-12。

图 4-9　质量分析会照片

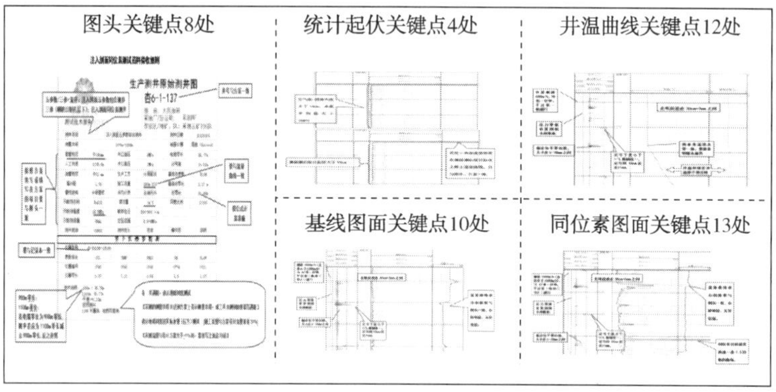

图 4-10　原始资料关键质量控制点示意图

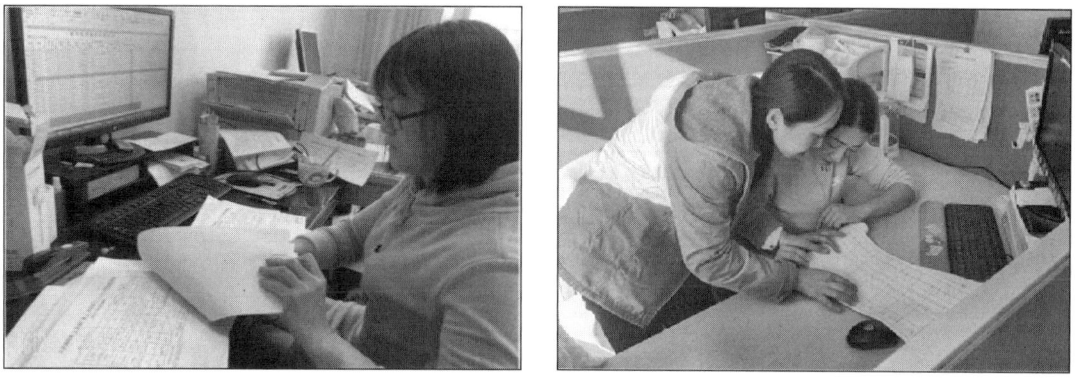

图 4-11　资料质量“回头看”照片

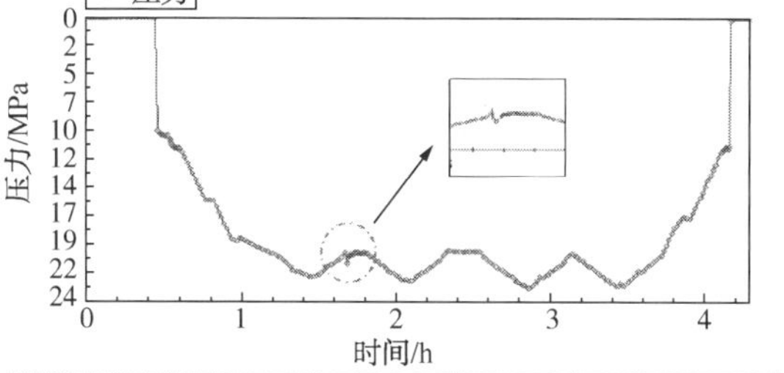

名称	测前井口压力	仪器下放速度	测前统计起伏深度	井温测速	复测井温测速	基线测速	复测基线测速	释放源高度	同位素曲线1测速	同位素曲线2测速	替注量	测后统计起伏深度	上提仪器速度	测后井口压力
数据	9.67	1839.97	595.62	534.76	473.08	-655.78	-704.25	1022.41	-793.20	-769.38	2.83	748.32	-1908.92	10.97
是否合格	合格	合格	/	合格	合格	合格	合格	/	合格	合格	/	/	合格	合格

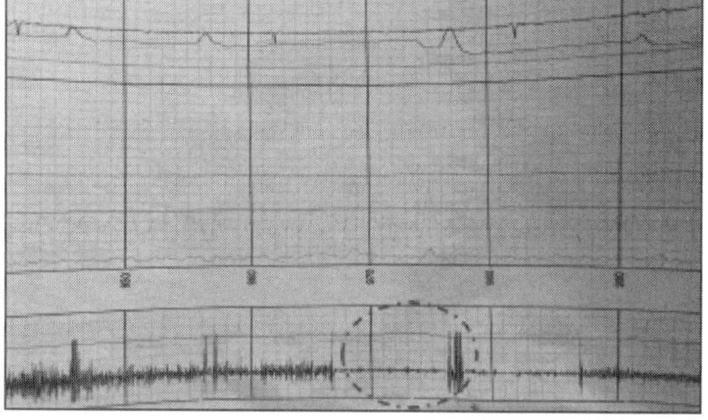

图 4-12　压力卡片及原始资料图片

通过 SMR 质量监管体系，全年动态资料原始曲线优质率提升到 95.38%；动态监测资料解释成果外报合格率、及时率均达到了 100%。

2. 创建 SSII 服务模式

针对顾客需求，遵循测试技术服务分公司“监测信息一体化”要求，创建 SSII 服务模式，助力生产提质增效。

1）服务流程标准化（Standardization）

从施工设计发放到资料解释完毕后数据上传，再到外部顾客应用资料及数据，形成了标准化服务流程。围绕专项工程、重点区块精选测试技术、严控施工细节，资料解释过程中可以针对外部顾客的需求进行精准分析和判断，助力属地采油厂技术人员调整开发方案。流程图见图 4-13。

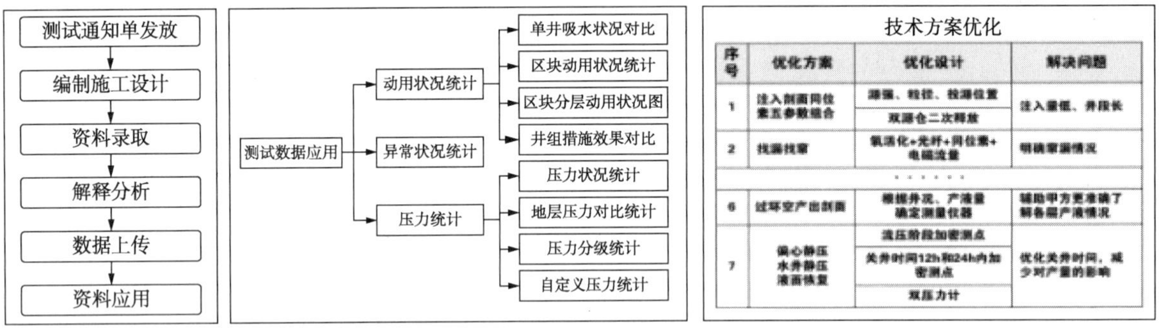

图 4-13　服务流程图

2）服务项目系列化（Serialization）

针对油田开发需求，逐步形成套损井找漏系列化、低效无效循环识别、扶余油层多项目组合测试、杏七区智能注水测调周期判断、生产井长效监测工艺、无碱复合驱数值试井构建、报废井质量检测 7 个配套方法，助力采油厂重点项目开展。图片见图 4-14。

测试项目	计划完成	精细方案编制(井次)
注入剖面同位素五参数组合	403	382
脉冲中子氧活化		21
过环空产出剖面	46	46
40臂井径	32	12
电磁探伤		31
扇区水泥胶结		32
偏心静压	536	355
水井静压		48
液面恢复		136
合计	1017	1063
光纤测井		3
井下关井		4

图 4-14　配套测试方法图片

3）服务方式个性化（Individualization）

秉承“一井一工程”服务理念，根据生产状态、所在区块、井况、近期作业情况、邻井情况等地质信息，结合测试目的，给出每口井各具特色的测试方案，应用同位素二次释放、双压力计、光纤等特色技术，完成精细施工设计、施工及解释资料 1063 井次，占全年生产任务的 22.3%，提供更符合开发实际的测试解释成果。图片见图 4-15。

4）服务成果信息化（Informatization）

运用生产经营管理综合应用平台和测试资料综合应用平台实现测试资料从设计、验收、解释、审核、数据上传等功能，实现了无纸化运行和智能化查询。节省了从前各个环节都需耗费大量人力、物力的资料流转过程和需要大量翻阅纸质资料才能进行的资料分析工作的工序，极大地提高油、水井测试的管理工作效率。截图见图 4-16。

应用全新服务体系，反馈问题井 235 井次/年、指导方案提水 537 井、完成 7 个系列化测试方法、精细服务 1063 井次（占比 22.3%）、无纸化办公 11753 井次。

杏4-丁4-E913	存在问题：2020年12月3日压裂，压力4MPa左右 结论与建议：960米以下存在窜漏情况，建议作业起管柱，配合井径确定套管情况						
	20220611	脉冲中子氧活化测井	50	4.6	含油污水	S214吸水36%、S215吸水64%	未测出漏失
	20220613	光纤测井	20	4.8	含油污水	射孔层段有吸水显示	温度剖面在976.9米处存在低温异常点，声波剂面在964~969米、975~977.8米两处存在声源显示。
	20220620	同位素四参数测井	60	5.6	含油污水	S211~S214吸水86.78%、S215~S216吸水13.22%	井温曲线在962~963米处有异常显示

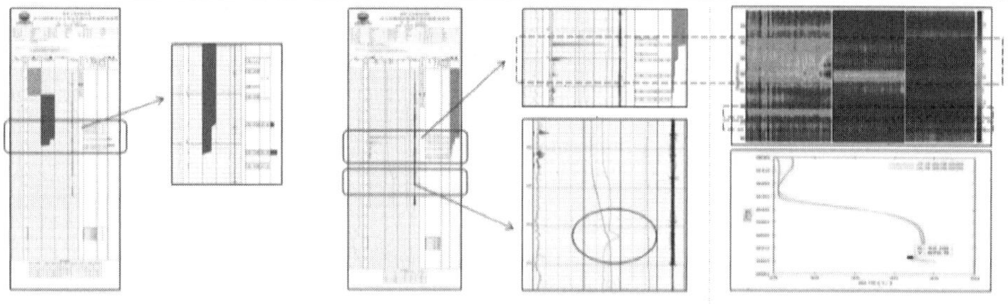

脉冲中子氧活化测井解释成果图　　注入剖面同位素五参数组合测井解释成果图　　光纤测井解释成果图

图 4-15 “一井一工程”分析图片

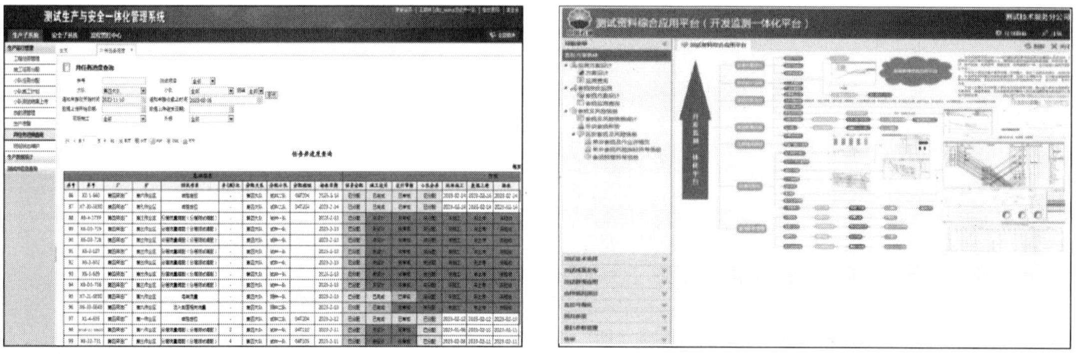

图 4-16 成果信息化平台截图

3. 制度管理

为了使班组基础管理工作更加系统化、规范化、制度化、流程化，重新修订完善了《监测信息解释评价中心绘解四室管理手册》，针对自身业务定位及管理实际对生产经营管理的各个节点、流程进行了规范，增加了绩效考核、周例会以及休假管理 3 项内容，重新梳理了各岗位工作职责和流程，使标准、制度更明确，责权更明晰，实现了“事事有人管、人人有专责、办事有标准、工作有检查”的目标。工作流程如图 4-17 所示。

4. 顾客关系管理

针对内部顾客建立了职级考核体系。从素质、能力、素养三大方面对班组员工进行统计分析，建立了《解释专业技术人员胜任力考评打分表》，内容包括技术成果、解决问题能力、深入油藏与地质和工程部门开展技术交流、疑难井案例分析、上井监督指导等，按照所做工作的难易程度划分标准，进行打分，每月累计，最后形成年度工作评审表，评选出“一至六级解释工程师”，并对各职级的绘解员给予一定的薪酬激励。促进从“要我学”向“我要学”的转变，激发人才内生动力，做强人才发展的外部驱动，实现人才的良性迭代。等级标准见表 4-3 和图 4-18。

表 4-3 专业技术岗位月度职级奖金等级标准

奖金发放标准(单位：元/月)						
分级	一级	二级	三级	四级	五级	六级
解释工程师分类定级	300	250	200	150	100	50

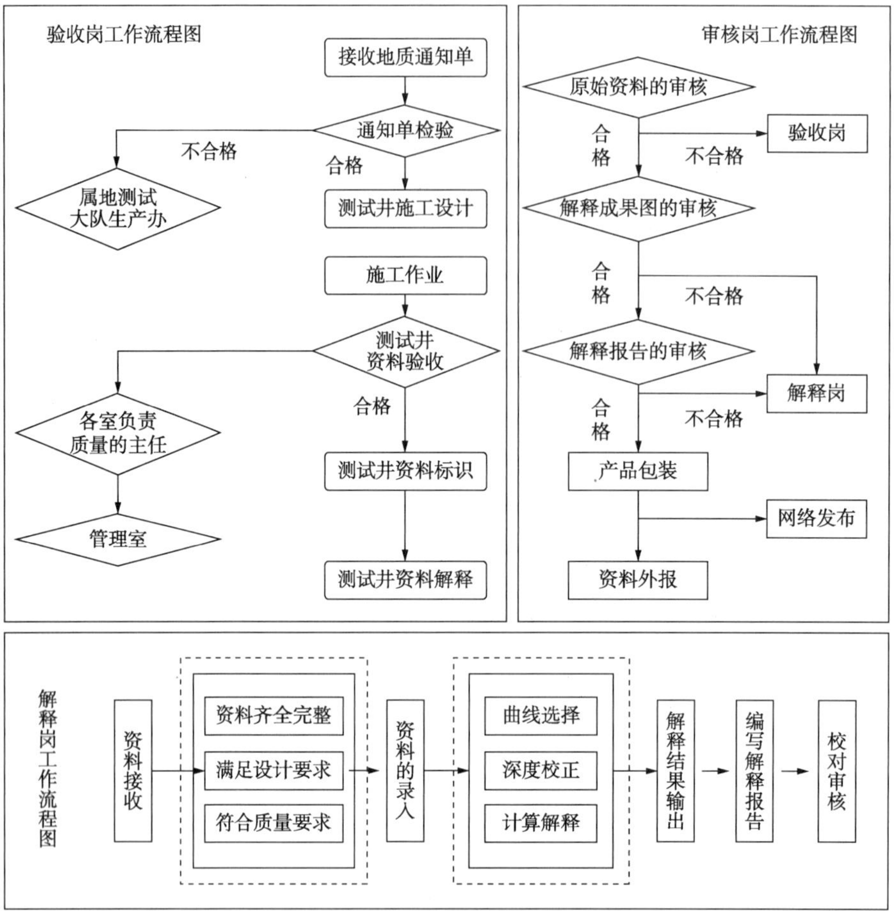

图 4-17 岗位工作流程图

姓名	岗位	技能测评290																技术成果 45			再学习能力 25		精神风貌 40		附加分	综合得分	评定等级
		工作资力 35			工作量及工作质量 150						解决问题能力 105																
		学历 10	资历 15	职称 10	工作量 60	合格率及时率 10	质量事故 10	质量检查 10	QHSE体系 10	综合解释能力 50	复杂井处理能力（疑难井）	复杂井处理能力个性设计 10	复杂井处理能力上井监督 10	沟通交流能力试验、新技术 20	沟通交流能力资料应用 20	沟通交流能力技术交流 20	沟通交流能力技术培训 15	论文 20	成果 20	疑难井大赛 5	技能大赛 20	团队学习 5	荣誉 10	民意测评 30			
臧丽娜	资料解释	8.0	9.0	8.0	57.0	10.0	10.0	10.0	10.0	45.0	2.0			7.5	2.0			8.0	2.0	3.0	5.0		7.0	30.0	5.0	238.5	四级解释工程师
曹红艳	试井验收	8.0	12.0	8.0	58.0	10.0	10.0	9.0	10.0	45.0		11.0		20.0	4.0	20.0	7.0	14.0		5.0	19.0		6.0	28.9	0.0	304.9	一级解释工程师
陈敏	副主任	8.0	6.0	8.0	57.8	10.0	10.0	10.0	10.0	50.0	1.0			17.0	3.0	7.0	7.0	9.0	13.0	3.0	15.5	5.0	6.0	30.0	0.0	286.3	一级解释工程师
耿旭	复合解释	8.0	9.0	8.0	57.0	10.0	10.0	10.0	10.0	45.0			1.0	4.5							5.0			30.0	0.0	207.5	五级解释工程师
姜丽	测井审核	7.0	12.0	8.0	55.0	10.0	10.0	10.0	10.0	50.0	3.0			12.5	1.0	7.0		13.0		5.0	12.0		7.0	28.6	5.0	266.1	二级解释工程师
李磊	试井验收	8.0	3.0	5.0	58.0	10.0	10.0	9.0	10.0	45.0				3.0			10.0				5.0			30.0	0.0	206.0	五级解释工程师
梁杰	测井验收	7.0	15.0	8.0	55.0	10.0	10.0	9.0	10.0	45.0	2.0			4.5	2.0	5.5				5.0	18.0		7.0	30.0	0.0	243.0	三级解释工程师
刘丽娜	资料解释	8.0	1.0	2.5	38.4	10.0	10.0	10.0	10.0	45.0				3.0					1.0		5.0			30.0	0.0	173.9	六级解释工程师
刘茗茗	资料解释	9.0	1.0	8.0	44.6	10.0	10.0	10.0	10.0	45.0											5.0			30.0	0.0	182.6	六级解释工程师
王佳	复合解释	8.0	3.0	5.0	57.0	10.0	10.0	10.0	10.0	45.0	1.0		1.0	4.5				3.0			16.5		6.0	30.0	0.0	220.0	四级解释工程师
王艳庆	复合解释	8.0	9.0	8.0	57.0	10.0	10.0	10.0	10.0	45.0	4.0			4.5						3.0	16.5			30.0	0.0	225.0	四级解释工程师
杨惠杰	复合解释	8.0	6.0	8.0	57.0	10.0	10.0	10.0	10.0	45.0				5.5					1.0	3.0	5.0		7.0	30.0	0.0	215.5	五级解释工程师
杨坤	资料解释	8.0	6.0	8.0	57.0	10.0	10.0	10.0	10.0	45.0				4.5					1.0		5.0		6.0	30.0	0.0	210.5	五级解释工程师
杨萍	复合解释	7.0	15.0	8.0	57.0	10.0	10.0	10.0	10.0	45.0	3.0			5.5						5.0	11.5			30.0	0.0	227.0	四级解释工程师

图 4-18 绘解员职级考核汇总表截图

针对外部顾客及其他相关方，定期开展监测例会。每半年召开一次与外部顾客的监测例会，有重点需求时召开专项会议。推荐介绍各类平台应用，推荐新型电磁探伤、光纤等测试项目的应用。及时反馈异常井信息。针对重点项目建立即时通群，地质各部门领导、相关技术人员、测试四大队、绘解四室均在群内，有问题即时分享讨论。打造测试四大队、绘解四室、监测技术研发中心、采油四厂地质研究所、工艺研究所五方技术共同体。照片见图 4-19。

5. 安全管理

1）安全培训

每月组织安全知识培训，内容包括岗位安全操作规程、分享安全事故案例、消防设备使用、交通安全和防控防疫讲座等，并以"安全月"为契机，张贴安全宣传报 3 份，发放宣传册 20 册，学习四懂四会基本内容，营造"人人要安全、安全要人人"的氛围。照片见图 4-20。

图 4-19　重点需求专项会议及即时通群照片

培训时间	培训内容	授课人	培训对象	备注
1月	办公场所用电安全管理办法	陈敏	班组成员	办公室用电安全
2月	做实标准化队建设夯实基层队管理基础	范琳琳	班组成员	HSE基基队标准培训
3月	消防培训	韩教官	班组成员	安全消防培训
4月	风险分级管控和隐患排查治理双重预防机制	陈敏	班组成员	风险分级控护
5月	防灾减灾日——日常应急知识	张威娜	班组成员	日常应急常识
6月	企业安全知识	陈敏	班组成员	工作安全知识
7月	习近平对安全生产作出重要指示	范琳琳	班组成员	安全文件传达
8月	强化创新管理，逐步提升安全工作水平	张威娜	班组成员	强化创新管理，逐步提升安全工作水平
9月	HSE预警	孙明柱	班组成员	HSE预警
10月	质量培训	陈敏	班组成员	测试井资料质量控制
11月	冬季安全防护培训	陈敏	班组成员	冬季交通安全培训
12月	中心安全培训	范琳琳	班组成员	安全文件传达

图 4-20　安全培训过程及培训计划照片

2）人人参与“写风险”活动

定期组织安全消防应急演练及逃生应急演练、“写风险”活动，全年“写风险”网上投稿 12 篇，撰写安全笔记 12 次，安全监督检查 24 次。安全培训照片见图 4-21。

图 4-21　监督检查记录、应急演练及安全培训

3）常态化隐患排查

对安全办公环境进行重点实施情况监督，将隐患及“三违”管理、消防管理等多项考核内容及要求进行落实排查，专人负责，建立《隐患台账》《消防设施管理台账》，定期召开安全会议，还着重强调上下班期间的道路交通安全。全年累计组织安全隐患排查 24 次，排查出安全隐患 2 处，已全部解决。

图 4-22　消防器材及安全隐患排查

(三) 改进与创新

1. 注重区块分析

持续与地质深度结合，共同进行注水优化方案设计，根据地质需求完善建模分析方法，在单井注水优化的基础上实现层段注水优化，解决“测哪口、调哪段、如何注”的注水方案优化难题。基于同位素资料和月度检配资料，根据细分重组等综调引起的层段水量变化，分析智能配水管柱在当前最新分段条件下层段注水量变化，以此计算层段注水关联系数，确定调整周期。应用大数据统计分析近三年测试资料，反映措施调整效果明显，储层动用情况提高 7.2 个百分点。统计照片见图 4-23。

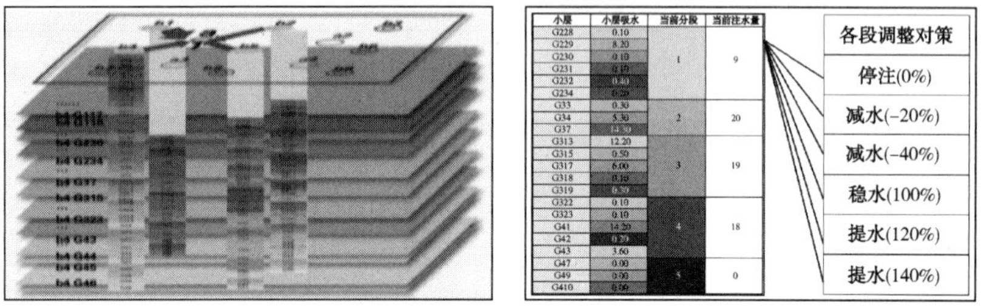

(a)小层注水劈分示意图　　(b)层段水量提控调整模拟

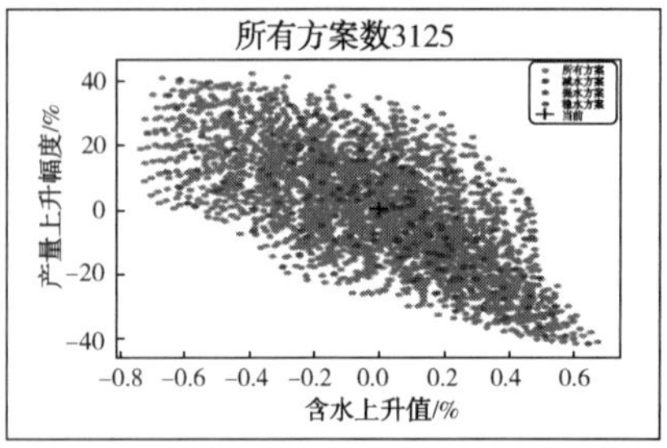

层段序号	日配注	日实注	层段性质	优化注水	差值
1	0	0	控	0	0
2	10	10	提	14	4
3	40	42	控	25	−17
4	30	32	控	19	−13
5	10	10	稳	10	0
6	15	17	提	20	3
全井	105	111	控	88	−23

(c)层段预测方案效果　　(d)层段注水方案优化

图 4-23　区块分析数据统计照片

2. 报废井质量评价

2018—2021 年，在采油四厂对 11 口报废井进行了报废质量检测，其中同井干扰试井 8 井次、水井静压试井 15 井次，检测出 6 口报废井存在报废不彻底情况。目前，可利用更新井及邻井检测报废井报废质量，邻井检测范围由 2021 年的 58m 扩展到 2022 年的 93.4m。现已形成一套基于常规试井的快速普查、基于同井干扰试井的定点详查技术，建立了报废质量检测现场测试流程，编制完成了《利用同井干扰试井方法评价报废井报废质量技术规范》(Q/SY DQ1822—2021)。评价照片见图 4-24。

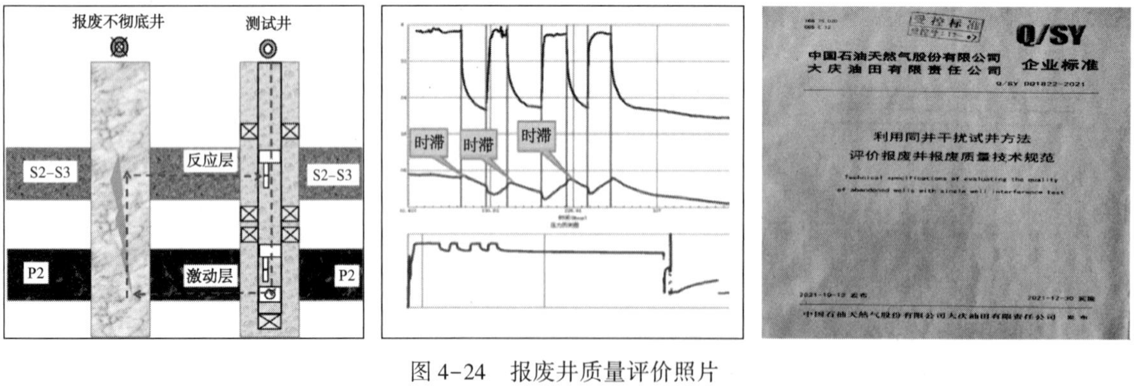

图 4-24　报废井质量评价照片

3. 技术论文及单井案例分析

班组将实际工作中遇到的疑难井、问题井都通过资料分析的方式转化为各项成果，2022 年完成技术论文 5 篇、疑难井案例分析 14 篇、QC 成果 2 项。统计表见表 4-4。

表 4-4　技术论文及单井案例统计表

序号	作者	论文名称
1	张威娜、崔晓华、范琳琳	“三步走”判断注入井漏失方法探讨
2	崔晓华、张威娜、藏丽娜	精细设计在杏北油田的应用
3	孙明柱、李　磊	杏 1X 区 E 块套损产能恢复区测井资料分析
4	陈　敏	试井精细化设计在杏北开发区块的应用效果分析
5	曹红艳、王　佳	试井资料在杏北扶余区块的应用
序号	作者	疑难井案例名称
1	曹红艳	杏扶区块实测油井压力资料的分析
2	陈敏	低压井压力分析
3	王佳	杏 7-40-768 异常井分析
4	崔晓华	杏扶 4-4-斜 730 长期监测和治理分析
5	李磊	杏 8-10-629 封隔器失效的原因及影响
6	梁杰	杏 2-341-28 二次释放典型井分析
7	刘丽娜	杏 5-丁 3-113 光油管漏
8	刘茗茗	杏 2-1-更 617 封隔器失效上窜
9	裴文静	杏 7-2-斜 734 单井分析
10	孙明柱	杏 4-21-水 13 非射孔井段同位素异常分析
11	姜丽	杏 5-3-斜 P931 井同位素与流量相差大的问题分析
12	王艳庆	杏 2-311-34 资料异常吸水分析
13	杨萍	杏 4-4-322 封隔器失效
14	张威娜	杏 4-丁 4-E913 资料分析

4. 踏实开展 QC 活动

提高运用 QC 方法解决生产实际问题的能力，持续提升测试产品质量。充分发挥员工在质量改进和质量创新的积极性、主动性和创造性。2021 年，众志 QC 小组针对杏扶余油层动用小层录取比例较低的难题，开展活动，将杏扶余油层井同位素测井层数的录取比例从 2020 年的 28.07%提高到目前的 44.36%，此成果获得黑龙江优秀 QC 成果一等奖，减少了前线班组的复测井次，减少了绘解员多次重复解释同一口井的时间和精力，节省了打印纸张，缩短了外报时间，并以此作为依据制成“指南”下发前线班组以供参考。

由于杏扶余油层低孔低渗的特性，普通载体粒径 300～600μm 无法准确显示吸水层位的真实吸水状态（地层孔隙较小，同位素粒径大无法滤积在吸水层上，导致不吸水的假象），故对杏扶余油层井的同位素测井采用 100～300μm 载体粒径，已申请纳入中国石油天然气股份有限公司大庆油田有限责任公司企业标准《注入剖面五参数组合测井操作规程》。相关照片见图 4-25。

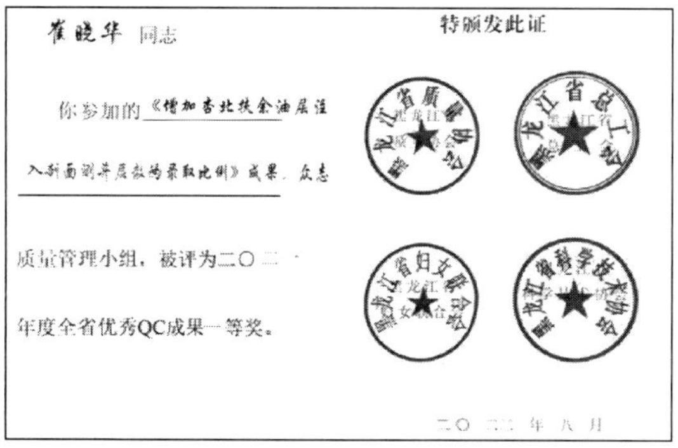

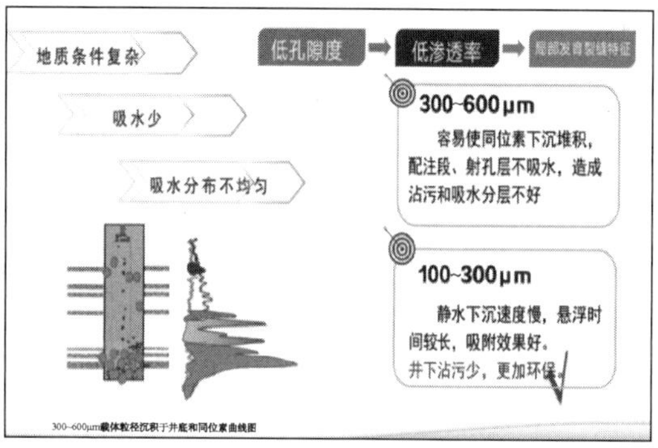

图 4-25　QC 活动相关照片

2022 年开展 2 项 QC 小组活动，分别为《提高杏北注入剖面测井资料的一次解释合格率》和《提高不稳定试井斜井通知单的实测利用率》。

五、建设成效

（一）活动目标完成情况

2022 年，绘解四室紧扣“精细管理、诚信服务、技术创新、节能降耗”的工作目标，圆满完成了各项工作活动目标，并完成分公司级论文 5 篇，疑难井分析论文 14 篇以及 2 项 QC 成果。

依托采油四厂“六横六纵”骨架式定点连续监测井网，骨架井监测 1265 井次，非骨架井监测 2441 井次。对骨架井、试验区块井、套损井进行方案优化设计、测井技术优选，共完成精细设计 1063 井次，完成计划的 104. 52%，占全年监测井数的 22. 3%。班组三年内没有发生质量、安全、环保事故。统计截图见图 5-1。

测试项目	骨架井监测	非骨架井监测	合计
同位素注入剖面五参数组合测井	441	493	934
脉冲中子氧活化注入剖面测井	1	23	24
过环空点测产出剖面测井	14	113	127
40臂井径测井	6	39	45
电磁探伤测井	13	18	31
扇区水泥胶结	3	31	34
偏心静压	494	790	1284
水井静压	81	533	614
液面恢复	212	401	613
合计	1265	2441	3706

测试项目	计划完成	精细方案编制/井次
注入剖面同位素五参数组合	403	382
脉冲中子氧活化		21
过环空产出剖面	46	46
40臂井径	32	12
电磁探伤		31
扇区水泥胶结		32
偏心静压	536	355
水井静压		48
液面恢复		136
合计	1017	1063
光纤测井		3
井下关井		4

图 5-1　精细施工设计完成情况统计截图

通过以上各种改进措施，最终圆满完成建设目标，详细内容如表 5-1 所示。

表 5-1　建设目标完成情况汇总

项目	班组建设活动内容		测量指标	实现值	完成情况
提升人员素质	增加培训机会	开展技术培训	集中培训 15h/人 个人自学 30h/人	集中培训 18h/人 个人自学 32h/人	120%
		开展技术交流	交流 2h/人	交流 3h/人	106%
	操作技能练习		配备导师指导练习 10 井次/年 个人练习 30 井次/年	配备导师指导练习 15 井次/年 个人练习 40 井次/年	150% 133%
	质量文化建设	开展“云讲述”	录制岗位“云讲述”视频	录制岗位云讲述视频 20 人	100%
完善基础管理	管理体系	任务管理	1. 重点井精细施工设计制定全年生产任务 20%； 2. 动态资料原始曲线优质率 90%以上； 3. 解释成果外报合格率、及时率 100%	1. 重点井精细施工设计制定全年生产任务 22. 3%； 2. 动态资料原始曲线优质率 98. 2%以上； 3. 解释成果外报合格率、及时率 100%	112%、109. 1%
		服务模式	创建助力生产的一整套服务模式	1 套	100%

续表

项目	班组建设活动内容		测量指标	实现值	完成情况
完善基础管理	管理体系	制度管理	依据 2022 年岗位设置及管理流程编制	编写完成	100%
		顾客关系管理	建立绘解员职级考核体系	内部顾客建立绘解员职级考核体系；外部顾客定期开展监测例会，沟通顾客需求	100%
			开展专项会议 2 次以上	组织开展监测例会 2 次；专项需求会议 3 次	250%
		安全管理	1. 无安全生产事故； 2. 无信息安全漏洞	1. 无安全生产事故； 2. 无信息安全漏洞	100%
创新创效	技术攻关	重点技术工作	1 项以上	2 项	200%
	QC 活动	QC 成果	1 项以上	2 项	200%

（二）班组特色

绘解四室作为测试技术服务分公司监测信息解释评价中心以测试井资料解释为主的专业化小队，主要承担杏北地区油水井测、试资料的解释外报工作，打造了一支敢闯敢拼的女子队伍。

一是建立班组文化。形成了班组的管理理念、质量理念及服务承诺，即“精细管理、诚信服务、技术创新、节能降耗”的管理理念、“不放过不合格品，不制造不合格品，不交付不合格品”的质量理念和“为用户创造价值，我们才有价值”的服务承诺。

二是建立服务体系。以开发监测一体化服务为核心，抓实技术应用和质量提升，在设计编制上突出优、施工落实上突出精、为甲方决策在综合分析上突出准，全年精细监测 1063 井次，助力油田开发，针对油田开发监测需求，逐步形成同位素注入剖面精细监测、问题井找漏系列化等优化方案，全年联合地质制定综合监测方案 7 套。

三是建立“6+1”培训模式。逐渐形成互帮互学互助技能提升学习体系，体系流程分为学–用–练。在学习上，由室内测井试井技术骨干、技能专家与解释员等结成对子，确定学习内容，师徒互学互助。2022 年评选分公司十佳师徒四人，优秀师徒 8 人；在应用上，解释评价中心的疑难井案例分析中，全员参与，选取 14 篇疑难井案例参会，占室内人数比例的 70%；在实际操作演练上，2022 年由于受疫情的影响，绘解员进现场工作 15 井次，查找井场测试问题 1 处，均已向前线测试小队反馈。

（三）顾客及相关方评价

内部顾客评价。通过质量信得过班组的开展，人员素质、业务能力、操作技能都得到了质的突破，通过座谈、讨论、问询的方式统计员工满意度，形成班组成员满意度调查表 20 份。

在年底的测评和互评中，班组全员胜任率 100%。调查表截图见图 5–2。

外部顾客评价。2022 年，绘解四室围绕顾客需求，精细质量管理，全年解释外报 11753 余井层次，完成解释产值 620 余万元，资料合格率 100%，外报及时率 100%，客户满意度 100%。生产经营管理综合应用平台和测试资料综合应用平台上传的数据及时率 100%，准确率 100%。

年初参加采油四厂监测例会，确定全年监测方案，积极配合外部客户开展的油田公司重大技术攻关和现场试验；年中参加监测资料例会，及时做好跟踪调整和阶段效果评价。每月提供生产月报，全年提供 12 次质量周报。满意度汇总表见表 5–2，照片见图 5–3。

相关方评价。班组一直以“不放过不合格品、不制造不合格品、不交付不合格品”为质量管理理念，不断与测试第四大队、监测信息解释评价中心等相关方进行沟通反馈，全年各项考核指标均达到标准，获得了相关方的一致好评。考核照片见图 5-4。

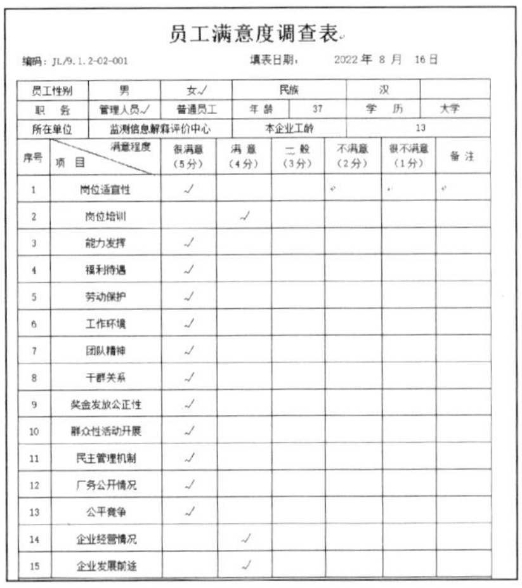

员工满意度调查表

编码：JL/9.1.2-02-001　　填表日期：2022 年 8 月 16 日

员工性别	男	女√	民族		汉	
职　务	管理人员√	普通员工	年 龄	37	学　历	大学
所在单位	监测信息解释评价中心		本企业工龄		13	

序号	项　目 ＼ 满意程度	很满意（5分）	满 意（4分）	一 般（3分）	不满意（2分）	很不满意（1分）	备 注
1	岗位适宜性	√					
2	岗位培训		√				
3	能力发挥	√					
4	福利待遇	√					
5	劳动保护	√					
6	工作环境	√					
7	团队精神	√					
8	干群关系	√					
9	奖金发放公正性	√					
10	群众性活动开展	√					
11	民主管理机制	√					
12	厂务公开情况	√					
13	公平竞争	√					
14	企业经营情况		√				
15	企业发展前途		√				

员工满意度调查表

编码：JL/9.1.2-02-001　　填表日期：2022 年 8 月 16 日

员工性别	男	女√	民族		汉	
职　务	管理人员	普通员工√	年 龄	34	学　历	大学
所在单位	监测信息解释评价中心		本企业工龄		12	

序号	项　目 ＼ 满意程度	很满意（5分）	满 意（4分）	一 般（3分）	不满意（2分）	很不满意（1分）	备 注
1	岗位适宜性	√					
2	岗位培训	√					
3	能力发挥		√				
4	福利待遇		√				
5	劳动保护	√					
6	工作环境	√					
7	团队精神	√					
8	干群关系	√					
9	奖金发放公正性	√					
10	群众性活动开展	√					
11	民主管理机制	√					
12	厂务公开情况	√					
13	公平竞争	√					
14	企业经营情况	√					
15	企业发展前途	√					

图 5-2　顾客满意度调查表截图

表 5-2　外部顾客及其他相关方满意度汇总表

序号	顾客及相关方	项目名称	任务数量	单位名称	满意度调查	不满意事由
1	地质研究所	配合设计管理，配合开展生产运行管理	6400	井次	满意	
2	测试第四大队	输出地质设计，开展技术结合	6400	井次	满意	
3	测试技术服务分公司	及时反映平台运转情况，提出完善建议	2	项	满意	

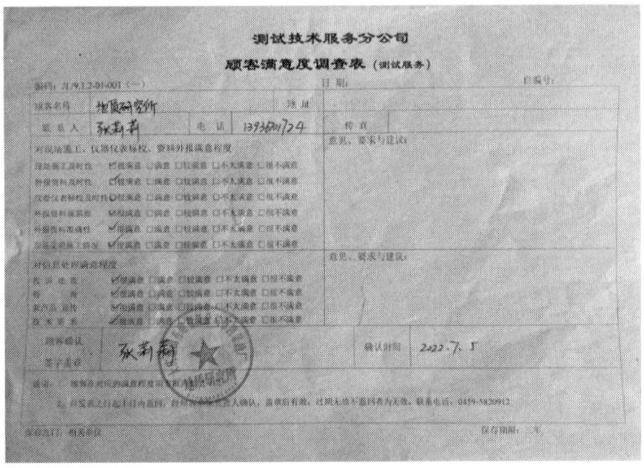

测试技术服务分公司

顾客满意度调查表（测试服务）

图 5-3　满意度调查表照片

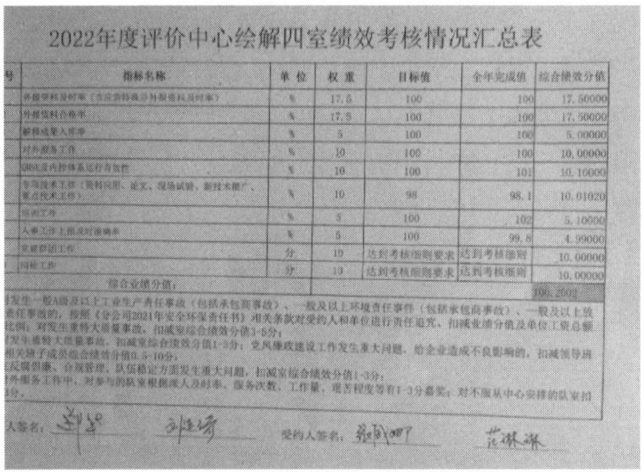

2022年度评价中心绘解四室绩效考核情况汇总表

图 5-4　班组绩效考核照片

（四）班组及个人荣誉

2022 年，班组成员齐心协力，凝聚发展共识；群策群力，发挥集体智慧；脚踏实地，创造优秀业绩；努力创新发展观念，奋力破解发展难题，打造质量信得过班组，全面推动质量提升，为厂高质量发展提供技术支撑和不竭动力。测井岗被评为分公司巾帼建功示范岗位，优秀员工 2 人，巾帼建功先进个人 2 人，优秀共产党员 1 人，两对师徒荣获“十佳师徒”，四对师徒荣获“优秀师徒”。统计表见表 5-3，照片见图 5-5 和图 5-6。

表 5-3　集体荣誉统计表

获奖年份	荣誉名称	获奖单位	颁奖单位
2020	青年文明号	绘解四室	共青团测试技术服务分公司委员会
2022	巾帼文明岗	绘解四室测井岗	测试技术服务分公司

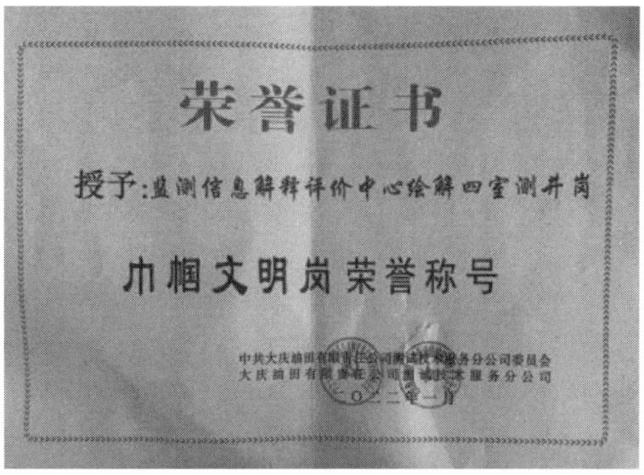

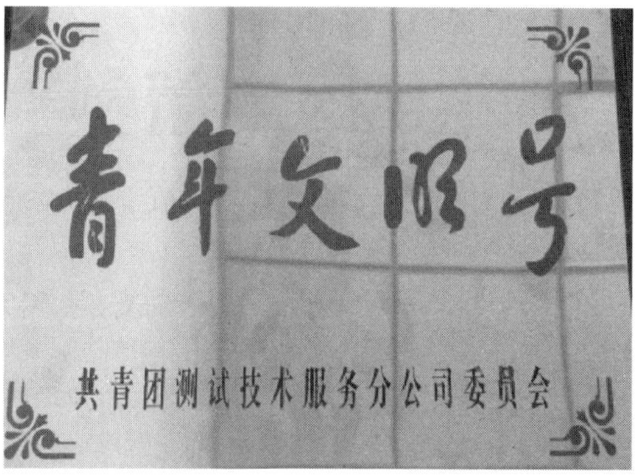

图 5-5　集体荣誉证书照片

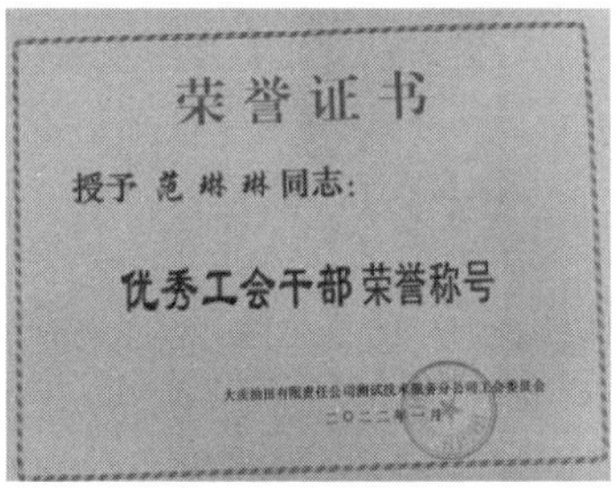

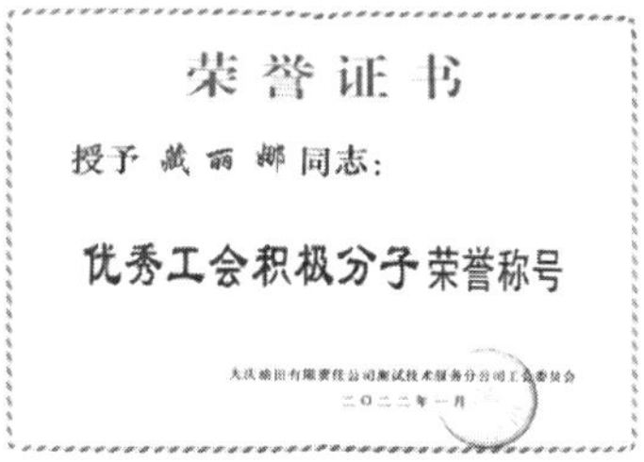

图 5-6　部分班组员工个人荣誉证书照片

成果点评

该班组作为油田的技术型班组，秉承“不放过不合格品，不制造不合格品，不交付不合格品”的质量管理理念，践行“为用户创造价值，我们才有价值”的服务承诺，积极开展质量信得过班组创建活动。该成果报告程序严谨、系统性、逻辑性强，数据信息翔实充分。班组定位明确，顾客和相关方识别全面，关键顾客和相关方确认有依据。关键改进工作具体，建设计划清晰具体，可实施性强，通过应用流程图、矩阵图和 SWOT 等统计方法，以大量图表的形式完成了班组的年度工作目标。班组成果报告符合 T/CAQ 10204—2017 版质量信得过班组建设准则。

该班组建设活动还存在如下不足，希望以后开展活动时改善：

(1) 关键顾客及其他相关方确认矩阵表需要有依据，最好通过绘制排列图来判定。

(2) 班组能力评估中不需要“干部及员工的基础调查”和“岗位操作规程”部分，重点围绕 15 项关键需求，在对满足这些关键需求的能力通过 swot 等工具进行全面评估的基础上，识别班组存在的差距，为班组建设活动找到改进方向。

(3) 表 12 班组年度工作目标分解表中部分测量指标未量化：如制度管理中的测量指标为“依据 2022 年岗位设置及管理流程编制”；顾客关系管理中的测量指标“开展专项会议”。

(4) 建设过程每一步需要通过：过程—方法—展开—结果来阐述。如制度管理中要做到：梳理管理规章—班组管理的薄弱分析—制度体系差距—建立适应班组的管理规章体系，切忌：制度汇编。

(5) 提升人员素质中应系统识别出班组长和班组成员的能力要求，对班组员工实际工作能力进行评估，根据评估结果，制定并落实针对性的员工能力提升方案。

(6) 班组建设中，各阶段都应涵盖效果检查环节。如安全管理中的两个测量指标“无安全生产事故”和“无信息安全漏洞”，在文中没有进行检查是否完成，信息安全情况未提及。

发扬国测精神　夯实基础谋发展

——创建质量信得过班组活动报告

探测工程部班组

（大庆油田水务公司）

一、需求确定

（一）班组定位

大庆油田水务公司水文地质公司是油田及大庆市乃至中石油唯一一家水文地质专业队伍，始建于大庆石油会战之初的1960年，与大庆油田同时诞生、同步成长。是集水文地质（环境水文地质）勘察（含地下水资源管理、地下水资源论证、地下水动态监测、地下水污染调查、水土保持方案论证）、水井钻凿（水源井钻凿、水文地质勘探孔钻凿、油井表层套管井钻凿）、水井修井、岩土工程勘察及土工试验、工程测绘（工程测量、不动产测量、水利工程测量）于一体的专业化队伍。员工合影见图1-1。

图1-1　水文地质公司员工合影

大庆油田水务公司水文地质公司探测工程部班组成立于2015年7月，班组由31名员工组成，主要职责是严格执行《油气田工程测量标准》（GB/T 50537—2017）等技术标准，为水文地质勘察、水井钻凿以及大庆油田建设工程提供测绘技术服务，主要任务是测绘各种比例尺的地形图和勘测定界图，是具有较高技术水平的技术服务型班组。班组始终坚持“质量是生命，安全是保证，效益是中心，信誉是希望”的企业理念，践行“以顾客为关注焦点”的质量理念，严格工程测量过程控制，用精湛的技术、最优的质量为顾客送去一流的技术服务，在顾客的满意中实现企业的高质量发展。班组定位图见图1-2。

（二）识别顾客及相关方

1. 探测工程部班组活动流程

流程图见图1-3。

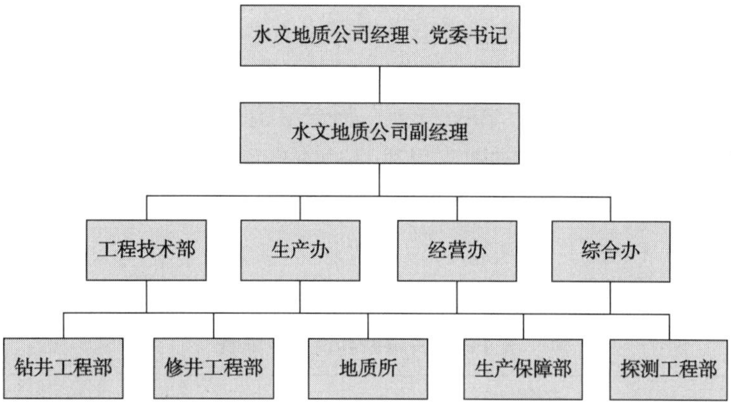

图 1-2　班组定位图

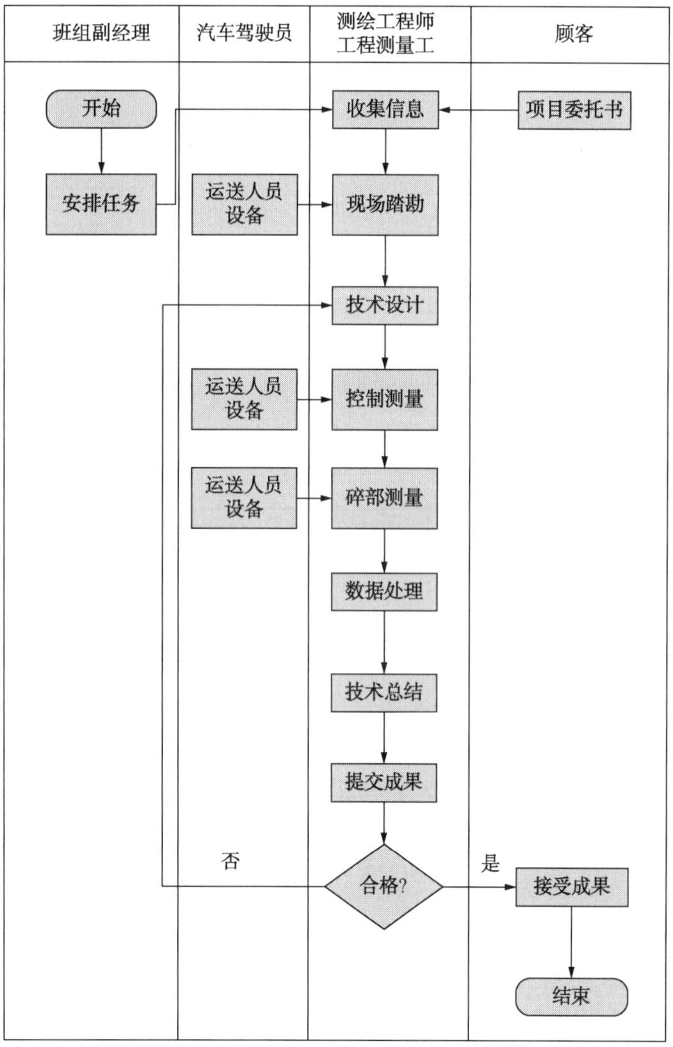

图 1-3　班组活动流程图

2. 通过服务定位，识别顾客及相关方

总体分为两大顾客及相关方群体。

识别内部顾客。在班组活动流程范围内发生的业务均定义为内部顾客。班组中有测绘工程师、工程测量工、汽车驾驶员及班组领导，大部分工作为班组领导安排各岗位之间协作完成，因此班组成员为内部顾客。

识别外部顾客。通过接受项目委托、测绘成果交接等过程，所涉及的个人或单位为外部顾客。因此大庆油田各采油厂基建监督管理中心、大庆油田水务公司水务环保研究院为外部顾客。

相关方。班组活动涉及质量检查、HSE 管理、物资采购、人力培训、绩效考核等方面的部门为相关方，因此水文地质公司工程技术部(负责质量检查)、水文地质公司生产办(负责车辆调度、HSE 管理、物资采购)、水文地质公司综合办(人力培训)、水文地质公司经营办(绩效考核)等为相关方。

因此内部顾客、外部顾客及相关方划分如表 1-1 所示。

表 1-1　关键顾客识别矩阵表

内部顾客	外部顾客	相关方
班组领导、技术岗、操作岗	大庆油田采油厂基建监督管理中心、大庆油田水务公司水务环保研究院	水文地质公司工程技术部、水文地质公司生产办、水文地质公司综合办、水文地质公司经营办

类型	岗位	权重					得分(权重乘单项得分后加和)
		9	7	5	3	1	
		对生产任务完成影响	决定工作任务	关键绩效考核指标相关	对班组发展有影响力	工作参与程度	
内部顾客	班组领导	9	9	9	5	5	209
	技术岗	9	9	7	5	7	201
	操作岗	9	9	7	5	5	199
外部顾客	大庆油田采油厂基建监督管理中心	9	9	9	7	9	219
	大庆油田水务公司水务环保研究院	9	9	9	7	9	219
相关方	水文地质公司工程技术部	9	8	7	1	1	176
	水文地质公司综合办	7	7	3	1	3	133
	水文地质公司经营办	7	7	3	1	3	133
	水文地质公司生产办	9	7	7	1	1	169

注：影响程度：1——程度极低；3——程度较低；5——程度一般；7——程度较高；9——程度极高。

从关键顾客及其他相关方确认矩阵表中，我们分别进行关键顾客及其他相关方确认。

(1) 关键的内部顾客：班组领导、技术岗、操作岗；

(2) 关键的外部顾客：大庆油田采油厂基建监督管理中心、大庆油田水务公司水务环保研究院；

(3) 关键的其他相关方：水文地质公司工程技术部。

3. 识别确定关键需求

通过电话访问、现场调查等方式，对内外部顾客的需求进行调查，通过需求重要程度、需求工作量等因素加权后打分，确定关键需求。见表 1-2~表 1-4。

通过需求重要程度、需求工作量等因素加权后打分，确定提供合格的地形图和勘测定界图为内外部顾客的关键需求。

表 1-2 关键顾客需求表

类型	岗位	需求
内部顾客	班组领导	1. 确保测绘项目质量过程控制程序的全面落实，保证地形图和勘测定界图的质量合格率为100%； 2. 完成全年预定产值目标； 3. 确保安全生产无事故
	技术岗	1. 落实测绘项目质量过程控制程序； 2. 确保所提供的地形图和勘测定界图的质量合格率为100%
	操作岗	1. 落实测绘项目质量过程控制程序； 2. 确保测量仪器完好，所提供的测量数据质量合格率为100%
外部顾客	大庆油田采油厂基建监督管理中心	1. 接受质量合格的勘测定界图； 2. 获得界址点准确位置
	大庆油田水务公司水务环保研究院	1. 接受质量合格的地形图； 2. 获得水位高程

表 1-3 内部顾客关键需求表

内部顾客	需求	权重				得分（项目打分乘以权重系数之和）	是否为关键需求
		9	7	5	3		
		对生产任务完成影响	决定工作任务	关键绩效考核指标相关	对班组发展有影响力		
班组领导	地形图质量合格率100%	6	2	0	9	95	是
	勘测定界图质量合格率100%	6	2	0	9	95	是
	落实测绘项目质量过程控制程序	3	0	0	9	54	否
	确保测量仪器完好，测量数据精度符合要求	5	0	0	0	45	否
	确保安全生产无事故	2	3	9	0	84	否
	确保完成全年预定产值目标	0	3	9	0	66	否
技术岗	地形图质量合格率100%	7	2	0	7	98	是
	勘测定界图质量合格率100%	7	2	0	7	98	是
	落实测绘项目质量过程控制程序	2	0	0	9	45	否
	确保测量仪器完好，测量数据精度符合要求	7	0	0	0	63	否
	确保安全生产无事故	2	1	9	0	70	否
	确保完成全年预定产值目标	0	3	8	0	61	否
操作岗	地形图质量合格率100%	7	2	0	6	95	是
	勘测定界图质量合格率100%	7	2	0	6	95	是
	落实测绘项目质量过程控制程序	2	0	0	9	45	否
	确保测量仪器完好，测量数据精度符合要求	9	0	0	0	81	否
	确保安全生产无事故	0	0	9	0	45	否
	确保完成全年预定产值目标	0	3	8	0	61	否

表 1-4　外部顾客关键需求表

单位	需求	年工作量/万元	重要程度(1/0.8/0.5)	打分	比重/%	是否为关键需求
采油厂基建监督管理中心	地形图					
	勘测定界图	200	1	200	38	是
	界址点放样	20	0.8	16	3	否
	水位测量					
水务公司水务研究院	地形图	300	1	300	56	是
	勘测定界图					
	界址点放样					
	水位测量	30	0.5	15	3	否

注：重要程度：0.5——程度较低；0.8——程度较高；1——程度极高。

二、建设策划

(一) 班组能力评估

1. 班组人员配置及岗位职责

根据探测工程部管理手册，探测工程部的职责是为水文地质勘察、水井钻凿以及大庆油田建设工程提供测绘技术服务，岗位配置如图 2-1 和表 2-1 所示。

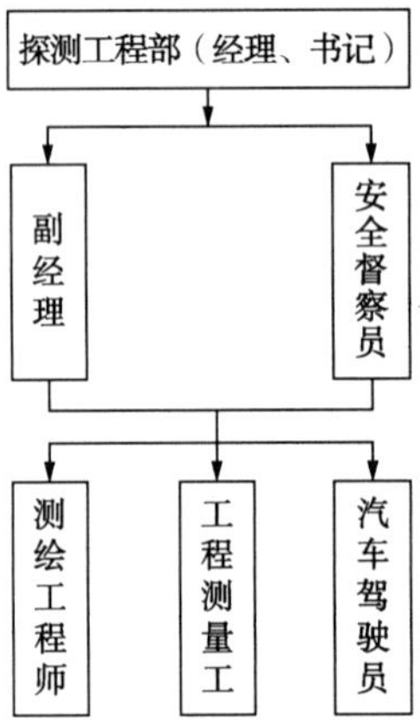

图 2-1　岗位配置图

表 2-1　岗位职责表

岗位名称	岗位类别	岗位职责
探测工程部经理	管理岗	1. 负责工程部生产运行管理及生产任务的推进落实工作； 2. 负责工程部安全环保、质量管理工作； 3. 负责工程部设备管理工作； 4. 协助支部书记抓好党风廉政建设工作； 5. 完成上级领导及部门交办的其他工作任务
探测工程部党支部书记	管理岗	1. 负责按照上级党委工作要求，对党的方针政策及上级文件精神进行学习、宣贯和执行； 2. 负责抓好工程部党的建设工作； 3. 负责抓好工程部思想政治工作和意识形态工作； 4. 负责抓好工程部工会、团组织建设工作； 5. 负责抓好工程部党风廉政建设工作； 6. 负责抓好工程部维稳信访工作，保持职工队伍稳定； 7. 完成上级领导、党组织及部门交办的其他工作

续表

岗位名称	岗位类别	岗位职责
探测工程部副经理	管理岗	1. 协助工程部经理做好日常管理工作； 2. 按计划组织生产实施，完成上级下达的各项生产任务； 3. 落实各项安全生产规章制度，保证生产安全； 4. 协调处理各种突发事件； 5. 制定工程部的事故应急处置预案，并组织开展应急演练； 6. 完成领导交办的其他工作
安全督察员	管理岗	1. 负责制订工程部的安全生产方案，并组织实施； 2. 负责日常安全管理工作，对作业现场进行监督检查； 3. 负责抓好安全教育培训工作； 4. 负责抓好突发事件应急处置工作； 5. 完成公司安全质量环保部交办的其他任务
测绘工程师	技术岗	1. 负责测绘项目生产运行管理； 2. 负责解决测绘项目生产技术问题； 3. 负责的测绘安全生产管理工作； 4. 负责测绘项目质量过程控制和质量标准化工作； 5. 负责测量仪器设备的维护、保养
工程测量工	操作岗	1. 负责操作测量仪器； 2. 负责测量仪器设备的维护、保养
汽车驾驶员	操作岗	1. 负责保障工程部日常生产用车； 2. 负责车辆保养和卫生工作； 3. 负责完成领导安排的其他工作

2. 班组人员实际情况评估

根据探测工程部实际情况，把班组人员分成管理岗位人员、技术岗位人员、操作岗位人员。

管理岗位人员：分经理、书记、副经理、安全监督员岗位；

技术岗位人员：测绘工程师岗位；

操作岗位人员：工程测量工、汽车驾驶员岗位。

班组人员情况见表 2-2 和图 2-2。

表 2-2　班组人员情况

序号	姓名	性别	文化程度	职称	年龄
1	胡俊	男	大学本科	一般管理人员	47
2	吴振岭	男	大学本科	一般管理人员	41
3	宋立民	男	大学本科	一般管理人员	52
4	王玉龙	男	大学专科	一般管理人员	59
5	尹文波	男	大学专科	专业技术人员	45
6	殷晓慧	女	大学本科	专业技术人员	54
7	李大力	男	大学本科	专业技术人员	56
8	习岩	男	大学本科	专业技术人员	40
9	李靖琰	女	大学本科	专业技术人员	40

续表

序号	姓名	性别	文化程度	职称	年龄
10	胡东梅	女	大学本科	专业技术人员	37
11	王德超	男	大学本科	专业技术人员	38
12	田欣欣	女	大学本科	专业技术人员	36
13	温禹	男	大学本科	专业技术人员	38
14	申建非	男	大学本科	专业技术人员	41
15	郭俊江	男	大学专科	专业技术人员	59
16	牟帅	男	大学本科	专业技术人员	30
17	李新	男	大学专科	技能操作人员	45
18	刘默	男	大学专科	技能操作人员	38
19	邓志强	男	大学专科	技能操作人员	50
20	周志刚	男	大学专科	技能操作人员	50
21	施志远	男	大学专科	技能操作人员	44
22	崔锴琳	男	大学专科	技能操作人员	41
23	姜巍	男	大学专科	技能操作人员	41
24	胡晶岩	男	高中	技能操作人员	55
25	叶卫东	男	大学专科	技能操作人员	50
26	雷庆彬	男	大学专科	技能操作人员	50
27	刘浩	男	大学专科	技能操作人员	32
28	卢超	男	大学专科	技能操作人员	34
29	张健	男	技校	技能操作人员	55
30	陈剑	男	技校	技能操作人员	47
31	刘力军	男	高中	技能操作人员	50

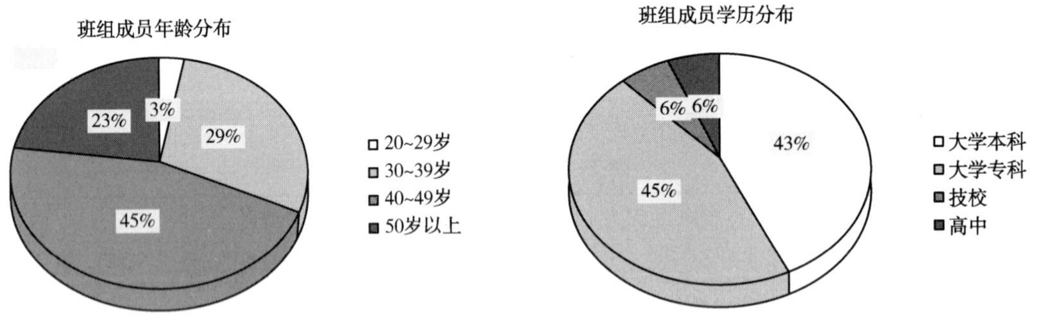

图 2-2　班组人员年龄、学历分布情况

3. 班组设备情况

见表 2-3。

表 2-3　班组主要设备表

序号	设备名称	规格型号	生产厂家	备注
1	GNSS 测量系统	南方灵锐 S86	广州南方卫星导航仪器有限公司	
2	GNSS 测量系统	南方灵锐 S86	广州南方卫星导航仪器有限公司	

续表

序号	设备名称	规格型号	生产厂家	备注
3	GNSS 测量系统	南方灵锐 S86	广州南方卫星导航仪器有限公司	
4	GNSS 测量系统	南方灵锐 S86	广州南方卫星导航仪器有限公司	
5	GNSS 测量系统	南方灵锐 S86	广州南方卫星导航仪器有限公司	
6	GNSS 测量系统	南方灵锐 S86	广州南方卫星导航仪器有限公司	
7	GNSS 测量系统	南方银河 6	广州南方卫星导航仪器有限公司	
8	GNSS 测量系统	南方银河 6	广州南方卫星导航仪器有限公司	
9	GNSS 测量系统	南方银河 6	广州南方卫星导航仪器有限公司	
10	GNSS 测量系统	南方银河 6	广州南方卫星导航仪器有限公司	
11	GNSS 测量系统	南方银河 6	广州南方卫星导航仪器有限公司	
12	GNSS 测量系统	天宝 R12	美国天宝卫星导航仪器有限公司	
13	GNSS 测量系统	天宝 R12	美国天宝卫星导航仪器有限公司	
14	GNSS 测量系统	天宝 R12	美国天宝卫星导航仪器有限公司	
15	GNSS 测量系统	天宝 R12	美国天宝卫星导航仪器有限公司	
16	GNSS 测量系统	天宝 R12	美国天宝卫星导航仪器有限公司	
17	GNSS 测量系统	华测 i93	上海华测导航技术股份有限公司	
18	GNSS 测量系统	华测 i93	上海华测导航技术股份有限公司	
10	手持激光测距仪	PD5	广州南方卫星导航仪器有限公司	
11	手持激光测距仪	PD5	广州南方卫星导航仪器有限公司	
12	手持激光测距仪	PD5	广州南方卫星导航仪器有限公司	
13	手持激光测距仪	PD5	广州南方卫星导航仪器有限公司	
14	手持激光测距仪	PD5	广州南方卫星导航仪器有限公司	
15	手持激光测距仪	PD5	广州南方卫星导航仪器有限公司	
16	全站仪	徕卡 TC2000	瑞士徕卡公司	
17	全站仪	徕卡 TC2000	瑞士徕卡公司	
18	全站仪	徕卡 TC2000	瑞士徕卡公司	
19	全站仪	徕卡 TC2000	瑞士徕卡公司	
20	全站仪	SET2CⅡ	日本索佳公司	
21	测深仪	D580	上海华测导航技术股份有限公司	
22	无人测量船	SE40	广州南方卫星导航仪器有限公司	

优势：

1. 班组秉承国测一大队“热爱祖国、忠诚事业、艰苦奋斗、无私奉献”的测绘精神、大庆精神铁人精神，培育了“质量是生命，安全是保证，效益是中心，信誉是希望”的班组文化。

2. 班组人员 90%具有大学及以上学历，其中国家注册测绘师 6 人，班组人员具有丰富的测绘经验和较高的质量管理能力，曾获得国家级及省级 QC 成果两项。

3. 班组有国内先进 GNSS 18 套、徕卡全站仪 4 台、数字水准仪 2 台、水下无人船 1 艘，适合不同类型的测量项目。特别是水下无人船测量技术填补了大庆油田水下无人测量的技术空白，提高水下测量工作效率 2 倍以上，具备了打造“专精特新”行业的接续发展潜力。

4. 班组具有高端测绘技术攻关能力，现已掌握水下无人船测量技术、智慧水库测绘技术等行业先进技术，近3年先后获得黑龙江省优秀测绘工程奖3项、黑龙江省优秀勘察设计奖1项。

劣势：

1. 年轻技术人员相对较少，班组年龄结构整体偏大，后备测绘技术人员力量接续不足。

2. 班组人员素质参差不齐，综合性和创新型人才少。

（二）确定关键改进工作

在识别确定关键需求后，从优势、劣势等方面对班组满足关键需求的能力进行全面评估，识别短板，找出差距，确定建设过程中的关键改进工作如表2-4所示。

表2-4 关键改进工作及措施汇总表

序号	关键改进工作	改进措施
1	提高人员素质	覆盖全员培训
2	增强技术革新	突出技术攻关
3	后备力量不足	提升人员综合素质，一岗多能

（三）建立目标和测量指标

顾客及相关方的关键需求是提供合格的地形图和勘测定界图，水文地质公司对于探测工程部的工作要求是年测量业务产值不少于500万元，无安全生产事故。根据顾客需求及上级管理单位的要求，制定班组关键工作目标和班组创建措施表如表2-5和表2-6所示。

表2-5 班组关键工作管理目标表

关键工作管理目标		上年度同期值	下达目标值	期望完成值	负责人	完成时间	检查时间
覆盖全员培训	课程	300	320	330	吴振岭	2022. 12. 10	每月
突出技术攻关	技术革新或项目成果	1	1	2	温禹	2022. 12. 10	季度
夯实管理基础	产品和服务质量管理	100%	100%	100%	王德超	2022. 12. 10	季度
	顾客关系管理	顾客满意度96%	顾客满意度98%	顾客满意度100%	胡俊	2022. 12. 10	每月
	制度管理	细化管理制度8项	细化管理制度10项	细化管理制度11项	胡俊	2022. 12. 10	季度
	任务管理	任务按期完成率100%	任务按期完成率100%	任务按期完成率100%	胡俊	2022. 12. 10	每月
	绩效管理	创造效益450万元	创造效益500万元	创造效益550万元	胡俊	2022. 12. 10	季度
	设备管理	完好率98%	完好率99%	完好率100%	胡俊	2022. 12. 10	季度
	安全环保管理	安全环保无事故	安全环保无事故	安全环保无事故	吴振岭	2022. 12. 10	季度
	应急管理	应急演练2次	应急演练3次	应急演练4次	吴振岭	2022. 12. 10	季度

表2-6 班组创建措施表

创建措施	具体执行方案
覆盖全员培训，推进班组技能建设，提升人员素质	1. 制定科学合理的技术培训方案，全年开展专业技术集中培训4次，每次10天，每天6学时； 2. 开展岗位技能培训学习12次，每次1天，每天1个学时，技术骨干外出培训学习先进技术2人次，每人次学习时间5天，每人次每天培训时间6学时，安全应急培训及演练12次； 3. 每次1天，每天2个学时，积极开展“导师带徒”活动，学习老员工工作经验，提升班组年轻员工实际工作经验

续表

创建措施	具体执行方案
覆盖全员培训，推进班组技能建设，提升人员素质	积极推进学习型班组建设，促进员工业务技能提升。针对探测工程部测绘专业属于技术密集型业务，需要不断更新技术能力和专业知识，班组大力推进学习型班组建设，创造各种条件鼓励班组年轻技术干部学习专业技术知识
加强质量管理，牢记质量是生命的企业理念	将质量管理体系和 HSE 体系合二为一，针对相关程序制定落实标准，突出三个明确。明确职责：明确人员在各程序文件中的职责划分，解决“由谁做”的问题；明确流程：分解每个程序的工作内容及要求，解决“如何做”的问题；明确标准：把新体系的标准纳入考核中，解决“做到位”的问题
	1. 根据测量作业程序设置 7 个质量管理点，严格过程控制、加强测绘产品质量检查； 2. 测绘产品质量严格执行两级检查制度和一级验收制度，即过程检查、最终检查制度。过程检查由水文地质公司探测工程部承担，最终检查由水文地质公司工程技术部负责实施。各级检查工作必须独立进行，不得省略或代替
加强与顾客沟通，了解顾客所想、所需，不断提高服务质量	客户的需求就是我们的标准。为了更好地服务于顾客，我们及时将顾客的反馈第一时间告知整个班组，落实到每一个岗位、每一环节、每一个人。有计划、有安排、有落实、有反馈，把质量铭记心间
结合实际情况，细化上级管理制度	探测工程部结合管理实际情况，将上级组织的管理制度细化，形成适合探测工程部的管理制度，提升现场的执行力
加强任务管理，明确工作流程及内容，保障项目顺利进行	根据现场实际情况，建立了科学的工作流程，对全员班组人员进行工作职责内容学习，明确自身的工作内容、流程及涉及其他相关情况
班组树立成本意识，做到“三算三对比”，增强提质增效的能力	班组将每个测量项目成本精确分解，对每个测量项目“三费”，即人工费、仪器折旧、其他费用进行核算，找到了质量与成本的最佳平衡点，在保证质量的前提下有效提升经济效益
加强设备管理，保证设备性能稳定，测绘成果可靠加强设备管理，保证设备性能稳定，测绘成果可靠	班组加强工作所需 GNSS、全站仪、无人船等设备日常管理保养，合理分工、责任到人，做到保养时间严把关、保养操作程序严把关、保养质量严把关
牢记安全是第一要务，提升安全管理水平	班组推进 HSE 标准化示范站队建设，积极开展“写风险”活动，深入探索和把握测量作业安全规律，坚持“三步法”、严守“三道关”、紧盯“三时段”，将“三个三”贯穿施工全过程，严控测量安全风险，筑牢测量安全生产防线
开展风险排查及应急演练，提高应对突发事件的处置能力	班组在现场工作中，采用科学方法，全面识别工作过程中的各类风险，依据风险影响程度，编写制定相应的处置措施，定期进行应急演练，提高应对突发事件的处置能力

三、建设过程

（一）提升人员素质

1. 全年制定科学合理的技术培训方案，认真开展专业技术集中培训、岗位技能培训、技术骨干外出培训等技术培训。2022 年，全年技术骨干外出培训 12 人次，专业技术集中培训 4 次，培训专业技术人员 40 人次，专业技术人员经过技术培训后专业技能大幅度提升，2022 年撰写专业技术论文 5 篇，在中石油勘察技术中心站 2022 年会上发表。照片见图 3-1。

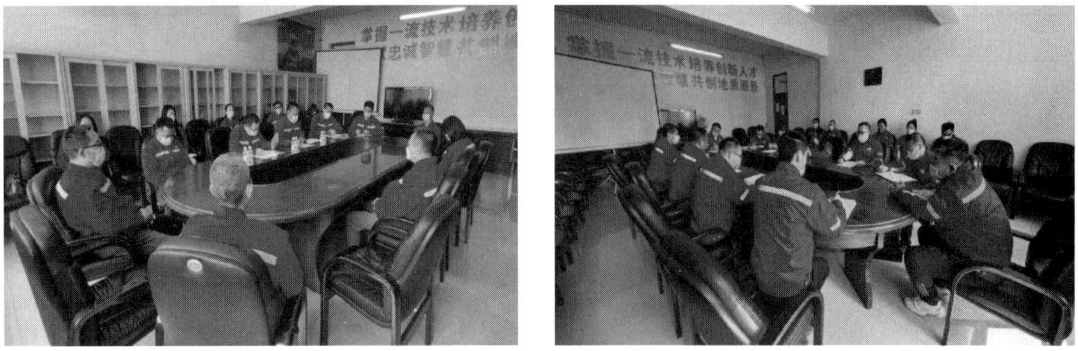

图 3-1　参加培训学习

2. 积极开展"导师带徒"活动，学习老员工工作经验，提升班组年轻员工实际工作能力。同时把培训与员工自学、岗位练兵、技能鉴定相结合，定期开展考核，促进理论认识与实践同步提升。2022 年结成"导师带徒"对子 3 对，培养年轻技术干部 3 人，2 人在水务公司 2022 年度岗位技能大赛上获得岗位"技术能手"称号。照片见图 3-2，汇总表见表 3-1。

图 3-2　导师带徒

表 3-1　能力培训情况汇总表

序号	培训项目	参加人员	学习时间
1	测绘专业技术	测绘工程师及工程测量工	2 月/4 月/7 月/12 月 10~15 日
2	岗位技能	全体班组成员	2 月/4 月/7 月/12 月 20~21 日
3	安全知识	全体班组成员	2 月/4 月/7 月/12 月 5~6 日
4	应急培训及演练	全体班组成员	每月中旬
5	骨干人员技能培训	测绘工程师	2 月/4 月/7 月/12 月 1~4 日

3. 积极推进学习型班组建设，促进员工业务技能提升。针对探测工程部测绘专业属于技术密集型业务，需要不断更新技术能力和专业知识，班组大力推进学习型班组建设，创造各种便利条件鼓励班组年轻技术干部学习专业技术知识。通过创建质量信得过班组活动，人员素质提升取得了很好的效果，班组先后有 6 人次考取国家注册测绘师，5 人次考取一级建造师，3 人次考取二级建造师。证书照片见图 3-3。

探测工程部将以此次质量信得过班组创建活动为契机，在人员素质提升方面继续深入推进学习型班组建设，为班组营造浓厚的学习氛围，创造多种适用的素质提升途径，坚持技术培训与"导师带徒"相结合，理论学习与工作时间相结合，切实不断提高人员素质，应对不断增加的工作挑战。

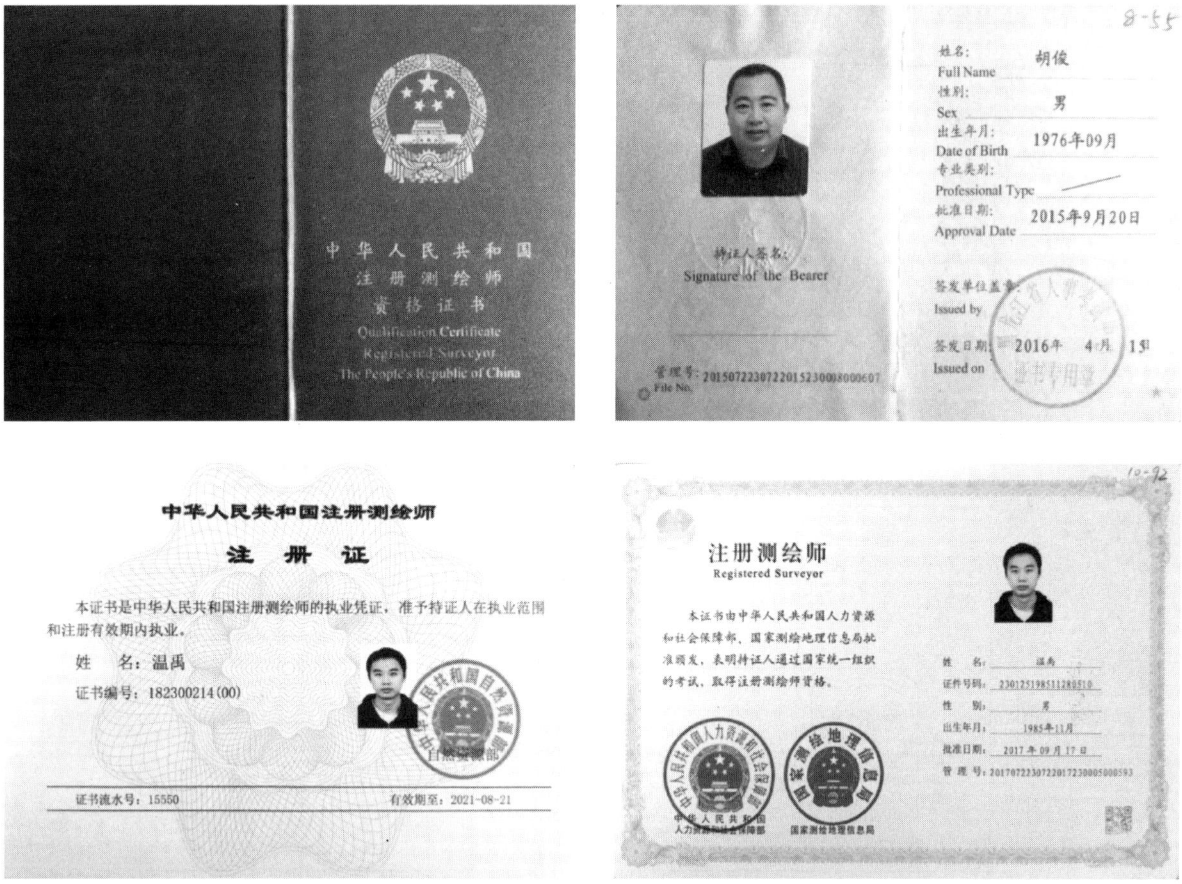

图 3-3　注册测绘师

（二）完善基础管理

1. 加强质量管理，牢记质量是生命的企业理念

2022 年 9 月，按照“推动质量变革创新，促进质量强国建设”的活动主题，认真开展了“质量月”活动，组织质量知识培训 4 学时，分析测绘质量问题案例 1 个，野外作业现场质量巡查 6 次，通过活动，班组全体员工的质量意识得到了提升，工作质量保持良好的水平，达到了预期的活动效果。

1）班组积极推进质量管理体系的有效落实

将质量管理体系和 HSE 体系合二为一，针对相关程序制定落实标准，突出三个明确。明确职责：明确人员在各程序文件中的职责划分，解决“由谁做”的问题；明确流程：分解每个程序的工作内容及要求，解决“如何做”的问题；明确标准：把新体系的标准纳入考核中，解决“做到位”的问题。2022 年重新修订探测工程部管理手册，把新制定的工作标准上升为管理手册的条款，确保质量管理体系的有效落实。质量管理手册见图 3-4。

2）根据测量作业程序设置 7 个质量管理点，严格过程控制，加强测绘产品质量检查

为了加强测量管理，班组设置了 7 个质量管理点，分别为：工作内容布置、现场技术交底、控制测量、碎部测量、数据准确性及地形图合理性、报告质量内容检查。定期对质量管理点进行检查，确保测量作业过程质量。测量过程质量管理点明细表见图 3-5。

3）完善质量检查程序，做好测绘成果两级质量检查

测绘产品质量严格执行两级检查制度，即过程检查、最终检查制度。过程检查由水文地质公司探测工程部承担，最终检查由水文地质公司工程技术部负责实施。两级检查工作必须独立进行，不得省略或代替。检查报告见图 3-6。

手册编码：DQYT2019I-26-001-A

探测工程部管理手册

2021-11-30 发布　　2021-11-30 实施

大庆油田有限责任公司大庆油田水务公司　发布

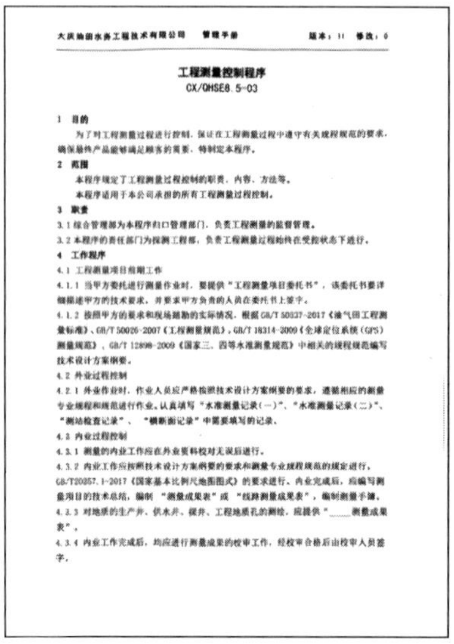

大庆油田水务工程技术有限公司　管理手册　版本：11　修改：0

工程测量控制程序

CX/QHSE8.5-03

1　目的

为了对工程测量过程进行控制，保证在工程测量过程中遵守有关规程规范的要求，确保最终产品能够满足顾客的需要，特制定本程序。

2　范围

本程序规定了工程测量过程控制的职责、内容、方法等。

本程序适用于本公司承担的所有工程测量过程控制。

3　职责

3.1 综合管理部为本程序归口管理部门，负责工程测量的监督管理。

3.2 本程序的责任部门为探测工程部，负责工程测量过程始终在受控状态下进行。

4　工作程序

4.1 工程测量项目前期工作

4.1.1 当甲方委托进行测量作业时，要提供"工程测量项目委托书"，该委托书要详细描述甲方的技术要求，并要求甲方负责的人员在委托书上签字。

4.1.2 按照甲方的要求和现场踏勘的实际情况，根据GB/T 50537-2017《油气田工程测量标准》、GB/T 50026-2007《工程测量规范》，GB/T 18314-2009《全球定位系统（GPS）测量规范》，GB/T 12898-2009《国家三、四等水准测量规范》中相关的规程规范编写技术设计方案纲要。

4.2 外业过程控制

4.2.1 外业作业时，作业人员应严格按照技术设计方案纲要的要求，遵循相应的测量专业规程和规范进行作业。认真填写"水准测量记录(一)"、"水准测量记录(二)"、"测站检查记录"、"横断面记录"中需要填写的记录。

4.3 内业过程控制

4.3.1 测量的内业工作应在外业资料校对无误后进行。

4.3.2 内业工作应按照技术设计方案纲要的要求和测量专业规程规范的规定进行，GB/T20257.1-2017《国家基本比例尺地图图式》的要求进行、内业完成后，应编写测量项目的技术总结，编制"测量成果表"或"线路测量成果表"，编制测量手簿。

4.3.3 对地质的生产井、供水井、探井、工程地质孔的测绘，应提供"____测量成果表"。

4.3.4 内业工作完成后，均应进行测量成果的校审工作，经校审合格后由校审人员签字。

图 3-4　质量管理手册

工序名称	管理点编号	管理点名称	控制内容	技术要求	检测方式	检测工具	检测频数	检测责任者	质量记录	备注
编制技术设计书	1	工作内容布置	测量作业安排、测量技术选择及仪器使用情况	符合《油气工程测量标准》等技术标准	全检	技术设计书	1	技术负责人	技术设计书评审表	
现场交底	1	现场技术交底	现场测量作业技术交底要求	满足技术设计书要求	全检	技术设计书	1	项目负责人	工程测量交底记录	

图 3-5　过程质量管理点明细表

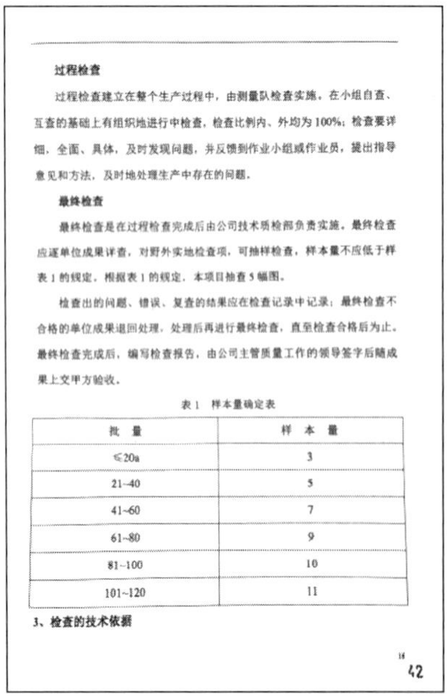

过程检查

过程检查建立在整个生产过程中，由测量队检查实施，在小组自查、互查的基础上有组织地进行中检查，检查比例内、外均为100%；检查要详细、全面、具体，及时发现问题，并反馈到作业小组或作业员，提出指导意见和方法，及时地处理生产中存在的问题。

最终检查

最终检查是在过程检查完成后由公司技术质检部负责实施。最终检查应逐单位成果详查，对野外实地检查项，可抽样检查，样本量不应低于样表1的规定，根据表1的规定，本项目抽查5幅图。

检查出的问题、错误、复查的结果应在检查记录中记录；最终检查不合格的单位成果退回处理，处理后再进行最终检查，直至检查合格后为止。最终检查完成后，编写检查报告，由公司主管质量工作的领导签字后随成果上交甲方验收。

表1　样本量确定表

批　量	样　本　量
≤20a	3
21~40	5
41~60	7
61~80	9
81~100	10
101~120	11

3、检查的技术依据

16

42

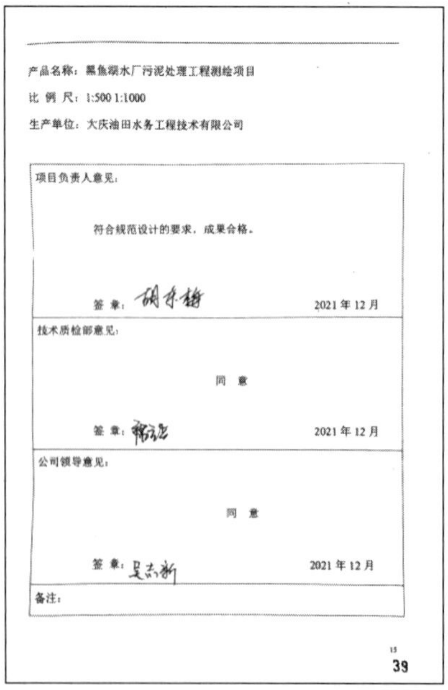

产品名称：黑鱼湖水厂污泥处理工程测绘项目

比 例 尺：1:500 1:1000

生产单位：大庆油田水务工程技术有限公司

项目负责人意见：

符合规范设计的要求，成果合格。

签　章：胡东静　　2021 年 12 月

技术质检部意见：

同　意

签　章：　　2021 年 12 月

公司领导意见：

同　意

签　章：　　2021 年 12 月

备注：

15

39

图 3-6　两级检查报告

2. 加强与顾客沟通，了解顾客所想、所需，不断提高服务质量

客户的需求就是我们的标准。为了更好地服务顾客，我们及时将顾客的反馈第一时间告知整个班组，落实到每一个岗位、每一环节、每一个人。有计划、有安排、有落实、有反馈，把服务质量铭记心间。回访记录见图 3-7。

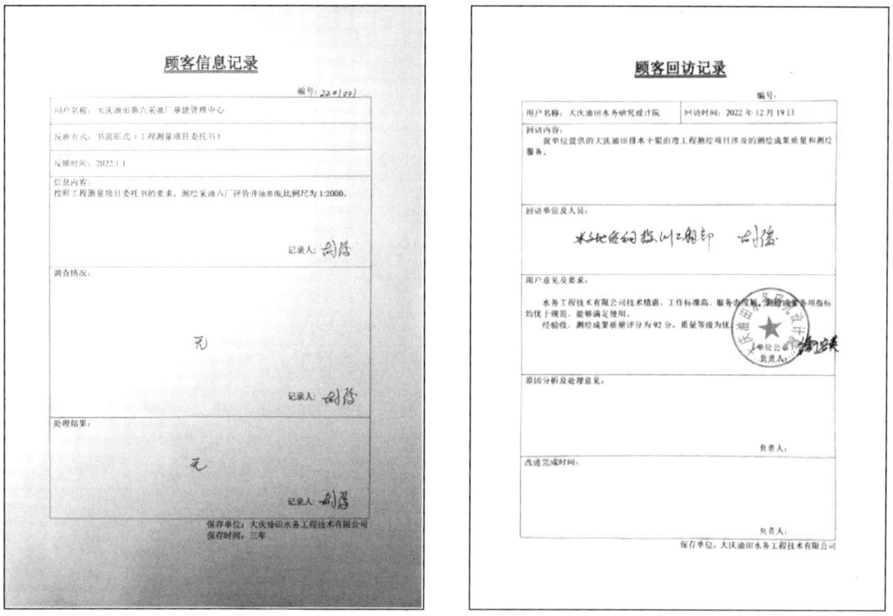

顾客信息记录

编号：2201001

用户名称：大庆油田第六采油厂基建管理中心

反馈方式：书面形式（工程测量项目委托书）

反馈时间：2022.1.1

信息内容：
按照工程测量项目委托书的要求，测绘采油六厂评价井地形图，比例尺为 1:2000。

记录人：

调查情况：

无

记录人：

处理结果：

无

记录人：

保存单位：大庆油田水务工程技术有限公司
保存时间：三年

顾客回访记录

编号：

用户名称：大庆油田水务研究设计院　　回访时间：2022 年 12 月 19 日

回访内容：
我单位提供的大庆油田排水干渠治理工程测绘项目涉及的测绘成果质量和测绘服务。

回访单位及人员：

用户意见及要求：
水务工程技术有限公司技术精湛、工作标准高、服务态度好，测绘成果各项指标均优于规范，能够满足使用。
经验收，测绘成果质量评分为 92 分，质量等级为优。

单位公章
负责人：

原因分析及处理意见：

负责人：

改进完成时间：

负责人：

保存单位：大庆油田水务工程技术有限公司

图 3-7　顾客信息及回访记录

3. 结合实际情况，细化上级管理制度及工作流程，并把相应条款写入探测工程部管理手册中作为工作制度加以执行

探测工程部结合管理实际情况，将上级组织的管理制度细化形成适合探测工程部的管理制度，并将相应条款写入探测工程部管理手册中，作为工作制度加以执行，提升了现场的执行力，提高了工作标准及工作效率。2022 年，细化《测绘产品质量检查制度》等管理制度 2 项，为保证产品质量奠定了制度基础。检查制度见图 3-8。

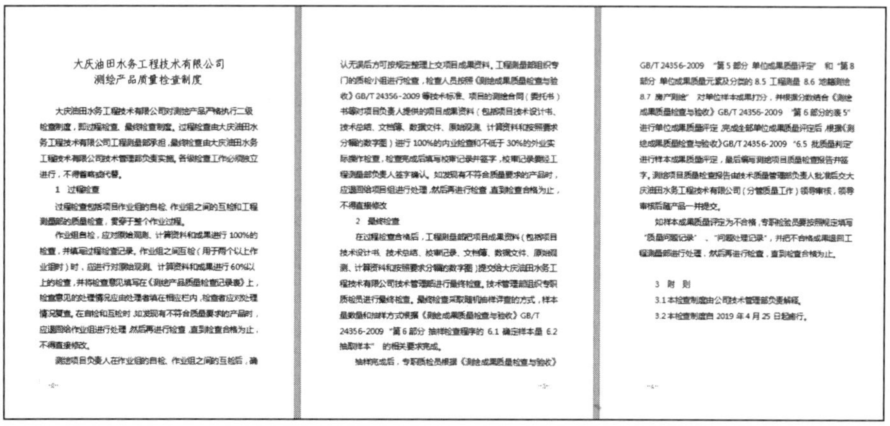

大庆油田水务工程技术有限公司
测绘产品质量检查制度

大庆油田水务工程技术有限公司对测绘产品严格执行二级检查制度，即过程检查、最终检查制度。过程检查由大庆油田水务工程技术有限公司工程测量部承担，最终检查由大庆油田水务工程技术有限公司技术管理部负责实施。各级检查工作必须独立进行，不得省略或代替。

1　过程检查

过程检查包括项目作业组的自检、作业组之间的互检和工程测量部的质量检查，贯穿于整个作业过程。

作业组自检，应对原始观测、计算资料和成果进行 100%的检查，并填写过程检查记录。作业组之间互检（用于两个以上作业组时）时，应进行对原始观测、计算资料和成果进行 60%以上的检查，并将检查意见填写在《测绘产品质量检查记录表》上，检查意见的处理情况应由处理者填在相应栏内，检查者应对处理情况复查。在自检和互检时，如发现有不符合质量要求的产品时，应退回给作业组进行处理，然后再进行检查，直到检查合格为止，不得直接修改。

测绘项目负责人在作业组的自检、作业组之间的互检后，确认无误后方可按规定整理上交项目成果资料。工程测量部组织专门的质检小组进行检查，检查人员按照《测绘成果质量检查与验收》GB/T 24356-2009 等技术标准、项目的测绘合同（委托书）书等对项目负责人提供的项目成果资料（包括项目技术设计书、技术总结、文档簿、数据文件、原始观测、计算资料和按照要求分幅的数字图）进行 100%的内业检查和不低于 30%的外业实际操作检查，检查完成后填写校审记录并签字，校审记录要经工程测量部负责人签字确认。如发现有不符合质量要求的产品时，应退回给项目组进行处理，然后再进行检查，直到检查合格为止，不得直接修改

2　最终检查

在过程检查合格后，工程测量部把项目成果资料（包括项目技术设计书、技术总结、校审记录、文档簿、数据文件、原始观测、计算资料和按照要求分幅的数字图）提交给大庆油田水务工程技术有限公司技术管理部进行最终检查。技术管理部组织专职质检员进行最终检查。最终检查采取随机抽样详查的方式，样本量数量和抽样方式根据《测绘成果质量检查与验收》GB/T 24356-2009 "第 6 部分 抽样检查程序的 6.1 确定样本量 6.2 抽取样本" 的相关要求完成。

抽样完成后，专职质检员根据《测绘成果质量检查与验收》GB/T 24356-2009 "第 5 部分 单位成果质量评定" 和 "第 8 部分 单位成果质量元素及分类的 8.5 工程测量 8.6 地籍测绘 8.7 房产测绘" 对单位样本成果打分，并根据分数结合《测绘成果质量检查与验收》GB/T 24356-2009 "第 6 部分的表 5" 进行单位成果质量评定，完成全部单位成果质量评定后，根据《测绘成果质量检查与验收》GB/T 24356-2009 "6.5 批质量判定" 进行样本成果质量评定，最后编写测绘项目质量检查报告并签字。测绘项目质量检查报告由技术质量管理部负责人批准后交大庆油田水务工程技术有限公司（分管质量工作）领导审核，领导审核后随产品一并提交。

如样本成果质量评定为不合格，专职检验员要按照规定填写 "质量问题记录"、"问题处理记录"，并把不合格成果退回工程测量部进行处理，然后再进行检查，直到检查合格为止。

3　附　则

3.1 本检查制度由公司技术管理部负责解释。

3.2 本检查制度自 2019 年 4 月 25 日起施行。

图 3-8　探测工程部测绘质量检查制度

4. 加强任务管理，明确工作流程及内容，保障项目顺利进行

探测工程部根据自身业务特点，建立了科学的工作流程，定期对班组人员进行岗位职责培训，明确工作内容、流程及涉及其他相关情况。在每个项目开工前，还要进行作业交底，结合岗位职责及项目实际情况，再次确认工作内容和流程，做到“双保险”，确保项目能够顺利进行。见图 3-9~图 3-11。

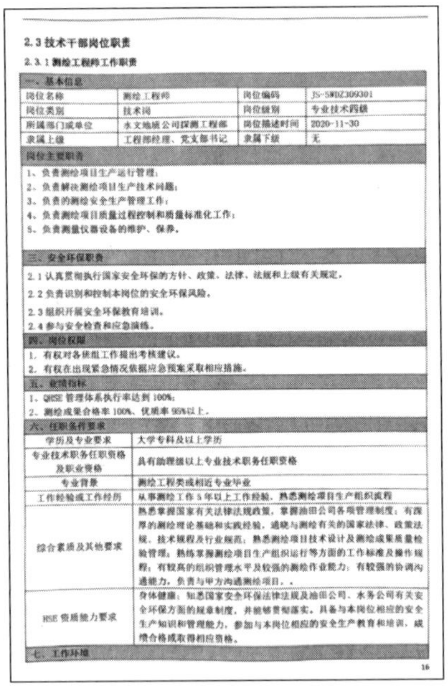

2.3 技术干部岗位职责

2.3.1 测绘工程师工作职责

一、基本信息			
岗位名称	测绘工程师	岗位编码	JS-SWDZ309301
岗位类别	技术岗	岗位级别	专业技术四级
所属部门或单位	水文地质公司探测工程部	岗位描述时间	2020-11-30
隶属上级	工程部经理、党支部书记	隶属下级	无

岗位主要职责

1、负责测绘项目生产运行管理；
2、负责解决测绘项目生产技术问题；
3、负责的测绘安全生产管理工作；
4、负责测绘项目质量过程控制和质量标准化工作；
5、负责测量仪器设备的维护、保养。

三、安全环保职责

2.1 认真贯彻执行国家安全环保的方针、政策、法律、法规和上级有关规定。
2.2 负责识别和控制本岗位的安全环保风险。
2.3 组织开展安全环保教育培训。
2.4 参与安全检查和应急演练。

四、岗位权限

1、有权对各班组工作提出考核建议。
2、有权在出现紧急情况依据应急预案采取相应措施。

五、业绩指标

1、QHSE 管理体系执行率达到 100%；
2、测绘成果合格率 100%、优质率 95%以上。

六、任职条件要求	
学历及专业要求	大学专科及以上学历
专业技术职务任职资格及职业资格	具有助理级以上专业技术职务任职资格
专业背景	测绘工程类或相近专业毕业
工作经验或工作经历	从事测绘工作 5 年以上工作经验，熟悉测绘项目生产组织流程
综合素质及其他要求	熟悉掌握国家有关法律法规政策，掌握油田公司各项管理制度；有深厚的测绘理论基础和实践经验，通晓与测绘有关的国家法律、政策法规、技术规程及行业规范；熟悉测绘项目技术设计及测绘成果质量检验管理；熟练掌握测绘项目生产组织运行等方面的工作标准及操作规程；有较高的组织管理水平及较强的测绘作业能力；有较强的协调沟通能力，负责与甲方沟通测绘项目。。
HSE 资质能力要求	身体健康；知悉国家安全环保法律法规及油田公司、水务公司有关安全环保方面的规章制度，并能够贯彻落实。具备与本岗位相应的安全生产知识和管理能力，参加与本岗位相应的安全生产教育和培训，成绩合格或取得相应资格。

七、工作环境

16

图 3-9　探测工程部测绘工程师工作职责

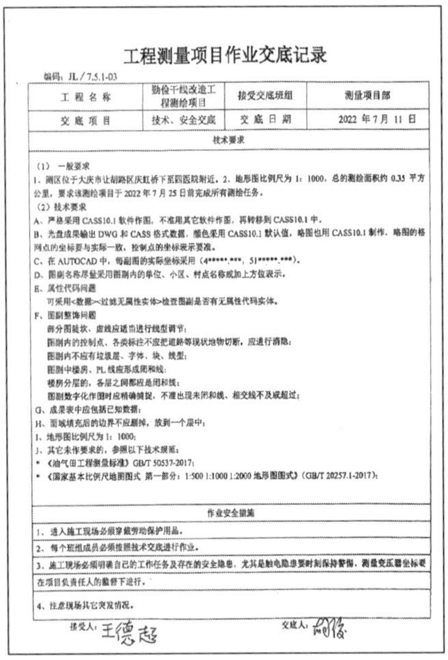

工程测量项目作业交底记录

编码：JL／7.5.1-03

工程名称	勤俭干线改造工程测绘项目	接受交底班组	测量项目部
交底项目	技术、安全交底	交底日期	2022 年 7 月 11 日

技术要求

（1）一般要求
1、测区位于大庆市让胡路区庆虹桥下基四医院附近。2、地形图比例尺为 1：1000，总的测绘面积约 0.35 平方公里，要求该测绘项目于 2022 年 7 月 25 日前完成所有测绘任务。
（2）技术要求
A、严格采用 CASS10.1 软件作图，不准用其它软件作图，再转移到 CASS10.1 中。
B、光盘成果输出 DWG 和 CASS 格式数据，颜色采用 CASS10.1 默认值，略图也用 CASS10.1 制作，略图的格网点的坐标要与实际一致，控制点的坐标表示要准。
C、在 AUTOCAD 中，每副图的实际坐标采用（4*****.***，51*****.***）。
D、图副名称尽量采用图副内的单位、小区、村点名称或加上方位表示。
E、属性代码问题
可采用<数据><过滤无属性实体>检查图副是否有无属性代码实体。
F、图副整饰问题
部分图陡坎、虚线应适当进行线型调节；
图副内的控制点、各类标注不应把道路等现状地物切断，应进行消隐；
图副内不应有垃圾层、字体、块、线型；
图副中楼房、PL 线应形成闭和线；
楼房分层的，各层之间都应是闭和线；
图副数字化作图时应精确捕捉，不准出现未闭和线、相交线不及或超过；
G、成果表中应包括已知数据；
H、面域填充后的边界不应删掉，放到一个层中；
I、地形图比例尺为 1：1000；
J、其它未作要求的，参照以下技术规范：
•《油气田工程测量标准》GB/T 50537-2017；
•《国家基本比例尺地图图式 第一部分：1:500 1:1000 1:2000 地形图图式》（GB/T 20257.1-2017）；

作业安全措施

1、进入施工现场必须穿戴劳动保护用品。
2、每个班组成员必须按照技术交底进行作业。
3、施工现场必须明确自己的工作任务及存在的安全隐患，尤其是触电隐患要时刻保持警惕，测量变压器坐标要在项目负责任人的监督下进行。
4、注意现场其它突发情况。

接受人：王德超　　交底人：[illegible]

图 3-10　工程测量项目作业交底记录

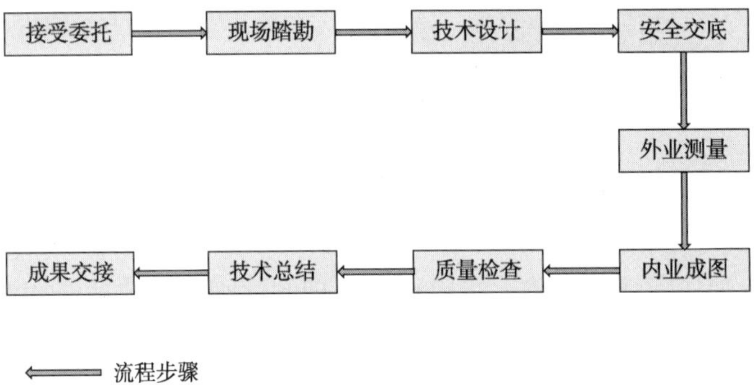

图 3-11　探测工程部测绘工作流程图

5. 班组树立成本意识，做到“三算三对比”，增强提质增效的能力

班组将每个测量项目成本精确分解，对每个测量项目“三费”，即人工费、仪器折旧、其他费用进行核算，找到了质量与成本的最佳平衡点，在保证质量的前提下有效提升经济效益。见图 3-12。

2022年水务公司市场项目统计表（公司内部）

编制时间：2022.08.02

序号	项目名称	项目来源	金额（万元）	去年同期（万元）	同比增减额（±）	项目类型	项目跟进负责人	项目工作量	项目进展	财务账套类别	收入情况（万元）			支出情况（万元）				利润	边际贡献
											账面收入	现金流入	现金流入收款凭证号	小计	员工薪酬	折旧及摊销	其他变动成本	账面收入-支出小计	收入-其他变动成本
1	水务公司民用管网工业用户剥离工程测绘项目	大庆油田水务研究设计院	4.52				王德超	地形图0.49平方公里	完成	主体				4.41	2.78	0.98	0.65		
2	排水干渠加固工程测绘项目	大庆油田水务研究设计院	9.46				王德超	地形图0.69平方公里	完成	主体				6.44	5.43	0.42	0.59		

图 3-12　项目费用核算表

6. 加强设备管理，保证设备性能稳定，测绘成果可靠

班组加强工作所需 GNSS、全站仪、无人船等设备日常管理保养，合理分工、责任到人，做到保养时间严把关、保养操作程序严把关、保养质量严把关。做好测绘仪器年度检定，确保测量仪器的测绘结果符合规范要求，成果质量有保证。由于设备保养得当，2022 年节省仪器修理费用 5.8 万元。见图 3-13、图 3-14。

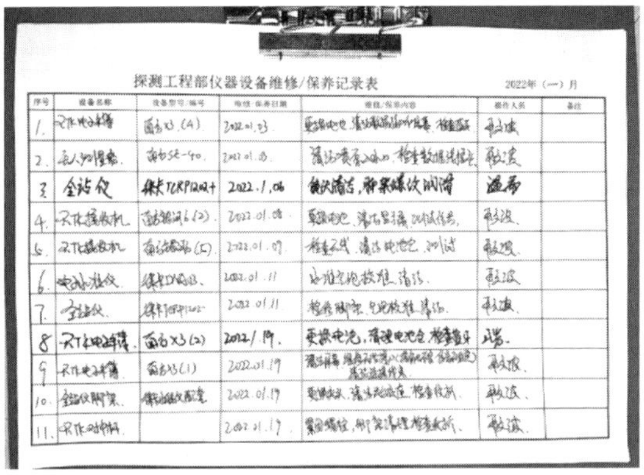

图 3-13　仪器设备维修保养记录表

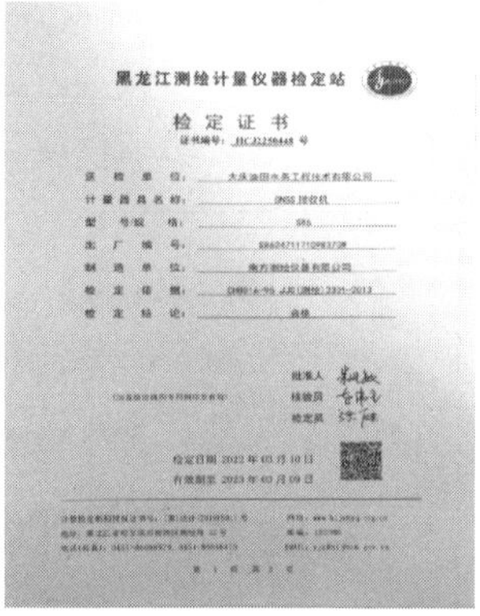

图 3-14　仪器检定证书

7. 牢记安全是第一底线原则，提升安全管理水平

班组积极推进安全双重预防机制建设，构筑防范生产安全事故的两道防火墙，努力把各类风险控制在可接受范围内，杜绝和减少事故隐患，坚决把隐患消灭在事故发生之前。班组每月积极开展安全经验分享和安全学习活动。2022 年 6 月，认真开展安全生产月活动，组织安全学习 2 次，全员安全网络答题 31 人次，提交安全合理化建议 6 条，真正把“遵守安全生产法，当好第一责任人”的安全月主体落到实处，严控测量安全风险，筑牢测量安全生产防线。见图 3-15~图 3-18。

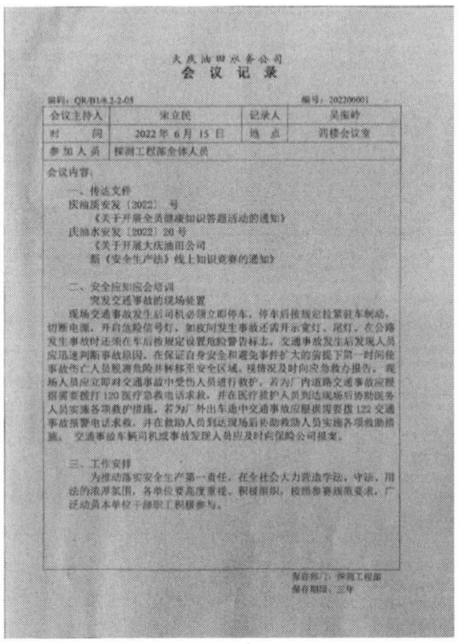

图 3-15　安全会议记录

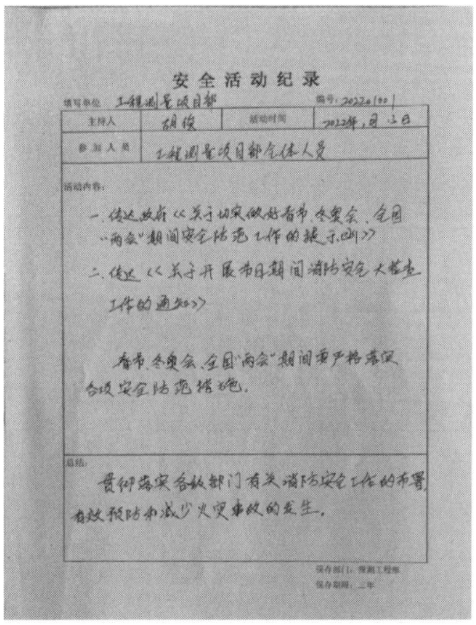

图 3-16　安全活动记录

图 3-17　浅滩测量作业安全防护

图 3-18　无人船水下测量安全防护

8. 开展风险排查及应急演练，提高应对突发事件的处置能力

班组在现场工作中，采用科学方法，全面识别工作过程中的各类风险，依据风险影响程度，编写制定相应的处置措施，定期进行应急演练，提高应对突发事件的处置能力。见图 3-19、图 3-20。

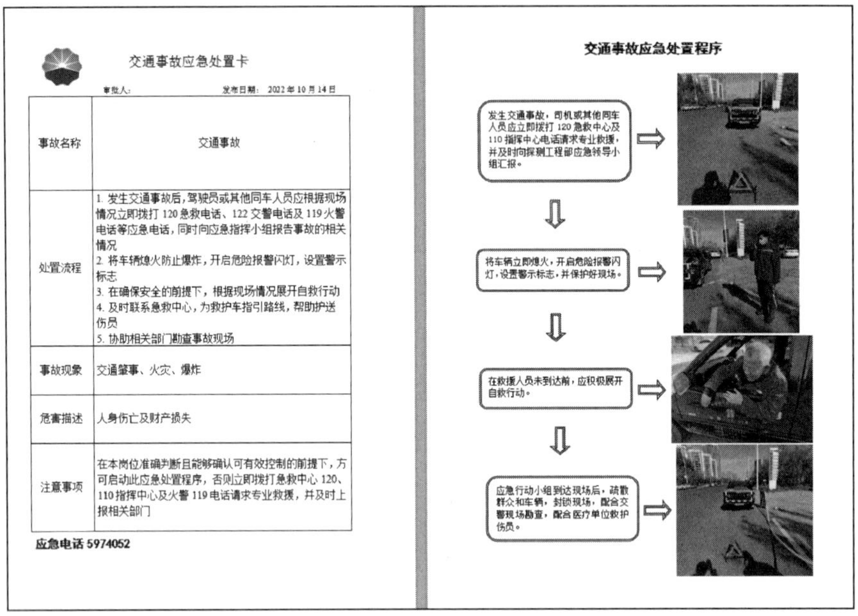
交通事故应急处置卡

审批人：　　　　发布日期：2022 年 10 月 14 日

事故名称	交通事故
处置流程	1. 发生交通事故后，驾驶员或其他同车人员应根据现场情况立即拨打 120 急救电话、122 交警电话及 119 火警电话等应急电话，同时向应急指挥小组报告事故的相关情况 2. 将车辆熄火防止爆炸，开启危险报警闪灯，设置警示标志 3. 在确保安全的前提下，根据现场情况展开自救行动 4. 及时联系急救中心，为救护车指引路线，帮助护送伤员 5. 协助相关部门勘查事故现场
事故现象	交通肇事、火灾、爆炸
危害描述	人身伤亡及财产损失
注意事项	在本岗位准确判断且能够确认可有效控制的前提下，方可启动此应急处置程序，否则立即拨打急救中心 120、110 指挥中心及火警 119 电话请求专业救援，并及时上报相关部门

应急电话 5974052

图 3-19　交通事故应急处置卡

水文地质公司探测工程部
危险源辨识和风险评价表

编码:RD/B1/HSE5.3.1-02-01　　　　编号: 202206003
单位:探测工程部　　　　日期:2022年6月6日

序号	活动、产品和服务描述				涉及区域	使用设备	岗位	危险源描述	可能导致的后果	现有控制措施	拟增加控制措施	时态	状态	评价方法 (D=LEC)				风险等级
	一级	二级	三级	四级										L	E	C	D	
8		工程测量	工程测量	工程测量	施测	测量仪器	测绘工程师	雨天测量;高压线旁立杆	触电	1.禁止在高压线下立杆;2.禁止雨天外出测量		将来	异常	1	3	15	45	低度
								路中测量;未设置警示标志	车辆伤害	1.穿戴必要的劳保用品;2.现场延公路走向100米外树立警示标志		将来	异常	1	3	15	45	低度
								不穿救生衣;动作不当	淹溺	1.穿戴好救生衣;2.有专业救生人员监护;3.跟甲方沟通,了解水域大致情况		将来	正常	1	3	15	45	低度

保存部门:探测工程部　　　　保存期限:三年

图 3-20　危险源辨识和风险评价表

（三）改进与创新

1. 学习先进测绘技术，延伸业务链条，用技术占领市场，推进班组创新创效建设

测绘行业竞争主要是技术实力和技术水平的竞争，掌握了一项测绘技术就占领了一片测绘市场。班组于 2020 年引进无人船测量技术并自己进行技术改造升级，成功掌握了无人船水下测量技术，填补了大庆油田水下无人测量技术的空白，占领了大庆油田水下测量市场。应用无人船水下测量技术，2022 年探测工程部完成水下地形测量项目 2 项，测量面积 25.5km^2，比 2021 年提高了 15.3km^2。见图 3-21、图 3-22。

图 3-21　SE40 无人船准备测量作业

图 3-22　SE40 无人船水下测量作业

2. 运用质量管理方法，有效开展技术革新活动

2020 年探测工程部针对大庆油田河湖泡渠治理测绘项目，引入了无人船测量技术，相对于传统的水下地形测量，无人船从根本上解决了水下地形测量的人员安全及生态环保问题，并且具有无人化、智能化、高效率等突出优点，开创了大庆油田水下地形测量的新技术路线。在使用过程中，针对无人船水上测量姿态控制、数据传输依赖于岸上的无线电基站传输，作业范围传输距离不足 1km 的问题。对无人船数据传输模式进行改造，将原有的无人船数据传输模式由无线电台传输升级为无线网络传输，实现无人船上下行数据传输使用无线网络信道，扩大无人船测量作业半径到 10km 以上，完全实现了智能化水下地形测量模式。在此基础上，2022 年还完成《南方 SE-40 无人船卫星定位系统升级改造革新》等成果两项，2022 年应用这些革新技术，缩短生产工期 20 天，节约测绘成本 10.6 万元。见图 3-23~图 3-25。

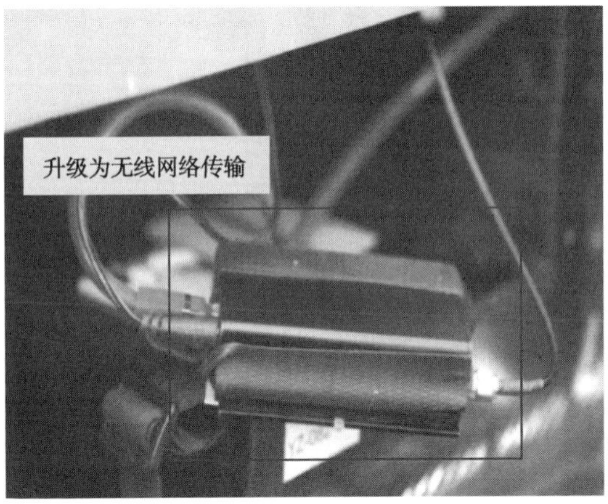

图 3-23　无人船数据传输改造

图 3-24　无人船数据传输改造

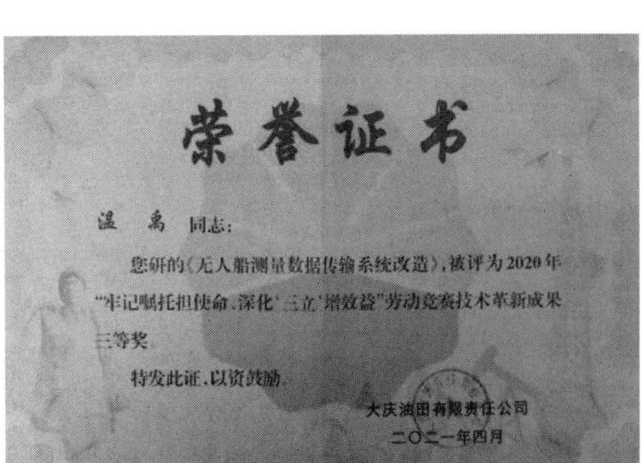
荣誉证书

温禹　同志：

您研的《无人船测量数据传输系统改造》，被评为 2020 年"牢记嘱托担使命、深化'三立'增效益"劳动竞赛技术革新成果三等奖。

特发此证，以资鼓励。

大庆油田有限责任公司

二〇二一年四月

图 3-25　无人船数据传输改造技术革新成果

3. 开展群众性技术创新，始终保持高质量操作

为了满足顾客及相关方对班组科技技术创新的更高要求，班组组织群众性创新攻关活动，通过提合理化建议，解决了一线难题等工作，达到信息共享，通力合作，集思广益，优势互补，提升团队的整体创新力，助推油田高质量生产。全年共提合理化建议 3 条，解决一线难题 1 个，完成优秀测绘项目 1 项。汇总见表 3-2、表 3-3，获奖照片见图 3-26。

表 3-2 探测工程部 2022 年合理化建议汇总表

序号	合理化建议名称	建议日期	建议人	单位	采纳实施情况	效益(社会效益、经济效益)
1	关于专业培训的建议	20220310	宋立民	探测工程部	采纳	增加测绘专业技术培训
2	关于劳动防护的建议	20220402	吴振岭	探测工程部	采纳	给测量人员配备标识明显的劳动防护衣服
3	关于操作规范的建议	20220512	尹文波	探测工程部	采纳	严格按照测量规范进行水下地形测量作业，保证湖泡水下地形测绘质量

表 3-3 一线生产技术难题汇总表

难题名称	涉及专业	提供难题部门	联系人	电话	难题描述
油田排水系统高程统一的问题	水务防洪	探测工程部	胡俊	15846170838	油田排水系统中干渠和湖泊水位高程不统一，在防洪排涝时期，容易造成排水泄洪安全隐患

图 3-26 2022 年黑龙江省优秀测绘项目银奖

四、建设成效

（一）建设目标达成情况

2022 年探测工程部完成测量项目 10 项，其中地籍测量项目 3 项，临时用地测量面积 3.58km^2，永久用地测量面积 1.09km^2；工程测量项目 7 项，测量面积 45.68km^2，其中水下地形测量面积 25.5km^2，测量成果合格率 100%。全年共完成技术革新项目 2 项，提合理化建议 3 条，解决一线难题 1 个，为保障油田产能建设工程顺利开展和大庆油田供排水事业科学运行做出了贡献。汇总表见表 4-1。

表 4-1　目标完成情况汇总表

项目	创建活动	目标值	实现值	负责人	完成
覆盖全员培训	课时	320	336	吴振岭	超额 5%完成
突出技术攻关	技术革新或项目成果	1	2	温禹	超额 100%完成
夯实管理基础	产品和服务质量管理	测绘成果合格率 100%	测绘成果合格率 100%	王德超	完成
	顾客关系管理	顾客满意度 98%	顾客满意度 100%	胡俊	超额 2%完成
	制度管理	细化管理制度 10 项	细化管理制度 11 项	胡俊	超额 10%完成
	任务管理	任务按期完成率 100%	任务按期完成率 100%	胡俊	完成
	绩效管理	创造效益 500 万元	创造效益 550 万元	胡俊	超额 10%完成
	设备管理	完好率 99%	完好率 100%	胡俊	超额 1%完成
	安全环保管理	安全环保无事故	安全环保无事故	吴振岭	完成
	应急管理	应急演练 3 次	应急演练 4 次	吴振岭	超额 33%完成

（二）提炼特色

1. 培育了以质量求生存的班组质量意识

多年来，班组一直把全员质量意识的提升当作重点来抓，提出了质量是生命的口号。作为技术服务型班组，产品质量是企业在市场上立足的基石，是企业生存的根基，我班组结合每年的“质量月”活动和“转观念、勇当担、强管理、创一流”等教育活动，因势利导，开展对标先进的质量提升活动，讲责任、讲差距、讲担当，强化质量职责，使质量意识深入人心，细节决定成败。要求“最开始做对”“一次性做对”“全程都做对”，强化工序服从和协作，整个测量团队“一盘棋、一股劲、一条心”，测绘成果个个质量全优，多个项目获得省部级优秀测绘项目奖励。

2. 形成了人人技术过硬的班组质量文化

通过创建“质量信得过班组”活动，有效树立了全员质量意识，班组内人人钻研测量技术，本领过硬，形成了重质量、敢创新的班组文化。测量工作对精确度要求极高，平面坐标精度、高程精度、残差都随着项目具体类型、测量作业方式有着明确的等级划分和误差要求，这就要求测量技术人员要有较真精神，追求严谨、追求卓越。严肃的工作态度、严格的工作纪律、严密的工作程序是完成好测量任务的前提。质量信得过班组创建活动在工作中弘扬严实作风，勇挑重担，克服困难，用最高的测绘成果质量服务工程建设，赢得了甲方的认可，维护水务测绘品牌声誉。

（三）顾客及其他相关方评价结果

外部顾客：我班组定期与采油三厂、六厂基建监督管理中心、水务公司水务研究设计院等外部顾客针对测绘成果产品质量和测绘项目服务质量进行沟通，倾听客户的意见建议，及时根据外部顾客的满意度情况完善测绘生产作业流程、提高质量检查标准、提升测绘项目服务水平，做到沟通反馈及时，整改到位。每个测绘项目结束后，均通过《顾客满意度调查表》进行该项目的满意度调查，经统计，2022 年度探测工程部为外部顾客服务的测绘项目，获得了顾客 100%满意度好评。见图 4-1~图 4-3。

相关方：我班组一直以“高质量服务为相关方创造价值”为准绳，不断与水文地质公司工程技术部、水文地质公司生产办等相关方进行沟通反馈，全年考核次数和金额均低于水文地质公司其他业务部门。班组所完成的测绘项目的产品质量和满意度，在黑龙江省测绘行业质量评比中获得了好评，其中，2021 年完成的《大庆油田西部排水干渠局部整修工程测绘项目》获得“黑龙江省优秀测绘地理信息工程银奖”、《第一采油厂河湖管理范围和水利工程管理与保护范围划界测绘》获得“黑龙江省优秀勘察设计三等奖”；2022 年完成的《黑鱼湖水厂污泥处理工程测绘项目》获得“黑龙江省优秀测绘地理信息工程银奖”。

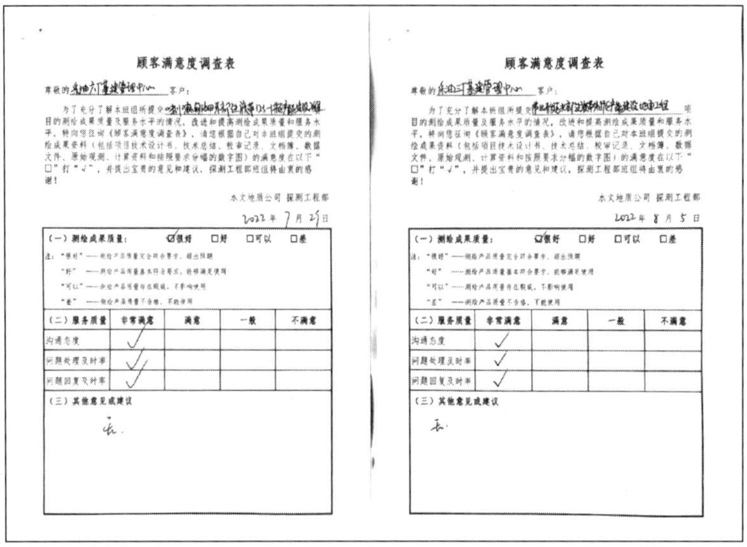

顾客满意度调查表

尊敬的采油六厂基建管理中心客户：

为了充分了解本班组所提交[illegible]项目的测绘成果质量及服务水平的情况，改进和提高测绘成果质量和服务水平，特向您征询《顾客满意度调查表》，请您根据自己对本班组提交的测绘成果资料（包括项目技术设计书、技术总结、检审记录、文档簿、数据文件、原始观测、计算资料和按照要求分幅的数字图）的满意度在以下“□”打“√”，并提出宝贵的意见和建议，探测工程部班组将由衷的感谢！

水文地质公司 探测工程部

2022年7月25日

（一）测绘成果质量： ☑很好 □好 □可以 □差

注：“很好”——测绘产品质量完全符合要求，超出预期
“好”——测绘产品质量基本符合要求，能够满足使用
“可以”——测绘产品质量存在瑕疵，不影响使用
“差”——测绘产品质量不合格，不能使用

（二）服务质量	非常满意	满意	一般	不满意
沟通态度	√			
问题处理及时率	√			
问题回复及时率	√			

（三）其他意见或建议

无

顾客满意度调查表

尊敬的采油三厂基建管理中心客户：

为了充分了解本班组所提交[illegible]项目的测绘成果质量及服务水平的情况，改进和提高测绘成果质量和服务水平，特向您征询《顾客满意度调查表》，请您根据自己对本班组提交的测绘成果资料（包括项目技术设计书、技术总结、校审记录、文档簿、数据文件、原始观测、计算资料和按照要求分幅的数字图）的满意度在以下“□”打“√”，并提出宝贵的意见和建议，探测工程部班组将由衷的感谢！

水文地质公司 探测工程部

2022年8月5日

（一）测绘成果质量： ☑很好 □好 □可以 □差

注：“很好”——测绘产品质量完全符合要求，超出预期
“好”——测绘产品质量基本符合要求，能够满足使用
“可以”——测绘产品质量存在瑕疵，不影响使用
“差”——测绘产品质量不合格，不能使用

（二）服务质量	非常满意	满意	一般	不满意
沟通态度	√			
问题处理及时率	√			
问题回复及时率	√			

（三）其他意见或建议

无

图 4-1 顾客满意度调查表

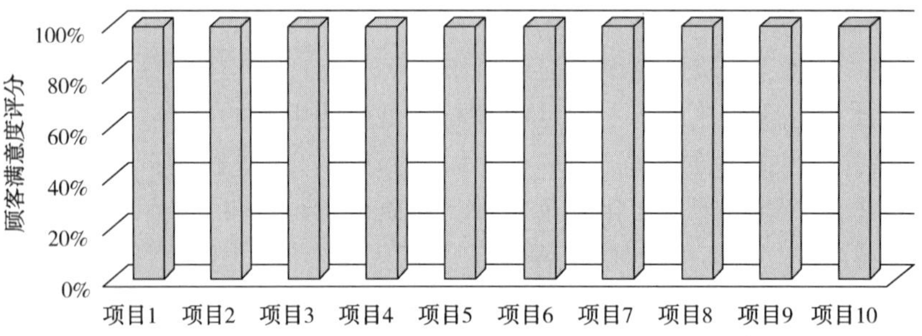

图 4-2 顾客满意度调查统计表

项目序号	项目名称
项目1	大庆油田排水干渠治理工程测绘项目
项目2	黑鱼湖水厂生产废水处理工程测绘项目
项目3	萨北开发区北部过渡带三四条带中西区加密调整产能建设土地测绘项目
项目4	采油七厂井场垫方测绘项目
项目5	2021年六厂与油田水务工程公司签订油田产能土地测绘项目
项目6	吴里莫泡水下地形测绘项目
项目7	大庆水库取水口水下地形测量项目
项目8	防汛抢险基地排水泵站完善工程测量项目
项目9	萨北开发区北部过渡带外扩区产能建设地面工程土地测绘项目
项目10	中油电能电力技术服务公司地形图测量项目

图 4-3 2022 年项目名称统计表

（四）班组及个人获得荣誉汇总

详见表 4-2，图 4-4 和图 4-5。

表 4-2 科研成果类奖项

年份	项目	奖项
2020	《杏十区纯油区东部驱聚 1 块清水调运工程测绘项目》	黑龙江省优秀测绘地理信息工程铜奖
	《无人船测量数据传输系统改造》	大庆油田重大技术革新三等奖
	论文《无人船水下地形测量应用探讨》	中国石油学会石油工程专业委员会优秀论文二等奖

续表

年份	项目	奖项
2021	《大庆油田西部排水干渠局部整修工程测绘项目》	黑龙江省优秀测绘地理信息工程银奖
	《第一采油厂河湖管理范围和水利工程管理与保护范围划界测绘》	黑龙江省优秀勘察设计三等奖
2022	《黑鱼湖水厂污泥处理工程测绘项目》	黑龙江省优秀测绘地理信息工程银奖

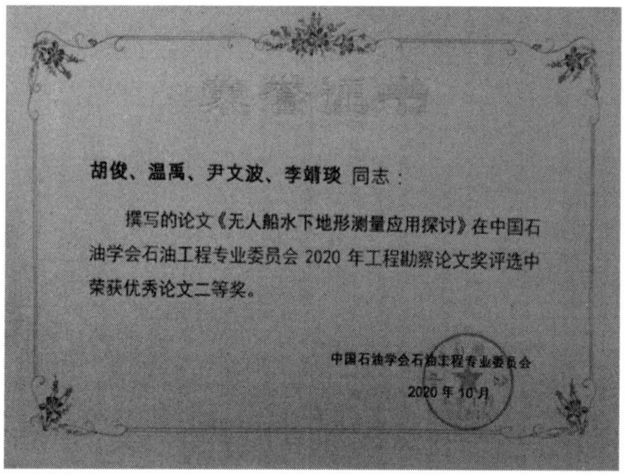

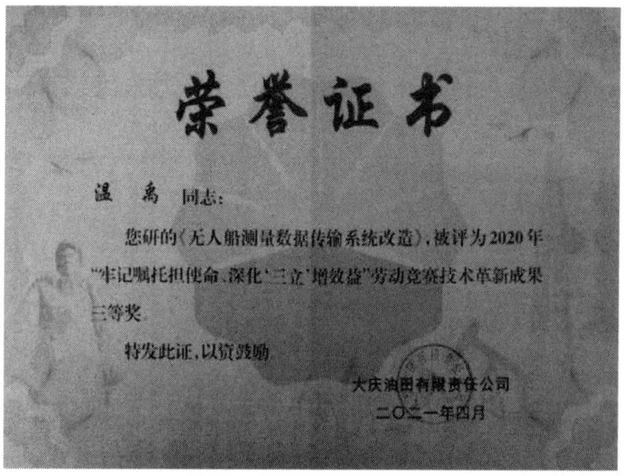

图 4-4　科研成果类奖项证书

图 4-5 班组及个人获奖证书

成果点评

探测工程部班组的班组活动符合质量信得过班组活动准则要求，班组始终坚持“质量是生命，安全是保证，效益是中心，信誉是希望”的企业理念，践行“以顾客为关注焦点”的质量理念，严格工程测量过程控制，用精湛的技术、最优的质量为顾客送去一流的技术服务。该成果报告程序严谨，逻辑性较强，定位明确，通过班组活动流程识别了内外部顾客和相关方，使用加权打分法确定了关键顾客及关键需求，班组活动目标明确，措施具有可操作性。在建设过程中不断地从人员素质、基础质量管理、创新创效方面提升班组工作质量，并使用了矩阵表、饼分图、调查表等统计方法，建设成效显著。

班组在此次建设过程中还存在以下方面的不足，希望以后持续开展活动时改进完善：

（1）建设策划中表2-4关键改进工作与改进措施混淆；

（2）班组关键工作管理目标表建立没有体现关键需求(提供合格的地形图和勘测定界图)；

（3）建设过程中没有系统性针对班组成员素质、能力提升进行有效评估；完善基础管理中没有对各项工作进行效果评估，并形成长效机制；改进与创新没有与建设计划相关联；

（4）建设目标达成情况即目标值在建设过程中没有具体数据支持，没有对比结果是否领先；班组没有总结出具有推广价值的最佳实践。